西部地区内生发展能力评价理论与方法

王秀艳　著

中国纺织出版社有限公司

内 容 提 要

本书以国家区域协调发展战略与扶贫开发政策变迁以及区域现实发展差距和西部地区贫困现状为研究背景，在梳理分析相关理论与国内外文献基础上，科学界定区域内生发展能力概念、构建包括区域内生发展能力内涵和生成机制的理论分析框架，并以该框架为依据，构建一套区域内生发展能力评价指标体系，从而对我国31个省（区）或直辖市的区域内生发展能力进行评价测算，以研究分析西部地区内生发展能力短板及制约因素，提出全面提升西部地区内生发展能力的对策和建议。本书结构清晰、内容完整，有利于丰富和拓展欠发达地区经济高质量发展研究相关成果，为新发展阶段区域统筹协调发展战略实施及后扶贫时代治理相对贫困问题等提供决策参考依据。

图书在版编目（CIP）数据

西部地区内生发展能力评价：理论与方法 / 王秀艳著. -- 北京：中国纺织出版社有限公司，2023.9
ISBN 978-7-5229-0839-7

Ⅰ. ①西… Ⅱ. ①王… Ⅲ. ①区域经济发展－研究－西南地区 ②区域经济发展－研究－西北地区 Ⅳ. ①F127

中国国家版本馆CIP数据核字（2023）第150120号

责任编辑：段子君　曹炳镝　李立静　　责任校对：高　涵
责任印制：储志伟

中国纺织出版社有限公司出版发行
地址：北京市朝阳区百子湾东里A407号楼　邮政编码：100124
销售电话：010—67004422　传真：010—87155801
http://www.c-textilep.com
中国纺织出版社天猫旗舰店
官方微博 http://weibo.com/2119887771
天津千鹤文化传播有限公司印刷　各地新华书店经销
2023年9月第1版第1次印刷
开本：710×1000　1/16　印张：13.5
字数：172千字　定价：99.00元

前言

激发落后地区和贫困群体内生活力、增强内生发展动力是中国区域发展战略和扶贫开发政策演进的重要特征。中华人民共和国成立 70 多年来，中国区域发展战略始终高度重视落后地区经济建设与开发；西部大开发政策实施以来，更加注重和强调激发区域内生发展能力，实现由“输血机制”向“造血机制”转变。在中华人民共和国 70 多年的扶贫政策变迁过程中，其扶贫对象逐渐精准集中，扶贫主体由单一走向多元，扶贫机制逐步脱虚向实，扶贫方式由“输血式”脱贫向“造血式”致富转变。

进入新时代，我国社会主要矛盾已经转化为人民日益增长的美好生活需要和不平衡不充分发展之间的矛盾。长期以来，中国区域经济发展不平衡的讨论基本集中在东中西部地区的经济差距。中国区域经济发展不平衡，不仅表现为东、中、西和东北四大板块之间的发展差距，还表现为各板块内部省（区）之间的发展差距。西部板块内部，关中—天水、成渝等重点经济区与内陆边疆地区之间的发展差距逐渐拉大。区域间的不平衡是其他类型不平衡的基础，会导致其他类型不平衡程度的加剧。2022 年 10 月，党的二十大报告明确提出，要巩固拓展脱贫攻坚成果，增强脱贫地区和脱贫群众内生发展动力，满足人民对美好生活向往。

本书对已有相关代表性成果及观点做出科学、客观、切实的分析评价，发现区域内生发展能力领域仍有许多可进一步探讨、发展或突破的空间。本书在系统梳理前人研究成果基础上，构建了由区域内生发展能力概念与区域内生发展能力生成机制构成的理论分析框架。其中，区域内生发展能力概念包括区域内生发展能力含义、本质、特征、构成要素 4 个方面；区域内生发展能力生成机制包括区域内生发展能力的生成主体、生成动力、生成条件、生成影响因素 4 个方面。根据理论分析框架，本书遵循相关理论，突出区域内生发展潜力因子，设置了由 1 个一级指标、4 个二级指标、64 个三级指标构成的评价指标体系，并采用因子分析法对 2021 年中国 31 个省（区）或直辖市居民素质技能、企业创新能力、产业竞争能力和政府调控能力水平 4 个二级指标进行综合测度评估，采用聚类分析法对 2021 年西部地区 12 省（区）的居民素质技能、企业创新能力、产业竞争能力、政府调控能力得分进行聚类分析，最后依据实证分析结果，提出全面提升西部地区居民素质技能、企业创新能力、产业竞争能力和政府调控能力的对策建议。

本书有利于丰富和拓展欠发达地区经济高质量发展研究相关成果，为新发展阶段区域统筹协调发展战略实施及后扶贫时代治理相对贫困问题等提供决策参考依据。

王秀艳

2023 年 4 月

目录

第一章 导论

一、问题的提出 / 2

二、相关概念界定 / 9

三、研究思路与方法 / 11

第二章 相关理论与文献综述

一、相关理论 / 18

二、文献综述 / 58

第三章 区域内生发展能力理论分析框架

一、区域内生发展能力内涵 / 84

二、区域内生发展能力生成机制 / 89

第四章 区域内生发展能力评价

一、区域内生发展能力评价指标体系设置 / 102

二、评价方法 / 112

三、中国区域内生发展能力评价 / 118

第五章　西部地区内生发展能力分析

一、西部地区内生发展能力结构特征分析 / 150

二、西部地区内生发展能力构成分析 / 152

第六章　全面提升西部地区内生发展能力总体思路与对策建议

一、总体思路 / 162

二、对策建议 / 166

参考文献

第一章
导论

一、问题的提出

（一）政策背景

西部地区内生发展能力研究的主要政策背景是国家区域发展战略与扶贫开发政策。

1. 国家区域发展战略

中华人民共和国成立以来，中央政府在权衡区域发展中“效率”和“公平”优先顺序的基础上，先后实施了区域均衡发展战略、区域非均衡发展战略、区域协调发展战略和区域统筹发展战略。

（1）第一阶段（1949 ～ 1978 年）：区域均衡发展阶段

中华人民共和国成立初期，社会生产力基础薄弱，空间布局不合理，工业部门大多分布在东部沿海地区，而内陆绝大部分地区仍然处于自然经济形态和半自然经济形态，很大程度上阻碍了国民经济的恢复和健康发展。在此背景下，出于国防安全的考虑和工业化的目的，党中央决定采取行政命令平衡生产力空间布局，将经济重心从东部沿海地区向中西部地区转移。

区域均衡发展战略以“公平”和“国防安全”为首要原则，使全国生产力布局状况得到改善，国防安全得到有效保障。但是，这种以行政命令为主的生产力空间布局，很难完全按照区域比较优势原则进行产业布局，往往以损害先发地区的发展效率为代价，人为地压缩有发展能力区域的发展空间。

（2）第二阶段（1979 ～ 1999 年）：区域非均衡发展阶段

这一阶段，地方竞争模式取代了中央政府主导下的生产力空间布局战略，整个中国的经济地理格局发生了巨大的变化，国民经济建设进入一个新的历史时期。政府投资和政策重点向区位条件和经济基础较好的东部沿海地区倾斜，中国东部地区迎来了大好发展机遇。

区域非均衡发展战略强调“效率”优先，激发了区域主体的经济活力，推动了沿海地区经济的快速发展。西部地区作为能源和原材料基地，通过一些大型工程和大规模的基础设施建设也加快了发展进程。但是，以不平等价格体系为主的“落后地区开发，发达地区受益”的发展模式中，西部地区面临“双重利润损失”，资本积累能力弱，未能生成区域内生发展内部动力与条件，进而与东部地区发展差距拉大。

（3）第三阶段（2000～2010年）：区域非均衡协调发展阶段

东部地区在非均衡发展战略推动下显现出了极大的经济发展活力，但同时也带来了区域发展不平衡、重复建设、低效竞争、地方保护主义等一系列问题。鉴于此，国家由“效率优先”逐步向“兼顾公平”方面调整，区域发展战略重点逐渐由东部沿海地区向中西部地区转移，以期实现区域协调发展。区域协调发展不同于过去提出的区域均衡发展，其注重通过政策、规划等实现资源配置向特定地区倾斜，缩小区域差距，同时更强调地区间的分工与协作，通过市场的力量实现共同发展。

（4）第四阶段（2011年至今）：区域统筹协调发展阶段

实施区域统筹协调发展新战略，就是要在东部率先、西部开发、东北振兴、中部崛起区域总体发展战略基础上，统筹东中西，协调南北方，谋划中国区域发展新棋局。其中，统筹协调战略中的统筹是手段，协调是目标，通过统筹实现协调。区域统筹协调发展战略，将问题导向与目标导向相结合，继续高度重视边疆地区、贫困地区、粮食主产区、生态脆弱区等区域的发展，同时注重经济要素无障碍流动，最大限度激发各个地区发展潜力，促进人与自然和谐发展目标的实现。

综上所述，中华人民共和国成立70多年来，国家区域发展战略始终高度重视和大力支持西部地区、落后地区等特殊类型地区建设和发展。自 2000 年实施西部大开发政策以来，国家更加注重和强调区域内生发展能力的培育及提升，注重激发区域内在发展潜力，实现由“输血机制”向“造血机制”转变。培育和提升西部地区、落后地区内生发展能力，已经成为巩固和增强新时代区域统筹协调发展战略的内在要求和核心要义。

2. 国家扶贫开发政策

中华人民共和国成立 70 多年来，致力于推进扶贫工作和解决贫困问题，中国政府不断优化和创新扶贫政策，贫困人口和贫困率大幅下降，对解决贫困问题发挥了巨大作用。按照不同时期政策特点和扶贫目标，中国扶贫开发政策经历了以下七个阶段的变迁。

（1）第一阶段（1949 ～ 1977 年）：救济式扶贫阶段

中华人民共和国成立初至改革开放期间，中国并没有专门的扶贫政策，扶贫政策和经济政策基本重叠，通过制度创新发展经济来减缓贫困。为了突破资源贫乏和生产效率低下的限制，中国政府根据普遍贫困和绝对贫困的特征，在具体救助形式上主要采取实物救济和救济救灾两种方式。建立以生产队为基础的扶贫网络，向广大贫困地区发放救济粮、钱、物和优抚费等，确保有限的产品和资源为全部公民共享，帮助贫困人口渡过难关。救济式扶贫又称“输血式扶贫”。

（2）第二阶段（1978 ～ 1985 年）：体制改革推动扶贫阶段

这一阶段中国没有专门的扶贫工作计划，也没有专门负责扶贫工作的机构，扶贫工作主要依赖于体制改革，改革的目标是逐渐解除对农民的各类限制，通过改革把农民从土地束缚中解放出来，使农民在财富获得方面有更多的空间和选择。该阶段扶贫工作将扶贫重点锁定在连片贫困地区，通过因地制宜发展区域经济、加强基础设施建设等手段来提高农民收入，进而解决农民的温饱问题。这一阶段的扶贫政策由过去单纯救济式扶贫逐渐向充分发挥贫困地区内生发展能力方式转变。

（3）第三阶段（1986～1993年）：开发式扶贫阶段

1986年，中国成立了专门的扶贫机构，开始推进大规模开发式扶贫工作。这一阶段的扶贫特征是更加注重“造血式扶贫”，注重提升贫困地区和贫困人口的内生动力。扶贫方式是把政府的资助和扶持与贫困地区人民开发当地资源、发展经济主导产业、增强内生发展能力结合起来，使贫困人口在生产中脱贫。开放式扶贫又称“造血式扶贫”。从救济式扶贫发展为开发式扶贫，虽然扶贫内容和扶贫特征发生了变化，但扶贫性质都属于物质扶贫。

（4）第四阶段（1994～2000年）：专项计划推动扶贫阶段

1994年《国家八七扶贫攻坚计划》出台，象征着中国扶贫事业迈向了一个攻坚阶段。以解决贫困人口温饱问题为目标的“八七扶贫”完成了救济式扶贫向开发式扶贫的系统性转变。从1994年到迈向21世纪的7年时间里，攻坚扶贫从无到有、从有到优，解决了8000万贫困人口的温饱问题，缩小了东西部地区经济差距，扶贫成效显著提升。

（5）第五阶段（2001～2012年）：新世纪扶贫开发阶段

进入21世纪后，中国政府颁布了《中国农村扶贫开发纲要（2001—2010年）》，将贫困村作为扶贫基本单位，同时把工作重心倾向于贫困地区科教文卫事业，强调人力资本投资和软实力建设。2011年中央又制定了《中国农村扶贫开发纲要（2011—2020年）》，强调在扶贫开发中要发挥教育的重要作用，坚持扶贫扶志扶智相结合、物质资本积累与人力资本提升相结合、公共基础设施与个人经济机会相结合，以提升贫困人口、贫困农户、贫困社区摆脱贫困的内生动力和发展能力，切断贫困的代际传递。

（6）第六阶段（2013～2020年）：精准扶贫阶段

2013年以来，我国根据脱贫攻坚阶段所面临的宏观经济形势、贫困特点和脱贫任务，依托独特的政治优势和制度优势，确立了精准扶贫、精准脱贫战略。习近平总书记作出了“实事求是、因地制宜、分类指导、精准扶贫”的重要指示，在扶贫过程中要求做到识别精准、安排精准、使用精准、措施精准、组织精准、成效精准。党的十九大报告进一步指出，坚决打赢脱贫攻坚战，坚持精准扶贫、精准脱贫，坚持大扶贫格局，注重扶贫同扶志、扶智相结合，深入实施东西部扶贫协作，重点攻克深度贫困地区脱贫任务，确保到2020年我国现行标准下农村贫困人口实现脱贫，贫困县全部摘帽，解决区域性整体贫困，做到脱真贫、真脱贫。

（7）第七阶段（2020年至今）

2020年，我国完成了全面建成小康社会目标，全面打赢了脱贫攻坚战，在全国范围内消除了绝对贫困，为全世界减贫贡献率超过70%，成为世界上减贫人口最多的国家，创造了人类历史上大规模减贫的奇迹，彰显了我国社会主义制度的巨大优越性和强大的国家治理能力。脱贫攻坚目标任务完成后，我国“三农”工作重心转向全面推进乡村振兴。对于刚脱贫的地区来说，做好巩固拓展脱贫攻坚成果，全面提高脱贫质量，增强脱贫的稳定性和可持续性，防止返贫和新致贫，是全面推进乡村振兴工作重心的核心内容。

综观中华人民共和国成立70多年来的扶贫政策，其扶贫对象逐步精准集中（由贫困地区—县—村—户），扶贫主体由单一走向多元，扶贫机制逐步脱虚向实，制度安排由“自上而下”政府主导转变成“自上而下”政府主导与“自下而上”社会自我规划相契合，扶贫方式由“输血式”脱贫向“造血式”致富转变。

“救济式扶贫”“输血式扶贫”方式由于现金、实物补贴易于操作且短期减贫效果明显、群众认可度较高而被广泛采用。但是其负面效应在于，密集性的扶贫行动使贫困地区贫困人口习惯了外部力量的支持与援助，催生了“等、靠、要”等惰性思想，具体帮扶中很有可能会对贫困人口的就业意愿和就业状况产生一定的“挤出效应”，从而削弱他们提升获取收入的能力和脱贫的主观积极性。

中国扶贫工作注重贫困地区和贫困群体内生发展能力在贫困治理中的作用，尤其是中国共产党第十八次全国代表大会以来，着力提升贫困人口的内生动力，切实保障贫困人口受教育的权利，确保贫困人口从根本上摆脱贫困，构成了中国扶贫政策路径演进的重要特征。

后扶贫时代，虽然绝对贫困基本消失，但部分区域因为贫困程度深、贫困面广、返贫率高等问题，相对贫困和多维贫困依然存在。在后脱贫时代，欠发达地区如何巩固脱贫成果，激发区域经济内生发展能力，满足人民对美好生活的向往，是扶贫开发工作的核心问题。

新发展阶段，区域协调发展战略和扶贫开发工作要求转变传统的区域“外源式”援助和人口“物质扶贫”方式，通过提升区域内生发展能力和对贫困地区、贫困人口“能力扶贫”，进一步缩小区域发展差距，降低贫困率，促进区域统筹协调发展，实现人民共同富裕。

（二）研究意义

1. 理论意义

（1）“能力理论”——欠发达地区经济高质量发展研究新视角

传统的区域协调发展问题研究以新古典经济学理论和比较优势理论为基础，强调“要素论”，即落后地区、欠发达地区通过自然资源、资本、劳动、外生技术进步等生产要素的大量投入和比较优势，实现经济增长，缩小地区差距。中国特色社会主义进入新时代，中国经济发展也从高速增长阶段转向高质量发展阶段。微观上，高质量发展要建立在生产要素、生产力、全要素效率的提高上，而非靠要素投入量的扩大；中观上，要重视国民经济结构（包括产业结构、市场结构、区域结构等）的升级，把宝贵资源配置到最需要的地方；宏观上，要求经济均衡发展。高质量发展的根本在于经济的活力、创新能力和竞争力。在国家宏观战略布局与区域主体功能定位下，培育、提升区域内生发展能力，为欠发达地区经济高质量发展研究创立了“要素论”到“能力论”的新视角。

（2）“理论分析框架”——区域内生发展能力理论研究新补充

目前，学界关于区域内生发展能力的研究主要聚焦于实践层面，研究探讨培育和提升区域内生发展能力的具体对策或路径，而有关区域内生发展能力理论方面的研究较少。而数量相对较多的区域内生发展能力概念研究立足于不同视角，众说不一，未达成共识。区域内生发展能力理论构建明显滞后于实践发展需求。本书从新时代区域统筹协调发展视角出发，借鉴吸收“内发式发展”“参与式发展”“五大发展理念”等新发展理论的核心内容，科学界定区域内生发展能力概念、本质、特征、构成要素等内涵，深入研究区域内生发展能力生成主体、动力、条件、影响因素等，构建了一个较为完整的区域内生发展能力理论分析框架，为进一步深入研究提供理论参考。

2. 现实意义

（1）有利于改善我国经济地理格局的不平衡

当前我国区域发展差距仍然较大，地区经济呈现多维分化趋势。区域经济不平衡不仅表现为东、中、西和东北四大板块之间的发展差距，还表现为各板块内部省（区）之间的发展差距。例如西部板块内部，关中—天水、成渝等重点经济区与内陆边疆少数民族地区之间的发展差距逐渐拉大。近几年，中国南北方发展差距问题正在取代东西部发展差距问题，并逐渐成为中国区域发展战略面临的重大经济地理格局问题。贵州、云南、西藏等省（区）在西南板块跨越式发展中表现不俗，但与长三角、珠三角等南方经济核心枢纽相差甚远。区域经济统筹协调发展不可能期望以放慢“增长极”的发展速度来实现。只有充分利用外部援助，培育和提升落后地区内生发展能力，激发其内生发展动力和潜力，才能逐步缩小其与发达地区之间的差距。

（2）有利于转变新时代扶贫开发工作的着力点

绝对贫困又称生存贫困，是指收入无法满足衣食住等基本生存需要。相对贫困是指除了生存，无法满足在当地条件下被认为是最基本的其他生活需求的状态。总体来说，绝对贫困解决生存问题，相对贫困解决发展问题。现代社会对于“贫困”的界定已超越物质上的绝对贫困，取而代之的是达不到社会“可接受标准”的相对贫困。联合国开发计划署（UNDP）认为，贫困不只是人们通常所认为的收入不足问题，它实质上是人类发展所必需的最基本的机会和选择权利被排斥，恰恰是这种机会和选择权力才把人们引向一种长期健康和具有创造性的生活，使人们享受体面生活、自由、自觉和他人的尊重。导致贫困根本原因是社会生存、适应及发展能力的低下。习近平总书记强调，我们五百年以后还会有贫困，到2020年，我国的贫困和现在的贫困是不一样的，现在的绝对贫困解决的主要是生存问题，以后是相对贫困，解决的主要是发展、共享的问题。后扶贫时代，西部地区地区扶贫开发工作指导思想和着力点应从扶持绝对贫困转向治理相对贫困。

二、相关概念界定

（一）中国西部地区

学术界对中国西部地区概念有多种解释，包括地域概念、技术概念、文化概念、生态概念、政治概念、社会概念等。本书指的“西部”是西部大开发政策所辖12个省、自治区、直辖市，包括：陕西省、内蒙古自治区、甘肃省、宁夏回族自治区、四川省、重庆市、广西壮族自治区、新疆维吾尔自治区、西藏自治区、青海省、云南省、贵州省。

（二）区域内生发展能力

与区域内生发展能力相关的几个概念有：能力、发展、发展能力和区域内生发展能力。

1. 能力

能力是指个人和组织或者组织化的单位高效可持续地履行其职能的才能。或者是可利用的资源与社会利用这些资源以可持续的方式去确认和追求其发展目标的效力和效率。

2. 发展

发展一词是指事物自身发生变化。强调内生发展时代的市民社会哲学家黑格尔，在 18 世纪至 19 世纪以西欧市民社会的市民革命为契机，最早使用了“发展”一词。托达罗（M.P.TM）将发展定义为“一个社会或社会体系向着更加美好和更为人道的生活的持续前进”。1993 年，联合国开发计划署发布的《人文发展报告》称当今年代为“人民的年代”，提出“发展以人为中心，发展围绕‘人’转；而不是人以发展为中心，人围绕‘发展’而转”。而发展的中心含义是“增加人们选择的机会”。因此，可以认为发展就是改进人民生活质量的过程，其基本目标是满足基本需要、提高人类尊严、扩大选择自由、增加选择的机会。发展是一个综合的多维度的过程，涉及经济、政治、文化、社会和环境等方面，而且这些方面是相互联系和彼此促进的。

3. 发展能力

发展能力是个人、制度和社会以可持续的方式发挥作用、解决问题、确立和达到目标的能力。把它用到区域发展上，基本的含义是，区域在维持区内各主体生存需求的基础上，扩大其发展规模、提升其发展实力的潜在能力。

4. 区域内生发展能力

区域内生发展能力是本书研究并试图科学界定的一个概念。从区域发展角度看，区域的发展可以是主要依靠外部力量（外源）推动的发展，也可以是主要依靠内在因素（内源）推动的发展。

本书认为，区域内生发展能力是指一个特定区域内各经济主体，在开放的环境下，充分利用外部资源的同时，主要依靠和发挥自身内在禀赋、内部动力、内部潜力和内部创造力，依托居民素质技能、企业创新能力、产业竞争能力、政府调控能力的耦合促生，实现区域经济、社会、文化、环境持续健康发展的能力。区域内生发展能力的本质在于区域空间内的人不断适应周围环境变化，最终实现全面发展。

三、研究思路与方法

（一）研究思路

本书遵循政策研究——文献研究——理论研究——实证研究——对策研究思路，具有学理依据、科学性和可行性。本书以国家区域协调发展战略、扶贫开发政策变迁、区域现实发展差距和西部地区贫困现状为研究背景，提出区域内生发展能力研究的理论意义与现实意义，在梳理分析相关理论与国内外文献基础上，发现目前研究的不足与缺陷。本书以科学界定区域内生发展能力概念为基础，构建了包括区域内生发展能力内涵、区域内生发展能力生成机制两个部分的理论分析框架，并以该框架为理论依据，构建了一套区域内生发展能力评价指标体系，对我国 31 个省（区）或直辖市区域内生发展能力进行评价测算，验证“西部地区内生发展能力相对低下”这一直观判断，进而结合新发展理念和思想，研究分析西部地区内生发展能力短板及制约因素，提出全面提升西部地区内生发展能力的对策建议。

（二）研究方法

1. 文献分析法

本书通过对区域内生发展能力既有成果梳理分析发现，学界已形成以下研究共识：一是区域内生发展能力研究的主题应该是“发展”，而不是单纯的能力；二是无论是区域微观主体还是宏观主体，相对于外部力量而言，内生发展能力是其发展的基础和根本所在；三是区域内生发展能力是一个综合性概念，在不同视角下，对于不同的区域主体，其构成要素和影响因素不同；四是区域内生发展能力具有可塑性，即一个地区的内生发展能力可以通过政策引导扶持、区域内部激励来培育和提升。在对现有的文献进行梳理的过程中，也发现当前的研究存在一些不足：一是理论研究滞后于发展实践；二是研究主题的内涵有待明确；三是发展主体能力的协同性研究欠缺；四是定量评价指标体系的构建有待规范。

2. 规范分析法与实证分析法相结合

经济学方法论历史上，有关实证分析法和规范分析法应用的争论中有人主张“二分法”，即将两种分析方法截然分割。而对“二分法”持有异议的经济学家认为经济分析中不可避免地渗透着研究者自身的价值判断等主观因素。本书题目属于应用经济学范畴，具有较强的应用性特点，研究的最终目的是为区域经济发展实践提供理论依据。因此，本书对区域内生发展能力的基本内涵和形成机制进行规范分析，对西部地区的内生发展能力水平进行实证分析，并基于抽象演绎法和历史归纳法，揭示西部地区内生发展能力生成、提升的路径。

3. 定性分析法与定量分析法相结合

定性分析是认识事物的质，寻找事物的本质联系。定性分析的结论一般是用语言描绘的，对事物的认识是初步的、模糊的，所以难以对实践进行准确的、具体的指导；定量分析是指对事物进行数量分析，通常采用数理经济分析法、统计经济分析法和计量经济分析法等数学方法。正如美国著名经济学家里昂惕夫所说，数学方法只能作为认识经济的一种辅助手段，不能取代对经济现象质的分析。定量分析由于借助数学分析的抽象性、精确性、严密的逻辑性而使定性分析得以深化和精确化。经济学所认识的对象除质的规定性之外还有量的规定性。因此，本书从区域内生发展能力的内涵及生成路径等定性分析着手设计了一套评价指标体系，采取统计分析手段对我国31个省（区）或直辖市的内生发展能力水平进行评价，以期从一个更深的层面衡量西部地区内生发展能力的现状。

4. 静态分析与动态分析相结合

静态分析通俗地讲，是指从相对静止的角度来认识处于相对静止状态之中的事物。而动态分析通俗地讲，是把事物置于其自身的历史过程中，从运动的角度来认识它。正如静止与运动是对立统一的一样，静态分析与动态分析是互为前提、互相补充的。本书采用定量评价体系衡量区域内生发展能力的同时，综合运用静态分析法、比较静态分析法和动态分析法，得出以下两个结论：一是，对我国31个省（区）或直辖市内生发展能力的评价分析中，通过进行西部省（区）或直辖市与中东部省（区）或直辖市的比较、西部地区12省（区）或直辖市和其他省（区）或直辖市的比较，得出“西部地区内生发展能力低下”的结论；二是，通过测算每个省（区）或直辖市在“人的素质技能、企业创新能力、产业竞争能力、政府宏观调控能力”等构成要素的得分，并进行比较，以便探寻不同地区不同主体内生发展能力的差别所在，寻求具有针对性的应对措施。

5. 均衡分析与非均衡分析相结合

均衡分析可以分为局部均衡和一般均衡。局部均衡理论是英国经济学家阿弗里德·马歇尔于1920年首先提出的。一般均衡分析是由洛桑学派创始人——法国经济学家里昂·瓦尔拉斯于1874年首先提出的，他认为一旦经济制度处于非均衡状态时，市场力量就会自动地使经济制度“摸索前进”到一个新的均衡状态。然而现代西方经济学家普遍认为，瓦尔拉斯的价格调节机制不可能消除市场不均衡，市场不均衡往往不一定趋向均衡，而有可能趋向新的不均衡。凯恩斯是非均衡分析的最早倡导者，他主张对于市场无法通过自动调节实现均衡的“失灵”问题，可借助政府的“有形之手”进行干预和调控。本书认为，在西部地区内生发展能力还比较低下、自身的要素积累与集聚能力还比较欠缺的情况下，中央政府政策、资金的扶持和发达地区的对口援助非常必要。内生发展能力的构建并非排斥“外源”，而是要充分地利用外部要素及外部资源。另外，政府对于个人、企业等发展主体的能力培育及能力耦合生成区域内生发展能力发挥重要作用。

6. 个量分析与总量分析相结合

个量分析，又称微观经济分析法，主要是以单个经济主体的活动作为研究对象。总量分析，又称宏观经济分析法，是以经济发展的总体或总量作为研究对象。系统论等科学表明：个量与总量不仅是相互区别的，还是相互联系的。尤其是对复杂的系统来说，虽然个量总是总量的基础，但是，总量并不是个量的简单相加。个量分析的局限性，正如系统论的创始人贝塔朗菲所说，考察各自孤立的部分，不能理解系统，在解决复杂联系的、不可分割的经济系统时，显得力不从心。同样，总量分析在如何界定整体以及解决复杂问题，如涉及人的发展等变动性因素时，在模型化、定量化等形式上存在着许多局限。因此两者的融合已经成为一种必然趋势。本书认为，按照个量分析，区域内生发展能力是在区域中的个人、企业、产业等，从微观到中观的主体具备了内生发展的能力。但是个人或企业具备了内生发展能力，如某一地区的个人通过素质技能的提高实现了经济、人力资本、人类发展等方面的脱贫，但这并不代表区域已经具备了内生发展的能力。同样，企业具备了自生能力、创新能力也并不完全代表区域已经具备了内生发展的能力。只有从总量分析的角度看，行为主体各自具备了能力，并且在政府这一主体的调控下，在经济、社会、文化、生态等多个方面实现了可持续的协调发展，才可称之具备了内生发展能力。另外，各个主体的行为应当是在国家宏观战略布局这一整体规划约束下的个体行为。

7. 演绎法和归纳法相结合

归纳法是“由个别（或特殊）到一般，由具体到抽象”，即通过对个别的、特殊的事物和现象观察，推出一般原理和一般性知识。演绎推理的一般性知识（大前提）来源于经验，来自归纳推理概括和总结。二者互相补充，互相渗透，在一定条件下相互转化。正如恩格斯指出：“归纳和演绎，正如分析和综合一样，是必然相互联系着的”。本书在构建内生发展能力理论框架时主要采用历史归纳法，通过梳理中华人民共和国成立以来我国区域发展战略的演变过程，认为培育和提升西部地区的内生发展能力是提升地区竞争力、实现经济跨越式发展的现实选择，也是深入实施新一轮西部大开发战略、促进区域协调发展的内在要求。

第二章
相关理论与文献综述

一、相关理论

（一）马克思主义理论

1. 内因与外因的辩证法

唯物辩证法认为事物的内部矛盾（即内因）是事物自身运动的源泉和动力，是事物发展的根本原因，它规定了事物发展的基本趋势和方向；外部矛盾（即外因）是事物发展变化的不可缺少的条件，是事物发展、变化的第二位的原因。外因通过内因而起作用，外因的作用无论多大，也必须通过内因才能发挥出来。在事物发展的原因分析上，辩证法认为事物发展的根本原因不在于事物的外部，而在与事物内部的矛盾。

内因与外因的辩证法具有深刻的实践意义。改革开放以后，西部地区和东部发达地区的差距不仅没有缩小，反而进一步拉大。从内因和外因的关系看，中国西部经济发展的落后不能单纯强调外部条件差，应该更多地从内部找原因。在西部经济发展问题上，如果持外因决定论观点，片面强调外部对西部地区的支持，过分依赖外援的作用，势必给西部经济发展造成错误导向。“输血”的作用在于增进机体“造血”功能，形成新的活力，而不是也不能代替“造血”。引进资金、技术是为了增强内生发展的能力，在于消化、吸收、创新，使外因的作用转化到内因上，只有使内因发生了作用，西部地区经济才能真正实现发展。

2. 客观规律性与主观能动性

客观规律是指事物运动过程中本身所固有的本质的联系和必然的趋势，它的存在和发生作用不以人的意志为转移。无论是自然界规律，还是社会规律都是客观的。主观能动性是指人类特有的能力与活动，也叫自觉的能动性，包括：人类认识世界的能力和活动、人类改造客观世界的能力、人类在认识世界和改造世界的活动中所具有的精神状态。尊重客观规律和发挥主观能动性具有辩证统一关系。尊重客观规律是发挥主观能动性的前提和基础，只有尊重客观规律，才能更好地发挥人的主观能动性，夸大人的主观能动性，就会陷入形而上学的泥坑，其表现为“精神万能论”。因为客观规律隐藏在事物内部，人们只有充分发挥主观能动性，运用抽象思维能力，才能透过事物的现象揭示事物的本质与规律，从而正确地指导人们的行动，夸大尊重客观规律性，否认人的主观能动性，就会陷入形而上学机械论的错误。在西部地区建设中，既要尊重自然与社会发展的客观规律，又要发挥西部地区人的主观能动性，把唯物论和辩证法有机统一起来。

3. 人的全面发展理论

马克思初步提出人的全面发展理论是在《1844年经济学—哲学手稿》中，在《德意志意识形态》中第一次正式使用“人的全面发展”这一概念，并明确提出关于人的全面发展的思想。人的全面发展包括：人的劳动活动的全面发展、人的需要和能力的全面发展、人的社会关系的全面丰富、人的素质的全面提高、人的个性的自由发展等内涵。人的劳动活动的全面发展，表现为活动的内容和形式充分达到丰富性、完整性和可变动性；人的需要的全面发展，意味着个人按照自己的自主活动来发展一切合理的需要，并将较低层次的需要当作直接满足发展“自由个性”最高层次需要的前提；人的能力的全面发展，意味着人全面地发展自己的体力和智力、自然力和社会力、潜力和现实能力等；人的社会关系的全面丰富，意味着人们摆脱了以往个体、分工、地域、民族的狭隘局限性，形成了各个方面、各个领域、各个层次的社会联系，由贫乏变得丰富，由封闭变得开放，由片面变得全面，并且得以协调和谐发展；人的素质的全面提高，表现为人的生理素质、心理素质、思想道德素质和科学文化素质等发展和完善，以及各种素质之间的均衡协调发展；人的个性的自由发展，表现为个人主体性水平的全面提高，以及个人独特性的增加和丰富。西部地区提升内生发展能力的本质，就在于区域空间内的人，不断适应周围环境的变化，最终实现全面发展。

4. 劳动地域分工理论

劳动社会分工分为部门分工和地域分工两个方面。劳动地域分工是指人类经济活动按地域（地理、空间）所进行的分工。从个别区域的角度看，它表现为一个地区专门生产某种或几类产品，即地区生产专门化。马克思主义的创始人在设想未来社会主义资源配置模式时，强调平衡布局生产力的重要作用。他们认为，地区经济的不平衡发展是资本主义经济不平衡发展规律的空间形式，而社会主义应当由国家有计划地均衡配置生产力，逐步消灭地区差异。恩格斯在《反杜林论》中，针对资本主义制度下工业过分集中于大城市，即城乡对立导致的种种弊端，提出："从大工业在全国尽可能平衡的分布是消灭城市和乡村的分离的条件这方面来说，消灭城市和乡村的分离也不是什么空想"。在此，均衡布局生产力被视为消灭城乡对立的重要条件。需要特别注意的是，马恩所倡导的生产力平衡布局理论并非绝对平均地分布生产力，而是要在谋求各地区工业共同发展的基础上，将地区间差别减小到最低限度。

（二）区域发展理论

1. 区域发展优先顺序理论

20 世纪 50 年代，西方发展经济学界对发展中国家应当采取平衡增长发展战略或不平衡增长发展战略这一问题，曾有不同观点。

（1）区域平衡增长理论

所谓平衡增长是指在整个工业或整个国民经济各个部门同时进行大规模投资，使工业或国民经济各部门按同一比率或不同比率得到全面发展，从而摆脱贫困落后状态，实现工业化或经济发展。

早在20世纪40年代发展经济学的先驱人物之一罗森斯坦·罗丹提出了其有名的“大推进”理论。其理论要点如下：①发展中国家要从根本上解决贫穷落后问题，关键在于工业化。实现工业化的障碍是资本形成不足。在资本形成过程中，由于资本，特别是社会分摊资本的供给以及储蓄和市场的不可分性，小规模的、局部的投资是不可能启动停滞的经济的，必须实行“大推进”，即在各个工业部门全面地进行大量投资，使各个工业部门都成长起来，才能产生相互依存、互为市场、消除储蓄缺口，克服不可分性的经济格局，实现工业的大发展。②在全面发展工业的过程中，为了避免一些工业发展过快、产品过剩，在投资时要按同一投资率对各个工业部门投入资本。只有这样，才能保证各工业部门之间发展协调、比例均衡，按同一增长速度发展起来，使产品的生产与需求趋于平衡。③经济发展是工业化的同义语，一切投资理所当然地应全部投入工业，农业是相对不重要的。由上述论点可以看出，罗森斯坦·罗丹主张从工业化入手，重点考察资本稀缺对经济增长的障碍，强调资本供给和投资的不可分性，指出大推进式的投资是实现经济增长的必由之路，还规定“同比率”投资和“同比率”投资的条件，为发展中国家的经济增长制定一条严格的路线。显然，罗森斯坦·罗丹理论的基本思想既是“唯工业化论”，又是“唯资本论”，同时被认为是“极端的”平衡增长理论。

“贫困恶性循环”（vicious circle of poverty）理论是纳克斯（R.Nurkse）于1953年在《不发达国家的资本形成问题》中提出的。该理论认为发展中国家之所以长期贫困是因为经济中存在着若干互相联系，互相作用的“恶性循环系列”，其中主要是“贫困恶性循环”。“贫困恶性循环”有两个方面：一是反映供给方面的循环，二是反映需求方面的循环。从供给方面看，资本形成有一个恶性循环：发展中国家经济不发达，人均收入水平低下，低收入使人们不得不将绝大部分收入用于生活消费，而很少用于储蓄，从而导致储蓄水平低、储蓄能力小；低储蓄水平引起资本稀缺，从而使资本形成不足；资本形成不足使生产规模难以扩大、生产率难以提高；低生产率又引起低产出，低产出又造成低收入。这样周而复始，形成了一个“低收入—低储蓄能力—低资本形成—低生产率—低产出—低收入”的恶性循环。从需求方面看，资本形成也有一个恶性循环：发展中国家经济落后，人均收入水平低下，低收入意味着低消费和低购买能力；低购买能力造成投资引诱不足；投资引诱不足导致资本形成不足；资本形成不足又使生产规模难以扩大、生产率难以提高；低生产率又带来低产出和低收入水平。这样，周而复始，形成了一个“低收入—低购买能力—低投资引诱—低资本形成—低生产率—低产出—低收入”的恶性循环。资本的匮乏造成了低水平的供给，又造成了低水平的需求，从而充分突出了资本在消除经济停滞、促进经济增长中的特殊地位。供给循环和需求循环相互影响，即使有了投资引诱，也缺少储蓄用来投资；即使有了储蓄，也缺少投资引诱以消化储蓄。这两个循环很难打破，因而发展中国家的长期贫困、长期经济停滞是难免的。即“一国穷是因为它穷”（A country is poor because is poor）。要打破这一循环，必须同时对国民经济各个部门进行大量投资，但并不主张各个部门都按同一比率发展，而是主张按照各部门产品的需求价格弹性和收入弹性的大小确定不同比率的投资及发展各部门的生产。同时还要正确认识农业的作用，重视并强调农业的作用和发展农业的必要性，正确处理工、农、贸等各部门的关系。

纳尔逊（R. Nelson）于1956年提出的“低水平均衡陷阱”理论与“贫困恶性循环”理论有着异曲同工之处。人口增长率对于人均国民收入水平是很敏感的。生活贫困，死亡率必然较高，从而抑制了人口的增长。一旦人均收入的增长率快于人口的增长率，人们生活将有所改善，生活改善将降低死亡率并提高出生率，从而使人口增长速度加快。快速上升的人口增长率，又将使人均收入回到原来的水平，这样，就出现了一个低水平均衡陷阱。要从这个陷阱中跳出来，必须做出最低限度的努力，或所谓“临界最小努力”，即通过大规模的投资切断“贫困恶性循环”，使提高人均收入的力量超过降低人均收入的力量，使国民收入的增长速度快于人口的增长速度。但是，由于边际报酬递减规律，在技术、自然资源不变的条件下，资本和劳动的边际生产率逐渐下降，以致国民收入逐渐下降，直至与人口增长率相等为止。此时出现了新的高水平的均衡，如果其他条件不变，则这一均衡是稳定的。

“临界最小努力”理论（the theory of critical minimum effect）是美国经济学家莱宾斯坦（H. Leibenstein）于1957年提出。这一理论的出发点是承认“贫困恶性循环”或“低水平均衡陷阱”状况的存在。莱宾斯坦认为，要打破“恶性循环”，跳出“陷阱”，发展中国家必须首先使投资率大到足以使国民收入的增长超过人口的增长，从而使人均收入水平得到明显的提高，即以“临界最小努力”使国民经济摆脱极度贫穷的困境。发展中国家经济增长过程中，存在着两种对立的力量，即提高收入的力量（income-raising forces）和压低收入的力量（income-depressing forces）。提高收入的力量取决于上一期的收入水平和投资水平，压低收入的力量取决于上一期的投资规模和人口增长速度。当压低收入的力量大于提高收入的力量时，人均收入的增长被人口过快增长的负力所抵消，并退回到原来的“低水平均衡陷阱”中。只有当提高收入的力量大于压低收入的力量时，人均收入才会大幅度提高，从而打破低收入稳定均衡。要实现“临界最小努力”必须具备一定的条件，激发群众的经济增长动机，改变人们的传统观念以鼓励敢于承担风险、善于追求利润的精神，创造适应的投资环境，培育有创新能力的企业家群体，大力开发和应用新技术等。与“贫困恶性循环”理论和“低水平均衡陷阱”理论一样，“临界最小努力”理论过分夸大了资本形成对促进经济增长的重要性，忽视了其他因素对经济增长的作用。

平衡增长理论为发展中国家迅速摆脱贫困落后的局面，实现工业化和经济发展，提供了一种理论模式，具有重要的理论意义，并对一些发展中国家的经济实践产生了一定影响。但是，平衡增长理论由于过分强调国内充分竞争市场的形成和各部门平衡增长与计划化的必要性，所以存在着一些缺陷和不足。①平衡增长受到资源不足、技术水平和管理水平低下的限制。一方面，由于资本有限，平衡增长的计划难以实施。另一方面，由于发展中国家最稀缺的是企业家和管理能力，投资项目很难建成或不能发挥应有的效率。②平衡增长过分依赖于计划和国家干预。③经济发展的实践未能为平衡增长理论提供充足的经验证明。

（2）区域非平衡增长理论

20 世纪 50 年代平衡增长理论在成为一种很有影响力的理论同时，也受到一些发展经济学家的批评。赫尔希曼（A. Hirschman）是不平衡增长理论的最初代表。他在 1958 年出版的《经济发展战略》一书中，着重从资源的稀缺性和企业家的缺乏等方面，指出了平衡增长战略的不可行性，指出发展中国家应当集中有限的资本和资源首先发展一部分产业，以此为动力逐步扩大对其他产业的投资，带动其他产业发展。①引至投资最大化原理。发展中国家真正缺乏的不是资源本身，而是运用这些资源的手段和能力。当一个国家的投资需要既定且资源有限时，选择投资项目的优先次序必须建立在某一产业的进步对另一产业进步效力的“比较评估”（comparative appraisal）的基础上，并进而决定一个项目是否应该优先发展。即投资项目序列中的偏好应当引致决策最大化（maximizing induced decision making），即投资能通过自身发展引致其他项目最快发展的投资项目。②联系效应理论。赫尔希曼认为经济增长不完全取决于资本—产出比率和资本形成的大小，而取决于使用现有资源并最大限度地发挥效率的能力。选择引致投资最大的部门标准是“联系效应”（linkage effect）。所谓“联系效应”是指在国民经济中，各个产业部门之间存在着某种关系，这种关系决定了各产业部门之间互相联系、互相影响、互相依存。其体现为“前向联系效应”和“后向联系效应”。凡是有联系效应的产业，不论是后向联系还是前向联系，都能够通过这个产业的扩张而产生引致投资。一个国家在选择适当的投资项目优先发展时，应当选择具有联系效应的产业，而在具有联系效应的产业中，又应当选择联系效应最大的产业优先发展。这是不平衡增长理论的核心。③优先发展进口替代工业的战略。发展中国家由于其农产品和初级产品的需求弹性小，经济部门之间的联系效应较弱，因此应当选择联系效应较大的工业部门作为优先发展部门，而优先发展的工业应当选择进口替代工业。发展中国家国内工业投入稀缺，发展工业不得不用外汇从国外进口机器设备、原材料、半成品等投入要素，而发展中国家缺乏外汇，所以工业投入的稀缺成为工业化的约束条件。而进口替代工业的发展可以解决工业投入的来源，减少进口、节约外汇，为工业的发展创造条件，同时由于进口替代工业本身具有较大的前向和后向联系，可以在尽量减少进口机器设备和原材料的前提下，多使用本国原材料等投入，生产出国内工业发展和人民生活必需的产品。由于发展中国家的经济部门和人民生活对制造品、消费品需求大，市场潜力广阔，因此进口替代工业的发展可以产生较大的引致投资。

“循环累积因果”理论是结构主义发展经济学家缪尔达尔（Karl Gunnar Myrdal）于 1957 年提出的。他摒弃了新古典主义经济学所主张的市场机制的自发调节可以使资源在各个地区得到合理的配置，使各个地区的经济差异消除的观点。他认为这种静态均衡分析方法不符合发展中国家的实际，而应当采用制度的、整体的、动态的、非均衡的分析方法来研究经济发展问题。发展中国家的经济存在着地理上的二元结构，即发达地区和不发达地区。在发展初期，各地区的人均收入、工资水平和利润率是大致相等的，此时如果某些地区受到外部因素的作用，经济增长速度快于其他地区，经济发展就会出现不平衡。这种不平衡发展到一定程度，就会使地区间的人均收入、工资水平和利润率以及整个经济发展的水平出现差距。发展速度较快的地区，经济发展快，物质资本和人力资本的聚集量大，会吸引更多技术人才和管理人才、企业家以及熟练劳动力等质量较高的劳动力流入该地区。流入的高质量劳动力促进了本地区经济进一步快速发展，并刺激了对资本等生产要素需求的增长，反过来又刺激了对劳动力需求的增加，劳动力需求的增加会再次提高工资率，又进而吸引更多的劳动力的流入。另一方面，不发达地区由于工资率低下，劳动力大量流出，而经济不发展使该地区对劳动力和资本等要素的需求又不断降低，这使工资率进一步降低，劳动力继续向发达地区流动。这样，地区间的工资差异同劳动力的流动互为因果，劳动力的流动同经济发展互为因果，从而使发达地区越来越发达，落后地区越来越落后。地区间的资本流动、技术流动和贸易往来也如此。这种劳动力、资本、技术等要素因报酬差异而发生由落后地区向发达地区流动的现象，使落后地区受地区不利影响，地区间经济差距趋于扩大的现象称作“回波效应”（backwash effect）。但是在发达地区与落后地区间起作用的不只是“回波效应”，还有“扩散效应”（diffusion effect）。在二元经济结构中，发达地区的发展本身有其限度。当发达地区发展到一定程度后，由于人口稠密、交通拥挤、污染严重、资本过剩、自然资源不足等原因，发达地区生产成本上升，外部经济效益逐渐减弱，从而使经济增长的势头逐渐放慢。在此情况下，一方面，发达地区再扩大生产规模是相对不经济的，因而资本、劳动力、技术等就会自然地向其他地区扩散出去。发达地区也会为了自身的进一步发展而将资本、劳动力、技术等有意识地向其他地区扩散出去，无论是哪一种，扩散都将带动落后地区的经济发展；另一方面，发达地区经济增长的减速会使市场对落后地区的产品、资源等的需求增加，从而刺激落后地区的发展。鉴于上述两种效应的循环累积作用，在经济发展过程中，当某些先起步的地区已累积起发展的优势时，发展中国家应当采取地区不平衡发展战略，通过发展计划和投资安排，优先发展这些具有较强增长势头的地区，以求得较好的经济效率和较快的增长速度，然后通过扩散效应来带动其他地区的发展。但是各个地区的经济差距不宜拉得过大，当发达地区发展起来后，为了防止累积性因果循环造成的贫富差距无限制扩大，发展中国家不应当消极地等待发达地区产生扩散效应来消除这种差别，而应当采取一些必要的措施来激励不发达地区的发展，尤其是对不发达地区应制定相应的对策发展其经济，缩小其与发达地区的经济差距。

“发展极”（development poles）是由法国发展经济学家佩鲁（F. Perroux）提出的。该理论的中心思想是，在经济增长中，某些先导部门或有创新能力的企业或行业在一些地区或大城市集聚，形成一种资本与技术高度集中、具有规模经济效应、自身增长迅速并能对邻近地区产生强大辐射作用的“发展极”，其通过自身的优先发展，可以带动邻近地区的发展。“发展极”理论是以“支配学说”或“不平等动力学”为基础的。①社会是一个异质的集合体，由于种种原因，社会内部的各个部分之间存在着一种不平等的相互关系，即“支配”与“被支配”关系。“支配者”对“被支配者”施加影响，而“被支配者”却不能影响或不能以同等程度影响“支配者”。支配单位可以是企业、行业、部门，也可以是地区、国家。大企业对小企业、工业对农业、新兴产业对传统产业、城市对农村、发达地区对落后地区、发达国家对发展中国家，都有着支配关系。经济发展是一个支配单位起主导作用的不平等、不平衡的动态过程。②佩鲁认为一国经济由各种经济空间构成。这种经济空间不是几何空间或地理空间，而是社会经济中各种分子之间的经济关系，表现为：计划内容的经济空间、势力范围的经济空间、同质整体的经济空间等。“发展极”是从势力范围的经济空间形式中形成的。③应以非总量（非国民生产总值或国民收入增长总量）的方法来安排经济发展计划，将国民经济按地理幅员分解为部门、行业和地区。经济增长并不是在每个部门、行业或地区按同一速度平衡增长的。④某些先导部门和有创新能力的产业集中于一些地区，以较快的速度优先得到发展，形成“发展极”，即由先导部门和有创新能力的企业在某些地区的聚集发展而形成的经济活动中心。再通过其吸引力和扩散力，不断地扩展自身的规模并对所在部门或地区发生支配影响，从而不仅使所在部门和地区迅速壮大发展，还带动其他部门和地区的发展。⑤“发展极”的形成需要三个条件：必须有创新能力的企业和企业家群体；必须具有规模经济效益；必须有适当的周围环境便于投资和生产。⑥发展中国家实现工业化和现代化的经济发展，应当由市场机制的自发调节引导企业和行业在某些大城市和发达地区聚集发展而自动产生，或者由政府通过经济计划和重点投资来主动建成“发展极”，再通过“发展极”自身的发展和对其他地区或部门的影响，带动整个经济的发展。一些英、美学者对“发展极”展开了更进一步的研究，提出了“增长点”（growth points）的概念，有时也称作“增长极”（growth poles）。

不平衡增长是针对平衡增长提出的，从表面上看来，两者相互对立，但两者也有一定的联系。平衡增长与不平衡增长是从不同的角度、不同时期、不同阶段考虑问题的。不平衡增长是从资源有效配置的角度，考虑经济发展的初期，如何把有限的资源分配于最有生产潜力，即联系效应最大的产业中，通过这些产业的优先发展，来解决经济发展的瓶颈问题，并通过它们的发展来带动其他产业的发展。但是，当经济发展进入高级阶段时，从工业化快速发展经济的角度来看，国民经济各部门的发展需要作一定的协调使其保持一定的均衡，因而平衡增长就成为必然。所以，强调不平衡增长，目的是要实现更高层次和更高水平的增长。平衡增长是目标，不平衡增长是手段。在经济发展的初期阶段和资源稀缺的情况下，相对于平衡增长，不平衡增长对发展中国家更具吸引力。不平衡增长论为发展中国家的经济发展提供了一条新的发展路线或新的思路，其真正的作用不在于它是否可行，而在于它大大启发了人们的思路，说明经济发展的道路、战略决策不只是一种，而是多种。各个国家应当根据自己的具体情况，选择适宜自身的发展道路或战略。

2. 区域发展阶段理论

美国著名区域经济学家埃德加·胡佛与约瑟夫·费雪在 1949 年所发表的题为《区域经济增长研究》的论文中建立了他们的区域发展阶段理论。他们认为，任何区域的发展都存在着“标准阶段次序”。这种标准阶段次序是：①自给自足经济阶段。这是区域经济发展的初始阶段，其特征是：区域投资和区域间贸易很少，区域产业几乎为农业，区域人口绝大部分为农业人口，经济活动均随农业资源呈均匀分布。②乡村工业崛起阶段。随着交通运输业的发展，乡村工业及其相关产业随之产生。由于乡村工业的原料、市场和劳动力仍来源于农业区域，因此，乡村工业的分布与农业人口的分布相对应。③农业生产结构转换阶段。随着区域间贸易的日益扩大，区域农业生产开始由粗放型农业转变为集约型且专业化的园艺、乳酪、果蔬等生产。④工业化阶段。由于人口的增加以及农业生产发展到相当规模后所产生的规模报酬递减现象，迫使区域不得不谋求工业化、谋求制造业和矿业的发展。工业化阶段一般分为前后两期，即以农、林、矿产加工业，如食品加工业、木材加工业、纺织工业等为主的前期发展阶段；以炼钢、石油炼制业、金属加工制造业、化学制造业为主的后期发展阶段。⑤服务业输出阶段（成熟阶段）。此阶段是区域经济发展的最后阶段，是以资本、技术以及专业性服务等的输出为主的发展阶段。胡佛和费雪的区域发展阶段理论隐含着这样的命题：任何区域的发展都必须经历两个相辅相成的成长过程。一是区域经济必须经历由自给自足的封闭型经济向开放型商品经济转变的历史过程。在这一过程中，运输成本下降起着关键的作用，因为只有运输成本降低才能使区域间贸易成为可能。二是区域经济必须相应地完成由第一产业向第二产业到第三产业的过渡。其中最关键的一步是区域工业化战略的实施。由农业、采掘业等初级产业向以制造业为中心的次级产业过渡被认为是维持区域持续发展的唯一途径。

美国经济学家罗斯托在他的《经济成长的过程》和《经济成长的阶段》等著作中，运用归纳现代史的方法，对已经工业化了的国家的经济增长经验进行了总结，提出了“主导产业扩散效应理论”和“经济成长阶段论”。罗斯托根据技术标准把经济成长阶段划分为六个阶段，每个阶段都存在起主导作用的产业部门，主导部门的序列不能任意改变，经济阶段的演进就是以主导产业交替为特征的。这六个阶段分别为：①传统社会阶段。科学技术水平和生产力水平低下，主导产业部门为农业部门。②起飞创造前提阶段。近代科学技术开始在工农业中发生作用，占人口 75% 以上的劳动力逐渐从农业转移到工业、交通、商业、服务业，投资率的提高明显地超过人口的增长水平；③起飞阶段。该阶段相当于产业革命时期，积累率在国民收入中所占的比例由 5% 增加到 10% 以上，有一种或几种经济主导部门带动国民经济的增长。④成熟挺进阶段。现代科学技术已经有效地应用于生产，投资率在 10% ～ 20%，由于技术创新和新兴产业的不断涌现和发展，产业结构发生了巨大的变化。⑤高额民众消费阶段。工业高度发达，主导部门转移至耐用消费品和服务部门。⑥追求生活质量阶段。主导部门从耐用消费品部门转移至提高生活质量的部门，如文教、医疗、保健、福利、文娱、旅游等部门。

3. 区际贸易与地区专业化理论

亚当·斯密是英国 18 世纪古典政治经济学的创始人。他从工场手工业中发现分工可以提高劳动生产率，然后将这一原理推而广之，认为国家间也是如此。他认为，每个国家都有适于某种特定产品生产的绝对有利条件，从而导致该国生产该产品的生产成本最低。各国为了本国利益如果实行国家分工，专业化生产本国具有绝对优势的产品，就能提高各国的劳动生产率，在国际贸易中获得最大的利润。例如，如果甲、乙两个国家都能生产A、B两种产品，如果甲国生产A产品的单位生产成本高于乙国A产品的单位生产成本与A产品从乙国运到甲国的单位运费之和，乙国生产B产品的单位成本高于甲国生产B产品的单位生产成本与B产品从甲国运到乙国的单位运费之和，那么如果甲国专门生产B产品，乙国专门生产A产品，然后相互进行贸易，最后两国的利润肯定大于他们各自分工前的水平。按照这一理论，世界上那些各方面条件都没有优势的国家和地区，就只能闭关自守，无法参与国家和地区间的竞争和交流，而这显然与世界经济发展的现实不相吻合。

大卫·李嘉图是亚当·斯密之后的另一个古典政治经济学家，他发展了亚当·斯密的绝对成本学说，提出了比较成本说。他认为地域分工的基础是比较利益，或称相对成本。其观点是：两国产品的交换，取决于生产这两种产品的比较成本（相对成本），而不是它们的绝对成本。由于两国劳动生产率的差异在不同的产品上不同，因此两国间不同产品的比较成本不同。各国应该集中生产本国相对最有利的产品，即优势最大或劣势最小的产品。通过国际贸易，交易双方都可以节约资源，获取最大利益。例如，如果甲、乙两个国家都能生产A、B两种产品，甲国生产这两种产品的劳动生产率都高于乙国，其中A产品是乙国的2倍，B产品是乙国的3倍，那么这时如果甲国专门生产B产品而乙国专门生产A产品，然后相互间通过贸易满足各自的需求，则双方都可以获得更大的利益。李嘉图仅用劳动时间来计算比较利益，显然没有考虑生产要素间内在的复杂关系，过于简单，与实际有较大差距。

20世纪以来，赫克歇尔（Eli F. Heckscher）和俄林（Bertil Ohlin）开启了现代比较优势理论发展的新阶段。赫克歇尔在1919年发表的论文《对外贸易对收入分配的影响》中讨论了各国要素禀赋差异在确定比较优势和国际贸易结构中的重要作用，指出由于各国都会出口密集使用本国相对丰富要素生产的产品，因此国家之间的要素禀赋差异是产生国际贸易的充分条件。瑞典经济学家俄林继承了其老师赫克歇尔的思想，并在理论体系上有所发展。他在1933年出版的著作《区际贸易和国际贸易》中指出："贸易的首要条件是某些商品在某一地区生产要比在别的地区便宜，在每一个地区，出口品包含着该地区拥有的比其他地区更便宜的相对大量的生产要素，而进口别的地区能更便宜地生产的商品"。简言之，就是进口那些含有较大比例生产要素昂贵的商品，而出口那些含有较大比例生产要素便宜的商品。由于各种各样的原因，区域之间生产要素的原始分布不均衡，要素禀赋的差异使各个区域生产要素回报率也存在差异，进而导致了所谓的比较优势和比较利益。自然资源一类的要素流动性很差，或者说流动的成本很高，但是要素的比较优势物化在产品中，为此，除要素的区际流动外，还可以通过各区域发挥比较优势生产产品，通过产品交换开展区际贸易，达到同样的效果。我国能源地区分布极不均衡，这一理论为我国建立区域性要素市场、实现资源的优化配置和区域经济的均衡增长提供了理论依据。

一些学者在H-O模型的基础上，通过对其关键性假设进行修改或突破，又进一步发展和拓宽了比较优势理论的内容。①产品生命周期理论是美国学者弗农（Vernon）于1966年在《产品周期中的国际投资与国际贸易》一文中首次提出的，借以解释制造业生产的国际区位演化过程，是对H-O模型的动态化拓展。根据产品生命周期理论，任何产品都可能经历从创新、增长到成熟进而衰退老化的阶段。在不同阶段，市场周期、技术资本密集度及关键生产要素等因素存在一个演化过程，因此生产区域也经历了由创新地到其他发达国家，再到发展中国家的区域选择和再选择过程。从地理分工的角度看，就是发达国家和地区生产处于创新和增长阶段的产品，而发展中国家生产处于成熟阶段的产品，其实质是处于不同生命周期的产业或产品的地理分工。②瓦内克于1968年提出H–O–V模型。在两要素条件下，某一要素禀赋相对丰裕的国家会成为该要素服务的净出口国和另一种要素服务的净进口国。这一模型与H–O理论的经验验证密切相关，20世纪80年代以后比较优势论者批评"里昂惕夫悖论"的几个强有力的观点，几乎都建立在该模型的基础上。③波斯纳、胡鲍尔等人提出了技术差异理论。在古典比较优势理论中，国家或地区之间的技术差异本来是比较优势的根源，斯密和李嘉图都是这样解释的，但是在H–O框架中，为了突出要素禀赋差异的重要性，技术差异被抽象掉了。波斯纳、胡鲍尔等又重新将技术差异引入比较优势理论的研究中。他们认为，各国或地区技术水平的差异在比较优势形成中发挥重要作用，率先进行某种技术创新的国家，在国外尚未获得这种技术的时期内独享技术优势，并以此维持垄断地位，获得高额利润。但技术可以通过转让专利权、直接投资和商品贸易的形式流入其他国家或地区，技术流入国通过模仿、吸收、掌握这种技术，优先获得这种技术的国家或地区的技术优势将逐渐丧失。特拉夫勒（1993）进一步发展了技术差异的比较优势学说，针对"里昂惕夫悖论"指出，美国劳动要素的生产率是世界其他地区的3倍，这实际上反映了技术上的差距，美国对外出口的所谓劳动密集型产品，实际是具有技术优势的劳动力生产的技术密集型产品。

比较优势是垂直型地域分工的基础和依据，但针对第二次世界大战后国际贸易领域大规模发展的水平分工现象，其解释力却显不足。于是新贸易理论等水平分工理论应运而生。新贸易理论指20世纪70年代末兴起的以报酬递增和不完全竞争为基础的贸易理论，主要研究产业内贸易的起因和影响，其代表人物包括：克鲁格曼、赫尔普曼、埃泽尔、布兰德等。1977年，迪克希特和斯蒂格利茨发现如果存在规模经济，则两国可以选择不同的专业，从而产生内生绝对优势。1985年，赫尔普曼和克鲁格曼在此基础上出版了《市场结构和对外贸易》一书，奠定了新贸易理论的基础。该理论认为，国际分工形成的贸易，尤其是要素供给结构相似国家之间的产业内贸易，是各国按照规模收益递增原则发展专业化的结果。规模收益递增要求生产大批量、同质产品，从而带来市场价格的下降，但是人们对差异产品的追求要求生产小批量、异质产品。解决这一矛盾的最佳途径是开展国际贸易。因为国际贸易可以使大批量生产的产品分布在不同国家的市场上，从而在每个国家都是小批量产品，且成为差异产品。至于各国发展何种专业化，克鲁格曼认为，其在一定程度上具有历史的偶然性，但一旦由于特殊原因，在某个国家或地区形成某种产品的专业化生产，这种格局将会通过贸易不断积累发展下去，具有很强的路径依赖性。

4. 区域产业经济理论

（1）产业结构演变理论

威廉·配第（William Petty）于1672年出版的《政治算数》中认为荷兰这样领土小、人口少的国家却能与法国这样领土大、人口多的国家相抗衡，主要是由于荷兰凭借其优越的地理位置，更多地从事商业。他通过对当时英国、法国、荷兰三个国家的考察得出结论：工业比农业收入多，商业又比工业的收入多。20世纪50年代英国经济学家科林·克拉克（Colin Clark）在配第产业结构的思想和新西兰经济学家费夏（Fischer）的三次产业分类法的基础上，通过对40多个国家和地区不同时期三次产业劳动投入和总产出的资料的整理和比较，总结了劳动力在三次产业中的结构变化与人均国民收入的提高存在的一定的规律性：劳动人口从农业向制造业，进而从制造业向商业及服务业移动。这就是所谓的配第—克拉克定律。配第—克拉克定律是以国家作为基本分析单位得出的结论，虽然不能直接应用于区域层次，但就推动产业结构变动的两个基本因素，需求因素（需求收入弹性）和效率因素（生产率）而言，其是推动产业结构变化的基本动因，也同样是影响区域产业结构变动的主要因素。

美国著名经济学家西蒙·库兹涅兹（Simon Kuznets）在《各国的经济增长》一书中探讨了发达资本主义国家的总产值不断增长和按人口平均国民生产总值不断提高的情况下，生产的部门结构和劳动力的部门结构的变动趋向，并提出了著名的库兹涅兹法则。随着现代经济的发展，在国民生产总值不断增长和按人口平均国民生产总值不断提高的情况下，无论是生产的部门结构还是劳动力的部门结构都是变化着的。其变动的一般趋势为：农业部门占的比重无论是在总产值中还是在总劳动力中都趋于下降；而工业部门占的比重无论是在总产值中还是在总劳动力中都趋于上升。各部门在总产值和总劳动力中所占份额的变动情况虽然一致，但其变动的具体百分比却并不是完全相同的。根据对发达资本主义国家历史资料的分析，库兹涅兹指出，在制造业内部，与现代技术密切联系的新兴部门增长得最快，其在整个制造业总产值和劳动力中所占的比例上升，而一些较老的生产部门占的比例则下降。在服务部门，教育与科研和政府行政部门在总劳动力中占的比例是上升的。

德国经济学家霍夫曼在1931年出版的《工业化的阶段和类型》一书中，把全部产业划分为消费品工业、资本资料工业和其他工业，并根据多个国家的时间序列数据，分析了消费品工业的净产值与资本资料工业的净产值比例，即所谓的霍夫曼比例。著名的霍夫曼定律是指在工业化进程中霍夫曼比例不断下降。

美国经济学家钱纳里将开放型的产业结构理论规范化，提出了“发展型式”理论。他在1960年通过对51个不同类型国家的经济统计数据的计算，得到有关随人均收入水平变化，制造业各部门相对比重变化的一组标准值，这可用来对照分析本国在某种经济条件下制造业内部结构，即工业结构是否偏离正常值。之后，许多经济学家进一步发展了钱纳里的理论，在钱纳里的产业结构理论基础上，对世界一批国家的产业结构变化作了科学分析。他们运用多国模型，对世界一批国家的经济增长因素进行了分析，发现随着人均收入的增长，产业结构会出现规律性的变化。其基本特征是：在国民生产总值中工业所占份额逐渐上升，农业所占份额逐渐下降，而按不变价格计算的服务业则缓慢上升；在劳动就业结构中，农业所占份额下降，工业所占份额变动缓慢，而第三产业将吸收从农业中转移来的大量劳动力。

（2）产业结构调整理论

美国经济学家刘易斯于1954年在《劳动无限供给条件下的经济发展》一文中，提出了用以解释发展中国家经济问题的二元结构转变理论。他认为整个经济是由弱小的现代工业部门和强大的传统农业部门组成，发展中国家可以充分利用劳动力资源丰富这一优势，加速经济的发展。二元结构转变理论的基本假设条件是：农业的边际劳动生产率为零或接近零；从农业部门转移出来的劳动力，其工资水平取决于农业的人均产出水平；城市工业中利润储蓄倾向高于农业收入中的储蓄倾向。由假设条件可知，农业剩余劳动力对城市工业的供给价格是很低的，而且，由于工业生产的边际劳动生产率要远高于农业剩余劳动力的工资，工业生产可以从农业中得到劳动力的无限供给；而农业的人均产出水平很低，因此从农业中转移出来的劳动力工资水平也远低于工业的边际劳动生产率，工业就可以从劳动力供给价格与边际劳动生产率的差额中获得巨额利润。同时由于工业利润中的储蓄倾向较高，使城市工业生产对农村剩余劳动力的吸纳能力进一步提高，这样就产生一种累积效应，即随着农村劳动力向城市工业转移，农村劳动力的边际生产率不断提高，工业劳动生产率不断降低，这种效应直到工、农业劳动力的边际生产率相等为止，这时，城市和农村的二元经济结构转变为一元经济结构。

（3）产业关联理论

产业关联理论又称为投入产出理论，其创始人是美国经济学家里昂惕夫（Leontief，Wassily W.）。产业关联理论的第一个理论渊源是法国重农学派经济学家魁奈（Francois Quesnay）的《经济表》。魁奈从重农主义理论出发，用简明的图示描绘了社会总资本的再生产过程。产业关联理论的第二个理论渊源是马克思的两部门再生产理论。产业关联理论的第三个理论渊源是瓦尔拉斯的一般均衡理论。一般均衡理论的基本思想是各个特殊市场是相互联系的，也就是各种产品和生产要素的价格是相互联系的，整个市场上所有的价格是相互作用并最终同时达到均衡。里昂惕夫在吸收上述三个理论来源基础上，利用美国数据资料编制了美国经济 1919 ～ 1929 年的投入产出表，分析研究了美国经济结构中的数量关系。投入产出关系是产业间关联关系的主要内容和方式。产业间关联的内容具体可以分为：产业间产品和服务关联、产业间就业关联、产业间技术关联、产业间价格关联、产业间投资关联等。产业间关联的方式具体可以分为：产业间单项联系和多项联系、产业间顺向联系和逆向联系、产业间直接联系和间接联系、产业内部纵向关联等。产业关联效应分为“前向关联”和“后向关联”，其衡量指标有感应度系数和影响力系数。

（4）产业“竞争优势”理论

产业竞争力是由比较优势（comparative advantage）和竞争优势（competitive advantage）两方面因素决定的。比较优势最终归结为一国或地区的资源禀赋，而竞争优势涉及的是各国（地区）同一产业之间的关系。比较优势更多地强调各个地区优势的潜在可能性，而竞争优势则更多地强调各地区优势的现实态势。比较优势涉及的主要是各地区间不同产业、产品之间的区际交换关系，体现各个地区间不同产业之间劳动生产率的比较和相对优势，主要强调地区间产业分工与产业互补的合理性；而竞争优势涉及的是各地区间同一产业内的市场交换关系，体现的是各地区相同产业生产率的绝对优势，主要强调了地区产业竞争和产业替代的因果关系。二者的本质都是生产力水平的相互比较。在实践中，发挥比较优势意味着强调各地区的产业发展应该“扬长避短”，而增强竞争优势则意味着更加强调各地区产业发展的现实道路是

“优胜劣汰”。

迈克尔·波特在《国家竞争优势》一书中否定了由资源禀赋比较优势一维决定竞争优势进而决定产业结构与技术选择的理论。他批评传统比较优势理论只看重要素成本，而把质量和差异化看成可有可无的因素。波特（1992）指出，国家的繁荣是创造出来的而不是继承来的。由于高新科技的快速发展，以传统资源见长的国家可能在一夕之间就失去了竞争力。以劳动成本或天然资源为优势的产业，往往是资金周转率低、科技含量低、需求弹性低、进入障碍不高的行业，发展中国家很容易掉入这种陷阱。波特认为一个国家产业成功的关键是相对世界最强的竞争对手具有竞争优势。创新产生竞争优势，而不断升级则保持这种优势。波特提出了决定国家竞争优势的钻石模型，他认为决定一个国家竞争优势的因素有四类：要素条件；需求条件；相关与支持产业；公司战略、市场结构与竞争对手的情况。这四类因素相互作用，共同维系国家的竞争优势，只凭要素条件一种因素是远远不够的。即便一国某产业拥有资源禀赋的比较优势，具有价格竞争力，但在国际贸易实践中，产品的综合竞争优势还要取决于非价格竞争力。非价格竞争力包括产品的质量、性能、款式、包装、生产地点、运输费用、品牌偏好、文化内涵、售后服务等一系列因素。如果发展中国家在非价格方面的竞争力太弱，即使具有低价格的比较优势，也会丧失竞争优势。

5. 后发优势与后发劣势论

后发优势论是关于经济上后来发展的国家在发展中存在一种由后发国地位带来的特殊利益的理论，应当认为是发展经济学的重要组成部分。后发优势论的创立者是俄裔美国经济史学家格申克龙（A. Gerschenkron）。他在1962年出版的《从历史的角度看经济落后》一书中，通过对19世纪德、意、俄等当时欧洲较落后的国家工业化过程的经验分析，指出相对落后国家，其工业化进程和特征在许多方面表现出与先进国家显著不同，相对落后程度越高，之后的增长速度会越快，原因在于这些国家具有一种得益于落后的优势，也可称为“后发性优势”“落后优势”“落后的有利性”。后发优势归纳起来有如下方面：相对落后会造成紧张状体，及其国民要求工业化的强烈愿望，并激发制度创新；可以在吸收先进国家成功经验和失败教训基础上，根据自身实际，选择有别于先进国家的不同发展道路；可以以先进国家的技术、设备和资金，在一个较高起点上推进工业化。在格申克龙之后，有不少经济学家对后发优势问题作进一步探讨。例如，美国经济学家列为（M. Levy）、阿布拉莫维茨（M. Abramovitz）、鲍莫尔（W. J. Baumol）、罗索夫斯基（H. Rosovsky）、希尔曼（J. Hellman）等。美国学者伯利兹和克鲁格曼（E. Brezis and P. Krugman）在总结发展中国家成功发展经验基础上还提出了基于后发优势的技术发展“蛙跳”（Leap-frogging）模型（1993），认为在技术发展到一定程度、本国已有一定技术创新能力前提下，后进国可以直接选择和采用某些处于技术生命周期成熟前阶段的技术，以高新技术为起点，在某些产业领域实施技术超越，直接进入国际市场与先进国竞争，而先发国家基于已有技术的沉淀成本，资产专用性及技术转化的高成本，可能反而被锁定于原技术上。在经济全球化和信息化新形势下，后发优势论进一步得到拓展。对此，格罗斯曼和赫尔普曼（G. M. Grossman and E. Helpman）、巴罗和萨拉·易·马丁（R. J. Barro Sala-I-Martin）以及范艾肯（R. Van Elkan）等都有所分析。

与后发优势论相反，一些学者尤其是不发达国家中的一些学者认为，当今发展中国家面临的国际环境和发达国家当年工业化初期情况大不相同。现如今，发展中国家一开始就面对经济强大的发达国家，后者对前者的不利影响无处不在，使当今发展中国家在多方面处于劣势。包括：资本积累的后发劣势、技术进步的后发劣势、产业发展的后发劣势、结构转化的后发劣势、制度创新的后发劣势等。除了上述劣势，后发国家还有国际贸易的后发劣势、国际关系的后发劣势。这主要反映在中心—外围论和依附论上。中心—

外围理论由阿根廷经济学家普雷维什（R. Prebisch）提出，认为当代资本主义世界国际经济关系由两部分组成：一部分是西方发达国家，它们是国际经济关系的中心；另一部分是第三世界国家，是这种国际经济关系的外围，从而形成中心—外围格局。中心国家利用旧的国际分工，从事工业品生产，外围国家从事初级产品生产。在双方贸易中，发展中国家贸易条件的恶化源于以下三个方面的原因：工业品需求弹性大，初级产品需求弹性小；发达国家的垄断企业和工会组织吸收了由生产率提高而得来的利益，增加了利润和工资。发展中国家的企业垄断性较低而工人又缺少组织，企业之间的竞争和工人之间的竞争使生产率提高的效果化为产品价格的下降；发达国家投入发展中国家初级产品出口生产部门的外国资本，事实上是在替投资国家建立经济“飞地”或“前哨”，发展中国家其他经济部门的很少联系。外国在发展中国家投资所得的利润和利息，一般不转化为当地投资，而是回流到输出资本的国家。如同辛格（H. Singer）所说，发达国家作为买主和卖主得到的是“两个世界最好的东西”，而发展中国家得到的是“两个世界最坏的东西”。依附论形成于20世纪60年代中期，主要代表人物卡多索（F.Cardoso）、桑托斯（M. Santos）、弗兰克（A. Frank）、伊曼纽尔（A. Emanuel）和阿明（S. Amin）等。他们大多是拉美经济学家，故其理论又称“拉美学派”。他们同样是中心—外围论者，同时他们认为外围国家在资本主义世界体系中处于从属地位，对中心国存在依附关系，在贸易、资本、技术等方面依附于发达国家，受发达国家控制，使这些外围国家得不到应有发展。中心与外围间的贸易是不平等交换，外围国家生产的大量剩余被转移到中心国家，使外围与中心的差距越来越大。

6.“新区域主义”

兴起于20世纪80年代初期的“新区域主义”试图超越“国家干预”与“市场调节”的两难选择，为了更好地解决区域公共问题，由区域内地方政府、非营利组织和市场主体所构成的治理主体及其组织形态，也包括这些主体在治理区域公共事务过程中所共同遵守的治理理念和相关制度设计。区域政策的重点是“区域财富”的积累、“区域内部力量”的动员和竞争优势的培育。如何改进区域发展的经济、制度和社会基础，培育区域的自我持续发展能力，积累“区域财富”是“新区域主义”关心的主要政策方向。“新区域主义”的理论建构始于一些西方学者对于20世纪70年代末期以来，在新技术革命和市场自由化体制推动下资本主义经济所出现的新的时空变化，特别是对区域经济复兴的关注。以“第三意大利”“硅谷”等为代表的“新马歇尔产业区”的出现，及其在全球经济中所表现出的持续强大的创新、竞争能力和良好的经济增长绩效，使人们认识到，与经济全球化进程相伴而生的并不是新古典经济学所预测的区域差异的消失，反而是区域的崛起和经济个性化的凸现。目前，“新区域主义”已经形成弹性专业化学派、加利福尼亚学派、技术创新学派三个相互联系又有明显区别的理论学派。

作为一种治理范式，“新区域主义”具有很高的规范性，这种规范性来自 种假设，即区域代表了民主治理、好的公共管理和有效的发展政策所固有的治理框架。根据“从政府到治理”转换的普遍范式，国家政权通过特定的政治过程转移到私人部门主体、公民社会和“利益主体”，区域治理被作为应对政治决策过程复杂性不断增加的一个研究过程。作为治理理论在区域的新发展，“新区域主义”有两个核心概念：首先，“新区域主义”扩充了区域整合的主体范围。“新区域主义”提倡公权到私权的让渡，打破传统的国家一元管理形式和单一的政府管理主体，主张多元治理和多级治理（multi-level governance system），把后现代公共行政的去中心化作为基础。“新区域主义”理论主张在区域发展的过程中，打破传统政府单一主导的方式，构建合理的参与机制与互动网络。其次，重塑政府—社会关系，引入公民社会和私人部门等主题，实行政府、社会组织、公民社会、私营部门的联合治理（joined-up governance）形成一种嵌入式经济和政治发展新模式，推动非政府组织及私人部门参与。近年来，中国学者也开始强调“新区域主义”的重要性，将其应用到地方合作、区域公共物品的提供以及区域协调发展的研究中。

（三）内生增长理论

现代经济学中，罗伯特·索洛（Robert Solow）建立的新古典经济增长理论假定资本的边际报酬递减，把促进经济增长的技术因素作为外生变量，没有对技术进步过程进行分析和说明，因此不能说明为什么经济可以长期增长。进入 20 世纪 80 年代后，罗默、卢卡斯等人拓展了索洛的分析，形成了内生增长理论。内生增长理论用内生技术进步来说明一国的长期经济增长，着重从理论上说明知识积累和技术进步是经济增长的决定因素，并详细分析了技术进步的实现机制，其重要特征是试图使增长率内生化。为了说明经济的内生增长，避开稻田条件的限制，罗默模型、卢卡斯模型、格罗斯曼—赫尔普曼模型都假定总量生产函数呈现出收益递增，资本积累将不再导致资本的边际产品趋于零，从而一国可以实现长期的经济增长。

最早用外部性解释经济增长的模型是由阿罗（Arrow，1962）建立的。阿罗借鉴了卡尔多（1957）将技术进步视为由资本积累决定的观点，认为既定的技术进步或生产率提高是资本积累的副产品，也就是说，新投资具有溢出效应，不仅进行投资的厂商可以通过积累生产经验而提高其生产率，其他厂商也可以通过“学习”而提高他们的生产率。据此，阿罗将技术进步看成由经济系统（这里是投资）决定的内生变量。阿罗模型中，总量生产函数可以写成：$Y=F(K, AL)$，式中知识存量 $A=K^d$，$d<1$。知识是投资的副产品。整个经济表现为规模收益递增，而每个厂商的规模收益不变（厂商将知识存量 K^d 看作是给定的）。假定人口增长率为 n，经济将沿着一条平衡增长路径增长，总产出和资本的增长率都是 $n/1-d$，人均产出增长率为 $dn/1-d$。阿罗模型不同于新古典增长理论之处是由于阿罗假定存在全经济范围内的技术溢

出，因此不存在政府干预时的竞争性均衡是一种社会次优，均衡增长率低于社会最优增长率，而政府可以采取适当的政策提高经济增长率，使经济实现帕累托最优。与阿罗将知识视为一种非意愿商品（即投资的副产品）所不同，谢尔（Shell，1967）将知识视作研究部门意愿生产的商品，而将技术内生化。

罗默（Romer，1986）沿着阿罗的思路考察了内生技术进步对经济增长的影响。在阿罗模型中，d 必须小于 1，否则经济不存在一条平衡增长路径。罗默扩展了阿罗的分析。在罗默模型中，d 可以大于 1。当 $d=1$ 时，经济将沿着平衡增长路径增长（罗默假定劳动 L 不变）。当 $d>1$ 并且经济满足其他一些限制条件时，经济也存在竞争性均衡解，这时人均收入增长率将单调上升，资本的边际生产率也将递减，从而使资本和投资趋向于从人均收入和人均资本较低的国家流向较发达国家。罗默假定，知识是追逐利润的厂商进行投资决策的产物，知识不同于普通商品之处在于知识具有溢出效应，这使任何厂商所生产的知识都能提高全社会的生产率。正是由于知识溢出的存在，资本的边际生产率才不会因固定生产要素（劳动）的存在而无限降低，于是稻田条件不再成立。由于知识不能得到完全的专利保护或保密，因此单个厂商生产的新知识具有正的外部性，新知识的出现使整个社会都从中受益。知识的私人边际产品小于知识的社会边际产品，因此知识生产者将选择一个低于社会最优水平的知识存量，这将导致竞争性均衡增长率小于社会最优增长率。政府可以通过税收和补贴等形式干预经济，诱使一部分生产要素从消费品生产部门流向研究部门，使经济实现帕累托最优。罗默模型认为，技术和知识是私人厂商进行意愿投资的产出，知识产出具有足够的溢出效应，足以抵消知识资本边际产品递减趋势，使知识资本的积累过程不会中断，从而带动经济长期增长。

卢卡斯借鉴了舒尔茨、贝克尔等人的人力资本概念，将“人力资本”定义为个人的一般技术水平。在卢卡斯的人力资本溢出模型中，全经济范围内的外部性是由人力资本溢出效应造成的，这种外部性的大小可以用全社会人力资本的平均水平来衡量。卢卡斯（Lukas，1988）认为，人力资本的溢出效应可以解释为向他人学习或相互学习，一个拥有较高人力资本的人对他周围的人会产生更多的有利影响，提高周围人的生产率，但他并不因此得到收益。在人力资本模型中，人力资本是增长的发动机。人力资本既具有内部效应又有外部效应。人力资本的内部效应是指个人拥有的人力资本可以给他带来收益。人力资本的外部效应是指个人的人力资本有助于提高所有生产要素的生产率，但个人并不因此而获益，因此人力资本的外部效应就是人力资本所产生的正外部性，这一效应使人力资本的社会价值与均衡价值产生差别，使竞争性均衡增长路径与最优增长路径不一致。在卢卡斯的模型中，经济持续增长的源泉是人力资本积累。对于一个国家而言，经济最初的人力资本和物质资本的水平都很低，则它均衡（及最优）的人力资本和物质资本水平也将较低，因此穷国可能始终落后与富国，尽管穷国的人均收入长期增长率与富国相同。拥有同样技术的工人在富国比在穷国拿到更高的工资，而工资的国际差异诱使穷国居民向富国移民。

格罗斯曼和赫尔普曼（1991）分析了消费品品种增加对经济增长的影响。这一模型同卢卡斯模型一样，也是两部门模型。经济中存在研究部门和消费品部门。研究部门研制关于新型消费品的设计，其生产函数是关于劳动投入和知识存量的二阶齐次函数。消费品生产者购买研究部门的新设计后，用收益不变的生产技术生产出新型消费品。由于假定每一种消费品均由唯一厂商生产，每一厂商拥有实际的市场力量，它通过使产品定价高于其边际生产成本以支付购买专利的费用。这一模型假定消费者偏好多样化消费，其效用函数是 D-S 型的。消费品品种的增加虽然并不导致单个消费品生产者的规模收益递增，但可导致代表性消费者瞬时效用的增加。因此消费品品种的增加带来了两种外部性：一是新设计所体现的知识积累使研究成本降低和生产率提高；二是消费多样化使消费者的满足程度提高。当知识积累同时产生上述两种外部性的情况下，经济可以实现内生增长。分散化均衡表现为一条平衡增长路径。它是一种社会次优，经济的均衡增长率一般低于社会最优增长率，由于知识外部性的存在，在均衡时对知识积累的激励不足。政府可以通过对知识积累提供补贴提高经济增长率。在这一模型中，平衡增长路径上每种消费品的产量保持不变，增长完全体现在消费品品种的不断增加。

现代增长模型采用的基本分析方法是由拉姆齐（1928）等人开创的动态一般均衡分析方法，该方法的核心是库恩—塔克定理，即求解经济分散化动态均衡问题可以简化为求解最大化问题。各个内生增长模型都可以理解为库恩—塔克定理的特殊应用，即通过求解在生产技术的约束下代表性家庭的跨时效用最大化问题，得到经济的均衡增长路径。动态一般均衡方法的思想基础是瓦尔拉斯的一般均衡理论。该理论认为，通过市场机制这只“看不见的手”的作用，分散经济可以达到均衡状态，并且经济均衡通常是帕累托最优状态。在新增长理论之前，新古典增长理论就试图利用动态一般均衡分析方法说明，分散经济不但可以实现静态帕累托最优，而且能够实现动态帕累托最优，“看不见的手”将引导经济沿着最优增长路径移动。内生增长理论对新古典增长理论的上述论证作了一定的修正。内生增长理论认为，在经济中存在外部性或垄断因素的前提下，分散经济可以实现均衡增长，但这种动态均衡一般不是帕累托最优，自由竞争将不能保证经济沿着最优增长路径增长。这时可以通过政府这只“看得见的手”消除市场机制造成的资源配置扭曲，即通过政府和市场两只手的共同作用使经济实现帕累托最优。各国政府实施的财政政策、产业政策与贸易政策对一国经济的长期增长具有重要影响，这就从理论层次上说明了政府对经济进行干预的必要性。

然而，作为内生增长理论和新古典增长理论共同思想基础的一般均衡论存在致命的缺陷，它主要表现为经济学家对市场机制这只“看不见的手”的一种信赖，而不是对经济现实的合理近似。内生增长理论经济学家尽管承认经济中外部性或垄断因素的存在将使分散经济无法沿最优路径增长，还企图通过政府的力量完全消除市场造成的缺陷，使经济最终回到最优增长路径上。因此他们的论证只不过是想说明，资本主义经济可以利用政府干预实现最优增长。另外，内生增长理论模型都采用了极其抽象的表述形式，对丰富多彩的经济现实作了大量简化，采用了过多、过于严苛的假设条件[1]，一定程度上损害了模型的解释能力。虽然各个模型都包含了复杂的有时还非常高深的数学工具，但是在撇开这些模型的华丽外衣后，其内核实际上非常简单。

（四）资源、环境、生态理论

1. 自然资源价值论

长期以来，以传统的劳动价值论为依据，人们对于自然资源有没有“价值”的回答是否定的。劳动价值论认为价值只由劳动创造，商品价值是人类劳动的凝结，价值量决定于社会必要劳动时间。自然资源是“天赐之物”，不是劳动的产品，本身没有包含物化的劳动，因而没有价值。18 世纪末到 19 世纪中叶，劳动价值论转向效用价值论。但是在一个长时期内并没有把这种新的观念和学说引申和贯彻到自然资源的价值研究之中，在私立动机的驱使下，整个社会仍然视自然资源为无价值，从而助长了对自然资源的掠夺性开发和滥用。

马克思的劳动价值论和西方经济学的效用价值论的主要分歧之一便是自然资源的价值、价格问题。丁任重（2009）结合劳动价值论和效用价值论来确立自然资源价值观。他指出，实际上，自然资源没有价值并不是马克思的

[1] 新古典增长理论假定制度和个人偏好既定，技术变化因素被排除在经济分析之外。新增长理论虽然将技术视为经济系统的内生变量纳入研究范围之中，但是经济制度和个人偏好仍然被看作外生给定的，因此无法利用新增长理论说明经济制度的变化或个人偏好的变化对生产技术和经济增长的重要影响。

本意。马克思认为自然力没有价值这个命题存在一个界限，一旦超过这个界限，人类就要为此追加劳动，自然力也就具有了价值。这是因为，自然环境资源的再生产过程首先是自然再生产过程，在一定限度内，自然资源可以自然地更新、再生、恢复和增殖。但随着人类活动的强化，其自然再生产已不能满足人类的需要，人类必须付出劳动，这就使它具有了社会再生产的性质。因而，自然环境资源的价值在其自然再生产能力之上，应包括人类为维护、恢复、再生、更新、增值和积累自然资源时应付出的必要劳动时间。自然资源中未经人类改造投入的天然成分（如原始森林）的价值，即资源的有用性、稀缺性和自然丰度则由效用价值决定，它和劳动价值一样，也可以进行交换。因此，自然资源的价格应由两部分构成：一是自然资源本身的价值，即未经人类劳动参与的天然产生的那部分价值，二是基于人类劳动投入所产生的价值[1]。

2. 自然资源产业论

自然资源产业是从事自然资源再生产产业活动的生产部门的总称。自然资源产业是处于人类社会与自然界毗邻的上游产业，是整个国民经济的基础，在社会物质生产的产业领域排序中应该列在首位，即：自然资源产业、农业、采掘业、加工工业、运输业、建筑业。应当巩固自然资源的基础产业地位，彻底把各类资源产业与相关的传统资源开发业区分开来，使其成为一个独立的专门化产业，调动起自然资源生产的积极性，使人类依靠自然资源的“股息”为生，而不是“吃老本”，从而保持并改善自然资源基础，逐步实现可持续发展的目标。

3. 自然资源产权论

资源产权是指所有和使用资源的权利。产权的一个主要功能是引导人们

[1] 比如森林资源砍伐以前的选种、育苗、营林、护林、防火、防虫、防病等社会活动；矿产资源开采以前的勘探等社会活动。

实现将外部性较大地内在化的激励。自然资源及其产权安排是一国经济增长与发展的决定性因素。合理而清晰的产权界定一方面赋予产权主体一定的权利激励，激励其保护自身的合法财产，并采取最为有效的方式利用资源以提高资源价值；另一方面又使这种权利的形式受到一定的责任约束，约束产权主体的机会主义行为，阻止侵权行为的发生。而发挥这一功能的关键就是产权界定必须赋予产权主体明确而对称的权利与责任。

自然资源可以分为独占性资源和公共性资源两大类。独占性资源是指土地、矿产、森林等在世界上可以实施财产意义上分割的自然资源。而公共性资源则是指大气环境、海洋资源、水环境等难以分割、难以实现排他性的自然资源。对于独占性自然资源的产权归属问题，进行产权分割的难度不大，而难以分割的公共性资源产权问题则复杂得多。作为一种特殊产权，公共性自然资源的产权界定实际是公众所拥有的生态资源及对这些资源使用程度的界定。从产权归属上，它理当归属于公众和社会，每个社会成员在环境产权的占有上具有同等的权利。但公众无法将属于自己的这份产权独立出来，也无法拿去交易，因此国家作为公众的代表行使环境产权的管理。对于公共性自然资源引入市场机制的最大障碍是环境公共物品的不可分割性或其过高的分割成本。但是，在一定条件下，对公共性自然资源可以从一定的方式进行分割，最基本的方式就是产权分割方式。所谓产权分割不仅指所有权与使用权、收益权、处置权的分离，还指使用权、收益权等的分离。产权分割并界定清楚后，便可按市场规则进行交易。因此，环境所有权虽为国家独有，但可以采取适当的形式向私人出让环境资源的使用权。环境资源的经营者可以把自己申请、购买获得的使用权出卖给其他的环境资源需求者，实现其经营权。至于直接的环境收益权应当具有明确的产权界定，间接的环境收益权因其在一般情况下具有公共物品的非排他性，故其权利是共享的。

由于环境资源的原始产权或最终所有权属于全体国民，政府拥有环境资源的管理权。因此，环境资源产权的交易首先是在代表环境主体的公共机构（国家）与厂商之间进行，交易市场的形成是以政府安排许可为空间，因此是政府控制下的市场。当今现实中普遍运用的交易方式在是排污者之间开展的排污权交易。有了排污权交易市场，排污者就可以在购买排污权、自行治理污染以及出卖自己的排污权这三者间进行选择。排污者根据其成本效应进行排污权交易，使稀缺的环境资源流向利用率高的厂商，促进环境资源的合理配置。

4. 自然资本论

最早提出自然资本概念的是生态经济学家赫尔曼·戴利（Herman E. Daly），他在 1968 年发表的《论作为生命科学的经济学》一文中指出，“实际上，整个自然环境都是资本，倘若没有空气、土壤和水这些媒介，植物就无法吸收太阳能，整个生命（和价值）链条也就失去了存在的基础”，他批评传统经济理论是忽视自然资本的“冰山理论”。1995 年，美国的三位社会和环境研究工作者保罗·霍根、艾·拉维斯和亨·拉维斯出版了一部理论专著——《自然资本论》，标志着自然资本论的正式提出。这也标志着在传统定义的资本，物质资本、人力资本、金融资本外还存在第四种资本——自然资本，它由资源、生命系统和生态系统构成。自然资本论指出，工业资本主义最大的问题就是不给自然资源计算价值，或者把自然资源的价值看得极低。自然资本论提出的解决办法就是计算自然资本，并且把它纳入国民生产体系。自然资本论的提出为可持续发展提供了经济学的理论基础。以往，可持续发展是从人道主义、道德、伦理出发，阐述合理利用资源及保护生态环境的重要性和必要性，缺乏经济学方面的理论基础。自然资本论的提出为今后如何在保护环境的同时发展经济提出了切实可行的理论指导，做到经济发展与保护生态两者兼顾。自然资本管理的核心是立法，而立法的核心是自然资本的产权界定问题。

（五）新发展观思想

人们对发展的理解，大体经历了四个阶段。在20世纪50年代、60年代强调经济发展，20世纪70年代强调社会协调发展，20世纪80年代则提倡可持续发展，而到了20世纪90年代开始提倡以人为中心的发展。

1. 阿玛蒂亚·森新发展观

进入20世纪90年代，以人为中心的发展观逐步形成。人们开始意识到，人既是发展的动力，又是发展的目的，一切发展都要围绕“人”这个中心来进行。人的全面发展是发展理论与实践追求的最终目标。其中，影响最为广泛的就是阿玛蒂亚·森提出的新发展观，即“以自由看待发展”。森认为，实际收入和产出的增长只是一种辅助手段，发展实质上是自由的扩展。这里所讲的自由即实质自由，它首先是指人们具有享受起码生活水平、免于各种困苦的能力，例如，避免饥饿、营养不良、可避免的疾病、过早的死亡等，同时又有享有包括诸如有机会接受教育、发表言论、参与社会和政治活动等的自由。在森看来，发展意味着经济主体各种权利和能力的扩大，意味着他们能够在某种政治、法律、文化制度框架下享有更大的自由，拥有更多的机会，做出更多的选择，实现更大的效用，是涉及经济、政治、社会、价值观念等众多方面的一个综合过程。

2. “内发式发展”理论

作为一个完整的内发式发展（endogenous development）概念，其是于20世纪80年代在亚洲逐渐形成的。“内发式发展从目标来看是人类共通的，那就是：充实地球上所有人的衣食住基本需求，开拓人的发展的充分可能性，并创造出充分的条件，变革国内与国际间这一差别的结构。所以，在全球化进程中的内发式发展，是一种多元的发展，它不在乎先发或后发，而是一种对等的、公众参与的、具有活力的经济发展。”由此可见，内发式发展不是一种欧美式的现代化，更不是遵循一种单一范式的发展模式，而是根据本地自身的政治、经济、历史、地理和文化等条件，构筑一个具有地域特色的、公众参与的可持续发展模式。内发式发展理论强调以下五个特点：①相对独立性。外发式发展是一种自上而下的、依靠外来资本、技术和理论寻求发展的方式，发展以发达国家的工业化和城市化为模式，忽视本国的产业结构和经济结构。内发式发展并不拒绝外来的资本和技术、但是它不是单纯地依赖世界市场，而是强调一种多元的、多层次的、多角度的发展模式。其具有自主的、重视传统和文化的相对独立性。②自发性。内发式意味着"统治"向"治理"的转换。"治理"是"自组织"的结构形态，它是指一个系统在内在机制的驱动下，并且在没有外界的特定的干预下，自主、自发地从无序走向有序的过程。而"统治"是从外部对系统加以设计、组织和控制的过程，这是一种"他组织"模式。工业经济的行为模式是对自然过程进行人为的、强制性的干预，一种典型的"他组织"结构。③互动性。"治理"的概念最初是用来有效地解决地方问题的。治理的能力，除了政府机构和各种职能部门，还需要市民社会的参与。治理促进了国家与社会的互动。正是从这个意义上来看，内发式发展是个人与机构、国家与社会的互动。外发式发展是一种国家主导的经济增长模式，它在国家层面上运作，并以此维系公共秩序。内发式发展是由自上而下的国家主导型发展模式向自下而上的民间主导型发展模式转换，其关键词是"民间主导"。④生态性。经济发展与保护环境存在着"两难选择"。以"世界工厂"为主要特征的新兴工业化国家和地区，是通过快速消耗能源和原材料的方式发展起来的，所以经济发展往往以破坏环境为代价。内发式发展强调"自然、经济、社会"的整体协调，环境是第一位的，发展经济必须以保护环境为前提，创造出一个自然与经济文化融合的生存空间。⑤地域性。经济全球化的形成同时也伴随着地域化的形成。在全球化的时代，国家之间或者是超越国家的地域之间，还有一个国家内部的各地方行政区划之间的协作，是全球化进程中的地域性。

3.“参与式发展”理论

从20世纪70年代始，世界银行曾就一些参与效果的经验研究如用水系统管理研究得出结论：如能使用水户参与决策与管理，用水系统的供应将更加成功。同一时期，在一系列参与发展实践的基础上，那些在发展机构内工作以及在为发展领域内的应用人类学培养人才的人类学家，提出了新的理论，即“参与发展”（Participatory Development）理论，随之人类学便进入了参与发展时代。“参与发展”或“参与式发展”强调的是一种过程。在这个过程中，让目标群体始终真正地参与到发展项目的决策、评估、实施、管理等的每一个环节中，征求他们的意见、建议，学习、利用他们的知识、经验，培养他们对发展的责任感，使他们充分认同并接受发展的决策与选择，把发展当成是自己的承诺，并把所有外部的信息、技术及资金等方面的支持变成自己内源的发展动力，从而使所实施的发展项目最大程度地达到正发展目标，援助者、投资者、决策者与当地群众之间确立平等、尊重关系，建立利益诉求表达和解决机制，走的是一条“以人为本”、自下而上、全员参与的新的发展模式。20世纪90年代初期，一些主要的援助机构，如世界银行等，开始将其援助重心和发展重点向促进参与发展方面转移，参与发展方式在全世界范围内蓬勃兴旺起来。十多年来，世界银行、联合国开发计划署等组织在我国所资助的农业项目、林业项目、环保项目、社区综合发展项目等也取得了较好的成效。

“参与式发展”理论的核心是赋权，而赋权的核心是对参与和决策发展援助活动的全过程进行权力的再分配，简言之，就是增加社区、穷人和妇女在发展活动中的发言权，尊重居民尤其是普通居民的主体地位，赋予居民平等的参与权、决策权以及公平的剩余索取权和剩余控制权。以赋权为核心的“参与式发展”进一步发展成为“权利为基础的发展”，将人的权利作为发展的途径和目标。权利为基础的发展是参与式发展的进一步深化，在发展的过程中更加强调和突出的是实现人的权利。权利和发展互相依存、互相促进；权利的明确、实施与实现是发展的动力、保证和目标，而发展又是促进对权利的认识、促成权利实现的条件、手段和途径。

（六）能力理论

1. 企业能力理论

在古典经济学家亚当·斯密的《国富论》中，我们可以看到关于企业成长及其能力的思想萌芽。他在论述劳动分工理论时指出，一个企业的成长规模及其实现的规模经济效益，受企业内部分工性质和程度的影响。阿尔弗雷得·马歇尔（Alfred Marshall，1920）创立的“企业内在成长论”，继承并发展了亚当·斯密关于企业发展的思想。新古典经济学家罗森（Rosen）、贝克尔（Becker）等以企业为主要研究对象，发展了企业能力理论。企业能力理论研究的目的在于解决企业绩效差异的问题，它将能力看成是效率的源泉。按照企业能力理论，企业可以被看作成员在内部专业化生产和协作过程中互动形成的知识联结和知识集合。该理论研究路线是：在企业异质性的假设下，按照“企业资源—企业能力—企业竞争优势”的研究路径，把企业能力视为企业组织化的知识，企业通过积累获得新知识。可以看出，企业能力理论刻画出了能力的两个特征：一是能力的生成基于资源；二是现实的能力通过资源的生成效率来体现。纳尔逊和温特基于演化经济学的视角，将企业视为一个“有机体”，其显著特征就是企业能够像人一样拥有知识和学习能力。安蒂斯·潘罗斯（Edith Penrose）和理查德森（Richardson）也指出，企业的显著特征就在于根植于企业中的知识。企业能够预见并把握各种机会的能力源自于企业所产生的各种经验和知识。企业能力理论认为，无论个人还是组织，其认知能力都是有限的，通过知识的累积和组合是克服这一局限的唯一途径，因而，对于企业而言，学习能力是企业形成核心能力的基石。

国内学者对于企业能力的研究，主要基于林毅夫提出的企业自生能力。1999 年，林毅夫和潭国富基于资源禀赋条件在《自生能力、政策性负担、责任归属和预算软约束》一文中提出了企业“自生能力”的概念。自生能力（viability）被定义为“如果一个企业通过正常的经营管理预期能够在自由、开放和竞争的市场中赚取社会可接受的正常利润，那么这个企业就是有自生能力的，否则，这个企业就是没有自生能力的。很显然，如果一个企业预期不能获取社会可接受的正常利润，那么就没有人愿意投资，这样的企业除非政府提供支持，否则就不会存在”。在一个竞争性市场中，企业的经营管理将影响其盈利能力，这是一个公认的命题。然而，一个企业的预期获利能力取决于其产业和技术选择，只有在生产中采用最低成本的技术时，企业才可以获利，企业才具有自生能力。也就是说，在给定劳动和资本的相对价格时，企业的自生能力取决于其技术选择。而资本和劳动的相对价格决定于该经济的要素禀赋结构中资本和劳动的相对丰裕度或稀缺程度。由此可知，企业自生能力的概念和经济的比较优势的概念密切相关，两者都是由经济的要素禀赋结构决定的。因此，如果欠发达国家想缩小与发达国家的产业和技术结构差距，就必须首先缩小与发达国家的要素禀赋结构差距。要素禀赋结构升级意味着资本积累比劳动和自然资源的增长更快。无论物质资本还是人力资本都是如此。

大多数发展中国家都是劳动相对充裕、资本相对稀缺的。然而，国家的一些政治领袖和知识精英常常将现代化等同于工业化，特别是重工业化，并推动他们的国家尽可能快地发展资本密集型的重工业，同时采用最先进的技术，这种违背比较优势的企业是没有自生能力的，由此而导致的企业损失称作“企业的政策性负担”（policy burden）。因为政府要对企业进入和选择这个产业和技术负责，所以政府必须对企业进行政策性补贴（policy subsidy）。当欠发达国家政府追求违背比较优势的战略时，最常用的手段是通过管制压低利率、减少项目的资本成本和通过高估本币币值，降低设备进口成本。这种利率和汇率（高估本币）的扭曲一方面刺激企业的资本和外汇需求，另一方面压抑了储蓄和出口的积极性，减少了资本和外汇的供给量。由此产生资本和外汇短缺，而不得不由政府实行配额制，使市场的资源配置功能受到抑制。由于信息的不对称，政府不能区分政策性负担诱致的损失和企业经营不善造成的损失，当企业以政策性负担为借口要求政府提供更多的政策优惠时企业的预算约束软化。

遵循比较优势战略可以使一个发展中国家赶上发达国家，而违背比较优势的战略会扼杀一个发展中国家赶上发达国家的机会。要素禀赋结构的升级意味着资本相对于劳动的增长。资本积累取决于企业提供的剩余价值或利润的规模，以及经济活动人的储蓄率。当一个企业进入具有比较优势的产业，并且在生产中选择了成本最低的技术时，作为遵循比较优势的战略的结果，这个企业将是有竞争力的，占有最大的市场份额，拥有最大的剩余价值或利润。同时当资本用在具有比较优势的产业中时，资本有最大可能的回报率，因此，经济活动人的储蓄激励最高。而且，政府不会扭曲要素和产品价格，也不会动用行政力量创造合法的垄断，于是就不存在浪费性的寻租行为。企业将拥有硬的预算约束，需要通过提高管理和竞争力赚取利润。违背比较优势的战略将导致与遵循比较优势的战略恰恰相反的结果。遵循比较优势的发展战略下的要素禀赋结构的升级将快于违背比较优势的战略。欠发达国家穷人最重要的资产是自己的劳动力。遵循比较优势的战略会通过更为劳动密集型产业的发展导致持续的经济增长，为穷人创造更多的就业机会，提高其工资率，从而使穷人有机会分享增长的好处。相反，违背比较优势的战略会通过促进更为资本密集型产业的发展而减少穷人的工作机会，压低工人工资率。同时增长也是不可持续的。一个经济的比较优势的动态变化取决于其要素禀赋结构的动态变化，而后者又取决于资本积累的速度，资本积累速度又取决于经济活动人在选择产业和技术时，是否很好地利用了现存的比较优势。

总之，林毅夫认为，在计划经济体制之下，政府干预的目的是保护一些没有自生能力、不符合比较优势的重工业企业和重工业部门。林毅夫将一个国家和地区的技术创新和产业升级视为遵循比较优势生产运作后非常自然的结果。这种自生能力论可以解释中国改革初期劳动密集型企业获得的成功，但是却无法提出合理化的欠发达地区产业发展政策。

2. 区域能力理论

关于区域能力的研究大致可以分为区域竞争能力、区域创新能力和区域可持续发展能力三个领域。区域竞争能力的研究源于20世纪80年代欧洲经济论坛和瑞士洛桑国际管理学院对国际竞争力的研究。1990年，美国哈佛商学院教授迈克尔·波特以国家为研究单元，创造性地提出了一系列竞争分析的综合方法和技巧，对区域性地域单元的竞争能力进行了系统而完整的研究，为区域竞争力的理论研究奠定了基础。随后国内外学者在此基础上，进一步拓展了和完善了区域竞争力的概念。1992年，约瑟夫·熊彼特在《经济发展理论》一书中第一次给出了创新的概念，接下来分别在《经济周期理论》和《资本主义、社会主义与民主》等著作中继续丰富了创新理论。区域创新能力是一个区域作为完整的系统，表现出来的综合能力，它包括制度能力和技术能力两个基本组成要素。制度能力是指一个国家或地区进行制度变革的能力，在研究中常常通过国有经济比例、市场化程度和对外开放度等现实经济因素考察。就技术能力而言，它是指一个国家或地区的技术系统所具有的提高各种资源要素配置效率，促进科技进步、经济社会发展的能力。可持续发展理念在区域层面的实现，指一个区域在实现经济、社会、生态和文化等方面可持续发展的能力。到了20世纪80年代，在针对工业经济发展中暴露出的人类与自然关系的恶化以及对绿色革命的反思的基础上，可持续发展观开始出现。1987 年，世界环境与发展委员会发表著名的学术报告《我们共同的未来》，指出环境问题从根本上说是人类对资源的不合理使用和浪费造成的，而且由于人类活动对环境所造成的危害已经超出了一个部门、一个国家的限制，并进而发展成为全球性问题，为此需要一条新的发展道路——可持续的发展。《我们共同的未来》出版，标志着可持续发展观的正式形成。1992 年 6 月，联合国环境发展大会公布了具有划时代意义的《21 世纪议程》，标志着可持续发展观开始从理论走向实践。可持续发展包括两个方面的主要内容："系统内部的持续能力，即如何构建一个既有利于经济有效增长，又有利于整个社会公平、健康地分享经济增长好处的社会体制；环境的持续能力，即指资源可持续利用的能力，要求在开发利用环境资源时，不仅要从当代人和未来人的需求出发，更要从环境资源的供给能力出发，在环境资源动态承载能力容许的范围内合理利用。"

3. 国家能力理论

20 世纪 90 年代，王绍光和胡鞍钢合作出版了《中国国家能力报告》。该著作的目的在于阐述这样一种观点，即在经济发展与经济体制的双重转型中，只有依赖强大的中央财政作为保障，才能弥补市场失灵造成的损耗，继而推动整个经济的健康发展和经济体制的顺利转型。这一理论带来的现实生产力是通过中央财政的加强，极大地增强中央政府的执政能力，从而可以有大量的资金去解决中国转型中遇到的"三农"、医疗制度改革等问题。为此，王绍光和胡鞍钢在研究中，把国家能力定义为国家将自己的意志、目标转化为现实的能力，主要包括汲取能力、调控能力、合法化能力和强制能力。其中，汲取能力即国家动员社会经济资源汲取财政资金的能力，是国家能力的核心，主要通过国家财政收入占国民收入的比重，以及中央财政收入占国民收入的比重反映。汲取能力与调控能力，一同构成了衡量国家能力的重要指标。

上述能力理论，有以下三方面研究特点：首先，能力研究的研究视角不同，从而研究对象不同，但都存在一个共同的指向，即探讨研究对象的差异性，这表现为不同的能力表征；其次，能力的来源有两种基本形态：一是赋能，二是育能。王绍光和胡鞍钢的国家能力理论和林毅夫的企业自生能力理论在涉及转型国家发展问题时，都归指到权利禀赋。而企业能力理论则更多强调了经验、知识等培育企业能力的内生要素；最后，研究对象虽各有差异，但都围绕着"发展"这一主题。对发展的两大主题——"公平与效率"而言，只有企业能力理论关注的是资源配置效率问题，而企业自生能力理论隐含了国有企业和民营企业的公平问题，国家能力理论则从国家发展大局入手，倡导发展保障的公平问题。

二、文献综述

文献综述是通往专题研究的桥梁。对已有相关代表性成果及观点做出科学、客观、切实的分析评价，从中发现问题和不足，说明仍有可进一步探讨、发展或突破的空间，才能具体阐明本选题相对于已有研究具有的独到学术价值、应用价值和社会意义。

（一）国外研究

以"区域自我发展能力"为主题进行系统检索，国外非常明确的专门研究比较鲜见，一般运用"发展能力"这一术语表示"区域自我发展能力"。

国外，相对于微观主体自我发展能力研究热度，以区域作为研究对象的既有成果比较鲜见，理论建构历历可数。

1. 微观主体发展能力

亚当·斯密很早以前就已经开始关注个人的能力，强调劳动分工对于提高个人劳动熟练程度、提升工作能力和效率的重要作用。之后，又有一些古典经济学家着重研究了分工与专业化问题。大卫·李嘉图（D.Ricardo，1817）采用不同的方法来研究专业化与分工，他强调外生比较优势与分工的关系。雷（Rae，1834）、黑格尔（Hegel，1821）、查尔斯·巴比奇（Charles Babbage，1835）、马克思（Karl Marx，1867）和阿马萨·沃克（Amasa Wallker，1874）等都从不同的角度论述了专业化和分工的好处及其代价。

新古典经济学家马歇尔（Alfred Marshall，1890）、彭罗斯（Edith Penrose，1959）以及理查德森（George B.Richardson，1972）等以企业为主要研究对象，发展了企业能力理论，成为20世纪后期经济学的一个研究热点。

新兴古典经济学家罗森（Rosen，1982），贝克尔（Becker，1981），博兰（Borland，1992）、杨小凯（2003）和黄有光（Yew·Kwang·Ng，1997）用超边际分析的方法精确而深刻地分析了分工和专业化，他们认为在不考虑时间因素时分工可以使天生相同的人的真实收入不相等，这就体现在个人能力方面。此外，在研究分工与专业化的同时，他们还构建了企业能力理论，并对此作了一定的扩展和补充。

综上所述，虽然亚当·斯密最早从劳动的熟练程度与分工的视角论述了个人能力的重要性，但是其后无论是古典经济学派，还是新古典经济学派、新兴古典经济学派都没有从这一视角进一步发展能力理论。阿马蒂亚·森（Amartya Sen，1998）以“自由就是一种发展”的观念开创性地论述了个人的可行能力。马克思关于“人的全面发展”“主体能动性”的思想与观点，为能力研究提供了具有经典意义的思想借鉴。

2006年，汉思·P.宾斯万格尔（HanS P.Binswanger）在第26届国际农业经济学家大会（IAAE）上，作题为《增强农民的自我发展能力》主题演讲，首次深入讨论了低收入国家增强农民自我发展能力的制度环境特征。宾斯万格尔认为，在过去的20年里，许多贫穷国家的制度环境得到了改善，但是大多数不发达国家的地方政府制度环境依然是世界上最恶劣的。低收入国家农村地区的落后主要不是由缺乏知识导致的，而通常是由经过深思熟虑的政策和制度导致，这些政策和制度削弱了农业利润和农民发展能力，尤其是穷人和妇女的生存发展能力。

2. 区域发展能力

加里·格林纳等（Gary P. Greena，et al.，1990）以100多个非大都市社区为研究对象，通过分析当地自我发展战略实施项目的特点、收益与成本以及自我发展面临的障碍后发现，农村经济持续低迷，自我发展活动为当地居民创造了大量就业机会，但20世纪80年代以来的大多数自我发展项目已经成为过去式，自我发展活动不能取代农村传统的经济发展活动，只能作为补充。研究结论显示，发展成本和信贷可用性是自我发展项目实施的主要阻碍。从社区福利角度来看，本地商业和工业发展项目往往以最小的成本创造最多的就业岗位。科妮莉亚·福罗拉等（Cornelia Flora，et al.，1991）指出，20世纪80年代，众多社区依靠社区基础活动推动经济发展，而非工业招商战略。对大多数农村社区而言，自我发展活动并非主要的经济发展动力，但确实营造了一个更有活力的地方经济。扬·弗罗拉等（Jan L. Flora，et al.，1992）将自我发展定义为地方项目实施，或者一个企业（或几个企业）的创建，这些活动会增加社区收入和就业岗位。他认为自我发展战略与吸引新企业或企业分支进入本社区的经济发展战略不同。一个本土的自我发展项目必须包括以下三个特征：一是参与当地的社区组织；二是投资当地资源，但不排除使用外界资源；三是拥有企业或投资活动的所有权和控制权。库克等（Cooke，et al.，1998）提出创新区域系统概念，解释区域进行系统化创新的能力、潜力以及对制度、组织等环境条件的要求。斯托等（D.R.Stough，et al.，1998）使用“学习能力”概念，讨论了空间学习的性质和特点以及对学习基础设施的要求。哈斯克尔等（Maskell，et al.，1998）提出“地方化能力”概念，将其区分为四种要素：制度禀赋、已有结构、自然资源和区域知识与技能，拟构建区域学习创新与地方环境的有机联系。马丁和桑利（R.Matin and P.Sunley，1998）拟使用“内生区域发展”和“本土化发展”概念构筑区域经济发展的一般机制。杰夫斯·沙帕和扬·弗洛拉布（Jeffs Sharpa and Jan L. Florab，1999）分别从企业家社会建设元素和增长机制两个方面，对全美 287 个非大都市社区自我发展和工业招商两种经济发展方式进行比较研究。结果显示，自我发展项目可以利用多样化资源，利用更多的本地设备设施，而工业招商往往引进更多机器设备，依赖资源和政策支持。杰夫斯·沙帕等（Jeffs Sharp，et al.，2002）探讨了农村地区自我发展战略和工业招商战略的存在性以及其与社区组织特征之间的关联。他们认为自我发展是一种主要依靠企业精神和本地资源的内源性发展，而工业招商是寻求外来投资者和企业设厂的外源性发展。米切尔（Mitchell，2002）提出，地方发起的“家乡优势”活动旨在鼓励所有权地方化和零售品支出花在本地工商业产品和服务中。所有权本地化确保经济资源为本地所有和控制，保证决策本地化。法律规定人公司必须最大程度回报股东，地方企业为当地人所有，更倾向于对当地社区福利和长期健康发展给予关注。托尼·萨里维塔（Toni Saarivirta，2007）从个人、组织、区域和国家面临危机假设出发，研究如何应对危机并在危机之后迅速恢复。他在新古典增长理论和内生增长理论中引入“自我振兴能力”概念进行研究，结果表明，内生增长理论比新古典增长理论有更大的解释空间。勘探、开采、吸收、整合、领导力与社会资本构成“自我振兴能力”内核。该能力源于个人层面学习过程，在企业、组织、机构和区域层面得以强化。安迪·派克等（2011）认为本土化依赖于地方和区域内在经济潜力的增长。这一增长形式能够培育“自家生长”型资产和资源，植根本地，能对地方和区域发展做出持久、持续的贡献。

（二）国内研究

国内学界关于区域自我发展能力的初步探索始于20世纪80年代末。有关区域自我发展能力的系统研究兴起则是在21世纪初。到目前为止，可检索到以“自我发展能力”及相似主题公开发表的文章有360余篇。自20世纪80年代末，学界提出“地区自我发展能力”概念后，后继者们基于多个视角，对于“自我发展能力”这一命题展开了多主体、多维度深入细致的研究。

1. 研究发轫（20世纪80年代末～2000年）

1988年，周忠瑜研究民族地区改革与发展问题，开创了国内研究区域自我发展能力的先河。1990年，唐奇甜首次就“区域自我发展能力”这一概念给出明确界定。概括起来，自我发展能力就是“在任何灾害的情况下能保持自治、自理、自强的能力”。1997年，中国科学院院士吴传钧撰文进一步指出，地区发展不平衡是个客观规律，西部内陆地区和东部沿海地区之间发展差距的调整不能要求东部地区放慢发展速度，而是要设法使西部地区更快地跟上来。

2. 系统研究（2000年至今）

进入21世纪以后，林毅夫（2000）提出企业自生能力理论，标志着国内以“能力”为第一要义的区域自我发展能力研究拉开系统研究的序幕。面对区域发展中出现的诸多问题，迫切需要实现区域自我发展能力研究的理论创新。有更多的学者在前人研究基础上开始关注区域自我发展能力问题，并尝试从多个角度进行系统深入研究。

（1）“区域自我发展能力”研究视角

王科（2008）从区域主体功能区的视角，明确了区域自我发展能力的概念，并在此基础上阐明改革之后为了实现全面减贫而实施的扶贫开发战略，导致了贫困地区缺乏自我发展能力，并由此决定了贫困区域化的特征凸显，扶贫绩效递减。基于理论分析，提出培育区域自我发展能力与扶贫开发的对策建议。孙美璆（2009）从民族文化视角，认为自我发展能力即少数民族对本民族文化的认识和适应能力，是运用本民族所拥有的文化资源，以获取自然资源、利用社会资源，实现民族自身利益的能力。郑长德（2011）基于自我发展主体的视角，将区域自我发展能力分为政府自我发展能力、企业自我发展能力、家庭自我发展能力和区域创新与学习能力。政府、企业和家庭三者相互联系、相互影响，共同决定了作为整体的区域主体的学习和创新水平。区域作为整体的学习与创新的水平的不断提升，就能实现区域自我发展。闫磊（2011）基于区域空间管制的视角，以分工为前提，提出区域自我发展能力形成的内生与外生两条路径，前者是指由区域主体受产业分工的利益激励产生的“自生”资源联结能力，后者是指由国家着眼于空间结构的优化，通过功能分区政策的激励而形成的“新生”发展能力。张瑞华等（2008）从系统论角度，认为在西部承接东部产业转移过程中，产业链整合是对区域经济系统的一个“他组织”过程，而优势产业培植是区域经济系统的“自组织”过程。落后地区依据“外力转化为内力，增量盘活存量”的区域自我发展能力提升模型，有选择地承接产业转移，整合产业链条、培植优势产业，打造富有地域特色的优势产业集群，最终可以使区域自我发展能力得到提升。向焕琦（2011）以经济权利禀赋的视角，认为经济权利禀赋是区域物质与劳动力权利、人力资本权利和制度变迁权利的综合权利集，权利禀赋的改善，促使资本向区域内部聚集，增强资本积累能力，最终实现区域自我发展。杨彬（2010）从进化论的角度，认为外部竞争压力迫使作为区域主体的个体群不断学习外部先进技术，增加对外交流；内部社会矛盾促使个体群重新审视自我，在内部、外部以及自我新旧认识的冲突与融合中实现对传统意识形态、理念、观念和习俗等的扬弃，新的意识形态、理念、观念和习俗等的产生或吸收，诱使新的制度和政策产生，其表现为个体的学习过程、企业的成长过程、组织的变革过程和政府的不断转型，最终实现区域自我发展能力的不断提升。罗晓梅（2007）从经济哲学的角度，认为西部地区自我发展能力主要是以西部制度创新为基础的区域创新能力和竞争能力，其提升过程就是经济主体在经济实践过程中的能动性的生成、发育、发挥的过程，这一过程的逻辑起点是西部地区经济主体认为实现“头脑觉醒”的观念更新，具体路径是专业化分工和职业家园建设，关键环节是经济主体个体理性建设，驱动器是以保障个人收益率为核心的产权制度建设。这一过程的实质是西部地区对反对经济边缘化理论的实际应用。丁妍（2015）从要素流动的角度，认为区域自我发展能力的本质是区域依赖自身力量对其拥有要素进行有效利用与合理配置的能力。

另外，一些学者从不同的研究视角对区域自我发展能力进行了研究，具体见表 2–1。

表2–1　区域自我发展能力研究视角

区域自我发展能力研究视角	研究者
进化论	杨彬（2010）
生态经济	南人凤（2011）；张凤太（2013）；安彬等（2017）
经济哲学	罗晓梅（2007）
系统论	张瑞华等（2008）；张剑（2014）
民族文化	孙美璆（2009）；杨东萱（2010）；王康熙（2013）
区域协调发展	吴传钧（1997）
西部开发历程	胡卫华（2011）
区域功能	王科（2008）；高新才等（2008）；闫磊（2011）；罗晓（2012）；周民良（2012）
对口支援	王芳（2012）；姜安印等（2014）；李翔（2013）；孙岿（2012）；王永莉（2013）；李娅、赵鑫铖（2016）；侯仲凯（2015）
扶贫开发	王科（2008）；高新才等（2008）；朱占荣（2013）；贾金荣（2013）；杜青华等（2011）
民族区域自治	周忠瑜（1988）；李海红等（2014）

续表

区域自我发展能力研究视角	研究者
经济权利禀赋	马顺福（1998）；林勇等（2012）；向焕奇（2011）；蔡建军（2013）
边境贸易	贾金荣等（2013）
内生增长理论	赵曦等（2011）；孙根紧等（2012）
生产函数	李晓红（2013）
可持续发展能力	徐君（2003）；王玉芳等（2007）
创新能力	罗康隆等（2012）；高新才（2008）；丁美霞（2008）
利益相关者	向延平（2013）
资本积累	王斌（2012）；吴海洋（2013）；张霞（2013）；贾金荣（2013）；张佳丽等（2010）；蓝红星（2011）；梁双陆（2011）
发展主体能力	青雪燕（2012）；郑长德（2011）；赵雪雁等（2009）；傅忠贤（2014）；杨科（2009）；李华红（2011）；王晓娟（2010）；陈军民（2008）；胡宏斌（2012）；张鹏（2012）
人口自我发展能力	申鹏、胡晓云（2018）；韩斌（2016）；李华红（2011）；刘爽（2001）；沈茂英（2006）；孙岿（2012）；杨东萱（2010）；赵雪雁、巴建军（2009）；周亚成等（2003）；王文俊（2017）；李凯、叶修廷（2015）；刘昕华（2017）；张伟（2017）；李中锋（2016）；王文俊（2017）；焦利娟（2019）；李毅等（2019）；孙鲁云、谭斌（2018）
企业自生能力	林毅夫（2001）；成学真（2010）；李庆春（2007）；赵建吉（2007）
企业自我发展能力	汤伟娜等（2015）
产业发展能力	张瑞华等（2008）；邵建平（2012）；鲍海峰（2009）；周振华（1992）；刘期彬（2011）；李慧等（2008）；薛剑符（2014）；任援等（2011）；朱凯等（2012）；孙根紧等（2014）；龚晓菊（2012）；霍燕（2014）；杨照（2011）；张林、张中秋（2012）；郑小庆（2013）；付实（2015）
城市群自我发展能力	戴昭鑫等（2016）

（2）“区域自我发展能力”概念界定

在区域自我发展能力研究领域，“区域自我发展能力”这一概念的明确提出（唐奇甜，1990），具有开创性的意义，给后续研究者提供了重要启示。但这一概念没有对“自我发展”的内涵做出更加深入的分析，也没有涉及自我发展能力理论层面的分析。很多学者在研究过程中，尝试从不同视角对其进行界定。就“区域自我发展能力”这一概念的发展来源来说，学者们的观点大致可以分为以下两类。

第一种观点强调区域自我发展的“内源式”，即将区域自我发展能力定义为在相对封闭的环境假设下，区域行为主体在没有外部扶持情况下，依靠自己内在禀赋，挖掘内部动力和潜力，充分发挥内部主体主观能动性来实现自身发展的能力。持有这一观点的学者居少数，如：田官平、张登巧（2001）提出“自我发展能力就是自力更生的能力，即充分依靠和发挥自己的内在潜能来发展自己的能力”。

第二种观点，即“‘内源 + 外源’式”发展。这一观点，不仅强调区域自我发展能力在区域经济发展过程中的自身基础和造血功能，还明确这一能力并不排斥外部力量对地区经济发展的推动作用，并且自我发展能力是外部力量发挥作用的内在基础。持有此类观点的学者居多数。如：鱼小强（2002）认为“自我发展能力指一个国家或地区经济系统内部具备的凝聚、整合和产出能力。它强调的是经济发展的自身基础或造血功能，不排斥外部力量对一国或地区经济发展的推动作用，相反，它是外部力量发展作用的内在基础”。周彦、吴一丁（2007）认为“自我发展能力是指一个国家或地区经济系统内部的经济效益和地区积累能力”。刘期彬（2011）指出“对于西藏而言，自我发展能力更多的是指在不排斥外围力量对全区整体发展的推动作用的情况下，更加突出全区整体发展的自身基础和造血功能。”孙根紧（2012）将区域自我发展能力概括为，一个地区在发展过程中，依赖自身力量在充分开发与利用区域内部资源的同时，对区域外部的各种资源进行吸引、争夺、拥有、控制和转化，实现区域内部和外部各种发展资源合理配置的一种发展能力。蔡之兵（2014）指出区域自我发展能力内生于整个区域，短期内主要由区域政府能力所代表。白家瀛等（2015）提出区域自我发展能力以“内生力”为主要推动力，但这并不意味着排斥“外哺力”，事实上，

"内生力"正是"外哺力"发挥作用的基础。杨姗姗（2022）研究指出，新内生发展是一种可持续的发展理念，立足于内部资源，同时科学整合外部资源，以转化为区域建设的动力。

（3）"区域自我发展能力"构成要素

诸多学者的研究中均包含在"区域自我发展能力"概念界定基础上形成的"区域自我发展能力"构成要素。具体内容见表2-2。除此之外，汪海霞（2014）将区域自我发展能力的构成要素分解为生态环境承载能力、地理位置、文化传统、政经制度以及其他等；关靖云等（2015）认为区域自我发展能力的构成要素包括区域的生产能力、市场能力、空间能力以及软实力的支持等。

表2-2 区域自我发展能力构成要素研究

区域自我发展能力构成要素	研究者
可持续发展能力	徐君（2003）
地区经济增长力、地区经济吸引力、地区经济可持续发展力	任小建（2008）
产业发展能力、企业竞争力、生态可持续能力、地方政府调控能力、区域金融服务能力	成学真、陈小林（2010）
生产经营能力、土地综合利用能力、区域创新能力、空间结构优化能力、生态环境承载能力	闫磊（2011）
个人自我发展能力、企业自我发展能力、市场自我发展能力、产业自我发展能力、区域自我发展能力	朱凯、姚驿虹（2012）
要素凝聚能力、资源组合能力、科技进步能力、制度创新能力、科学决策能力	朱凯、王娜（2012）
个人自我发展能力、企业自我发展能力、区域自我发展能力	青雪燕（2012）
对自身生产、生活的认识与操作能力；与社会整体的联系与融合能力	周亚成、兰彩萍（2003）
妇女自我发展能力、信贷资金获取能力、成人文化素质和生存技能、农村基层组织管理能力	沈茂英（2006）
信贷资金获取能力、承认文化素质和生存技能、农村基层组织管理能力	杨科（2009）
对资源的认识能力、多元经济背景下的生存能力、传统文化的继承与发展能力、制度建构与重构能力	孙美璆（2009）
生产能力、经营能力、就业选择能力、创业开拓能力、风险承担能力、知识吸收能力、知识交流能力、创新与竞争能力、民主能力	赵雪燕、巴建军（2009）

续表

区域自我发展能力构成要素	研究者
居民的旅游开发认知能力、居民的旅游开发参与能力、资金资本积累能力、人力资本开发能力、社会资本利用能力	李华红（2011）
要素凝聚能力、资源组合能力、科技进步能力、制度创新能力、科学决策能力	鱼小强（2002）
自我经济发展能力、自我社会发展能力、自我区域组织协调能力、组织创新能力、生态平衡发展能力	李盛刚、畅向丽（2006）
区域创新能力、区域竞争力	罗晓梅（2007）
区域自然资源环境承载力、区域社会发展能力、经济聚集能力	高新才、王科（2008）
农民个体自生能力、农户家庭自主发展能力、村庄整体自主发展能力	陈军民（2008）
经济能力、组织能力	孔鹏、李英梅（2009）
显性进化能力、隐性进化能力	杨彬（2010）
自我经济发展能力、自我社会发展能力、自我区域组织协调能力、组织创新能力、生态平衡发展能力	邵建平（2012）
经济发展能力、党的执政能力、科学文化建设能力、生态发展能力、文化发展能力、民族宗教工作能力	张佳丽、贺新元（2010）
自然资源环境承载力、社会发展能力、经济聚集能力	刘期彬（2011）
政府自我发展能力、企业自我发展能力、家庭自我发展能力、区域创新与学习能力	郑长德（2011） 赵铁（2018）
要素聚集能力、产业发展能力、科技进步能力、制度创新能力、政府调控能力	向焕琦（2011）
创新开发能力、要素聚集能力、资源利用能力、协调发展能力	孙根紧（2012）
自我经济发展能力、自我社会发展能力、自我区域组织协调能力、组织创新能力和生态平衡发展能力	王晓娟（2012）
经济发展能力、社会发展能力、生态平衡发展能力	张凤太（2013）
自我经济发展能力、自我社会发展能力、自我区域组织协调能力、自我组织创新能力和生态平衡发展	王芳（2012）
市场能力、经济能力	张鹏（2012）
功能、资源、权利、知识	王斌（2012） 吴海洋（2013） 张霞（2013） 贾金荣（2013） 姜安印（2012）
权利、资源、知识、功能	白家瀛、李振友（2015）

续表

区域自我发展能力构成要素	研究者
经济发展能力、社会发展能力、区域组织协调能力、组织创新能力、生态平衡发展能力	张艳（2013）
社会发展能力、生态环境的可持续发展、经济集聚能力	李翔（2013）
区域集聚经济要素能力、区域提升人力资本能力、区域加快科技进步能力、区域吸引制度变迁能力	蔡建军（2013）
自我认知和学习能力、改善自身经济利益能力、与外部世界有效沟通能力、适应环境变化和应对变革能力、增收脱贫能力	韩斌（2014）
农民知识吸收交流能力、生产技能身体素质、经营管理抵御市场风险能力、非农就业能力	胡宏斌（2012）
区域资源的存量能力、利用能力和创生能力	程广斌（2014）
物质资源和人力资源的凝聚能力、科技进步能力、科学决策能力	薛剑符（2014）
西部地区自我经济发展能力、自我社会发展能力、自我区域组织协调能力、科技创新能力、生态平衡发展能力和人力资源竞争力等能力	王晓娟（2012）
产业能力、市场能力、空间能力、软实力	戴昭鑫（2016）
区域要素集聚能力、区域要素利用能力、区域政府调控能力	丁妍（2015）
政府自我发展能力、企业自我发展能力、家庭自我发展能力、区域学习与创新能力	王永莉、梁城城（2015）
创新培育能力、要素集聚能力、资源利用能力、协调发展能力	丁立（2017）
资源环境承载力、社会发展力、经济聚集力	徐孝勇、寸家菊（2016）
生产能力、交换能力、分配能力和消费能力	陶泓（2014）
要素集聚能力、人力资本提升能力、科技创新能力、协调发展能力	童翔（2017）
产业能力、市场能力、空间能力、软实力	黄蕾（2018）
经济发展能力、社会发展能力、组织协调能力、组织创新能力、生态平衡发展能力	张鹏飞（2016）
居民的本土意识、本土认同感、居民的创造力、多元的控制机制	张文明、袁宇阳（2018）

（4）“区域自我发展能力”影响因素

一部分学者分析了“区域自我发展能力”生成过程中的影响因素。周亚成、兰彩萍（2003）认为区域自我发展能力受到自然环境、产业结构发展模式、人口劳动力素质、观念、机制的影响。王科（2008）认为贫困地区的自我发展能力受自然条件、历史因素、经济发展水平、政策导向、宗教信仰、社会文化等多重因素的影响。杨彬（2010）认为区域作为一个复杂的系统，其自我发展能力的形成受到生态环境承载能力、地理区位、文化传统、政经制度、宗教信仰、战乱以及历史偶发事件等诸多因素的影响。闫磊（2011）将区域经济资源分为自然资本、物质资本、人力资本和社会资本，他认为区域自我发展能力水平的高低取决于区域主体对资源的“联结”能力和匹配效率。向焕琦（2011）认为西部地区自我发展能力取决于区域内部的经济权利禀赋，具体包括物质资本和劳动力权利、人力资本权利和制度变迁权利。孙根紧（2012）认为，区域自我发展能力的形成受到自然条件、自然资源、区位条件、物质资本、人力资本、科学技术、制度安排、偶然性历史事件等因素影响。朱凯、姚驿虹（2012）认为区域自我发展能力的形成受到要素禀赋和知识技术创新能力的影响。陈作成（2013）认为区域自我发展能力与城镇化、工业化、农业现代化，即“三化”相关。李豫新等（2013）等认为区域自我发展能力的影响因素有工业化、城镇化、农业现代化、外商直接投资、市场化程度、政府干预经济强度等。具体影响因素及其他研究者的观点见表 2–3。

表2–3 区域自我发展能力影响因素研究

区域自我发展能力影响因素	研究者
自然资本、物资资本、人力资本、社会资本	闫磊（2011）
物质资本和劳动力权利、人力资本权利、制度变迁权利	向焕奇（2011）
自然条件、历史因素、经济发展水平、政策导向、宗教信仰、社会文化	王科（2008）
生态环境承载力、地理区位、文化传统、政经制度、宗教信仰、战乱及历史偶发事件	杨彬（2010）
自然条件、自然资源、区位条件、物质资本、人力资本、科学技术、制度安排、偶然性历史事件	孙根紧（2012）
自然环境、产业结构发展模式、人口劳动力素质、观念、机制	周亚成、兰彩萍（2003）
要素禀赋、知识技术创新	朱凯、姚驿虹（2012）
城镇化、工业化、农业现代化	陈作成（2013）

续表

区域自我发展能力影响因素	研究者
工业化、城镇化、农业现代化、外商直接投资、市场化程度、政府干预经济强度	李豫新等（2013）
区域经济发展的历史基础、发展潜力、要素集聚程度、发展支撑条件	傅忠贤（2014）
区域地理位置、自然环境、资源禀赋；上一级政府提供的有别于其他区域的政策和制度环境；历时偶然条件	蔡之兵（2014）
村庄领导内生发展动力、村集体产业规模化水平、技术人才梯度开发、内生发展资源平台式整合和农村内生发展能力	李凌汉（2020）
地理环境、生产要素的经济活动和空间布局、金融资源、基础设施等	张焱等（2022）

（5）"区域自我发展能力"定量评价

随着定量分析方法的发展及统计学、计量经济学软件的应用普及，许多学者尝试在区域自我发展能力测定中，由区域自我发展能力的构成要素出发，通过构建经济系统评价指标，对某一特定地区的自我发展能力进行定量评价。概括起来，评价指标的构建大致有三种方法，即单一指数法、复合指数法和综合评价指标体系法。

单一指数法：采用单一指数，例如：侯景新、尹卫红（2004），周彦、吴一丁（2007）采用"地区自我发展能力指数"衡量一个特定地区自我发展能力水平。

复合指数法：采用构建的复合式指数，测算某一地区的自我发展能力综合水平。例如：郑长德（2011）构建了区域自我发展能力指数，该指数将区域自我发展能力设定为政府自我发展能力指数、企业自我发展指数、家庭自我发展能力指数和区域学习与创新能力指数四个指数的几何平均数。王蕾等（2015）将区域自我发展能力设定为政府自我发展能力指数、企业自我发展能力指数、家庭自我发展能力指数之和的三次方根。陈作成（2013）、李豫新（2013）运用指数功效函数改进模型测定区域自我发展能力总指数，建立面板数据模型，将城市化、工业化、农业现代化作为解释变量，将区域、政府、企业、家庭能力等分指数与总指数作为被解释变量，进行回归分析，测定地区自我发展能力的影响因素。

综合评价指标体系法：构建分级（分层）指标体系，采用适当的方法逐级（逐层）测定自我发展能力水平，最后测算出区域自我发展能力综合水平。例如：王科（2008）构建了包括自然资本、社会资本、人力资本和经济资本 4 个子系统，33 个评价指标的贫困地区自我发展能力评价指标体系。闫磊（2011）分别构建了优先开发区、重点开发区、限制开发区和禁止开发区四种功能性区域的自我发展能力三级指标评价体系。程广斌（2014）采用层次分析法（AHP 法），构建具有 1 个目标层、3 个准则层、39 个指标层的评价体系，评价区域自我发展能力。向焕奇（2011）采用多元回归方法，将经济权利禀赋的构成要素（物质资本和劳动力权利、人力资本权利、制度变迁权利）与区域自我发展能力之间的相关性进行检验，发现存在显著的正相关性。孙根紧（2012）在“区域自我发展能力”一级指标下设立创新开发能力、要素聚集能力、资源利用能力、协调发展能力 4 个二级指标，又下设 76 个三级指标，运用主成分分析法和聚类分析法，测算全国各地区区域自我发展能力水平，并将西部 12 个省（区）的能力水平进行聚类分析。林勇（2012）以人力资本、制度因素和技术进步权利因素为投入量，经济总量、经济增长和经济结构为产出量，基于改进的数据包络分析法（DEA）对西部地区各省（区、市）的经济权利禀赋投入产出进行了效率评价分析。冷志明（2013）对评价连片特困区自我发展能力设计了一套评价体系，他从产业自我发展能力、市场自我发展能力、空间自我发展能力和自我发展软实力四个维度测度贫困地区自我发展能力，并最终生成了 62 个具体指标。汪海霞（2014）从自然、社会、人力、经济四大资本角度，建立由若干指标构成的 4 个子系统，采用主成分分析法，得出新疆各个贫困县（市）自我发展能力的综合得分、各子系统得分及排名。汤伟娜等（2015）从资金支持力、人力资源竞争力和技术创新力三个维度构建了一套衡量西部地区工业企业自我发展能力评价的指标，并结合此评价指标计算出西部地区十二省（区）工业企业自我发展能力综合得分。关靖云等（2015）把区域自我发展能力分为区域的生产能力、市场能力、空间能力、软实力支持4个维度，采用均方差法，由指标层到系统层逐一测算出指标得分及其权重，最终测算出不同时间节点新疆各县域自我发展能力。蔡之兵（2014）定性分析了区域发展能力与区域自我发展能力之间的结构关系；王永莉等（2015）实证分析了区域自我发展能力对经济增长的影响以及碳生产力对区域自我发展能力的影响。徐孝勇，曾恒源（2019）运用BP神经网络模型和Arc GIS软件测算14片特困区2015～2017年县域自我发展能力并分析其时空演变趋势，通过标准差分类法和聚类分析法识别出459个（4类）乡村振兴重点帮扶县。部分具体评价方法和其他研究者的评价方法见表2-4。

表2-4　区域自我发展能力评价方法研究

<table>
<tr><th colspan="2">区域自我发展能力评价方法</th><th>研究者</th></tr>
<tr><td rowspan="2">单一指数法</td><td rowspan="2">地区自我发展能力指数=地区实际积累率/地区资金利用系数</td><td>侯景新、尹卫红（2004）</td></tr>
<tr><td>周彦、吴一丁（2007）</td></tr>
<tr><td rowspan="3">复合指数法</td><td>区域自我发展能力指数为政府自我发展能力指数、企业自我发展指数、家庭自我发展能力指数和区域学习与创新能力指数四个指数乘积的四次方根</td><td>郑长德（2011）</td></tr>
<tr><td>区域自我发展能力为政府自我发展能力指数、企业自我发展能力指数、家庭自我发展能力指数之和的三次方根</td><td>王蕾等（2015）</td></tr>
<tr><td>第一步，运用指数功效函数改进模型测定区域自我发展能力总指数；第二步，建立面板数据模型，将城市化、工业化、农业现代化作为解释变量，将区域、政府、企业、家庭能力等分指数与总指数作为被解释变量，进行回归分析，测定地区自我发展能力的影响因素</td><td>陈作成（2013）
李豫新（2013）</td></tr>
<tr><td>综合评价指标体系法</td><td>人力资本、制度因素和技术进步权利因素为投入量，经济总量、经济增长和经济结构为产出量的DEA数据包络分析法</td><td>林勇（2012）</td></tr>
</table>

续表

区域自我发展能力评价方法		研究者
综合评价指标体系法	自然资本、社会资本、人力资本和经济资本4个子系统，33个评价指标	王科（2008）
	个人进化能力、政府进化能力、企业进化能力和区组织进化能力4个一级指标，包括9个二级评价指标、若干三级评价指标	杨彬（2010）
	生产能力、经营能力、就业能力、知识吸收能力和知识交流能力5个子系统，19个评价指标	赵雪雁、巴建军（2009）
	区域产业发展能力、区内企业竞争力、区域生态可持续能力、地方政府调控能力和区域金融服务能力5个子系统，19个二级评价指标，若干三级评价指标	成学真、陈小林（2010）
	物质资本和劳动力权利、人力资本权利、制度变迁权利与区域自我发展能力之间相关性检验（多元回归）	向焕奇（2011）
	物质资本、生态资本、人力资本、知识资本和社会资本5大指数，产业发展、经济发展、环境承社会保障等15个评价领域，45个核心指标	王斌（2012）
	创新开发能力、要素聚集能力、资源利用能力、协调发展能力4个二级指标，76个基础性指标	孙根紧（2012）
	优先开发区自我发展能力：区域生产经营能力、土地综合利用能力、区域创新能力、空间结构优化能力和生态环境承载能力5个一级指标，27个二级指标，117个三级指标；重点开发区自我发展能力：区域生产经营能力、土地综合利用能力、区域创新能力、空间结构优化能力和生态环境承载能力5个一级指标，22个二级指标，95个三级指标；限制开发区自我发展能力：生态环境承载能力、土地综合利用能力和区域生产经营能力3个一级指标，14个二级指标，67个三级指标；禁止开发区自我发展能力：生态环境承载能力1个一级指标，7个二级指标，36个三级指标	闫磊（2011）
	构建“综合发展指数”模型，集综合经济实力、基础设施建设、产业发展程度、对外开放程度、公共管理服务、环境承载能力为一体的指标体系	蔡建军（2013）
	家庭自我发展能力、企业自我发展能力、政府自我发展能力3个二级指标，20个三级指标	王蕾（2014）
	AHP法：目标层1个、准则层3个、指标层39个	程广斌（2014）
	根据德尔菲法确定了包括经济系统、人力系统、社会系统、自然环境系统四个一级指标以及27个二级指标的评价指标体系，运用主成分分析法评价特定地区自我发展能力	潘建军（2018）

续表

区域自我发展能力评价方法		研究者
综合评价指标体系法	从产业能力（IC）、市场能力（MC）、空间能力（SC）和软实力（SP）4个维度构建自我发展能力测算的4个二级指标，28个三级指标体系	安彬等（2017）
	将区域自我发展能力分解为政府自我发展能力、企业自我发展能力、家庭自我发展能力和区域创新与学习能力4个二级指标和15个三级指标	王永莉、梁城城（2016）
	采用 TOPSIS 改进的因子分析法、聚类分析法、数据包络法（DEA）等计量方法对特定区域特定时段自我发展能力和信息化水平及其对经济增长的贡献进行定性和定量分析	封莎（2018）
	运用层次分析法构建了包括 7 个准则层、29个指标层的自我发展能力评价指标体系，运用德尔菲法确定指标权重并进行测算和评价	廖珊等（2018）
	构建包含人力资本生产能力、社会发展能力、资源环境承载能力3个二级指标，7个三级指标，24个四级指标的指标体系，运用BP神经网络模型进行测度，识别出 459 个乡村振兴重点帮扶县	徐孝勇、曾恒源（2019）
	构建横向、纵向涵盖要素配置能力等9方面的农村区域自我发展能力指标体系，对黄河流域农村区域自我发展能力进行测度，基于黄河流域9个省（区）1998～2018年的面板数据，应用半参数可加模型，从自然资源等6个方面实证分析其对黄河流域农村区域自我发展能力的线性与非线性关系	李艳佳（2020）
	通过对原始数据的主成分分析得出代表制度、企业家精神以及领导力的三个公因子，将四川省的经济发展与三个公因子做多元线性回归，分别求出制度、企业家精神、领导力与四川省经济发展的相关关系，确定四川省内生发展要素对经济的影响大小	陈亮（2021）
	基于云南省2018～2019年脱贫村全样本数据，选取12个投入指标和 2 个产出指标，利用主成分分析法筛选投入因子，在对投入指标降维的基础上，应DEA和Malmquist指数方法测度云南省脱贫村的内生发展能力，并运用 Moran's I指数揭示云南省脱贫村内生发展能力的空间格局	张焱等（2022）

（6）"区域自我发展能力"生成路径

随着"区域自我发展能力"理论的探索及实践层面研究的深入，有关区域自我发展能力生成路径的研究也日益深入。例如，高新才等（2008）认为区域自我发展能力生成的路径应当是生态补偿机制的健全、公共服务均等化及特色产业培育等；向焕奇（2011）认为区域自我发展能力生成的路径应当是经济权利禀赋改善、加速资本积累、提高经济效率、降低制度运行成本、优化资源配置等；周民良（2012）认为区域自我发展能力生成的路径应当是中央财政支持比重下降、地方投资环境培育、可持续竞争力的产业集群的形成等；孙根紧（2012）认为区域自我发展能力生成的路径应当是劳动力素质的提升、企业家精神的塑造、技术进步、产业结构与空间布局合理化、经济增长极培育、政府职能转变、对外开放、政策支持与区域援助、生态环境保护等；朱占荣（2013）认为区域自我发展能力生成应当是教育、基础设施的投入建设等内生路径与生态补偿、财政转移支付、扶贫帮扶、救助政策等外生路径相结合；汪海霞（2014）指出要素集聚是区域自我发展能力的实现基础，要素分工与匹配是区域自我发展能力的实现动力，区域自我发展能力的主题是发展；侯中凯（2015）指出对口支援是提升少数民族自我发展能力的路径。部分具体内容及其他研究者的观点见表 2–5。

表2–5　区域自我发展能力生成路径研究

区域自我发展能力生成路径	研究者
农业自我积累、改善工农贸易条件、处理好闲暇替代和消费替代	周振华（1992）
政府行政职能、企业创新、家庭人力资本	郑长德（2011）
区域主体产业分工、国家空间优化	闫磊（2011）
低碳经济、农村生态环境建设	南人凤（2011）
资本积累、实物产业创新、人力技术创新、社会组织创新	梁双陆（2011）
他组织、自组织、外力转化为内力、增量盘活存量	张瑞华等（2008）
经济权利禀赋改善、加速资本积累、提高经济效率、降低制度运行成本、优化资源配置	向焕奇（2011）
外部竞争、内部矛盾、个体学习、企业成长、组织变革、政府转型	杨彬（2010）
主体“头脑觉醒”、专业化分工、职业家园建设、产权制度建设	罗晓梅（2007）
产业结构优化、所有制结构转型	李慧、鲁茂（2008）
信息服务	李林（2008）

续表

区域自我发展能力生成路径	研究者
经济能力—投入机制、组织能力—参与机制	孔朋、李英梅（2009）
参与经济全球化能力、企业自生能力	李庆春（2007）
政府管理竞争力	王晓娟（2010）
企业自我发展能力	胡卫华（2011）
土地制度创新和农村产权制度改革、金融制度安排和服务创新、户籍制度改革、市场体制完善	张毅、杨俊（2012）
微观经济能力、宏观市场能力	张鹏（2012）
中央财政支持比重下降、地方投资环境培育、可持续竞争力的产业集群	周民良（2012）
劳动力素质、企业家精神、技术进步、产业结构与空间布局、经济增长极、政府职能、对外开放、政策支持与区域援助、生态环境保护	孙根紧（2012）
加强基础设施建设、培育资源发展优势产业和特色经济、实施可持续发展战略、提高人口素质、整合民族文化、扩大改革开放、开拓市场	田官平（2001）
国家总体规划、加大投入力度、大力发展教育、普及科学技术	徐君（2003）
发展优势产业、培养新型农民、积极发展各类农民专业技术经济合作组织、加大投入	杨杰文（2011）
地区积累能力、经济效益	周彦等（2007）
物资资本和劳动力权利、人力资本权利、技术进步权利和制度变迁权利	蔡建军（2013）
增加财政投入、增强造血功能、发展教育、比较优势战略	郭运良（2014）
技术创新、工业发展、产业升级	高新才（2012）
完善公共制度、基础设施与干预措施的多维框架；推动外部援助、产业模式、开发主体的战略转型；重视人文发展、技术进步与中小企业的持续成长	张谐韵（2012）
内生路径：特色产业、劳务产业、教育、基础设施；外生路径：生态补偿、财政转移支付、扶贫帮扶、救助政策	朱占荣（2013）
政府职能、产业规划、区域合作、投资环境、人才培养	赵路（2012）
生态补偿机制、公共服务均等化、特色产业	高新才（2008）
物质资本、生态资本、人力资本、知识资本、社会资本	王斌（2012） 吴海洋（2013） 张霞（2013） 贾金荣（2013） 张佳丽（2010） 杜青华（2011）

续表

区域自我发展能力生成路径	研究者
资源环境承载能力、生产要素集聚能力、商品服务输出能力、基础设施匹配能力、地域文化涵养能力、政策制度牵引能力	傅忠贤（2014）
实现农业生产要素优化配置；提高农民整合土地、农产品和劳动力优势的综合能力；加强农村社会均等化、农村市场秩序正常化的全面建设	何代欣（2011）
发展通道经济	莫晨宇（2013）
差别化金融政策、土地政策、产业政策、税收政策、基础设施建设政策、资金拨付政策、城市化政策、生态保护政策	张周平（2011）
甄别空间差异条件，强化土地综合治理；高效合理利用资源，推进生态文明建设；明确主体战略定位，建立长效补偿机制；加快转变政府职能，激发市场发展活力；积极创新体制机制，扩大有效投资力度；积极调整产业结构，培育特色优势产业；有效推动区域合作，构建对外开放格局；大力发展劳务经济，拓宽农民增收渠道；高度重视人力本位，加强区域人才培养；加大基础设施建设，增强区域辐射能力；完善社会保障体系，促进公共服务均等化	郭建缨（2017）

（7）特定区域自我发展能力研究

许多学者选择某一特定区域作为研究对象，分析研究自我发展能力问题。研究对象主要集中在欠发达地区、贫困地区、农村地区、民族地区等特殊区域。具体内容见表 2–6。

表2–6 特定地区自我发展能力研究

特定地区	研究者
西部	向焕奇（2011）；鱼小强（2002）；李慧、鲁茂（2008）；梁双陆（2011）；朱凯、王娜（2012）；林勇等（2012）；孙根紧（2012）；张霞（2013）；李泉（2011）；刘爽（2001）；王晓娟（2010）；杨宪明、梁双陆（2007）；张艳（2013）；张周平（2011）；王欢（2015）；汤伟娜、汪海霞（2015）；梁城城、王永莉（2015）；王蕾、汪海霞（2015）
甘肃	王科（2008）；杨彬（2010）；闫磊（2011）；赵雪雁、巴建军（2009）；吴海洋（2013）；宇涛、郭亚妮（2012）
新疆	周彦、吴一丁（2007）；王芳（2012）；周亚成、兰彩萍（2003）；牛云峰（2012）；李翔（2013）；王蕾等（2014）；孙岿（2012）；杨福成（2014）；关靖云等（2015）；孙鲁云、谭斌（2018）

续表

特定地区	研究者
西藏	刘期彬（2011）；郭运良（2014）；王文令（2012）；张剑（2014）；王永莉（2013）；薛剑符等（2014）；张佳丽、贺新元（2010）；李海红等（2014）；刘洋、李海红（2015）；吕翠苹、秦君玲（2015）；李中锋（2016）
贵州	付宝全、刘宝伟（2008）；李华红（2011）；饶华敏（2013）；张凤太（2013）；申鹏、胡晓云（2018）；梅兰（2008）；申鹏等（2019）
青海	张周平（2011）；杜青华等（2011）；张爱儒、高新才（2015）
云南	韩斌（2014）；胡宏斌（2012）
广西	周明钧（2014）；梁振芳（2010）；张林等（2012）
四川	傅忠贤（2014）；徐君（2003）；宋铁（2015）；刘昕华（2017）；张伟（2017）；孙根紧、丁志帆（2017）；陈亮（2021）
陕西	赵路（2012）
山西	马明、高宇璇（2016）
辽宁	邢青（2016）
湖南	廖珊等（2018）
宁夏	潘建军（2018）；董沥等（2019）
黑龙江	焦利娟（2019）
广东	李靳（2021）
中部地区	田官平等（2001）；李庆春（2007）；杨杰文（2011）；罗康隆等（2012）；丁立（2017）
贫困地区	马顺福（1998）；陈军民（2008）；梅兰（2008）；张毅等（2012）；贾金荣（2013）；朱占荣（2013）；胡宏斌（2012）；杨杰文（2011）；汪海霞（2014）；宋铁（2015）；张家俊（2016）；余琪（2016）；徐孝勇、封莎（2017）；封莎（2018）；郝雄磊（2019）；李创（2019）；杨丽、龙茂兴（2019）；张楠（2021）
农村地区	李盛刚（2006）；杨科（2009）；霍燕等（2014）；孔朋等（2009）；蓝红星（2011）；南人凤（2011）；褚涵（2014）；徐孝勇、寸家菊（2016）；李艳佳（2020）；李凌汉（2020）；闫六英等（2021）
民族地区	郑长德（2011）；赵铁（2018）
金砖五国	陶泓（2015）

（三）文献评述

梳理分析国内外既有研究成果发现，已经形成以下共识：

第一，区域自我发展能力研究的主题应该是“发展”，而不是单纯的能力。

第二，无论是区域微观主体还是宏观主体，相对于“外部力量”而言，“自我发展能力”是其发展的基础和根本。

第三，区域自我发展能力是一个综合性概念，在不同视角下，对于不同的区域主体，其构成要素和影响因素不同。

第四，区域自我发展能力具有可塑性。也就是说，一个地区的自我发展能力可以通过政策引导扶持、区域内部激励来培育，实现不断提升。

当前研究仍存在一些问题和不足，具有可进一步探讨、发展或突破的空间，体现在以下四个方面。

（1）理论研究滞后于发展实践

大部分学者从实践层面，研究如何培育地区自我发展能力，对于地区自我发展能力的理论模型研究比较少。对地区自我发展能力概念进行界定的已有文献立足于不同的视角，分歧较大。因此，目前国内关于区域自我发展能力问题的研究从其概念界定到理论研究至今未达成普遍共识，有关区域自我发展能力问题研究的重心一般倾向于对策建议与实践层面，在区域自我发展能力的理论构建上，至今仍没有取得实质性进展。

（2）研究主题的内涵有待明确

现有研究区域自我发展能力的学者大都受到传统经济理论的影响，有明显的路径依赖现象。虽然达成了区域自我发展能力研究的主题应该是“发展”这一共识，但是就“发展”的内涵更多停留在“经济增长”层面，呈现出“发展 = 经济发展 = 经济增长 = 物质财富积累”的倾向。具体表现在：一是概念的界定突出了区域经济增长的能力；二是概念界定虽是“发展”的，但是构成要素、评价指标等内涵却是“增长”的，混淆成了有关“区域经济增长”的研究。西部地区的发展是否该依循发达国家或东部发达地区传统的发展模式？该如何认识自我发展能力中的“发展”的内涵？在国家区域功能界定的框架下，西部地区实现现代化有没有新的模式或路径可以借鉴？很显然，以“要素论”为主的区域自我发展能力的理论研究，已经不能满足新的发展观视角下的区域发展实践。

（3）区域发展“主体的能力”研究欠缺

区域自我发展能力研究应当突出区域开发的主体性。世界各地的开发史证明，国家主导或者政府包办式的开发，不利于开发主体性的发挥。无论什么样的开发政策，如果没有包括当地居民在内的当地发展主体的积极参与，是不可能持续的。对于区域开发而言，真正的开发主体应该是当地居民，他们最熟悉自己的资源、技术和文化，最具有创业的动力。强调区域发展主体的自我发展能力，是由以往中央政府“自上而下”的国家主导开发模式向“自下而上”的地域主导、民间主导模式转变的内在要求。

既有研究成果中，有诸多研究者均以区域发展主体能力为视角，很自然地包含了对个人、企业、市场、政府等主体能力的讨论。但是就这一视角的深层意义，即对区域开发由国家主导向地域主导转变的重要作用，关注的较少；另外，有不少研究，尝试建立由微观到宏观、主体到区域的发展能力模型，但在这些发展主体能力之间的逻辑联系与协同性方面的研究非常鲜见。

（4）定量评价指标体系的构建有待规范

一个地区的自我发展能力水平可以通过选择科学合理的衡量指标来进行测算，而且所选取的自我发展能力衡量指标应因衡量对象的不同而有所选择。但是已有文献中的评价指标或指标体系存在不足之处：要么不能确切地体现研究对象自我发展能力的真实水平，要么不具有操作性。客观评价某一特定地区自我发展能力水平是针对性地采取措施、增强其自我发展能力的必要前提。因此，科学、合理、具有操作性的区域自我发展能力评价指标体系的研究，具有广阔的研究空间。

第三章
区域内生发展能力理论分析框架

一、区域内生发展能力内涵

（一）区域内生发展能力概念

概念是逻辑思维活动的结果和产物，同时又是思维活动借以进行的单元。明确界定区域内生发展能力概念是创建区域内生发展能力生成机制、勾勒完整的理论分析框架的基本前提。区域内生发展能力概念内涵丰富，至少应当包括含义、特征及构成要素三个方面。

1. 区域内生发展能力与相关概念的区别

（1）自力更生

自力更生是指某一特定的社会主体在不依赖外援条件下，发挥自己的主观能动性争取获得预期目标的一种奋斗精神。在我国特定的历史时期，"自力更生、艰苦奋斗"更强调社会主体完全依靠自身力量实现其发展。然而，区域内生发展能力与争取外援并不是矛盾的，恰恰相反，如何争取最大限度的外援内化为内生发展的有利因素，是区域内生发展能力提升的必然要求。

（2）自主发展

在区域内生发展能力这一概念中，强调的是"自我"而非"自主"。因为，一国内某一特定地区的发展，是在国家区域发展总体战略和区域功能下合理定位、服从国家宏观规划的前提下追求发展，所以称"自主"是不合适的。

2."区域内生发展能力"的科学界定

区域内生发展能力是本书着力研究，并试图科学界定的一个概念。从区域发展角度看，区域的发展可以是主要依靠外部力量（外源）推动的发展，也可以是主要依靠内在因素（内源）推动的发展。

基于区域发展动力视角，本书认为区域内生发展能力（亦称区域自我发展能力）是指特定区域主体在开放环境下整合利用外生动力同时，充分激发内生动力，依托区域居民素质技能、企业创新能力、产业竞争能力、政府调控能力的协同耦合，实现区域经济、社会、文化、环境持续健康发展的能力。

本书认为，区域内生发展是与“外源式”发展相对应的一个概念。区域内生发展能力是指一个特定区域内各经济主体，在开放的环境下，充分利用外部资源的同时，主要依靠内部动力，发挥自己的内在禀赋、内部潜力和内部创造力，依托居民素质技能、企业创新能力、产业竞争能力、政府调控能力的耦合促生，实现区域经济、社会、文化、环境持续健康发展的能力。

（二）区域内生发展能力本质

区域内生发展能力的本质在于，区域空间内的人，不断适应周围环境的变化，最终实现全面发展。区域内生发展能力把人视为发展的手段与目的的统一，尊重人的权利、人的价值、人的自由和人的能力。换句话说，是以区域内的人为出发点，分析和解决与人相关的一切问题。

西部地区传统的发展思路是，以增加西部地区人口的收入为出发点。在这种思路指导下的经济发展，实际上是在重复其他地区传统的发展思路，很难发挥落后地区的“后发优势”，更难赶上和超过其他地区的经济发展水平。决定经济发展最根本的因素就是人的全面发展，这是根据人的主体性和利益性必然得出的结论。经济发展是标，人的发展是本。

（三）区域内生发展能力特征

一个客体或一组客体特性的抽象结果表现为事物特征，用来刻画和描述概念。区域内生发展能力具有自生性、内生性、协同性、综合性、动态性、阶段性和可塑性等特征。

1. 自生性

区域主体在不依赖外部力量推动和扶持的情况下，主要依靠内在因素，实现生存与发展。强调发展的内因和区域主体的主观能动性、自身造血功能。

2. 内生性

区域内生发展能力形成的内在动力源于区域主体知识、技术的积累和创新，从而实现区域经济、社会、文化、环境持续健康发展。

3. 协同性

区域各发展主体能力相互协调，即居民素质技能、企业创新能力、产业竞争能力、政府调控能力等能力因子相互作用、相互联系与协同，耦合促生区域内生发展能力。

4. 综合性

区域内生发展能力是一种综合性能力，不是指区域内一元主体的多元能力，也不是多元主体的一元能力，而是指区域内多元主体多元能力的耦合促生。

5. 动态性

区域内生发展能力的形成是一个动态积累的过程，不仅是一种现实能力，更是一种潜在能力，无论在短期还是长期，区域各主体都能够根据周围环境的变化而不断调整和适应，充分挖掘现实与潜在能力，持续提升发展水平。

6. 阶段性

一般说来，一个区域的内生发展能力高低，与这一地区的发展水平呈对应关系。区域的发展过程呈现出阶段性特征，区域内生发展能力的形成与提升过程同样呈现出阶段性特征。

7. 可塑性

一个地区的内生发展能力可以在漫长的发展过程中，通过充分利用外部资源的同时，主要依靠内在因素来塑造和培育。这种可塑性特征的存在，使所有的区域开发活动具有了重要意义。

（四）区域内生发展能力构成要素

构成一个客观事物存在并维持其运动的最小单位就是要素。解析区域内生发展能力构成要素是探究区域内生发展能力系统产生、变化、发展动因的必要环节。区域经济系统运行是微观—中观—宏观子系统交互作用的过程。因此，区域内生发展能力应由居民素质技能、企业创新能力、产业竞争能力、政府调控能力等多元主体多元能力构成，它们相互协同、相互联动，耦合促生区域内生发展能力。

目前，已有区域内生发展能力构成要素的研究基本上可以分为两种类型，即“多元主体一元能力”和“一元主体多元能力”。本书认为，由于区域是由多主体构成的多维复杂系统，因此区域内生发展能力的构成要素应为“多元主体多元能力”，包括：居民素质技能、企业创新能力、产业竞争能力、政府调控能力。

1. 居民素质技能

居民素质技能的提高是生成区域内生发展能力的前提条件。居民素质技能包括：身体素质、技术素质、精神文化素质三个层面或环节，其中，身体素质是基础、技术素质是主体、精神文化素质是主导。劳动者的技术素质包括技术和经营管理的能力。随着社会分工和产业发展，劳动者技术素质的层次也越来越突出。有个人技术素质的提高，才有企业的创新与产业的发展，而企业的创新与产业的发展又促进了个人技能素质的提高。技术素质的提高带动身体素质和精神文化素质的提高，为新行业、产业的出现和发展提供了基本条件。

2. 企业创新能力

企业创新能力是生成区域内生发展能力的基本手段。创新是企业转型和产品升级的动力，亦是区域经济发展方式转变、区域产业结构优化升级的关键。区域要获得持续发展必须走依靠自身能力、合理利用外力、逐渐培育自身市场竞争能力和自主创新能力的“内生式”发展道路。

3. 产业竞争能力

区域产业竞争能力是生成区域内生发展能力的根本途径。已有的成果对内生发展能力的理论和实践研究做出了贡献，但鲜有从产业角度去研究内生发展能力。

产业发展在区域经济中具有重要地位。区域产业发展包括区域产业结构的升级、区域产业组织的优化、主导产业科学选择与合理定位等。如果说第一轮西部开发解决了西部地区经济社会发展的支撑能力问题的话，那么第二轮西部大开发就应该把产业发展放在核心位置。开发重点是加快发展优势特色产业和推进产业集群。

4. 政府调控能力

地方政府调控能力是生成区域内生发展能力的重要保障。在任何经济中政府本身是最重要的制度。政府制度创新处于核心地位，通常是交易成本最低的创新形式。政府作为制度的化身是一种最为关键的生产性资源，它是制度的载体，其制度供给的低效或不足直接关系到国家的兴衰。

地区的经济发展与当地政府的制度创新能力密不可分。地方政府是国家宏观经济政策的执行者，是当地社会经济活动的主要组织者，也是制度创新的推动者和实施者。制约西部地区经济发展的重要约束条件是各级地方政府制度创新能力不足。

二、区域内生发展能力生成机制

机制是事物各部分（要素）之间的结构关系及协调运行方式。区域内生发展能力的生成是一个漫长而复杂的过程，不可能一蹴而就，其需要经由生成动力、生成条件和影响因素相互协调运作，形成有机整体。

（一）区域内生发展能力生成主体

贾高建（2001）认为一切发展都必须有特定的事物作为自己的主体。脱离了主体的“发展”是没有实质意义的。区域内生发展的目的是人，最终是要实现人的发展。而人自身又是人类实现发展的最主要工具，发展依赖于人将客体世界“主体化”的能力。区域内生发展能力生成的主体包括：个人、企业、政府。

（二）区域内生发展能力生成动力

约瑟夫·熊彼特指出发展不是从外部强加的，而是从内部自行发生变化。习近平总书记在深度贫困地区脱贫攻坚座谈会上指出扶贫要同“扶志”相结合。贫困地区和贫困群众没有脱贫致富的内在动力，仅靠外部帮扶，帮扶再多也不能从根本上解决问题。居民、企业、政府等区域主体内在的脱贫致富强烈愿望和内生动力是区域内生发展能力生成的根本动力。中央政府扶持、对口支援、东西部扶贫协作等区域协调发展战略措施构成了区域内生发展能力生成的外生动力。内生动力和外生动力共同推进区域内生发展能力生成。内生动力是外生动力发挥强大作用的内在基础。

区域内生发展能力同其他事物一样，其生成与发展同样需要动力推动或拉动，动力是某一地方形成内生发展能力、实现内生发展的本质原因。本书从内部动力和外部动力两个层面，阐述区域内生发展能力生成的动力。

1. 内部动力

当代语境中的“发展”，它最初的概念是指社会发展，更确切地说，它最初是指西欧市民社会内生发展[1]的过程，也就是说，“发展”原意是指内发式的发展。19 世纪苏格兰社会改良家斯迈尔斯在《自助论》一书中指出，国家富强的源泉来自个人对勤奋和正直品行的追求，“外部对人的影响是有限的，人的发展，其动力总是从内部产生”。亚当・斯密架构下的自由市场经济发现了内发的经济活动秩序。首先，作为内发的经济活动秩序，它是指在没有特定外界的干预下，自主地构筑市场运行过程。“看不见的手”是市场经济内生发展的形象描述。虽然市场经济是一个开放的演化过程，但外界输入的不是决定事务内部结构和功能的具体指令。其次，作为内发的经济活动秩序，它“展现文明盛衰的自我组织过程”，它揭示了一个真理：“发展”是“人类对于环境认识的变化，以及适应于这种变化的一种文明替代的选择”。再次，作为内生的、自发的经济活动秩序，它把社会进步作为关注点。斯密提出了适用于近代资本主义社会的、新的伦理学原理，他把一个和谐世界的思想扩展到了经济学领域，并指出财富增大与道德世界的和谐以及良好的秩序密切相关，公共利益基础上的私利，是幸福的条件。约瑟夫・熊彼特在 20 世纪，也把“发展”界定为“内发式发展”。在《经济发展理论》中，他指出，“发展”并不是从外部强加于它的，而是从内部自行发生的变化。而法国经济学家佩鲁在熊彼特“发展观”的基础上，把经济发展与社会相连，他指出“发展”一方面形成“增长极”，另一方面，发展的效果向社会扩散，通过社会整合实现其发展效果。可是，市民社会理性的内生发展，在其发展过程中却向国家理性以及权力体系转换，“发展”从“内发式”向“外发式”

[1] 哲学家黑格尔把摧毁封建社会身份和等级制以及在市场经济发展过程中摆脱地缘、血缘束缚的市民社会的内生发展称为“发展”。

转换。在历史学派的视野中，黑格尔的“发展”被理解为落后国家赶超发达国家的过程。法国经济学家佩鲁的“增长极”被引向单纯的经济发展。

从“发展”的原意出发，本书认为，推动某一地区发展的根本动力是内在的，进而区域内生发展能力生成的决定力量应该是内部动力。这一内部动力就是：区域人民日益增长的美好生活需要，对更高更好的生活质量的不懈追求。

马克思说，“人民奋斗所争取的一切都与他们的利益有关。”对整个人类社会而言，历史就是在人们为自身利益同“第一自然”和“第二自然”作斗争的过程。现代西方经济学认为，相对于有限的资源而言，人的欲望总是无穷无尽的。马斯洛指出，人的需求具有层次递进的特征。人们在满足了基本的生理需求（衣食）后便产生了第二个层次的需求，即安全需求（住房、交通工具），继而又出现人际交往的需求、受到尊重的需求以及实现人生价值的需求。占有较多稀缺资源并具有有效配置能力的人，往往可以满足更高层次的需求。由此，人类社会内部产生了如何有效配置稀缺性资源的问题。欲望的无限性决定人们对更高质量生活的无限追求，这种追求推动区域内部人们为实现自身利益而去获取内生发展能力，以保证自身生活质量的不断提高。因此，区域内部人们对高质量生活的追求是该地区培育内生发展能力、实现内生发展的内在动力源。

综上所述，区域内主体对更高更好的生活质量的不懈追求是内生发展能力生成的内部动力。因此，需要以区域微观行为主体作为切入点分析区域内生发展能力生成的内部动力。区域内部微观行为主体包括家庭、企业、政府等，所以分析它们在区域内生发展能力生成过程中发挥的作用时，要明确其在区域经济社会发展中所扮演的角色。

家庭在区域经济发展中不仅是消费者，还是重要生产资料——劳动力的供给者。劳动力素质的高低，直接影响着区域经济的生产效率，进一步影响区域内部资本积累和再生产的循环能否顺利进行。劳动力素质又直接取决于个人的健康状况、预期寿命等。具有高素质的劳动力往往能在市场经济中获取更大回报，从而可以拥有更高的社会地位和高水平的经济生活水平，具有较高的效用水平。因此，家庭为获取这种较高的效用，会为提高劳动力素质做出努力。劳动力整体素质的提高，则进一步推动了区域内生发展能力的形成。所以，以家庭为单位的居民素质技能的提升是区域内生发展能力生成的内部动力之一。

企业是区域经济发展中最重要的组成单元之一。营利性是企业的本质特征，确保技术的领先是其营利性的基本保障，而技术地位的领先又来源于企业自身的技术创新。反过来说，企业不断地进行技术创新，获得超额利润，增大了资本积累和扩大再生产的可能性。区域内部所有企业，都在技术创新中获得超额利润，大规模地进行扩大再生产，则会表现出区域性经济扩张，这种源自区域系统内部的经济发展就是区域内生发展。因此，区域内部企业技术创新也是区域内生发展能力生成的内部动力之一。

地方政府不断转变政府职能，提供优质公共服务，为本土经济发展创造良好的环境，有利于促进有竞争力的企业涌入，不断扩大区域内部资本积累和企业创新，也有利于区域内部居民素质技能的提高和产业经济结构的优化升级，有利于区域内生发展能力的提升。因此，地方政府服务建设也是区域内生发展能力生成的主要内部动力之一。

从区域层面，只有各个主体的发展动力耦合协同，才能真正形成内生发展能力生成的驱动力，任何一个微观主体释放的发展动力不足，都将阻碍区域内生发展能力的生成。区域主体发展的内在动力是区域内生发展能力生成的核心。

2. 外部动力

“效率”与“公平”的优先顺序一直是官方与学者争议的问题。发展经济学认为，在经济发展的初期实行以“效率”优先的非平衡发展战略是必要的，也是有意义的。平衡增长与非平衡增长是从不同角度、不同时期、不同阶段考虑问题的。不平衡增长是从资源有效配置的角度，考虑在经济发展的初期，如何把有限的资源分配于最有生产潜力的部门，即联系效应最大的产业，通过这些产业的优化发展，来解决经济发展的瓶颈问题，并通过它们的发展来带动其他产业的发展。但是经济发展进入高级阶段时，从工业化和快速发展经济的角度来看，国民经济各部门的发展需要作一定的协调，使其保持一定的均衡，此时平衡发展就成为必然。在经济发展的高级阶段，引起平衡增长的正是过去不平衡增长的经历。不平衡增长目的是要实现更高层次和更高水平增长，只不过平衡增长是目标，不平衡增长是手段。中华人民共和国成立以来，中央政府在权衡我国区域发展中“效率”和“公平”优先顺序的基础上，先后实施了区域平衡发展战略、区域不平衡发展战略、区域协调发展战略和区域统筹发展战略。当前，西部地区整体发展水平落后，处于“一个中国、四个世界”中的“第四世界”，严重制约了国民经济的持续健康发展，协调区域发展势在必行。协调区域发展战略的实施突显了国家在新时期、新发展背景下对“公平”的注重。

区域内生发展能力生成的外部动力是由区域外部主体促成的，是国家区域协调发展的战略需要，将对区域内生发展能力的生成起加速或减缓作用。但是外部动力需要通过内部动力来发挥作用。在一个国家内部，促进区域内生发展能力生成的外部动力来自两个方面：一是国家中央政府的扶持政策；二是其他区域的援助政策。就西部地区而言，培育和提升内生发展能力已经成为当今的时代任务。国家实施西部大开发战略，推动西部地区经济社会发展，利用直接投资和政策倾斜等宏观调控手段构建西部地区产业体系，改善西部地区公共服务状况，提高人民生活水平，这些都在一定程度上促进了西部地区内生发展能力的生成。与此同时，科学设计激励机制，安排中东部地区对西部地区进行援助建设，改善西部地区的基础设施状况，进行直接投资带动当地经济发展等政策和措施，都有效推动了当地内生发展能力的生成。

综上所述，区域各族人民群众对更美好生活的向往和追求，是区域内生发展能力生成的内部动力。国家区域统筹协调发展战略部署下，中央政府扶持政策和其他地区对口支援是区域内生发展能力生成的外部动力。内部动力和外部动力是共同驱动内生发展能力生成的强大动能。

3. 动力转化机制

将区域内生发展能力生成的内部动力和外部动力转化为推动区域实现内生发展现实效力的基本机制或手段是：市场竞争和政府调控。

在经济学领域中，竞争是指经济行为主体在市场上为实现自身的经济利益而不断进行的角逐过程，是市场经济的本质特征和核心内容。在区域经济学中，市场上的竞争关系就表现为区域之间为争夺区域利益而进行的斗争。区域作为宏观行为主体，在市场竞争中面临着双重作用力：市场机会的吸引力和竞争对手的压力。在市场经济中，竞争在区域经济发展中起着基础性的协调作用。在资源存在稀缺性情况下，竞争成为资源配置最有效率的手段。区域内部各行为主体，在市场竞争机制下为自身利益而不断提高自身对资源的配置能力，这些能力综合体现为一个地区对资源的配置能力，又由于这种能力源于区域系统内部，因而就构成了区域内生发展能力。因此，市场竞争是区域内生发展能力生成的内部动力转化为现实能力的基本机制。

传统的西方经济学认为，当市场出现失灵时，就需要政府来进行补救。例如，传统微观经济学提出用税收、补贴、价格管制、反托拉斯法等微观经济政策来应对效率低下和分配不公等市场的微观失灵。传统的宏观经济学则提出用财政政策、货币政策、收入政策等宏观经济政策来对付经济停滞和通货膨胀等市场的宏观失灵。中央政府的宏观调控是不同于市场机制的另外一种制度安排，以人的主观能动性来影响经济发展。在政策的激励下，区域内部的微观主体会改变自己在没有这项激励条件下的行为，这有助于区域内生发展能力的生成和不断提升。

（三）区域内生发展能力生成条件

如果把区域内生发展能力构成要素比喻为“种子”，区域内生发展能力生成条件就是“气候”和“土壤”。特定区域经济发展所需的物质资本、生态资本、人力资本、知识资本、金融资本、社会资本是培育和提升居民素质技能、企业创新能力、产业竞争能力、政府调控能力，耦合生成区域内生发展能力的必要条件。

1. 物质资本

物质资本包括企业生产过程中的各种设备及要素。从整个社会的角度来看，物质资本被界定为基础设施和固定资产两部分。一个地区经济增长和发展的物质基础和条件就是物质资本。新古典经济增长理论认为，资本积累是推动经济增长的源泉。物质资本是其他五大资本的物质基础。

2. 生态资本

能够带来经济和社会效益的生态资源和生态环境是生态资本。其中，生态资源包括：环境资源和自然资源；生态环境包括环境质量、环境自净能力、生态潜力等内容。解决环境与发展的两难矛盾，不能停留在过去道德层面和哲学范畴的规劝，只有实现生态环境资本化，才能从根本上解决生态环境问题。

3. 人力资本

人力资本是指为了增加未来效用或实现价值增值，通过有意识地投资活动而取得的，具有异质性和边际收益递增性的、依附于人身上的技能、学识、健康状况和水平的总和。内生增长理论强调人力资本对经济增长的贡献。

4. 知识资本

知识资本是各种知识资源的总称。具体包括两个方面：一是指具备和使用这些手段、方法的人；二是指能够实现价值增值的手段和方法。在知识经济快速发展的今天，知识资本被比作人力资本的核心和高级人力资本的智力资本。

5. 金融资本

金融资产（金融资本）是实物资产的对称，指单位或个人所拥有的以价值形态存在的资产，是一种索取实物资产的无形的权利，是一切可以在有组织的金融市场上进行交易、具有现实价格和未来估价的金融工具的总称。

6. 社会资本

社会资本是指个体或团体之间的关联——社会网络、互惠性规范和由此产生的信任，是人们在社会结构中所处的位置给他们带来的资源。从其基本内涵看，社会资本是相对于经济资本和人力资本的概念，它是指社会主体（包括个人、群体、社会甚至国家）间紧密联系的状态及其特征，其表现形式有社会网络、规范、信任、权威、行动的共识以及社会道德等方面。社会资本存在于社会结构之中，是无形的，它通过人与人之间的合作提高社会的效率和社会整合度。

生态资本、金融资本和物质资本是区域内生发展能力得以生成的物质条件，是区域内生发展能力的基础，可视为必要条件；人力资本、知识资本、社会资本是在某种程度上通过人的全面发展体现出来，可视为区域内生发展能力得以生成的充分条件。

（四）区域内生发展能力生成影响因素

1. 文化传统

亨廷顿曾经有这样的观点：世界上的人之所以是这样的生存状态，是这样的人，而并不同于别的人，这个“鸿沟”是由文化掘成的。本书认为，社会文化对于一个区域内生发展能力的培育和提升具有重要的影响，并可将文化对于区域内生发展能力的影响机制概括为：社会文化—人的心理特质—人的实践活动—自我（特色）发展能力。社会文化通过影响社会心理，影响人们的实践活动，进而影响具有特色的内生发展能力培育。在全球化时代，一个地区基于独特的历史文化等非经济因素进行有特色的区域建设，越来越成为极其有效的发展资源。

杨小柳（2010）认为，对区域文化考察的手段外部力量十分有限，缺乏对地方性文化逻辑的探寻。传统的经济学研究偏重于生产要素的优化配置，忽略了在文化背景下形成的人格特点对经济行为的影响。西方主流经济学以经济人假设为前提，认为不断追求个人利益的最大化是人的一切行为目的。我国东部地区的发展以新古典经济学为理论指导，追求快速地经济增长和绩效至上。而我国的西部地区虽落后于东部地区，但各民族有着自己独特的文化背景，在步入社会主义市场经济建设之前，是一个相对独立的空间，他们关注的主要问题是集体内部的稳定和延续。

各民族传统文化具有多元性特点，风俗习惯在一定程度上规范着人们的行为活动。例如，出于对山神的敬畏，居住于西南山区的少数民族主动保护森林，有效维持当地的生态平衡。国内有学者将西部少数民族的一些传统风俗习惯解读为“市场化意识淡薄”。本书认为，这是在传统的发展观思想下产生的一种偏见或认识误区。21 世纪的发展观已由“外发式”转向“内发式”发展，由“经济人”假设向“地球环境人”假设转变。少数民族劳动者历来的生产方式在与自然环境的相处过程中形成的“天人合一”、崇尚“人与生态和谐共处”的习俗，与新的发展观理念相吻合，值得传承与大力弘扬，而不应被否定与摒弃。中国特色社会主义就是一种摆脱西方单一发展模式，探究具有我国特色发展模式的典型路径。西部地区内生发展，也应该是基于地区独特的历史、文化来进行有特色的区域建设。

2. 区域功能

区域功能是一种空间单元划分，它基于区域差异之上。由此可以将国土面积划分为不同的类型区，用以体现不同类型区域的特殊功能。由于区域差异的原因，人们可以从不同的角度规定区域功能。

本书认为，区域功能对于区域内生发展能力生成的影响机制可以概括为：区域承载力—区域功能—发展模式—内生发展能力培育模式。区域的功能由其承载力决定，区域的承载力不同，区域主体功能就不同，发展模式和内生发展能力培育模式也就不同。

在充分考虑了区域的多样性后，我国在《中华人民共和国国民经济和社会发展第十一个五年规划纲要》中提出了主体功能区规划，并对区域发展的特殊性给予了必要的关注，突出了在整个国土范围内同时实现经济增长、社会发展和生态保护三个方面的协调，突出了空间资源的互补性特征。特定区域的主体功能就决定了区域内生发展的类型和区域内生发展能力的培育方式。这源于主体功能与区域内生发展能力相匹配原理。

3. 自治权利

对于区域内生发展能力的生成，赋予地方自主发展本地经济事务的权利具有重要的影响作用。众所周知，要素禀赋是经济增长的重要影响因素，而区域经济的要素禀赋又受其拥有的经济权利所制约。从某种角度讲，“经济权利”等价于“发展机会”。欠发达地区经济落后或者地区内生发展能力持续相对较弱，主要是由于经济权利缺失致使经济权利禀赋的数量和结构无法满足经济实力提升的要求。同时在持续的市场化进程中，欠发达地区经济权利禀赋结构被相对较弱的内生发展能力进一步恶化。

西部地区内生发展能力不足的一个关键原因是西部地区经济权利禀赋的缺乏，其急需政府合理有效的制度安排来弥补。

4. 偶然事件

西部地区多处于边疆偏远地区，其特殊的地质地貌也决定了其自然灾害的频发。地震、海啸、洪水、山体滑坡、冰冻灾害等偶然性自然灾害也会对一个地区内生发展能力的产生和水平状态产生影响。例如：青海玉树地震、云南楚雄等多地地震、新疆冰冻灾害、贵州山体滑坡等均对当地的生产生活造成了较为严重的影响。自然灾害事件的发生过程往往很短暂，但其影响却是深远的，甚至可能是毁灭性的。另外，各个方面的外部力量在拯救这一地区过程中，会加强这些地区的能力培育。

社会文化通过影响社会公众心理进而影响区域主体实践活动，最终影响区域内生发展能力的培育模式。区域主体功能取决于区域环境承载力，而区域主体功能决定区域内生发展能力生成路径。区域要素禀赋的使用和处置在一定程度上受区域经济权利制约，后进地区经济权利缺失导致其内生发展能力不强。自然灾害会中断或推迟区域内生发展能力生成进度，而政府、企业、个人通过救火援助会对重塑区域内生发展能力具有积极推动作用。区域内生发展能力生成机制见图 3–1。

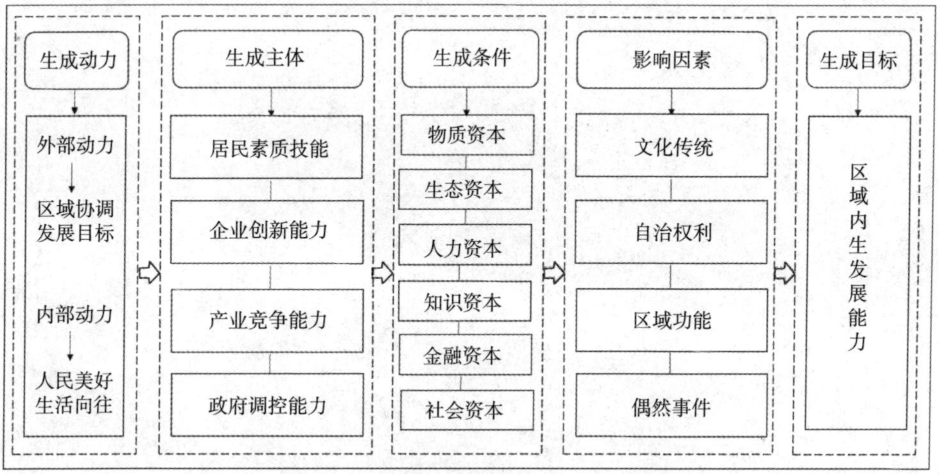

图3–1　区域内生发展能力生成机制图

第四章 区域内生发展能力评价

一、区域内生发展能力评价指标体系设置

（一）评价指标体系设置的指导思路

客观、准确地评价分析区域内生发展能力的关键步骤是设计一套科学合理的评价指标体系。区域内生发展能力概念特征显著，而且提升区域内生发展能力研究涉及多个社会科学领域，因此，对西部地区内生发展能力进行定量评价是一项系统而又复杂的工程。

目前，区域内生发展能力评价方法日渐成熟，采用的方法也从早期的单一指数法，向复合指数法、多指标综合评价体系法等方法转变。本书认为，区域是个复合系统，反映区域内生发展能力水平及系统变化，不可能只用少数几个指标就能完成，多层次、多指标、综合性评价指标体系的采用既必要，又可行。指标体系设置应当体现新发展观和新发展理念，不应仅局限于经济增长能力层面，更应注重区域社会、文化、生态发展的现有能力和潜在能力；不应仅局限于外来要素和内在要素的数量和配置能力层面，更应注重区域外来要素与内部资源融合创新的能力。设计构建一套以新发展观和新发展理念为指导，以区域内生发展能力理论分析框架为基础，实践操作性较强的区域内生发展能力评价指标体系，是客观衡量和比较西部地区内生发展能力水平的重要环节。设置区域内生发展能力评价指标体系，应当注意以下三点要求：

第一，区域内生发展能力概念应以新的发展观和发展理念为指导，与传统的区域经济增长能力相比，其内涵更加广泛、更加丰富，不仅包含经济增

长能力，还应包含人的全面发展能力、人与自然和谐发展能力。

第二，区域“特色”是培育区域内生发展能力的重要因素。区域内生发展能力评价指标设计，应当考量区域独特的历史文化背景与特色优势产业发展潜力。

第三，区域是由各个发展主体构成的复杂系统，其内生发展能力评价应当注重区域主体地位，对区域内生发展能力结构中的居民、企业（产业）、政府等多个区域主体能力加以重视。

（二）评价指标体系设置原则

在不影响结论真实性的前提下，区域内生发展能力评价指标体系就是把某一特定地区内生发展推动的因素及其内在关联进行简化处理，以便覆盖尽可能多的信息，运用一些具有代表性的评价指标，形成具有可操作性的结论及决策依据。区域内生发展能力内涵丰富，并且具有自生性、内生性、协同性、综合性、动态性、阶段性、可塑性等特点。区域内生发展能力指标体系的设置需要从多主体、多领域、多个指标组成一个有机整体，而且应遵循和把握以下六个重点原则。

1. 系统性原则

区域内生发展能力是一个由居民素质技能、企业创新能力、产业竞争能力、政府调控能力构成的复合系统。评价指标体系的设置应遵循系统论思想，体现区域发展各主体间的有机联系，处理好部分与整体之间的关系。

2. 全面性原则

区域内生发展能力涉及区域内个人、企业、产业和政府等主体。因此，在评价领域的设计和核心指标的选取方面，应遵循全面性原则，尽可能全面、完整地反映和度量区域各主体能力及区域内生发展能力的真实水平。

3. 科学性原则

进行定量分析时，相关环节所采用的方法要符合统计学等学科的科学要求。评价结果应经得起现实的检验，所建立的指标体系应符合区域自身定位及发展要求。

4. 可测性原则

由于社会统计工作发展滞后及统计口径不同，定量分析所能获得的数据往往非常有限。选取具体指标时应尽量采用统计年鉴等可靠、权威的数据来源，如有数据缺失，可借助统计软件功能弥补。

5. 可比性原则

可比性是指评价指标体系能够对全国不同地区的内生发展能力状况进行相互比较。一个地区的内生发展能力只从过去和现在来预测未来发展趋势是不完全的，还需要与其他地区进行比较才能得出全面正确的结论。

6. 代表性原则

在选择指标时，应尽可能选择相对独立的、具有代表性的指标，指标体系力求简洁，从而在完备性的基础上增加评价的准确性和科学性。

（三）评价指标体系设置依据与框架

本书在借鉴已有区域内生发展能力测度与评价研究的基础上，根据区域内生发展能力的概念、本质、特征、构成要素，围绕内生发展能力生成的主体、动力、条件、影响因素，按照系统性、科学性、全面性、可测性、可比性、代表性等原则，设置了一套三级指标评价体系，各级指标设置的依据及其框架如下。

1. 一级指标设置

区域内生发展能力总指数反映区域内生发展能力的综合水平。此一级指标需要由若干二级指标构成。

2. 二级指标设置

一个地区的内生发展能力由居民素质技能、企业创新能力、产业竞争能力、政府调控能力 4 个要素构成，因此，将上述 4 个要素设置为二级指标，构成评价指标体系的主体框架。

3. 三级指标设置

根据区域内生发展能力生成的条件和影响因素，在二级指标下设置 64 个三级指标。

居民素质技能是区域内生发展能力生成的前提条件。居民素质技能包括：个人身体素质、个人技术素质、个人精神文化素质三个层面。其中，身体素质是基础，技术素质是主体，精神文化素质是主导。本书在居民素质技能二级指标下设置 15 个三级指标。

企业创新能力是区域内生发展能力生成的基本手段。按照企业能力理论，微观个体的认知能力是有限的，只有通过知识的累积才能克服这一局限性。本书在企业创新能力二级指标下设置 15 个三级指标。

产业竞争能力是区域内生发展能力生成的根本途径。产业竞争力的评价指标包括状态指标和过程指标。状态指标是指那些反映产业竞争能力或竞争结果的静态指标；过程指标是指那些反映产业竞争力提高过程的动态指标。区域内生发展能力的提升是一个动态的、不断演进的过程，因此，本书在评价区域产业竞争能力时，选取了能够反映产业竞争力变化趋势的动态指标。在产业竞争能力二级指标下设置 19 个三级指标。

政府调控能力是区域内生发展能力生成的重要保障。在任何经济中政府本身是最重要的制度。地方政府提高政府履行职责的能力和治理水平，为区域内生发展提供所需的硬件设施和法律制度、文化软环境、区域财政能力和公共产品。本书在政府调控能力二级指标下设置 15 个三级指标。

区域内生发展能力评价指标体系见表 4–1。

表4-1　区域内生发展能力评价指标体系

一级指标	二级指标	三级指标（脱贫攻坚巩固指标、拓展指标）
区域内生发展能力（RSC）	居民素质技能（RQS）	义务教育普及率（R_1）、每十万人平均高校在校生数（R_2）、人均拥有公共图书馆藏量（R_3）、有线广播电视用户数占家庭总户数的比重（R_4）、每千人医疗卫生机构床位（R_5）、每千人卫生技术人员（R_6）、城市居民最低生活保障平均标准（R_7）、农村居民最低生活保障平均标准（R_8）、人均GDP（R_9）、城镇居民人均可支配收入（R_{10}）、农村居民人均纯收入（R_{11}）、人均公园绿地面积（R_{12}）、人均城市道路面积（R_{13}）、城市污水日处理能力（R_{14}）、城市生活垃圾无公害处理能力（R_{15}）
	企业创新能力（EIC）	规模以上工业企业R&D人员全时当量（E_1）、规模以上工业企业R&D经费（E_2）、规模以上工业企业R&D项目数（E_3）、高技术产业技术改造经费支出（E_4）、规模以上工业企业利润总额（E_5）、规模以上工业企业新产品开发项目数（E_6）、规模以上工业企业R&D项目数（E_7）、规模以上工业企业R&D人员（E_8）、高新技术产业企业个数（E_9）、国内三种专利申请受权数（E_{10}）、同时实现4种创新企业在全部企业中占比（E_{11}）、移动电话普及率（E_{12}）、移动互联网人均流量（E_{13}）、科技馆数量（E_{14}）、科普图书出版总册书（E_{15}）
	产业竞争能力（ICC）	高技术企业数（I_1）、高技术产业平均用工人数（I_2）、高技术产业就业人数占总就业人数的比例（I_3）、高技术产业新产品开发项目数（I_4）、高技术产业专利申请数（I_5）、高技术产业利润总额（I_6）、高技术产业有效发明专利数（I_7）、地区研究与试验发展（R&D）经费投入强度（I_8）、规模以上文化制造业企业单位数（I_9）、规模以上文化及相关产业法人单位数（I_{10}）、规模以上文化服务业年末从业人员（I_{11}）、博物馆机构数（I_{12}）、每万人拥有公共图书馆建筑面积（I_{13}）、人均拥有公共图书馆藏量（I_{14}）、参加讲座人次（I_{15}）、文化馆（站）数（I_{16}）、文化事业费占财政支出比重（I_{17}）、第二产业增加值占GDP比重（I_{18}）、第三产业增加值占GDP比重（I_{19}）
	政府调控能力（GRC）	社会组织单位数（G_1）、参加失业保险人数（G_2）、基本医疗保险参保人数（G_3）、外商投资企业货物进出口总额（G_4）、外商投资企业年底注册登记企业数（G_5）、农村用电量（G_6）、邮电业务总量（G_7）、地方公共一般预算收入（G_8）、社会消费品零售总额（G_9）、年末城镇人口比重（G_{10}）、基层医疗卫生机构（G_{11}）、农村居民最低生活保障人数（G_{12}）、城乡居民基本养老保险参保人数（G_{13}）、城镇登记失业率（G_{14}）、万元地区生产总值能耗（G_{15}）

（四）指标含义与数据来源

居民素质技能指标含义与数据来源见表4–2。

表4–2　居民素质技能指标含义与数据来源

二级指标	三级指标	指标含义	数据来源
居民素质技能	义务教育普及率/%	（小学+初中）人口占6岁及以上人口比重，衡量地区教育发展水平	中国统计年鉴（2022）
	每十万人平均高校在校生数/人	每十万人口中高等学校在校生人数，衡量地区教育发展情况	中国统计年鉴（2022）
	人均拥有公共图书馆藏量/册	每人平均公共图书馆藏书数量，衡量地区文化发展水平	中国统计年鉴（2022）
	有线广播电视用户数占家庭总户数的比重/%	安装有线广播电视用户占家庭总户数的比重，衡量地区文化传媒发展水平	中国统计年鉴（2022）
	每千人医疗卫生机构床位/床	每千人医疗卫生机构床位，衡量地区医疗卫生设施水平	中国统计年鉴（2022）
	每千人卫生技术人员/人	每千人卫生专业人员数，衡量地区医疗卫生技术水平	中国统计年鉴（2022）
	城市居民最低生活保障平均标准/（元/人·月）	当地政府或集体给予家庭平均收入在当地规定的最低生活保障线以下的城市居民的支出，衡量社会保障与救助情况	中国社会统计年鉴（2022）
	农村居民最低生活保障平均标准/（元/人·年）	当地政府或集体给予家庭平均收入在当地规定的最低生活保障线以下的农村居民的支出，衡量社会保障与救助情况	中国社会统计年鉴（2022）
	人均GDP/元	按地区年末常驻人口平均的地区国内生产总值，衡量地区富裕程度和生活水平	中国统计年鉴（2022）
	城镇居民人均可支配收入/元	城镇居民可用于最终消费支出和储蓄的总和，衡量城镇居民消费与储蓄能力	中国统计年鉴（2022）
	农村居民人均纯收入/元	农村居民可用于最终消费支出和储蓄的总和，衡量农村居民消费与储蓄能力	中国统计年鉴（2022）
	人均公园绿地面积/平方米	报告期末用作园林和绿化的各种人均绿地面积，衡量城市市政建设水平	中国统计年鉴（2022）
	人均城市道路面积/平方米	道路面积与道路相通的桥梁、隧道面积，衡量城市市政建设水平	中国统计年鉴（2022）
	城市污水日处理能力/万立方米	污水处理厂每昼夜处理污水量的设计能力，衡量城市市政设施水平	中国统计年鉴（2022）
	城市生活垃圾无公害处理能力（吨/日）	垃圾处理厂每昼夜处理生活垃圾量的设计能力，衡量市容环境和卫生情况	中国社会统计年鉴（2022）

企业创新能力指标含义与数据来源见表4–3。

表4–3　企业创新能力指标含义与数据来源

二级指标	三级指标	指标含义	数据来源
企业创新能力	规模以上工业企业R&D人员全时当量/人	年主营业务收入在2000万元以上的工业企业研发人员的数量，衡量企业创新管理能力	中国统计年鉴（2022）
	规模以上工业企业R&D经费/万元	年主营业务收入在2000万元以上的工业企业研发经费支出，衡量企业创新资源投入能力	中国统计年鉴（2022）
	规模以上工业企业R&D项目数/项	年主营业务收入在2000万元以上的工业企业研发项目数，衡量企业知识创造获取能力	中国统计年鉴（2022）
	高技术产业技术改造经费支出/万元	国民经济行业中R&D投入强度相对较高的制造业行业技术改造经费支出，衡量企业知识创造获取能力	中国科技统计年鉴（2022）
	规模以上工业企业利润总额/万元	年主营业务收入在2000万元以上的工业企业年利润，衡量规模以上工业企业绩效	中国统计年鉴（2022）
	规模以上工业企业新产品开发项目数/项	年主营业务收入在2000万元以上的工业企业新产品开发项目数，衡量企业创新能力基础	中国统计年鉴（2022）
	规模以上工业企业R&D项目数/项	年主营业务收入在2000万元以上的工业企业发明、实用新型、外观设计三种发明创造的有效数，衡量企业创新能力基础	中国科技统计年鉴（2022）
	规模以上工业企业R&D人员/人	年主营业务收入在2000万元以上的工业企业研发人员数，衡量企业知识创造获取能力	中国科技统计年鉴（2022）
	高新技术产业企业个数/个	国民经济行业中R&D投入强度相对较高的制造业行业有研发机构的企业数，衡量企业知识创造获取能力	中国科技统计年鉴（2022）
	国内三种专利申请受权数/项	发明、实用新型、外观设计三种发明创造的申请受权数，衡量地区产业创新水平	中国科技统计年鉴（2022）
	同时实现4种创新企业在全部企业中占比/%	同时实现产品创新、工艺创新、组织创新、营销创新企业在全部企业中所占比例，衡量企业知识创造获取能力	中国科技统计年鉴（2022）
	移动电话普及率/（部/百人）	每百人平均电话用户数，衡量企业创新资源投入能力	中国区域创新能力评价报告（2021）
	移动互联网人均流量/GB	每百人平均互联网上网人数，衡量企业创新资源投入能力	中国区域创新能力评价报告（2021）

续表

二级指标	三级指标	指标含义	数据来源
企业创新能力	科技馆数量/个	报告期科技馆数量，衡量企业创新资源供给水平	中国科技统计年鉴（2022）
	科普图书出版总册书/万册	报告期科普图书出版总册书，衡量企业创新资源供给水平	中国科技统计年鉴（2022）

产业竞争能力指标含义与数据来源见表4–4。

表4–4　产业竞争能力指标含义与数据来源

二级指标	三级指标	指标含义	数据来源
产业竞争能力	高技术企业数/个	一个地区高技术企业的数量，衡量地区创业水平	中国科技统计年鉴（2022）
	高技术产业平均用工人数/人	国民经济行业中R&D投入强度相对较高的制造业行业从业人员平均人数，衡量高技术产业规模	中国高技术产业统计年鉴（2022）
	高技术产业就业人数占总就业人数的比例/%	国民经济行业中R&D投入强度相对较高的制造业行业就业人数占比，衡量高技术产业发展规模	中国区域创新能力评价报告（2021）
	高技术产业新产品开发项目数/项	国民经济行业中R&D投入强度相对较高的制造业行业新产品开发项目数，衡量高技术产业创新能力	中国科技统计年鉴（2022）
	高技术产业专利申请数/件	国民经济行业中R&D投入强度相对较高的制造业行业申请专利数，衡量高技术产业创新水平	中国科技统计年鉴（2022）
	高技术产业利润总额/亿元	国民经济行业中R&D投入强度相对较高的制造业行业利润，衡量高技术产业绩效	中国高技术产业统计年鉴（2022）
	高技术产业有效发明专利数/件	发明、实用新型、外观设计三种发明创造的有效数，衡量地区产业创新水平	中国科技统计年鉴（2022）
	地区研究与试验发展（R&D）经费投入强度/%	R&D经费支出与GDP（地区生产总值）之比，衡量地区科技经费投入力度	中国科技统计年鉴（2022）
	规模以上文化制造业企业单位数/个	为社会公众提供文化产品和文化相关产品的生产活动的法人单位，衡量地区文化产业创新水平	中国统计年鉴（2022）

续表

二级指标	三级指标	指标含义	数据来源
产业竞争能力	规模以上文化及相关产业法人单位数/个	为社会公众提供文化产品和文化相关产品的生产活动的法人单位数，衡量地区文化产业发展规模	中国统计年鉴（2022）
	规模以上文化服务业年末从业人员/人	规模以上文化服务企业年底从业人员，衡量地区文化产业发展规模	中国统计年鉴（2022）
	博物馆机构数/个	地区博物馆机构数，衡量地区文化遗产保护服务功能	中国统计年鉴（2022）
	每万人拥有公共图书馆建筑面积/平方米	地方财政支出中用于文化体育与传媒业发展的支出，衡量地区文化产业发展投入	中国统计年鉴（2022）
	人均拥有公共图书馆藏量/册	地区各级公共图书馆藏书总和的人均数，衡量地区文化发展投入	中国统计年鉴（2022）
	参加讲座人次/万人次	每次参加讲座人数的累计值，衡量地区文化发展投入	中国统计年鉴（2022）
	文化馆（站）数/个	文化馆（站）的总体数量，衡量地区文化发展投入	中国社会统计年鉴（2022）
	文化事业费占财政支出比重/%	文化事业经费支出占财政支出比重，衡量地区文化产业竞争能力	中国社会统计年鉴（2022）
	第二产业增加值占GDP比重/%	报告期第二产业增加值占国内生产总值增加值比重，衡量地区第二产业贡献率	中国统计年鉴（2022）
	第三产业增加值占GDP比重/%	报告期第三产业增加值占国内生产总值增加值比重，衡量地区第三产业贡献率	中国统计年鉴（2022）

政府调控能力指标含义与数据来源见表4–5。

表4–5　政府调控能力指标含义与数据来源

二级指标	三级指标	指标含义	数据来源
政府调控能力	社会组织单位数/个	社会团体、民办非企业单位、基金会等组织机构数，衡量社会服务情况	中国社会统计年鉴（2022）
	参加失业保险人数/万人	报告期末按照国家法律法规和有关政策规定参加了失业保险的城镇企业、事业单位的职工及地方政府规定参加失业保险的其他人员的人数，衡量社会保障情况	中国统计年鉴（2022）

续表

二级指标	三级指标	指标含义	数据来源
政府调控能力	基本医疗保险参保人数/万人	参加基本医疗保险人数，衡量城镇社会保障情况	中国统计年鉴（2022）
	外商投资企业货物进出口总额/万美元	外国投资者在我国境内以现金、实物、无形资产、股权等形式投资设立的企业实际进出我国国境的货物总金额，衡量利用外资情况	中国统计年鉴（2022）
	外商投资企业年底注册登记企业数/户	报告期外国投资者在我国境内以现金、实物、无形资产、股权等形式投资设立的企业注册登记数，衡量利用外资情况	中国统计年鉴（2022）
	农村用电量/（亿千瓦/小时）	报告期农村用电量，衡量农村发展水平	中国统计年鉴（2022）
	邮电业务总量/亿元	以货币形式表现的邮电企业为社会提供各类邮电通信服务的总数量，衡量邮电业务发展变化总趋势	中国统计年鉴（2022）
	地方公共一般预算收入/亿元	国家财政参与社会产品分配所取得的收入，衡量国家实行职能的财力保证	中国统计年鉴（2022）
	社会消费品零售总额/亿元	企业通过交易直接售给个人、社会团体非生产、非经营用的实物商品金额，衡量地区商品交易零售市场情况	中国统计年鉴（2022）
	年末城镇人口比重/%	年末城镇人口占总人口数比重，衡量地区城市化水平	中国统计年鉴（2022）
	基层医疗卫生机构/个	乡镇卫生院、社区卫生服务中心床位数，衡量基层卫生设施水平	中国统计年鉴（2022）
	农村居民最低生活保障人数/万人	在建立农村最低生活保障制度的地区，报告期末得到当地政府或集体给予最低生活保障的农业人口家庭人数，衡量农村社会救助情况	中国社会统计年鉴（2022）
	城乡居民基本养老保险参保人数/万人	报告期末，参加城乡居民养老保险的总人数，衡量政府公共管理、社会保障和社会组织情况	中国统计年鉴（2022）
	城镇登记失业率/%（负向）	可持续发展驱动力指标，衡量地区就业水平	中国统计年鉴（2022）
	万元地区生产总值能耗/吨标准煤（负向）	可持续发展驱动力指标，衡量能源利用效率	中国区域创新能力评价报告（2021）

（五）样本处理

由于各四级指标（基础指标）的量纲量级不同，所以在进行因子分析之前，需要进行无量纲化处理，本书采用标准化处理[1]。“城镇登记失业率”“万元地区生产总值能耗”等负向指标进行取倒数形式处理。缺失数据，利用 SPSS 软件“替换缺失值”功能估值或替代。

二、评价方法

（一）因子分析法

1. 因子分析法基本思想

因子分析法由查尔斯·斯皮尔曼（Charles Spearman）提出。因子分析法是一种利用降维的思想，从研究原始变量相关矩阵内部的依赖关系出发，把一些具有错综复杂关系的变量归结为少数几个综合因子的多变量统计分析方法。其基本思想是根据相关性大小把原始变量分组，使同组内的变量之间的相关性较高，而不同组的变量间的相关性较低。每组变量代表一个基本结构，并用一个不可观测的综合变量表示，这个基本结构就称为公共因子。对于所研究的某一具体问题，原始变量就可以分解成两部分之和的形式，一部分是少数几个不可观测的所谓公共因子的线性函数，另一部分是与公共因子无关的特殊因子。这一过程也就是从一些错综复杂的经济现象中找出少数几个主因子，每一个主要因子代表经济变量间相互依赖的一种经济作用。抓住这些主要因子就可以对复杂的经济问题进行分析和解释。

[1] SPSS 在调用因子分析过程进行分析时，首先会自动对原始变量进行标准化。

2. 采用因子分析法的原因

采用多指标（因素）分析，必然涉及各种指标权重设定问题。目前国内外提出的确定权重的方法有许多种，总体上可归为三大类：①主观赋权法，是由相关专家学者根据经验确定不同指标的权重。包括有：德尔菲（Delphi）法、层次分析法（AHP）、模糊综合评判法、专家问卷调查法等。这类方法使用时间较长，应用较为广泛，但客观性相对较差，主要是基于主观判断。②客观赋权法，是用指标之间的相关性或各指标的变异系数来确定权重。包括：因子分析法、主成分分析法、最大熵计数法、最小二乘法、变异系数法、最大离差法、熵值赋权法等。该类方法在很大程度上可以避免人为因素影响，同时利用客观数据资料进行赋权，工作量相对较小。缺点是难以体现指标本身的相对重要性。③主客观综合集成赋权法，既反映主观权重又反映客观权重。

为了更全面、准确地反映事物的特征及其本质规律，在对某一事物进行实证研究时，人们往往把与某一研究问题相关而可能得到的指标（变量）都纳入分析过程。由于各指标均是同一事物的反映，众多变量之间有一定的相关性，从而导致信息重叠，甚至抹杀事物的本质特征。而众多因素中必然存在起支配作用的共同因素。基于上述问题，人们希望用少数几个主成分（公因子）浓缩所有有用信息，起到降维与简化的作用。

区域内生发展能力一级指标由居民素质技能、企业创新能力、产业竞争能力、政府调控能力四个二级指标构成，每个二级指标设定若干个三级指标，即基础指标。各经济主体从微观到中观，再到宏观层面反映区域内生发展能力综合水平。考虑到区域内生发展能力指标体系多层次、多指标、全方位的特点，本书认为，采用多指标综合评价方法对以发展为主题的区域内生发展能力综合水平进行评价较为合理。由于主观赋权法主要是基于主观判断，指标权重的客观性相对较差，故采用客观赋权法。基于对多指标进行降维处理的需要，采用目前应用较为广泛的主成分分析和因子分析法。

3. 因子分析法评价步骤

（1）选取原始变量（指标）

原始变量的选取原则，与所采用的定量分析方法关系不大，主要根据研究目的与定量评价所依据的概念或理论基础而定。

假定有 n 个区域，有 p 个指标反映某一区域特征，表示为矩阵见表 4–6。

表4–6　矩阵

样本	指标					
	x_1	x_2	…	x_j	…	x_p
1	x_{11}	x_{12}	…	x_{1j}	…	x_{1p}
2	x_{21}	x_{22}	…	x_{2j}	…	x_{2p}
⋮	⋮	⋮	⋮	⋮	⋮	⋮
i	x_{i1}	x_{i2}	…	x_{ij}	…	x_{ip}
⋮	⋮	⋮	⋮	⋮	⋮	⋮
n	x_{n1}	x_{n2}	…	x_{nj}	…	x_{np}

这 p 个指标反映了 n 个地区间的差异。为了简化分析，从 p 个指标中提取出 m（$m<p$）个公因子，使 m 个公因子仍能保持原来的 p 个指标所反映的大部分信息。

（2）对原始变量（指标）进行无量纲化处理

采用标准化处理。标准化方法（Z–Scores）为把数值标准化到 Z 分数。

公式是：

$$x'_{ij}=(x_j-\bar{x}_j)/\sigma_j$$

式中：$\bar{x}_j$ 为算数平均数；

σ_j 为标准差；

若 $\sigma_j=0$，令 $x'_{ij}=0$，变换后数值的均值为 0，标准差为 1。

（3）提取公因子，求取因子载荷矩阵

公因子提取个数通常以所取 m，使累积方差贡献率达到 85% 以上为宜，即：$\sum_{i=1}^{m}\lambda_i\left(\sum_{i=1}^{p}\lambda_i\right)^{-1}\geqslant 85\%$。

第 k 个公因子的方差贡献率为：$\alpha_k=\lambda_k\left(\sum_{i=1}^{p}\lambda_i\right)^{-1}$（$\lambda_k$：第 k 个公因子的特征值）。

对原始变量进行标准化处理后，形成以下模型：

$$x_1=a_{11}F_1+a_{12}F_2+\cdots+a_{1m}F_m+\varepsilon_1$$
$$x_2=a_{21}F_1+a_{22}F_2+\cdots+a_{2m}F_m+\varepsilon_2$$
$$\vdots$$
$$x_p=a_{p1}F_1+a_{p2}F_2+\cdots+a_{pm}F_m+\varepsilon_p$$

上述模型称为因子模型。其中：x 为标准化后的新变量，$x=(x_1,\ x_2,\ \cdots,\ x_p)'$；$F$ 为公因子，$F=(F_1,\ F_2,\ \cdots F_m)'$。

由公因子的系数组成的矩阵 A 为因子载荷矩阵，矩阵 A 中的元素 a_{ij} 为因子载荷。

$$A=\begin{bmatrix} a_{11} & a_{12} & \cdots & a_{1m} \\ a_{21} & a_{22} & \cdots & a_{2m} \\ \vdots & \vdots & \vdots & \vdots \\ a_{p1} & a_{p2} & \cdots & a_{pm} \end{bmatrix}$$

SPSS 提供了七种因子载荷矩阵求解法，分别为：主成分分析（Principal Components）、最大似然法（Maximum Likelihood）、普通最小二乘法（Unweighted Least Squares）、主轴因子法（Principal Axis Factoring）、广义最小二乘法（Generalized Least Squares）、映像分析法（Image Factoring）、因子提取法（Alpha Factoring）。

（4）对公因子赋予实际意义，若解释性不好则进行因子旋转[1]

为了掌握每一个公因子的实际意义，以便对现实问题进行分析，在得到

[1] 不管用何种方法确定初始因子载荷矩阵A，它们都不是唯一的，由初始公因子$F=(F_1,\ F_2,\ \cdots,\ F_m)$的线性组合可得到无数组新的公因子。因子旋转在几何上相当于将因子空间的坐标轴旋转，通过正交或斜交旋转使新的因子载荷系数要么尽可能地接近于 0，要么尽可能地远离 0，以利于因子意义的解释。

的初始因子意义含糊不清的情况下，有必要对初始公因子进行旋转，即线性组合，以找到更具有实际意义的公因子。

SPSS 采用的因子旋转方式有四种，分别为：方差最大法（Varimax）、等量最大法（Equamax）、四次方最大法（Quartinax）、斜交旋转（Direct Oblimin）。

（5）计算公因子的权重

此处，以旋转后各因子的方差贡献率除以全部公因子总方差贡献率作为权重。公式是：

$$W_i = \lambda_i \left(\sum_{i=1}^{m} \lambda_i \right)^{-1}$$

（6）计算因子得分

在因子模型中，公因子是不可观测的隐变量，且公因子的个数少于原始变量的个数，载荷矩阵 A 不可逆，因此无法直接求得用原始变量表示的公因子精确线性组合。解决的方法是，通过回归分析法计算出 F 的估计值。公式是：

$$F_j = \beta_{j1} x_1 + \beta_{j2} x_2 + \cdots + \beta_{jp} x_p \ (j = 1, 2, \cdots, m)$$

SPSS 软件中，通过因子载荷矩阵计算因子得分的方法有三种：回归法（Regreession）、巴特利特法（Bartlett）、安德森—鲁宾法（Anderson-Rubin）。

（7）计算综合评价值

公式是：

$$F = W_1 F_1 + W_2 F_2 + \cdots + W_m F_m$$

（二）聚类分析法

1. 聚类分析法及其思想

在社会、经济、人口研究中，存在着大量分类研究、构造分类模式的问题。过去人们主要靠经验和专业知识做定性分类处理，致使许多分类带有主观性和任意性，不能很好地揭示客观事物内在的本质差别和联系，特别是对于多因素、多指标的分类问题，定性分析更难以实现准确分类。为了克服定性分类时存在的不足，统计学逐渐被引入分类学中。聚类（分类）是多元统计方法的一种类型，聚类分析将个体或对象分类，使同一类中的对象之间的相似性比与其他类的对象的相似性更强。目的在于使类间对象的同质性最大化和类与类间对象的异质性最大化。其是指按照某种准则（方法）对一组变量或样本进行分类。这样做的目的是将数量繁多的变量或样本简化并归成少数几类，再通过分析这些少数几个类型之间的联系与区别，提炼出一些规律，以便解决问题。聚类分析可以用类对样品进行分类，也可以用来对变量进行分类。对样品的分类称为Q型聚类分析、对变量的分类称为R型聚类分析。

2. 聚类分析法（层次聚类）评价步骤

聚类分析方法有迭代聚类法（Iterative Cluster Pro-cedures）、层次聚类法（Hierarchical Cluster Procedures）、快速聚类法（K-Means Cluster Procedures）等。层次聚类（系统聚类）法是这些方法中最常用的，包括“原始数据处理”“相似性测度”“求新类相似性”等步骤。

（1）原始数据的测量尺度

对于聚类所使用的原始数据，按测量尺度不同一般分为三类：间隔尺度、有序尺度、名义尺度。

（2）原始数据的无量纲化

通过数据变换，进行无量纲化变换

（3）原始数据的无量级化

主要数据变换方法有：标准化方法（Z-Scores）、正负1范围法（Range -1 to 1）、正规化方法（Range 0 to 1）、最大值方法（Maximum Magnitude of 1）、均值化方法（Mean of 1）、标准差方法（Standard Deviation to 1）、中心化方法、对数化方法。

（4）相似性测度方法

相似性测度是指，确定样本之间相似程度的方法，主要分为相关测度和距离测度两类。相关测度方法有：夹角余弦（Cosine）、相关系数（Pearson Correlation）。距离测度方法有：定制距离（Customized Distance）、兰式距离（Lance Distance）、明考夫斯基距离（Mincowski Distance）、切比雪夫距离（Chebychev Distance）、欧式距离（Euclidean Distance）、绝对值距离（Block Distance）、马式距离（Mahalanobis Distance）、平方欧式距离（Squared Euclidean Distance）。

（5）求新类相似性的方法

假定 p 类与 q 类合并，合并后的新类叫做 r 类，则 r 类与 i 类的相似性（距离）为合并前的 p 类和 q 类与 r 类相似性（距离）中最大的。求新类相似性的方法有：组间连接法（Between-groups Linkage）、组内连接法（Within-groups Linkage）、最短距离法（Nearest Neighbor）、最长距离法（Furthest Neighbor）、重心聚类法（Centroid Clustering）、中位数法（Median Clustering）、离差平方和法（Ward's Method）等。

三、中国区域内生发展能力评价

（一）中国区域内生发展能力评价

依据因子分析法，整理录入《中国统计年鉴（2022）》《中国科技统计年鉴（2022）》《中国高新技术产业统计年鉴（2022）》《中国社会统计年鉴（2022）》《中国区域创新能力报告（2021）》等统计年鉴、统计报告中的相关数据，利用 SPSS 27.0 软件提取居民素质技能（RQS）、企业创新能力（EIC）、产业竞争能力（ICC）、政府调控能力（GRC）二级指标下设置的 64 个三级指标（变量）之公因子，求取旋转后因子载荷矩阵，解释因子含义。

1. 居民素质技能

（1）原始数据

依据前文所构建的理论分析框架中区域内生发展能力生成条件和影响因素及数据资料的可获得性，在居民素质技能（RQS）二级指标下选取了能够反映区域教育文化水平及收入保障程度、居民居住环境质量、市政设施建设水平、健康医疗保障水平的15个三级指标。分别为 R_1：义务教育普及率；R_2：每十万人平均高校在校生数；R_3：人均拥有公共图书馆藏量；R_4：有线广播电视用户数占家庭总户数的比重；R_5：每千人医疗卫生机构床位；R_6：每千人卫生技术人员；R_7：城市居民最低生活保障平均标准；R_8：农村居民最低生活保障平均标准；R_9：人均 GDP；R_{10}：城镇居民人均可支配收入；R_{11}：农村居民人均纯收入；R_{12}：人均公园绿地面积；R_{13}：人均城市道路面积；R_{14}：城市污水日处理能力；R_{15}：城市生活垃圾无公害处理能力。

（2）提取公因子，求取因子载荷矩阵并旋转

将居民素质技能（RQS）下设置的15个三级指标相应的原始数据导入SPSS软件，按照主成分分析法，依据特征根大于1的原则提取到4个公因子。四个公因子的方差贡献率分别为46.227%、15.164%、13.769%、9.834%，其累计方差贡献率为84.993%，说明4个因子解释了全部方差的84.993%，即包含原始变量的信息总量达到84.993%（见表4–7）。以4个因子代表原有15个指标评价区域居民素质技能已经有足够把握。

表4–7　居民素质技能（RQS）指标因子解释的总方差

成分	初始特征值			提取平方和载入			旋转平方和载入		
	合计	方差百分比 /%	累计方差贡献率 /%	合计	方差百分比 /%	累计方差贡献率/%	合计	方差百分比 /%	累计方差贡献率/%
1	8.107	54.048	54.048	8.107	54.048	54.048	6.934	46.227	46.227
2	2.325	15.500	69.549	2.325	15.500	69.549	2.275	15.164	61.391
3	1.226	8.173	77.722	1.226	8.173	77.722	2.065	13.769	75.160

续表

成分	初始特征值			提取平方和载入			旋转平方和载入		
	合计	方差百分比 / %	累计方差贡献率 / %	合计	方差百分比 / %	累计方差贡献率 /%	合计	方差百分比 / %	累计方差贡献率 /%
4	1.091	7.271	84.993	1.091	7.271	84.993	1.475	9.834	84.993
5	0.585	3.903	88.897						
6	0.456	3.040	91.936						
7	0.390	2.601	94.537						
8	0.265	1.765	96.302						
9	0.167	1.113	97.415						
10	0.142	0.946	98.360						
11	0.127	0.849	99.209						
12	0.047	0.314	99.523						
13	0.035	0.234	99.756						
14	0.024	0.159	99.916						
15	0.013	0.084	100.000						
提取方法：主成分分析法									

为了便于分析，采用方差最大化正交旋转后，将各列载荷系数按数大小进行排列，输出结果见表 4–8。

表4–8 居民素质技能（RQS）指标旋转后的成分矩阵

指标	成分			
	F_{11}	F_{12}	F_{13}	F_{14}
R_8	0.912	0.202	0.244	–0.124
R_{10}	0.908	0.240	0.198	–0.071
R_7	0.906	0.125	0.123	–0.105
R_9	0.870	0.223	0.316	–0.005
R_{11}	0.859	0.297	0.181	–0.190
R_3	0.842	0.030	0.092	–0.326
R_1	–0.836	0.123	–0.355	0.041
R_4	0.713	–0.054	0.310	–0.288
R_5	–0.669	–0.173	0.437	–0.224
R_{14}	0.151	0.973	0.043	0.044

续表

指标	成分			
	F_{11}	F_{12}	F_{13}	F_{14}
R_{15}	0.179	0.959	–0.039	0.098
R_2	0.201	0.129	0.793	–0.114
R_6	0.512	–0.254	0.702	0.159
R_{13}	–0.468	–0.075	–0.521	0.510
R_{12}	–0.154	0.143	–0.027	0.925
提取方法：主成分分析法				
旋转方法：凯撒正态化最大方差法				
a.旋转在 7 次迭代后已收敛				

由表 4–8 的结果可知，原始变量 R_1 可由各因子表示为：

$$R_1=(-0.836)\times F_{11}+0.123\times F_{12}+(-0.355)\times F_{13}+0.041\times F_{14}$$

原始变量 R_2 可由各因子表示为：

$$R_2=0.201\times F_{11}+0.129\times F_{12}+0.793\times F_{13}+(-0.114)\times F_{14}$$

其余以此类推。

（3）因子含义解释

居民素质技能（RQS）指标旋转后因子载荷矩阵显示：公因子 F_{11} 在 R_8、R_{10}、R_7、R_9、R_{11}、R_3、R_1、R_4、R_5 上载荷值较大。R_7、R_8、R_9、R_{10}、R_{11} 反映区域收入保障程度，R_1、R_3、R_4 反映区域教育文化发展水平，R_5 反映区域人口健康素质，因而 F_{11} 为反映区域教育文化水平与收入保障程度的公因子；公因子 F_{12} 在 R_{14}、R_{15} 上载荷值较大。R_{14}、R_{15} 反映区域市容环境，因而 F_{12} 为反映区域居住环境质量的公因子；公因子 F_{13} 在 R_2、R_6 上载荷值较大。R_2 衡量地区教育文化发展水平，R_6 衡量地区医疗卫生技术水平，因而 F_{13} 为反映区域教育与医疗健康水平的公因子；公因子 F_{14} 在 R_{13} 上载荷值较大。R_{13} 衡量城市市政建设水平，因而 F_{14} 为反映区域市容环境设施的公因子。

（4）计算因子得分

采用回归法，求出公因子用原始变量线性表示的线性组合系数估计值，得到各公因子 F_{11}、F_{12}、F_{13}、F_{14} 的值。以旋转后各因子的方差贡献率除以 4 个公因子总方差贡献率作为权重，进行加权汇总，得出各地区居民素质技能（RQS）综合得分 F_1，即：

$$F_1=(46.227\times F_{11}+15.164\times F_{12}+13.769\times F_{13}+9.834\times F_{14})/84.993$$

由上式可知，区域教育文化及收入保障程度越高、居民居住环境与市政设施越完善、区域健康医疗保障水平越发达，区域居民素质技能（RQS）综合得分就越高。2021 年中国 31 个省（区）或直辖市居民素质技能因子得分及综合因子得分情况见表 4–9。

表4–9　2021年中国31个省（区）或直辖市居民素质技能（RQS）因子得分及综合因子得分

省（区）/直辖市	F_{11}	F_{12}	F_{13}	F_{14}	F_1
北京	2.55221	−0.61467	3.24021	1.77989	2.01
天津	1.43541	−0.59599	0.32016	−1.18245	0.59
河北	−0.39258	0.26952	−0.74543	0.19911	−0.26
山西	−0.19875	−0.74113	−0.02295	−0.55052	−0.31
内蒙古	0.29758	−0.91329	−0.27163	2.25711	0.22
辽宁	−0.63801	0.50865	0.50094	−0.68853	−0.25
吉林	−0.79943	−0.29515	1.53096	−0.54972	−0.3
黑龙江	−1.0548	−0.13149	0.79889	−0.936	−0.58
上海	2.9651	−0.15002	0.13307	−2.67847	1.3
江苏	0.63615	1.57671	−0.06567	0.72024	0.7
浙江	1.43489	1.07728	−0.91156	−0.54675	0.76
安徽	−0.24842	0.27262	−0.5947	0.01265	−0.18
福建	0.77784	−0.01297	−1.26223	0.07886	0.23
江西	−0.37691	−0.01758	−0.16492	0.38893	−0.19
山东	−0.03549	1.11884	0.12195	1.47442	0.37
河南	−1.06745	0.69749	0.49331	−0.23257	−0.4

续表

省（区）/直辖市	F_{11}	F_{12}	F_{13}	F_{14}	F_1
湖北	-0.573	0.44164	0.79024	-0.28468	-0.14
湖南	-0.91015	0.35712	0.47878	-0.85791	-0.45
广东	0.52255	3.78453	-0.89242	0.63821	0.89
广西	-0.4675	0.05884	-0.44677	-0.10089	-0.33
海南	-0.06714	-0.8584	-1.03455	-0.05065	-0.36
重庆	-0.47593	-0.09673	0.73553	0.18224	-0.14
四川	-0.93146	0.52811	0.41656	-0.57127	-0.41
贵州	-0.7329	-0.47255	0.00228	0.25639	-0.45
云南	-0.74872	-0.31376	-0.17777	-0.60265	-0.56
西藏	0.78699	-1.31508	-2.3269	-0.03377	-0.19
陕西	-0.65714	-0.25135	1.39973	-0.25815	-0.21
甘肃	-0.69266	-0.81859	-0.06484	0.20704	-0.51
青海	-0.12767	-1.32465	-0.83356	-0.61158	-0.51
宁夏	0.32117	-1.1921	-0.73753	2.32592	0.11
新疆	-0.53376	-0.57586	-0.40917	0.21554	-0.43

2021 年中国 31 个省（区）或直辖市居民素质技能（RQS）综合因子得分及排名见表 4-10 和图 4-1。

表4-10　2021年中国31个省（区）或直辖市居民素质技能（RQS）综合因子得分及排名

省（区）/直辖市	居民素质技能	排名	省（区）/直辖市	居民素质技能	排名
北京	2.01	1	湖北	-0.14	11
天津	0.59	6	湖南	-0.45	26
河北	-0.26	18	广东	0.89	3
山西	-0.31	20	广西	-0.33	21
内蒙古	0.22	9	海南	-0.36	22
辽宁	-0.25	17	重庆	-0.14	12
吉林	-0.30	19	四川	-0.41	24
黑龙江	-0.58	31	贵州	-0.45	27
上海	1.30	2	云南	-0.56	30
江苏	0.70	5	西藏	-0.19	15

续表

省（区）/直辖市	居民素质技能	排名	省（区）/直辖市	居民素质技能	排名
浙江	0.76	4	陕西	–0.21	16
安徽	–0.18	13	甘肃	–0.51	28
福建	0.23	8	青海	–0.51	29
江西	–0.19	14	宁夏	0.11	10
山东	0.37	7	新疆	–0.43	25
河南	–0.40	23			

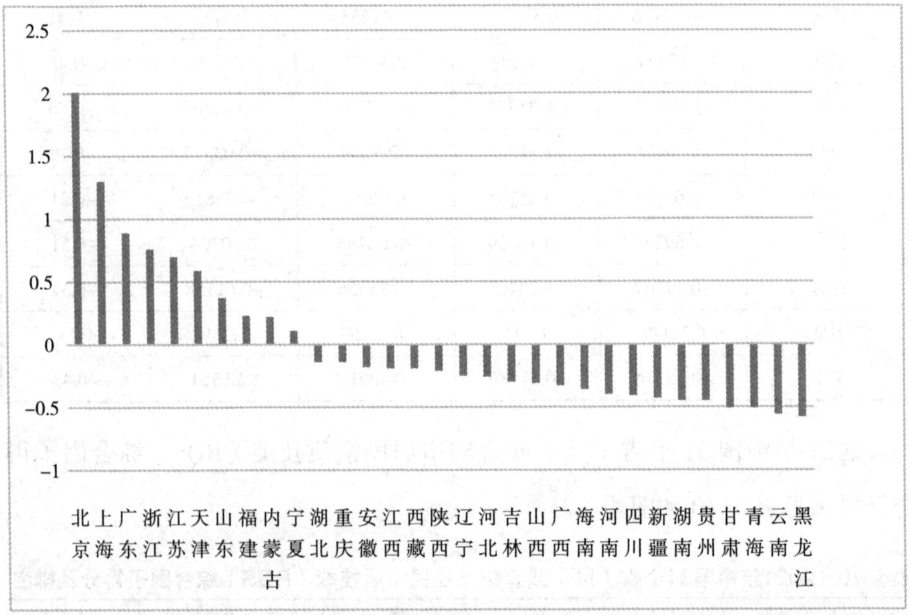

图4–1　2021年中国31个省（区）或直辖市居民素质技能（RQS）综合因子得分及排名

（5）结果分析

依据各地区居民素质技能（RQS）各公因子得分，对 2021 年我国 31 个省（区）或直辖市居民素质技能（RQS）水平进行评价。

在区域教育文化水平与收入保障程度公因子 F_{11} 上得分最高的前 5 个省（区）或直辖市依次是上海、北京、天津、浙江、西藏，其中上海得分 2.97，北京得分为 2.55，天津得分 1.44，浙江得分 1.43，西藏得分 0.79；在区域居住环境质量公因子 F_{12} 上得分最高的前 5 个省（区）或直辖市依次是广东、江苏、山东、浙江、河南，其中广东得分为 3.78，江苏得分 1.58，山东得分 1.12，浙江得分 1.08，河南得分 0.70；在区域教育与医疗健康水平公因子 F_{13} 上得分最高的前 5 个省（区）或直辖市依次是北京、吉林、陕西、黑龙江、湖北，其中北京得分 3.24，吉林得分为 1.53，陕西得分 1.40，黑龙江得分 0.80，湖北得分 0.79；在区域市容环境设施公因子 F_{14} 上得分最高的前 5 个省（区）或直辖市依次是宁夏、内蒙古、北京、山东、江苏，其中宁夏得分为 2.33，内蒙古得分 2.26，北京得分 1.78，山东得分 1.47，江苏得分 0.72；在居民素质技能（RQS）综合因子 F_1 上得分最高的前 5 个省（区）或直辖市依次是北京、上海、广东、浙江、江苏，其中北京得分为 2.01，上海得分为 1.30，广东得分为 0.89，浙江得分为 0.76，江苏得分为 0.70。

2. 企业创新能力

（1）原始数据

依据前文构建的理论分析框架中区域内生发展能力生成条件和影响因素及数据资料的可获得性，在企业创新能力（EIC）二级指标下选取能够反映企业创新能力基础水平、企业知识创造与获取能力、企业研发创新实力的 15 个三级指标。分别为 E_1：规模以上工业企业 R&D 人员全时当量；E_2：规模以上工业企业 R&D 经费；E_3：规模以上工业企业 R&D 项目数；E_4：高技术产业技术改造经费支出；E_5：规模以上工业企业利润总额；E_6：规模以上工业企业新产品开发项目数；E_7：规模以上工业企业 R&D 项目数；E_8：规模以上工业企业 R&D 人员；E_9：高新技术产业企业个数；E_{10}：国内三种专利申请受权数；E_{11}：同时实现 4 种创新企业在全部企业中占比；E_{12}：移动电话普及率；E_{13}：移动互联网人均流量；E_{14}：科技馆数量；E_{15}：科普图书出版总册数。

（2）提取公因子，求取因子载荷矩阵并旋转

将企业创新能力下设置的 15 个三级指标原始数据导入 SPSS 软件，按照主成分分析法，依据特征根大于 1 的原则提取到 3 个公因子。3 个公因子的方差贡献率分别为 66.152%、13.831%、9.106%，其累计方差贡献率为

89.088%，说明 3 个因子解释了全部方差的 89.088%，即包含原始变量的信息总量达到 89.088%，见表 4–11。以 3 个因子代表原有的 15 个指标评价区域的企业创新能力已经有足够把握。

表4–11　企业创新能力（EIC）指标因子解释的总方差

成分	初始特征值			提取平方和载入			旋转平方和载入		
	合计	方差百分比 / %	累计方差贡献率 / %	合计	方差百分比 / %	累计方差贡献率 / %	合计	方差百分比 / %	累计方差贡献率 /%
1	10.246	68.308	68.308	10.246	68.308	68.308	9.923	66.152	66.152
2	2.062	13.748	82.056	2.062	13.748	82.056	2.075	13.831	79.983
3	1.055	7.033	89.088	1.055	7.033	89.088	1.366	9.106	89.088
4	0.604	4.028	93.117						
5	0.450	2.999	96.115						
6	0.298	1.987	98.103						
7	0.124	0.829	98.932						
8	0.069	0.462	99.394						
9	0.058	0.388	99.781						
10	0.018	0.119	99.901						
11	0.007	0.044	99.945						
12	0.005	0.034	99.979						
13	0.002	0.012	99.991						
14	0.001	0.008	100.000						
15	0.000	0.000	100.000						
提取方法：主成分分析法									

为了便于分析，采用方差最大化正交旋转后，将各列载荷系数按数值大小进行排列，输出结果见表 4–12。

表4–12　企业创新能力（EIC）指标旋转后因子载荷矩阵

指标	公因子		
	F_{21}	F_{22}	F_{23}
E_1	0.986	0.051	0.110
E_8	0.981	0.043	0.137

续表

指标	公因子		
	F_{21}	F_{22}	F_{23}
E_7	0.975	0.072	0.052
E_3	0.975	0.043	0.106
E_6	0.973	0.085	0.040
E_{10}	0.970	0.193	0.060
E_2	0.963	0.086	0.167
E_9	0.958	0.074	0.005
E_4	0.914	−0.009	−0.018
E_5	0.906	0.214	0.224
E_{11}	0.601	0.004	0.486
E_{15}	−0.083	0.919	0.094
E_{12}	0.212	0.918	−0.184
E_{13}	0.236	0.473	−0.740
E_{14}	0.478	0.218	0.641
提取方法：主成分分析法			
旋转方法：凯撒正态化最大方差法			
a.旋转在6次迭代后已收敛			

由表 4–12 的结果可知，原始变量 E_1 可由各因子表示为：

$$E_1=0.986\times F_{21}+0.051\times F_{22}+0.110\times F_{23}$$

原始变量 E_2 可由各因子表示为：

$$E_2=0.963\times F_{21}+0.086\times F_{22}+0.167\times F_{23}$$

其余以此类推。

（3）因子含义解释

企业创新能力（EIC）指标旋转后因子载荷矩阵显示：公因子 F_{21} 在 E_1、E_7、E_8、E_3、E_6、E_{10}、E_2、E_9、E_4、E_5、E_{11} 上载荷值较大，E_1、E_3、E_6、E_2、

E_4、E_5 反映企业创新能力基础，E_7、E_8、E_9、E_{10}、E_{11} 反映企业研发投入和新产品开发能力，因而 F_{21} 为反映企业创新能力基础水平的公因子；公因子 F_{22} 在 E_{15}、E_{12} 上载荷值较大，E_{12} 衡量企业创新资源投入能力，E_{15} 反映区域创新环境基础，因而 F_{22} 为反映企业知识创造与获取能力的公因子；公因子 F_{23} 在 E_{13} 上载荷值较大，E_{13} 反映企业创新资源获取能力，因而 F_{23} 为反映企业研发创新实力的公因子。

（4）计算因子得分

采用回归法，求出公因子用原始变量线性表示的线性组合系数的估计值，得到各公因子 F_{21}、F_{22}、F_{23} 的值。以旋转后各因子的方差贡献率除以3个公因子总方差贡献率作为权重，进行加权汇总，得出各地区企业创新能力（EIC）的综合得分 F_2，即：

$$F_2=(66.152\times F_{21}+13.831\times F_{22}+9.106\times F_{23})/89.088$$

由上式可知，企业创新能力基础水平越高，企业知识创造与获取能力越强，企业研发创新实力越雄厚，区域企业创新能力（EIC）综合得分就越高。

2021年中国31个省（区）或直辖市企业创新能力（EIC）因子得分及综合因子得分见表4-13。

表4-13　2021年中国31个省（区）或直辖市企业创新能力（EIC）因子得分及综合因子得分

省（区）/直辖市	F_{21}	F_{22}	F_{23}	F_2
北京	−0.64438	4.16126	−0.30839	0.14
天津	−0.34581	−0.33796	−0.76364	−0.39
河北	−0.2232	−0.35931	0.43629	−0.18
山西	−0.47071	−0.60924	−0.28137	−0.47
内蒙古	−0.54045	0.12806	0.05653	−0.38
辽宁	−0.36088	−0.37365	0.23906	−0.30
吉林	−0.65816	−0.03406	0.01416	−0.49
黑龙江	−0.67736	−0.72814	0.58764	−0.56
上海	−0.41182	2.7142	0.55197	0.17

续表

省（区）/直辖市	F_{21}	F_{22}	F_{23}	F_2
江苏	2.46918	0.04226	−0.45848	1.79
浙江	2.00245	0.65951	−0.65728	1.52
安徽	0.21904	−0.70855	1.38937	0.19
福建	0.17665	0.23038	0.58762	0.23
江西	−0.13257	−0.26663	0.8763	−0.05
山东	0.92268	−0.35852	1.80207	0.81
河南	0.00361	−0.40845	0.91177	0.03
湖北	−0.11422	−0.02643	2.61314	0.18
湖南	0.10225	−0.77604	0.5995	0.02
广东	3.76181	0.05949	−0.80159	2.72
广西	−0.45776	−0.53089	−0.60527	−0.48
海南	−0.61881	0.05825	−0.64874	−0.52
重庆	−0.23252	0.187	0.24966	−0.12
四川	−0.05141	−0.10617	1.01093	0.05
贵州	−0.33108	−0.13591	−1.3236	−0.40
云南	−0.4359	−0.3279	−0.2918	−0.40
西藏	−0.5616	−0.97378	−1.34686	−0.71
陕西	−0.27119	0.10016	−0.12277	−0.20
甘肃	−0.58536	−0.63654	−0.464	−0.58
青海	−0.47074	−0.45228	−2.17282	−0.64
宁夏	−0.44472	−0.03677	−1.49636	−0.49
新疆	−0.617	−0.15335	−0.18306	−0.50

2021 年中国 31 个省（区）或直辖市企业创新能力（EIC）综合因子得分及排名见表 4–14、图 4–2。

表4–14　2021年中国31个省（区）或直辖市企业创新能力（EIC）综合因子得分及排名

省（区）/直辖市	企业创新能力	排名	省（区）/直辖市	企业创新能力	排名
北京	0.14	9	湖北	0.18	7
天津	−0.39	19	湖南	0.02	12
河北	−0.18	15	广东	2.72	1

续表

省（区）/直辖市	企业创新能力	排名	省（区）/直辖市	企业创新能力	排名
山西	–0.47	22	广西	–0.48	23
内蒙古	–0.38	18	海南	–0.52	27
辽宁	–0.30	17	重庆	–0.12	14
吉林	–0.49	24	四川	0.05	10
黑龙江	–0.56	28	贵州	–0.40	20
上海	0.17	8	云南	–0.40	21
江苏	1.79	2	西藏	–0.71	31
浙江	1.52	3	陕西	–0.20	16
安徽	0.19	6	甘肃	–0.58	29
福建	0.23	5	青海	–0.64	30
江西	–0.05	13	宁夏	–0.49	25
山东	0.81	4	新疆	–0.50	26
河南	0.03	11			

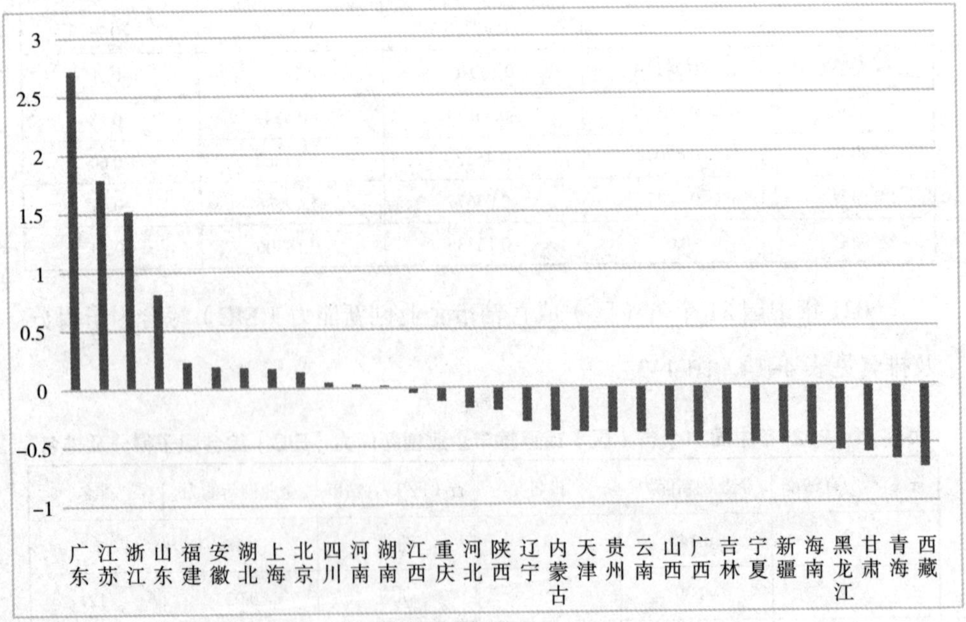

图4–2　2021年中国31个省（区）或直辖市企业创新能力（EIC）综合因子得分及排名

（5）结果分析

依据各地区在企业创新能力（EIC）各公因子上的得分，可对2021年我国31个省（区）或直辖市企业创新能力水平进行评价。在企业创新能力基础水平公因子 F_{21} 上得分最高的前5个省（区）或直辖市依次是广东、江苏、浙江、山东、安徽，其中广东得分3.76，江苏得分2.47，浙江得分2.00，山东得分0.92，安徽得分0.22；在企业知识创造与获取能力公因子 F_{22} 上得分最高的前5个省（区）或直辖市依次是北京、上海、浙江、福建、重庆，其中北京得分为4.16，上海得分2.71，浙江得分0.66，福建得分0.23，重庆得分0.19；在企业研发创新实力公因子 F_{23} 上得分最高的前5个省（区）或直辖市依次是湖北、山东、安徽、四川、河南，其中湖北得分为2.61，山东得分1.80，安徽得分1.39，四川得分1.01，河南得分0.91；在企业创新能力（EIC）综合因子 F_2 上得分最高的前5个省（区）或直辖市依次是广东、江苏、浙江、山东、福建，其中广东得分为2.72，江苏得分1.79，浙江得分1.52，山东得分0.81，福建得分0.23。

3. 产业竞争能力

（1）原始数据

依据前文所构建的理论分析框架中区域内生发展能力生成的条件、影响因素及数据资料的可获得性，选取了对于产业竞争能力（ICC）提升具有重要影响的19个三级指标。分别为 I_1：高技术企业数；I_2：高技术产业平均用工人数；I_3：高技术产业就业人数占总就业人数的比例；I_4：高技术产业新产品开发项目数；I_5：高技术产业专利申请数；I_6：高技术产业利润总额；I_7：高技术产业有效发明专利数；I_8：地区研究与试验发展（R&D）经费投入强度；I_9：规模以上文化制造业企业单位数；I_{10}：规模以上文化及相关产业法人单位数；I_{11}：规模以上文化服务业年末从业人员；I_{12}：博物馆机构数；I_{13}：每万人拥有公共图书馆建筑面积；I_{14}：人均拥有公共图书馆藏量；I_{15}：参加讲座人次；I_{16}：文化馆（站）数；I_{17}：文化事业费占财政支出比重；I_{18}：第二产业增加值占 GDP 比重；I_{19}：第三产业增加值占 GDP 比重。

（2）提取公因子，求取因子载荷矩阵并旋转

将产业竞争能力（ICC）指标下设置的 19 个三级指标原始数据导入 SPSS 软件，按照主成分分析法，依据特征根大于 1 的原则，提取到 4 个公因子。第一到第四个公因子的方差贡献率分别为 42.717%、17.643%、13.213%、12.093%，其累计方差贡献率为 85.666%，说明 4 个因子解释了全部方差的 85.666%，即包含原始变量的信息总量达到 85.666%，见表 4–15。以 4 个因子代表原有的 19 个指标评价区域产业竞争能力已经有足够的把握。

表4–15　产业竞争能力（ICC）指标因子解释的总方差

成分	初始特征值			提取平方和载入			旋转平方和载入		
	合计	方差百分比 / %	累计方差贡献率 / %	合计	方差百分比 / %	累计方差贡献率 / %	合计	方差百分比 / %	累计方差贡献率 / %
1	9.811	51.636	51.636	9.811	51.636	51.636	8.116	42.717	42.717
2	3.529	18.573	70.209	3.529	18.573	70.209	3.352	17.643	60.360
3	1.820	9.577	79.786	1.820	9.577	79.786	2.510	13.213	73.573
4	1.117	5.880	85.666	1.117	5.880	85.666	2.298	12.093	85.666
5	0.776	4.082	89.748						
6	0.576	3.030	92.779						
7	0.374	1.969	94.747						
8	0.313	1.647	96.394						
9	0.295	1.555	97.949						
10	0.179	0.940	98.889						
11	0.112	0.591	99.480						
12	0.042	0.222	99.703						
13	0.022	0.117	99.819						
14	0.017	0.089	99.908						
15	0.010	0.051	99.959						
16	0.003	0.017	99.976						
17	0.002	0.013	99.989						

续表

成分	初始特征值			提取平方和载入			旋转平方和载入		
	合计	方差百分比 / %	累计方差贡献率 / %	合计	方差百分比 / %	累计方差贡献率 / %	合计	方差百分比 / %	累计方差贡献率 / %
18	0.001	0.007	99.996						
19	0.001	0.004	100.000						
提取方法：主成分分析法									

为了便于分析，采用方差最大化正交旋转后，将各列载荷系数按数值大小进行排列，输出结果见表 4–16。

表4–16　产业竞争能力（ICC）指标旋转后因子载荷矩阵

指标	公因子			
	F_{31}	F_{32}	F_{33}	F_{34}
I_5	0.984	0.035	0.057	0.100
I_2	0.972	0.006	0.050	0.202
I_7	0.969	0.076	0.011	–0.009
I_1	0.965	0.014	0.078	0.225
I_4	0.957	0.044	0.106	0.210
I_6	0.877	0.349	0.124	0.178
I_{10}	0.818	0.301	0.181	0.410
I_3	0.815	0.035	0.125	0.354
I_9	0.687	0.560	0.174	0.358
I_{11}	0.655	0.607	0.206	0.296
I_{19}	0.088	0.938	0.168	–0.177
I_{18}	0.122	–0.782	0.272	0.402
I_8	0.293	0.764	0.322	0.289
I_{13}	0.019	–0.054	0.878	–0.236
I_{17}	0.245	0.087	0.773	0.129
I_{14}	0.080	0.532	0.719	–0.075
I_{12}	0.345	–0.114	–0.035	0.732
I_{16}	0.090	–0.238	–0.508	0.695

续表

指标	公因子			
	F_{31}	F_{32}	F_{33}	F_{34}
I_{15}	0.334	0.093	–0.024	0.488
提取方法 :主成分分析法				
旋转方法：凯撒正态化最大方差法				
a.旋转在5次迭代后已收敛				

由表 4–16 的结果可知，原始变量 I_1 可由各因子表示为：

$$I_1=0.965\times F_{31}+0.014\times F_{32}+0.078\times F_{33}+0.225\times F_{34}$$

原始变量 I_2 可由各因子表示为：

$$I_2=0.972\times F_{31}+0.006\times F_{32}+0.050\times F_{33}+0.202\times F_{34}$$

其余以此类推。

（3）因子含义解释

产业竞争能力（ICC）旋转后的因子载荷矩阵显示：公因子 F_{31} 在 I_5、I_2、I_7、I_1、I_4、I_6、I_{10}、I_3、I_{11} 上载荷值较大，I_2、I_1、I_3、I_4 反映高技术产业发展规模，I_5、I_7 反映高技术产业创新水平，I_6 反映高技术产业绩效，I_{10}、I_{11} 反映文化服务产业发展规模，因而 F_{31} 为反映区域高技术产业和文化产业发展竞争力的公因子；公因子 F_{32} 在 I_{19}、I_{18}、I_8 上载荷值较大，I_{18}、I_{19} 反映第二产业、第三产业绩效，I_8 反映产业研发投入强度，因而 F_{32} 为反映区域非农产业贡献率的公因子；公因子 F_{33} 在 I_{13}、I_{17}、I_{14} 上载荷值较大，I_{13}、I_{14} 反映区域公共文化服务功能，I_{17} 反映文化产业发展投入，因而 F_{33} 为反映区域公共文化服务功能的公因子；公因子 F_{34} 在 I_{12}、I_{16}、I_{15} 上载荷值较大，I_{12}、I_{16} 反映传统文化保护服务功能，因而 F_{34} 为反映区域传统文化保护服务功能的公因子。

（4）计算因子得分

采用回归法，求出公因子用原始变量线性表示的线性组合系数的估计值，得到各公因子 F_{31}、F_{32}、F_{33}、F_{34} 的值。以旋转后各因子的方差贡献率除以 4 个公因子总方差贡献率作为权重，进行加权汇总，得出各地区产业竞争能力（ICC）的综合得分 F_3，即：

$$F_3=(42.717\times F_{31}+17.643\times F_{32}+13.213\times F_{33}+12.093\times F_{34})/85.666$$

由上式可知，区域高技术产业和文化产业发展竞争力越强，区域非农产业贡献率越高，区域公共文化服务与传统文化保护服务功能越完善，区域产业竞争力（ICC）综合得分就越高。

2021 年中国 31 个省（区）或直辖市产业竞争能力（ICC）因子得分及综合因子得分如表 4–17 所示。

表4–17　2021年中国31个省（区）或直辖市产业竞争能力（ICC）因子得分及综合因子得分

省（区）/直辖市	F_{31}	F_{32}	F_{33}	F_{34}	F_3
北京	0.00516	4.01622	0.17205	–0.10506	0.84
天津	–0.32707	0.29817	1.73284	–1.01635	0.02
河北	–0.36852	–0.20689	–0.9041	0.52143	–0.29
山西	–0.44624	–1.25712	0.63211	0.23798	–0.35
内蒙古	–0.52074	–1.25407	1.06348	–0.16063	–0.38
辽宁	–0.27416	0.04511	–0.37417	–0.44205	–0.25
吉林	–0.38528	–0.17745	0.07966	–0.67682	–0.31
黑龙江	–0.40243	0.16873	–0.8731	–0.65156	–0.39
上海	–0.36746	2.46266	1.79601	–0.19945	0.57
江苏	1.80262	0.15473	0.98217	1.08935	1.24
浙江	0.38439	–0.20587	2.46536	1.64017	0.76
安徽	0.05981	–0.05945	–0.93841	0.22892	–0.09
福建	0.08384	–0.56422	0.86485	0.20752	0.09
江西	0.16485	–0.6527	–0.36468	0.3321	–0.06
山东	–0.16597	–0.0354	–0.33847	1.70457	0.1
河南	–0.18175	–0.14927	–1.19666	1.35313	–0.11
湖北	–0.04722	0.17519	0.05507	0.41371	0.08
湖南	–0.3291	0.38988	–0.62702	2.00384	0.1
广东	4.88768	–0.30406	–0.48198	–0.81723	2.18
广西	–0.26161	–0.10774	–0.91663	–0.51599	–0.37
海南	–0.12105	0.94012	–1.54255	–2.10478	–0.4

续表

省（区）/直辖市	F_{31}	F_{32}	F_{33}	F_{34}	F_3
重庆	−0.04656	−0.12637	−0.09532	−0.28491	−0.1
四川	−0.19906	0.20791	−1.09326	1.70102	0.02
贵州	−0.23086	−0.20625	−1.18458	−0.53752	−0.42
云南	−0.39514	−0.14096	−0.79167	−0.16984	−0.37
西藏	−0.32711	−0.47323	0.30726	−1.43254	−0.42
陕西	−0.3066	−0.51145	−0.21454	0.84902	−0.17
甘肃	−0.53577	−0.11281	−0.28505	−0.27701	−0.37
青海	−0.32146	−0.77014	0.83088	−1.31544	−0.38
宁夏	−0.45197	−0.92399	1.44811	−0.79809	−0.3
新疆	−0.37522	−0.61928	−0.20766	−0.77747	−0.46

2021 年中国 31 个省（区）或直辖市产业竞争能力（ICC）综合因子得分及排名见表 4–18、图 4–3。

表4–18　2021年中国31个省（区）或直辖市产业竞争能力（ICC）综合因子得分及排名

省（区）/直辖市	产业竞争能力	排名	省（区）/直辖市	产业竞争能力	排名
北京	0.84	3	湖北	0.08	9
天津	0.02	10	湖南	0.10	7
河北	−0.29	18	广东	2.18	1
山西	−0.35	21	广西	−0.37	22
内蒙古	−0.38	25	海南	−0.40	28
辽宁	−0.25	17	重庆	−0.10	14
吉林	−0.31	20	四川	0.02	11
黑龙江	−0.39	27	贵州	−0.42	29
上海	0.57	5	云南	−0.37	23
江苏	1.24	2	西藏	−0.42	30
浙江	0.76	4	陕西	−0.17	16
安徽	−0.09	13	甘肃	−0.37	24
福建	0.09	8	青海	−0.38	26
江西	−0.06	12	宁夏	−0.30	19
山东	0.1	6	新疆	−0.46	31
河南	−0.11	15			

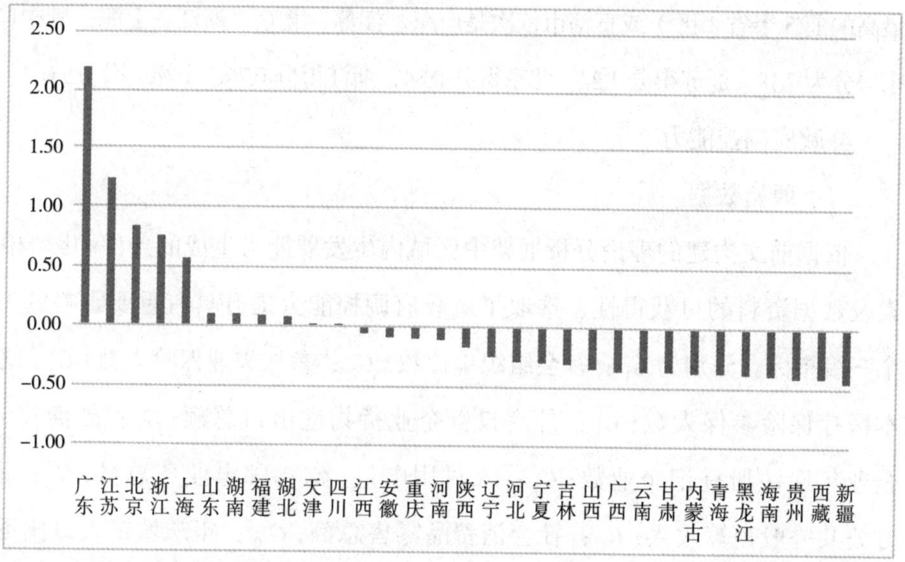

图4-3　2021年中国31个省（区）或直辖市产业竞争能力（ICC）综合因子得分及排名

（5）结果分析

依据各地区产业竞争能力（ICC）各公因子得分，可对 2021 年我国 31 个省（区）或直辖市产业竞争能力水平进行评价。在区域高技术产业和文化产业发展竞争力公因子 F_{31} 上得分最高的前 5 个省（区）或直辖市依次是广东、江苏、浙江、江西、福建，其中广东得分为 4.89，江苏得分 1.80，浙江得分 0.38，江西得分 0.16，福建得分 0.08；在区域非农产业贡献率公因子 F_{32} 上得分最高的前 5 个省（区）或直辖市依次是北京、上海、海南、湖南、天津，其中，北京得分为 4.02，上海得分 2.46，海南得分 0.94，湖南得分 0.39，天津得分 0.30；在区域公共文化服务功能的公因子 F_{33} 上得分最高的前 5 个省（区）或直辖市依次是浙江、上海、天津、宁夏、内蒙古，其中浙江得分为 2.47，上海得分 1.80，天津得分 1.73，宁夏得分 1.45，内蒙古得分 1.06；在区域传统文化保护服务功能的公因子 F_{34} 上得分最高的前 5 个省（区）或直辖市依次是湖南、山东、四川、浙江、河南，其中湖南得分为 2.00，山东得分 1.70，四川得分 1.70，浙江得分 1.64，河南得分 1.35；产业竞争能力（ICC）综合因子 F_3 上得分最高的前5个省（区）或直辖市依次是广东、江苏、北京、浙江、上海，其中广东得分为2.18，江苏得分1.24，北京得分0.84，浙江得分0.76，上海得分0.57。

4. 政府调控能力

（1）原始数据

依据前文构建的理论分析框架中区域内生发展能力生成的条件和影响因素及数据资料的可获得性，选取了对政府调控能力提升具有重要影响的15个三级指标。分别为 G_1：社会组织单位数；G_2：参加失业保险人数；G_3：基本医疗保险参保人数；G_4：外商投资企业货物进出口总额；G_5：外商投资企业年底注册登记企业数；G_6：农村用电量；G_7：邮电业务总量；G_8：地方公共一般预算收入；G_9：社会消费品零售总额；G_{10}：年末城镇人口比重；G_{11}：基层医疗卫生机构；G_{12}：农村居民最低生活保障人数；G_{13}：城乡居民基本养老保险参保人数；G_{14}：城镇登记失业率；G_{15}：万元地区生产总值能耗。

（2）提取公因子，求取因子载荷矩阵并旋转

将政府调控能力指标下设置的15个三级指标原始数据导入SPSS软件，按照主成分分析法，依据特征根大于1的原则，提取出3个公因子。前3个公因子的方差贡献率分别为45.323%、33.209%、7.948%，其累计方差贡献率为86.480%，说明前3个因子解释了全部方差的86.480%，即包含的原始变量的信息总量达到了86.480%，见表4-19。以3个因子代表原有的15个指标评价区域政府调控能力已经有足够的把握。

表4-19　政府调控能力（GRC）指标因子解释的总方差

成分	初始特征值			提取平方和载入			旋转平方和载入		
	合计	方差百分比 / %	累计方差贡献率 / %	合计	方差百分比 / %	累计方差贡献率 / %	合计	方差百分比 / %	累计方差贡献率 / %
1	8.248	54.989	54.989	8.248	54.989	54.989	6.798	45.323	45.323
2	3.574	23.827	78.816	3.574	23.827	78.816	4.981	33.209	78.532

续表

成分	初始特征值			提取平方和载入			旋转平方和载入		
	合计	方差百分比 / %	累计方差贡献率 / %	合计	方差百分比 / %	累计方差贡献率 / %	合计	方差百分比 / %	累计方差贡献率 / %
3	1.150	7.664	86.480	1.150	7.664	86.480	1.192	7.948	86.480
4	0.628	4.185	90.665						
5	0.378	2.518	93.182						
6	0.319	2.125	95.307						
7	0.209	1.395	96.702						
8	0.173	1.150	97.852						
9	0.103	0.687	98.539						
10	0.090	0.603	99.142						
11	0.067	0.448	99.590						
12	0.026	0.172	99.762						
13	0.018	0.118	99.880						
14	0.014	0.095	99.975						
15	0.004	0.025	100.000						
提取方法：主成分分析法									

为了便于分析，采用方差最大化正交旋转后，将各列载荷系数按数值大小进行排列，输出结果见表 4–20。

表4–20　政府调控能力（GRC）指标旋转后因子载荷矩阵

指标	公因子		
	F_{41}	F_{42}	F_{43}
G_8	0.934	0.313	0.070
G_5	0.920	0.053	0.156
G_4	0.919	–0.001	0.113
G_2	0.896	0.349	0.111
G_7	0.883	0.164	0.198
G_9	0.783	0.562	0.045
G_{15}	0.743	0.007	–0.285

续表

指标	公因子		
	F_{41}	F_{42}	F_{43}
G_{10}	0.703	−0.396	−0.357
G_{13}	0.049	0.956	−0.009
G_{11}	0.130	0.917	−0.042
G_3	0.437	0.891	0.029
G_{12}	−0.254	0.838	−0.073
G_6	0.533	0.757	0.188
G_1	0.650	0.657	0.071
G_{14}	0.123	−0.057	0.916
提取方法：主成分分析法			
旋转方法：凯撒正态化最大方差法			
a.旋转在4次迭代后已收敛			

由表 4–20 的结果可知，原始变量 G_1 可由各因子表示为：

$$G_1=0.650\times F_{41}+0.657\times F_{42}+0.071\times F_{43}$$

原始变量 G_2 可由各因子表示为：

$$G_2=0.896\times F_{41}+0.349\times F_{42}+0.111\times F_{43}$$

其余以此类推。

（3）因子含义解释

政府调控能力（GRC）旋转后因子载荷矩阵显示：公因子 F_{41} 在 G_8、G_5、G_4、G_2、G_7、G_9、G_{15}、G_{10} 上的载荷值较大，G_2 反映社会保障与服务水平，G_5、G_4 反映外资利用情况，G_7 反映邮电业务发展变化总趋势，G_8 反映国家执行职能的财力保证，G_9 反映区域商品交易市场规模，G_{10} 衡量区域城市化水平，G_{15} 衡量区域能源利用效率，因而 F_{41} 为反映政府制度保障能力与发展支撑能力的公因子；公因子 F_{42} 在 G_{13}、G_{11}、G_3、G_{12}、G_6、G_1 上的载荷值较大，G_1 衡量社会服务情况，G_6 反映农村发展水平，G_{12} 反映农村社会救济情况，以上指标综合反映政府发展支撑能力。G_{11} 反映基层医疗卫生设施条件，G_3、G_{13} 反映城乡社会保障与救助情况，因而 F_{42} 为反映政府协调发展能力的公因子；公因子 F_{43} 在 G_{14} 上的载荷值较大，G_{14} 衡量区域就业水平，属于可持续发展驱动力指标。因而 F_{43} 为反映可持续发展能力的公因子。

（4）计算因子得分

采用回归法，求出公因子用原始变量线性表示的线性组合系数的估计值，得到各公因子 F_{41}、F_{42}、F_{43} 值。以旋转后各因子的方差贡献率除以 3 个公因子总方差贡献率作为权重，进行加权汇总，得出各地区政府调控能力的综合得分 F_4，即：

$$F_4=(45.323\times F_{41}+33.209\times F_{42}+7.948\times F_{43})/86.480$$

由上式可知，区域政府制度保障能力、发展支撑能力、协调发展能力及可持续发展能力越强，区域政府调控能力（GRC）综合得分就越高。

2021 年中国 31 个省（区）或直辖市政府调控能力（GRC）因子得分及综合因子得分见表 4–21。

表4–21　2021年中国31个省（区）或直辖市政府调控能力（GRC）因子得分及综合因子得分

省（区）/直辖市	F_{41}	F_{42}	F_{43}	F_4
北京	1.13045	–1.42202	–1.51676	–0.09
天津	0.31094	–1.45535	–1.55635	–0.54
河北	–0.35467	1.37794	–0.05027	0.34
山西	–0.56328	–0.14168	1.25018	–0.23
内蒙古	–0.55216	–0.36143	–0.77912	–0.5
辽宁	–0.05775	–0.30124	–1.21809	–0.26
吉林	–0.39557	–0.62827	–0.532	–0.5
黑龙江	–0.43994	–0.50778	–0.26699	–0.45
上海	1.88941	–1.80655	–0.09288	0.29
江苏	2.03352	0.43467	0.44869	1.27
浙江	1.52005	0.00298	0.54137	0.85

续表

省（区）/直辖市	F_{41}	F_{42}	F_{43}	F_4
安徽	-0.19657	0.69005	0.52882	0.21
福建	0.4085	-0.19676	-0.64084	0.08
江西	-0.26448	0.16252	-0.27362	-0.1
山东	0.5237	1.76738	-0.05668	0.95
河南	-0.25741	2.23469	-0.66827	0.66
湖北	-0.12572	0.39907	-0.24243	0.07
湖南	-0.29306	0.87764	0.90868	0.27
广东	3.30418	0.79985	1.40729	2.17
广西	-0.67362	0.63442	0.62363	-0.05
海南	-0.42415	-1.08548	-0.10146	-0.65
重庆	-0.04674	-0.6002	-0.16961	-0.27
四川	-0.32039	1.84361	-0.8603	0.46
贵州	-0.8028	0.34472	-0.91211	-0.37
云南	-0.79606	0.56153	-0.51073	-0.25
西藏	-1.11747	-0.93443	1.58361	-0.8
陕西	-0.25916	0.02593	-0.69945	-0.19
甘肃	-0.84548	-0.05992	-0.15004	-0.48
青海	-0.81052	-1.23113	2.52701	-0.67
宁夏	-0.69925	-1.03204	-0.66137	-0.82
新疆	-0.82451	-0.39275	2.14011	-0.39

2021 年中国 31 个省（区）或直辖市政府调控能力（GRC）综合因子得分及排名见表 4-22、图 4-4。

表4-22　2021年中国31个省（区）或直辖市政府调控能力（GRC）综合因子得分及排名

省（区）/直辖市	政府调控能力	排名	省（区）/直辖市	政府调控能力	排名
北京	-0.09	14	湖北	0.07	12
天津	-0.54	27	湖南	0.27	9
河北	0.34	7	广东	2.17	1
山西	-0.23	17	广西	-0.05	13

续表

省（区）/直辖市	政府调控能力	排名	省（区）/直辖市	政府调控能力	排名
内蒙古	−0.50	25	海南	−0.65	28
辽宁	−0.26	19	重庆	−0.27	20
吉林	−0.50	26	四川	0.46	6
黑龙江	−0.45	23	贵州	−0.37	21
上海	0.29	8	云南	−0.25	18
江苏	1.27	2	西藏	−0.80	30
浙江	0.85	4	陕西	−0.19	16
安徽	0.21	10	甘肃	−0.48	24
福建	0.08	11	青海	−0.67	29
江西	−0.10	15	宁夏	−0.82	31
山东	0.95	3	新疆	−0.39	22
河南	0.66	5			

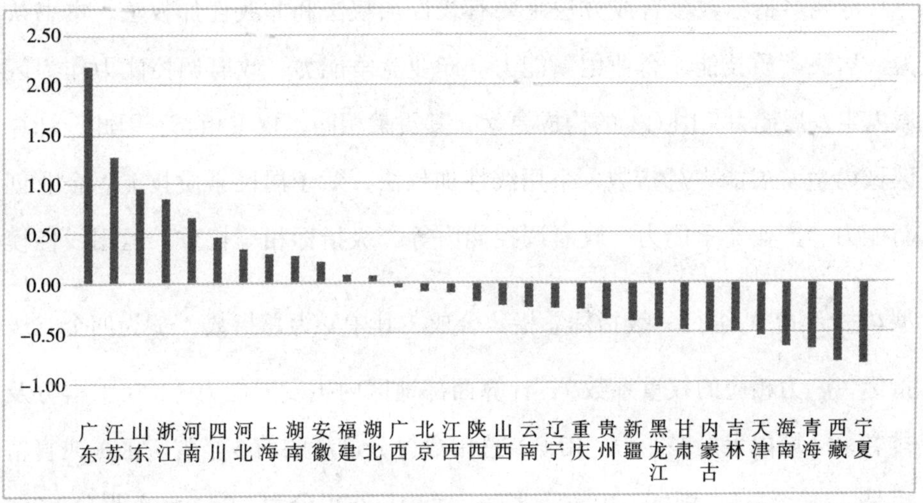

图4–4　2021年中国31个省（区）或直辖市政府调控能力（GRC）综合因子得分及排名

（5）结果分析

依据各地区政府调控能力（GRC）各公因子得分，可对2021年我国31个省（区）或直辖市政府调控水平进行评价。在政府制度保障能力与发展支

撑能力的公因子 F_{41} 上得分最高的前 5 个省（区）或直辖市依次是广东、江苏、上海、浙江、北京，其中广东得分为 3.30，江苏得分 2.03，上海得分 1.89，浙江得分 1.52，北京得分 1.13；在政府协调发展能力的公因子 F_{42} 上得分最高的前 5 个省（区）或直辖市依次是河南、四川、山东、河北、湖南，其中河南得分为 2.23，四川得分 1.84，山东得分 1.77，河北得分 1.38，湖南得分 0.88；在可持续发展能力的公因子 F_{43} 上得分最高的前 5 个省（区）或直辖市依次是青海、新疆、西藏、广东、山西，其中青海得分为 2.53，新疆得分 2.14，西藏得分 1.58，广东得分 1.41，山西得分 1.25；在政府调控能力综合因子 F_4 上得分最高的前 5 个省（区）或直辖市依次是广东、江苏、山东、浙江、河南，其中广东得分为 2.17，江苏得分 1.27，山东得分 0.95，浙江得分 0.85，河南得分 0.66。

5. 区域内生发展能力

常规多指标数学合成方法主要有线性加权法和非线性加权法。本书认为，居民素质技能、企业创新能力、产业竞争能力、政府调控能力作为区域内生发展能力（REC）的构成要素，其贡献相同，权重相当。因此，计算区域内生发展能力总指数，采用线性加权法，赋予居民素质技能、企业创新能力、产业竞争能力、政府调控能力等二级指标相等权重，运用线性模型 $u=\sum_{i=1}^{4} m_i w_i$ 进行一级指标总指数合成（其中 u 为总指数，m_i 为四个二级指标，w_i 为相应的权重系数），计算西部地区内生发展能力（REC）得分及排名，区域内生发展能力（REC）总指数得分最高的前 5 个省（区）或直辖市是广东、江苏、浙江、山东、北京，其中广东得分为 1.99，江苏得分 1.25，浙江得分 0.97，北京得分 0.73，上海得分 0.58。

2021 年中国 31 个省（区）或直辖市区域内生发展能力（REC）得分及排名见表 4–23。

表4-23 2021年中国31个省（区）或直辖市区域内生发展能力（REC）得分及排名

省（区）/直辖市	区域内生发展能力	排名	省（区）/直辖市	区域内生发展能力	排名
北京	0.73	4	湖北	0.05	8
天津	−0.08	13	湖南	−0.02	12
河北	−0.10	14	广东	1.99	1
山西	−0.34	21	广西	−0.31	20
内蒙古	−0.26	18	海南	−0.48	27
辽宁	−0.27	19	重庆	−0.16	16
吉林	−0.40	24	四川	0.03	11
黑龙江	−0.50	29	贵州	−0.41	25
上海	0.58	5	云南	−0.40	23
江苏	1.25	2	西藏	−0.53	30
浙江	0.97	3	陕西	−0.19	17
安徽	0.03	10	甘肃	−0.49	28
福建	0.16	7	青海	−0.55	31
江西	−0.10	15	宁夏	−0.38	22
山东	0.56	6	新疆	−0.45	26
河南	0.05	9			

2021年中国31个省（区）或直辖市区域内生发展能力（REC）构成要素得分及排名见表4-24、图4-5。

表4-24 2021年中国31个省（区）或直辖市区域内生发展能力（REC）构成要素得分及排名

省（区）/直辖市	居民素质技能		企业创新能力		产业竞争能力		政府调控能力		区域内生发展能力	
	得分	排名	得分	排名	得分	排名	得分	排名	得分	排名
北京	2.01	1	0.14	9	0.84	3	−0.09	14	0.73	4
天津	0.59	6	−0.39	19	0.02	10	−0.54	27	−0.08	13
河北	−0.26	18	−0.18	15	−0.29	18	0.34	7	−0.10	14
山西	−0.31	20	−0.47	22	−0.35	21	−0.23	17	−0.34	21

续表

省（区）/直辖市	居民素质技能		企业创新能力		产业竞争能力		政府调控能力		区域内生发展能力	
	得分	排名	得分	排名	得分	排名	得分	排名	得分	排名
内蒙古	0.22	9	–0.38	18	–0.38	25	–0.50	25	–0.26	18
辽宁	–0.25	17	–0.30	17	–0.25	17	–0.26	19	–0.27	19
吉林	–0.30	19	–0.49	24	–0.31	20	–0.50	26	–0.40	24
黑龙江	–0.58	31	–0.56	28	–0.39	27	–0.45	23	–0.50	29
上海	1.30	2	0.17	8	0.57	5	0.29	8	0.58	5
江苏	0.70	5	1.79	2	1.24	2	1.27	2	1.25	2
浙江	0.76	4	1.52	3	0.76	4	0.85	4	0.97	3
安徽	–0.18	13	0.19	6	–0.09	13	0.21	10	0.03	10
福建	0.23	8	0.23	5	0.09	8	0.08	11	0.16	7
江西	–0.19	14	–0.05	13	–0.06	12	–0.10	15	–0.10	15
山东	0.37	7	0.81	4	0.10	6	0.95	3	0.56	6
河南	–0.40	23	0.03	11	–0.11	15	0.66	5	0.05	9
湖北	–0.14	11	0.18	7	0.08	9	0.07	12	0.05	8
湖南	–0.45	26	0.02	12	0.10	7	0.27	9	–0.02	12
广东	0.89	3	2.72	1	2.18	1	2.17	1	1.99	1
广西	–0.33	21	–0.48	23	–0.37	22	–0.05	13	–0.31	20
海南	–0.36	22	–0.52	27	–0.40	28	–0.65	28	–0.48	27
重庆	–0.14	12	–0.12	14	–0.10	14	–0.27	20	–0.16	16
四川	–0.41	24	0.05	10	0.02	11	0.46	6	0.03	11
贵州	–0.45	27	–0.40	20	–0.42	29	–0.37	21	–0.41	25
云南	–0.56	30	–0.40	21	–0.37	23	–0.25	18	–0.40	23
西藏	–0.19	15	–0.71	31	–0.42	30	–0.80	30	–0.53	30
陕西	–0.21	16	–0.20	16	–0.17	16	–0.19	16	–0.19	17
甘肃	–0.51	28	–0.58	29	–0.37	24	–0.48	24	–0.49	28
青海	–0.51	29	–0.64	30	–0.38	26	–0.67	29	–0.55	31
宁夏	0.11	10	–0.49	25	–0.30	19	–0.82	31	–0.38	22
新疆	–0.43	25	–0.50	26	–0.46	31	–0.39	22	–0.45	26

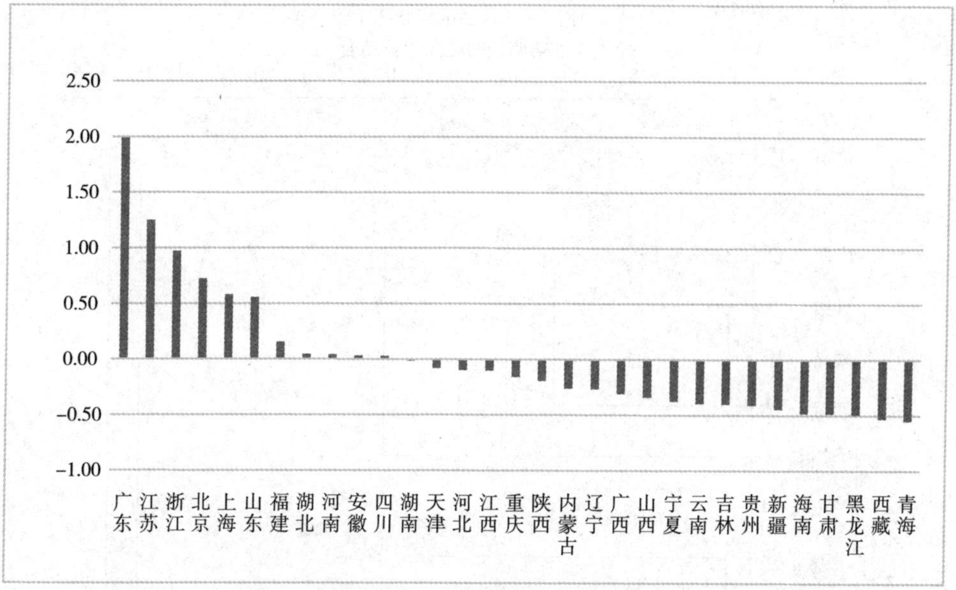

图4–5　2021年中国31个省（区）或直辖市区域内生发展能力（REC）得分及排序

（二）中国西部地区内生发展能力评价

根据本书中计算的中国区域内生发展能力评价结果表明，西部地区内生发展能力整体水平偏低。

依据全国31个省（区）或直辖市区域内生发展能力（REC）得分排名：四川处于中上游水平；重庆、陕西、内蒙古处于中下游水平；广西、宁夏、云南、贵州、新疆、甘肃、西藏、青海处于下游水平，甚至末尾。

西部12省（区）居民素质技能（RQS）、企业创新能力（EIC）、产业竞争能力（ICC）、政府调控能力（GRC）区域内生发展能力结构（构成要素）呈现差异化特征。采用聚类分析法对2021年西部地区居民素质技能（RQS）、企业创新能力（EIC）、产业竞争能力（ICC）、政府调控能力（GRC）得分进行聚类分析。结果显示：西部12省（区）可归为4个集群：四川为一个集群，重庆、陕西为一个集群，内蒙古、宁夏为一个集群，广西、云南、贵州、甘肃、新疆、西藏、青海为一个集群。西部地区RQS、EIC、ICC、GRC得分聚类分析树状图见图4–6。

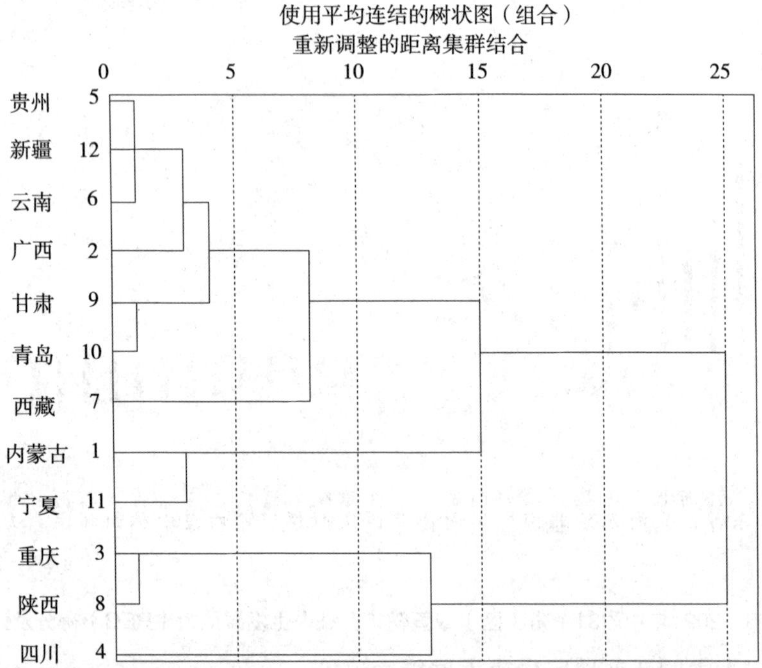

图4-6　西部地区RQS、EIC、ICC、GRC得分聚类分析树状图

第五章
西部地区内生发展能力分析

一、西部地区内生发展能力结构特征分析

（一）四川

四川区域内生发展能力总指数得分 0.03，全国排名第 11 位。四川区域内生发展能力结构特征是：居民素质技能得分 –0.41，全国排名第 24 位；企业创新能力得分 0.05，全国排名第 10 位；产业竞争能力得分 0.02，全国排名第 11 位；政府调控能力得分 0.46，全国排名第 6 位。

（二）重庆

重庆区域内生发展能力总指数得分 –0.16，全国排名第 16 位。重庆区域内生发展能力结构特征是：居民素质技能得分 –0.14，全国排名第 12 位；企业创新能力得分 –0.12，全国排名第 14 位；产业竞争能力得分 –0.10，全国排名第 14 位；政府调控能力得分 –0.27，全国排名第 20 位。

（三）陕西

陕西区域内生发展能力总指数得分 –0.19，全国排名第 17 位。陕西区域内生发展能力结构特征是：居民素质技能得分 –0.21，全国排名第 16 位；企业创新能力得分 –0.20，全国排名第 16 位；产业竞争能力得分 –0.17，全国排名第 16 位；政府调控能力得分 –0.19，全国排名第 16 位。

（四）内蒙古

内蒙古区域内生发展能力总指数得分 –0.26，全国排名第 18 位。内蒙古区域内生发展能力结构特征是：居民素质技能得分 0.22，全国排名第 9 位；企业创新能力得分 –0.38，全国排名第 18 位；产业竞争能力得分 –0.38，全国排名第 25 位；政府调控能力得分 –0.50，全国排名第 25 位。

（五）广西

广西区域内生发展能力总指数得分 –0.31，全国排名第 20 位。广西区域内生发展能力结构特征是：居民素质技能得分 –0.33，全国排名第 21 位；企业创新能力得分 –0.48，全国排名第 23 位；产业竞争能力得分 –0.37，全国排名第 22 位；政府调控能力得分 –0.05，全国排名第 13 位。

（六）宁夏

宁夏区域内生发展能力总指数得分 –0.38，全国排名第 22 位。宁夏区域内生发展能力结构特征是：居民素质技能得分 0.11，全国排名第 10 位；企业创新能力得分 –0.49，全国排名第 25 位；产业竞争能力得分 –0.30，全国排名第 19 位；政府调控能力得分 –0.82，全国排名第 31 位。

（七）云南

云南区域内生发展能力总指数得分 –0.40，全国排名第 23 位。云南区域内生发展能力结构特征是：居民素质技能得分 –0.56，全国排名第 30 位；企业创新能力得分 –0.40，全国排名第 21 位；产业竞争能力得分 –0.37，全国排名第 23 位；政府调控能力得分 –0.25，全国排名第 18 位。

（八）贵州

贵州区域内生发展能力总指数得分 –0.41，全国排名第 25 位。贵州区域内生发展能力结构特征是：居民素质技能得分 –0.45，全国排名第 27 位；企业创新能力得分 –0.40，全国排名第 20 位；产业竞争能力得分 –0.42，全国排名第 29 位；政府调控能力得分 –0.37，全国排名第 21 位。

（九）新疆

新疆区域内生发展能力总指数得分 –0.45，全国排名第 26 位。新疆区域内生发展能力结构特征是：居民素质技能得分 –0.43，全国排名第 25 位；企业创新能力得分 –0.50，全国排名第 26 位；产业竞争能力得分 –0.46，全国排名第 31 位；政府调控能力得分 –0.39，全国排名第 22 位。

（十）甘肃

甘肃区域内生发展能力总指数得分 –0.49，全国排名第 28 位。甘肃区域内生发展能力结构特征是：居民素质技能得分 –0.51，全国排名第 28 位；企业创新能力得分 –0.58，全国排名第 29 位；产业竞争能力得分 –0.37，全国排名第 24 位；政府调控能力得分 –0.48，全国排名第 24 位。

（十一）西藏

西藏区域内生发展能力总指数得分 –0.53，全国排名第 30 位。西藏区域内生发展能力结构特征是：居民素质技能得分 –0.19，全国排名第 15 位；企业创新能力得分 –0.71，全国排名第 31 位；产业竞争能力得分 –0.42，全国排名第 30 位；政府调控能力得分 –0.80，全国排名第 30 位。

（十二）青海

青海区域内生发展能力总指数得分 –0.55，全国排名第 31 位。青海区域内生发展能力结构特征是：居民素质技能得分 –0.51，全国排名第 29 位；企业创新能力得分 –0.64，全国排名第 30 位；产业竞争能力得分 –0.38，全国排名第 26 位；政府调控能力得分 –0.67，全国排名第 29 位。

二、西部地区内生发展能力构成分析

（一）居民素质技能

2021 年西部地区居民素质技能（RQS）综合因子得分见图 5–1。

居民素质技能（RQS）综合因子：内蒙古排名第 9 位，得分为 0.22；宁夏排名第 10 位，得分为 0.11；重庆排名第 12 位，得分为 –0.14；西藏排名第 15 位，得分为 –0.19；陕西排名第 16 位，得分为 –0.21；广西排名第 21 位，得分为 –0.33；四川排名第 24 位，得分为 –0.41；新疆排名第 25 位，

得分为 –0.43；贵州排名第 27 位，得分为 –0.45；甘肃排名第 28 位，得分为 –0.509；青海排名第 29 位，得分为 –0.512；云南排名第 30 位，得分为 –0.56。

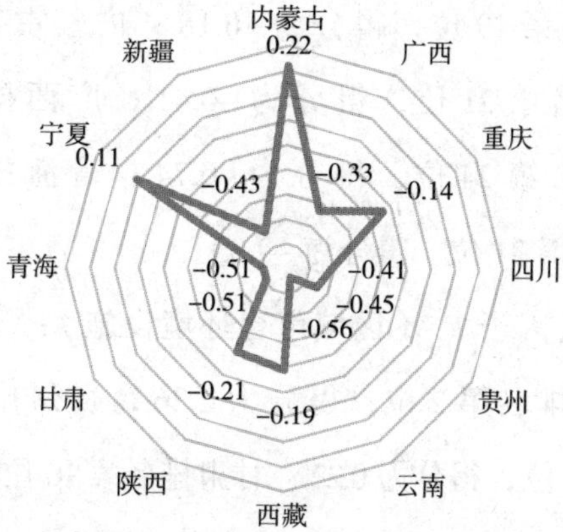

图 5–1　2021年西部地区居民素质技能（RQS）综合因子得分

居民素质技能公因子 F_{11}（区域教育文化水平及收入保障程度）：西藏排名第 5 位，得分为 0.79；宁夏排名第 9 位，得分为 0.32；内蒙古排名第 10 位，得分为 0.30；青海排名第 13 位，得分为 –0.13；广西排名第 18 位，得分为 –0.47；重庆排名第 19 位，得分为 –0.48；新疆排名第 20 位，得分为 –0.53；陕西排名第 23 位，得分为 –0.66；甘肃排名第 24 位，得分为 –0.69；贵州排名第 25 位，得分为 –0.73；云南排名第 26 位，得分为 –0.75；四川排名第 29 位，得分为 –0.93。

居民素质技能公因子 F_{12}（区域居住环境质量）：四川排名第 6 位，得分为 0.53；广西排名第 12 位，得分为 0.06；重庆排名第 15 位，得分为 –0.10；陕西排名第 18 位，得分为 –0.25；云南排名第 20 位，得分为 –0.31；贵州排名第 21 位，得分为 –0.47；新疆排名第 22 位，得分为 –0.58；甘肃排名第 26 位，得分为 –0.82；内蒙古排名第 28 位，得分为 –0.91；宁夏排名第 29 位，得分为 –1.19；西藏排名第 30 位，得分为 –1.315；青海排名第 31 位，得分为 –1.325。

居民素质技能公因子 F_{13}（区域教育与医疗健康水平）：陕西排名第 3 位，得分为 1.40；重庆排名第 6 位，得分为 0.74；四川排名第 10 位，得分为 0.42；贵州排名第 14 位，得分为 0.002；甘肃排名第 16 位，得分为 –0.06；云南排名第 19 位，得分为 –0.18；内蒙古排名第 20 位，得分为 –0.27；新疆排名第 21 位，得分为 –0.41；广西排名第 22 位，得分为 –0.45；宁夏排名第 24 位，得分为 –0.74；青海排名第 26 位，得分为 –0.83；西藏排名第 31 位，得分为 –2.33。

居民素质技能公因子 F_{14}（区域市容环境设施）：宁夏排名第 1 位，得分为 2.33；内蒙古排名第 2 位，得分为 2.26；贵州排名第 8 位，得分为 0.26；新疆排名第 9 位，得分为 0.22；甘肃排名第 10 位，得分为 0.21；重庆排名第 18 位，得分为 0.18；西藏排名第 15 位，得分为 –0.03；广西排名第 17 位，得分为 –0.10；陕西排名第 19 位，得分为 –0.26；四川排名第 24 位，得分为 –0.57；云南排名第 25 位，得分为 –0.60；青海排名第 26 位，得分为 –0.61。

（二）企业创新能力

2021 年西部地区企业创新能力（EIC）综合因子得分见图 5–2。

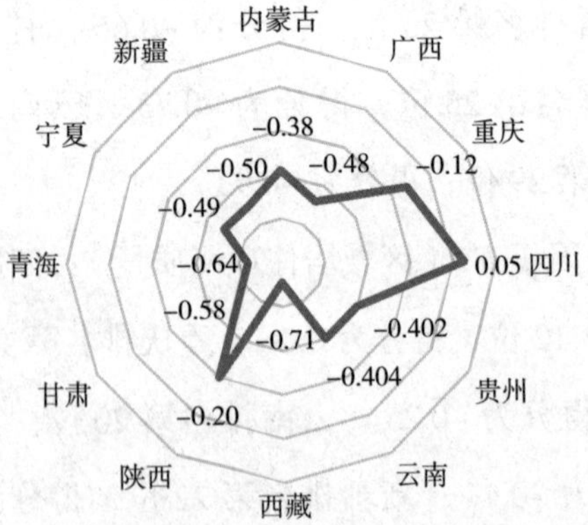

图 5–2　2021年西部地区企业创新能力（EIC）综合因子得分

企业创新能力（EIC）综合因子：四川排名第 10 位，得分为 0.05；重庆排名第 14 位，得分为 –0.12；陕西排名第 16 位，得分为 –0.20；内蒙古排名第 18 位，得分为 –0.38；贵州排名第 20 位，得分为 –0.402；云南排名第 21 位，得分为 –0.404；广西排名第 23 位，得分为 –0.48；宁夏排名第 25 位，得分为 –0.49；新疆排名第 26 位，得分为 –0.50；甘肃排名第 29 位，得分为 –0.58；青海排名第 30 位，得分为 –0.64；西藏排名第 31 位，得分为 –0.71。

企业创新能力公因子 F_{21}（企业创新能力基础水平）：四川排名第 9 位，得分为 –0.05；重庆排名第 13 位，得分为 –0.23；陕西排名第 14 位，得分为 –0.27；贵州排名第 15 位，得分为 –0.33；云南排名第 19 位，得分为 –0.43；宁夏排名第 20 位，得分为 –0.44；广西排名第 21 位，得分为 –0.46；青海排名第 23 位，得分为 –0.47；内蒙古排名第 24 位，得分为 –0.54；西藏排名第 25 位，得分为 –0.56；甘肃排名第 26 位，得分为 –0.59；新疆排名第 27 位，得分为 –0.62。

企业创新能力公因子 F_{22}（企业知识创造与获取能力）：重庆排名第 5 位，得分为 0.19；内蒙古排名第 6 位，得分为 0.13；陕西排名第 7 位，得分为 0.10；宁夏排名第 13 位，得分为 –0.04；四川排名第 14 位，得分为 –0.11；贵州排名第 15 位，得分为 –0.14；新疆排名第 16 位，得分为 –0.15；云南排名第 18 位，得分为 –0.33；青海排名第 24 位，得分为 –0.45；广西排名第 25 位，得分为 –0.53；甘肃排名第 27 位，得分为 –0.64；西藏排名第 31 位，得分为 –0.97。

企业创新能力公因子 F_{23}（企业研发创新实力）：四川排名第 4 位，得分为 1.01；重庆排名第 12 位，得分为 0.25；内蒙古排名第 14 位，得分为 0.06；陕西排名第 16 位，得分为 –0.12；新疆排名第 17 位，得分为 –0.18；云南排名第 19 位，得分为 –0.29；甘肃排名第 22 位，得分为 –0.46；广西排名第 23 位，得分为 –0.61；贵州排名第 28 位，得分为 –1.32；西藏排名第 29 位，得分为 –1.35；宁夏排名第 30 位，得分为 –1.50；青海排名第 31

位，得分为 –2.17。

（三）产业竞争能力

2021 年西部地区产业竞争能力（ICC）综合因子得分见图 5–3。

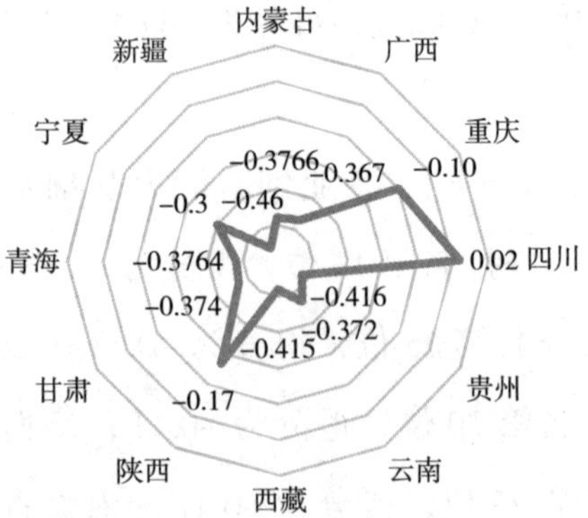

图 5–3　2021年西部地区产业竞争能力（ICC）综合因子得分

产业竞争能力（ICC）综合因子：四川排名第 11 位，得分为 0.02；重庆排名第 14 位，得分为 0.10；陕西排名第 16 位，得分为 0.17；宁夏排名第 19 位，得分为 0.30；广西排名第 22 位，得分为 –0.367；云南排名第 23 位，得分为 –0.372；甘肃排名第 24 位，得分为 –0.374；内蒙古排名第 25 位，得分为 –0.3766；青海排名第 26 位，得分为 –0.3764；贵州排名第 29 位，得分为 –0.416；西藏排名第 30 位，得分为 –0.415；新疆排名第 31 位，得分为 –0.46。

产业竞争能力公因子 F_{31}（高技术产业和文化产业发展竞争力）：重庆排名第 8 位，得分为 –0.05；四川排名第 13 位，得分为 –0.20；贵州排名第 14 位，得分为 –0.23；广西排名第 15 位，得分为 –0.26；陕西排名第 17 位，得分为 –0.31；青海排名第 18 位，得分为 –0.32；西藏排名第 20 位，得分为 –0.33；新疆排名第 24 位，得分为 –0.38；云南排名第 26 位，得分为 –0.40；宁夏排名第 29 位，得分为 –0.45；内蒙古排名第 30 位，得分为 –0.52；甘肃排名第 31 位，得分为 –0.54。

产业竞争能力公因子 F_{32}（非农产业贡献率）：四川排名第 6 位，得分为 0.21；广西排名第 13 位，得分为 –0.108；甘肃排名第 14 位，得分为 –0.113；重庆排名第 15 位，得分为 –0.13；云南排名第 16 位，得分为 –0.14；贵州排名第 20 位，得分为 –0.21；西藏排名第 23 位，得分为 –0.47；陕西排名第 24 位，得分为 –0.51；新疆排名第 26 位，得分为 –0.62；青海排名第 28 位，得分为 –0.77；宁夏排名第 29 位，得分为 –0.92；内蒙古排名第 30 位，得分为 –1.25。

产业竞争能力公因子 F_{33}（公共文化服务功能）：宁夏排名第 4 位，得分为 1.45；内蒙古排名第 5 位，得分为 1.06；青海排名第 8 位，得分为 0.83；西藏排名第 10 位，得分为 0.31；重庆排名第 14 位，得分为 –0.10；新疆排名第 15 位，得分为 –0.208；陕西排名第 16 位，得分为 –0.215；甘肃排名第 17 位，得分为 –0.29；云南排名第 23 位，得分为 –0.79；广西排名第 26 位，得分为 –0.92；四川排名第 28 位，得分为 –1.09；贵州排名第 29 位，得分为 –1.18。

产业竞争能力公因子 F_{34}（传统文化保护服务功能）：四川排名第 3 位，得分为 1.70；陕西排名第 7 位，得分为 0.85；内蒙古排名第 15 位，得分为 –0.16；云南排名第 16 位，得分为 –0.17；甘肃排名第 18 位，得分为 –0.277；重庆排名第 19 位，得分为 –0.285；广西排名第 21 位，得分为 –0.52；贵州排名第 22 位，得分为 –0.54；新疆排名第 25 位，得分为 –0.78；宁夏排名第 26 位，得分为 –0.80；青海排名第 29 位，得分为 –1.32；西藏排名第 30 位，得分为 –1.43。

（四）政府调控能力

2021 年西部地区政府调控能力（GRC）综合因子得分见图 5–4。

政府调控能力（GRC）综合因子：四川排名第 6 位，得分为 0.46；广西排名第 13 位，得分为 –0.05；陕西排名第 16 位，得分为 –0.19；云南排名第 18 位，得分为 –0.25；重庆排名第 20 位，得分为 –0.27；贵州排名第 21 位，得分为 –0.37；新疆排名第 22 位，得分为 –0.39；甘肃排名第 24 位，得分为 –0.48；内蒙古排名第 25 位，得分为 –0.50；青海排名第 29 位，得分为 –0.67；西藏排名第 30 位，得分为 –0.80；宁夏排名第 31 位，得分为 –0.82。

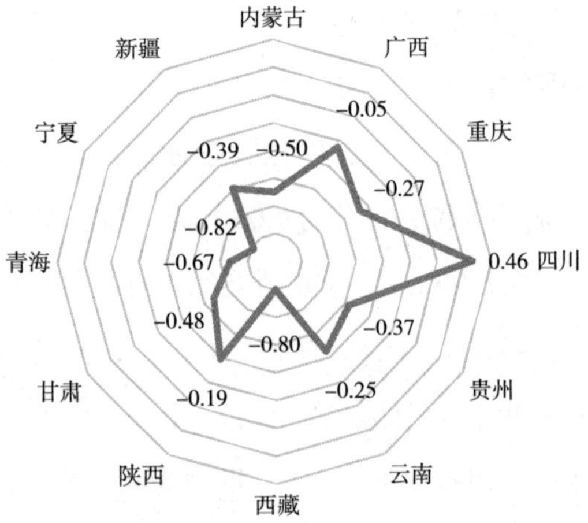

图5–4　2021年西部地区政府调控能力（GRC）综合因子得分

政府调控能力公因子 F_{41}（政府制度保障能力与发展支撑能力）：重庆排名第 9 位，得分为 –0.05；陕西排名第 14 位，得分为 –0.26；四川排名第 17 位，得分为 –0.32；内蒙古排名第 22 位，得分为 –0.55；广西排名第 24 位，得分为 –0.67；宁夏排名第 25 位，得分为 –0.70；云南排名第 26 位，得分为 –0.796；贵州排名第 27 位，得分为 –0.803；青海排名第 28 位，得分为 –0.81；新疆排名第 29 位，得分为 –0.82；甘肃排名第 30 位，得分为 –0.85；西藏排名第 31 位，得分为 –1.12。

政府调控能力公因子 F_{42}（政府协调发展能力）：四川排名第 2 位，得分为 1.84；广西排名第 8 位，得分为 0.63；云南排名第 9 位，得分为 0.56；贵州排名第 12 位，得分为 0.34；陕西排名第 14 位，得分为 0.03；甘肃排名第 16 位，得分为 –0.06；内蒙古排名第 20 位，得分为 –0.36；新疆排名第 21 位，得分为 -0.39；重庆排名第 23 位，得分为 -0.60；西藏排名第 25 位，得分为 -0.93；宁夏排名第 26 位，得分为 -1.03；青海排名第 28 位，得分为 -1.23。

政府调控能力公因子 F_{43}（可持续发展能力）：青海排名第 1 位，得分为 2.53；新疆排名第 2 位，得分为 2.14；西藏排名第 3 位，得分为 1.58；广西排名第 7 位，得分为 0.62；甘肃排名第 15 位，得分为 -0.15；重庆排名第 16 位，得分为 -0.17；云南排名第 20 位，得分为 -0.51；宁夏排名第 23 位，得分为 -0.66；陕西排名第 25 位，得分为 -0.70；内蒙古排名第 26 位，得分为 -0.78；四川排名第 27 位，得分为 -0.86；贵州排名第 28 位，得分为 -0.91。

第六章　全面提升西部地区内生发展能力总体思路与对策建议

一、总体思路

（一）内化外援，培育能力

中华人民共和国成立70多年来，我国西部地区社会经济发展发生了沧桑巨变。但由于历史和现实多方面原因，目前，我国西部地区经济仍然是中国“东西差距”中的“短板”。在中国区域均衡发展阶段（1949～1978年）和区域非均衡发展阶段（1979～1999年），西部地区和东部地区都受到国家倾斜性政策优惠，但中西部地区并没有取得像东部地区的发展速度。这一事实表明，将区域经济发展差距完全归因于政策、资金等外部因素是不科学的。唯物辩证法认为，内因是事物变化的根据，外因是事物变化的条件，外因通过内因起作用。这一原理是区域内生发展过程中处理好“外部援助”与“内生发展”的哲学依据。根据唯物辩证法，区域内生发展能力生成的内部动力是根本，具有决定作用；外部动力需要通过内部动力发挥作用，无论外部动力作用多大，也必须通过内部动力才能发挥作用。外部援助对区域发展是否起作用？起多大作用？是积极作用还是消极作用？这些都取决于区域自身对外援的选择、吸收和内化能力。外界“输血”的作用在于增进机体“造血”功能，形成新的活力，而不能代替“造血”。

西部地区争取和吸收外援，最终目的是增强区域内生发展能力。只有把外部要素植入进来，并与内部要素融合创新，才能形成持续发展动力。新时代，区域协调发展战略和扶贫开发任务要求转变民族地区、落后地区依靠“外部援助”和“输血扶贫”传统思路，通过培育和增强区域内生发展能力和“能力扶贫”，进一步缩小区域发展差距，降低贫困率，促进区域统筹协调发展，实现共同富裕。

（二）评估劣势，重构价值

区域地缘政治因素、与经济核心区的相对位置、与海洋的相对位置是影响区位条件的3个重要因素。西部地区拥有亚洲最漫长的陆上边境线，另外，西部地区深处内陆，离最近海港的平均运输距离在1000千米以上。而在商品价格和契约费用既定的情况下，流通费用高低就成为交易成败的决定性因素。西部地区与发达国家和国内地区的货物运输违反了“流通费用最低原则”，是国际贸易的非理想区位。在生态区位上，西部地区位于我国大江大河的上游，是我国生态平衡的关键源头。西部地区大多处于“生态环境脆弱带”，如少数民族集中分布的云贵高原、青藏高原、内蒙古高原，或是地势台阶的交汇区，或是干湿交替带，或是地处沙漠边缘，是两种或两种以上的物质体系、能量体系、结构体系、功能体系间形成的“界面”以及围绕该界面向外延伸的“过渡带”，具有生态脆弱，抗干扰能力弱，复原机会小等特点。《全国主体功能区规划》列出的限制开发区域共22个，其中西部12省区（市）就有17个，占了77%。

区域内生发展能力具有可塑性，区域文化传统、主体功能、自治权利等影响因素是重塑、培育区域内生发展能力的重要因素。“价值重构”观念认为，西部地区地理位置、自然气候条件等区位“劣势”可以转变为加快经济发展的有利因素。例如：漫长的陆上边境线是中国联系世界的陆上门户；地形地貌的复杂性可转变为地种的丰富性；大宗能源的贫乏可转变为稀有能源的独有；特殊的人文因素可转变为丰富的民族文化等。西藏的“高原经济”内蒙古东北部的“极寒经济”等都是重构区位价值的典型案例。还有未经雕琢的原始生态、冰川雪山、高原湖泊、戈壁大漠、岩溶地貌、宗教寺院、石窟艺术、古陵遗址等都具有潜在的开发价值。民族服饰、音乐艺术、饮食文化、历史宗教是现代都市人放松心情、陶冶情操、增长见识的瑰宝。西部地区在开发资源和富源、积极培育内生发展能力过程中应深入领会贯彻发展与环境保护的辩证统一关系，正确把握“既要绿水青山，也要金山银山”相辅相成的“双赢”关系和“宁要绿水青山，不要金山银山”的生态优先理念，树立和践行“绿水青山就是金山银山”的价值观、财富观和核心竞争力，把生态环境优势转化提升到生态农业、生态工业、生态旅游等生态经济优势、生态社会优势的更高境界上，以生态资源、历史文化“股息”为生，实现产业生态化和生态产业化，走出一条生态与经济共生共赢之路。

（三）生态优先，绿色发展

经济发展与生态环境保护是资源型地区可持续发展面临的两难困境。西部地区有青藏高原、云贵高原、黄土高原和内蒙古高原，其生态系统既复杂又脆弱。据计算，青海、甘肃、陕西、西藏、云南、贵州、四川、广西、宁夏因生态破坏造成的直接经济损失约为1500亿元。据水利部门测算，全国每年因水土流失造成的经济损失相当于GDP的2.25%。素有“千湖之县”美称的青海省玛多县，由于生态的恶化，已有1000余个湖泊干涸或消失。中华人民共和国70多年的建设经验表明，保护生态环境和发展经济从根本上讲是相辅相成、有机统一的。贯彻和落实新发展理念，走生态优先、绿色发展之路是当前和今后一段时期实现我国经济高质量发展的大逻辑。

培育提升西部地区内生发展能力，应积极探索和开辟生态脆弱地区实现经济社会与生态环境协调、可持续发展的崭新途径，坚持在发展中保护，在保护中发展。明确生态、经济、社会三大系统统筹协调发展，把生态规律优先、生态资本优先、生态效益优先作为评价经济政策、规划战略和发展产业的基本原则。遵循生态规律与经济规律、社会规律协同共进，把生态资源资本化，形成生态优势和生态竞争力，让生态产品成为生产力，走出一条经济发展与生态环境保护同步推进、产业竞争力与环境竞争力共同提升的可持续、高质量发展之路，实现生态效益、经济效益、社会效益全面提高和协调发展。着力构建生态产业链，发展生态产业，促进经济发展方式向现代生态型经济转变，推动形成生态优先制度框架体系，进一步夯实绿色发展的产业体系，大力发展绿色经济和绿色产业。

（四）共享发展，惠及民生

阿玛蒂亚·森指出，与社会保健和教育有关的社会服务的劳动密集型程度是极高的，因此在“贫穷—低工资—经济”中是相对便宜的，只需要较少的钱就能提供富国要花多得多的钱才能提供的服务。斯里兰卡、改革开放前的中国、哥斯达黎加、印度克拉克邦等经济体经验证明，通过适当的社会服务项目，尽管收入低，但是生活质量是可以迅速提高的。一个国家不必等到经过相当长期的经济增长之后才开始争取教育和医疗保健的迅速扩展。劳动密集型经济增长方式可有效地创造就业机会和收入机会。为此，政府应当增强西部地区贫困人口的发展能力，为西部地区提供有效的就业机会、收入机会，改善社会福利。政府应调整各类公共服务支出结构，转向对教育、卫生等软件投资。其目的就在于使全社会、各民族、各阶层人群获得基本公共服务，特别是缩小在教育、医疗和社会福利等社会领域的发展差距。

长期以来，人们普遍认为西部地区与东部发达地区之间的差距就是经济发展差距。而有研究表明，西部地区与东部地区最大的发展差距是社会发展差距，这一差距远大于经济发展差距。党的十九大报告明确指出，须更好地推动我国人的全面发展、社会全面进步，以加强中华民族共同体建设，增强全体社会成员的幸福感、获得感和归属感。“创新、协调、绿色、开放、共享”的新发展理念，扬弃了唯 GDP 论，发展了科学发展观的思想，是以习近平同志为核心的党中央从党的宗旨延伸出来的价值选择，充分体现社会主义本质要求和发展方向。中国共产党第十九届中央委员会第四次全体会议进一步提出，带领人民创造美好生活，是我们党始终不渝的奋斗目标，必须始终把人民利益摆在至高无上的地位，让改革发展成果更多更公平惠及全体人民，朝着实现全体人民共同富裕的目标不断迈进。

提升西部地区内生发展能力，在今后相当长的一段时期内，首要任务应以改善民生为重点，推进社会建设，引导资源向教育、医疗、就业、住房等方向倾斜，缩小城乡发展差距。大力推进城乡公共服务均等化、加快城乡统筹发展的综合性民生工程，竭力消除物质贫困，增强能力扶贫，持续提高居民收入，拉动内需，促进资本形成，从根本上解决地区发展差异问题，实现各民族共同繁荣富裕。

二、对策建议

由前文可知，西部 12 省（区）可归为 4 个集群：四川为一个集群，重庆、陕西为一个集群，内蒙古、宁夏为一个集群，广西、云南、贵州、甘肃、新疆、西藏、青海为一个集群。全面提升西部地区内生发展能力应基于各群集能力结构特征，针对“短板”制约采取合理有效的应对措施。

（一）第一集群

第一群集（四川）得分及全国排名情况如下：居民素质技能（RQC）得分 -0.41，排名第 24 位；企业创新能力（EIC）得分 0.05，排名第 10 位；产业竞争能力（ICC）得分 0.02，排名第 11 位；政府调控能力（GRC）得分 0.46，排名第 6 位；内生发展能力（REC）得分 0.03，排名第 11 位。

根据第一集群的客观情况以及本书的研究，在此提出以下对策建议。

1. 加快人力资本积累，提高居民素质技能

居民素质技能是一个国家或地区生产力水平提高、科学技术推广以及社会经济发展的基础，同时也反映着社会经济的发展程度。四川应持续加大教育事业资金投入，开发人力资源，提高劳动者素质技能，为区域发展提供强

有力的人才保障。在加快经济增长、持续增加财政收入的前提下，应进一步保障和改善民生，采取积极的就业政策，多渠道开发就业岗位，提高人民生活水平，切实增加城乡居民收入。继续加强基础设施建设，提高交通运输保障能力，着力改善市容环境，提升城乡基础设施建设规模及水准，加速医疗体制的改革进程，改进和完善地区各行政地域医疗条件。

2. 促进技术进步，提高企业创新能力

企业创新能力的培育是提升区域内生发展能力的基本手段。提升企业技术进步和技术创新能力，可以增进单位资本和单位劳动的生产率，提高经济增长效率。四川必须大力提高科技创新能力，重视技术开发与技术引进，在固定资产投资快速增长的同时，努力提升单位资本的生产效率。支持大中型企业建立技术中心和研发机构，充分发挥企业创新主体作用，满足创新需求，夯实企业创新能力基础，提高企业知识创造与获取的能力。按照当地人才市场特点和人才建设要求，把教育培养发明型科研领军人才队伍作为工作要点。

3. 优化调整产业结构，大力发展现代产业体系

四川第一产业 GDP 比重最高且增长较快，“天府之国”农业优势显著，产业竞争能力均比较弱，在全国处于中等水平。四川应基于自身优势产业基础提出的“5+1”现代产业体系，进一步强化其相对优势；在加强粮食安全、能源安全的政策思路下，继续打造农业和能源，并使其成为四川经济发展的重要基础。继续保持甚至扩大农业、食品制造及农副产品加工业、水电、石油和天然气开采业、化工业相对优势。其他制造业中，受外需走弱影响，电子设备制造业优势减弱的环境下，四川应继续凭借酒茶业、皮革制造业和家具制造业等传统优质产品相对优势，凭借自身能源资源优势在多晶硅、磷酸铁锂、钒电池等新能源相关产业优势上进一步发力，并进一步加大产业聚集和产业链延伸，从电气机械和设备制造业、汽车制造业中收益。

4. 依托科学决策，强化政府调控能力

完善政府的调节控制能力是增强区域内生发展能力的重要保障。地方政府调控为区域经济发展提供制度保障和发展支撑，以实现协调发展和可持续发展。四川地方政府必须保持宏观经济调控方向和政策工具的稳定性和连续性，贯彻落实国家财政、金融、税收、价格等重大宏观调控政策方针，紧紧抓住国家新一轮西部大开发等战略发展机遇，实现经济社会的跨越式发展，提高制度保障能力和协调发展力，巩固和加强社会事业、加大环境的生态化建设及基础设施的投资，保持可持续发展能力，努力促进区域经济平稳、快速、健康发展。

（二）第二集群

第二群集（重庆、陕西）得分及全国排名情况如下。

重庆：居民素质技能（RQC）得分 –0.14，排名第 12 位；企业创新能力（EIC）得分 –0.12，排名第 14 位；产业竞争能力（ICC）得分 –0.10，排名第 14 位；政府调控能力（GRC）得分 –0.27，排名第 20 位；内生发展能力（REC）得分 –0.16，排名第 16 位。

陕西：居民素质技能（RQC）得分 –0.21，排名第 16 位；企业创新能力（EIC）得分 –0.20，排名第 16 位；产业竞争能力（ICC）得分 –0.17，排名第 16 位；政府调控能力（GRC）得分 –0.19，排名第 16 位；内生发展能力（REC）得分 –0.19，排名第 17 位。

根据第二集群的客观情况以及本书的研究，在此提出以下对策建议。

1. 加快教育体制改革，加大民生建设力度

居民素质技能的提高是提升区域内生发展能力的必要前提。重庆、陕西居民素质技能水平处于全国中等水平，须进一步增强和提升居民素质技能水平，即需要针对地区教育发展特点完善教育制度建设，加大教育资源的投入。收入保障方面，陕西、重庆在经济快速增长、财政收入持续增加的前提

下，应进一步保障和改善民生，逐步完善城乡居民基本公共服务体系，提高人民生活水平，切实增加城乡居民收入；采取积极的就业措施，多渠道开发就业岗位，提高产业劳动力吸纳能力；积极加快基础设施投资主体多元化改革，着力改善市容环境，提高市政设施水平，为劳动者的生产生活提供舒适便利的环境；加大医疗体制改革力度，改善城乡医疗条件，为劳动者身心保健提供强有力的保障。

2. 培育企业创新能力，服务地方经济发展

陕西、重庆的企业创新能力在全国处于中等水平，其未来应继续深入实施创新驱动发展战略，以促进创新链、产业链深入融合为主线，推动科技政策扎实落实，营造良好创新创业环境，着力提升科技创新支撑引领作用，加快把两地创新优势转化为高质量发展胜势；充分发挥企业创新主体作用，以高技术产业园区、重点实验室、研究与开发机构、工程技术研究中心、科技企业孵化器、高新技术产业化基地、科技成果转化和产业化示范基地、行业技术创新平台、科技公共服务平台等建设为重点，强化创新成果同产业对接，夯实企业创新能力基础；支持区域内重点高校开展数字经济产业领域的新工科建设，促进计算机科学、数据分析与其他学科间的交叉融合；推动数字经济骨干企业与科研院所共建人才实训基地，加大复合型、实用型数字人才培养力度；促进科技资源优化配置，加大信息资源建设投入，重视推广科学技术宣传展示及科普教育，营造“大众创业、万众创新”的政策环境和制度环境，提高企业知识创造与获取能力；重点扶持科技公共服务平台建设，着力改善信息基础设施与科普基础设施条件。

3. 培育产业新动能

陕西、重庆产业竞争能力在全国处于中游水平，其应抓紧新一轮科技革命和产业变革重大机遇，以数据为关键要素，以数字技术与实体经济深度融合为主线，以实施重大工程为抓手，协同推进数字产业化和产业数字化，壮

大数字产品制造业，做强数字技术应用业，培育数据要素驱动业，推动数字技术与实体经济深度融合；持续营造健康数字生态，打造西部数字经济产业发展高地，为两地高质量发展提供有力支撑；深入推进大数据、人工智能、物联网等数字技术在文旅、农业、物流、电商、金融等领域的融合应用，开发一批数字技术应用行业解决方案；积极开展智慧文旅、智慧农业、智慧物流、智慧养老等数字技术创新应用试点，分领域分区域打造一批行业应用样板；注重推进数字技术融合应用，构建产业数字化能力中心，做大做优做强数字经济核心产业，健全数字企业培育机制。

4. 改善优化发展环境，促进区域协调发展

陕西、重庆地方政府应加快政府职能转变，认真贯彻落实国家重大宏观调控政策方针，优化政府机构，提高职能部门工作效率、加快建设法治型政府、服务型政府，为区域经济和社会发展创造良好的制度环境，提高政府制度保障能力和发展支撑能力；调整公共服务支出结构向对教育、医疗、卫生、住房等民生领域倾斜，使改革发展成果更多更公平惠及全部群众，提高公共服务均等化水平；坚持以经济建设为中心，树立“大开放促大发展”的发展观，牢牢抓住西部大开发的历史机遇，继续深入实施“引进来，走出去”战略，继续改善和优化发展环境，努力扩大对外开放水平，着力构建“西三角经济区”，带动西部地区发展，缩小东西部区域发展差距，促进区域协调统筹发展。

（三）第三集群

第三群集（内蒙古、宁夏）得分及全国排名情况如下。

内蒙古：居民素质技能（RQC）得分 0.22，排名第 9 位；企业创新能力（EIC）得分 –0.38，排名第 18 位；产业竞争能力（ICC）得分 –0.38，排名第 25 位；政府调控能力（GRC）得分 –0.50，排名第 25 位；内生发展能力（REC）得分 –0.26，排名第 18 位。

宁夏：居民素质技能（RQC）得分 0.11，排名第 10 位；企业创新能力（EIC）得分 –0.49，排名第 25 位；产业竞争能力（ICC）得分 –0.30，排名第 19 位；政府调控能力（GRC）得分 –0.82，排名第 31 位；内生发展能力（REC）得分 –0.38，排名第 22 位。

根据第三集群的客观情况以及本书的研究，在此提出以下对策建议。

1. 完善教育制度建设，加强民生建设力度

内蒙古、宁夏进一步增强和提升居民素质技能水平，需要针对民族地区教育发展特点完善教育制度建设，加大教育资源的投入，将优质的人、财、物资源投入学前、小学、中学教育中，大力发展有民族地区特色的中等、高等职业教育，着力提高本科教育的理论及实践教学力度，提高研究生教育中的理论创新能力，提升教育全过程的教学质量，大力支持民族教育。收入保障方面，内蒙古、宁夏应进一步保障和改善民生，逐步完善城乡居民基本公共服务体系，提高人民生活水平，切实增加城乡居民收入，采取积极的就业措施，多渠道开发就业岗位，提高产业劳动力吸纳能力。基础设施方面，应积极加快基础设施投资主体多元化改革，着力改善市容环境，提高市政设施水平，加大医疗体制改革力度，改善城乡医疗条件，为劳动者生产生活提供舒适便利环境。

2. 明确企业创新主体地位，增强企业自主创新能力

企业自主创新能力是构成区域内生发展能力的微观细胞，是提升区域内生发展能力的基本手段。内蒙古、宁夏应大力推动科研体制改革，营造企业科技人员与大学、科研院科研人员平等待遇的环境；尽快制定相应措施，形成配套的价值导向机制，着力增强科研院所和企业之间互动效应，集中有限资源，加强科研机构和企业之间的技术开发合作，不断增强基础科学研究和应用技术研发的产业需求意识，逐步将有条件的科研机构转化为适应产业发展趋势和市场需求的技术开发型企业；在科技总体战略中，把提升企业自主

创新能力放在优先地位，要求通过国家政策和科技投入的引导，加快建立企业为核心、产学研有机结合的技术创新体系；为企业自主创新提供体制、机制和政策保障，大力扶持中小企业的技术创新活动；增强企业的技术集成与产业化能力，建立形成自主知识产权的激励机制；培育善于组织技术创新的企业家队伍，加强自主创新人才队伍的建设；增强消化吸收能力，加快企业技术改造和创新步伐，把关键技术与重大工程相结合作为增强自主创新能力的重要途径。

3. 突出比较优势，优化调整产业结构

内蒙古、宁夏产业结构特征显著，高端装备制造业、高新技术产业和新兴产业占比不高。未来内蒙古、宁夏产业高质量发展应紧紧抓住经济结构调整、供给侧结构性改革等国家重大战略调整机遇，持续推进产业结构优化升级，运用现代信息技术、人工智能等高新技术和先进适用技术升级改造传统产业，延长产业价值链，提高产品附加值；大力培育和发展清洁能源、新能源等绿色环保新兴产业，大力发展光伏新能源产业、高分子新材料产业、稀土新材料产业及循环经济项目等新兴产业；以文化大区建设为契机，充分挖掘开发本土文化资源、文化产品、文化服务，以文化的独特性和创造力增加制造业、服务业附加值，建立健全公共文化服务与传统文化保护服务功能，继续做大做强民族特色文化产业；扩大主导产业关联效应和扩散效应，促进人流、物流、资金流、信息流的融通，带动交通、餐饮、通信等相关产业繁荣发展。注重在服务领域培育支柱产业，大力促进旅游业、现代物流、现代金融、现代商贸流、创意设计、电子商务、信息产业等现代服务业提档升级。

4. 促进就业，维持稳定，营造良好的发展环境

内蒙古、宁夏地方政府应加快政府职能转变，认真贯彻落实国家重大宏观调控政策方针，优化政府机构，提高职能部门工作效率、加快建设法治型

政府、服务型政府，为区域经济和社会发展创造良好的制度环境，提高政府制度保障能力和发展支撑能力；加大民生建设投入，优先吸纳当地劳动力，为西部地区提供更多更好的就业岗位，持续提高居民收入，提高社会福利，不断打通民生保障和经济发展相得益彰的路子；调整公共服务支出结构向教育、医疗、卫生、住房等民生领域倾斜，使改革发展成果更多更公平惠及各族群众，提高公共服务均等化水平，缩小与发达地区间社会资源差距；加强制度保障能力和可持续发展能力，增加公共安全支出，维持社会稳定，为经济社会发展营造良好的制度环境。

（四）第四集群

第四群集（广西、云南、贵州、甘肃、新疆、西藏、青海）内生发展能力构成与综合因子得分及全国排名情况如下。

广西：居民素质技能（RQC）得分 –0.33，排名第 21 位；企业创新能力（EIC）得分 –0.48，排名第 23 位；产业竞争能力（ICC）得分 –0.37，排名第 22 位；政府调控能力（GRC）得分 –0.05，排名第 13 位；内生发展能力（REC）得分 –0.31，排名第 20 位。

云南：居民素质技能（RQC）得分 –0.56，排名第 30 位；企业创新能力（EIC）得分 –0.40，排名第 21 位；产业竞争能力（ICC）得分 –0.37，排名第 23 位；政府调控能力（GRC）得分 –0.25，排名第 18 位；内生发展能力（REC）得分 –0.40，排名第 23 位。

贵州：居民素质技能（RQC）得分 –0.45，排名第 27 位；企业创新能力（EIC）得分 –0.40，排名第 20 位；产业竞争能力（ICC）得分 –0.42，排名第 29 位；政府调控能力（GRC）得分 –0.37，排名第 21 位；内生发展能力（REC）得分 –0.41，排名第 25 位。

甘肃：居民素质技能（RQC）得分 –0.51，排名第 28 位；企业创新能力（EIC）得分 –0.58，排名第 29 位；产业竞争能力（ICC）得分 –0.37，排名第24位；政府调控能力（GRC）得分–0.48，排名第24位；内生发展能力（REC）得分–0.49，排名第28位。

新疆：居民素质技能（RQC）得分–0.43，排名第25位；企业创新能力（EIC）得分–0.50，排名第26位；产业竞争能力（ICC）得分–0.46，排名第31位；政府调控能力（GRC）得分–0.39，排名第22位；内生发展能力（REC）得分–0.45，排名第26位。

西藏：居民素质技能（RQC）得分–0.19，排名第15位；企业创新能力（EIC）得分–0.71，排名第31位；产业竞争能力（ICC）得分–0.42，排名第30位；政府调控能力（GRC）得分–0.80，排名第30位；内生发展能力（REC）得分–0.53，排名第30位。

青海：居民素质技能（RQC）得分–0.51，排名第29位；企业创新能力（EIC）得分–0.64，排名第30位；产业竞争能力（ICC）得分–0.38，排名第26位；政府调控能力（GRC）得分–0.67，排名第29位；内生发展能力（REC）得分–0.55，排名第31位。

根据第四集群的客观情况以及本书的相关研究，在此提出以下对策建议。

1. 加大人力资本投入，增强居民素质技能

第四集群的七个省（区）多处于集中连片特困地区，贫困程度深、扶贫成本高，是脱贫攻坚的坚中之坚。深度贫困地区扶贫要同“扶智”相结合，不断增强各族人民的内生发展能力，着力解决教育贫困、知识贫困、权利贫困和能力贫困等人的发展问题，消除区域经济发展不平衡性。以共享发展理念为指导，始终坚持经济建设以人民为中心，在区域经济快速增长、财政收入持续增加的背景下，进一步推进民生建设，逐步完善城乡居民基本公共服务体系，多渠道开发就业岗位，提高产业劳动力吸纳能力，提高城乡居民收入；加快基础设施投资主体多元化改革，进一步加大基础设施建设投入力度，提

高交通运输保障能力，着力改善市容环境、市政设施建设水平；进一步加大医疗体制改革力度，改善城乡健康医疗保障条件，为全面提升居民身体素质、技术素质和精神文化素质提供有力保障。

2. 坚持自主创新，完善科技创新体制

企业创新能力是提升区域内生发展能力的基本手段。第四集群七个省（区）的企业创新能力在全国排位总体仍然比较靠后，成为区域内生发展能力提升的突出“短板”。针对这些短板，第四集群七个省（区）需要深入实施科技创新驱动发展战略，深化科技创新体制改革，为科技创新提供人才和智力支持和保障，加强企业转型升级和对外科技合作交流，加快高新技术和战略性新兴产业发展；加强科技创新的培育体制建设，坚持自主创新人才的培养、引进和发掘，加强和完善企业创新能力的培育，提高企业知识创造与获取能力，加快科技创新成果向现实生产力转化；促进科技资源优化配置，加大投入，提高信息基础建设水平。重视科普教育，推广科学技术宣传展示，提高科普基础建设水平。

3. 推动产业高端化，全面提升产业竞争能力

第四集群七个省（区）的产业竞争能力均比较弱，在全国处于中等下游水平。该集群应大力发展云南花卉和药业、广西水产水果、云贵山野资源、青藏高原绿色经济、新疆羊绒果品加工等特色农牧林业经济，紧紧抓住区内外产业结构优化升级等战略机遇，推进煤炭、钢铁、水泥、有色金属等高耗能产业节能减排，积极布局新能源、新材料产业体系，环保、绿色产业等新兴产业链，加快完善产业集群体系；应用高新技术、先进工艺和新装备改造提升能源化工、冶金、汽车、建材、特色农产品加工及纺织品等传统产业技术改造升级，促进产业优化升级和产品更新换代；充分利用绿色资源优势，大力发展旅游业、物流业、现代金融业、商贸流通业、信息产业、节能环保业等现代服务业，打造区域文化名片，挖掘提高文化产业竞争优势。提高非农

产业产值贡献率和就业贡献率，着力推动产业高端化、智能化、绿色化、服务化、多元化，全面提升产业竞争能力。

4. 转变政府职能，促进社会和谐稳定

提高政府调控能力是区域内生发展能力提升的重要保障。第四集群七个省（区）政府部门应加快转变政府职能、优化政府部门结构、理顺政府部门关系、提高职能部门工作效率、加快建设法治型政府、服务型政府的步伐；加大社会矛盾调解力度，拓宽民意民情表达渠道，健全党和政府主导的群众维权机制；营造各种所有制经济依法平等使用生产要素、公平参与竞争的体制环境，大力发展非公有制经济；积极建设生态文明，促进经济社会发展与人口、资源、环境相协调；在生态文明、生态保护项目中积极提高贫困人口参与度和受益水平，为弱势群体、贫困人口提供广阔的发展空间，积极探索生态与经济的协调发展和可持续发展之路；借助本地区独有的地缘优势，适应国家战略需求，主动加强与周边国家、地区的战略对接，在配合国家整体战略顺利实施的同时，增强地区内生发展能力。

参考文献

中文文献

[1]约瑟夫·阿罗伊斯·熊彼特. 经济发展理论[M]. 叶华，译. 北京：中国社会科学出版社，2009.

[2]马克思. 资本论（1–3卷）[M]. 北京：人民出版社，2004.

[3]菲利普·阿吉翁，彼得·霍伊特. 内生经济增长[M]. 陶然，倪彬华，汪柏林，等译. 北京：北京大学出版社，2004.

[4]迈克尔·波特. 国家竞争优势[M]. 李明轩，邱如美，译. 北京：华夏出版社，2002.

[5]托达罗. 第三世界经济发展（上）[M]. 于同申，等译. 北京：中国人民大学出版社，1988.

[6]速水佑次郎，神门善久. 发展经济学——从贫困到富裕[M]. 李周，译. 北京：社会科学文献出版社，2009.

[7]阿马蒂亚·森. 以自由看待发展[M]. 任赜，于真，译. 北京：中国人民大学出版社，2002.

[8]阿尔弗雷德·马歇尔. 经济学原理[M]. 宇琦，译. 长沙：湖南文艺出版社，2012.

[9]亚当·斯密. 国富论[M]. 唐日松，译. 北京：华夏出版社，2017.

[10]安彬，何家理，肖薇薇. 秦巴山区自我发展能力测算及时空演变实证分析[J]. 水土保持通报，2017，37（4）：303–309，314.

[11]白家瀛，李振友. 区域自我发展能力内涵考论[J]. 经济师，2015（3）：192–193，198.

[12]包玉山. 中国少数民族经济的学科归属问题[J]. 中央民族大学学报（哲学社会

科学版），2012，39（4）：51–54.

[13]薄文广，安琥森. 中国区域发展战略的演进及对地方政府的启示[J]. 南开学报（哲学社会科学版），2013（5）：105–113.

[14]鲍海峰，张平. 西部特色优势产业内生成长模式及培育途径——以内蒙古稀土产业为例[J]. 科学管理研究，2009，27（6）：47–50.

[15]鲍晓华. 从比较优势到竞争优势[J]. 财贸经济，2001（4）：68–71.

[16]蔡昉. 市场如何配置劳动力资源[J]. 今日中国论坛，2005（5）：54–57.

[17]蔡建军. 基于经济权利禀赋视角的欠发达地区自我发展能力重构研究[D]. 重庆：重庆大学，2013.

[18]蔡之兵，张可云. 空间布局、地方竞争与区域协调新中国 70 年空间战略转变历程对构建中国特色社会主义空间科学的启示 [J]. 人文杂志，2019（12）：11–20.

[19]蔡之兵，张可云. 中国区域发展战略的60年历程回顾（1953—2013）[J]. 甘肃社会科学，2015（2）：153–157.

[20]蔡之兵. 改革开放以来中国区域发展战略演变的十个特征[J]. 区域经济评论，2018（4）：26–38.

[21]蔡之兵. 区域自我发展能力框架及对我国不同类型区域的意义研究[J]. 中共成都市委党校学报，2014（6）：49–54.

[22]曾五一，赵楠. 中国区域资本配置效率及区域资本形成影响因素的实证分析[J]. 数量经济技术经济研究，2007（4）：35–42.

[23]陈宝胜，石淑花. 中国扶贫政策模式变迁及其演化逻辑[J]. 福建行政学院学报，2017（5）：30–39.

[24]陈栋生，尚金成，刘福刚，等. 东中西协调互动论[M]. 北京：经济科学出版社，2008.

[25]陈栋生. 中国西部大开发10年回顾与前瞻[J]. 云南财经大学学报，2010，26（1）：3–8.

[26]陈刚，张解放. 区际产业转移的效应分析及相应政策建议[J]. 华东经济管理，

2001（2）：24–26.

[27]陈瑾瑞. 金融地理学视角下西北五省区金融创新能力研究——以陕西、甘肃、青海、宁夏、新疆为例[D]. 兰州：兰州大学，2014.

[28]陈军民. 贫困地区农村自主发展能力研究[J]. 广西农业科学，2008（3）：409–421.

[29]陈亮. 内生发展视角下四川区域经济发展的软要素研究[D]. 成都：西南交通大学，2017.

[30]陈明森. 自主成长与外向推动：产业结构演进模式比较[J]. 东南学术，2003（3）：51–66.

[31]陈托兄，郝文军. 大力发展特色民族文化产业——基于供给侧改革的少数民族地区经济发展新路径研究[J]. 渤海大学学报（哲学社会科学版），2017，39（6）：122–126.

[32]陈卫平. 内发性发展理论述评[J]. 山东师大学报（社会科学版），1993（6）：29–34.

[33]陈文烈. 西部大开发框架下青藏高原地区经济发展战略再思考[J]. 甘肃省经济管理干部学院学报，2005（2）：19–22.

[34]陈秀山，董继红，张帆. “十二五”期间我国区域发展格局的新走向[J]. 山东经济，2011，27（4）：5–11.

[35]陈秀山，杨艳. 区域协调发展：回顾与展望[J]. 西南民族大学学报（人文社会科学版），2010，31（1）：70–74.

[36]陈秀山，张可云. 区域经济理论[M]. 北京：商务印书馆，2003.

[37]陈云凡，吴家庆. 推进差异化考核　提升县域经济内生发展能力[J]. 中国财政，2018（24）：54–55.

[38]陈耀. “十三五”时期我国区域发展政策的几点思考[J]. 区域经济评论，2015（1）：25–28.

[39]陈作成，龚新蜀. 西部地区自我发展能力的测度与实证分析[J]. 西北人口，2013，34（2）：110 –115.

[40]成学真，陈小林. 区域发展自生能力界定与评价指标体系构建[J]. 内蒙古社会

科学（汉文版），2010，31（1）：99–104.
[41]程广斌，任严岩，程楠，等. 西部地区自我发展能力——内容解构、评价模型与综合测评[J]. 工业技术经济，2014，13（1）：123–129.
[42]褚涵. 徐州煤矿区村庄内生发展研究[D]. 北京：中国矿业大学，2014.
[43]崔静静，王乾宇. 民族地区智库引领创新驱动[J]. 克拉玛依学刊，2017，7（1）：14–20.
[44]戴昭鑫，胡云锋，任博，等. 1990—2013年丝绸之路东段城市群自我发展能力的时空格局和变化分析[J]. 干旱区地理，2016，39（4）：909–917.
[45]单德朋，郑长德. 全面小康：西部民族地区还有多远？[J]. 软科学，2012，26（2）：46–51.
[46]淡其瑶. 关于青藏高原发展生态经济研究[J]. 知识经济，2011（20）：53–54.
[47]邓光奇，李昌龙，丁凌之. “一带一路”背景下的中国区域现代化发展战略理论研讨会综述[J]. 区域经济评论，2019（2）：147–150.
[48]邓万春. 内生或内源性发展理论[J]. 理论月刊，2011（4）：44–46.
[49]邓翔，李双强，袁满. 西部大开发二十年政策效果评估——基于面板数据政策效应评估法[J]. 西南民族大学学报（人文社科版），2020，41（1）：107–114.
[50]丁春艳，黄基鑫. “一带一路”背景下的中国区域现代化发展战略理论研讨会综述[J]. 民族研究，2018（4）：121–122.
[51]丁立. 中部城市群自我发展能力测算及时空演变分析[D]. 临汾：山西师范大学，2017.
[52]丁美霞，周民良. 中国各省区创新能力的动态趋势与影响因素分析[J]. 经济学家，2008（1）：63–68.
[53]丁任重. 西部资源开发与生态补偿机制研究[M]. 成都：西南财经大学出版社，2009.
[54]丁如曦，赵曦. 中国西部民族地区经济发展方式的主要缺陷与新时期战略转型[J]. 云南民族大学学报（哲学社会科学版），2015，32（3）：93–98.
[55]丁绪辉，高新雨，高新才. 青藏高原区人口与经济空间格局演变及耦合性研

究：2000—2010[J]. 西藏大学学报（社会科学版），2014，29（2）：34–42.
[56]丁妍. 基于要素流动的区域自我发展能力研究[D]. 南宁：广西大学，2015.
[57]杜青华，窦国林. 青海东部干旱山区扶贫对策研究——基于乐都县李家乡自我发展能力视角的实证分析[J]. 青海社会科学，2011（1）：47–50.
[58]董沥，兰慧灵，袁琴. 少数民族贫困地区自我发展能力研究——以宁夏回族自治区海原县为例[J]. 辽宁经济，2019（2）：28–29.
[59]樊纲，王小鲁，朱恒鹏. 中国市场化指数——各地区市场化相对进程2011年报告[M]. 北京：经济科学出版社，2011.
[60]樊杰，王亚飞，梁博. 中国区域发展格局演变过程与调控[J]. 地理学报，2019，74（12）：2437–2454.
[61]樊杰. 青藏地区特色经济系统构筑及与社会、资源、环境的协调发展[J]. 资源科学，2000（4）：12–21.
[62]范媛，张一鸣，王彩娜. 专家共话内蒙古高质量发展——“内蒙古加快新旧动能转换推动经济高质量发展研究”研讨会专家观点集锦[N]. 中国经济时报，2018–11–21（002）：1–5.
[63]方竹兰. 中国体制转轨过程中的社会资本积累[J]. 中国人民大学学报，2002（5）：47–51.
[64]费孝通. 江村经济——中国农民的生活[M]. 北京：商务印书馆，2001.
[65]费孝通. 中华民族的多元一体格局[J]. 北京大学学报（哲学社会科学版），1989（4）：3–21.
[66]封莎. 中国十四片集中连片特困区自我发展能力、信息化对经济增长影响的效率研究[D]. 重庆：重庆师范大学，2018.
[67]冯海英. 西部区域经济发展差异比较研究——以青藏地区为例[J]. 经济问题探索，2014（10）：186–190.
[68]冯海英. 系统论视角下青藏经济系统和谐共生策略解析[J]. 青海师范大学学报（哲学社会科学版），2015，37（2）：12–16.
[69]冯彦明. 中国民族地区金融发展报告[M]. 北京：中国金融出版社，2016.

[70]符冠云，田智宇，丁波. 典型西部省区工业化发展中的节能减排问题思考——以新疆、宁夏为例[J]. 中国能源，2015，37（8）：16–20.

[71]付实. 西部新能源产业自我发展能力量化分析及提升路径[J]. 经济体制改革，2015（3）：188–193.

[72]傅国文. 跳出“比较利益”的陷阱——论发展中国家贸易发展战略的理性基础与战略选择[J]. 世界经济研究，1997（6）：59–63.

[73]傅忠贤. 川陕苏区自我发展能力培育与提升研究[J]. 四川文理学院学报，2014，24（4）：93–102.

[74]甘峰. “发展”的起源、变迁与政府转型——以“社会的经济”为视角[J]. 中国特色社会主义研究，2007（3）：30–36.

[75]甘峰. 内发式发展与公共治理[M]. 北京：人民出版社，2009.

[76]高鸿业. 比较成本学说不应构成我国外贸发展战略的理论基础[J]. 经济问题探索，1982（4）：33–35.

[77]高鸿业，吴易风，武汉洪. 研究生用西方经济学（宏观部分）[M]. 北京：经济科学出版社，2006.

[78]高新才，王科. 主体功能区视野的贫困地区发展能力培育[J]. 改革，2008（5）：144–149.

[79]高新才，闫磊. 西部民族经济区特色优势产业发展问题研究[J]. 地域研究与开发，2010，29（2）：34–39.

[80]高新才，杨维军. 论青藏高原特色经济发展[J]. 西北第二民族学院学报（哲学社会科学版），2007（1）：51–57.

[81]龚晓菊. 从要素投入到产业植入——论我国西部开发模式的转型[J]. 宏观经济研究，2012（7）：25–32.

[82]古力娜尔·肉孜. 边疆民族地区特色优势产业发展中存在的问题研究[J]. 现代经济信息，2013（20）：324–325.

[83]国家民族事务委员会经济发展司. 中国民族地区经济发展报告（2014）[M]. 北京：民族出版社，2015.

[84]关靖云，瓦哈甫·哈力克，等. 新疆各县市自我发展能力测算及时空演变分析[J]. 华中师范大学学报（自然科学版），2015，49（6）：958–966.
[85]郭建缨. 滇西边境片区自我发展能力研究[D]. 昆明：云南师范大学，2017.
[86]郭捷，齐央宗. 政策支持与技术创新绩效——基于民族地区的实证分析[J]. 科研管理，2017，38（S1）：550–557.
[87]郭克良，蓝文权，蒙运芳. “一带一路”背景下欠发达地区转型发展研究[J]. 宏观经济管理，2015（7）：40–43，47.
[88]郭运良. 浅议提升西藏阿里地区自我发展能力问题[J]. 现代经济信息，2014（1）:345–346.
[89]韩斌. 人口较少民族自我发展能力现状与提升路径[J]. 学术探索，2014（3）：45–48.
[90]郝雄磊. 连片特困地区自我发展能力提升研究——基于南疆三地州实证分析[J]. 新疆社科论坛，2019（4）：65–72.
[91]何代欣. 非农业化是工业反哺农村、农民的唯一产业路径吗——中国西部大开发10年来的自我发展能力塑造与经验[J]. 财贸经济，2011（4）：39–45.
[92]何顺果. 比较开发史[M]. 北京：世界图书出版公司，2002.
[93]何晓群. 现代统计分析方法与应用[M]. 北京：中国人民大学出版社，1998.
[94]贺琳凯. 边疆多民族地区的政治利益分化、利益表达及政治参与的内在机理及特征——以云南、广西、贵州三省部分地区为例[J]. 云南行政学院学报，2011，13（4）：81–83.
[95]洪银兴. 从比较优势到竞争优势——兼论国际贸易的比较利益理论的缺陷[J]. 经济研究，1997（6）：20–26.
[96]侯仲凯. 对口援助对少数民族农牧民自我发展能力的提升作用[J]. 湖北农业科学，2015，54（22）：5775–5777.
[97]胡鞍钢，康晓光. 决战“喀斯特”关于广西、贵州、云南三省区贫困与反贫困的对话[J]. 民族团结，1995（4）：20–24.
[98]胡鞍钢，李春波. 新世纪的新贫困：知识贫困[J]. 中国社会科学，2001（3）：

70–81，206.

[99]胡鞍钢，王洪川，魏星. 中国各地区人类发展：大进步与大趋同（1980–2010）[J]. 清华大学学报（哲学社会科学版），2013，28（5）：55–68.

[100]胡鞍钢，温军，吴群刚，等. 西部开发的新模式与新原则[J]. 管理世界，2000（6）：34–48.

[101]胡鞍钢，温军. 社会发展优先：西部民族地区新的追赶战略[J]. 民族研究，2001（3）：12–23，106.

[102]胡鞍钢，温军. 西部开发与民族发展[J]. 西北民族大学学报（哲学社会科学版），2004（3）：30–58.

[103]胡鞍钢，温军. 中国民族地区现代化追赶：效应、特征、成因及其后果[J]. 广西民族学院学报（哲学社会科学版），2003（1）：107–114.

[104]胡红斌. 提高深度贫困群体素质　增强其自我发展能力——以德宏州为例[J]. 改革与开放，2012（22）：77–79.

[105]胡伟. 中国发展的“比较优势”何在——超越纯经济视点的分析[J]. 战略与管理，1995（5）：69–78.

[106]胡卫华. 基于培育自我发展能力视角的我国西部开发经验思考[J]. 特区经济，2011（8）：178–181.

[107]胡霞. 日本边远后进地区开发模式的反省和发展新方向[J]. 经济研究参考，2005（27）：41–48.

[108]胡霞. 日本过疏地区开发方式及政策的演变[J]. 日本学刊，2007（5）：82–95，159.

[109]黄健英. 当代少数民族地区经济发展简要回顾及几点思考[J]. 中央民族大学学报（哲学社会科学版），2016，43（2）：17–23.

[110]黄健英. 当代中国少数民族地区经济史[M]. 北京：中央民族大学出版社，2016.

[111]黄健英. 论制度创新与民族经济发展[J]. 中央民族大学学报，2003（4）：56–61.

[112]黄健英. 民族地区农村经济发展研究[M]. 北京：中央民族大学出版社，2006.

[113]黄蕾. 集中连片特困地区自我发展能力评价与提升研究[D]. 太原：山西财经大学，2018.

[114]黄硕明，张立磊. 中国扶贫政策变迁的历史回顾与实践困境[J]. 山东行政学院学报，2018（6）：84–89.

[115]霍燕，马静. 人力资本对西部地区农业自我发展能力的影响研究[J]. 陕西理工学院学报（社会科学版），2016，32（2）：7–11，15.

[116]吉克跃林，郑长德. 支持中国牧区加快发展的政策研究[J]. 民族学刊，2013，4（1）：1–11，95–97.

[117]贾佳，张文明. 内生型发展——长江经济带建设的路径选择[J]. 中国发展，2015，15（2）：34–40.

[118]贾金荣，张霞. 西部边贸区培育自我发展能力的模式研究[J]. 时代金融，2012（33）：74–75.

[119]贾金荣. 六盘山连片特困地区自我发展能力研究[D]. 兰州：兰州大学，2013.

[120]江世银. 西部大开发新选择——从政策倾斜到战略性产业结构布局[M]. 北京：中国人民大学出版社，2007.

[121]姜安印，李泽荣. 对口支援与西部地区自我发展能力提升[J]. 攀登，2014，33（2）：97–102.

[122]姜安印. 区域发展能力理论———个初步分析框架[J]. 兰州大学学报（社会科学版），2012，40（6）：128 –134.

[123]姜文仙，覃成林. 中央政府推动区域协调发展战略：动因、时机与方式[J]. 区域经济评论，2013（1）：42–48.

[124]蒋利辉，冯刚. “一带一路”，民族地区的重大战略机遇[J]. 中国民族，2015（5）：12–13.

[125]焦利娟. 浅谈黑龙江省农村贫困人口发展能力建设[J]. 经济研究导刊，2019（2）：15，26.

[126]金相郁，郝寿义. 中国区域发展差距的趋势分析[J]. 财经科学，2006（7）：110–117.

[127]孔朋，李英梅. 基于农村自我发展能力的新农村建设研究[J]. 河南机电高等专科学校学报，2009，17（4）：44–46.

[128]蓝红星. 人力资本视阈下西部农村地区自我发展能力的提升[J]. 安徽农业科学，2011，39（10）：6254–6255.

[129]劳伦斯·马奇，布伦达·麦克伊沃. 怎样做文献综述——六步走向成功[M]. 陈静，肖思汉，译. 上海：上海教育出版社，2011.

[130]李昌明. 中国区域发展态势、差距、原因及对策研究[J]. 经济学动态，2010（2）：62–65.

[131]李创. 中国深度贫困地区自我发展能力研究[D]. 重庆：重庆师范大学，2019.

[132]李海红，王晓梅. 提升西藏自我发展能力的制度保障[J]. 齐齐哈尔大学学报（哲学社会科学版），2016（1）：18–20 .

[133]李红玲，王茜. 民族地区包容性创新能力测度研究——基于民族七省区“十二五”时期的面板数据[J]. 科技管理研究，2017，37（23）：25–30.

[134]李华，王青云. “十三五”时期我国区域协调发展思路研究[J]. 宏观经济管理，2015（10）：14–17，21.

[135]李华红. 民生语域中民族村寨旅游业开发检思与居民自我发展能力研究——贵阳市镇山村案例[J]. 湖北社会科学，2011（10）：89–92.

[136]李慧，鲁茂. 西部地区发展能力不强的多因素分析[J]. 科学与管理，2008（5）：83–87.

[137]李建刚. 青藏铁路沿线重点地区发展特色经济研究[D]. 西宁：青海大学，2012.

[138]李凯，叶修廷. 国内少数民族自我发展能力研究综述[J]. 前沿，2015（7）：84–88.

[139]李凌汉. 影响农村内生发展动力的因素及实现路径——基于扎根理论的分析[J]. 观察与思考，2020（12）：75–85.

[140]李梅. 中国少数民族地区经济发展方式转变研究[J]. 环渤海经济瞭望，2018（3）：70–71.

[141]李楠. 把能力扶贫列为精准扶贫的重要举措[J]. 农业科技与信息，2016

（28）：21，23.

[142]李宁. 中国民族地区经济扶持政策与经济增长研究[D]. 长春：吉林大学，2011.

[143]李强. 内源式发展战略决定中国和平崛起模式[J]. 临沂师范学院学报，2007（2）：34-37.

[144]李庆春. 基于区域自生能力的中部崛起战略[J]. 特区经济，2007（2）：176-177.

[145]李泉. 区域自我发展能力问题研究述评——兼论西部地区自我发展能力的培育与提升[J]. 郑州航空工业管理学院学报，2011，29（1）：24-27.

[146]李盛刚，畅向丽. 西部民族地区农村自我发展问题研究[J]. 甘肃社会科学，2006（6）：152-154.

[147]李万明，吴奇峰，王能. 西部开发政策效率评价与反思[J]. 开发研究，2014（2）：1-5.

[148]李曦辉. 中国民族经济发展报告（2015）——“一带一路”战略下的民族地区经济国际化[M]. 北京：社会科学文献出版社，2016.

[149]李翔，李学军. 南疆三地州自我发展能力评价指标体系的构建[J]. 中国商贸，2013（26）：151-153，156.

[150]李小云. 参与式发展概论[M]. 北京：中国农业大学出版社，2001.

[151]李晓红，郭蓉. “区域自我发展能力”的经济学界定及经验含义[J]. 经济问题，2013（7）：14-18.

[152]李娅，赵鑫铖. 东西部对口支援中的能力缺口、援助需求与自我发展能力——以西部边疆五省区为例[J]. 学术探索，2016（9）：93-99.

[153]李毅，孙焕良，范焕. 武陵山片区弱势群体自我发展能力精准培育[J]. 中南林业科技大学学报（社会科学版），2019，13（5）：81-85.

[154]李玉姣. 改革开放以来中国共产党扶贫政策演进研究[D]. 长沙：湖南师范大学，2017.

[155]李豫新，张争妍. 西部民族地区自我发展能力测评及影响因素分析[J]. 广西民族研究，2013（3）：161-169.

[156]李中锋. 以参与式援藏提升农牧民自我发展能力研究[J]. 中国藏学，2016（1）：89–95
[157]李靳. 对口帮扶政策下连南瑶族自治县经济内生发展能力研究[D]. 武汉：中南民族大学，2021.
[158]李艳佳. 农村区域自我发展能力测度及影响因素分析[D]. 兰州：兰州大学，2020.
[159]梁城城，王永莉. 西部地区自我发展能力研究综述[J]. 兰州财经大学学报，2015，31（5）：53–59.
[160]梁进社，孔建. 基尼系数和交差系数对区域不平衡性度量的差异[J]. 北京师范大学学报（自然科学版），1998（3）：409–413.
[161]梁琦. 中国工业的区位基尼系数——兼论外商直接投资对制造业集聚的影响[J]. 统计研究，2003（9）：21–25.
[162]梁秀山. 环境与发展的内发式发展论[J]. 中国环境管理干部学院学报，2002（1）：12–17.
[163]梁振芳，农国忠. 资源富集地区自我发展能力的实践探索与建议——百色市调查[J]. 中国城市经济，2010（10）：270–271，273.
[164]廖国民，王永钦. 论比较优势与自生能力的关系[J]. 经济研究，2003（9）：32–39，48–93.
[165]廖珊，吴吉林，邓庆，等. 武陵山片区传统村落自我发展能力评价研究——以张家界市石堰坪村为例[J]. 怀化学院学报，2018，37（3）：36–41.
[166]林万龙，李成威，陆汉文，等. 全面深化改革背景下中国特色社会扶贫政策的创新[J]. 经济纵横，2016（6）：80–85.
[167]林毅夫，潭国富. 自生能力、政策性负担、责任归属和预算软约束[J]. 经济社会体制比较，2000（4）：54–58.
[168]林毅夫. 自生能力、经济发展与转型:理论与实证[M]. 北京：北京大学出版社，2004.
[169]林毅夫. 自生能力、经济转型与新古典经济学的反思[J]. 经济研究，2002

（12）：15–24，90.

[170]林勇，梁超，陈立泰. 西部地区自我发展能力投入产出效率评价——基于经济权利禀赋视角[J]. 探索，2012（1）：96–103.

[171]林勇，张宗益. 禀赋差距还是权利缺失：区域经济发展差距理论与实证研究[J]. 中国人口·资源环境，2008（1）：51–56.

[172]刘秉镰，杜传忠. 区域产业经济概论[M]. 北京：经济科学出版社，2010.

[173]刘大志，马林. 中国少数民族自治州经济社会发展蓝皮书（2006—2010）[M]. 北京：民族出版社，2014.

[174]刘刚，泽柏，张孝德. 论青藏高原草原生态文明建设[J]. 农村经济，2015（7）：106–110.

[175]刘晃，朱震霄. 内生性发展与新渔村建设[J]. 经济研究导刊，2009（25）：47–49.

[176]刘期彬. 增强自我发展能力是实现西藏跨越式发展的内在动力[J]. 西藏发展论坛，2011（1）：35–38.

[177]刘霜，李敬. 区域协调发展新征程、新战略、新机制——“2019年中国区域经济学会年会”综述[J]. 西部论坛，2020，30（1）：120–124.

[178]刘爽. 试论消除能力贫困与西部大开发[J]. 中国人口科学，2001（5）：46–51.

[179]刘巍，陈昭. 计量经济学软件：Eviews操作简明教程[M]. 广州：暨南大学出版社，2009.

[180]刘伟东，梁秀山. 内发式发展论——一种新的地域经济理论[J]. 财经问题研究，2001（4）：13–17.

[181]刘昕华. 精准脱贫方略下革命老区贫困人口自我发展能力研究——以四川省巴中市为例[D]. 成都：西南民族大学，2017.

[182]刘学敏，等. 国外典型区域开发模式的经验与借鉴[M]. 北京：经济科学出版社，2010.

[183]刘艳芝. “一带一路”背景下的新疆经济发展研究[J]. 经济论坛，2016（2）：30–32.

[184]刘洋，李海红. 提升西藏自我发展能力制约性因素及解决对策[J]. 学术交流，2015（2）：106–110.

[185]刘永飞. 西部民族省区非物质文化遗产扶贫开发研究——以国家级手工技艺类非物质文化遗产为例[J]. 中州学刊，2013（10）：91–94.

[186]刘永佶，张丽君，杨思远. 中国民族地区经济社会发展与公共管理调查报告[M]. 北京：中央民族大学出版社，2007.

[187]刘永佶. 民族地区经济发展方式转变研究[M]. 北京：中国社会科学出版社，2012.

[188]刘永佶. 民族经济学[M]. 北京：中国经济出版社，2007.

[189]刘勇. 区域经济发展与地区主导产业[M]. 北京：商务印书馆，2006.

[190]柳建文. 中国区域协同发展的机制转型——基于国家三大区域发展战略的分析[J]. 天津社会科学，2017（5）：77–82.

[191]柳卸林，高太山，周江华. 中国区域创新能力报告2013[M]. 北京：科学出版社，2014.

[192]龙远蔚，吴兴旺，杜发春，等. 中国少数民族经济研究导论[M]. 北京：民族出版社，2004.

[193]卢中原，陈昌盛. 西部开发与主体功能区建设如何形成良性互动——对陕西、甘肃几个城市的调研与思考[J]. 中国工业经济，2008（10）：5–11.

[194]鲁可荣. 民族地区乡村价值传承与精准扶贫创新路径分析[J]. 武汉科技大学学报（社会科学版），2017，19（3）：228，277–283.

[195]陆大道. 中国区域发展的理论与实践[M]. 北京：科学出版社，2003.

[196]陆国栋，祝宏辉. 我国西部少数民族地区经济发展方式转变测评与路径选择——以新疆为例[J]. 新疆农垦经济，2011（9）：36–41.

[197]罗康隆，刘海燕. “创新理论”与武陵山区土家族的自我发展[J]. 怀化学院学报，2012，31（10）：1–5.

[198]罗世兴. 西部地区区域创新能力评价研究[D]. 北京：中国地质大学，2009.

[199]罗晓梅，何关银，陈纯柱. 从生存方式变革看待发展——西部生存方式变革

与自我发展能力研究[M]. 重庆：重庆出版社，2007.

[200]罗晓梅，何关银. 西部自我发展能力的经济哲学理性视域：运用反对经济边缘化的理论与实践[J]. 重庆社会科学，2005（11）：47–52.

[201]罗晓梅. 论生存方式的变革与西部自我发展能力的提升[J]. 探索，2007（4）：167–172.

[202]罗晓梅. 西部自我发展能力的载体：主体功能区的构建[J]. 重庆行政（公共论坛），2012，14（5）：81–84.

[203]吕翠苹，秦君玲. 西藏自我发展能力实证分析——以日喀则市为例[J]. 西藏大学学报（社会科学版），2015，30（4）：32–39.

[204]马明， 高宇璇. 县域经济自我发展能力评价指标体系构建——以山西省为例[J]. 经济问题，2016（3）：112–117.

[205]马戎. 少数民族社会发展与就业——以西部现代化进程为背景[M]. 北京：社会科学文献出版社，2009.

[206]马顺福. 论转型时期贫困地区发展的能力约束和权利约束[J]. 新东方，1998（4）：21–28.

[207]梅兰. 努力提高自我发展能力 促进贫困地区快速发展[J]. 贵州农业科学，2008（5）：180–182.

[208]莫晨宇. 发展通道经济 培育西部民族地区自我发展能力[J]. 创新，2013，7（2）：56–58.

[209]南人凤. 我国农村自我发展能力提升的生态环境视角分析[J]. 经济研究导刊，2011（35）：7–8，22.

[210]聂华林，李泉，杨建国. 发展区域经济学通论[M]. 北京：中国社会科学出版社，2006.

[211]牛云峰. 兵团农四师增强少数民族自我发展能力的成就、经验及对策[J]. 兵团党校学报，2012（1）：14–17.

[212]潘建军. 宁夏石嘴山市反贫困自我发展能力的指标测量研究[D]. 银川：宁夏医科大学，2018.

[213]彭非，袁卫，惠争勤. 对综合评价方法中指数功效函数的一种改进探讨[J]. 统计研究，2007（12）：29–34.

[214]彭文斌，刘友金. 我国东中西三大区域经济差距的时空演变特征[J]. 经济地理，2010，30（4）：574–578.

[215]彭志芳，段江涛，钟翔，等. 云南与广西、贵州区域创新能力比较分析——基于中国区域创新能力报告统计指标排位分析 [J]. 云南科技管理，2015，28（6）：18–21.

[216]齐义军. 包容性增长视阈下民族地区就业研究——以内蒙古为例[J]. 中央民族大学学报（哲学社会科学版），2011，38（2）：35–42.

[217]青雪燕. 自我发展能力的概念研究[J]. 改革与开发，2012（22）：128–129.

[218]屈海涛. 新时代科技创新对民族地区国有经济竞争力的提升路径探究[J]. 贵州民族研究，2018，39（6）：147–151.

[219]饶华敏. 西部特色优势产业发展问题探讨——六盘水市产业发展[J]. 中国经贸导刊，2013（2）：27–28.

[220]任小建. 西部地区经济自生能力建设研究[J]. 重庆：重庆大学，2008.

[221]任媛，安树伟. 西部地区发展特色优势产业的优劣势分析[J]. 生态经济，2011（5）：125–130.

[222]若克亚姆·麦提库尔班. 新疆与内蒙古、宁夏、广西经济发展比较分析[J]. 经济论坛，2015（1）：42–46.

[223]邵建平，苏小敏，张永. 西部自我发展能力提升对策研究——基于比较优势承接东部产业转移的视角[J]. 科技进步与对策，2012，29（6）：44–47.

[224]邵建平，张小琴. 以资源型产品最终加工原产地化来缩小东西部收入差距[J]. 经济纵横，2008（5）：69–72.

[225]申兵. 西部地区特色优势产业发展现状、问题及政策取向[J]. 经济研究导刊，2012（22）：45–47.

[226]申鹏，曾杰，张晓宇. 贵州深度贫困地区发展能力及空间特征分析[J]. 贵州农业科学，2019，47（10）：144–150.

[227]申鹏，胡晓云. “三变”改革影响下农村人口自我发展能力评价研究——以六盘水市为例[J]. 新疆农垦经济，2018（4）：33–40.

[228]申雪梅. 基于灰色关联理论的区域创新能力研究——以西部地区为例[D]. 成都：西南财经大学，2008.

[229]沈茂英. 试论农村贫困人口自我发展能力建设[J]. 安徽农业科学，2006（10）：2260–2262.

[230]施正一. 差距·加速与均衡——关于少数民族地区经济发展战略的探索[J]. 黑龙江民族丛刊，1989（3）：29–45.

[231]施正一. 关于少数民族地区经济体制改革的几个问题[J]. 经济问题探索，1986（1）：17，18–20.

[232]舒燕飞. 中国少数民族地区经济增长研究[M]. 北京：新华出版社，2010.

[233]宋姗姗，柳建文. 试论一带一路战略与民族地区人文资源的开发利用[J]. 广西民族研究，2015（5）：164–171.

[234]宋轶. 民族地区自我发展能力与跨越式发展对策研究[J]. 贵州民族研究，2015，36（7）：138–141.

[235]宋泽楠. “一带一路”背景下西南少数民族地区的开放型发展——以广西为例[J]. 广西民族研究，2015（3）：142–149.

[236]苏理云，陈彩霞，高红霞. SPSS19统计分析基础与案例应用教程[M]. 北京：北京希望电子出版社，2012.

[237]苏永杰. 试论藏族传统文化与青藏高原游牧经济的相互影响[J]. 西南民族大学学报（人文社会科学版），2011，32（6）：162–165.

[238]孙根紧，丁志帆. 自我发展能力培育视角下四川革命老区旅游扶贫研究[J]. 老区建设，2017（2）：9–12.

[239]孙根紧. 区域自我发展能力：概念辨析、构成要素与判断标准[J]. 区域经济评论，2015（2）：42–47.

[240]孙根紧. 中国西部地区自我发展能力及其构建研究[D]. 成都：西南财经大学，2013.

[241]孙洁，秦强. 试论内在式发展模式对中国的启示[J]. 新疆钢铁，2005（4）：35–39.

[242]孙久文，孙翔宇. 培育经济带：重塑中国区域发展战略[J]. 现代管理科学，2017（3）：6–8.

[243]孙岿. 对口援疆与少数民族农牧民自我发展能力的提升[J]. 中南民族大学学报（人文社会科学版），2012，32（3）：7–11.

[244]孙鲁云，谭斌. 新疆少数民族贫困户自我发展能力评价研究[J]. 湖北民族学院学报（哲学社会科学版），2018，36（6）：88–95.

[245]孙美谬. 少数民族自我发展能力和乡村文化建设——以云南省乡村文化业为例[J]. 黑龙江民族丛刊，2009（3）：127 –132.

[246]孙庆刚，秦放鸣. 中国西部少数民族地区经济社会全面发展的影响因素——综述与评价[J]. 经济问题探索，2010（4）：188–190.

[247]孙早. 制度重于投入，对西部开发的再认识[J]. 经济学家，2000（3）：31–36.

[248]谭清华. 中国贫困治理七十年——扶贫政策创新视域[J]. 改革与战略，2019，35（8）：24–32.

[249]谭崇台. 发展经济学概论[M]. 2版. 武汉：武汉大学出版社，2008.

[250]汤伟娜，汪海霞. 西部地区工业企业自我发展能力评价指标构建及评价研究[J]. 新疆职业大学学报，2015，23（2）：20–24.

[251]唐超，罗明忠，张苇锟. 70年来中国扶贫政策演变及其优化路径[J]. 农林经济管理学报，2019，18（3）：283–292.

[252]唐奇甜. 增强民族地区自我发展能力的若干思考[J]. 中南民族学院学报（哲学社会科学版），1990（2）：1 –6.

[253]唐昭霞. 西部民族地区特色优势产业集群发展思路与路径探索[J]. 中共四川省委党校学报，2017（4）：40–46.

[254]陶泓. 自我发展能力评价指标体系构建研究[J]. 农村经济与科技，2014，25（12）：79，97–98，99.

[255]田官平，张登巧. 增强民族地区自我发展能力的探讨——兼对湘鄂渝黔边民

族地区发展的思考[J]. 吉首大学学报（社会科学版），2001（2）：7–11，15.
[256]童翔. 重庆贫困地区经济自生能力研究[D]. 重庆：重庆工商大学，2017.
[257]涂裕春，刘彤. 民族地区口岸经济发展预判——基于“一带一路”建设的分区域类型研究[J]. 西南民族大学学报（人文社会科学版），2016，37（1）：162–166.
[258]汪海霞. 新疆贫困地区自我发展能力研究[D]. 石河子：石河子大学，2016.
[259]汪晓丹. 基于经济理论的青藏高原发展现状及策略研究以青海省为例[D]. 北京：中央民族大学，2010.
[260]王贝. 基于内生发展的村庄生活岸线规划对策研究[D]. 武汉：武汉理工大学，2011.
[261]王斌. 西部区域自我发展能力指标体系构建研究[D]. 兰州：兰州大学，2012.
[262]王芳. 援助与增强新疆自我发展能力的辩证思考[J]. 哈尔滨学院学报，2012，33（6）：37–41.
[263]王欢. 西部地区产业自我发展能力测度[J]. 经济金融，2015（20）：32–33.
[264]王娟娟. 新中国成立70年来区域经济发展战略的三次飞跃及其启示——基于问题导向原则的梳理[J]. 新视野，2019（4）：22–29，63.
[265]王康熙. 社会文化背景对民族地区自我发展能力的作用途径——基于对自我发展能力概念的解析[J]. 皖西学院学报，2013，29（3）：75–78.
[266]王科. 中国贫困地区自我发展能力研究[D]. 兰州：兰州大学，2008.
[267]王来喜. 西部民族地区“富饶的贫困”之经济学解说[J]. 社会科学战线，2007（5）：71–79.
[268]王来喜. 资源转换论：西部民族地区资源优势转换的经济学分析[M]. 北京：中国经济出版社，2006.
[269]王蕾，汪海霞. 基于熵值法的新疆民族地区自我发展能力研究[J]. 新疆大学学报（哲学人文社会科学版），2016，42（2）：7–12.
[270]王蕾，王海霞. 西部多民族地区自我发展能力评价分析[J]. 新疆社会科学，2015（2）：28–32.

[271]王留鑫，洪名勇. 内生增长模型视角下人力资本对农民收入增长的影响[J]. 统计与决策，2016（23）：110–112.
[272]王洛林，魏后凯. 我国西部大开发的进展及效果评价[J]. 财贸经济，2003（10）：5–12.
[273]王伟光. 中国民族地区经济社会调查报告[M]. 北京：中国社会科学出版社，2015.
[274]王文俊. 对贫困人群的自我发展能力与定向农村职业教育育发展的研究——以广西大石山区为例[J]. 成人教育，2017，37（10）：45–49.
[275]王文令. 增强西藏自我发展能力的途径探析[J]. 西藏发展论坛，2012（3）：47–51.
[276]王文长，萨茹拉，李俊峰. 西部资源开发与可持续发展研究[M]. 北京：中央民族大学出版社，2006.
[277]王小梅，孙兵芬. 青藏高原贫困人口集聚区县域经济发展综合判断[J]. 青海师范大学学报（哲学社会科学版），2016，38（3）：11–17.
[278]王晓娟. 政府管理竞争力对提升西部地区自我发展能力的思考[J]. 兵团党校学报，2010（3）：68–73.
[279]王秀艳. 经济研究中的定性与定量分析争论与融合[J]. 中国物价，2015（6）：67–69，76.
[280]王秀艳. 内蒙古牧区基础设施供给问题研究——以锡林郭勒盟为例[J]. 中央民族大学学报（哲学社会科学版），2014，41（1）：72–77.
[281]王秀艳. 区域自我发展能力理论分析框架下民族地区自我发展能力评价[J]. 中央民族大学学报（哲学社会科学版），2019，46（3）：84–92.
[282]王秀艳. 日本“内发式发展论”对我国西部构建自我发展能力的启示[J]. 中国物价，2015（11）：78–80.
[283]王延中. 21世纪初中国少数民族地区经济社会发展综合调查进展与展望[J]. 民族研究，2015（5）：115–120.
[284]王延中. 铸牢中华民族共同体意识建设中华民族共同体[J]. 民族研究，2018

（1）：1–8，123．

[285]王彦斌，谢和均，吕文义. 西南边疆多民族地区政府的社会管理及手段——基于云南、贵州和广西的调查[J]. 贵州社会科学，2013（4）：33–38.

[286]王一鸣. “十三五”时期推动区域协调发展的几点思考[J]. 中国发展观察，2016（3）：15–17.

[287]王永莉，梁城城. 区域自我发展能力对经济增长的影响——基于西部民族8省的实证研究[J]. 西北民族大学学报（哲学社会科学版），2015（4）：124–131.

[288]王永莉，梁城城. 碳生产力对我国区域自我发展能力影响的实证研究[J]. 科技管理研究，2016，36（14）：83–88.

[289]王永莉. 西部民族地区自我发展能力的培育——基于对口援助西藏扎囊县为例[J]. 西南民族大学学报 （人文社会科学版），2013，34（10）：138–142.

[290]王玉芳，景淑华，宫力平. 可持续发展自生能力的培育[J]. 中国林业经，2007（2）：30–33.

[291]王玉芬. 内生拓展——中国少数民族经济发展的理念、根据、条件、战略[M]. 北京：中央民族大学出版社，2006.

[292]王跃，张凡，陈强，等. 新疆与内蒙古、宁夏区域经济发展测度指标的比较简析[J]. 实事求是，2011（2）：49–57.

[293]王震，唐欣. “内发式经济发展”理论对西部大开发的启示[J]. 新疆农垦经济，2002（1）：6–7.

[294]王正伟. 民族地区要在服务“一带一路”战略大局中大有作为[J]. 民族论坛，2015（7）：5–7.

[295]王志刚，黄棋. 内生式发展模式的演进过程——一个跨学科的研究述评[J]. 教学与研究，2009（3）：72–76.

[296]王佳果，吴忠军. “一带一路”背景下民族地区旅游业创新发展研究[J]. 广西师范学院学报（哲学社会科学版），2016，37（6）：81–86.

[297]魏后凯，陈栋生. 中西部地区工业化战略与政策研究[J]. 经济研究参考，2000

（2）：10–29.

[298]魏群. 内蒙古各盟市经济发展水平评价与比较实证研究——基于因子分析和聚类分析[J]. 管理观察，2018（27）：62–64，69.

[299]温军，胡鞍钢. 民族地区全面建设小康社会的战略构想及政策建议[J]. 民族研究，2003（3）：10–17，107.

[300]温军，胡鞍钢. 民族与发展：新的现代化追赶[J]. 西南民族学院学报（哲学社会科学版），2003（2）：1–12.

[301]温军. 少数民族地区全面建设小康社会有多远[J]. 开发研究，2005（3）：68–71.

[302]温军. 中国少数民族地区经济发展战略的选择[J]. 中央民族大学学报，2002（2）：66–73.

[303]吴传钧. 增强我国西部地区自我发展能力是根本[J]. 学会，1997（11）：11–12.

[304]吴海洋. 甘肃河西地区区域自我发展能力研究[D]. 兰州：兰州大学，2013.

[305]吴敬琏. 吴敬琏：发挥后发优势，防止片面重型化[J]. 21世纪商业评论，2005（3）：145.

[306]吴敬琏. 质疑中国重化工[J]. 招商周刊，2005（26）：10.

[307]吴群刚，冯其器. 从比较优势到竞争优势：建构西部地区可持续的产业发展能力[J]. 管理世界，2001（4）：43–54，218.

[308]吴易风，朱勇. 内生增长理论的新发展[J]. 中国人民大学学报，2000（5）：25–32.

[309]夏华丽. 区域特色旅游产业可持续发展的经济学诠释[J]. 商业时代，2012（20）：144–145.

[310]向焕琦. 基于经济权利禀赋视角的西部地区自我发展能力提升研究[D]. 重庆：重庆大学，2011.

[311]向延平. 区域内生发展研究——一个理论框架[J]. 商业经济与管理，2013（6）：86–91.

[312]肖金成，黄征学. 未来 20 年中国区域发展新战略[J]. 财经智库，2012（5）：41–67，142–143.

[313]肖金成，汪阳红. “十三五”时期区域协调发展决策思路[J]. 决策与信息，2015（12）：27–28.

[314]肖金成. 中国区域发展新战略[J]. 领导科学论坛，2016（12）：52–67.

[315]肖胜军. 个人素质对科技创新能力的影响——基于全国秀博士学位论文获得者的统计学分析[J]. 经济师，2012（7）：8–9，11.

[316]谢里，樊君欢，吴诗丽. 中国区域发展战略实施效果动态评估[J]. 地理研究，2014，33（11）：2069–2081.

[317]谢玉梅. 改革开放四十年中国扶贫政策变迁及其实践[J]. 江南大学学报（人文社会科学版），2018，17（6）：83–89.

[318]邢青. 辽宁省区域发展能力评价[J]. 资源与产业，2016，18（5）：78–84.

[319]邢智仓，朱晓俊. 内蒙古经济体制改革40年的经验、启示[J]. 北方经济，2018（9）：28–31.

[320]熊贤良. 比较优势战略与大国的经济发展[J]. 南开经济研究，1995（4）：46–50，60.

[321]熊正贤，郑长德. 民族地区资源型经济转型与产业结构动态优化研究[J]. 黑龙江民族丛刊，2012（4）：75–80.

[322]徐杰. “一带一路”背景下内蒙古经济发展面临的契机[J]. 财经理论研究，2015（6）：12–19.

[323]徐君. 四川民族地区自我发展能力建设问题[J]. 西南民族大学学报（人文社科版），2003（6）：41–46.

[324]徐清军. 论我国实施比较优势战略在未来外贸中的不适应性——兼论对外贸易在大国经济发展中的地位变化[J]. 现代财经–天津财经学院学报，2000（10）：17–21.

[325]徐孝勇，曾恒源. 中国14个集中连片特困地区县域自我发展能力测度与乡村振兴战略瞄准研究[J]. 农林经济管理学报，2019，18（5）：684–692.

[326]徐孝勇，寸家菊. 中国农村贫困地区自我发展能力概念模型与形成机理分析

[J]. 重庆师范大学学报（哲学社会科学版），2016（5）：68–75.
[327]许召元，李善同. 近年来中国地区差距的变化趋势[J]. 经济研究，2006（7）：106–116.
[328]薛剑符，李海红. 援藏进程中的西藏自我发展能力提升[J]. 西藏大学学报（社会科学版），2014，29（1）：13–19.
[329]薛剑符，周雪林. 西藏自我发展能力的逻辑解读[J]. 黑龙江民族丛刊，2014（1）：47–51.
[330]闫磊，姜安印. 区域自我发展能力的内涵和实现基础——空间管制下区域自我发展能力研究[J]. 甘肃社会科学，2011（2）：213–216.
[331]闫磊. 中国西部区域自我发展能力研究[D]. 兰州：兰州大学，2011.
[332]闫永琴. 中国西部经济内生增长机制研究——一个新兴古典经济学分析视角[D]. 西安：西北大学，2009.
[333]严红. 中国西部民族地区经济发展路径转型研究——基于改革开放以来的考察与分析[J]. 云南社会科学，2017（4）：40–46.
[334]严琼. 以转变发展方式促青藏高原绿色经济发展的几点思考[J]. 学理论，2011（12）：75–76.
[335]阎占定，姚上海，崔榕. 中国民族地区发展问题调研报告（Ⅰ）[M]. 武汉：湖北人民出版社，2010.
[336]闫六英，郭清平，王天乐. 乡村振兴视域下农村内生发展能力建设研究分析[J]. 山西农经，2021（12）：56–57.
[337]杨彬. 西北欠发达地区自我发展能力研究——以甘肃省定西市为例[D]. 兰州：兰州大学，2010.
[338]杨小柳. 参与式扶贫的中国实践和学术反思——基于西南少数民族贫困地区的调查[J]. 思想战线，2010，36（3）：103–107.
[339]杨东萱. 对参与式发展理念引入扶贫开发实践的思考[J]. 大理学院学报，2010，9（7）：36–39.

[340]杨东萱. 论反贫困视角下少数民族贫困人口的自立与受援[J]. 昆明学院学报，2010，34（4）：39–42，45.

[341]杨东萱. 文化视觉下的边境少数民族自我发展能力的培育——以云南省德宏州景颇族为例[J]. 网络财富，2010（9）：149，153.

[342]杨福成. 依托内地省市援疆与提升兵团自我发展能力问题研究[J]. 兵团党校学报，2014（3）：79–81.

[343]杨海燕. 区域经济发展新格局中青藏高原资源开发[J]. 西南民族大学学报（人文社科版），2007（9）：105–108.

[344]杨杰文. 提高贫困地区自我发展能力的实践与思考[J]. 农村财政与财务，2011（9）：26–27.

[345]杨科. 论农村贫困人口的自我发展能力[J]. 湖北社会科学，2009（4）：61–64.

[346]杨丽，龙茂兴. 武陵山片区旅游业内生发展能力建设及其多维减贫机制创新研究[J].贵州师范大学学报（社会科学版），2019（4）：61–69.

[347]杨先明，梁双陆. 东西部能力结构差异与西部的能力建设[J]. 云南大学学报（社会科学版），2007（2）：70–78，96.

[348]杨小凯，张永生. 新贸易理论、比较利益理论及其经验研究的新成果：文献综述[J]. 经济学（季刊），2001（1）：19–44.

[349]杨照. 新一轮西部大开发农业自我发展战略研究[J]. 中国经贸导刊，2011（15）：44–46.

[350]杨姗姗. 民族地区巩固非遗脱贫成果内生发展能力培育[J]. 社会科学家，2022（4）：60–66.

[351]姚荣锦. 西部地区发展特色优势产业的战略选择[J]. 理论导刊，2014（7）：74–76.

[352]叶文虎，万劲波. 从环境——社会系统的角度看"建设和谐社会"[J]. 中国人口·资源与环境，2007（4）：14–18.

[353]易柳. 改革开放40年中国扶贫政策的演化与前瞻——立足国家层面政策文本的

分析[J]. 西南民族大学学报（人文社会科学版），2018，39（4）：183-191.
[354]尹伯成. 西方经济学说史——从市场经济视角的考察[M]. 上海：复旦大学出版社，2005.
[355]尹洁，宋韵洁. 改革开放以来中国共产党扶贫政策思想研究[J]. 管理观察，2017（30）：97-98.
[356]鱼小强. 对增强西部地区自我发展能力的思考[J]. 商洛师范专科学校学报，2002（3）：11-14.
[357]虞晓芬，傅玳. 多指标综合评价方法综述[J]. 统计与决策，2004（11）：119-121.
[358]宇涛，郭亚妮. 西部经济发展滞后省份自我能力提升与跨越式发展——以甘肃省为例[J]. 开发研究，2012（1）：13-17.
[359]余琪. 内生发展视角下西部省际边界县域组团协同发展研究——以秦巴腹心地区为例[D]. 重庆：重庆大学，2016.
[360]袁境. 西部特色优势资源开发与特色产业发展探析[J]. 西部金融，2013（1）：49-52.
[361]云艳卿. 论中国少数民族地区经济发展中制度作用分析[J]. 现代商业，2015（27）：63-64.
[362]张爱儒，高新才. 青海藏区重要生态功能区自我发展能力的实证研究[J]. 统计与决策，2015（5）：111-114.
[363]张凤太，苏维词，周杰，等. 贵州少数民族地区自我发展能力探析[J]. 成都工业学院学报，2013，16（1）：84-86.
[364]张贡生. 中国区域发展战略之 70 年回顾与未来展望[J]. 经济问题，2019（10）：10-18.
[365]张家俊. 职业教育提升贫困区域自我发展能力研究[J]. 知行铜仁，2016（6）：23-26.
[366]张剑. 提升西藏自我发展能力的路径选择[J]. 齐齐哈尔大学学报（哲学社会科

学版），2014（2）：42–44.

[367]张景华. 自然资本论视野下的经济增长研究[J]. 扬州大学税务学院学报，2009，14（1）：57–62.

[368]张磊. “一带一路”战略与中国少数民族地区社会经济发展[J]. 中央民族大学学报（哲学社会科学版），2016，43（4）：70–77.

[369]张丽君，吴本健，王润球，等. 中国少数民族地区扶贫进展报告（2016）[M]. 北京：中国经济出版社，2017.

[370]张丽君，吴本健，王飞，等. 中国少数民族地区扶贫进展报告（2017）[M]. 北京：中国经济出版社，2018.

[371]张丽君，吴本健，王飞，等. 中国少数民族地区扶贫进展报告（2018）[M]. 北京：中国经济出版社，2019.

[372]张林，张中秋. 西部特色产业自我发展能力研究——以横县茉莉花产业发展为例[J]. 广西大学学报（哲学社会科学版），2012，34（6）：30–36.

[373]张鹏飞. 欠发达地区自我发展能力认知分析[J]. 经贸实践，2016（2）：294–295.

[374]张瑞华，阴慧，徐志耀. 落后区域自我发展能力提升研究——从承接产业转移、优势产业培植的视角[J]. 广西经济管理干部学院学报，2008（3）：6–10，25.

[375]张伟. 全面建成小康社会视域下贫困人口自我发展能力建设途径研究——以四川凉山彝区为例[D]. 成都：西南石油大学，2017.

[376]张霞. 呼包银榆经济区自我发展能力研究[D]. 兰州：兰州大学，2013.

[377]张谐韵. 区域失衡、内生发展与新一轮西部大开发政策研究[J]. 云南社会科学，2012（1）：88–93.

[378]张艳. 基本公共服务均等化对提升西部地区自我发展能力的作用[J]. 理论与当代，2013（5）：32–33.

[379]张燕，魏后凯. 中国区域协调发展的U型转变及稳定性分析[J]. 江淮学刊，2012（2）：78–85，238.

[380]张焱，唐婷，胡雪枝，等. 乡村振兴视角下脱贫村内生发展能力的DEA-Malmquist评估及空间分异研究——以云南省为例[J]. 江苏农业科学，2022，50（19）：254–264.

[381]张毅，杨俊. 贵州扶贫开发中的制度创新思考——基于连片特困区的自我发展能力培育[J]. 贵阳市委党校学，2012（5）：10–12.

[382]张周平. 实施差别化政策 增强西部自我发展能力[J]. 前进论坛，2011（5）：52–54.

[383]张文明，袁宇阳. 都市郊区内生发展的个体要素表征——基于上海市9个村的实证研究[J]. 华东师范大学学报（哲学社会科学版），2018，50（6）：133–143，176.

[384]赵建吉，王艳华，苗长虹. 基于区域自生能力的胶新铁路经济带构建[J]. 河南科学，2007（3）：499–502.

[385]赵路. 西部欠发达地区提升自我发展能力对策——以陕南发展为例[J]. 价值工程，2012，31（1）：318–319.

[386]赵铁. 民族地区自我发展能力对经济增长的影响[D]. 延吉：延边大学，2018.

[387]赵曦，赵朋飞，张菁. 西部大开发战略推进与西部内生增长机制培育[J]. 经济问题探索，2011（10）：24–29.

[388]赵雪雁，巴建军. 牧民自我发展能力评价与培育——以甘南牧区为例[J]. 干旱区地理，2009，32（1）：130–138.

[389]赵永红. 新经济视域下西部地区产业集群发展问题探讨[J]. 改革与战略，2012，28（6）：96–97.

[390]赵鑫，张楠. 内生发展能力视角下的德国乡村振兴经验对我国脱贫地区的启示[J]. 农村经济与科技，2021，32（17）：204–206.

[391]郑杭生. 民族社会学概论[M]. 北京：中国人民大学出版社，2005.

[392]郑长德，罗晓芹. 中国西部民族经济调查（2015）[M]. 北京：经济科学出版社，2016.

[393]郑长德，罗晓芹. 中国西部民族经济调查（2016）[M]. 北京：经济科学出版社，2017.

[394]郑长德，罗布江村. 中国少数民族地区经济发展方式转变研究[M]. 北京：民族出版社，2010.

[395]郑长德. “五个发展”理念与民族地区经济社会全面发展研究[J]. 民族学刊，2017，8（1）：1–21，94–97.

[396]郑长德. 基于新结构经济学视角的民族地区产业结构调整与升级研究[J]. 西南民族大学学报（人文社会科学版），2013，34（12）：112–123.

[397]郑长德. 西部大开发以来民族地区的经济发展与未来展望[J]. 民族学刊，2010，1（1）：63–71，164.

[398]郑长德. 西部民族地区工业结构的逆向调整与政策干预研究[J]. 兰州商学院学报，2011，27（6）：31–39.

[399]郑长德. 新时代民族地区区域协调发展研究[J]. 西南民族大学学报（人文社科版），2018，39（4）：92–100.

[400]郑长德. 中国民族地区自我发展能力构建研究[J]. 民族研究，2011（4）：15–24，107.

[401]郑长德. 中国少数民族地区工业化的演进与结构变迁研究[J]. 民族学刊，2012，3（4）：1–8，91.

[402]郑长德. 中国少数民族地区技术赶超的政策支持研究[J]. 发展研究，2012（10）：32–38.

[403]郑长德. 中国少数民族地区经济发展报告（2012）[M]. 北京：中国经济出版社，2012.

[404]郑长德. 中国少数民族地区经济发展报告（2013）[M]. 北京：中国经济出版社，2013.

[405]郑长德. 中国少数民族地区经济发展报告（2014）：集中连片特困民族地区的区域发展与扶贫攻坚[M]. 北京：经济科学出版社，2014.

[406]郑长德. 中国少数民族地区经济发展报告（2015）：“一带一路”与民族地区的发展[M]. 北京：中国经济出版社，2016.

[407]郑长德. 中国少数民族地区经济发展报告（2016）：“五个发展理念”与民族地区经济发展[M]. 北京：中国经济出版社，2016.

[408]郑长德. 中国少数民族地区经济发展报告（2017）：民族地区经济地理重塑[M]. 北京：中国经济出版社，2017.

[409]郑长德. 中国少数民族地区经济发展报告（2018）：改革开放40年民族地区的经济发展[M]. 北京：中国经济出版社，2018.

[410]郑长德. 中国少数民族地区经济发展质量研究[J]. 民族学刊，2011，2（3）：1-11，83.

[411]郑长德. 中国西部地区的经济发展[M]. 北京：科学出版社，2009.

[412]郑小庆. 西部地区产业内生发展研究[D]. 西安：西北大学，2013.

[413]钟海燕，郑长德. 川甘青结合部藏族聚居区绿色包容性发展研究[J]. 西南民族大学学报（人文社会科学版），2017，38（6）：134-141.

[414]周大鸣，秦红增. 参与发展：当代人类学对“他者”的关怀[J]. 民族研究，2003（5）：44-50，108.

[415]周大鸣. 内源式与参与式发展——民族地区新农村建设应有新的理念与方式[C]. 中央民族大学中国少数民族研究中心. 共识（2009秋刊02）. 2009：26.

[416]周民良. 关于西部大开发若干问题的讨论[J]. 开发研究，2012（5）：5-9.

[417]周民良. 论民族地区经济发展方式的转变[J]. 民族研究，2008（4）：19-28，108.

[418]周民良. 主体功能区的承载能力、开发强度与环境政策[J]. 甘肃社会科学，2012（1）：176-179，212.

[419]周明钧. 增强桂西资源富集区自我发展能力的思考[J]. 广西经济，2014（3）：19-20.

[420]周松. “一带一路”背景下茶马古道对沿线民族地区发展作用研究[J]. 管理视窗，2015（9）：71-72.

[421]周亚成，兰彩萍. 新疆牧区少数民族自我发展能力浅析[J]. 新疆大学学报（社会科学版），2003（2）：72–75.

[422]周彦，吴一丁. 新疆区域自我发展能力分析[J]. 科技信息（学术研究），2007（31）：338–339.

[423]周振华. 论提高农业自我发展能力[J]. 江苏社会科学，1992（4）：3–7.

[424]周忠瑜. 努力提高少数民族地区的自我发展能力[J]. 青海民族学院学报，1988（4）：135–136

[425]朱成全. 经济学方法论[M]. 2版. 大连：东北财经大学出版社，2011.

[426]朱凯，王娜. 西部地区新能源产业自我发展能力研究[J]. 当代经济管理，2012，34（11）：66–72.

[427]朱凯，姚驿虹. 对自我发展能力理论的规范性研究[J]. 成都理工大学学报（社会科学版），2012，20（1）：31–37.

[428]朱勇. 新增长理论[D]. 北京：中国人民大学，1998.

[429]朱占荣. 西部贫困地区自我发展能力的路径分析[J]. 山东省农业管理干部学院学报，2013，30（3）：1–4.

[430]朱智文. 自主创新、企业集群与区域自我发展[J]. 兰州商学院学报，2006（6）：63–66.

外文文献

[1] Chong En B, Zhi gang T. “Bureaucratic Integration and Regional Specialization in China”[J]. China Economic Review，2006，19（2）：308–319.

[2] Cornelia F， Jan F，Gary G，et al. “Rural economic development through local self-development strategies”[J]. Agriculture and Human values – summer，1991，8（3）：19–24.

[3] Feldman P，Florida R. “The Geographic Source of Innovation: Technological Infrastructure and Product Innovation in the United States”[J]. Annals of the

Association of American Geographers，1994，84（2）：210–229.

[4] Gary G，Jan F，Comdia F，et al. “Local Self-Development Strategies: National Survey Results” [J]. Community Development Society Journal，1990，21（2）：55–73.

[5] Guo, R，Xiao-Hong，L. “Analysis on differences in regional self- development ability based on element aggregation” [J]. Journal of Mountain Agriculture & Biology，2013，32（6）：533–537.

[6] Jan F，Gary G，Edward G，et al. “Self-Development: A viable Rural Development Option” [J]. Policy Studies Journal，1992，20（2）：276–288.

[7] Jeff S，Jan F. “Entrepreneurial Social Infrastructure and Growth Machine Characteristics Associated with Industrial-Recruitment and Self-Development Strategies in Nonmetropolitan Communities” [J]. Community Development Society Journal，1999，30（2）：131–153.

[8] Jeff S，Kerry A，Vem R，et al. “Social infrastructure and Community economic development strategies: the case of self-development and industrial recruitment in rural Iowa” [J]. Journal of Rural Studies，2002，18（3）：405–417.

[9] Mitchell S. “New rules for the new localism: favoring communities, deterring corporate chains” [J]. Multinational Monitor，2002，23（10）：1–10.

[10] Robert J. “Economic Growth in a Cross Section of countries” [J]. Quarterly Journal of Economics，1999，106（2）：407–443.

[11] Samuel Smiles，Salf-Help [M]. London：J.MURRAY press, 1956.

[12] Toni S. “In Search of Self-Renewal Capacity - Defining concept and its theoretical framework” [R]. University of Tampere Research Unit for Urban and Regional Development Studies. SENTE Working Papers，2007（10）：1–11.

[13] United Nations Development Program. “Capacity Assessment and Development in Systems and Strategic Management Context” [R]. Technical Advisory Paper

No.3, 1998.

[14] World B. "Assessing Aid: What Works, What Doesn't, and Why?" [J]. London: Oxford University Press, 1998: 1-25.

[15] Zhao L. "Strategy on improving self-development ability of the less developed region of west china: taking south of shanxi for example" [J]. Value Engineering, 2012 (1): 318-319.

[16] Zheng C. "On the Construction of the Self-Development Ability in Chinese Ethnic Minority Regions" [J]. Ethno-National Studies, 2011 (5): 28-29.

总　序

谢柏梁

在中国的文化发展长河中，诸子百家，诗词曲赋，都已经成为中国人的基本素质修养和宝贵精神财富。其中的曲，通常分为散曲和戏曲两大类别。

戏曲具备综合集成、左右逢源的特点。一边与艺术圣殿融为一体，因为戏曲包括了音乐、舞蹈、绘画、雕塑、建筑乃至表演的诸多艺术元素。从另外一边来看，剧本又构成了戏剧文学的主体，成为文学圣殿中诗歌、散文、戏剧和小说的四大明珠之一。

戏曲艺术需要有人写剧本，这是古今中外的通例。草台班所表演的即兴创作，毕竟言之无文行而不远。所以“剧本剧本，一剧之本”的说法，已经成为大家的共识。而且从文化遗产留存的角度来看，剧本流传的恒久性比舞台演出的保存要长远得多。古希腊当年的剧场以及表演艺术如今安在？但是约 31 种古希腊悲剧至今还可以看到。中国宋代的戏曲演出杳然难觅，但是当年所演出的宋金杂剧戏目与南戏戏文剧本，却还是可以一叶知秋，看到大概。

就我国来看，目前可以看到的戏曲剧本，先后贯穿了宋元明清、中华民国和中华人民共和国六个朝代，已经成为中华民族不可或缺的宝贵的文化遗产之一。

近千年来的戏曲剧本写作，大多数情况下属于文人骚客们的业余创作行为，少数属于养家糊口的职业卖剧行为。元杂剧作家几乎很少有机会参加科考，那么大家就扎堆去写剧本。清代的李渔和洪昇，几乎是在把写剧本当成一种职业和谋生的手段，他们也同样都很有成就。

百行百业，原本不一定都需要专门的院校设置对口的专业来培养。但是随着人类社会发展的需求，随着资本主义社会专业分工的细致化和明确化，大学里头的专业设置，几乎实践着人间需要什么人才，大学就培养何种人才的教育理想。

尽管中央戏剧学院和上海戏剧学院也培养出不少戏曲编剧人才，但是这两所明显以培养话剧影视艺术人才作为基本特色的学院，对于民族戏剧的关注只是其副业而已。

中国戏曲学院作为培养中国戏曲艺术高级专门人才的唯一学府，其戏曲文学系也以培养戏曲编剧与戏曲史论人才作为自己的立系之本和基本使命。这也是全球范围内唯一独立设置的戏曲编剧与史论专业。

独养的儿子从生存环境来看，未必属于最好的状态。这是因为其没有可比性，不能太多地从兄弟姐妹的行列中分享经验和教训，当然也有可能会被宠爱出固步自封、资源独占的毛病来。戏曲文学系开办以来，也是在一空依傍的情形下，逐步在摸索自己的办学路数。从姚清水、孙月霞、梅帅元、龚应恬、徐英到吕育忠、王勇，从颜全毅、王若皓、龚孝雄到王晓菁等，都在不同程度上体现出戏曲文学系在戏曲创作人才培养方面的教学成果。

从 2016 年开始，戏文系开始每年连续承接文化部委托开办的千人计划戏曲艺术高级人才戏曲编剧研修班，这里涌现出来的中青年编剧与理论人才，已经成为全国各省区的中流砥柱。

从师不高，学也不妙。戏曲文学系，必须要具备一个较有实力的戏曲创作与史论教学团队。

好的戏曲剧作家，不一定都是好的戏曲创作导师。在一位经验丰富、基础较好的成熟剧作者那里出出主意，有的时候真可以收到点石成金乃至脱胎换骨的功效。但是就培养一位刚刚高中毕业进入戏曲学院的“生胚子”同学而言，您得要有足够的时间、充分的耐心，按部就班地进行培养。从唱词与念白、小戏改编一直到大戏改编、独立创作，这其中的艰难程度简直可以称之为是戏曲写作者一次艰难的万里长征。聪明、高明而又繁忙事冗的剧作家，富于创见与激情的剧坛才子，可能不会都能具备如此的耐心，也不能忍受那种漫长的等待。有时间的话还不如自己写一出新戏，焕发出作为剧坛才人的又一次富于天才创意的光彩。

于是戏曲文学系必须要延请一批可以以教书为职业、以教授编剧与戏曲史论为专业方向的老师们。他们勤勤恳恳，心无旁骛，以学生的成长作为自身的快乐，以同学的作品作为自己生命价值的最高体现。在他们身上，天才的闪光可能要少一些，但化作春泥更护花的教师职业所带来的与生俱来的不厌其烦、敬业献身的精神必须要多一些。

我想，较为理想的戏曲编剧与史论教师，尽管自己本人不一定是第一流的剧作家，但却一定要是写过一些剧本，上演过一些作品、有一些戏曲史论评真知灼见的实践者和研究者，他们必须体验过古今编剧行当的艰难辛苦，理解整个创作过程中的喜怒哀乐，方能如鱼在水，冷暖自知。这样的老师，指导起学生的戏曲创作与史论研究来，可能会更加游刃有余，得心应手；这样的老师，可能会更能够得到学生的拥戴和业内的认可。我曾经在上戏、国戏的戏文系执教过 19 年之久，确实常常听到有的学生抱怨个别编剧教师说：这个老师自己从来不写剧本，也对经典剧本没有太多的心得，他凭什么要对我的构思横加指责、全面否定，非要让我另起炉灶？

不能说同学们的抱怨都对，但也必须承认编剧教师自身一定要具备编剧的充分经验。要求编剧教师的作品具备全国乃至世界性的影响，那只是一种希望而已；但是老师的作品至少要能立得住，可以搬上舞台，可以比较规范，能够成为自己所论的编剧法则的些许论据。即使失之于规整，甚至时过境迁之后还有几丝平庸之感，但编剧教师创作剧本、史论老师通晓舞台这一必备经验，从个人角度来看，还是万万不可省略的。

有鉴于此，我特别关注中国戏曲学院戏文系教师的戏曲创作和史论积累，并决定把其中部分教师的创作与史论作品作为一套丛书，分别结集出版。如此做法，不仅是为了戏曲学院 65 年校庆的一瓣小小献礼，也不是为了体现出本系戏文创作与理论专业作为北京市优秀教学团队和北京市特色教学建设专业的光彩，也不仅是为了反映该专业作为北京市优秀教学成果奖得主的教师实力，更为重要的是要让学生们知道，老师们是在以自己的创作、科研和教学的多年实践，在与大家同甘共苦，共同分享创作、研究等生命活动的苦涩与欢趣。这也将激励更加年轻的老师们教有余力，最好要投身到戏曲创作与史论研究的专业实践领域之中去。

榜样的力量是无穷的。如果中戏与上戏的老师不写话剧与影视作品，学生们就会没有专业敬仰和崇拜的对象，甚至连参与分集“打工”的前提条件和基本氛围都没有。上戏陈耘先生的《年轻的一代》，为上戏学子勾起了多少光荣的梦想啊。同样道理，国戏戏文系的同学要有所景仰、师范和继承，同样还是需要从自己身边最为熟悉而亲切的老师这里，获得写作剧作的第一动力。

因此，将本系教师的戏曲与话剧创作、研究与探索成果结集出版，符合戏曲戏剧教学的基本规律，既符合戏曲文学系的办学方向，也符合中国戏曲学院对于戏文专业的根本定位。

当然，这些作品跨越了老中青几代人，也见证着不同时代的社会烙印，也未必都是当时和今日的佳作，但都体现出编剧与史论教师们的匠心、苦心和忠诚于戏曲教育事业的一片真心。至于创作水平之高低优劣，时过境迁之后的不合时宜，理论研究之成败得失，也都见证出历史和个人的选择，以及这种选择之后是否合乎个人与社会的目的性的成败体验来。即使当年的创作未必高明，但是以老师们的挫折乃至失败作为借鉴，也许更能够使学生能够少走一点弯路，在戏曲创作与研究方面逐渐变得聪明起来。

我们首批所推出的戏文系戏曲编剧教师的剧作专集有：

一、《奎生京剧剧作集》

奎生先生曾经担任过戏文系的老主任，但是却受过中国戏校严格的表演科班训练。近些年来，奎生先生致力于京剧新剧目的整理改编和创作，他所主创的《对花枪》，他所指导的《夜莺》，都是中国京剧史上不能忽略的作品。自然，先生之文字，有时略显粗糙，先生之剧目，大多为改编，但是先生之作品大多可以搬上舞台，可是称之为是名副其实的场上之作。

我与奎先生，最早相识于1986年。彼时的我，刚从上海华东师范大学中文系中国文学批评史戏曲理论方向硕士毕业。因为导师徐中玉和齐森华教授的影响较大，所以家乡的华中师范大学人事处处长，特地来到丽娃河招贤，希望我到桂子山任教；北京的中国戏曲学院，希望我到该校去任职。出于对戏曲事业的热爱，我最终选择了戏曲学院，奎生老师代表戏曲学院，到上海来接我进京。

就在这一事关个人去向的关键时刻，中山大学王季思与黄天骥先生向我抛来了就读博士生的录取简帖。我便及时将此事向奎生师汇报，奎生师马上爽快地说："年轻人读书上进是好事。中大博士毕业之后再到中国戏曲学院工作，我们也同样欢迎！"

当然，中大毕业之后，我先到上海戏剧学院、多伦多大学、上海交通大学和南京师范大学等地教学达25年之久，直到2008年才又履践前约，来到戏曲学院任教，与奎生老师再度重逢。人生有命运，人际有缘分，于此可见一斑。

二、《郝荫柏戏曲剧作集》

郝荫柏老师作为抗日忠良之后，先学京胡，后转创作，经历了几度人生起伏，终于回到戏曲学院戏文系担任戏曲编剧教师。作为戏文系的副主任，他在工作上勤勉认真；作为编剧教师，他对学生热情负责；作为戏曲编剧，他这么多年来创作出不少剧本，体现出对于戏曲事业的赤诚之心。尽管其剧本体现出不同时期的历史政治风云和价值品判观念，但是他所改编的京剧《悲惨世界》，在京沪演出时深得观众好评，体现出艺术品对于时空的超越力量。

三、《谢柏梁戏曲剧作集》

这几年，我的戏曲作品被先后搬上越剧、京剧等剧种的舞台，这令好多朋友们特别惊讶，因为他们都知道我是一位戏剧史论方面较为资深的学者，怎么会在几年之间华丽转型为编剧？其实我自小就曾在基层剧团担任编剧之职，还担任过全国棉花会议文艺节目的总撰稿。更为重要的还在于我的两位祖师爷——吴梅与老舍先生，同时也是戏曲和话剧方面的创作大家。作为他们的再传弟子，尽管心向往之而不能至，但却不可以不为；作为戏曲文学系的主任，如果连我都不参与戏曲创作，那么大家都可以在教授编剧时进行空谈式的纯理论教学。为此，我在近几年重拾旧业，顺理成章地回到了戏曲创作专业，希望在编剧与理论上齐头并进。

四、《颜全毅戏曲剧作集》

前面提到过，颜全毅是戏文系所培养出来的学生，也曾跟随我就读过博士生。他在创作与理论方面都比较擅长，特别在戏曲剧本创作方面，可以说在戏曲学院乃至在北京市的青年戏曲编剧人才里头，一枝独秀，领袖风骚。北京市愿意专门从事戏曲创作但又每年都有新作推出的青年才俊，实在是凤毛麟角，而颜全毅就是成果较为丰硕的默默耕耘者。惟其如此，他先后进入北京市和教育部的人才培育序列，前景正无限美好。

五、《胡叠戏曲创作集》

胡叠是我系的青年女教师。她特别钟爱戏曲编剧，也曾经获得过老舍青年文艺奖项。她的剧本，具备唯美化的倾向，也带有案头文学的诸多气质和个人性情的诸多烙印。她的小剧场戏曲《倾国》剧作搬上舞台后，引起了大家的关注和好评。相信她今后会有更多剧作会被剧团所慧眼识珠，付诸于演出。

五、《钟鸣剧作集》

钟鸣是我的副将，目前担任着中国戏曲学院戏文系副主任之职，分管本科教学工作。他曾先后在厦门大学、上海戏剧学院等学校就读，属于转益多师的复合型人才。在戏剧理论方面有建树，在话剧创作方面有成果，在戏曲创作方面有开拓。我也相信他将会在理论与实践方面双丰收，在戏曲与话剧创作方面皆能取得较为丰厚的成果。

六、《韩萌剧作集》

韩萌属于戏文系教师中的年轻一代，但却成绩不菲。这些年来，他所编写的剧作有现代戏《古城女人》（菏泽市地方戏曲传承研究院）、现代戏《南下》（菏泽市地方戏曲传承研究院）、现代戏《河都老店》（济宁市山东梆子剧院）、古装戏《红颜钦差》（河南豫剧院一团）、古装戏《李清照》（平顶山市豫剧团）、古装戏《青天泪》（焦作市豫剧团）、古装戏《玉梳记》（太康县道情剧团）、现代戏《口上的女人》（周口市豫剧团）、现代戏《忠诚》（菏泽市地方戏曲传承研究院）、青春版神话戏《白蛇传》（郸城县豫剧团）、神话剧《升仙桥》（郸城县豫剧团）、戏曲音乐剧《羊脂球》（中国戏曲学院大学生艺术团）等。此外还参加了18集电视剧《山里的汉子》（中央电视台）、100集电视剧《清明上河》（河南电视台）等电视剧编创工作。作品曾荣获：国家“文华剧作奖”（第14届），电视剧“飞天奖”戏曲电视剧二等奖（第28届），“田汉戏剧奖”剧本三等奖（第24届），河南省戏剧大赛金奖及剧本一等奖，山东省戏剧大赛金奖及剧本一等奖、河南省及山东省“五个一”工程奖、河南省委宣传部“优秀剧本征集评选”入选奖等。

七、《陈云升剧作集》

陈云升是从广东走出的80后戏曲编剧，2006年至2010年他曾在广东文艺职业学院、广东省戏剧家协会、广州市海珠区文化馆参加工作，2010年考入中国戏曲学院攻读硕士研究生，2013年毕业留校任教。主要作品有《熙宁变法》《梦唐》《王昭君》《郑板桥为官》《精忠魂》《范进中举》《沈清传》《三笑记》等22部，其中上演剧目5部，曾获2015年中国—东盟戏剧周优秀剧目奖、第五届中国戏剧奖·理论评论奖提名奖、第八届全国戏剧文化奖编剧银奖、导演银奖、第四届中国戏剧文学奖剧本奖、第五届中国戏剧文学奖铜奖、第二届广东省剧本评选入围剧本奖、第二届广东省戏剧理论评论奖二等奖、陕西省2013年度大戏剧本评选三等奖；另有若干作品在《剧本》增刊、《新剧本》《当代戏剧》《中国京剧》《新世纪剧坛》《广东艺术》《广东文艺研究》等刊物发表。

在戏曲史论研究方面，我们首批推出的是吴新苗老师的论文集《文本、舞台与戏曲史研究》。

吴新苗副教授是戏文系戏曲史论教研室主任，承担过国家社科基金艺术学等多项国家、省部级项目。这些年来，他在戏曲文本研究、京剧史料学研究和明清戏曲史研究方面，都发表了一系列有分量的论文，出版了《梨园私寓考论：清代伶人生活、演剧及艺术传承》《清代京剧史料学》等数部有影响的学术专著。他为戏文系同学的编剧与戏曲研究，在文化基础和戏曲研究上，奉献较多，口碑甚好。

今后，国戏戏曲文学系不仅要继续为教师出版剧作专集，为本科生与研究生的佳作提供更多的出版和上演的园地与平台，还要为戏曲研究卓有成绩的教师出版戏曲史论研究的学术专著。早年在上海古籍出版社出版的《国戏文脉》，汇集了国戏师生的创作与科研成果；吴新苗博士戏曲研究成果的出版，是我系创作、史论双翼伸展的新的成果。鉴于教师的戏曲创作集已经初步蔚为规模，今后我们要更加重视和推动戏曲研究成果集的陆续出版。

我们已经与《剧本月刊》合作，为国戏同学的戏曲剧作出版过4期专辑。中国戏剧出版社也已经先后出版了我们本科生与研究生的三册剧作集。我们还曾与浙江艺术学院合作，将我系同学的红楼小戏搬上了舞台。近些年来，戏文系老师与同学的剧作，出现了一个井喷式的大好局面，众多戏曲与话剧作品搬上舞台，呈现出前所未有的大好局面。本科生与研究生的史论研究成果，尽管稚气未脱，但也颇有治学规范和学术见地，也同样引起了大家的重视。

同时，我系主编的《中国戏曲艺术家传记丛书》也已经蔚为大观，成为新时代的《录鬼簿》和《青楼集》。我系承担的国家社科艺术学重大项目《戏曲艺术当代发展路径研究》，今年开始也将陆续出版，就教于大方之家。

戏文创作与研究专著的系列出版，将春雨心香，付梓问世，其中或有佳作场境，人物风标，妙境卓识，聪慧见地和扎实研究，化身为诸多妙像。倘若会引起共鸣，提供一些启发，则善莫大焉。希望得到社会各界的批评与指正，也希望得到戏曲界与学术界的多方品评和真诚建议。

在这个地球上，只有一家中国戏曲学院，也只有一个以戏曲创作、戏曲史论为双翼的戏文系。创作与理论的比翼双飞，才是唯一高等戏曲学府戏文系的基本功课。因此，我们的创作与研究勾连着传统与现代的文脉，我们的成绩彰显着民族与文化的进步。

为了戏曲事业的明天，为了中华民族优秀文化的复兴，请各位关注戏曲学院师生的创作、研究和教学。我们坚信，中国戏曲的美好明天，与戏文系师生的锐意进取、砥砺前行密不可分。

是为序。

目　　录

一　戏曲文学与创作论

晚明“书怀写愤”戏曲文学思潮论纲 ……………………………… (3)
屠隆与汤显祖的交游并论及《玉茗堂批订董西厢》非伪托 ……… (16)
论屠隆戏曲的“自传性”特征 ……………………………………… (26)
阮大铖喜剧的艺术表现及其审美内涵
——以《春灯谜》为例 ………………………………………… (38)
从《意中缘》看李渔风情喜剧的特色 ……………………………… (49)
从曲到剧:晚明戏曲创作论的发展与建构 ………………………… (60)
古代戏曲理论与批评“趣”论发微 ……………………………… (89)
郑怀兴历史剧中的知识分子与女性 ……………………………… (104)
金针度人　本色写照
——谈郑怀兴《戏曲编剧理论与实践》……………………… (115)
戏曲文学(文本)多样性与戏曲研究…………………………… (125)

二　从文本到舞台

一出戏的流变:从《幽闺记·旷野奇逢》到《踏伞》(《扯伞》) … (135)
也谈曹寅历史剧《续琵琶》及其昆曲舞台呈现 ………………… (148)
《野猪林》的演变:经典的形成及其意义 ………………………… (158)
明代表演艺术论初探 ……………………………………………… (176)

三　近代戏曲嬗变研究

从“识艳之书”《燕兰小谱》看清代戏曲文化的新变 ……………（195）
抄本《花天尘梦录》中的昆曲史料……………………………………（209）
从狎优到捧角
——《顺天时报》中堂子史料及文人与“相公”的关系 ……（222）
戏曲改良中的“三段论”思维模式
——以余治戏曲理论为标本 ……………………………………（236）
清末民初北方地区戏曲改良活动考述 ………………………………（245）
辛亥前王钟声在北方的戏剧活动及其对戏曲改良的影响………（259）

四　京剧研究

京剧形成的标志之一：道光时期的皮黄旦角名伶及其剧目 ……（275）
晚清京剧伶人与戏班入宫演剧活动考论 ……………………………（287）
宣统二年《正宗爱国报》中的梅兰芳演出广告
——兼论及梅氏早期艺术经历 ……………………………………（305）
时代、传统、外域与梅兰芳艺术观念之形成 ………………………（324）

附　录

黄小田与《儒林外史》的早期传播及研究……………………………（343）
论屠隆“性情说”对复古派“情真说”的发展 ……………………（354）
从复古到性灵的过渡者
——屠隆的散文理论 ………………………………………………（365）
“怪风疾雨益苍凉”
——读张际亮的纪行诗 ……………………………………………（378）

后记 ……………………………………………………………………（392）

一

戏曲文学与创作论

晚明“书怀写愤”戏曲文学思潮论纲

随着晚明文学话语权的下移，中下层文人成为文学创作的主体。这些中下层文人比较能接受新思想的洗涤，深受晚明思潮的影响而逐渐偏离庙堂文化语境，在文学创作中（包括戏曲文学）表现自我意志、抒发个人情怀。又因为他们处在当时窳败的政治环境、恶劣的社会风气下，经历了更多的打击与失意，故而把个人的满腹牢骚、满腔悲愤以及人生理想寄寓到戏曲创作中来，形成了一股“书怀写愤”的戏曲文学思潮，与为人称道的晚明“尚情”戏曲文学思潮共谱出晚明戏曲文学最为亮丽的风景线。“尚情”戏曲文学思潮论者甚众，而“书怀写愤”很少有人论及，故表而出之。

（一）

晚明戏曲文学创作中有着一股强大的“书怀写愤”思潮，这股洪流的出现与晚明时期的整体文学背景有关，同时又有着渊源的文学传统。

首当其冲的是随着明代文化政策不由自主地日渐宽松之后，文学话语权开始逐渐地下移到中下层文人群体（我们可以稍微关注一下此时期重要作家的生平就能认识到此点），文学发展到与明前期的庙堂文化政策相背离的轨道。这自然包括戏曲文学在内。我们知道明代前期中央政府的戏曲文化政策是相当严厉的，这主要表现为统治者通过高压手段限制和利用戏曲来为自己的集权政治服务。朱元璋在洪武三十年（1397 年）刊行的《御制大明律》中有律令直接规定戏曲演出的内容，涉及帝王后妃、忠臣烈士类历史题材的戏剧因为可能被人用来借古讽今、损害到当今皇帝的名誉和威严，故而被禁止演出。永乐时期，对戏曲的禁限更加严厉，不仅限制演出内容，而且要求民间对那些违律题材的戏曲文本不能收藏、传诵、印卖，并明文诏令天下敢有收藏的“全家杀了”。[①] 可想而知，在这样的高压政策下，能够生存、能够创作出来的也只能是神仙道化、家庭伦理之类题材的戏曲了。只有这些作品才能既奉统治者声色之娱，又起到教化民众的作用，真是一举两得。这就形成了明代前期的庙堂戏曲观念。我们翻看此一时期的戏曲创作或戏曲理论即能感受到，庙堂戏曲观念已经在政治高压政策下普遍流行起来。明前期两位著名的戏剧家朱权、朱有燉，他们都是皇室成员，当然更加积极配合朝廷的政策，因而创作的大量戏曲作品充斥着神仙道化、道德说教的内容。朱有燉一再表示自己的戏曲是“劝善之词”[②]，“有补于世教”[③]，宣称“三纲五常之理，在天地未尝泯绝，惟人之物欲交蔽，昧夫天理，故不能咸守此道也”故此“予因为制传奇”[④]。在这样的观念下创作的戏曲自然缺乏元代杂剧中生气勃勃的气息，也缺乏文人戏曲所应该具有的独立人格和人文精神，因此，随之而来的是杂剧的衰落。文人创作南戏的情况也是这样。高明在《琵琶记》中宣扬“不关风化体，纵好也徒然”的创作观念，因而颇为朱元璋所欣赏，赞扬道：“五经、四书，布、帛、菽、粟也，家家皆有；高明《琵琶记》，如山珍、海错，富贵家不可无。”[⑤] 此后，通过南戏宣扬道德教化成为主流创作观念，产生了丘濬《五伦全备记》这样极端的作品。丘濬是朝廷大臣，又是一个理学家，正如他在戏曲中夫子自道，创作戏曲是为了“搬演出来，使世上为子的看了便孝，为臣的看了便忠，为弟的看了敬其兄，为兄的看

① 见顾起元《客座赘语》卷十“国初榜文”条，中华书局 1987 年版，第 347—348 页。

② 朱有燉：《赵贞姬身后团圆梦·引》，周藩原刻本。

③ 朱有燉：《十美人庆赏牡丹园》，周藩原刻本。

④ 朱有燉：《刘盼春志守香囊怨》，周藩原刻本。

⑤ 徐渭：《南词叙录》，《中国古典戏曲论著集成》第三册，中国戏剧出版社 1959 年版，第 240 页。

了友其弟，为夫妇的看了相和顺，为朋友的看了相敬信……" 因此戏曲的主题、情节皆为这个创作宗旨服务，甚至连剧中主人公的名字也是伍伦全、伍伦备，来暗喻五伦全备。此剧把高明的风化戏曲观念推到了极端，成为明代前期典型的伦理说教的文人戏曲。

但随着时代的变迁，统治者的文化高压逐渐失去作用，戏曲文学也逐渐从这种庙堂戏曲观念中脱离出来，这导致了明中叶戏曲文学的中兴。到了嘉靖时期，康海、王九思等人的杂剧体现出质朴刚健的元杂剧风貌，李开先、梁辰鱼等人的传奇创作题材开始多样化，他们共同的特点是反映了文人对历史社会人生的关注，戏曲作品中越来越多地彰显出文人的心灵世界和人格精神，虽然此时的戏曲创作不多，但为晚明时期的戏曲繁荣局面开启了新风气。

与明前期庙堂戏曲观念逐渐瓦解同步进行的，是文学话语权逐渐下移，由前期的皇亲国戚、达官显贵绍递到中下层文人手中。戏曲的繁荣与越来越多的中下层文人参与戏曲的创作相辅相成，互为因果。而这恰是明代政治越来越腐朽、社会也逐渐走向分崩离析的时期，绝大多数中下层文人在这样的社会政治背景下，仕进之路越来越难走。与此同时的一个变化是，在三教合一的哲学思潮影响下，这些中下层文人开始走向背离儒家正统的思想道路，逐渐形成他们新型的人格理想，具有个性狂放、张扬自我的人格特征。这种人格会与当时的政治环境和社会环境产生更大的矛盾，造成具备这种人格的主体更大的痛苦，怀才不遇的挫折感和愤世嫉俗的情绪充填胸臆之间。

另一个方面，晚明"书怀写愤"戏曲文学思潮也是对中国文学固有传统的赓续。正如《太史公自序》中云："昔西伯拘羑里，演《周易》；孔子厄陈、蔡，作《春秋》；屈原放逐，著《离骚》；左丘失明，厥有《国语》；孙子膑脚，而论兵法；不韦迁蜀，世传《吕览》；韩非囚秦，《说难》《孤愤》；《诗》三百篇，大抵贤圣发愤之所为作也。"[①] 司马迁说这番话，很明显的意思是把自己的《史记》放入了这个"发愤之所为作也"的序列中，《史记》也确被后人拿来和《离

① 司马迁：《史记》，中华书局1959年版，第3300页。

骚》并列，成为“发愤”著书的两大经典，并对后代产生了深远的影响。

晚明时期，士人的愤激心态比较普遍。因为心学思潮的启发和浇灌，士人以“性之所安，殆不可强，率性所行，是谓真人”（袁宏道《识张幼于箴铭后》）自期自许，有着强烈的个性意识和主体精神。他们狂放不羁，非常自信。但是晚明的政治又相当的腐朽，如万历时期的党争、帝王的怠政都足以打击这些青年士人，他们往往沉沦下僚，或者科举失败后徜徉山野。总之，这些人壮志难酬，个人宏大的抱负、丰沛的才情与现实人生中的坎坷失意使得他们心中充满矛盾和苦闷，遂形成愤激的心态。

那个时代的代言者李贽曾多次提到发愤著书的文学传统，自非偶然。在《忠义水浒传序》中说：

> 太史公曰：“《说难》、《孤愤》，贤圣发愤之所作也。”由此观之，古之贤圣，不愤则不作矣。①

《焚书》中又专论戏曲创作时说：

> 其胸中有如许无状可怪之事，其喉间有如许欲吐而不敢吐之物，其口头又时时有许多欲语而莫可所以告语之处，蓄极积久，势不能遏。一旦见景生情，触目兴叹；夺他人之酒杯，浇自己之垒块；诉心中之不平，感数奇于千载。②

因此晚明戏曲创作中，出现许多个性狂傲的才子形象，作者以奇人贞士为自己写照，大吐心中郁闷不平之气；要么塑造权奸贪官，讽刺当前政治；要么写世俗的势利，针砭庸俗的社会风俗。这样的创作观念非常普遍，许多部有相似倾向的作品共同形成一股“书怀写愤”

---

① 《焚书》卷三，中华书局1975年版，第109页。

② 《杂说》，《焚书》卷三，中华书局1975年版，第97页。

的思潮。

（二）

如前所述，从明代中叶开始，戏曲文学逐渐走上繁荣的道路，几乎与此同时，“书怀写愤”的戏曲的思潮也开始发轫，启其端绪者为康海、王九思两位剧作家。康王二人俱入前七子复古集团，凡入此集团者在当时都是才华傲视当代、个性睥睨王侯之辈，然刚而易折、才必招妒，此二人终皆坐刘瑾案废职。罢官后，康、王借戏剧“纾情畅志”，故其剧作中嬉笑怒骂，随处点染，抒发了自己一肚子的牢骚与幽愤。康海《中山狼》一剧旨在揭露忘恩负义者的无耻与凶恶，第四折【沽美酒】云：“休道是这贪狼反面皮。俺只怕尽世里把心亏。少什么短箭难防暗里随，把恩情番成仇敌。只落得自伤悲！”又把世上负恩的从“负君”“负亲”“负师”“负朋友”“负亲戚”一路骂去，慷慨淋漓，满纸悲愤。这是康海对当时社会普遍道德缺失现象的批判，我们没必要坐实此剧一定是为讥讽李梦阳而作，但康海在宦海风波中无疑受到这种忘恩负义之徒的落井下石，故而有如此深切的感慨。王九思《曲江春》则把矛头指向衮衮诸公，指向权奸当道的污浊官场，第三折【调笑令】一曲云：“我这里从容问苍穹，为着那平地里风波损了英雄，三三两两厮搬弄，管什么皂白青红”，很显然，这不甚符合杜甫的生平，倒可以看作王九思自己的“天问”。所以当时人就指出，杜甫是王九思自我写照，而李林甫是指时相李东阳。

康、王这种借戏曲“纾情畅志”的创作思路，到徐渭那里得到了充分的发展，可以说晚明时期汤显祖是“尚情”思潮的旗手，徐渭则举起了“书怀写愤”思潮的大纛。

徐渭才情丰赡，自称“书一、文二、诗三、画四”，在书画、文章等各类艺术方面都有着惊人的造诣；同时他又性情孤傲倔强，蔑视权贵崇尚自由，“疏纵不为儒缚”①。或许是由于性格的原因，或许出

① 《自为墓志铭》，见《徐渭集》，中华书局1983年版，第639页。

自不可知的命运，徐渭虽然才学极高却一生困顿、际遇穷奇。他八次科举却屡战屡败，曾入胡宗宪幕府代拟各种书文，幕客代人写作（大多是一些阿谀奉承的违心之作）的生活让徐渭颇感无聊，虽然受到胡宗宪的礼遇但情绪仍处矛盾苦闷之中。不久胡氏因为依附严嵩而入狱，徐渭害怕受到牵连，在恐惧中发狂。又因发狂时杀死继妻，下狱六年，回到家乡后从事书画、戏曲艺术创作，靠卖字画为生，最终潦倒而死。正如追慕徐渭的袁宏道所说“文长无之而不奇者也”①，然有才不得伸展，遂全赋于诗文书画和戏曲创作之中。他曾画有一幅《雪竹图》，并题诗曰：“画成雪竹太萧骚，掩节埋清折好梢。独有一般差似我，积高千丈恨难消。”② 在肃杀凄冷的意境中凸显其心中积郁难消的不平之气，这正是徐渭对压迫提出抗议的声音。徐渭的杂剧《四声猿》也是宣泄这股被压抑的奇气的，澄道人在《四声猿引》中归纳徐渭的创作宗旨时说，四部杂剧皆是“借彼异迹，吐我奇气”，此可谓知音之谈。如著名的《狂鼓史》一剧，写已经成为阴司阶下囚的曹操被骂得无处躲闪，祢衡也是骂得酣畅淋漓。此剧把现实中曹操与祢衡的强弱关系完全颠倒，戏弄了曹操，为祢衡吐气，徐渭也借祢衡之口宣泄自己长期以来压抑的精神痛苦和愤懑不平，表现出他一贯桀骜不驯的个性气质。《雌木兰》与《女状元》的主人公都是女子，花木兰替父从军立下战功、黄崇嘏高才博学考取状元，所写皆是惊世骇俗之事，这也是徐渭通过戏曲抒发自己心中一股“奇气”的反映。而且两剧中对科举考试颇多讽刺，如说“文章自古无凭据，惟愿朱衣暗点头”“不愿文章中天下，只愿文章中试官”，这些感叹无不是徐渭对自己科举悲剧的牢骚之词。钟人杰在《四声猿引》中说：

> 徐文长牢骚肮脏士，当其喜怒窘穷，怨恨思慕，酣醉无聊，有动于中，一一于诗文发之。第文规诗律，终不可逸辔旁出，于是调谑亵慢之词，入乐府而始尽。所为《四声猿》……皆人生至

① 袁宏道：《徐文长传》，见《徐渭集》，中华书局 1983 年版，第 1344 页。

② 《徐文长逸稿》卷八《雪竹》其三，《徐渭集》，中华书局 1983 年版，第 844 页。

奇至怪之事，使世界骇咤震动者也。文长终老缝掖，蹈死狱，负奇穷不可遏灭之气，得此四剧而少舒。所谓峡猿啼夜、声寒神泣。嬉笑怒骂也，歌舞战斗也，僚之丸、旭之书也，腐史之列传、放臣之《离骚》也。①

因此可以说，徐渭《四声猿》是晚明时期典型的“书怀写愤”之作。

徐渭在戏曲中表达的感受，是那个时代下层文人所共有的，晚明时期腐朽的政治环境和庸俗的社会环境对每位自信狂放的文人都给予或大或小的打击和压迫，他们也把自己的这份感受在戏曲中宣泄出来，也许没有徐渭这么愤激和深刻，但“书怀写愤”的基本倾向是相同的。徐渭《四声猿》创作出来后在戏曲界有很高声誉，他的戏曲精神也为后来者所继承。《盛明杂剧》主要收集的是晚明杂剧作品，程羽文在序言中说：“才人韵士，其牢骚、抑郁、啼号、愤激之情，与夫慷慨、流连、诙谐、笑谑之态，拂拂于指尖而津津于笔底，不能直写而曲摹之，不能庄语而戏喻之。”明确指出了晚明杂剧创作“书怀写愤”的特色。

继承徐渭“书怀写愤”创作精神的杂剧，在晚明蔚然成风，这样的作家作品很多，比如说王衡及其剧作。王衡是大学士王锡爵的儿子，万历十八年（1590 年）他在顺天乡试时被取为第一，但却遭到别人的检举，认为他在考试中有作弊行为。在万历时期大臣子弟科举作弊之事常有发生，例如张居正的儿子、申时行的儿子都有此类嫌疑。但王衡却是凭靠真才实学取得乡试榜首，他被人检举实际是因父亲王锡爵而得祸，是党争的牺牲品。因此在蒙此不白之冤后，王衡愤而离京，放弃了科举考试，直到万历二十九年（1601 年）王锡爵致仕之后才重新科举。此次科举风波对王衡打击很大，有才不得伸、壮志不得酬的苦闷，被人侮辱的委屈郁积心中，使他创作了杂剧《郁轮袍》以明心志、抒发郁闷。沈泰在《郁轮袍》中的眉批说：“辰玉

① 见《徐渭集》，中华书局 1983 年版，第 1356 页。

（王衡的字）满腔愤懑，借摩诘作题目，故能言一己所欲言，畅世人所未畅。”《郁轮袍》一剧写唐朝大诗人王维有“超世之才”，意欲凭借个人才学一举夺魁，故而拒绝了岐王的拉拢。不学无术的小人王推冒名顶替王维，参加了九公主的宴席并得到九公主的关照，在考试中夺魁，事情败露后王推又诬陷王维勾结权门考试作弊，王维险些陷入牢狱之灾。此剧中王维无疑就是作者自己的写照，王衡在其中抒发了对自己科举风波的感慨。剧中王维在受到陷害后，为自己辩解时说：“则王维诗是大大一个对证，难道叫得文理不通，倩人代考的来?”王衡考试前以诗文名世，他希望以自己的诗歌成就来证明自己科举考试中的清白。王衡遭遇到的科举风波，让他对当时颠倒黑白的世界颇多怨恨，也让他一腔雄心壮志随之消逝，他的剧作体现了对世界的荒诞感和对世事的失望情绪。《郁轮袍》中王维真才不遇、飞来横祸的遭遇颇为荒唐，而另一部戏剧《真傀儡》则更是象征了世界就像戏场一样的荒诞，分不清哪儿是戏中演出哪儿是人间真事，正所谓“做戏的半真半假，看戏的半假半真”。这种荒诞感让人对世事失望，王衡在父亲致仕后重新科举并中了进士，这无疑为自己洗刷了当年的冤屈，但他很快又辞官不做，终老林下。王衡在戏剧中也表明了这样一种情绪，王维在经历了一场风波之后，唱道：“我只道天下惟有文章公器，称得斤播得两，若也好颠白做黑，这万言书便是钩人的状子，考功郎便是摘字的曹司。”表达了对科举的失望之情，并“参透了个中滋味，便弃了官”，回到辋川做起了隐士。《真傀儡》中杜衍也厌弃了功名，情愿过隐居的生活，当圣上特派使者来咨询“今日保治之道，何者为先”时，杜衍说自己“捏不出擎天浴日的谎”，把严肃的政治条陈说成是“捏谎”可见作者的愤世之心了。

沈自征也是一位以杂剧“书怀写愤”的作家，他创作的《渔阳三弄》在立意上与徐渭《四声猿》有着明显的继承关系。沈自征有侠义之风，有纵横捭阖之才，也颇以英雄豪杰自许，然落拓江湖数十载，五十岁时方得到朝廷的征辟。此时英雄老矣，辞不就，一年后即去世。《渔阳三弄》包括三部杂剧，《霸亭秋》写饱有才学的杜默屡试不第，来到项王庙中，对着这位“失败的伟人”不禁悲自中来，

“奈何以大王之英雄不得为天子，以杜默之才学不得作状元?”于是抚神像而恸哭，竟哭得泥塑的项王也涕泪横流。这是典型的长歌当哭，以戏曲来抒写自己人生失意的苦闷。另外两部，《鞭歌妓》借张生骂世态之炎凉，“寄牢骚不平之意耳”[①]；《簪花髻》表面是一则喜剧，实际上在借写杨慎以壮心付诸花酒之无聊的闹剧中，寄寓了落拓人生的无奈与悲凉，以乐境写哀情，和前两部戏剧一样透露出作者之愤懑心曲。

类似这样“书怀写愤”的杂剧还有很多，徐复祚抨击世俗浇薄之风的《一文钱》，叶宪祖《骂座记》《易水寒》借古人寄寓自己一腔奇气，其他如梅鼎祚的《昆仑奴》、徐阳辉的《脱囊颖》、陈与郊的《中山狼》《袁氏义犬》、黄方胤的《陌花轩杂剧》等，同样是针对现实有所寄托的讽刺剧，有些堪称中国古代难得的悲剧作品。

（三）

以传奇来抒写人生情怀、自言心志的作品，在晚明也不少。这里举几部以“书怀写愤”为主要创作旨趣的传奇，以见一斑。

晚明著名作家屠隆的戏曲创作是此类作品的重要代表。屠隆才思敏捷，千言挥笔立就，而且富于政治才能，然个性狂傲，不为当世所容，最后被仇家诬以纵淫而罢官，落拓而终。其《昙花记》《彩毫记》《修文记》三部传奇皆作于晚年，颇有以戏曲作自传的意味，举凡自己一生中最重要之经历、最真实之思想乃至历经风波后的人生感慨皆寄寓其中。他在戏曲中抨击那些宵小之徒，抨击那些权臣奸相，嘲讽社会中各色骗子和伪道学，这些人无不是其现实人生中的敌人。屠隆还在《彩毫记》一剧中借李白这样既有政治理想和抱负又有绝妙文才、英雄豪杰般个性的人物形象，为自己写照、寄寓自己的人生理想，也通过李白不为社会所容，一生落拓的悲剧结局来抒写包括自

① 祈彪佳:《远山堂剧品·妙品》之“鞭歌妓”条，《中国古典戏曲论著集成》第六册，中国戏剧出版社 1959 年版，第 144 页。

己在内的封建时代“才子”型文人的悲哀和不幸。“怎知道，欢过后，愁还到。福穷时，祸所招。一霎时送将来罗网难逃。伴他虎穴龙巢，掇赚我羊肠鸟道。怕的是龟亡还为壳，愁则愁翠死却因毛。走入在是非场，终朝有，进一步风波平地高”（《乘醉骑驴》），把黑白颠倒、福祸无常的朝廷与官场生涯写得如此令人齿冷，因此逃出这污浊的现实，归隐林下逍遥放旷自然是令人向往的，这表达出晚明时期文人们逐渐脱离政治，开始从个体角度考虑安身立命之本的人生旨趣。然而，这种逍遥放旷虽能全性葆真，但毕竟是面对现实的无奈之举，其实仍然是充满悲剧色彩的。像屠隆这样完全以“书怀写愤”为主题的传奇作品，还有明末清初的著名戏剧家丁亢耀的《化人游》，这部作品无疑受到屠隆《昙花记》之影响，不仅在情节设置上颇为类似（皆以游为线索，且历经天上人间地狱水宫诸多境界），而且也完全是自喻之作，其用意亦是为了表达作家本人对社会人生的思考。这种思考毫无例外地带有“幽愤”色彩，正如宋琬对此剧的《总评》：“故一托之于汗漫离奇，狂游异变也，而实非汗漫离奇，狂游异变也。知者以为漆园也、《离骚》也、禅宗《道藏》语录也、太史公自叙也，斯可与化人游矣。”① 丁氏其他两部传奇虽然没有十分明显的自传性特征，但也同样寄寓了在天崩地坼的时代作家本人的激愤和幽深的隐痛，给这种书怀写愤的创作观念注入易代之际特有的情感内涵。

晚明时期政治污浊、科举制度腐朽、物欲横流导致风俗浇薄，戏曲作家把这些压迫了他们、损害了他们、侮辱了他们的丑恶现象都写进戏曲之中，以表达他们的愤懑之情。这方面的代表之作有孙仲龄《东郭记》《醉乡记》。《东郭记》以《孟子》“齐人一妻一妾”故事敷演成剧，以无耻之齐人东郭为主角，其目的即“而今不贵首阳风，索把齐人尊捧”（第一出），讽刺世俗的本意非常明显。剧中东郭又云“二兄，我与你一贫如洗，日不聊生。聚首一隅，终非高见。不佞想起来，当今之日，贿赂公行，廉耻道尽，我辈用其长技，取富贵如拾芥耳。焉能郁郁久居此乎？”（第二出）于是遂看到魑魅横行，鬼

① 见蔡毅编《中国古典戏曲序跋汇编》，齐鲁书社 1989 年版，第 1520 页。

蜮魍魉，一时间不知是何世界方有此等无耻之人事。《醉乡记》也是写对污浊现实、各种丑恶现象的批判，寓满腹悲愤于荒诞不经之情节中，颇得徐渭《四声猿》之旨趣，正如作者朋友王克家在《刻〈醉乡记〉序》中云：“苏子瞻遇不偕，志托《睡醉乡记》以寄牢骚；吾友孙仁孺才未逢知，更谱《醉乡传》以写情事。其所载铜白多金而先售，欧阳蒙目而误收，穷鬼情魔从中磨折，自有天地，便有此等，何足为怪？”①

晚明文人在传奇中表达对腐朽科举制度的愤慨尤为常见，如叶宪祖在《鸾锟记》中刻画了寒门才士的悲剧，表达了对腐朽科举制度的批判。叶宪祖，生有异才，二十八岁中乡试，此后二十五年多次参加省试皆败北，直到五十三岁才及第。《鸾锟记》写杜羔、温庭筠、贾岛三位士子皆饱读诗书，满腹经纶，人品高洁。三人赴京应试，丞相令狐陶倾慕温庭筠的才华，想用荣华富贵收买温庭筠替自己儿子代考，遂派胡谈去斡旋此事。结果遭到三人痛斥，胡谈在令狐陶面前极力诋毁三人，令狐陶恼羞成怒，遂授意主考官不得录取温氏三人。剧中写到三人落榜后，贾岛知道了其中缘由，不禁感叹：“纵教书向窗前读，无奈场中不论文”，遂愤而剃度为僧。这一段情节设计以及贾岛对科举的感叹寄寓了作者的愤激之情，这正如黄宗羲在叶宪祖的墓志铭中指出的：“如《鸾锟》借贾岛以发舒二十余年公车之苦……”②。

还有些传奇着意写恃强凌弱、背信弃义等现实恶俗。如陈与郊的多部传奇都以此为主题，形成其戏曲愤世嫉俗的主题风格。陈与郊为人放诞风流，为官有令声。他多年为官，本性与污浊的官场不合，四十多岁便辞官隐居；乡居期间又麻烦不断，还曾被自己的得意门生所陷害。坎坷一生使他看透世情，其所作《詅痴符》传奇四种和几部杂剧皆充满一股愤世嫉俗的情绪，对一些社会积弊和势利风俗多有所批判。《樱桃梦》中写卢生在梦境中一番官场沉浮，备尝人情冷暖、

① 见蔡毅编《中国古典戏曲序跋汇编》，齐鲁书社1989年版，第1338页。

② 黄宗羲：《按察使六桐叶公改葬墓志铭》，《南雷文定》卷五。

世态炎凉，剧中通过对张虚、李真等势利小人的刻画，鞭挞了人世间各种丑恶现象。故而祁彪佳《远山堂曲品》中评此剧“炎冷、离合，如浪翻波叠，不可捉摸……先生此记，尽泄其慨世之语，而其才情宕逸，皆不可一世。”①《灵宝刀》改编自李开先的《宝剑记》，但此剧主要是写与林冲结义的兄弟陆谦为了博取荣华富贵投靠权门，从而背信弃义陷害林冲的故事，全剧立意旨在抨击翻云覆雨的小人。陈与郊还作杂剧《袁氏义犬》，其正名云“人心兽面相门獒，人面兽心狄灵庆!”也是写为一己私利而背信弃义的小人，不过这个小人是被害者的门生，最终恶有恶报，小人被一只义犬咬死。陈与郊晚年经历过被门生出卖痛苦，此剧也是其泄愤之作，《远山堂剧品》中说：“先生林居时大不得意，作此词以愧门墙之负心者。”② 陈与郊用戏曲来泄私愤似乎立意不高，与徐渭所表达的那种深广的忧愤相比较起来更是显得肤浅，但背信弃义、世态炎凉等又是那个时代的通病，因此像陈氏这样的作品与那些用戏曲来进行人身攻击的作品是有区别的，仍然有其积极意义。

(四)

通过以上对“书怀写愤”戏曲思潮形成原因及其具体表现的分析，我们可以得出以下几点结论。

“书怀写愤”戏曲思潮滥觞于明中叶，至晚明成为洪流，创此类戏曲者大都是一些人生失意的中下层文人。他们在戏曲创作中寄寓了自己的个性精神和人生感慨，具有明显的自传性质，有别于高台教化的戏曲、自娱娱人的喜剧和一般的风情剧，是典型的文人戏曲。

“书怀写愤”类戏曲以写愤为主，情怀激烈，具有极强的情感张力，正如吴伟业所云“盖士之不遇者，郁积其无聊不平之慨于胸中，无所发抒，因借古人之歌呼笑骂以陶写我之抑郁牢骚，而我之性情爰

① 《中国古典戏曲论著集成》第六册，中国戏剧出版社1959年版，第10页。

② 同上书，第156页。

借古人之性情，而盘旋于纸上，宛转于当场。于是乎热腔骂世，冷板敲人，令阅者不自觉其喜怒悲欢之随所触而生，而亦于是乎歌呼笑骂之不自已。”① 在具体创作手法上，荒诞多于写实，擅用夸张、漫画式笔法。

“书怀写愤”类戏曲有强烈的批判意识，对政治上的腐朽现象、各种丑恶社会现实进行有力的鞭挞，对社会的不公平、不合理提出抗议。

总之，与尚情戏曲思潮一样，“书怀写愤”思潮也是晚明思潮的产物，体现出文人们的理想、良心和正义感，颇具人文色彩和批评精神，是在当时黑暗的现实土壤中生长出的一株光彩照人的奇葩。

这股“书怀写愤”的戏曲思潮不仅泛滥于晚明时期，到清初仍然有很大的影响力，如丁亢耀的《赤松游》《表忠记》、嵇永仁的《续离骚》四种、廖燕的《写心杂剧》四种、涨潮的《笔歌》五种、来集之的《两纱》以及吴伟业、黄之隽、叶承宗等人的作品皆可谓晚明“书怀写愤”戏曲思潮的余绪。

① 吴伟业：《北词广正谱序》，见蔡毅编著《中国古典戏曲序跋汇编》，齐鲁书社 1989 年版，第 79 页。

屠隆与汤显祖的交游并论及《玉茗堂批订董西厢》非伪托

屠隆（1542—1605），字长卿、纬真，号溟涬子、冥寥子、一衲道人、鸿苞居士等。万历五年（1577 年）进士，出为颍上县令，后调青浦，为政期间"时招名士饮酒赋诗，游九峰、三泖，以仙令自许，然于吏事不废，士民皆爱戴之"①。万历十一年（1583 年）升为礼部仪制司主事，十二年（1584 年）刑部新任主事俞显卿因宿怨，弹劾他与西宁侯宋世恩纵淫，一时满城风雨，屠隆遂被罢官。后来曾有机会再度出仕参加撰修国史，最终以诏下免修国史而罢。此后，一面耽言学道，一面诗酒风流，最后落拓而终。

屠隆一生著述宏丰，流传至今的有诗文集《由拳集》二十三卷、《白榆集》二十八卷、《栖真馆集》三十一卷、《娑罗馆逸稿》二卷，杂著《鸿苞集》四十八卷、《考槃余事》四卷、佛教著作《佛法金汤》一部，戏曲《昙花记》《彩毫记》《修文记》三部（乾隆命人修改三部传奇的曲谱以供宫廷演出，命名为《凤仪阁乐府》），又有清言小品《娑罗馆清言》二卷、《续娑罗馆清言》一卷。

屠隆是晚明著名文人，在晚明文学史上有着比较特殊的意义。屠隆曾是复古集团"末五子"之一，被王世贞誉为"捧盟盘而让牛耳"的接班人，但屠隆的文学复古理想中已经出现了很多新变因素。首先他对复古派开始了比王世贞等人更为深切的反思，如《由拳集》卷十二《沈嘉则先生诗选序》批评"句模字拟""剿袭"等复古弊端、

① 《明史》本传，卷二百八十八。

卷十四《与王元美先生》批评李攀龙取格过狭、王世贞“大而未化”。《鸿苞集》卷十七《论诗文》更是追根溯源，“李何从宋元后锐意复古，可谓再造乾坤手段，近代后生慕效之，以涉猎西京，优孟左史，不读古人之书，不识文章之变化，亦何李启之也。”其次是提出了一些新的见解，开始以“适”论文学（“余之作吾取吾适也”《由拳集》卷十二《旧集自序》）、“性灵”论文学（《由拳集》卷十三《寿黄翁七十序》：“诗取适性灵而止”，《鸿苞集》卷十七《文章》：“夫文者华也，有根焉，则性灵是也”，《鸿苞集》中论“性灵”的文字甚多，不下数十处）。可以说，在公安派以前，屠隆是以性灵论文学最多的一个作家，而且其性灵论中已经具备了“真”“淡”“适”等内涵，这与公安派的性灵说有着很多相似之处。他的诗歌，正如有些文学史所指出的“屠隆的诗作也多讴歌及时享乐，用笔舒放，与公安派有相似之处”①，其文也是自抒性灵之作，显示出“个人的笔调”（林语堂语）。清言小品是很能反映晚明文学特征的一种文体，屠隆的《清言》《续清言》被收入陈继儒《陈眉公订正秘籍》中广为流传，对这种文体的形成和流行产生了很大的影响②。有论者注意到了屠隆文学思想和文学创作中的新变因素，但却认为是在公安派的影响下形成的，实际上屠隆的文学活动要早于公安派。屠隆的三个文集，《由拳集》刊刻于万历八年，集中作品“摛菁弱冠者十四，振藻登庸者十六”（彭汝让《序》），是三十七岁以前的作品；《栖真馆集》刻于万历十八年，《白榆集》刻于万历二十二年（1594 年）；虽然《白榆集》刻在后，但却比《栖真馆集》中作品要早，主要是万历十二年罢官左右时诗文，《栖真馆集》是万历十七年（1589 年）以前的作品，杂著《鸿苞集》也并非很多人认为的那样完全是屠隆晚年所著，

---

① 章培恒、骆玉明：《中国文学史》下卷，复旦大学出版社 1996 年版，第 295 页。

② 四库馆臣把晚明文人流行创作小品文、清言杂缀称为“小品习气”，持批评的态度，每次都要追根溯源到屠隆身上，如《四库全书总目提要》卷 128 称张大复《闻雁斋笔谈》：“所推重者李贽，所规模者屠隆也。”评彭汝让《木几冗谈》：“乃剳记清言，偎佻殊甚，盖屠隆一派也。”评乐纯《雪庵清史》：“拾屠隆、陈继儒之余慧”。卷 134 评张应文《张氏藏书》：“大抵不出明人小品之习气……明之末年，国政坏而士风亦坏，调弄聪明、决裂防检，遂至如此，屠隆、陈继儒诸人不得不任其咎也。”

据《栖真馆集》卷十九《答邹孚如》:“道民年来以蒲团多暇,浏览八荒、参合三教,著为一书,析天人之微……纪述灵迹,旁及世务,间谭艺文,阐发前修,颇多自得,分二十余卷,名为《鸿苞》,成而尚秘,未敢播之通都,意且藏之石匣。”此信写于万历十七年秋天,此时《鸿苞》已经成书二十余卷,文中所说“间谭艺文,阐发前修,颇多自得”指的就是其性灵文学论。因此,以上所谈屠隆文学观念和文学创作的特点,都反映在万历十七年以前的作品中,而这是李贽的著作还没有刊刻,其对思想界还没有产生极大影响、公安派更是没有形成的时期[公安派的形成一般认为是在袁宏道任吴县令时,万历二十四年(1596年)《叙小修诗》中开始提出“独抒性灵、不拘格套”性灵文学观念],所以我们有理由认为屠隆是晚明文学思潮的前驱之一①。

比起屠隆,汤显祖的文学观念则为人熟悉得多。他对那种字模句袭的“复古”没有好感,“学为律,粗以纪游历,寄赠言怀,无与北地(李梦阳、何景明等人)诸君接逐之意。北地诸君,亦何足接逐也。”② 提倡“言怀”之作,有时他也直接就提到“灵气”“灵性”,如《合奇序》云:“予谓文章之妙不在步趋形似之间,自然灵气,恍惚而来,不思而至,怪怪奇奇,莫可名状,非物寻常得以合之。”在万历前期复古派思潮还是文坛主流时,屠隆的文学观念与汤显祖有许

---

① 屠隆对公安派也有直接影响,如江盈科《祭屠孺人》中说:“天启我明,作者云合,就中登坛树帜,惟二三君子,众口艳传。总之北地刻意为古,济南刻意为俊,娄东刻意务集大全。其于此道,非不跻峰造极也,要于学力专诣,非必神理流鬯,妙乎自然。迨隆万之间,乃有纬真先生者,发四明之闲气,吐东海之洪澜。年甫弱冠,而诗赋诸体,高华秀朗,超逸孤骞。恍如青天片月,光映六合,纤尘尽扫,群籁寂焉。既而读之,若不经意,而诸家之所长者,业已归其苞络,收诸笔端。彼夫世俗之论诗者,谓才如先生,加以精造,当更杰出,仰视无前。余则谓先生之诗,非必有加于北地诸公也,乃其横绝一代,独空千古者,正惟诸君子未能相忘于刻意,而先生神流机动,若非有想、若非无想,似乎不假于我,而纯任乎天。此之境界,古惟太白,今惟先生,两而一焉,夫宁独先生能哉!”(《雪涛阁集》卷十一)细读江氏文集,其中语言之轻盈跳脱、行文口气笔调与屠隆的确有很多相似之处,《由拳集》的影响是有迹可觅的。另外,袁宏道对屠隆的为人和为文也非常倾慕,可参看《袁宏道集校笺》卷五《王以明》《屠长卿》《汤义仍》等书信。

② 徐朔方笺校:《汤显祖全集》,诗文卷四十六《答费学卿》,北京古籍出版社1999年版,第1412页。

多相同之处，这正是两位文人得以相互交往而且有着深挚感情的基础。

屠隆与汤显祖都曾参加万历五年的省试，屠隆即在此时与沈懋学成为至交，汤显祖与沈氏同出罗汝芳门下，两人关系密切。汤显祖诗集《问棘邮草》有《同宣城沈二君典表背胡同宿，忆敬亭山水开元寺题诗，君典好言边事》诗一首，两人在京城相聚唱和，但此时屠隆不一定与汤显祖有交往。据两家诗文集所反映，两人交往始于万历十一年屠隆任礼部主事时，此时汤显祖也在礼部。屠隆有诗《赠汤义仍进士》其中云："夫君操大雅，负气亦磷磷。风期窃相似，终惭玉与珉。同为兰省客（指同在礼部），当前讵无因。胸怀久不吐，宛转如车轮。丈夫一言合，何为复逡巡。愿奉盘匜往，投醪饮醲醇。青云倘提携，勉旃千秋人。"① 汤显祖自称"宁为狂狷，毋为乡愿"（《合奇序》），屠隆个性也狂放不羁，所以在赞叹汤显祖"负气亦磷磷"的气节时，自称"风期窃相似"，引为同道中人。

万历十二年九月屠隆罢官，时在南京太常寺博士任上的汤显祖作诗《怀戴四明先生并问屠长卿》："八月十日到官寺，是日临斋多所思。……赤水之珠屠长卿，风波宕跌还乡里。岂有妖姬解写姿，岂有狡童解咏诗？机边折齿宁妨秽，画里挑心是绝痴。古来才子多娇纵，直取歌篇足弹诵。情知宋玉有微辞，不道相如为侍从。此君沦放益翩翩，好共登山临水边。眼见贵人多卧阁，看师游宴即神仙。"不久臧懋循又因风流任诞贬官，汤显祖作《送臧晋叔谪归湖上，时唐仁卿以谈道贬，同日出关，并寄屠长卿江外》，有句"长卿曾误宋东邻，晋叔讵怜周小史。自古飞簪说俊游，一官难道减风流"②，对他们风流任诞的生活方式表示欣赏，对苛刻的礼法颇有微词。

屠隆归乡后，与晚明著名山人沈明臣的关系恶化，沈氏在白门、吴中一带造谣污蔑，令屠隆非常难堪。屠隆曾为此事多次写信给朋友诉苦，汤显祖在此事上无疑站在屠隆的一边，为屠隆辟谣、澄清事

① 《白榆集》诗集卷一，明万历二十二年程元方刻本。

② 两诗见于《汤显祖全集》诗文卷七，北京古籍出版社 1999 年版，第 217—219 页。

实，屠隆曾写信感谢。《与汤义仍丰常》[①] 中提到希望汤显祖与王世贞结交“两贤同栖，政不妨朝夕把臂”，但主要内容还是诉说心中的不平，最后说“赖足下力持公论，馋口噤不得张”，即是说沈氏一事。汤显祖回信劝慰他：“读足下手笔，所未能忘怀，是山人口语一事。天下固有此人，初莫胗其鸱也，取之雏毻之中，生其羽毛，立其魂魄，乍能飞跳，便作愁胡。但我辈终当醉以桑葚，噤其饥啸耳。宁人负我，无我负人。江海萧条，大是群鸥之致”。[②]

汤显祖任遂昌知县期间，万历二十三年（1595 年）屠隆曾来任所与其相会。《鸿苞集》卷四十《与邓汝德少参》中说：“（丁此吕被逮，屠隆准备去探望，结果不遇）徘徊歧路，计无复之，乃往括苍访汤义仍，义仍使至自南昌，始悉右武（此吕字右武）消息，寻以民挂党籍，老母忧念，家奴来促归，匆匆东下。”据《万历邸抄》二十三年七月：“逮系原任参政丁此吕至京即讯。文书房传出圣谕：昨览尚书孙丕扬所奏丁此吕访单，贪纵殊甚，酷虐异常，苦毒百姓，几乎成变。情甚可恶，着锦衣卫差的当官校扭解来京究问。……有旨了：此吕贪赃罢斥，罪在自取。”同月：“吏部尚书孙丕扬疏救丁此吕，不报。丕扬疏：前以丁此吕访单奏上，明考察之不枉，此臣自解祸胎，非欲以罪此吕。伏蒙赫然命逮，臣虽不祸此吕，此吕由臣而祸矣。皇上早赐回天，臣残喘尚延须臾，不则宁蹈东海而死耳。不报。后逮至京，法司覆上，请戍极边。”则丁右武是万历二十三年七月被逮，屠隆上封信中所言“乃往括苍访汤义仍”是丁右武被逮之后，《汤显祖全集》诗文卷十二有《平昌得右武家绝决词示长卿，各哽泣不能读，起罢去，便寄张师相，感怀成韵》诗一首，两人对共同的朋友不幸感到悲痛。另同治《遂昌县志》卷二中有多首屠隆与汤显祖相唱和的诗篇，其中游眠牛山，屠隆诗有句：“长镵烟外山光暮，短樾风中草色秋。”则说明两人同游正是秋天。

---

① 《栖真馆集》卷十六，明万历十八年吕氏栖真馆刻本。

② 《答屠纬真》，见《汤显祖全集》诗文卷四十四，北京古籍出版社 1999 年版，第 1297 页。

以上所反映的是屠隆当年的第二次去遂昌，时间在秋天，而本年春天时屠隆也有一次短暂的遂昌之游。因为屠隆万历十八年以后的诗文流传甚少，故春天之旅痕迹不明显（秋天游遂昌之所以留下痕迹是因为涉及丁右武，收进《鸿苞集》的几封书信都是因为关涉到丁氏而得以流传）。所以很多人认为屠隆本年只去过遂昌一次，这导致戏剧史上的一个公案，即汤显祖《玉茗堂批订董西厢》的真伪问题。徐朔方先生认为系伪托，海外学者郑培凯认为是真作，后者只说“徐朔方曾考证，这段序《董西厢》的文字或许为他人伪托，然而其中述及的人与事与显祖的遂昌经历很接近”①，但没有作具体分析，而徐朔方先生则对此有专文考论。问题焦点是《玉茗堂批订董西厢》前的序，录其序文如下：

> （前缺）雷阳谪居，真不减鸱夷五湖、相如临邛耳已。令平昌，邑在万山中，人境僻绝。古厅无讼，衙退疏帘，捉笔了霍小玉公案。时取参观，更觉会心，辄泚笔淋漓，快叫欲绝。何物董郎，传神写照，道人意中事若是。适屠长卿访余署中，遂出相质。长卿曰；记崔张者凡五人：北则人知有王关，而不知有董；南则人知有李，而不知有陆。为子玄（陆采）称冤，并以娑罗园题评见示。且欲易余董本，余戏谓长卿：昔东坡欲以仇池石易王晋叔韩干二驭马，晋叔推之。钱穆公欲兼取二物，蒋颖叔欲焚鱼碎石。竟成聚讼。予请以石归苏，以鱼归王。今日请以娑罗归屠，玉茗归汤。乙未上巳日清远道人纂。

徐朔方先生认为该序属伪托，最有力的证据是屠隆万历二十三年秋天才来遂昌，而序文署“乙未（万历二十三年）上巳日”，上巳即为三月三日，而屠隆不可能春天来过遂昌，因为现存汤显祖为屠隆所写的六首诗中没有一首“时间在秋天以外的其他季节”②。

---

① 郑培凯：《汤显祖与晚明文化》，台北允晨文化实业公司 1995 年版，第 258 页。

② 《〈玉茗堂批订董西厢〉辨伪》，《社会科学战线》1984 年第 2 期。

但实际情况并非如此。在这六首诗里至少有两首透露出屠隆春天来遂昌的信息。其中一首《平昌送屠长卿归省》云："神仙曾作县，君子遂名堂。竹色朝行酒，钟声晚隐床。西游人未老，南至日初长。那用登芸阁，千秋辞赋香。"① 屠隆任县令时不废游乐，自称仙令，所以汤显祖说"神仙曾作县"，后面所写的几句主语都是屠隆，最后两句赞叹屠隆的文学才能。而最为关键的是"西游人未老，南至日初长"两句，遂昌在宁波的西南面，所以屠隆来遂昌便是"西游""南至"。而这次南至是何时呢？"日初长"，指白昼开始慢慢变长了，从春分后白昼时间开始变长，无疑指明了屠隆是春天南来的，"日初长"在诗文中是个固定短语经常出现，如秦观有词《画堂春》"东风吹柳日初长"，朱淑贞一首著名的小诗《即景》"谢却海棠飞尽絮，困人天气日初长"，无论是"东风吹柳""飞尽絮""困人天气"俱是春天季节特征，因此不管是从节气还是以往诗文中的描写都可证明，"日初长"就是说春天的事情。在另外一首《长卿初拟恣游浙东胜处，忽念太夫人返棹，怅焉有作》② 第一句云"神仙县令如山鬼"，与"神仙作县"一样，都是拿屠隆的雅号作意，用词如此相同，盖是作于同时。诗最后云："定道穷愁能著书，正恐春风动游子。君去春来谁得知，脉脉芳蹊问桃李。""春风动游子"是化用"谁言寸草心，报得三春晖"的典故，意谓屠隆思念起年迈的母亲而归，作者因朋友的离去而觉得这个春天也不禁寂寞、惆怅起来（脉脉芳蹊问桃李）。而且从题目"长卿初拟恣游浙东胜处"也可以看到，这首送别诗不可能是写于此年的秋天，屠隆秋天在遂昌待了"旬日"，而"比归，冬月矣"③，其大约是九、十月份到遂昌的，谁会在深秋的时候打算"恣游"呢？况且他秋天来遂昌主要是打听丁右武的消息。这次春天之游，时间很短，所以诗中又说"何得采芝未盈把，便向高堂成宴喜"了。

---

① 见《汤显祖全集》诗文卷十二，北京古籍出版社 1999 年版，第 494 页。

② 同上书，第 493—494 页。

③ 屠隆：《鸿苞集》卷四十四《与丁右武》，明万历三十八年茅元仪刻本。

因此，屠隆无疑在春天里有过短暂的遂昌之旅，此行目的是准备从遂昌开始“恣游浙东胜处”，与本年的第二次来遂昌主要是为了打听丁右武的消息不同。既然屠隆春天来过遂昌，则序中所题的“上巳日”不仅不能说明此文为伪托，恰恰表明时间记载得很准确并证明了序文不可能有如此精细的造假。

其次，序文中所说的内容也是很符合实事的，如“长卿曰：记崔张者凡五人：北则人知有王关，而不知有董；南则人知有李，而不知有陆，为子玄称冤”，屠隆曾批订、周居易校梓的《新刊合并西厢》，所谓“合并”即是把董西厢、王西厢、李日华和陆采的南西厢，四种合并校订而刊刻之，这说明屠隆很重视《西厢记》的著作权问题，有校正“北则人知有王关，而不知有董；南则人知有李，而不知有陆”这种认识偏差的目的。屠隆的朋友张凤翼曾为其作《合并西厢序》，序文说：“……以故赤水屠先生，为当世博洽君子，亦于西厢订证披阅，盖不以词曲苴视之也。然订正者非一人，张雄飞得董本而较，金在衡得实甫本而较，梁少白得日华本而较，余以为非直饾饤补缀，传奇中之雅调也，观者能会作者之意则庶几得古人立声之旨矣，此西厢合并也。”[1] 其中谈到《合并西厢》之前的几个校本，唯独没有陆采《南西厢》，这可能就是屠隆“为子玄称冤”的原因，而在《合并西厢》中则有《新刊合并陆天池西厢》二卷，“为子玄称冤”已经付诸行动。另外证明《玉茗堂批订董西厢》非伪托的一个旁证，是张凤翼在《〈西厢记〉考》序中的话：“……圣人删诗，不废淫风，则古人立教，常寓意于音声外也。以故赤水屠先生、义仍汤先生均为当世博洽宏览君子，亦于《西厢》订正拟阅，盖不以曲词口（苴）视之也。”[2] 张氏是屠隆、汤显祖的好友，则关于汤显祖与屠隆一样，“亦于《西厢》订正拟阅”的话是不会搞错的。

在徐朔方先生一文中，另外还列举了几个疑点，如序文第一句涉

---

① 此序见于明刊本题“赤水屠隆长卿父校正，乐天周居易子平父校梓”的《新刊合刻董解元西厢记》前，署“万历庚子仲秋十有六日吴郡冷然居士张凤翼伯起撰”。

② 见蔡毅编《中国古典戏曲序跋汇编》第一册，齐鲁书社1989年版，第48页。

及风流故事，与汤显祖当时景况不类，从汤显祖为屠隆、臧懋循因风流罢官而作的诗中可以看出，其对朋友这些艳事是抱着欣赏的态度，这就难免自己也会如此，况且晚明文人风流已经是一种风气，不成为政治障碍（当然不能过于离谱），文人也不会为此设防；文中又说到序文最后几十个字与陈继儒《董玄宰制义序》雷同，陈氏很多著作都有摘抄的痕迹，这也不能证明序文为伪托。另外《玉茗堂批订董西厢》书题“文寿承、何元朗、张雄飞校阅”，而前两人在万历初年就已去世，“文、何二人的校阅原稿是通过怎样的途径传送到遂昌的呢?”（见徐文）其实汤显祖也不必非到遂昌后才有这本董西厢，而其得到的途径会更多，序文中说屠隆想把自己的本子与汤本对换，则说明这个本子有一些不同于普通本子的地方，或许屠隆看中的就是因为有这几位前辈的校阅而想交换呢。总之，这几个疑点都是些猜测之词，不能说明问题。

综上所考，则《玉茗堂批订董西厢》绝非伪托。汤显祖在序中称“时取参观，更觉会心，辄泚笔淋漓，快叫欲绝。何物董郎，传神写照，道人意中事若是”，对董解元“传神写照”的艺术才能非常赞赏，这也对汤显祖的戏剧艺术产生深远的影响，著名的“意趣神色”论在此处可以寻找到艺术的源头；同时《西厢记》人物中所谓“意中事”不外乎情，汤显祖《牡丹亭》中所赞美的“情不知所起，一往而深”（《牡丹亭题词》），真挚热烈的男女情感也少不了对《西厢记》的借鉴。序称“适屠长卿访余署中，遂出相质”，两位朋友析义相质的肯定也正是这些内容①，所以说屠隆春天的遂昌之游，使得两人有机会深入讨论到《西厢记》的内容和艺术，这应该是汤显祖创作《牡丹亭》前的一次很有意义的艺术酝酿。

此年屠隆的两次遂昌之游，与汤显祖加深了了解，更因为个性才情和艺术观念的趋同而使得两人相互推许，引为知己。屠隆的《玉茗

---

① 屠隆论戏剧也谈情，如其为王骥德《题红记》所作序中说：“夫生者，情也。有生则有情，有情则有结。”（蔡毅《中国古典戏曲序跋汇编》第二册，第1294页）这种尚情论与汤显祖是相同的。

堂集》序即作于此时，文中称："义仍乃不可一世，历下、琅玡而下，多所睥睨。余颇不谓然。乃近者义仍《玉茗堂集》出，余一见心折。世果无若人，无若诗，多所睥睨，非过也。义仍才高学博，气猛思沉。……天纲顿物，大冶铸金。左右纵横，无不如意。"对汤显祖的文学成就赞叹不已，同时又说："义仍不可一世，而胸中独似着幺麽屠生。每谓诸生言，吾此编非长卿莫可序我。嗟夫，岂谓长卿真足序义仍哉！世无大如来，则向辟支独觉参印义谛耳。余小乘为大乘说法，即令天雨花，石点头，何能觑如来一毛孔！"① 在当时复古剿袭风气仍很浓厚时，从复古阵营走出来的屠隆称"世无大如来"，称自己是"辟支独觉"，汤显祖称"非长卿莫可序我"，两人惺惺相惜之情溢于言表，同时表明着两人对一种新文学的期盼，从这个层面来说，汤、屠二人的交往，特别是此年的遂昌之行，在晚明文学史上有着特殊的意味。

屠隆归后，汤显祖作诗《秋雨九华馆忆屠长卿，便入会城课满》（《汤显祖全集》卷十二）怀念他；其后又曾邀请屠隆来游，如《汤显祖全集》诗文卷四十四《柬长卿》云："弟洗竹林寺以待足下，竟成子虚。"汤显祖归江西后，这一对老朋友交往稍疏，《汤显祖全集》诗文卷十五有诗《长卿苦情寄之疡，筋骨段坏，号痛不可忍。教令阖舍念观世音稍定，戏寄十绝》，写于屠隆去世前不久，卷十九有《浙中具区、赤水、茂吴、汉城一时沮落，悲之》一诗，其中表达了对老朋友的哀悼之情。

① 序文见《汤显祖全集·诗文集原序辑存》，北京古籍出版社1999年版，第1684—1686页。

论屠隆戏曲的"自传性"特征

屠隆（1542—1605），字长卿、纬真，号溟涬子、冥寥子、一衲道人、鸿苞居士等，浙江宁波人。万历五年进士，此后两为县令，为官颇有政声，受到士民的爱戴。万历十一年屠隆以治行第一升为礼部仪制司主事，十二年刑部新任主事俞显卿因宿怨，诬陷屠隆与西宁侯宋世恩纵淫，虽查无实据，但屠隆终因"诗酒疏狂"的罪名被罢官。罢官后家居二十年，一面耽言学道，一面诗酒风流，最后落拓而终。

屠隆是晚明时期重要诗文家和戏曲家。他曾创作三部传奇，皆得以传世。《昙花记》叙木清泰舍弃功名富贵，外出访道，历经艰辛终证佛果事；《修文记》叙蒙曜夫妇、子女清心学道，全家拔宅飞升事；《彩毫记》按照李白生平和传说敷演而成，也以李白成仙而告终。三部传奇皆作于屠隆晚年，其一生重要之行实皆直接表现或间接影射到戏曲中，使得他的戏曲创作带有"自传性"特征。这种自传性特征，在三部传奇出世时就受到当时人的关注。《昙花记》一剧，情节虽然虚构，但其所写人物、事件都与万历十二年屠隆中白简罢官一事有明显的影射关系。沈德符曾经在《万历野获编》中用很长的文字揣测本剧所指，最后论为此屠隆之"忏悔文也"，指出此剧与屠隆罢官一事之密切关系。[①] 如果我们熟悉屠隆的生平，就不会认为沈德符的观点为文人间流行的捕风捉影之谈。比如，剧中对一个大受鞭挞的人物孟豕韦的描写（第十六出《仇邪设谤》）——散骑常侍孟豕韦与司农卿萧黄流有不共戴天之仇，把萧黄流酒席上的一番话添油加

① 沈德符：《万历野获编》卷二十五"昙花记"条，中华书局1959年版，第645页。

醋，写成奏章诬陷之——这与俞显卿诬陷屠隆的招数如出一辙，所以吕天成在《曲品》著录此剧说“孟豕韦即指纠之者”[①]，亦非虚言。《修文记》流传不广，但《曲品》亦见著录，吕氏云：“赤水晚修仙，为黠者所弄，文人入魔，信以为实。然以一家夫、妇、子、女，托名演之，以穷其幻妄之趣，其词固足采也。”[②] 指出整个故事影射了现实中屠隆一家的修道故事。剧中主人公之一的蒙曜上场时自报家门：“曾为仙令，卓有神明之声；再官省郎，雅著寅清之誉。倏尔被谗去国，幼安皂帽，飘然入道，还家贺监”，不差似是屠隆本人的履历；第十出《仇鬼》“任伯嚭”叙自己与蒙曜结仇之事，“特地献诗文，腹雌黄，带微哂。辇毂下，还要鼓颊唇”，完全是叙述屠隆、俞显卿矛盾事实经过。剧中蒙曜女湘灵、子玉枢玉璇，分别是屠隆女瑶瑟字湘灵、长子金枢次子玉衡的化名，剧中的湘灵在一家中最早成仙，而屠隆在瑶瑟去世后，也曾有诗《闻化女湘灵为祥云洞仙子志喜六首》（收入《甬上屠氏家集》卷二），其六云：“阿翁学道已多年，翻使湘灵先着鞭。为种绛桃三万树，迟予早晚洞门前。”即咏其成仙事。除此之外，屠隆的师友，如当时著名的僧人达观、云栖，居士虞淳熙也完全现身剧中（第四十三出《说法》）。

把自己的经历、生活写进戏曲，这可以算作一种显性的自传，或者说自传性的一种浅层次的表现，除了稍作这样的列举之外，无多大的深意可谈。在显性自传之外，屠隆戏曲中更为重要的是表现了作家自己的思想个性和独特的精神气质，这种隐性自传或曰精神层面的自传才是屠隆戏曲的最大特色。吕天成论《彩毫记》时云：“此赤水自况也。”[③] 即从这方面立论，屠隆其他两部剧也无不带有这样的特征。实际上，晚明时期文人主体性意识越来越强，因而以戏曲表现自己精神个性，创作带有精神自传性质戏曲的创作观念非常盛行（参见前文《晚明“书怀写愤”戏曲文学思潮论纲》），屠隆在这方面是一个典型

① 《中国古典戏曲论著集成》第六册，中国戏剧出版社 1959 年版，第 235 页。

② 同上。

③ 《曲品》，《中国古典戏曲论著集成》第六册，中国戏剧出版社 1959 年版，第 235 页。

的代表。所以具体分析屠隆戏曲创作中“自传性”的特征，能深入理解屠隆思想及其戏曲的主题意蕴，也能通过屠隆来认识当时戏曲创作的一些共同倾向。下面从三个方面做些具体的分析。

（一）宣扬其三教融合的哲学思想，是屠隆戏曲“自传性”特征的第一个重要表现

历来讨论屠隆的三部传奇作品，皆因为它们奢言佛道，剧中仙佛鬼怪共舞一堂，故而认为屠隆戏曲颇类于人鬼神蛇之作，不入流品。实际上，屠隆戏曲中多谈佛道，也是当时戏曲中的一种常态。徐渭、汤显祖等人莫不如此，盖因为儒佛道三教在晚明的势力相当，对文人士大夫皆产生了深刻的影响，故而在戏曲中反映出来。那就值得探讨，屠隆为何写成如许之怪剧，屠隆戏曲中三教是怎样的关系，与其他剧作家的思想旨趣又有何不同？

在屠隆的戏曲中反映了作家三教融合的思想。所谓三教融合，即认为儒佛道三教之间没有本质上的分歧，因而儒家批评佛道，或者佛道互相诋毁既不明智也是不懂三教宗旨的表现。《昙花记》中的木清泰“原是东华仙卿，后证西方散圣”，被作者设计成一个仙佛合一的人物。第七出《仙佛同途》，宾头卢与山玄卿云：“如来与上真在虚空中道法相与，师徒甚欢。只是无知的野道人不闻佛法，诋祖位为精灵；不广的禅和子未究仙宗，骂真人是外道。两家聚讼，积渐成仇，此是后世子孙所为，并非当时老祖之意。我如今与你同在一块，正是欲明此事哩。”揭示出佛道一家的宗旨。不特仙佛同途，儒家也可与之三而合一。《修文记》中的蒙曜，入世时是个好官，有儒家文人的本色；出世后佛道兼修，最后终证得道果，三教在他身上得到完美的结合，是一个典型的三教合一式人物。

这是屠隆思想的真实反映。他本人早年在科举时期，熟读儒家经典，做官后为了解决思想的苦闷，在王世贞、冯梦桢等朋友的影响下深入钻研佛道，他既和云栖、莲池两位高僧以及著名居士虞淳熙学习佛法，又同道士李海鸥、金虚中、聂道亨等人交往密切。屠隆思想来

源虽然杂芜，但也有他的总体趋向，那就是倡言三教融合，认为三教在本质上没有区别。他说三教“道一也”①，佛家谓之般若，道家谓之灵光，儒者谓之性，谈的都是“道”，而其统“一”在于“要之皆不出乎一心”②。因此，在他看来三教本质上是可以融合的，他对三教融合有一个形象的说法：“世间士大夫有一等向饶舌阇黎口头拾得些涕唾，开口便骂仙人是众生；有一等跟着方士、油嘴道人听得几句烧炼的死话，便骂佛是出不得阳神底灵鬼；又有一等裹青布头巾思量生猪肉吃底，尚自不识性灵是何物，只钻研故纸，提着个《孝经》、《论语》一两句旧话头便骂菩萨、真人做异端邪道。若依这些没孔铁锥的见识，三教祖师不知在虚空中每日闹了几场，谁想这三个老翁每日打做一块，同心同气甚般相好，就是一个里底人笑后生们没见识，争着这闲是非，却大家念得一句：非吾徒也，非吾徒也。”③ 这个说法与《仙佛同途》一出剧中人的议论何其相似！

三教之道“要之皆不出乎一心”，所以三教可以融合，但这只是屠隆三教融合论的一个方面。他融合三教的更为重要的观点是，在承认三教宗旨大致相同的基础上，又极力分辨三教各自不同的作用。他在《冥寥子游》中说：“儒者在世之法也，释者道者出世之法也”，所以各有所用，“三教并立不可废也”。虽说“三教并立不可废”，但从用的角度来说，他实际上是认为佛教远远高于儒道的。这是屠隆三教融合思想最大之特点。所以《昙花记》中有这样的情节设置：宾头卢与山玄卿一起度脱木清泰，本是为了证明仙佛同途的道理；但“仙道清虚不染，若要再超，须用皈依三宝”，仙佛之中毕竟是佛要高于道。所以到了末尾，道教之代表蓬莱仙客山玄卿看到西方净土的庄严景象、听了西方祖师的一番佛法，表示“弟子从此亦当舍离仙道，回向西方”了（五十出《西游净土》），道教完全向佛教投降。

那佛和儒的高低又如何分别？他把儒家思想比喻成嘉谷，佛家思

---

① 《鸿苞集》卷二十七《与汪司马论三教》。

② 《白榆集》文卷七《答傅伯俊》。

③ 《鸿苞集》卷二十七《人解》。

想是甘泉，两者各有其用，所以俱不可废。然而对于屠隆来说，他却认为儒家思想是入世的，而一入世，便“世法荣华，易生健羡；世法无常，易生得失；世法束缚，易生厌苦；世法勤劳，易生烦躁。至于释道贵寂寞而去荣华，重性灵而轻得失，离束缚而尚摆落，舍烦躁而就凄凉。”[①] 这便不是他所追求的人生，不是他的人生理想。相反，要从现实中解脱出来，只有皈依佛教。这里表现出屠隆对儒家思想的悲观，对传统文人道路的超越。[②]

正是基于这样一种认识，屠隆在戏曲中一再强调现实人生充满着阴暗和令人悲观的因素。《昙花记》中宾头卢说：“我想世上这些众生好苦也！沈酣世味，浑如酒蚉寻酸；苦恋火坑，一似灯蛾赴焰。烂臭底一副皮袋，说俊说美，骷髅红粉，名为粪里钻香；好险的两字功名，说富说贵，傀儡戏场，真是刀头饧蜜。”（第三出《祖师说法》）功名富贵是俗世人生追求的目标，也是儒家文人争逐的一条大道，但在这里遭到了摒弃。在第五出《郊游点化》中，又有一段宾头卢和山玄卿点化木清泰的情节，实际上是儒家积极入世的思想与佛教出世思想的一场辩论，木清泰勠力王家，积极进取的人生被两人说成是“到头来汤雪消”；木清泰自鸣得意的荣华富贵也被两人指出其结局“得意时无常来到”“独自个苦伶仃黄泉路遥”。世俗人生就像一台最终要收场的戏，还在得意时却“戏棚收拾早”，其间以为值得炫耀、值得追求的东西像“水痕微泡”一样没有丝毫价值，因为改变不了“一样草萧萧”的悲剧结局。这表达了作者对现实世界的悲观意识，也表达出对儒家人生道路的否定。木清泰最后终于被说服了，离开了原先的道路，外出寻仙访道，寻求人生的真谛，这成为全剧展开情节的逻辑起点，也是作者着意表现的佛战胜儒的思想主题。

综上所述，屠隆在戏曲中表现了他融合三教佛为尊的思想。这种

---

① 屠隆：《冥寥子游》卷下。

② 如《栖真馆集》卷十七《与闻仲连》云：“儒者于大地山河、身心意知、家国天下、人民眷属无所不黏滞，所以止做得天地间一个好人，而未免为天地阴阳推荡迁谢；仙知除遣人间世万缘而尚为长生率缚，所以经劫长久而犹有报尽，佛真空之中一无停泊，所以万劫不坏，此三教同异。仆以为的然不易。”

思想的实际意义应该放到当时的环境中考察。晚明时期随着政治腐朽和官场黑暗的日渐深重，文人士大夫特别是许多下层文人对儒家思想愈来愈失去信心，“致君尧舜上”成为一句虚话。很多人犹如《真傀儡》中杜衍对圣上派来向自己咨询国事的使者说的那样，“捏不出擎天浴日的谎”；而忠君效国仗义直行也罢、作奸犯科追逐荣华富贵也罢，到头来大多下场不妙，这样的例子晚明文人看得不少。所以全性葆真，追求个人身心的安顿成为晚明文人流行的观念。这是他们主体精神、自我意识发展的一种表现，在古代社会里，只有佛道思想才能提供这样的思想资源。屠隆自己也说“用儒道以匡时立教、治国修身，用佛道以理性归真、出尘超劫”①，无法匡时、治国，所以究心佛道，走向超越世俗超越传统道路，所以在他的戏曲中，无论是抛弃功名富贵的木清泰，还是一意求道的蒙曜，都反映出包括屠隆自己在内的晚明文人共同的心路历程。

（二）通过戏曲表现其对社会人生的批判意识

人们对屠隆的认识往往停留在风流狂放这一点，未免显得“皮相”。屠隆固然狂放风流，但也有愤世嫉俗的一面，甚或说狂放风流也不过是愤世嫉俗的表现。他为官时敢于为民请命而得罪权贵，对社会政治各种阴暗面、各种不公平现象也敢于直面批判。他批评当时的吏治“今之人臣借官爵以梯荣，假操柄以射利。耳好淫声，目好美色，口好美味，身好华衣，宅好宏敞，田好膏腴，僮婢好其奔走，宾客好其献谀，山园好其佳丽，珍玩好其充盈，此其念在民乎？在身家乎？”② 可谓尖锐。他对“农夫终岁力田，不能给其租税；富商大贾鲜衣怒马，田连阡陌。佣保胼胝作劳一日，仅得锱铢；官人坐堂皇，事敲扑，而囊括钜万。”种种社会不公平现象提出质疑，发出“欲请上帝而均之”的呼声。（参《鸿苞集》卷四十三《帝均》）作为一个

① 《栖真馆集》卷二三《重建永明寺罗汉殿募缘疏》。

② 《鸿苞集》卷五《人臣体国》。

封建时代的文人，屠隆最大限度地表达出他的道德良心，这种人物风貌岂是区区“风流放旷”几个字可以概括得了的。

屠隆在宣扬佛道的戏曲中，同时也表达出对污浊社会政治的愤懑和感慨，传达出他的独立个性和批判意识。祁彪佳《远山堂曲品》评《昙花记》：“先生阐仙释之宗，穷天罄地，出古入今。其中唾骂奸雄，直以消其块垒。”① 臧懋循点评《昙花记》时亦说：“长卿颇有伤时之意。”明代自中叶以后，权奸横行，他们残害忠良、祸国殃民，是社会政治的一颗毒瘤。当时出现了很多历史剧和时事剧直接反映或间接地影射现实中的权奸，这是明代戏曲中颇具战斗性的篇章。《昙花记》中也塑造了两个权奸——汉之曹操和唐之卢杞。第三十二出《阎君勘罪》写曹操和华歆两人因杀死伏后在阴司受到审判，此出的构思无疑借鉴了徐渭杂剧《狂鼓史》。徐渭写祢衡击鼓骂曹，屠隆写伏皇后边用铁鞭抽打曹操边数落其罪状。伏皇后不仅控诉了曹操对自己和汉献帝的迫害，而且怒斥曹操许多残暴奸诈的行径，“你流毒遍，多少忠良命早捐”，把个人恩怨提升到忠奸斗争的基调上，使这出戏的思想内涵变得更加深刻。剧中又点缀一个小人物——鬼卒，他在旁边听到伏后的怒骂曹操，受到感激，“十分苦楚，十分忿激，容小人痛打这曹操一场，万死无悔!”很能说明权奸到最后只能落到千夫所指、众人唾弃的可耻下场。

第十四出写唐代奸相卢杞，他自介道：“地尊元辅，礼绝百僚。天性贪残，机谋险谲。簧鼓一摇，万乘播吾舌底；剑锋双蹙，千人死我眉端。生前富贵，不问社稷之安危；死后浮名，那管史书之香臭！……只叵耐那尚书颜真卿这厮，自负先朝老臣，粗立名检，强项骨鲠，不肯顺从。……一班好名躁进狂生，附了他与我作对，大小文武，约略三百余人。若不剪草除根，一网打尽，难消我胸中忿气。抑且后患须防，今日退朝无事，不免步入书斋，屏除左右，思量妙计，倾害众官，多少是好。”卢杞为了个人私欲，不惜陷害忠臣，于是设计借李希烈之手杀了颜真卿，又多方罗列罪名把那些与己为敌的人或

① 见《中国古典戏曲论著集成》第六册，中国戏剧出版社 1959 年版，第 20 页。

杀或流放。作者写卢杞着重于正面描写其为人的狠毒，他的一段夫子自道不啻于历代奸佞形象的典型概括。卢杞在地狱感叹：“王莽之后，又有曹操。司马懿之后，又有桓温。李林甫之后，又有我卢杞。我卢杞做秀才时，也曾骂过李林甫来，不知怎的轮得到我，却又迷了。粪蛆嚼粪，火蛾赴火，直是身不由己。只怕从此以后，骂我卢杞的不少，做我卢杞的还多。”（四十五出《凶鬼自叹》）这段话更是寄寓着作者对现实的愤激之情。

除了对权奸的批判，剧中还讽刺了各种社会不良风气和各式各样的邪恶之辈。屠隆一生提倡为人真实无伪，最为反感的是一些假道学，自然在戏曲中要讽刺鞭挞一番。《昙花记》中作者借使者之口，说十八层地狱中最后一层曰“假地狱”，“只因近日士大夫迷真逐假，矫饰欺人，一切道学气节，诗文仙佛，往往多是作假的。我大王恶之，故新创是狱，以处此辈”。虽然是戏谈，“但作伪诸公，相应另有此狱”。（三十三出《遍游地狱》）《修文记》写了一群魔怪，其中三脚猫精是一个道学先生，他与众魔头一起盗窃上界神丹，本来就是小偷行径，他还故作正经说：“证了仙果，他日上朝，玉帝那仙帐下青童卫士都指着说做贼的道人来了，可也体面不好。”（八出《降魔》）如此装腔作势连同伙都受不了，骂他是假道学。除了影射假道学，剧中对社会上的形形色色的奸猾无耻之徒都有刻画，如诈黠鬼“胸中变化多端，真个如神如鬼。眉毛都是空心，面皮好似靴底。算得上穷天文，算得下绝地纪”；强梁鬼“田园侵了界至，房屋截了间架。睃眼走却儿童，睁睛唬死邻舍。路旁柳谁敢扳援，门前马谁敢骑跨”；悭贪鬼“金银是我性命，财物是我脓浆。曾做官做吏，也曾为客为商，断公事全凭阿堵，决民情惟论孔方”（十六出《鬼趣赋》）；还有“性好凌人，常怀嫉妒。自没油火，怪他人点灯，家无蹇驴，恨街坊骑马。……泥大王神庙称尊，岂容两座香火；假如称我李杜齐名，还要挤他一下”（十九出《流谤》）专好嫉妒害人的含沙氏。

《昙花记》和《修文记》从题材上来说应该算宗教剧，而且过多渲染因果报应观念，所以一直以来人们对两剧思想意义评价不高。这种看法虽然不无道理，但也要看到屠隆戏曲中的因果报应观念不全是宣扬宗教迷信，更多的是在因果报应观念中寄寓着批判现实的精神。在《昙花记》中有采访使者专门稽查人间善恶之事，而在阴府中有明镜高悬，“世人造业，不论广众大庭，暗室屋漏。不论施为行事，动念举心，这里幽隐悉知，毫发毕照”（第三十四出《冥司断案》），“盖世雄心，偷天巧手，到此俱成冰炭”（三十二出《阎君勘罪》），要比人世间公平正义得多，所以世间那些巨奸大猾一个都没有逃脱惩罚。因为在现实中找不到出路，也找不到公平和正义，所以只能幻想有着因果报应的天理，有地狱对世间人事做最后的审判。这是历史造成的局限性，当时人无法超越。例如，徐渭在《狂鼓史》中表现出强烈的反抗精神，依然借助了阴司这样一个幻想存在正义的地方，并且在剧中一再强调果报观念：“善恶到头来撒不得赖，就如那少债的会躲也躲不得几多时，却从来没有不还的债”“善恶到头，就是少债还债一般”。

（三）屠隆自传性戏曲寄寓了对“才子”型文人悲剧命运的感叹

这主要反映在《彩毫记》一剧中。《彩毫记》一剧为李白传神写照，同时李白也是作者自己的精神化身。剧中除了表现李白的文学天才外，着重表现了李白治国安邦的儒家理想和政治才能。李白上场时唱的第一支曲子【破齐阵】：“宝剑秋呼风雨，彩毫夜饮虹霓。名擅雕龙，诗成倚马。清思裁云剪水，未抒天外冥鸿翅，且养山中隐豹姿，男儿生自奇。”“彩毫”象征文才，“隐豹”指隐逸，“宝剑”则暗喻着雄心，实际上剧中的李白就是一个具备文士、隐士、儒士三重身份的形象，他一直在等待着机会。他既是“那彩毫赋拟光文运，更黄石编堪佐庙谟”（六出《为国荐贤》）的文武全才，又有着“学成文武艺，货与帝王家”（八出《别妻赴京》）的远大志向。当唐玄宗诏书下来，他舍弃逍遥自适的生活，高唱“时来应作帝王师”（二出《夫妻玩赏》）“今逢渭滨猎，端可帝王师”去实现自己的作帝王师的梦想。面对玄宗的召见，李白马上耿直进言，【前腔】一曲表现了他在政治上的才华——对局势的清醒判断：“宫闱未肃清，大居边细在庭。臣草莽那知忌讳，城社潜奸久藉凭。藩镇拥强兵，宠臣易骄，胡雏欲逞。念深谋须早建维城，看英风谁为请长缨?”为了维护李白的政治家形象，对于历史上李白胁从永王一事，屠隆把情节设置为李白完全被永王胁迫，但李白始终保持着对这位狼子野心的政治投机者的清醒认识，最后是被永王投进监狱而非胁从造反。

但是李白的政治理想和远大抱负无法实现，这就是他的悲剧。导致悲剧的原因，李白自己说：“我当日长别金銮，为《清平》一调；今日远谪夜郎，又因《东巡》一歌。思量一生，都被这管彩毫作祸。”“一生彩笔能为祟”（三十七出《妻子哭别》）。“彩毫”一词在剧中经常出现，甚至作为此剧的题目，实在寓涵着深意。“彩毫”一词比喻优秀的文学才能，因此可以作为文人的象征，确切地说象征着才子型的文人。所以，李白在剧中感叹一生“彩毫作祸”，也并非指写的两首诗歌，而是暗示着这类才子文人的悲剧本质。

作为儒家思想熏陶的文人，治国平天下的理想自然是人生追求的最高目标。虽然玄宗甚是恩宠，但也仅仅在要新词佐欢时想起他，事实上还是把李白当作文学侍臣。也就是说，即使没有高力士、杨贵妃中伤他，李白也仍然没法实现“帝王师”的理想和抱负。另外一个方面，李白又是才子，这与那些正统文人异调，按他自己的话来说“清狂玩世，自负王佐帝师”（二出《夫妻玩赏》）。剧中用很多笔墨刻画李白这种轻狂玩世的个性。（如《散财结客》《长安豪饮》《脱靴捧砚》《乘醉骑驴》等出）不拘小节、轻狂放傲的个性是这些才子们的共同特征，他们必然不容于世俗，因此他们的理想也更不容易实现，甚至命运更加坎坷。李白为高力士、杨贵妃所嫉恨，就是因为这种个性造成的，这加速了他理想的破灭。总体上来说，李白有文韬武略，也有济世安民的志向，但一生坎坷，充分反映出才子文人们“命与才违”的悲剧命运。这种命运实际上是文人在政治上的宿命，李白在《乘醉骑驴》（第二十出）中充分表达了这一思想。

〔牧羊关〕〔生〕怎知道，欢过后，愁还到。福穷时，祸所招。一霎时送将来罗网难逃。伴他虎穴龙巢，掇赚我羊肠鸟道。怕的是龟亡还为壳，愁则愁翠死却因毛。走入在是非场，终朝有，进一步风波平地高。

〔四块玉〕难难难，恩情化作仇，大怒藏嬉笑。昨日价酒杯来往逞风骚，把人儿爱惜如珍宝。顷刻里变浮云，顷刻里同蒿草，早觑破这相逢没下梢。

所以他要“急忙里收缰早”，他要“我只将一副头颅来保”了。在污浊的社会现实逼迫下，超越世俗，回归自我，那又是什么样的一种人生，《乘醉骑驴》【梁州序七】唱道：“〔生〕我有时向王侯门衔杯潦倒，有时向田父老插杖逍遥。乐乐乐，那月明荡入芦花棹，受用的风生浦口，受用的露满蓬梢，受用的凫雏雁子，受用的兰笋菰苗。乐乐乐，舴艋儿夜泊溪桥，袯襫儿冷挂山椒。乐乐乐，准备着青钱酒馆歌楼，青钱酒馆歌楼，受用的是唤客绣裙花袄，醉的是嫦人玉管金箫。任河汉星低，帘栊月晓，两眉端不挂闲烦恼。直待把公侯藐，乾坤傲，永不踏红尘向市朝，真唤做圣世渔樵。”看破宿命，归隐泉林，去寻找生命的另一种归宿，这也是屠隆要借李白形象表达的深刻主题。然而类似放旷类似逍遥，于这样一些有抱负的才子们，不也是一种人生的悲剧？

在这悲剧中有屠隆自己的影子，因而说李白也是屠隆精神的化身。屠隆写李白有着很强的自喻意味，这在当时已经为人们所注意。吕天成论《彩毫记》时云：“此赤水自况也。”[①] 沈德符也说屠隆作《彩毫记》“以李青莲自命”[②]。的确，李白狂放不羁，屠隆个性与其类似；屠隆颇以文才自诩，其诗歌亦豪放飘逸，时人多以“青莲后身”称之。[③]

① 《曲品》，《中国古典戏曲论著集成》第六册，中国戏剧出版社 1959 年版，第 235 页。

② 沈德符：《万历野获编》卷二十五“填词有他意”条，中华书局 1959 年版，第 644 页。

③ 当时很多人以李白比屠隆，如王世贞评屠隆“如李青莲，疑其仙去不死”，江盈科说他“古惟李白，今惟先生，两而一焉”。

更值得注意的是，屠隆自负才略，有着“要为天壤加峥嵘”的雄心和经世致用的能力，结果中岁因为别人的谗言罢官，此后一生困顿；历史上的李白也“不求小官，以当世之务自负”[①]，却“才高心未展”[②]，遭谤后“流离轗轲，竟无所成名”[③]。两者何其相似！剧中李白政治理想破灭后，潜心修道，在无奈中逍遥放旷；屠隆也是如此，正如张岱所评“（屠隆）实具经济大才，治繁典剧，真能以五官并用，八面分酬。其在仕途，皆淹滞下僚，弃置不用，故借笔墨陶情，山水适意。探之中怀，皆非其好也。后居林下，岑寂无聊，率以禅乘昆庐为英雄退步，济世干材弃之沟壑，岂不重可惜哉！”[④] 所以徐复祚说《彩毫记》是表现作者本人“类青莲之迍邅”[⑤]的悲剧人生。徐氏之论要比吕天成的说法具体而透底，抓住了李白形象中的悲剧内蕴，也揭示了“借他人酒杯浇心中块垒”的创作心态。

屠隆才思敏捷，作诗文一挥而就，而文采斐然，其自言“诗本性情、写胸次”“夫时写性灵，寄之笔墨，即文字可灭，性灵不可灭也。”[⑥] 认为文学是作家精神、个性的写照，他也以同样的创作方法来写戏曲，因此其戏曲也带有浓厚的自述生平、抒情写志的自传性。通过屠隆三部戏曲，可以看到当时文人在创作戏曲时把主体精神投射到戏曲创作中，这提高了戏曲的思想品位，使戏曲成为可以和诗文一样传达文人精神气质、思想个性的文体。当然，过于讲究自传性，把戏曲当作诗歌来写，必然会造成对戏曲文学本质特征的漠视，屠隆的戏曲作品在这方面的缺陷也是最为明显的。

---

① 刘全白：《唐故翰林学士李君碣记》，见《李太白集注》卷三十一，中华书局 1977 年版，第 1460 页。

② 《杜诗详注》卷八《寄李十二白二十韵》，中华书局 1979 年版，第 660 页。

③ 刘全白：《唐故翰林学士李君碣记》，见《李太白集注》卷三十一，中华书局 1977 年版，第 1460 页。

④ 张岱：《石匮书》卷二百二《文苑列传》，转引自胡益民《张岱评传》，南京大学出版社 2002 年版，第 226 页。

⑤ 《南北词广韵选》卷十一《彩毫记》附评，《续修四库全书》影印清抄本。

⑥ 《白榆集》文卷三《行成集序》。

阮大铖喜剧的艺术表现及其审美内涵
——以《春灯谜》为例

阮大铖（约1587—约1646），字集之，号圆海，又号石巢、百子山樵、皖髯，安庆府怀宁人。阮大铖一生，早期为依附阉党之余孽，中年是大兴党狱的权奸，最后是死心塌地的贰臣，因此在《明史》中被列入《奸臣传》，其人品遭到后世的唾弃。然而“孔雀虽有毒，尤不废文章”，阮氏人格卑污到极点，其文学造诣却也颇能出当时人一头地，尤其是其戏曲文学创作的成就，不容研究戏曲史的人忽视。他一生共创传奇十一部，现存四种，合称《石巢传奇四种》，《春灯谜》是其中之一。

《春灯谜》叙写唐代文士宇文彦因为上错船而引出的一段曲折离奇的故事，其人物之间父子、兄弟、朋友、翁婿、婆媳种种伦理关系皆因误会而导致错位，故称“十错认”；故事又由宇文彦、韦影娘二人猜灯谜而发端，所以全名《十错认春灯谜记》。此剧情节内容纯属虚构。阮大铖经常自起炉灶，空无依傍地编写剧情，这摆脱了戏曲创作借鉴其他文体素材的制约，是戏曲编剧艺术发展成熟的一种表现。对此，阮大铖是特意为之，曾经自豪地称“其事臆也，于稗官野说无取焉。盖稗野亦臆也，则吾宁吾臆之愈。”① 当时人也注意到他的这个特点，如王思任评《春灯谜》时就说“不谱旧闻，妄舒臆舌，划雷晴里，布架空中”②。

---

① 阮大铖：《春灯谜记自序》，诵芬室刊《春灯谜记》。

② 王思任：《春灯谜记序》，诵芬室刊《春灯谜记》。

据云，阮大铖凭空虚构此剧并非仅仅是排遣落寞的赋闲生活的自娱之作，还有借戏曲为自己辩白、解嘲的意图，意谓自己依附阉党乃人生一大“错”也。张岱即指出阮氏所作“骂世十七，解嘲十三”[①]。《曲海总目提要》“春灯谜”条亦云：“阮大铖当崇祯时作此记，其意欲东林持清议者，怜而恕之。言己是误上人船，非有大罪……《沉误》一出是大关目，搜出笺纸，遂捆缚批明罪，欲沉水中。宇文生哭诉，年少书生，乘醉误入官舫，笺诗是客路良辰，偶遇新知，逢场逍遥，总是风流罪过，何曾犯法，狃作贼情。韦节度不听，竟沉于水，以见己与（崔）呈秀不过书札往还，无别件事情也。”[②] 把剧中宇文彦因为上错船，身上又带有韦影娘亲手书写的诗笺，与阮大铖当年与阉党骨干崔呈秀的来往笔札联系起来，认为阮大铖是借此表示自己当年是因误会而被人看作阉党贼子的。

仅就分析《春灯谜》一剧的文学成就来说，阮大铖是否有借此剧自辩自嘲的创作动机无关宏旨，我们要讨论的，是这部戏曲代表着一种什么样的喜剧风格。对于这部建立在错认基础上的喜剧，其幽默滑稽的艺术效果和表现手法，以及“错”中寓含的人生悲喜况味，更耐人寻味，引人深思。我们说《春灯谜》是一部“滑稽调笑”的喜剧，甚至认为它蕴含着中国古代“喜剧”（喜剧是一个西方戏剧的概念，而中国式“喜剧”有着它独特的美学内涵）的一些独特创作理念和审美内涵，这主要表现为以下四个方面。

第一，乍一入眼便能感受到《春灯谜》喜剧风格的是剧中那些具有调笑意味的热闹喜庆的场面。阮大铖在《春灯谜》自序中称“所以娱亲而戏为之也”，“娱”之作用正在逗人发笑，王思任也在序中描述此剧演出效果：“千人万人，俱大欢喜。”[③] 热闹喜庆的场面和其中幽默滑稽的人物表演自然是能“娱亲”，能令观众“俱大欢喜”的主要构成要素。剧中第六出至第八出是故事的引子，也是戏中第一个

---

① 张岱：《陶庵梦忆》“阮圆海戏”条，上海古籍出版社 2001 年版，第 130 页。

② 董康：《曲海总目提要》卷十一“春灯谜”条，天津市古籍书店 1992 年影印本，第 490—493 页。

③ 王思任：《春灯谜记序》，诵芬室刊《春灯谜记》。

热闹喜庆的场面。且说宇文彦随父赴任夜泊黄陵驿，因泊船时受到势利驿卒的谩骂，父母心情不快早早安寝去了。当日正值元宵佳节，宇文彦独自一人，对着舱内的红烛青湘、船外的江光月色，好不无聊，一曲感伤的《一江风》让戏情也跟着寂寥起来："可怜宵，小泊在黄陵庙，淡月江心搅。闪星灯，苦竹春丛，似有江妃笑。琴心不自聊，骚魂何处招？向归鸿支下伤秋料。"忽然之间——

> （内作吹打介）（生望内介）你看有许多闹灯妆故事的将近船边了。承应可开了掩窗，待我仔细看一看。（承开窗介）相公，这里灯节比我那边越发热闹，到底荆州地界，是个大码头。（众扮龙灯、鬼脸、张生、法聪、红娘，打锣吹唢呐，跳上介）

原来是一班去黄陵庙赛会的村民，喧闹的音乐与舞蹈让场面一下子热闹起来。宇文彦再也难耐寂寞，准备上岸观赏庙会。与此同时，另一只船上的韦影娘和丫鬟春樱也看到了岸上好不热闹，也准备女扮男装去闲逛一番。这种热闹喜庆的气氛在第八出《哄谜》中达到高潮。先是那些扮龙灯、小鬼、张生、法聪、红娘的上场表演，接着是描述来看灯的红衫公子、村妇人等。为了渲染欢庆的气氛，作者还专门写了一个村妇被挤倒、引来众人大笑的细节。接下来的猜谜同样渲染出了众人互相调笑的气氛，特别是后一个谜语被宇文彦和老儒俩人都猜对时，众人说彩头不够俩人分，于是又有了一个调笑的细节——"就把这活活的乡下婆娘，凭二位抬去，可不更妙？（二人抬村女，女大叫下）（众大笑）"。当然，这几出的热闹喜庆是靠着游灯、猜谜的众人一起完成的，如果三出下来都是如此，鼓噪的音乐、众多的人物同样会让人感到单调，所以在中间一出，写韦影娘改装时，通过描摹两个娇娃乔装学男人言行举止来营造轻松的幽默效果，形成了很好的过渡和调剂。

如果说黄陵庙观灯猜谜是在热闹喜庆的调笑中牵惹出一个悲剧性的故事，那最后两出（第三十八、三十九出）是再以热闹喜庆的调笑来结束此前的悲剧，从而形成一个由幽默滑稽开头又以幽默滑稽结束的完整叙事结构。第三十八出《赘合》，婚宴场面本身就是充满喜庆的，宇文彦在众人的簇拥之下，杂着伞、灯各种仪仗，伴随着热烈的鼓吹上场，苦尽甘来的宇文彦自然心花怒放；沉浸在喜庆气氛中的还有那作了状元岳丈的宇文行简，作者用两支曲子铺叙了两人的愉悦心情。两边渲染之后，喜庆气氛已经较为热烈，但还有高潮在后。这一对没有谋面的翁婿，刚一见面，互相大惊，正是相对如梦寐啊，一个喊道“原来是我孩儿”，一个喊道“原来是爹爹”，宇文行简马上喊来夫人：“夫人快来，孩儿在此”，夫人以为是大郎回家，“夫人，不是大孩儿，是小孩儿，未曾死，活在这里”，那种绝处逢生式的重逢在作者逼真的描摹下如画般展现在人们面前。一家人抱头痛哭，但这哭声里更多的是喜悦了，正如此处《前腔》所唱：

不胜悲，悲来是又吊下瞒天喜。

喜剧的气氛一直没有中断，宇文彦知道了哥哥中了前科探花，还知道了现在的娘子就是韦初平的女儿、是元宵节上一起猜谜吟诗的“尹兄”，而闻讯赶来的韦初平也与女儿重逢，最后归来的宇文羲又一次掀起这种因为错认带来的喜剧高潮。到了第三十九出，皇帝的诏书下来了，不仅一门封赏，而且又赐复原姓，真正是非常圆满的大团圆了。最后是教坊来的歌者依景唱出离奇的十错认，在互相调笑、无比热闹的对唱中结束了本剧。

第二，是全剧穿插了许多幽默滑稽人物的表演。在这喜剧的开头和喜剧的结尾中间，自然有很多悲伤的情境，但作为一部滑稽调笑为主体风格的戏曲，其中的幽默格调贯穿始终，这主要靠穿插其中的净丑类角色的表演来实现。依次捋下来，如第四出《湖警》，海盗皮哩孩这个名字就有些滑稽，打家劫舍的强盗身份和他唱词里满是忧国忧民的情怀形成鲜明的对比，很能造出幽默的效果，就是最后的集唐诗也挺有趣：“相逢不必通姓名，刘项原来不读书”，集得很巧妙很俏皮，又非常吻合皮哩孩这个草莽英雄的身份。第十三出《溺获》中是一场丑净对台戏，副净扮演的沿江海捕唱《赵皮鞋》“我是个海捕总，头上顶个铜字勇。撞着贼来只一迸，脊梁跌个年年痛”。丑扮老团头上场唱《前腔》：“我团头手儿动，和公只把嘴来拱。捕官见了眼睛辣，白米石把慌忙贡。”两人自我介绍式的唱词和自白都相当滑稽，加上后来两人插科打诨，很能达到使人开口大笑的效果。与此相类的还有第十五出的丑扮县丞的一场戏，县丞和皂隶们一段打诨：“（皂）相见相见，恐怕上司的篾片。（丑）篾片篾片，我央的书子青盼。（皂）青盼青盼，只是盗情的事要回限。”县丞听说让他挠头的海盗一事，叫道“回限回限，吓出我一身冷汗”，并作“晕跌”状。他又夫子自道云“上学便一丁不识，……佥押日，这鼓儿时常笑我，他道是不通不通又不通；考察时，那札板也来吓人，不住的霹拍霹拍霹霹拍。”此后还有第十九出《蜀捷》，这本来是一出正场戏，作者仍然在开始的时候安排一个丑角，让他一番打诨，这就冲淡了前一出《伤系》的悲剧色彩。在明代传奇中，不少作品都描写了外国番邦的人物，为戏曲增添异国情调，这既是明代民族斗争比较激烈的社会现实的反映，也是明人求奇求新风尚的表现，如汤显祖《牡丹亭》中就曾写入边庭战争、番邦献宝等情节。《春灯谜》中也有一个意欲侵犯中原的胡人首领曳落河，此人姓名也颇有意思，因为他最后被宇文羲用水淹之计抓住，曳落河倒是名副其实。尽管曳落河不是丑净扮演，而是杂扮，但他的表演效果仍然是滑稽可笑的。第二十四出《虏卜》，台吉曳落河占卜兴兵之事，喇嘛国师上场一番“吉里古鲁，鲁达都，密猛苏，娑罗俱奴”的胡言乱语，其中胡舞胡乐，胡人做派，新奇好笑。然后曳落河开始陈述自己兴兵的缘由：“俺有一事叩求国师。叵耐大唐无礼，当原前他做那答儿家，当时俺们也替他出力过，他亲拜俺可汗于马前誓不相负。如今家当传过几代了，当年家金缯化粉，裁革去一半了。就拿来的一半，也都是歪揣下货。（作指胡女介）故此些孩子们打扮的都不像意了。俺心中十分恼恨，意欲借打围名色，闯入玉门关内，着实奈何他一番。如今马已喂起膘来，面都炒了，盛在皮袋里。只侯国师指示，那一方佛星照着，好去撒马者。”因为唐朝少送了胭脂花粉之类化妆品，所以要打仗，真是冲冠一怒为红颜了；又说什么“面都炒了，盛在皮袋里”，战争前的严装待发，却用这样极为生活化的语言表达出来，真是让人忍俊不禁。到了第三十三出《灌虏》中，曳落河看到皮哩孩败走，信以为真，哪知中了宇文羲的水淹之计：

> 【红绣鞋】弓刀簇簇如林，如林。蛮儿跑得流星，流星。他只好吃饱饭，诵真经。温“子曰”，念“诗云”。（番众）不好了，哪些大水淹来了！白浪跳，淹过脊梁筋。冲吊了，鼻梁鞓。（作取鼻手里拿了，作水淹倒介）【前腔】滔滔白浪如银，如银。胡儿鱼鳖成群，成群。如蟹将，似虾兵。浸一个，湿临浸。穿透了，脊梁筋。重安上，鼻梁鞓。（皮上，作赤身捆曳，并重安鼻梁介）。

这一段表现出曳落河的狼狈情状，特别是细致表现了曳落河裤腰带被水冲得掉下来，安上又掉下来这样一个细节，舞台演出时肯定有很强的表现力和喜剧效果。

滑稽好笑的姓名、幽默本色的语言、新奇有趣的动作设计和情节安排，充分表现出这些丑角人物表演的幽默滑稽感，营造了调笑的喜剧氛围。再回过头来看看这些滑稽幽默场景和人物的穿插，其密度和分量颇为可观，而且往往都放置在悲剧色彩较浓的场次之后，起到调节作用，也让这种滑稽调笑的风格贯穿整剧。

第三，特殊情境的设置让悲剧性情节减少悲剧气氛甚至带上喜剧效果。正如上文所说，《春灯谜》是有悲剧因素的，如宇文彦遭受的牢狱之灾、宇文行简夫妇承受的“丧子”之痛，当然这也是中国戏曲的常态——主人公悲欢离合的人生经历构成一部戏曲的主体框架，但《春灯谜》这样的幽默滑稽剧有一个比较鲜明的特色是，它的大部分悲剧性情节并不特别的让人感到悲伤，甚至一些地方还能产生喜剧性效果，究其原因，当归益于作者设置了一个特殊的戏曲情境。怎样一个戏曲情境呢？我们可以不究其深义地借用布莱希特“间离效果”一词来描述这种情境。取消悬念，通过大段抒情曲词的演唱放慢情节发展节奏，是制造这种间离效果的具体手法。剧情是按照传奇的套路双线展开，读者和观众不仅知道宇文彦没有死，而且知道宇文彦必将走出牢狱，总之我们知道所有导致剧中人痛苦悲伤的缘由都只是他们的“戏”，缓慢的情节（大量的抒情段落）让我们更加以超脱的心态去欣赏他们五味杂陈的“戏中情”。一句话，读者和观众与剧情产生距离（间离效果），人们以旁观者的超脱心态在观察剧中人的言行举止，即使《伤系》《吁触》这样表现宇文彦人生不幸的苦戏，人们在欣赏的时候也不会完全沉浸在悲伤的情绪中，而是用绝大部分精力欣赏宇文彦对自己此时处境的表达。有时，人们看到剧中人焦虑、痛苦、悲伤、羞愧这样一些悲剧性表演时，不仅没有一同感到悲伤，反而享受到一种喜剧的艺术效果。一个不十分贴切的比喻，这好似我们和一个朋友开起玩笑，藏起了他的手机或钥锁，然后一肚子坏水地看着他为此着急，为此抓狂，这就是以超脱心态观看戏剧冲突中的人物表演所能带给我们的喜剧效果。

举例来说明。第十一出《沉误》中，韦初平陷入了恼怒、羞愧、悲伤的复杂情绪之中，因为在众目睽睽之下女儿的船舱中竟然钻出一个男人，况且这个男人手里还有女儿题的言情诗。尽管我们十二万分清楚，这里没有任何不雅的事情发生，但在那个情境之下的韦老先生，只能为自己找到一个答案——女儿与眼前的男子偷情，于是我们有了足够的精力和兴致来看韦初平的表演。他先是惊愕，看到题诗“（作惊怪介）罢了，罢了，原来是这样事!”急忙下场，很快又上场，并大怒介“左右，这的的是海獭皮的奸细无疑了。我才进去检点我的敕书，都偷去了。想是这伙贼要雕御宝，偷去做样，思量干大事了。”谁都知道韦老先生下场去找辙去了，哪有偷敕书之事，不过他实在是官场老手应变能力不错，仓促慌乱之间很快想到化解尴尬的办法。瞒得了看热闹的众人，却瞒不了自己和家人，所以回到家中，韦初平的冷静不见了，“（顿足介）韦初平，韦初平！你前世造何罪孽？今生受此报应。弄出这桩事来，可不气杀我也！（作恼晕介）”，他听不得家人的怀疑，一直认定是“不才的女儿”败坏他的门风。这时的韦初平及其家人是不幸的，而我们在看到韦初平的慌张失措、气急交加的言行举止时，却感到颇为滑稽。

再让我们看第三十一出《闹祠》和第三十二出《呼卢》，这两出写宇文彦被释放后，准备到湘乡去寻自己的父母，风雪交加的夜晚在黄陵庙和紫姑祠的遭遇。此时宇文彦刚摆脱冤狱，与父母离散，一身落拓，衣衫单薄地行走在风雪之中，处境是悲凉的，况且他在此还会看到现实中的宇文彦已经成了鬼神，这似乎断绝了他“复生”（他当然是有强烈的复生的愿望，故而后来又改名更生）的道路，所以最后他甚至想到自杀来结束这悲剧的人生。从剧情上来说，这一部分仍是宇文彦人生悲剧的余音，但我们印象更深刻的却是“间离”带来的滑稽效果。这主要表现在两个典型场景中，第一处，是宇文彦在庙里看到了自己以前的衣衫和头巾，继而还发现了那位“尹兄”的诗笺。他穿上了衣衫，拢去了诗笺，再到里屋去找庙祝，一下子撞在小道士的身上。道士以为是贼，宇文彦朗朗声明，自己不是贼，是宇文相公，哪知道这比贼还吓人。众道士大恐，以为见鬼了，一阵慌乱地把宇文彦打出门去，赶忙关紧大门，你可以想象众人在唱这曲《川拔棹》时是什么表情，“真撮弄，怎教人不怕恐？有这般出跳魂灵，有这般出跳魂灵！活活的把衣巾穿用，硬摄去蜀笺红”。第二处滑稽的场景是发生在宇郎祠，这里本来是紫姑祠，祭祀厕神紫姑的，宇文行简曾错把丫鬟春樱当作宇文彦埋葬在这里，此处的道姑为了招徕更旺的香火，说宇文彦就是紫姑的丈夫，并改名叫宇郎祠。宇文彦哪里知道自己已经成为厕神的郎君，而且享受着四方香火呢。他被打出黄陵庙后跟随还愿的人来到宇郎祠，听说这里求签、扶鸾都挺灵，于是也问起前程起来，最后知道跪拜的竟然就是已经成了神灵的自己，不禁大怒，踢倒了扶鸾的箕。道姑也觉得冤枉，因为她祠里的的确确有宇文彦坟墓的。宇文彦被众人一阵猛打出去，看到了自己的坟墓，此时不禁悲从中来，放声痛哭：“天那！天那！这是怎么说起？天上地下，有这一桩冤枉的事。”于俊是个贼名，宇文彦又是个鬼名，他感到自己的时运实在不济，也羞于去见爹娘，要不是恰好豆卢遇见，他就要投水自尽了。这两场幽默滑稽的场景，也都建立在“间离效果”上，观众知道他们产生了误会，然而剧中人却茫然无知，所以庙祝害怕、道姑气恼、宇文彦伤嗟，这各种人的表现交杂在一起，热闹滑稽，趣味十足。

第四，以上三个方面都在谈本剧的“笑”的艺术表现和艺术效果，但如果仅以“笑”来概括《春灯谜》作为一部幽默滑稽的喜剧之特质，仍然是不够全面的。幽默滑稽不仅让人发笑，也要让人深思，甚至引人落泪，这也是中国戏曲滑稽调笑的基本特征。被认为中国戏曲开端的“优孟衣冠”的故事很能反映“滑稽调笑”的这种“原型潜质”，在这个故事中不仅仅有滑稽与幽默，也有孙叔敖死后的落寞、庄王的寡情、孙叔敖儿子的艰辛、优孟的机智和乐于助人的美德。总之，滑稽调笑之中，有讽刺、有嘲笑、有同情、有抨击，当然还有赞美，蕴含着丰富的生活内涵，揭示出人生的奥义。《春灯谜》作为一部滑稽调笑风格的戏曲，表现出同样的效果，当然这是作者阮大铖在自觉地继承着由来已久的戏曲传统，所以他在剧末既申明“古往今来尽如此，不开口笑是痴人”，让你注意到他以“笑”来诠释生活的创作主旨；又说“闲愁万斛堆，白发三千丈，认真的把这部传奇请仔细的想”，提醒你别忘记在笑后去品味其中寄寓的悲愁。

这悲愁是宇文彦发出的窦娥式的控诉：

【绕地游】朝朝暮暮，吃尽阿鼻哭，向靛蓝天公问取，叔子鸠人？曾参投杼？靠不着你些儿作主。

【金瓯线解酲】【金络索】笺诗摄命符，灯市勾魂路。那知箫鼓楼船，就是森罗府，空江裤一箍。【东瓯令】乍沉浮，谁想遇着一班戴发含牙狼共虎。也是守命临官罗与孛。【针线箱】算不如早葬江鱼腹。【解三酲】空凄楚，那萧丞三尺旧例糊涂。（第十八出《伤系》）

这是对以海捕头与县丞为代表的官吏草菅人命的讽刺与抨击。

这悲愁更是一种复杂的人生感慨。宇文彦错上了船，韦初平又错把他当作偷情贼，正是在自己不经意的错与别人的一错再错后，宇文彦的人生发生巨大变化；“错”在剧情中占了如许重要的地位，一再渲染其对人生的意义，使得“错”成了一种象征——它反映了人生道路上的多歧，它也反映了人生命运的不可捉摸，揭示了造化弄人而我们往往无法自主的人生处境。这一点无疑仍能引起现代人的共鸣，环顾我们自身，不也经常为别人一着走错满盘皆输发出深深的叹息，不也常常在夜深人静时悔恨当年一错再错，我们不还是时时感叹“多歧路，今安在”为避免走错路而苦闷彷徨？

然而，我们也不能把这种感慨的意义无限扩大，更不能说它有多么深刻。宇文彦的悲喜人生仅仅建立在偶然的基础上，既不是宇文彦的性格决定，作者对污浊的社会现实也不想深究（虽然如上所引，作者让宇文彦有一段控诉，但宇文彦没有任何的抗争，应该为此负责的官员们也没有一个受到惩罚），他只是用一个“错”字对宇文彦的悲喜人生作出解释。宇文彦沉江、系狱、等死时的哀叹；宇文行简夫妇白发人送黑发人的痛苦；韦影娘对着诗笺时的自伤，交织在滑稽的喜剧氛围中，不再是真正的悲剧。错生悲，错复生喜，错让人悲伤，错又让人大笑。复杂的人生况味诚然寄寓其中，然而人生可追究者多，作者却把所有的人生感慨都系于一个“错”字头上，这就削弱了剧中抒写的复杂人生况味之深刻内涵。

《春灯谜》这种混杂着悲与喜、深刻与平庸、深沉与浅薄的艺术品格，典型地反映于第三十五出《宴感》中。所谓“宴感”，就是宇文彦中了状元后，去参加琼林宴，一路上他看到各色人等联想起此前的不幸，于是发出很多的感叹。这一出本来可以有很深刻的表达，但作者没有深究，而是把这种感慨糅杂在悲喜的戏曲情境中，更多地强调了“调笑”的效果。宇文彦从死囚到成为状元，人生际遇落差如此巨大，首先是不敢相信这是真的——“剑树宫花，青天雷炸。还生怕，怕是梦里繁华，醒却依然咱。”（【北点绛唇】）他要求豆卢狠狠捻他一下，看可知疼痛，不然还恐怕是个梦。接着连用五支曲子，在今昔对比中表达了宇文彦复杂的心情。看到别人递过来坐骑的缰绳，他想起了捆绑自己的绳子：“吓得我打噤张寒毛乍。那副断肠绳，积惯把人拦扎。依旧是当初话”；当看到来服侍的军牢们时，他想到把自己投进监狱的捕快：“一般样海捕团头拿海獭，饶过咱罢，敢承望你把头来纳”；看到各色仪仗时他想到棍啊棒啊的刑具，当街站立的官员也让他联想到枝江县的官员们。总之，这一切让他想起不幸的遭遇，但造成不幸的原因他不再追究不去深思，只是庆幸自己人生巨变："哥哥，俺这一场风光，在你枝江县已享用过的了。今日呵，却缘何，勾芒神赤精神，土鼓春鞭，没一下打?"

最后，他看到了陪宴的座师韦初平，面对着这个直接导致自己人生不幸的人，宇文彦的态度似乎明朗了起来，情绪也很激愤：

> 呀呀呀，原来是他！他他他，还是那般挺胸虎坐手儿叉。怎怎怎，怎恰好出他的门下？恨很恨，恨五百年撞着冤家。大大大、恩怨都天来大。

他似乎要上去理论，要去报仇，但身边的豆卢三言两语规劝后，"罢罢罢，将新恩把旧怨都消化"，杯觥交错中所有的愤怒烟消云散，所有的不幸也跟着一起被淡忘，如果说还有什么不能短时间忘记的话，也只是让他在今昔对比中，感到扬扬得意——"哥哥，你兄弟受了许多苦楚，今日好洒落也。"

总之，《春灯谜》成功地营造出非凡的喜剧艺术效果，但这种喜剧的艺术品格却呈现出混合着平庸与深刻、浅薄与深沉的复杂形态，这也许就是中国"滑稽调笑"的喜剧常有情形，代表着中国戏曲审美内涵一种混杂的独特性，不管你如何评价，它仿佛就是如此。

从《意中缘》看李渔风情喜剧的特色

李渔（1610—1680），浙江兰溪人，明末清初著名小说家、戏曲家。李渔的戏曲可以称之为风情喜剧。题材上，以叙写男女爱情婚姻的风情剧为主，塑造了一系列动人的女性形象，而主动追求爱情或曰两情相悦的幸福婚姻生活，是这些女性共同的特点；从戏曲风格上来说，以喜剧为主，通过曲折有趣的情节，滑稽诙谐的场次，生动俏皮的科诨，营造出非凡的喜剧效果。《意中缘》并非以往研究者心目中李渔戏曲代表作，但如果要了解李渔风情喜剧的大概，此剧则是一个很好的标本。本文即通过对此剧女性形象塑造及喜剧创作手法的分析，一窥李渔风情喜剧的特色。

《意中缘》剧情叙写：明末大名士董其昌与陈继儒以书画闻名当世，求字求画者盈门，这颇令两人感到劳神费力，不堪其苦。董、陈二人为躲避纠缠，相约到杭州朋友江秋明处游玩。杭州贫女杨云友，色才双绝，尤擅长模仿董其昌的画，并以卖画谋生；另有福建名妓林天素寄居杭州，也以卖画为生，模仿陈继儒笔法尤为绝妙；杨云友、林天素两人的丹青皆在和尚是空开的古董店里寄卖。一天，董、陈二人游玩至是空店里，发现了杨云友和林天素两人的画，知道是女性手笔后更是赞叹不已，遂生才子佳人之想。陈继儒很快寻访到林天素，并与之成亲；林天素女扮男装，回闽途中遭遇山贼，被迫成为山贼书记，后被江秋明的朋友某将军营救，得以完璧而归。董其昌与杨云友的姻缘，却因为是空从中拨弄，生出无限波澜。是空垂涎杨云友已久，但无计可施，听到董其昌意欲娶作画之人，遂顿生冒名之想，设计骗娶杨云友。杨云友在舟中知道自己被是空欺骗，将计就计，以应允婚事为由招是空饮毒酒，沉其于江中。后又经过一番曲折，董、杨二人终得团圆。

黄媛介《意中缘序》云：“三十年前，有林天素、杨云友其人者。先后寓湖上，藉丹青博钱刀。好事者时踵其门，即董元宰宗伯（董其昌）、陈仲醇徵君（陈继儒），亦回车过之，赞服不去口，求为捉刀人而不得。”① 可见，剧中人物虽实有其人，董、陈也的确称赞过林氏、杨氏的书画才能，但“求为捉刀人而不得”（意思是想请她们为自己代笔），自然他们之间也就没有发生什么风流韵事了。李渔之所以要把这四个人物扭合在一起，是受他那种佳人才子式婚姻观的影响，他借剧中人说：“自古以来佳人才子的四个字再分不开。是个佳人一定该配才子，是个才子一定该配佳人。若还配错了，就是千古恨事！”（第二十八出《诳姻》）所以现实中这四位才子佳人没有走到一起，有些让人遗憾，故此创作这部传奇去补这个遗憾。这种补遗心理，实际上表现出李渔对现实中很多婚姻悲剧的不满，对身陷悲剧婚姻中男女的同情，对美满幸福家庭生活的向往，他的戏曲或正或反地表达出同样的主题倾向，《风筝误》《凰求凤》《比目鱼》《奈何天》莫不如此。这也是李渔风情戏曲极为有意义和价值的地方。

在李渔的风情戏曲中，主角大部分是才子佳人，通过这些才子佳人的悲欢离合的曲折故事，刻画出一系列追求幸福婚姻生活的男女形象，而其中最值称道的是对女性形象的塑造。《意中缘》一剧即着重刻画了杨云友、林天素两个极具个性魅力的女性。杨云友与林天素两位女性的形象特征，主要表现在两个方面。

首先，她们是有才有貌的佳人。杨云友和林天素不仅姿容绝世，而且有着非凡的艺术才能。杨云友模仿董其昌的画可以乱真，林天素模仿陈继儒的笔意最能肖神。连董、陈二人看到她们的仿作都赞不绝口，不禁感叹：“难道世上有这等聪明女子。”剧中经常设置表现两位女性才学的情节，如杨云友卖书画轰动京师、林天素在山贼前出口

① 《李渔全集》第四卷，浙江古籍出版社 1991 年版，第 318 页。以下引用《意中缘》剧本，皆见该版，不再出注。

成章。作者一再渲染两位女性的才学，颠覆了程朱理学以及俗世所谓“女子无才便是德”的愚昧观念，也表达出李渔一类风流才子们心目中“佳人”的标准，兼有美貌与才学。

其次，这两位女性不仅才貌绝世，更有智慧、有胆识，一扫娇弱阴柔的气质，表达出作者“休将怯弱笑裙钗”的女性观，这是《意中缘》一剧女性形象最为独特之处。杨云友被是空所骗，以为真的是嫁给自己所钦慕的董其昌，心里非常高兴，但你看到她没有因为贫家女的身份而妄自菲薄，而是自信地说自己“德貌俱堪配”，表现出相当的自尊自重。当她看到黄天监假冒的“董其昌”，不禁叫苦，没想到风流才子“董其昌”如此的粗鄙、丑陋。难得的是，杨云友没有悲叹了事，她很快就想到如何面对这个问题，剧中用一支【黄龙衮】和大段独白来刻画她此时的心理活动——杨云友觉察到这个“董其昌”很可疑，即使说相貌难看些，这是天生的没有办法，但不至于气质也猥琐啊。她当然没想到有人冒充董其昌，只是怀疑董其昌没有真才实学，所以准备先试试他再说。如果确有真才实学，相貌倒在其次；如果浪得虚名，她暗下决心就算死也决不与这样的俗人成亲。这一段心理刻画，写杨云友身处意料之外的情形下，不惊慌失措，还能快速谋划出解决问题的方法，突出了杨云友的智慧和见识。

杨云友用书画来测试面前这位“董其昌”，把黄天监急得竟然放声大哭，杨云友感到又气恼又好笑。放过黄天监之后，她找来丫鬟妙香，终于知道了自己被人骗婚的实情。了解实情后，杨云友很快从慌乱中清醒过来，并在妙香的帮助下定下计谋，这两位被是空欺骗的女子，现在要靠自己拯救自己。复仇心切的两位女性，并没有鲁莽行事，而是机智地利用了黄天监与是空的矛盾，把黄天监争取到自己的阵营里来。三人通力合作，用药酒毒迷是空，沉于江中。第十八出一曲【浆水令】表现了她报仇雪恨的愉快心情，也把“休将怯弱笑裙钗”的赞美送给了这位充满智慧、有侠女风范的女性：

> 喜今朝才消怨怀，喜今朝才脱祸胎！休将怯弱笑裙钗，申冤雪枉，懒控乌台。鼋鼍吏，鱼鳖差，押送囚徒归大海。仇人去，

仇人去，心花顿开！拼沉醉，拼沉醉，红遍香腮。

剧中另一位女主角林天素，作者对其智慧和胆识也着力刻画，表现出了女性身上一股豪爽之气。剧中有两个细节充分反映出这一点。其一，江秋明来替陈继儒做媒，林天素听说来意后，大大方方地便应允了，当然她从自己的处境下着想也不忘记索要保证——“只怕此言未必出于诚心，不过是一时兴到之话。万一结缡之后，见美而迁，使奴家有秋风纨扇之悲，如何是好？”在得到江秋明的保证后，林天素说“老先生意气如云，肝肠似雪，决不肯误人的终身”，很爽快地答应了婚事。后来，董其昌开玩笑说林姑娘没看见新郎就应允了婚事，如果是一个相貌丑陋的人，岂不懊悔，不想又引起林天素的一番高论：“才貌相兼，固所愿也。只是真才子，也不必定以姿貌见长。奴家常遇眉公于诗画之中，就是潘安、卫玠也没有这等风姿，所以一说就允。若还看他人物风流，然后以身相许，怜才的念头，倒未必十分真切了”，这一段话有通达的见识，有高妙的韵味，开玩笑的董其昌反而有些不好意思了。其二，是侧面写林天素的豪爽，因为回福建探亲，为了行路方便，她女扮男装。看她装扮后唱的《前腔》：

角巾儿深潜髻龙，皂靴儿稳栖鞋凤。试看我，行似虎跃如龙，却便是云随风送，说甚么小金莲有操无纵！（第十三出《送行》）

很有些英姿飒爽的风貌，因为她本人的豪爽气质，说话神情、举止动作遮掩了女子的柔软本相，故而骗了江秋明，也骗了山贼。

林天素回闽途中遭遇山贼一段情节，其意义与设置杨云友被骗一样，都是为了突出两位女子在困境之中，如何处变不惊，通过自己的聪明才智和胆识化险为夷，拯救自己。林天素被山贼俘虏，问是否愿意当书记，她稍一思索便看清形势：“我今日落了虎口，为料不能脱身；不如权且顺从，再做道理。”当然，一个手无缚鸡之力的女子身陷强梁贼窝，哪能不担惊受怕。正如她给陈继儒的信中所云：“道我有愁肠万缕，被衣冠束缚，难效那女儿悲啼。到黄昏时候，也一样偷弹珠泪”，这仍然是一个多情的女子，有柔弱的一面，这样写使林天素这个人物形象显得更真实，也更突出反映了她能够不效“女儿悲啼”的坚强，赞扬了她与山大王巧妙周旋，赢得他们的信任，最后找机会报信搬来救兵一系列活动中表现出来的智谋与胆识。

明末清初出现了很多才子佳人戏曲，主要从女子突破封建礼教，积极主动地追求爱情和个人幸福生活的角度来塑造她们的形象，具有一定的个性解放的意识。李渔的多部戏曲也是如此，但我们看到《意中缘》在此基础上有所发展，此剧不仅继承以往此类题材作品中歌颂女子多才多情、大胆追求幸福婚姻的一面，更突出表现了女性在追求个人幸福中展现出来的聪明才智、胆量见识，这是此剧超出一般才子佳人戏曲的地方，也显示出李渔戏曲中女性形象塑造的新高度。这当然也与晚明的哲学思潮息息相关，晚明心学不仅强调个性的自由，也非常重视人的智慧和胆识，如李贽就谈到“才、胆、识”并重的问题。明末也出现了很多宣扬智慧的书籍，比如冯梦龙曾编辑《智囊》，盖因为没有充分的智慧、没有一定的胆识，要追求个人自由和幸福就不太可能。另外，明末的社会现实也导致人们重视生活智慧，因为社会经济的发展，人们失掉了那种纯朴的道德心，社会上出现很多招摇撞骗的歹徒，所以我们看到《杜骗新书》等各种防骗的通俗书籍。而之所以这种提倡“才、胆、识”的文人思想会在这两位女性身上展现出来，则是因为李渔把女子也当作文人一样看待，是一种认为在智慧胆识上男女平等的观念，杨云友自豪地表白“休将怯弱笑裙钗”，无疑是古代戏曲描摹女性形象中最为光彩的一笔。

如前所说，李渔戏曲在题材内容上以男女风情为主，在风格上以喜剧为主。喜剧风格是李渔创作戏曲时的自觉追求，这正如其在《风筝误》尾声中所说：“传奇原为消愁设，费尽杖头歌一阕。何事将钱买哭声，反令变喜成悲咽。惟我填词不卖愁，一夫不笑是吾忧”，他的《笠翁十种曲》的确实践了这个创作宣言。因为李渔戏曲在内容上以男女爱情婚姻的风情题材为主，而毫无例外的，才子佳人们在成全好事之前总是经历多方磨难，这既是主人公自己的误会或过错导致，更是因为总有一些丑类从中作梗。李渔的喜剧就建立在扫除丑类制造的阴霾，化解主人公自身的误会之上，其戏曲的风情题材和喜剧风格也就这样巧妙地结合起来。

《意中缘》一剧中既然塑造了如此聪明伶俐、有胆有识、多才多艺的女子，那些丑类自然不是敌手，将会彻底地败下阵来，这就让本剧成为一部地道的讽刺喜剧，具有强烈的幽默滑稽的趣味。

亚里士多德说："喜剧是对于比较坏的人的摹仿，然而，'坏'不是指一切恶而言，而是指丑而言，其中一种是滑稽。滑稽的事物是某种错误或丑陋，不致引起痛苦或伤害。"①《意中缘》的喜剧构成首先就表现为那些"坏人"的出乖露丑，落个倒霉下场。例如花和尚是空，费尽心机骗婚，倒是把杨云友骗到船上，可见面都不敢，只好待在一艘小船上尾随其后。第十四出他唱【普贤歌】出场：

> 老婆睡在别人舱，自己埋头不敢张。棒槌擦裤裆，头毛不肯长，几时才做黄和尚？我是空自从娶了杨小姐过来，已经数日。把大船装着他们两个，自己另雇一只小船尾在后边，莫说不敢见面，就是张也不敢去张一张。只是一件，往常还有妙香那个丫鬟在身边救急，如今连他也过去了。只消这几时工夫，把我熬得死不死活不活。若再是几日的欲火焚烧，连我这个法身都要坐化了。

李渔写得有点恶俗，但的确道出花和尚的本色，他的处境令人发笑。他后来中了杨云友的圈套，本以为自己好事将成，扬扬得意来到后舱，却被杨云友等人药酒迷昏，稀里糊涂地就被人沉入江中，落得这样一个倒霉下场也是罪有应得。是空设计骗婚的情节是本剧的核心段落，这个坏人的结局体现了风情喜剧的讽刺特征。

以"坏人"出乖露丑来制造喜剧效果，达到讽刺目的，是《意中缘》惯用手法，除了是空的故事外，还有两处情节最有代表性。其一，是第十四出《露丑》。杨云友想试探眼前的"董其昌"是否有真才实学，便以自己画的梅花请教，这可把冒充董其昌，事实上胸无点

---

① 《诗学》第五章，伍蠡甫主编《西方文论选》上卷，上海译文出版社 1979 年版，第 55 页。

墨、不学无术的黄天监吓得够呛。他自叹倒霉来得不是时候，便想找妙香帮忙搪塞，哪知妙香故意要让他出丑，早躲外面去了。黄天监只好硬着头皮，与杨云友谈画论诗，闹了一连串的笑话。杨云友先拿自己画的梅花，请他评点。黄天监慌了，心里想："我有道理，若还赞她的画好，她便骄傲起来，只管盘问不住了。不如大模大样，充做了一个识者，寻些破绽出来，倒说她画得不是，她或者被我吓到，不敢再来盘问，也不可知"，便批评道这梅花有花无叶太冷静了些，应该画些叶子点缀点缀。这自然是不通之论，哪有梅花与叶子同时生发的，被杨云友嘲笑后，黄天监只好自我解嘲，但杨云友还要问画艺如何。黄天监想：如今没奈何，只得赞了。为了卖弄学问，便想找一个古人画画好的来赞她，搜肠刮肚地找出一个古人名字——张敞。杨云友大吃一惊，忙问从哪里知道张敞画梅？黄天监说："这是眼面前的故事，要查什么书，哪一个不说张敞画梅，张敞画梅。"杨云友不禁大笑："张敞所画的是眉眼之眉，不是梅花的梅，你认错了。"至此，黄天监已是狼狈至极，但杨云友还是不放过他，又要他当面做一首题画诗。黄天监唯一的想法就是找机会溜走，哪知门已经被妙香反扣住了，看着杨云友在磨墨，黄天监叫苦道："你不是磨墨，分明是磨我的骨头，磨我的性命！如今叫天不应，叫地不应，却怎么处？"又羞又急，突然捶胸顿足大哭起来。他出够了丑，杨云友也知道了这个"董其昌"果然草包一个，放他走了。临走时，黄天监由悲转喜："谢天谢地，这样一场大祸，被我放声一哭，就哭脱了。怪不得古人有窍，把眼泪叫作泪珠；珍珠虽好，还没有这般适用。我如今有了这个哭法，凭你甚么女中才子、绝世佳人都不怕了。"在这一出中，作者用夸张的笔法，淋漓尽致地描摹出丑角黄天监的窘态，纤毫毕露地揭示出这个丑角人物的心理，对这些不学无术之辈进行了不遗余力的挖苦和讽刺，形成强烈的喜剧效果。

第二个讽刺的高潮出现在第二十一出《卷帘》。杨云友到京城后，卷帘卖画，顷刻间声名鹊起，大家都知道京城来了个卖画的娇娘。于是一些狂蜂浪蝶以买画为名，前来意欲一亲芳泽。这其中重点刻画了一个无聊文人（净扮），他觉得杨云友最先帮自己画肯定对自己有意思了，众人被杨云友打发走了之后，他又重新转回来。他自作多情，撞进屋就要找杨云友私下聊聊，于是有了这么一段：

（自卷帘介）夫人，方才多谢。（揖介）（旦惊介）呀！

［北雁儿落带得胜令］为甚的手慌张将绣幔挑，口卢都把夫人叫？假相知不避嫌，甚通家来脱套！（净）方才蒙夫人把眼睛垂盼，又先画我的汗巾，分明是加意于我了。怎敢不来叩谢！（旦）呀！我随手抽来就画，那里知道是你的？就把眼睛瞧你，也不过是看人打发的意思，有甚么私心？一任你赖多情把风流冒，硬和谐将水米交。怎知俺守寒潭的鱼难钓，不通风的户怎敲？空劳，多礼数把殷勤效；难教，没来由将盛意叨！

在杨云友看来，这样自作多情过于无聊，所以义正词严地呵斥了他。原来他的自作多情也是有“本钱”的，因为他是个官，于是干脆以利相诱。杨云友岂能看得惯这样的俗人，便讥讽他这个官是买来的，不值得炫耀，并挖苦了这些人的无耻行径：“休得要依官尊，自逞豪；恃金多，忒放刁。须知富贵难将贫贱骄，况不是榜题名赐御袍，不过是挂虚衔的荐绅名号！”这一段讽刺是辛辣深刻的，而这个无聊官员被杨云友一通羞辱之后，丢尽了脸，自找台阶讪讪而去，他咕嘟着说“要夺风流趣，反受腌臜气”，但这不是自找的吗？一个灵魂丑恶的人因为其本质的丑而被人们取笑，构成了此段情节的喜剧内蕴。

通过讽刺丑类来达到喜剧效果，这是李渔风情喜剧中常用手法，其具体技巧一般是通过误会、错认等情节设置，把丑类置于一个不得不现出原形的戏曲情境中。上面的分析已经可见一斑，李渔其他戏曲，如《风筝误》中詹爱娟、《怜香伴》中周公梦身上的喜剧因素都用到此种手法来表现。

除了讽刺社会上的丑类、不良现象为内容的讽刺喜剧之外，李渔喜剧中还有浪漫喜剧的特征，其意不在讽刺，而是描摹戏中男女主人公之间，因为误会而导致的一些笑料，制造出一些很轻松、善意的笑声。作者让杨云友在一次骗婚之后，再来次被人“骗婚”，这第一次，如上所述，是“坏人”是空主谋，而后一次却是江秋明、陈继儒定下的权宜之计。当然杨云友不知道其中原委，所以由于误会造成了很多轻松幽默的情节场景。杨云友从京城回到杭州后，江秋明急于兑现诺言，让媒婆到杨处替董其昌说亲。杨云友不知这次是真的，反而暗笑道“第二个是空来了”，故此断然不肯同意婚事。并告诉媒婆说，你找到一个既有相貌又有文才、能写会画的男子，再来说亲吧。江秋明听说后，想到一条计策，干脆套用是空的法子，让林天素女扮男装来“骗婚”，事成之后再掉包给董其昌。杨云友是处处提防“第二个是空”，没想到人家偏偏套用是空的做法，她再次入了圈套，测试过林天素的才貌后把自己嫁过去了。但正如新婚筵席上江秋明对林天素的调笑：“娶便娶过来了，只是这后半篇文字比前半篇更难，你须要用心去做”，林天素一个女子在新婚之夜如何面对娇妻呢？这接下来的情节就极为有意思了。

林天素怕露马脚，找借口日子不好，说过两日再完姻；杨云友听此话疑心又是骗局，就将计就计，说日子不好那我先回家，等日子好时再过门。林天素一听只好转口说“自古道选日不如撞日”，干脆今日成亲得了。然后两人宽衣解带，林天素不得不露出庐山真面目。这出幽默风趣的戏就到了高潮：

> （旦）既然如此，你是个妇人，娶我来做甚么？（小旦）不瞒你小姐说，我是替人代做新娘的。（旦、老旦共惊介）呀！又是替人代做的！（旦哭介）天那！我前生造了甚么业？被人骗来骗去，再不能勾出头？（第二十八出《诳姻》）

杨云友觉得老是哭也不是个事，目前最重要的是搞清楚这个女子代谁娶亲：

> （小旦）不瞒你说，是替董思白娶的。（旦大惊介）呀！当初说是董思白，如今又说是董思白！我杨云友生前欠了董家甚么冤债？如今董来董去，只是董个不了。（顿足哭介）（小旦）小

姐，如今这一董被你董着了。

我们看到不仅发生在正面角色身上的情节诙谐有趣，她们的语言也一样的幽默，这是李渔喜剧的一个特点，我们知道一般戏曲中生旦角语言偏向典雅，不是插科打诨式的。但李渔曾经说："填生、旦之词，贵于庄雅；制净、丑之曲，务带诙谐，此理之常也。乃忽遇风流放佚之生、旦，反觉庄雅为非"①，可见他是有意使生旦的语言带上调笑诙谐的风格，以突出她们（他们）风流才女（子）的个性。

除了以上所分析的讽刺喜剧、浪漫喜剧外，本剧喜剧风格中还具有闹剧的特点。中国戏曲的闹剧主要由丑角的插科打诨构成，值得注意的是，本剧中插科打诨的净丑角戏份加大，如剧中净扮是空、丑扮黄天监都是非常重要的配角，有很多出戏完全由他们主演，或者他们是重要的角色，如第六出《奸囮》，第十出《嘱婢》，第十一出《赚婚》，第十四出《露丑》，第十七出《毒诓》，第十八出《沉奸》。除了这两个人物，剧中随时穿插净丑角的戏，营造闹剧气氛，而最为常用的是设置类似儿戏的情节。这也是李渔闹剧设置中惯用手法，特别是在写战争、盗贼等惊险场面时完全儿戏化，以闹剧来表现。比如《蜃中楼》写海宫大战，各种海类动物激战方酣，作者却以虾儿须脱、鳖儿甲丢来表现；《风筝误》写两国交兵，蛮兵威猛无比的象阵却被纸扎的狮子吓得溃不成军。《意中缘》也多处使用儿戏化的闹剧手法，如第十五出《入幕》，写林天素遭遇山贼吉凶难测，在最惊险的时候就设置闹剧来调剂气氛，作者在此处就安排了丑净的大段科诨。众山贼想办法试林天素的才学，如果没有才学就要杀头的，但怎样来考察林天素有没有才学呢？这些山贼是不会吟诗作对的，于是出现这一幕：

（共坐想介）（净）有法子了，待我拿一件东西出来。（下，

---

① 《闲情偶寄·词曲部·结构第一》，《中国古典戏曲论著集成》第七册，中国戏剧出版社1959年版，第9页。

> 取大秤上）（众）这是一把秤，怎么样试他？（净）自古道，一字值千斤，待我秤他一秤，看有多少重？那肚里有字没字就知道了。……（净）这等说，免了秤罢。（丑）我有个法子极妙，也去拿一件东西出来。（下，取索上）（众）这是根索子，要他何用？（丑）我闻得人说，肚里有墨水的，就是好秀才。我如今吊他到树上，且看肚子里面可有墨水流出来？

这倒是有趣得紧，颇能发人一笑。李渔总是能以新鲜有趣的科诨来制造笑料，与其《闲情偶寄》中重视科诨的理论颇为一致，使得他的戏曲时时有笑声，体现了他“一夫不笑是吾忧”的创作理念，也达到了很高妙的喜剧效果。但有些科诨老拿下体开玩笑，那就沦于恶俗了。

从曲到剧：晚明戏曲创作论的发展与建构

明中叶戏曲创作逐渐繁荣的同时，戏曲理论著作，尤其是创作论也如雨后春笋般涌现。不仅数量多，其文体也相当自由，有专著、有单篇论文，也有附在文本之中的评点或序言。盘点晚明戏曲创作论的发展，李贽戏曲美学思想影响深远；汤沈之争揭示了当时人对音乐文学创作不同方面的侧重，成为晚明曲学发展的一个关键；晚明开始了中国戏曲从曲到剧的转变，剧学思想丰富，古典剧学的框架、概念和话语体系都在这个时候得以奠定。

（一）李贽戏曲美学思想

李贽（1527—1602），明代著名思想家和文学家，字卓吾，号温陵居士、宏甫。他曾经和一般文人一样走着读书求仕的道路，官至云南姚安知府。因为接受王阳明心学，并广交心学师友，遂弃官专事讲学著述，成为王学左派的代表人物。因为他蔑视权威、倡导思想自由，带有很强的反叛精神，从而被正统文人所不容。最终他以“敢倡乱道，惑世诬民”的罪名下狱，不久在狱中自杀。

李贽发展了王学左派的思想，杂糅儒释道，而以儒家为旨归。他的思想归纳起来有这样几个特点：其一，提倡怀疑精神，“屡疑而屡悟”，所以对于孔孟之言，他也敢于怀疑而不迷信权威，不以孔子之是非为是非。他说“（六经）纵出自圣人，要亦有为而发，不过因病发药，随时处方，以救此一等懵懂弟子、迂阔门徒云耳。药医假病，方难定执，是岂可遽以为万世之至论乎！”（《童心说》）提出人们需要根据因时代不同的实际情况，进行自由独立思考。其二，批判宋元以来空谈心性的道学，提倡济世之学。他说当时一些讲道学的人“平居无事，只解打恭作揖，终日匡坐，同于泥塑”，自认为是大圣人，其实都是无用之辈。其三，以平常日用为道，不讳言食色私利，认为食色的欲望，自私自利之心都是很正常的，不能抹杀。这动摇了道学家所谓“存天理，灭人欲”的信条，让人们重新认识本能的各种欲望，对晚明思想解放起到了极大推动作用。其四，提倡平等，“天生一人，自有一人之用”这是说人人平等，“谓人有男女则可，谓见有男女岂可乎？谓见有长短则可，谓男子之见尽长，女人之见尽短，又岂可乎？”（《焚书》卷二，《答以女人学道为见短书》）这是提倡男女在智慧方面的平等。提倡平等，也就提倡每个人都有自己的价值，因此就应该按照自己的个性去生活，做一个真人，而反对通过各种教条束缚人的苛刻理学和各种虚伪的假道学。

李贽的思想锐利新颖，启人深思，与那些陈腐的道学大异其趣，而且他的文章独抒己见、信口而谈，有时淋漓尽致，有时通脱潇洒，很有吸引力。所以当时他的书，几乎人手一册，尤其受到中下层文人的喜爱。李贽很重视小说戏曲等俗文学，署名李贽评点的有《水浒传》《西厢记》《琵琶记》《拜月记》《玉合记》等十余种（虽然有些是伪作，但也可见他在当时俗文学领域的地位和影响力），《焚书》中也有多篇有关戏曲的论文或评价文字。

李贽最为重要的文论是《童心说》[①]，它不以字词形式等方面来探讨文学优劣的标准，而是究其根底，以作者是否有童心作为评价文学的根本。什么是“童心”，“童心者真心也”，“夫童心者，绝假纯真，最初一念之本心也”，而关键在于做一个真人：“若失却童心，便失却真心；失却真心，便失却真人。人而非真，全不复有初矣。”所以童心就是真心，反映在文学作品中就是真实自然的思想情感。但世人却容易失却童心，因为受到各种闻见道理的影响和束缚，“知美

① 《焚书》卷三，中华书局1975年版，第98—99页。

名之可好也，而务欲以扬之而童心失；知不美之名可丑也，而务欲以掩之而童心失。”各种思想教条的桎梏，各种世俗观念的影响，使得人们自觉不自觉地陷入弄虚作假、自欺欺人的泥沼而不能自拔，童心就在这个过程中逐渐丢失。接下来，他阐述了童心保持与否同文学创作的直接关系。如果童心被闻见道理所束缚和遮盖，“发而为言语，则言语不由衷；见而为政事，则政事无根底；著而为文辞，则文辞不能达”。为什么呢，因为童心被道理所遮盖或替换，思想与情感被那些闻见道理所同化，就缺乏了文学创作中应有的主体精神。文学本身就是作者独特思想情感的表达，如果作者失却了这些内涵，举个例子来说，就像《儒林外史》里八股文充斥大脑的马二先生一样，看到西湖美景，虽然也心有所动，但已经不会表达自己的情感了，只得用《中庸》中“载华岳而不重，振河海而不泄，万物载焉!”这样的词句空洞地感叹作罢。这就是闻见道理占据心胸，所发的议论和所著的文章，只是闻见道理的复制，“于我何与”，同这个独特的自己有什么关系呢?

因此，他提出“天下之至文，未有不出于童心焉者也，苟童心常存，则道理不行，闻见不立，无时不文，无人不文，无一样创制体格文字而非文者”。在李贽看来，只要表达了作者的真实思想情感，就是天下至文。所以童心说的核心就是文章要有真情实感。

创立下这样的评价标准，李贽就打破了以往文学主流与非主流、正统与非正统、格调，雅俗等界限。正是在这样的一个前提下，他把《西厢记》《水浒传》这样向来为士大夫所不齿的非正统的、通俗文学与诗赋并列，同称为“天下之至文”。这样就大大提高了戏曲的文学地位，对人们认知戏曲的文学性，推动更多的人关注戏曲艺术，都有重要的推动作用。

《童心说》是一篇从哲学高度讨论文学的论文，以“真”为文学标准的美学思想同样贯穿于他的戏曲论著中。而其最重要的戏曲论著就是讨论《拜月》《西厢》与《琵琶记》优劣的《杂说》，这也是戏曲理论发展史上重要的理论文献，全文迻录如下：

《拜月》《西厢》，化工也；《琵琶》，画工也。夫所谓画工者，以其能夺天地之化工，而其孰知天地之无工乎？今夫天之所生，地之所长，百卉具在，人见而爱之矣。至觅其工，了不可得，岂其智固不能得之欤！要知造化无工，虽有神圣，亦不能识知化工之所在，而其谁能得之？由此观之，画工虽巧，已落二义矣。文章之事，寸心千古，可悲也夫！

且吾闻之：追风逐电之足，决不在于牝牡骊黄之间；声应气求之夫，决不在于寻行数墨之士；风行水上之文，决不在于一字一句之奇。若夫结构之密，偶对之切；依于理道，合乎法度；首尾相应，虚实相生，种种禅病皆所以语文，而皆不可以语于天下之至文也。杂剧院本，游戏之上乘也。《西厢》《拜月》，何工之有！盖工莫工于《琵琶》矣。彼高生者，固已殚其力之所能工，而极吾才于既竭。惟作者穷巧极工，不遗余力，是故语尽意亦尽，词竭而味索然亦随以竭。吾尝揽《琵琶》而弹之矣：一弹而叹，再弹而怨，三弹而向之怨叹无复存者。此其故何耶？岂其似真非真，所以入人之心者不深耶！盖虽工巧之极，其气力限量只可达于皮肤骨血之间；则其感人仅仅如是，何足怪哉！《西厢》《拜月》，乃不如是。意者宇宙之内，本自有如此可喜之人，如化工之于物，其工巧自不可思议尔。

且夫世之真能文者，比其初皆非有意于为文也。其胸中有如许无状可怪之事，其喉间有如许欲吐而不敢吐之物，其口头又时时有许多欲语而莫可所以告语之处，蓄极积久，势不能遏。一旦见景生情，触目兴叹，夺他人之酒杯，浇自己之垒块；诉心中之不平，感数奇于千载。既已喷玉唾珠，昭回云汉，为章于天矣。遂亦自负，发狂大叫，流涕恸哭，不能自止。宁使见者闻者切齿咬牙，欲杀欲割，而终不忍藏于名山，投之水火。余览斯记，想见其为人，当其时必有大不得意于君臣朋友之间者，故借夫妇离合因缘以发其端。于是焉喜佳人之难得，羡张生之奇遇，比云雨之翻覆，叹今人之如土。其尤可笑者，小小风流一事耳，至比之张旭、张颠、羲之、献之而又过之。尧夫云："唐虞揖让三杯酒，汤武征诛一局棋。”夫征诛揖让何等也，而以一局觑之，至眇小矣！

鸣呼！今古豪杰，大抵皆然。小中见大，大中见小，举一毛端建宝王刹；坐微尘里转大法轮。此自至理，非干戏论。倘尔不信，中庭月下，木落秋空，寂寞书斋，独自无赖，试取《琴心》，一弹再鼓，其无尽藏不可思议，工巧固可思也。呜呼！若彼作者，吾安能见之欤！①

首先，李贽在这篇论文里以“至文”为文学最高标准，“至文”不是表现在字句、结构等技巧方面，这些可以用来讨论“文”，但不能讨论天下之至文。李贽把可以从字句结构等技巧方面进行讨论，并做到极致的那类文学所达到的境界称为“画工”，而至文则是“化工”，所以化工已经超越了技巧，非人工雕琢、字句结构技巧的讲究而能达到。画工虽然已经很好，但因为有技巧，有人工，无论是字句还是人物塑造，都有人工的痕迹，所以离真实还有一层距离。而化工却看不到任何的人工，它浑然天成，似乎就有这样的人活在宇宙间，这些人物就说了这样些话，自然真实。正是从这个角度来说，他认为《琵琶记》是画工，读第一、二遍能让人感动，第三遍就兴味索然了。“此其何故耶？岂其似真非真，所以入人之心者不深耶！盖虽工巧之极，其气力限量只可达于皮肤骨血之见。”而《西厢》《拜月》中所写人物就像世间真人一样，他们身上发生的事情，他们所说的话，就像天地之间万物生长一样，自然而然，真实逼真，所以让人感动，这就是化工。

所以达到化工境界的“至文”，其曲词结构的创作、人物形象的塑造，是自然而然、不见人工、天然浑成的。这是戏曲文学创作（也可以说是一切文学创作），超越技巧达到“道”的境界。尚真尚自然，对晚明戏曲文学创作影响巨大。

其次，李贽戏曲美学中讨论了戏曲创作动机。戏曲创作并非为了

① 《焚书》卷三，中华书局1975年版，第96—98页。

创作而创作，“真能文者，比其初皆非有意于为文也。”而最终导致作者进行创作的动机，就是他长期郁积胸中的思想与情感，到了一个时候，如箭在弦，不得不发；如鲠在喉，不吐不快。所以当某个景物、某个事件、某个历史故事触动了他，便“夺他人之酒杯，浇自己之垒块；诉心中之不平，感数奇于千载”。李贽是晚明思想界的怪杰，他个性上桀骜不驯，思想批判性很强，常常突破正统思想的藩篱，自然与现实多所抵牾。这就造成他愤激的心态，反过来这种心态又刺激着他写出更为激烈的文字。所以他非常认同司马迁“发愤著书”的观念，他说：“太史公曰：‘《说难》、《孤愤》，贤圣发愤之所作也。’由此观之，古之贤圣，不愤则不作矣。不愤而作，譬如不寒而颤，不病而呻吟也。”（《忠义水浒传序》）李贽关于戏曲创作乃作者发愤而作的观念，是对屈原、司马迁等“发愤著书”的继承，也是对自己创作生涯的反思和总结。这种创作论，首先强调的仍然是作者的创作必须有着真情实感，有很深刻的体会和感悟，不得不去写作抒发。因此，写出来的东西更为感人；其次，强调有为而作。这种创作动机当然不是写那种歌功颂德之作的，“以他人酒杯，浇自己垒块”，是为了书怀写愤，表达自己的情志，对社会各种不正常不合理现象进行揭露和批判。如前文所论，书怀写愤是晚明戏曲文学思潮中很重要的构成部分。

再次，这篇论文反映了李贽的一种戏曲文学批评观。因为他认为作家都是有为而作，而且是发愤之作，所以在进行戏曲批评时，常常带上这样的观点去逆向解读文本和作者创作意图。如他说读到《西厢》《拜月》，就感到作者肯定是大不得意于君臣朋友之间，所以借着夫妇离合因缘来写胸中垒块。而剧中崔张的爱情描写和他们终成眷属的结局，恰恰是反映着现实中“佳人难遇”、知音难遇的缺陷。李贽这样的批评思路，有时候显得很深刻，但有时候就让他的批评很附会。而且那种补现实缺憾的批评观念，也影响了明清不少的批评家，产生了所谓戏曲是心理补偿这样的批评观念。另外，李贽因为以发愤来逆料作者的用意，实际上经常产生他为了表达自己的观念而离开文本进行戏曲批评，这有时候扩大了戏曲批评的境界，但又因为离开文本太远，就变成了李贽的思想杂论而不是戏曲批评了。总之，李贽戏曲批评观中既有深刻的地方，扩大了戏曲批评的境界，有时候也造成了一些流弊。

（二）汤沈之争与晚明曲学思想

汤沈之争是明代戏曲史上非常著名的一次戏曲理论论争，因为文献缺乏和文献生成具体时间的不能确定，导致这场“汤沈之争”线索不明，论争的过程也不甚清晰。稍后两位著名的戏曲理论家王骥德和吕天成都论述了此事：

> 临川之于吴江，故自冰炭。吴江守法，斤斤三尺，不欲令一字乖律，而毫锋殊拙；临川尚趣，直是横行，组织之工，几与天孙争巧，而屈曲聱牙，多令歌者齚舌。吴江尝谓：“宁协律而不工，读之不成句，而讴之始协，是为中之之巧。”曾为临川改易《还魂》字句之不协者，吕吏部玉绳以致临川。临川不怿，复书吏部曰：“彼恶知曲意哉！余意所至，不妨拗折天下人嗓子。”其志趣不同如此。郁蓝生谓临川近狂，而吴江近狷，信然哉！①
>
> 吾友方诸生曰：“松陵具词法而让词致，临川妙词情而越词检。”善乎，可为定品矣！乃光禄尝曰：“宁律协而词不工，读之不成句，而讴之始叶，是为曲中之工巧。”奉常闻之，曰：“彼恶知曲意哉！予意所至，不妨拗折天下人嗓。”此可以观两贤之志趣矣。予谓二公譬若狂、狷，天壤间应有此两项人物。②

由于这两则材料出自稍晚一辈学者之口，虽然他们和汤沈二人都有过直接的或文字的交往，但因为记载的文字稍显简略，且有些语焉

① 王骥德：《曲律·杂论下》，《中国古典戏曲论著集成》第四册，中国戏剧出版社1959年版，第165页。

② 吕天成：《曲品》卷上，《中国古典戏曲论著集成》第六册，中国戏剧出版社1959年版，第213页。

不详，就导致汤沈之争的历史面貌较为模糊。首先，沈璟“宁协律而不工，读之不成句，而讴之始协，是为中之之巧。”（吕天成的记载稍有异同），这句话没有保存在沈璟传世文献中，稍微相近的是【二郎神·论曲】套曲中第一支曲：

> 何元朗，一言儿启词宗宝藏。道欲度新声休走样。名为乐府，须教合律依腔。宁使时人不鉴赏，无使人挠喉捩嗓。说不得才长，越有才，越当着意斟量。①

何元朗就是何良俊，他在《四友斋丛说》中发表过“夫既谓之辞，宁声叶而辞不工，无宁辞工而声不叶”的意见，沈璟说“何元朗，一言儿启词宗宝藏”指的就是这句话。此曲表明沈璟对于曲词的音乐性的重视超过了文学性，“宁协律而不工，读之不成句，而讴之始协”是符合他在【二郎神】套曲中的观点的。

关于汤显祖曲论的记载，两家都引了他的一个观点：“彼恶知曲意哉！余意所至，不妨拗折天下人嗓子。”这句话当然也是转述，原文是这样：

> 曲谱诸刻，其论良快。久玩之，要非大了者。庄子云：“彼乌知礼意。”此亦安知曲意哉。其辨各曲落韵处，粗亦易了。周伯琦（按，应为周德清）作《中原韵》，而伯琦于伯辉（按，应为郑德辉）、致远中无词名。沈伯时指乐府迷，而伯时于花庵、玉林间非词手。词之为词，九调四声而已哉！且所引腔证，不云未知出何调、犯何调，则云又一体又一体。彼所引曲未满十，然已如是，复何能纵观而定其字句音韵耶？弟在此自谓知曲意者，笔懒韵落，时时有之，正不妨拗折天下人嗓子。②

① 徐朔方辑校：《沈璟集》，上海古籍出版社1991年版，第849页。

② 汤显祖：《答孙俟居》，徐朔方校笺《汤显祖全集》卷四十六，北京古籍出版社1999年版，第1392页。

这是给孙俟居的一封信，把这封信对照上面王、吕二家的记载，会发现一些问题。一是这封信是给孙俟居的，他是吕天成的亲舅，吕姜山的表兄弟，王骥德说成书信是寄给吕姜山，误。二是汤显祖的这番议论是针对孙氏寄来的“曲谱诸刻”，并非如王骥德所说是回复吕姜山寄来的沈璟改本《牡丹亭》。三是王骥德说沈璟曾改订《牡丹亭》（即《同梦记》，已亡佚），引起了汤显祖的愤怒，所以说了“彼恶知曲意哉！余意所至，不妨拗折天下人嗓子”这样的话。但汤显祖文集中《与宜伶罗章二》等信中称《牡丹亭》需按照自己原本演唱，“其吕家改的，切不可从”，而汤显祖从来没有说到过有沈璟改本《牡丹亭》。这引起学术界的分歧，一种意见认为汤显祖所称“吕家改的”就是沈璟改本《牡丹亭》即《同梦记》，只不过此改本是吕姜山寄给汤显祖的，因吕姜山没有言明是沈璟的改本，所以汤显祖一直认为是“吕家改的”；另一种意见是，认为当时的《牡丹亭》改本，既有沈璟改本《同梦记》，也有吕姜山改本。

虽然文献中关于汤沈之争的记载，有一些模糊不清的地方，但可以肯定的是汤沈（沈璟一方还包括与他曲学观念大致相同的吕姜山、孙鑛、孙如法等人）之间存在着争论，而其争论的背景就是曲学观念的差异。

王骥德《曲律》“论曲源第一”在总结前人观点基础上，梳理出“曲”的发展源流，从先秦古歌到西汉乐府，再到唐代绝句、宋词，以至南北曲，描述了中国古代音乐文学演变历史。曲和古歌、乐府等一样都有着音乐文学的特质，所以第一句总结性的观点就是“曲，乐之支也”。曲，也是一种音乐文学，它由音乐和文学两个部分构成，而且这两个部分应该是较为密切而自然地联系在一起的。因为中国文字的特性，单音节的构词方式，四声的发音特色，使得汉语本身就有着天然的节奏和旋律。诗大序中说“诗言志，歌永言，声依永，律和声”，文字的诗长言之就是歌，音乐（即律）与声相配合的最高境界就是自然和谐。汤显祖说“曲者，句字转声而已”，又说“乃至唱曲，三言四言，一字一节，故为缓音，以舒上下长句，使然而自然也”。（《答凌初成》）意思是语言的自然节奏和韵律本身就是音乐，唱曲的人表现出来的实际上就是语言的本身音乐性。

但自沈约发现四声之后，对于音乐文学的要求就不仅仅是靠着那种天然的暗合，而是要人们在写作时自觉运用四声的变化来丰富音乐性，并且符合音乐旋律的变化。这样一来，对文学的格律就要求越来越严。正如黄周星所说：

> 诗降而词，词降而曲，名为逾趋逾下，实则逾趋逾难。何也？诗律宽而词律严，若曲，则倍严矣。按格填词，通身束缚，盖无一字不由凑泊，无一语不由扭捏而能成者。故愚谓曲之难有三：叶律一也，合调二也，字句天然三也。尝为之语曰："三仄更须分上去，两平还要辨阴阳。"诗与词曾有是乎？①

曲作为音乐文学，必须符合格律上的规定。还有一点也是音乐文学的特性决定的，那就是通俗性。因为音乐文学虽然也可以用来阅读，但以听觉欣赏为主。听觉是一过性的，必须让听众及时抓住曲词的字面并理解它的内容，所以曲作为音乐文学的一个特性就是通俗易懂。这就是为什么曲论家把语言的通俗称为"本色"了。

总之，如果站在音乐文学的音乐立场来考量曲学，则毫无疑问的要求，字之音和声必须符合格律，字之意义必须通俗。

这就是沈璟的立场。沈璟曲学思想中两个关键观点，一是"合律依腔"，沈璟被称为格律派代表人物即由此。【二郎神】套曲中共九支论曲的曲词，第一支是总论，提出"欲度新声休走样，名为乐府，须教合律依腔"；中间四支曲词，是具体讨论"合律依腔"所需注意的具体层面，涉及到辨平仄、分阴阳、讲句法、用周韵四个方面。关于平仄的区分使用，沈璟特别提到两种情形下的特殊处理，当找不到合适的平声字时，入声可以代替。在周德清《中原音韵》中，因为北方语言没有入声字，所以他提出入派三声的观点。但南戏属于南方

① 《制曲枝语》，《中国古典戏曲论著集成》第七册，中国戏剧出版社1959年版，第119页。

音乐，南方语音是一直有入声字的，那么入声字如何使用就成为一个问题。沈璟在这里提出，入声可以代替平声字的用法。关于去声字的使用，按照他的说法，当在乐曲飞扬的地方，可以填入去声字，和音乐融合无间。这大约与四声的发音特色有关，王骥德说“盖平声声尚含蓄，上声促而未舒，去声往而不返，入声则逼侧而调不得自转矣”。平声含蓄、上声调促，入声不能伸展，所以当在乐曲飞扬，必须有高亢能拉长音调的字与之相应，最合适的当然就是去声字。关于阴阳，他说“析阴辨阳，却只有那平声分党。细商量，阴与阳还须趁调低昂”。这也是继承了周德清的观点，比如在曲调清扬时，如果用上阴声字，则这个阴声字有可能发成阳声，而使得意义不明，如果按照原本的阴声歌唱，则与乐调不合。反之亦然。周德清曾举【点绛唇】为例，首句乐调应该是下抑的，故而必须用阴声字，如果用“天地玄黄”，则黄字是阳声，声和乐就不能协和，而用“宇宙洪荒”，荒字属阴声，则声乐相协。关于句法，就是曲牌的调式格律，即平仄的句式，比如同样是七字句，曲的格律和诗的格律就有不一样的地方。文人对于诗律很熟悉，自觉不自觉地用在曲的写作中，应该是很普遍的情况，所以沈璟特别强调“用律诗句法须审详，不可厮混词场”。关于用韵，沈璟坚持用周德清的《中原音韵》。他还编写了《正吴编》《南词韵选》等书，以规范用韵情况。套曲的第三个部分包含四支曲，则多为感叹之词。一方面沈璟很自信，自信如果按照他所揭示的方法去写作，做到合律依腔，就不会担心顾曲周郎的挑剔了。另一方面，他为当时戏曲中普遍存在着音律错乱感到焦虑，也为知音稀少而感到心伤。“耳边厢，讹音俗调，羞问短和长”“吾言料没知音赏，这流水高山逸响，直待后世钟期也不妨”，可见沈璟如此强调格律，有着很强的现实针对性。

沈璟针对当时词人和歌者普遍不能依腔，不能严守格律的现实（《南九宫十三调曲谱》：“嗟嗟，唱曲者既未必晓文义，而作曲者又未必能审音”），进行格律研究的工作，他的《南九宫十三调曲谱》是这项工作中代表性成果，要达成“词人当行，歌客守腔”的目的。

站在音乐的立场，沈璟曲学思想另一个观点就是尚本色。崇尚本色，在明中叶时期就已经提到，何良俊、徐渭都是“本色论”者，但不同论者“本色”一词之含义并不相同。《南九宫十三调曲谱》中，本色是沈璟用来进行曲学批评时常用的一个概念，如说“不撑达”“不睹事”，皆词家本色语；“勤儿”“特故”俱是词家本色字面，甚妙；极力赞美“理合敬我哥哥”“三十哥央你不来”这样的曲词。沈璟关于本色的认识比起何良俊、徐渭更倾向曲词的俗。而他对于通俗的理解是有偏差的，直接等同于了鄙俚庸俗。沈璟赞叹的所谓本色语几乎都是俚语或者非常口语化、没有任何提炼的语言。所以王骥德说他“认路头一差，所以已作诸曲，略堕此一劫，为后来之误”。(《曲律·杂论下》)，切中沈璟本色论的，与他个人的文学素养有关，也与他的复古曲学观念有关。

关于他的文学素养，沈璟自称“俗肠”，没有文采。因为非常重视能歌能演的戏曲，也就是场上之曲，而在当时元明南戏是场上演出时间最长流传最广的作品，因此这些古老的南戏便成了沈璟心目中作为音乐文学之曲的典范，从他《南九宫十三调曲谱》中所选多为元明南戏作为例证中就可以看到他这种复古的倾向。这种复古不是他有意为之，而是关注场上之曲的观念导致的。而古南戏大多是民间作品，其曲词大多鄙俚庸俗，经过长期的场上表演，非常合律依腔，在沈璟把它们作为曲律的典范时，也当成了文学的典范，本色的典范。这种曲学观念，决定了沈璟剧作的艺术成就，也是其曲学思想中最受诟病的地方。

汤显祖曲论观点也包括两个层面。首先，汤显祖当然也认识到曲的音乐文学特性，如果以为他说过“正不妨拗折天下人嗓子”，就认为他完全否认或者认识不到曲的音乐特性，就大错特错了。汤显祖在给凌濛初的信中，明确谈到自己对于曲律的探讨和认识。他在南京做太常博士时，也因为职业的需要而研究过律吕，写了那么多戏曲，而且还“自掐檀痕教小伶”，应该是懂得音律的。尽管说他用的是宜黄腔或弋阳腔没有非常确切的证据，但他用字可能是符合江西土腔土音的韵律，而没有完全顾及到沈璟所强调的必须符合《中原音韵》。后人评价他的《牡丹亭》中夹杂很多江西土字俗语就是一个证明。所以说，汤显祖的第一个立场，就是地域的立场；这是和吴中曲家发生抵牾的地方。臧懋循说他："生不踏吴门，学未窥音律，艳往哲之声名，逞汗漫之辞藻，局故乡之闻见，按亡节之弦歌，几何不为元人所笑乎。"（《玉茗堂传奇引》）汤显祖也自嘲说"生非吴越通，智意短陋"（《答凌初成》），事实上他并非"生不踏吴门"，但他坚持用自己家乡语音作曲，而并不觉得一定需要遵照昆曲的格律。事实上，此时文人创作传奇大都仍然按照南戏的格律，而昆曲也并没有盛行到人们自觉地接受它的规范。其次，就是汤显祖对于戏曲文学性的重视要超过对格律音韵等形式。这正是汤沈之争的焦点所在。汤显祖在《答吕姜山》中说：

> 寄吴中曲论良是。"唱曲当知，作曲不尽当知也"，此语大可轩渠。凡文以意趣神色为主。四者到时，或有丽词俊音可用，尔时能一一顾九宫四声否？如必按字摸声，即有窒滞迸拽之苦，恐不能成句矣。①

所谓音乐文学，反映在语言上需要注意格律，语言的格律与语言的意义两个层面相辅相成，但对于作者来说在创作过程中不亚于戴着镣铐跳舞。因此，语言的格律和意义就成为互相冲突的两个方面。沈璟的曲学观很鲜明，"宁使时人不鉴赏，无使人挠喉捩嗓"，格律压倒一切，为了格律可以牺牲意义的完整性；汤显祖的曲学观与此针锋相对，"凡文以意趣神色为主"，所谓"意趣神色"指的是语言所表达和显示的精神旨趣（内）和风格风貌（外），是作者的主体精神及其艺术的形象化的表现，如果语言的意义与格律冲突，宁可舍弃格律也不能牺牲"意趣神色"。

汤显祖的曲学观打上其道学家背景的烙印，或者说他的道学思维让他更关心文字的深层旨趣，从而使得他如此看重曲之"意趣"。汤显祖虽然没有名列当时的思想家、哲学家，但他有着深厚的道学渊源。（汤显祖也浸染佛道思想之中，但主流的仍然是其儒家思想）他

---

① 徐朔方校笺：《汤显祖全集》卷四十四，北京古籍出版社 1999 年版，第 1302 页。

在说自己没有时间精深地研讨曲律时说“加以举业之耗，道学之牵”，他是当时著名的时文家，所以说“举业之耗”，那“道学之牵”就是指自己对于道学追求了。他认为这两件事花去了自己太多的时间，所以“不得一意横绝流畅于文赋律吕之事”。(《答凌初成》)虽然这里有自谦的成分，但道学追求一直贯穿汤显祖的生命历程。道学家思考的是理、性、欲、情，汤显祖是王阳明心学左派罗汝芳的弟子，对于这些道学范畴有着自己的思索。特别是关于“情”与理、性之间的关系，他认为人生而有情，有情才成为人，而有深情就能成贤成圣。所以在他的道学体系中，“情”是最为核心的概念。因此，对于他来说创作戏曲就是通过形象化的艺术手法表达他对于“情”的哲学思索。儒家诗学观中“诗言志”被他解释为“志也者，情也”(《董解元西厢记题词》)，《耳伯麻姑游诗序》宣称“世总为情，情生诗歌，而形于神”，所以他在《四梦》中通过戏曲艺术来表达了对“情”与理学家之“理”、与佛教之“空”的思索，而主“情”、言“情”一直是他创作中的主题。汤显祖的关于情的思考仍然在儒家的体系之内，他的戏曲观也深受儒家思想的影响，相传有人劝他讲学，他说“诸公所讲者，性；仆所言者，情也”①。他在《宜黄县戏神清源师庙记》中也写到戏曲的教化作用，“人情之大窦，为名教之至乐也哉！”总之，关于“情”的哲学思索使得汤显祖戏曲有了不同一般的深刻，他孜孜然表达自己的“情”哲学观并以此来“讲学”教化大众，而哲学的思考就蕴含在戏曲的“意趣”中，这就是他如此强调意趣，而宁可牺牲格律的原因之一。

“才人”“作家”的身份，也影响到汤显祖的曲学观。汤显祖虽然有着道学追求，跟随罗汝芳研讨心学，但归根结底，他更是一个才子型的文人。流连光景，呼啸悲歌，热衷文字创作而希望以此不朽。这是与沈璟作为一个行家的身份、心态迥然不同的地方。沈璟通过他的曲学贡献，希望大家都能成为“词人当行”成为行家；但汤显祖有自己的看法，他在《答孙俟居》信中有这样一句话：“伯琦于伯辉

① 朱彝尊著：《静志居诗话》，人民文学出版社1998年版，第461页。

（按，应为郑德辉）、致远中无词名。沈伯时指乐府迷，而伯时于花庵、玉林间非词手。”意思是虽然沈伯时著有《乐府指迷》，周德清著有《中原音韵》，但他们都算不上著名的作家。他宁愿做“作家”而不是“行家”的心态，表现得非常明显。汤显祖在文学上的追求，从他那么多诗文作品中也可见一斑，而且他经常讨论的就是如何让自己的作品传世（如“其诗之传者，神情合至，或一至焉”）。汤显祖在文学上深受魏晋文学的影响，所谓“诗缘情而绮靡”，况且他的曲作本身就是写情之作，所以“绮靡”这种文学外在风貌与他的意趣恰恰吻合。有什么比含蓄婉转、意象繁复、辞藻艳丽的“绮靡”更能表达出“情”的韵味呢？“意趣神色”与“丽词俊音”是合二为一的。所以汤显祖成为文辞派的巅峰代表作家，是不可能追求沈璟那样的“本色”的。通俗的语言，与表达他对情的思索，深刻细腻地描绘“情”态都有着一段距离，何况是沈璟所推崇的鄙俚庸俗的文辞。

综上所述，沈璟的格律观与他的本色论有着必然关系一样，汤显祖的文辞观与他的意趣神色也是合二为一的，这就是两个人曲学观分歧的根本所在。

汤沈因曲学观念差异所形成的论争，对此后曲学观发展有着深远影响。简言之，汤沈之争在理论上形成一个曲家争相进行曲学思想总结的高潮，在创作上形成了传奇的繁荣。

以汤沈之争进行曲学思想的总结，在吕天成《曲品》、王骥德《曲律》中表现得最为突出。王骥德认为“今之词家，吴郡词隐先生实称指南”（《自序》），对于沈璟的曲学非常服膺。但相比较而言，他更推重汤显祖，并把“本色”论深化，认为汤显祖的创作就是本色论的楷模，“于本色一家，亦惟是奉常一人——其才情在浅深、浓淡、雅俗之间，为独得三昧”。汤显祖如果更谨慎地斟酌一下格律“约束和鸾，稍闲声律，汰其剩词累语，规之全瑜，可令前无作者，后鲜来哲，二百年来，一人而已。”[①] 而对于沈璟的本色论是采取批

① 以上两条引文分别见于《中国古典戏曲论著集成》第四册，中国戏剧出版社 1959 年版，第 170、165 页。

判的态度，也否定了沈璟在自己所认可的本色观指导下的创作。

吕天成说曲学因沈璟而中兴，“此道赖以中兴，吾党甘为北面”，提出“不有光禄，词硎不新；不有奉常，词髓孰抉？倘能守词隐先生之矩矱，而运以清远道人之才情，岂非合之双美者乎？”[①] 的双美说。此后，双美说就成为古代曲学思想的终结，无论是理论探讨还是创作实践，都以双美说作为指导。但双美毕竟是一个理想状态，不同的曲家对格律与才情、辞藻还是有着不同的侧重。

比如孟称舜，他在《古今名剧合选序》中说：“迩来填词家更分为二，沈宁庵专尚谐律，而汤义仍专尚工辞。二者俱为偏见。然工辞者，不失才人之胜；而专尚谐律者，则与伶人教师、登场演唱者何异？”[②] 这就更偏向于文辞，其中同样反映出汤显祖那种“作家”“行家”之分的心态。孟称舜在戏曲创作上也积极向汤显祖学习，其曲学思想也更倾向汤显祖。后世研究者又把汤沈之争，总结为临川派与吴江派之间的论争，从历史上来看，汤沈之争时沈璟有吕姜山、孙鑛这些同道，汤显祖却是一个人，并无临川派可言。但从孟称舜的曲学思想和创作来看，他的确深受汤显祖的影响。

（三）晚明剧学思想的建构

王骥德《曲律·杂论上》中有一段话：

> 古之优人，第以谐谑滑稽供人主喜笑，未有并曲与白而歌舞登场如今之戏子者；又皆优人自造科套，非如今日习现成本子，俟主人拣择，而日日此伎俩也。……即金章宗时，董解元所为《西厢记》，亦第是一人倚弦索以唱，而间以说白。至元而始有剧戏，如今之所搬演者是。此窍由天地开辟以来，不知越几百千万年，俟夷狄主中华，而于是诸词人一时林立，始称作者之圣，呜

① 《中国古典戏曲论著集成》第六册，中国戏剧出版社1959年版，第212—213页。

② 《柳枝集》卷首，古本戏曲丛刊影印本。

呼异哉！[1]

王骥德在这里描述了三种表演形式，古代优人“谐谑滑稽”的表演、董解元《西厢记》之类的说唱表演、元代开始的剧戏。并总结自元代发展的剧戏特性为“曲与白而歌舞登场”。可见王骥德已经有了非常明确的戏剧观，歌舞登场指装扮表演，表演者以“曲与白”结合的形式敷演故事、塑造人物。王国维对于戏曲“歌舞以演故事”的定义就来自于王骥德，只是用“演故事”把“曲与白”的叙事性特质揭示得更为明确了。因此可以说，在王骥德时代，中国戏曲的戏剧本体观已经形成。元代戏曲观重视“曲”而忽视“剧”，所以很多作品在叙事上存在漏洞，当时作家本不太关心于此。明初时，朱权等人也仍然是把散曲和杂剧合二为一来谈的，仍然是曲本位的观念。

晚明是中国戏曲从曲本位到剧本位转变的时期，剧学发展迅速，很多剧学理论思考的问题很深刻，也很全面，奠定了古典剧论的基础。下面从构思虚实论、结构整体观、情节尚奇论与批评尚趣论等几个方面来评介晚明剧学思想。

（1）构思虚实论。虚实论涉及的是戏曲创作中取材和构思阶段。“实”可以理解为历史史实或现实客观存在的人事，“虚”则属作者虚构的认为可能发生的事，或者虽然没有发生但情理却极为真实之事。

构思中的“虚”是体现作者创造性的重要部分，作者的主体精神也主要借此表现出来。汤显祖在《牡丹亭题词》中谈自己的构思：“传杜太守事者，仿佛晋武都守李仲文、广州守冯孝将儿女事。予稍为更而演之。”这些情节是实多于虚，但《牡丹亭》中最核心的，写超越生死的梦中之情的情节却是虚多于实，是作者主体精神的投射。汤显祖说“梦中之情，何必非真？”“人世之事，非人世所可尽。自非通人，恒以理相格耳！第云理之所必无，安知情之所必有哉！”汤显祖认为丽娘那样超越生死的梦中之情是存在的，“情之必有”，不

---

① 见《中国古典戏曲论著集成》第四册，中国戏剧出版社1959年版，第150页。

能以世俗中的常理来评判它。王骥德在评价《牡丹亭》的这种构思方法是“以虚而用实”。王骥德进而有一段引申，来讨论戏曲构思的虚实之道：

> 剧戏之道，出之贵实，用之贵虚。《明珠》《浣纱》《红拂》《玉合》，以实而实者也；《还魂》、二梦，以虚而用实者也。以实而用实也易，以虚而用实也难。①

从中可以看到，王骥德对构思中的“虚”是非常重视的，所以要“用之贵虚”。“出之贵实”是什么意思呢，应该指整部作品完成后给人的感觉应该是真实的，也就是合情合理的。他提到的两种类型，“以实而用实”比较类似现实主义的构思方法，“以虚而用实”则类似浪漫主义构思方法。他认为后一种构思更难，因为必须有更多创造性的生发；但同时他这一段话也强调了无论用虚，还是用实，最后都得具有艺术上的真实性。

“以虚用实”也充分反映出戏曲的“游戏之道”，即虚构性特征。胡应麟《少室山房笔丛》云：

> 凡传奇以戏文为称也，亡往而非戏也，故其事欲谬悠而亡根也，其名欲颠倒而亡实也，反是而求其当焉，非戏也。②

但如果过于游戏，“谬悠而亡根”则为不妥。凌濛初《谭曲杂札》中说：“戏曲搭架，亦是要事，不妥则全传可憎矣……今世愈造愈幻，假托寓言，明明看破无论；即真实一事，翻弄作乌有子虚。总之，人情所不近，人理所必无，世法既自不通，鬼谋亦所不料。”③这种不符合情理的虚构则注定要失败。

① 《曲律·杂论上》，《中国古典戏曲论著集成》第四册，中国戏剧出版社 1959 年版，第 154 页。

② 《少室山房笔丛》，中华书局 1958 年版，第 556 页。

③ 《中国古典戏曲论著集成》第四册，中国戏剧出版社 1959 年版，第 258 页。

虚实问题也更多地涉及到历史剧创作问题，历史剧题材的处理和构思的原则，是遵循史实还是可以虚构？王骥德的意见很有代表性：

> 古戏不论事实，亦不论理之有无可否，于古人事多损益缘饰为之，然尚存梗概。后稍就实，多本古史传杂说，略施丹垩，不欲脱空杜撰。迩始有捏造无影响之事以欺妇人、小儿者，然类皆优人及里巷小人所为，大雅之士亦不屑也。①

他把写“古人之事”的作品分成三类，一是“于古人事多损益缘饰为之，然尚存梗概”；二是“后稍就实，多本古史传杂说，略施丹垩，不欲脱空杜撰”；三是“捏造无影响之事”。王骥德不赞同最后一种，而提倡应该虚实相生。这种观点在当时非常普遍，但各自侧重还是有些区别。揣摩王骥德的话，在历史剧创作中，他更侧重于“实”。谢肇淛也认为“虚实相半”，《五杂俎》中说：

> 凡为小说及杂剧戏文，须是虚实相半，方为游戏三昧之笔。亦要情景造极而止，不必问其有无也。古今小说家……岂必真有是事哉？近来作小说，稍涉怪诞，人便笑其不经，而新出杂剧，如《浣纱》《青衫》《义乳》《孤儿》等作，必事事考之正史，年月不合，姓字不同，不敢作也。如此，则看史传足矣，何名为戏？②

但不难发现他侧重的是“虚”，更强调虚构的重要性。

（2）结构整体观。王骥德《曲律》中有多处谈结构。《论章法第十六》中说：

---

① 《曲律·杂论上》，《中国古典戏曲论著集成》第四册，中国戏剧出版社1959年版，第147页。

② 谢肇淛：《五杂俎》卷十五，上海书店出版社2001年版，第313页。

作曲，犹造宫室者然。工师之作室也，必先定规式，自前门而厅，而堂，而楼，或三进，或五进，或七进，又自两厢而及轩寮，以至廪庾、庖湢、藩垣、苑榭之类，前后、左右、高低、远近、尺寸无不了然胸中，而后可施斤斫。作曲者，亦必先分段数，以何意起，何意接，何意作中段敷衍，何意作后段收煞，整整在目，而后可施结撰。①

这里以修建房子来打比方，在开始之前，建筑者必须设计好整体构架，做到胸中有房子，然后才开始具体的施工。王骥德此处谈的还是一出戏的曲词写作问题，从如何起意到如何收煞，必须先安排布置好，“整整在目，而后可施结撰”。这就特别重视结构的逻辑性问题，一个作品的整体以及构成整体的几个段落，总是靠逻辑关系连接在一起的，这样才能清晰、明了，并形成叙事中的因果关系，推动和完善情节的发展。关于戏曲中整个事件的安排，他认为“在剧戏，其事头原有步骤”，也就是说按照事情发展的本来线索去发展和设置。虽然事情发展线索本来就有，但完整的一个事件中，并非各个部分均衡用力，而是要锻炼、剪裁。《论剧戏第三十》说：

贵剪裁、贵锻炼——以全帙为大间架，以每折为折落，以曲白为粉垩、为丹艧；勿落套，勿不经，勿太蔓，蔓则局懈，而优人多删削；勿太促，促则气迫，而节奏不畅达；毋令一人无着落；毋令一折不照应。传中紧要处，须重着精神，极力发挥使透。如《浣纱》遗了越王尝胆及夫人采葛事，红拂私奔，如姬窃符，皆本传大头脑，如何草草放过！若无紧要处，只管敷演，又多惹人厌憎：皆不审轻重之故也。②

---

① 《曲律·杂论上》，《中国古典戏曲论著集成》第四册，中国戏剧出版社1959年版，第123页。

② 同上书，第137页。

舒缓有致的节奏感，来自于轻重适宜、详略得当，“传中紧要处”是最为关键的地方，比如《浣纱》中越王尝胆的部分，因为最能反映出越王的奋发图强的精神，越王之所以能反败为胜，就是源于这种卧薪尝胆的精神，所以要极力去写，而相反“无紧要处”则不能敷演太长。类似的提法，有冯梦龙所谓的“大头脑”，如他改定《精忠旗》第三出眉批时说：“刻背是《精忠》大头脑，扮时作痛状或直作不痛状，俱非，须要描写出慷慨忘生光景”，说的虽然是表演，但冯梦龙显然认为刺字的一段对于表现岳飞之精神是一个非常重要的情节，可以总括后来一系列事件中所表现的岳飞之精神，因为此处是大头脑，所以无论是演员表演还是作家创作时，对于这样“大头脑”的紧要处，应如王骥德所说“须重着精神，极力发挥使透”。

除了详略得当之外，还应从整体出发，使得前后照应。照应既指情节方面的完整、紧密联系，也指戏曲中人物设置合理，每个人都有自己的作用，每个人都有相应的交代。作为结构技法来说就是注意前后的线索，评论家经常使用的是“针线”一词。如冯梦龙改定传奇的批语中就经常出现“针线”的概念，《量江记》第三十二出眉批“前既有采石庵真空，此处少不得照应，以结石浮图之案。”（明末墨憨斋刊本）

祁彪佳也是谈结构较多的一位理论家，《远山堂曲品》中评《玉丸》“作南传奇者，构局为难，曲白次之。此记局既散漫，且词不达意。”“构局”“炼局”是他经常用来论述结构的概念，“传时事而不牵蔓，正是炼局之法”（《冰山》）、“此记作得灵怪，又能于场上见构局之佳。”（《神镜》）、“写闺情而乏婉转之趣，盖作者能填词不能构局故也。”（《三妙》）“头绪纷如，全不识构局之法，安得以畅达许之。”（《赐剑》）① 他提出结构上要使得线索凝练，情节婉转都颇为中肯。

吕天成很重视戏曲结构的对称性原则，认为在结构中需要注意寂

① 《远山堂曲品》，《中国古典戏曲论著集成》第六册，中国戏剧出版社 1959 年版，分别见第 102、108、130、71、105 页。

与喧、苦与乐等平衡。如评王雨舟“颇知炼局之法，半寂半喧”，评《琵琶记》“穿插甚合局段，苦乐相错，具见体裁”，评《千金记》“韩信事佳，写得豪畅，内插用北剧。但事业有余，闺阃处大寥落。”①

总之，王骥德、冯梦龙等人的戏曲结构理论，表达了他们对戏曲情节设置安排方面的思考，其中有这样几个特色：一是整体观。即从戏曲的整体结构出发，注意戏曲结构中的节奏感、详略得当，前后照应。二是中和美，中国传统美学以中和为美，因此整体结构中也必须有中和、平衡。如寂、喧的平衡，悲、喜的融合，男性功名事业的情结与女性闺阃情事的比例平衡等。

（3）情节尚奇论。从剧学角度来说，情节占了很重要的地位，古今中外都是如此。古希腊亚里士多德论悲剧时，也把情节放在第一位，盖没有提炼出曲折多致、引人入胜的情节，就无所谓戏剧性，也就无法圆满完成塑造戏剧人物的任务。古代剧论中经常谈到关目，大多数情况下指的也是情节，即使在明初剧学还不成熟的时期，“关目好”也时时成为人们评价一部作品的因素之一。晚明，人们对关目、戏剧中的“事”更加重视。孙鑛“南戏十要”，就把“事佳”“关目好”作为其评品戏曲的重要标准。吕天成《曲品》中，也多处探讨情节设置的优劣，表明他对情节的重视：如说《蕉帕》“系撰出，而情节局段能于旧处翻新，板处作活，真擅巧思而新人耳目者”。评《孤儿》“即以赵武为岸贾子，正是戏局”。王骥德《曲律》中谈到作者的一个朋友毛允遂，评价戏曲作品时，从关目、曲、白三个方面分别打分，然后评判高下。王骥德很认同这种方法，说这种批评“既严且确，不愧其家董狐”（《杂论上》），说明对关目重要性的认识已经获得了这些批评家们的共识。

在对情节重要性的认识之后，形成崇尚新颖奇特情节的风气，即情节尚奇论。

---

① 《曲品》，《中国古典戏曲论著集成》第六册，中国戏剧出版社 1959 年版，第 210、224、226 页。

传奇这一概念之由来，与唐代传奇小说中多以奇人奇事为描写对象有关，所以戏曲称传奇，也是以传奇人奇事作为情节上的特点的。正所谓“传奇，纪异之书也。无奇不传，无传不奇。”（倪倬《二奇缘小引》）茅瑛在《题牡丹亭记》中也说：“传奇者，事不奇幻不传；辞不奇艳不传，其间情之所在，自有而无，自无而有，不魄奇愕眙者亦不传。”① 奇，实际上就是指戏曲中人物以及人物身上发生的事情，新颖奇异，能满足人们的好奇心。戏曲要置之于场上表演，观众能否被吸引，能否把注意力从开场保持到最后，这是一部戏剧成功与否的标志之一。汤显祖早期作品《紫钗记》是纯粹的文辞派作品，关注词曲的辞藻华丽而疏忽了戏曲作为剧的要求，不能成为场上之曲。袁宏道批评《紫钗记》说：“一部《紫钗》，都无关目，实实填词，呆呆度曲，有何波澜，有何趣味?”所以说这部戏仅能称“案头之书”，当不得“场上之曲”。

而如果情节新奇有趣，则给人很强的吸引力。袁于令《焚香记序》中谈到此剧情节奇异，“愈出愈奇，悲欢沓见，离合环生。读至卷尽，如长江怒涛，上涌下溜，突兀起伏，不可测识，真文情之极其纡曲者。”② 冯梦龙《永团圆总评》说：“太守主婚事奇，中丞挜婚事更奇。二女一混，而夫不知其妻，姑不知其媳，妹不知其姊，并父不知其女，如此意外团圆，倍觉可喜。海市蜃楼，幻想从何而来。”奇幻的情节设计不仅增强了戏剧的吸引力，也展现了作者的文才、创作力。中国古代文人创作戏曲，展现自己的文才，逞才炫技本为创作动机之一，所以对于奇幻的情节有着一种本能的追求。尚奇在戏曲情节中的具体表现，就是运用误会、错认、梦幻等方法手段来建构情节，表现出作家非凡的创造力和想象力。王思任《十错认春灯谜记序》中这样评价汤显祖、阮大铖戏曲情节方面的特色：

---

① 倪、茅二文，俱引自吴毓华编《中国古代戏曲序跋集》，中国戏剧出版社 1990 年版，分别见第 231、162 页。

② 见吴毓华编《中国古代戏曲序跋集》，中国戏剧出版社 1990 年版，第 193 页。

临川清远道人，自泥天灶，取日膏月汁，烘烧五色之霞，绝不肯俯齐州抡烟片点，于是《四梦》熟而脍炙四天之下。四天之下，遂兢与传其薪而乞其火，递相梦梦，凌夷至今。胡柴白棍，窜塞眯哭，其中竟不以影质溺，则亦大可哈矣。……（阮大铖）一日拍案大叫，以为天下事有何经，正万车载鬼，悉黎丘耳。乃不谱旧闻，特舒臆见，划雷晴里，布架空中，甫阅月而《春灯谜记》就，亦不减击钵之敏矣。①

王思任称赞汤、阮戏曲的奇幻构局，评《春灯谜》中十错认的情节是“石破天惊，峰穷境出”。继而总结道“天下无可认真，而惟情可认真；天下无有当错，而惟文章不可不错”。作为戏剧，奇幻之情节能给人目不暇接、悬念迭生的审美愉悦，但情节应该为人物服务，必须很好地表现人物形象，展现人物的情感。所以王思任情节尚奇的同时，也强调情感尚真，在奇幻情节中表现人物真实情感。孟称舜《古今名剧合选序》中一段话也表现了类似的观点：

盖诗词之妙，归之乎传情写景。顾其所为情与景者，不过烟云花鸟之变态，悲喜愤乐之异致而已。境尽于目前，而感触于偶尔，工词者皆能道之。迨夫曲之为妙，极古今好丑、贵贱、离合、死生，因事以造形，随物而赋象。时而庄严，时而谐诨，孤末靓狚，合傀儡于一场，而徵事类于千载。笑则有声，啼则有泪，喜则有神，叹则有气，非作者身处于百物云为之际，而心通乎七情生动之窍，曲则恶能工哉?②

孟称舜认为戏曲与诗词最大的区别在于，诗词所极力摹写者是情与景，而曲的表现对象却要宽广得多，古今好丑、贵贱、离合、生死都可以施之笔端，呈现纸上，关键是表现好丑贵贱者离合生死之事，

① 《十错认春灯谜》卷首，《古本戏曲丛刊》影印明末刊本。

② 孟称舜编：《古今名剧柳枝集》卷首，《古本戏曲丛刊》影印本。

不仅仅眼前的情与景而已，而对其离合生死之事的描写，又主要是让人物活起来，使他们“笑则有声，啼则有泪，喜则有神，叹则有气”。人物的情感、个性在生死离合这样一些人生大的变故前表现得最为淋漓尽致，因此情节的奇幻、夸张，把某种人生境况推到极致才能更好地表现人物，但毋庸置疑的是情节的作用乃在于表现人物的情感，而不是为了奇幻的情节而一味地奇幻。

晚明时期，一味追求奇幻，而不顾其情节的合情合理，不把情节的设置建立在表现人物形象的基础之上，这样的作品非常多，过度追奇逐怪成为有害的创作风气。一些理论家对此现象开始反思，以图匡救。如周裕度《天马媒题词》中质疑：“尝谬论天下有愈奇而愈传者，有愈实则愈奇者。奇而传者，不出之事是也；实而奇者，传事之情是也。”[①] 他的意思是虽然现实中很难出现的很奇幻的事情，当然是“奇”，是可传的；但现实中人们的各种真挚热烈的情感，看似平淡，但也是可传的，也是“奇”，即所谓“实而奇者”。

张岱在《答袁箨庵》一文中详细总结了这种追奇逐怪的坏风气，并提出一种新的审美观：

> 传奇至今日怪幻极矣，生甫登场，即思易姓；旦方出色，便要改装。兼以非想非因，无头无绪，只求热闹，不论根由，不顾文理。……兄看《琵琶》《西厢》有何怪异，布帛菽粟之中，自有许多滋味。咀嚼不尽，传之永远，愈久愈新，愈淡愈远。东坡云：凡人文字务使和平知足，馀溢为奇怪，盖出于不得已耳。今人于开场一出便欲异人，乃装神扮鬼，作怪兴妖，一番热闹之后，乃至正生冲场，引子稍长，便觉可厌矣。兄作《西楼》，只一“情”字，《讲技》《错梦》《抢姬》《泣试》，皆是情理所有，何尝不热闹，何尝不出奇，何取于节外生枝、屋上起屋耶？[②]

① 蔡毅编著：《中国古典戏曲序跋汇编》，齐鲁书社 1989 年版，第 1485 页。

② 引自隗芾、吴毓华编《古典戏曲美学资料集》，文化艺术出版社 1992 年版，第 225—226 页。

这是晚明从尚奇，到一味追求奇幻，再到尚淡的回归。“淡”指的是平实的现实生活，而淡中滋味隽永，则来自于现实生活的情感，戏曲表现了现实生活中人的各种真实情感就可以了，这就是热闹，就是出奇。戏曲以曲写人情为旨归，因此，以人情之“奇”来代替事奇更为接近戏曲的审美本质。这种观点得到李渔的继承和发扬，他一方面“戒荒唐”；另一方面提出“即前人已见之事，尽有摹写未尽之情，描画不全之态。若能设身处地，伐隐攻微，彼泉下之人，自能效灵于我，授以生花之笔，假以蕴秀之肠，制为杂剧，使人但赏极新极艳之词，而竟忘其为极腐极陈之事者。”① 以眼前之事，写不尽之情的创作理念，对清代戏曲小说都有极大的影响。

（4）批评尚趣论。晚明时期对于戏曲的批评著作非常之多，有吕天成、祁彪佳所写的专门批评著作，还有王骥德等人所写谈曲论著中的批评文字，更多的是戏曲作品中的序跋文字，或评点批评。晚明戏曲批评中反映出“尚趣”的审美理想。

何良俊是较早以“趣”来作戏曲批评的，其评元郑光祖《㑇梅香》中曲子，说“止是寻常说话，略带讪语，然中间意趣无穷。此便是作家也”。又说《西厢记》带脂粉气，过于秾艳，“大语关闺阁，已是秾艳，须得以冷言剩句出之，杂以讪笑，方才有趣”。所以不如郑光祖的作品。何良俊所说的“趣”，是指通俗风趣的语言风格。

徐渭提倡本色论，其本色论以真与俗为核心，所以“趣”即真实本色带来的真情实感。评《西厢记》第一折第二套“此一套，枝枝似常话，却何等真率，迢递有趣”，“《食糠》《尝药》《筑坟》《写真》诸作，从人心流出，严沧浪言‘水中之月，空中之影’，最不可到。如‘十八答’，句句是常言俗语，扭作曲子，点铁成金，信是妙手。”② 但在徐渭看来，“从人心流出”是“兴趣”生成的关键。

李贽开始涉及“趣”在戏曲创作多个层面的展开，评《西厢记》

① 《中国古典戏曲论著集成》第七册，中国戏剧出版社 1959 年版，第 20 页。

② 徐渭：《南词叙录》，见《中国古代戏曲论著集成》第三册，中国戏剧出版社 1959 年版，第 243 页。

第十八出《猜寄》总批“见物如见莺，描写得远书景趣”，指刻画场景的趣味；第二十出《团圆》总批“总结处精密工致，出郑恒来，更有兴趣”，以“兴趣”论戏曲的情节设置；评《玉合记》“此记亦有许多曲折，但当要紧处却缓慢，却泛散，是以未尽其美，然亦不可谓之不知趣矣”①，也是说“许多曲折”情节带来的趣味。

自徐渭和李贽对“趣”论的深化之后，“趣”不仅越来越受到人们的重视，更是在批评论创作论的各个方面得到深入阐释。最为人耳熟能详的，是“意趣神色”成为汤显祖著名的戏曲创作观。汤沈之争前文已经讲过，汤显祖注重音乐文学的文学性，尤其重视作家主体的精神、意绪，所以他认为戏曲创作应该“以意趣神色为主”（《答吕姜山》）。他对“意趣神色”的推崇以及在《牡丹亭》中的成功实践，既是对“趣”论的又一次深化，也提升了戏曲文学所能达到的哲学和美学高度。

王骥德和吕天成仍更多地以“趣”来讨论戏曲语言，但开始引入“机趣”的概念，使其机趣“本色”论超越了何良俊、沈璟语言“本色”论。吕天成说：“当行兼能作法，本色只指填词。当行不在组织饾饤学问，此中自有关节局概，一毫增损不得；若组织，正以蠹当行。本色不在摹勒家常语言，此中别有机神情趣，一毫妆点不来；若摹勒，正以蚀本色。”（《曲品·具品》）王骥德《曲律》杂论第三十九上：“《拜月》语似草草，然时露机趣。”其谈“临川尚趣，直是横行”，此“横行”两字下得好，然而没有展开，但与“机趣”仍然是有联系的。

祁彪佳是古代最多以“趣”论戏的一位理论家。其《远山堂曲品》《远山堂剧品》中以“趣”论戏如“掀翻一部孟子，转转入趣”“终是神头鬼脸，景促而趣短”“但字雕句镂，微少天然之趣”等，不甚枚举。他对于古典戏曲“趣”论的发展和贡献主要有：一是精细化了“趣”的类别，有情趣、逸趣、致趣、不衫不履之趣、深趣、生趣、曲折之趣等。二是把“趣”和“味”与“致”联系到一起，

① 李贽：《焚书》卷四，中华书局1975年版，第193页。

阐发了“趣”的具体艺术表现及其契合性特征（“味”即文本与审美主体之间的契合性）——如“致”有“词致”“韵致”“妩媚之致”“天然融合之致”等；“味”有“所谓深味之而无穷者”，或反言之的“与居士略一映带，终觉气味寞索”“不耐咀嚼”“情境短促”等。把这些都算进去，《曲品》《剧品》中涉及“趣”的当有59条之多。

批评尚趣论在明末继续发展，并且越来越得到人们的认同，明末清初的黄周星篇幅不长的戏曲论著《制曲枝语》近三分之一在谈“趣”，可见对“趣”的推崇和提倡。论述“制曲之诀”“论曲之妙”云：

> 制曲之诀无他，不过四字尽之，曰“雅俗共赏”而已。论曲之妙无他，不过三字而尽之，曰“能感人”而已。感人者，喜则欲歌、欲舞，悲则欲泣、欲诉，怒则欲杀、欲割：生趣勃勃，生气凛凛之谓也。……制曲之诀，虽尽于“雅俗共赏”四字，仍可以一字而括之，曰“趣”。古云“诗有别趣”，曲为诗之流派，且被之弦歌，自当专以趣胜。今人遇情境之可喜者，辄曰“有趣！有趣！”则一切语言文字，未有无趣而可以感人者。①

总结一下这种批评尚趣论，大致有三个层面的内容：一是指诙谐风趣的戏曲文体风格，戏曲文体在语言风格上，必须风趣幽默，在科诨动作上也必须有趣味性。二是指有“顿挫扬抑之趣”的情节与结构。戏曲为了有戏剧性，必须追求情节的曲折生动，虚实相生，波澜迭起。对于情节尚奇的追求，实际上就是批评尚趣的一种表现。三是“趣”涉及意趣、旨趣，指文人在戏曲审美时，注重戏曲作品表现作家的主体精神及其形象化的艺术表现。以“意趣神色”取胜的《牡丹亭》获得极高声誉，缺乏主体精神的《五伦全备记》被晚明人斥为迂腐、烂腐，就很说明文人的尚趣审美倾向。事实上，此后李渔，乃至近代的吴梅，在谈到戏曲创作和批评时，“风趣”“诙谐”一直

① 《中国古典戏曲论著集成》第七册，中国戏剧出版社1959年版，第120—121页。

是一个重要原则。

李贽戏曲美学思想以“真”为核心，推崇自然地表达情感，并指出戏曲创作要有为而作，对晚明戏曲文学创作产生了巨大影响。汤显祖和沈璟的争论，是当时戏曲界标志性事件，反映出人们在曲学上的分歧，其结果是理论家通过汤沈之争总结出文辞、音律“双美”的曲学原则，并取得了广泛的认同。晚明剧学发展迅速，构思虚实论、结构整体观、情节尚奇论、批评尚趣论建构起中国传统戏曲创作论的基本框架，具有一定的体系性，值得今人借鉴、发扬。

古代戏曲理论与批评“趣”论发微

明末清初戏曲家黄周星论述“制曲之诀”“论曲之妙”云：

> 制曲之诀无他，不过四字尽之，曰“雅俗共赏”而已。论曲之妙无他，不过三字而尽之，曰“能感人”而已。感人者，喜则欲歌、欲舞，悲则欲泣、欲诉，怒则欲杀、欲割：生趣勃勃，生气凛凛之谓也。……制曲之诀，虽尽于“雅俗共赏”四字，仍可以一字而括之，曰“趣”。古云“诗有别趣”，曲为诗之流派，且被之弦歌，自当专以趣胜。今人遇情境之可喜者，辄曰“有趣！有趣！”则一切语言文字，未有无趣而可以感人者。①

在他看来，好的戏曲作品一定是“雅俗共赏”，“能感人”的，而归根结底用一个字来概括，就是“趣”。他的篇幅不长的戏曲论著《制曲枝语》近三分之一在谈“趣”，可见对“趣”的推崇和提倡。明清时期，像黄周星一样以“趣”来进行戏曲批评与理论探讨的，不乏其人，可以说涉及“趣”的讨论比比皆是，蔚然大观。（众家之论见下文）我们把以“趣”来阐释戏曲艺术特色、进行戏曲艺术批评的观点称为戏曲理论与批评中的“趣”论，围绕着“趣”这个关键词出现的一些概念，如“生趣”“趣味”“意趣”“机趣”等，都属于“趣”论的范畴。

“趣”作为一个重要理论与批评范畴，古代戏曲理论家在使用它

① 《中国古典戏曲论著集成》第七册，中国戏剧出版社1959年版，第120—121页。

时指涉哪些层面的内涵，它的理论价值是什么，这是我们今天梳理古代戏曲理论时应该关注并弄清楚的问题。本文即沿着这个思路对古代戏曲理论批评中的“趣”论进行一番梳理，以就正于方家。

（一）“趣”与戏曲诙谐风趣的艺术风格

古代阐发“趣”论较早的一位戏曲理论家是明代的何良俊，他非常推崇杂剧作家郑光祖，评其《㑇梅香》头一折“不争琴操中，单诉你飘零，却不道窗儿外，更有个人孤另”，“却原来群花弄影，将我来唬一惊”等曲词时，云“此等语何等蕴藉有趣”①；又评其第三折《小桃红》《调笑令》“止是寻常说话，略带讪语，然中间意趣无穷。此便是作家也。”② 何良俊所谓的“趣”，即是一种诙谐有趣的语言风格，通俗本色，切近人情，能够真实逼真地再现某种情境下的人物心情。正是基于这样的观点，他认为杂剧中写情高手王实甫不如郑光祖，因为《西厢记》带脂粉气，过于秾艳，“夫语关闺阁，已是秾艳，须得以冷言剩句出之，杂以讪笑，方才有趣。”③ 否则总是从正面描写，而且辞藻华丽，就成了画家所讥讽的“浓盐赤酱”了。也是基于同样的观点，他认为《琵琶记》不如《幽闺记》，非常欣赏后者《走雨》中“绣鞋儿分不得帮和底，一步步提，百忙里褪了根儿”这样情境逼真而又语言通俗、趣味十足的曲词。相比之下，《琵琶记》辞藻富丽，犹如诗赋一般典雅，进而他评论道：“然既谓之曲，须要有蒜酪。而此曲全无，正如王公大人之席，驼峰、熊掌，肥腯盈前，而无蔬、笋、蚬、蛤，所欠者，风味耳。”④ 蛤蜊、蒜酪，是元明时人常用来形容元曲中那种浓厚的浪子气息、市井气息和自由跳脱的个性在文体上的表现，即一种用通俗诙谐的语言描写、调侃世俗人生况味的笔调。这种笔调在关汉卿的《南吕·一枝花》，王和卿的

① 《四友斋丛说》卷三十七，中华书局 1959 年版，第 338 页。
② 同上书，第 340 页。
③ 同上书，第 339 页。
④ 同上书，第 342 页。

《咏大蝴蝶》等作品中有充分的体现。何良俊用驼峰熊掌比喻经史、诗赋等正统文学的语言，而曲作为一种独特的文体，“趣”正是其与高文典册不同的文学特征，通俗风趣才是本色。

何良俊把通俗风趣作为戏曲文体特征，是切中肯綮的。中国戏曲的起源，无论是“谈言微中，亦可以解纷”的古优，还是汉之百戏、唐之戏弄都充满游戏、玩笑的味道，表现出诙谐戏谑的特征。王骥德说“古之优人，第以谐谑滑稽供主人喜笑”，李贽云“杂剧院本，游戏之上乘也”，正是这个意思。宋杂剧更是以滑稽为根本特色，这对当时的诗歌艺术都产生了巨大的影响，俳谐体诗歌创作成为风气，追求诗歌的诙谐幽默风格更为普遍，如黄庭坚云：“作诗正如作杂剧，初时布置，临了须打诨，方是出场。”由此可见，虽然说以“趣”论文艺，先见之于诗歌理论与批评，但此观念乃是受到宋杂剧艺术风格的影响，故而恰恰证明“趣”是宋杂剧的重要美学特征。

要之，成熟后的戏曲艺术继承了前戏曲阶段各种表演艺术的游戏诙谐精神和艺术风格，在“趣”论中凡论谈谐趣、谑趣、科诨之妙者皆着眼于此。大体上来说，这种诙谐风趣的艺术风格，主要由本色的曲词、自然生动的科诨这两部分营造、构成。

继何良俊之后，沈璟以质古为有趣，过于片面强调了其通俗性，而对风趣之义暗昧不明。王骥德批评沈氏对那些“庸拙俚俗之曲”“打油之最者”极口赞美，乃是“认路头一差，所以已作诸曲，略堕此一劫”[①]。与王骥德持相同意见的还有吕天成，“本色不在摹勒家常语言，此中别有机神情趣，一毫妆点不来；若摹勒，正以蚀本色。”[②]所以，本色不仅仅是通俗，更是一种趣味，何良俊说是蛤蜊、蒜酪，因为他以元杂剧为典范；王骥德、吕天成则倾向于追求以俗为雅，化雅为俗的艺术风格，达到浅深、浓淡、雅俗之间的效果，即雅俗共赏的趣味。要言之，是通俗而不质直，本色而非摩勒，在含蓄蕴藉中显

---

① 王骥德：《曲律》，见《中国古典戏曲论著集成》第四册，中国戏剧出版社 1959 年版，第 160 页。

② 吕天成：《曲品》，见《中国古典戏曲论著集成》第六册，中国戏剧出版社 1959 年版，第 211 页。

露出“机趣神情”。这是在明中叶戏曲文学逐渐文人化、典雅化之后形成的一种新的趣味。揆之作家作品，则汤显祖最有代表性，王骥德一方面称赞真正能达到雅俗之间本色境界的唯汤氏一人；另一方面总结说“临川尚趣”，盖可见王骥德对于“趣”与“本色”的关系的思考了。

王骥德还专门论述到戏曲中的“俳谐”体，他认为俳谐之曲“东方滑稽之流也，非绝颖之姿，绝俊之笔，又运以绝圆之机，不得易作。著不得一个太文字，又著不得一句张打油语。须以俗为雅，而一语之出，辄令人绝倒，方妙。”① 所以在王骥德看来，这种谐趣的文体，必须具备智慧、才情，语言上雅俗融合，内容上却要显示出一种“机趣神情”。

他又论科诨艺术，科诨需要像说笑话一样，自己不动声色，而听者已然笑翻，这同样强调的是蕴藉自然。对于科诨的重要性，他总结道：“大略曲冷不闹场处，得净、丑插一科，可博人哄堂，亦是剧戏眼目。”② 俗话说“眼睛是心灵的窗户”，戏剧之眼也就是传戏剧之神的所在，可见他是把科诨当作戏剧本质特征之一来强调的。

李渔作为著名喜剧家，更为重视戏曲诙谐风趣的艺术特征，其《闲情偶寄》之词曲部专有一节谈科诨，科诨的重要被比为能驱散睡魔的人参汤，能使人精神不倦，得以集中注意力鉴赏戏曲艺术的精妙。同时强调科诨不仅仅是丑净的专利，所有脚色都应该有科诨的表演，才能“雅中带俗，又于俗中见雅；活处寓板，即于板处见活。”③ 他总结科诨艺术的规律：戒淫亵、忌俗恶、重关系、贵自然，这几条也是总结了前人对于戏曲诙谐艺术的探讨，所谓戒淫亵、忌恶俗，即“善戏谑矣，不为虐兮”，注意掌握分寸，不至于太低俗，迎合观众的低级趣味。贵自然，即何良俊、王骥德等人强调的要蕴藉自然，不

① 王骥德：《曲律》，《中国古典戏曲论著集成》第四册，中国戏剧出版社 1959 年版，第 135 页。

② 同上书，第 141 页。

③ 《闲情偶寄》科诨第五，《中国古典戏曲论著集成》第七册，中国戏剧出版社 1959 年版，第 63 页。

要为了生硬插科，使人肌上生栗，妙在水到渠成，天机自露。

戏曲艺术的诙谐品性，并非为了诙谐而诙谐，为了笑而笑。程羽文云"词白之工，科介之趣，热肠骂世，冷板敲人"①，强调的是嬉笑怒骂的讽刺精神。李渔论科诨须"重关系"。所谓重关系，即"于嬉笑诙谐之处，包含绝大文章；使忠孝节义之心，得此愈显。……科诨非科诨，乃引人入道之方便法门耳。"② 被称为古典戏曲理论终结者的吴梅也把"须有风趣"作为剧作法的重要方面，其"风趣"除了诙谐有趣之外，同样指"旁引曲喻""谈言微中"以达到劝惩的最终目的③。

伶人"可以解纷"的微言、文人"游于艺"的道德旨归，使戏曲在诙谐风趣中潜移默化地培养了观众的道德感和价值观，所以笑必须对人有育化作用。但这和教化不同，教化是庄语论道，这是戏寓人生；唯其是戏语，更能为人们所接受，更加深入人心。由此可见，"趣"不仅反映了戏曲的诙谐风趣的风格特征，更是把戏曲的育化功能、寓教于乐的审美教育作用与教化工具区分开来的一个重要特征，也是戏曲之所以能寓教于乐的一个前提，沦为教化工具的戏曲一本正经、理念高于形象，理性压抑了感性，毫无趣味可言，反而发挥不了戏曲的育化作用。

（二）"顿挫扬抑之趣"的情节与结构

王骥德说："诗不如词，词不如曲，故是渐近人情。……快人情者，要毋过于曲也。"④ 曲作为一种文体在艺术风格上偏向市井趣味，诙谐风趣；在内容上是叙事艺术，以反映世俗生活中的人情世态为职

① 《盛明杂剧序》，见蔡毅编著《中国古典戏曲序跋汇编》，齐鲁书社 1989 年版，第 462 页。

② 《闲情偶寄》科诨第五，《中国古典戏曲论著集成》第七册，中国戏剧出版社 1959 年版，第 63 页。

③ 吴梅：《顾曲麈谈》，岳麓书社 1998 年版，第 258—259 页。

④ 《曲律》，《中国古典戏曲论著集成》第四册，中国戏剧出版社 1959 年版，第 160 页。

事。而现实生活永远是曲折粗粝的，故而充满着悲欢离合的人生际遇，汇集着七情六欲的人情世态。这正是戏曲艺术不同于诗歌的地方，诗歌中反映的精神一般是古典的、平和的、理想的，要符合哀而不伤、乐而不淫的要求，具有温柔敦厚之美。这样一来，人们的情感就不能完全充分地得到表达。戏曲则不然。戏曲作为描写世俗人生的叙事艺术，曲折多致地表现世俗的情态、幽深的心曲，恰是其艺术上追求的目标。观众和读者对这样的叙事艺术也有着不同于诗赋的审美预期，他们在欣赏戏曲时，总是期待着能看到跌宕起伏的情节、光怪陆离的人物性情，期待着能感受到人生的不和谐性、丰富多样性以至感官刺激性带来的愉悦感。能够满足这种期待，则这部戏曲被称为趣味悠长，观众和读者也在欣赏时兴趣盎然。这种“趣”就是祁彪佳所说的“顿挫扬抑之趣”①。而正是在这样一种尚“趣”的审美追求下，明代的剧论得以迅速发展，可以说正是王骥德、祁彪佳、李渔等戏曲理论家充分认识到“兴趣”“趣味”是戏曲艺术的审美特征之一，才启发他们去思索属于中国古典戏曲的传统编剧技巧。

黄启太《词曲闲评》云：

> 词曲以命意布局为先，简洁为高，而机调之凑泊，声律之敲戛，科白打诨之步骤，尤以生动合趣，处处经营，不可一段稍涉松懈。②

是以戏曲创作机调（情节设置）、声律以至科白打诨，都需生动合趣，“趣”已深入戏曲创作的整个机理之中。

关于一部戏曲的创作，首先是选材。什么样的材料适合写一部戏曲，往往是决定剧作能否成功的关键。所以古人论剧首先要求“事佳、关目好”。一件可歌可泣可传之事，往往自有它的旨趣、有它的

① 《远山堂曲品》，《中国古典戏曲论著集成》第六册，中国戏剧出版社 1959 年版，第 58 页。

② 贾文昭编：《中国近代文论类编》，黄山书社 1991 年版，第 367 页。

意味，也就能引起观众或读者的兴趣。《牡丹亭》成为传世经典，很多批评家首先就指出丽娘这个人物以及她的故事的确新奇可传，因为“情”已蕴含在事中，其意味也就新奇浓厚。相反，有些事本无可传之处，勉强写来，就了无意味了。祁彪佳评《平妖》：“神头鬼脸，景促而趣短。”① 评《玉掌》：“一涉仙人荒诞之事，便无好境趣。”②这是指神鬼荒诞之事没有太多意味，境劣趣短。“传吴公百朋一生宦谱，段段衬贴忠孝二字，所以绝无生趣”③，“张知事于官衙狎一妓女，有何趣味而传之乎”④，前者如传记宦谱，了无意味，后者事情鄙俚无趣，自然都是不值得去写的题材，只能得到无趣之讥。

这里稍作说明，以上几条批评都引自晚明曲论家祁彪佳，祁彪佳是古代最多以“趣”论戏的一位理论家。其《远山堂曲品》《远山堂剧品》中以“趣”论戏甚多，如“掀翻一部《孟子》，转转入趣”⑤“但字雕句镂，微少天然之趣”⑥等，不甚枚举。他对于古典戏曲“趣”论的发展和贡献主要有：一是精细化了“趣”的类别，有情趣、逸趣、致趣、不衫不屐之趣、深趣、生趣、曲折之趣等。二是把“趣”和“味”与“致”联系到一起，用“致”“味”来指称审美主体和客体相统一之后（即得“趣”）那种审美愉悦——如“致”有“情致”⑦“秀媚之致”⑧等；“味”有“所谓深味之而无穷者”⑨，或反言之的“终觉气味寞索”⑩“不耐咀嚼”⑪等。把这些都算进去，《曲品》《剧品》中涉及“趣”的当有五六十条之多。他最常用的观

① 《远山堂曲品》，《中国古典戏曲论著集成》第六册，中国戏剧出版社 1959 年版，第 31 页。

② 同上书，第 75 页。

③ 同上书，第 71 页。

④ 同上书，第 31 页。

⑤ 同上书，第 84 页。

⑥ 同上书，第 22 页。

⑦ 同上书，第 40 页。

⑧ 同上书，第 39 页。

⑨ 同上书，第 58 页。

⑩ 同上书，第 36 页。

⑪ 同上书，第 94 页。

念就是用是否有“趣”来评价戏曲创作的题材、情境、情节和结构。

祁彪佳谈构思时，以是否设置虚实相生、新奇巧妙的情节，作为一部戏曲能否有“趣”的重要因素。他认为尽管一个题材可用，事情有可传之处，但仅仅依照本事敷衍，也会缺乏意味。必须做到虚实相生，有创造性的生发，才能曲折多致。其评《题桥》：“此于长卿记传之外，无所增饰，觉情致尚少婉曲。”① 司马相如落魄才子，忽而艳遇、忽而发迹，其事多可传，但《题桥》没有再设置波澜，故而质实平庸。评《高士》“仅能敷衍，殊无曲折之趣”②，评《采真》“此记取境犹平……独自忭假符召鬼，桃妖反借之以愚赵生，此段致趣不乏”。③ 皆是着眼如此。（也不仅祁彪佳有此类提法，如袁宏道评《紫钗》“都无关目，实实填词，呆呆度曲，有何波澜，有何趣味”等，可谓要求虚实相生，发挥创作性的想象，才能使得情节曲折之趣。）

进而在情节设置上应该新奇、巧妙。祁彪佳评《东郭》“转转入趣”④，评《轩辕》“意调若一览易尽，而构局之妙，令人且惊且疑，渐入佳境，所谓深味之而无穷者”⑤。情节设置上能翻旧为新，跳脱出奇，自然能引起人们的兴趣。万历以后，戏曲理论和创作中都崇奇尚新，以追求情节的跌宕多变为旨趣。樗道人《巧团圆序》评价该戏“吐人不能吐之句，用人不敢用之字，摹人欲摹而摹不出之情，绘人争绘而绘不出之态”，新奇独特，趣味横生，并从而总结道：“古来文章不贵因而贵创……若仅依样沿袭，陈陈相因，作者乏心呕雕肾之功，读者亦无惊心动魄之趣。”⑥ 可见要通过新奇情节以达到读起来有惊心动魄之趣，已成为大家的共识。

但祁彪佳对此又有辩证的分析，是否越新奇的情节设置越能引发

---

① 《远山堂曲品》，《中国古典戏曲论著集成》第六册，中国戏剧出版社 1959 年版，第 51 页。

② 同上书，第 89 页。

③ 同上书，第 63 页。

④ 同上书，第 84 页。

⑤ 同上书，第 58 页。

⑥ 吴毓华：《中国古代戏曲序跋集》，中国戏剧出版社 1990 年版，第 373 页。

观众的趣味呢？他认为过犹不及，并批评道：“迩来词人，每喜多用转折，以见其顿挫抑扬之趣。不知转折太多，令观者索一解未尽，更索一解，便不得自然之致矣。”① 情节设置时如果转折过多，疑团密布，反而不利于激发人们的兴趣，也缺乏自然天成的妙趣。祁彪佳的这些观点是针对当时的创作实践而发的，明清之际的戏曲创作存在一味追逐奇怪的普遍风气，在情节设置上女扮男装、错认误会被过度使用，本来是增加趣味的良方，反而成为谋杀欣赏趣味的毒药。究其原因，则是因为作者缺乏对现实日常生活的观察和思考，缺乏对人情世故的深切体验，只能以编造荒诞不经的奇怪故事情节吸引观众。张岱、李渔对此也都有极为精到的批评，如张岱批评当时“狠求奇怪”，“但要出奇，不顾文理”的创作风气，指出“布帛菽粟之中，自有许多滋味，咀嚼不尽。传之永远，愈久愈新，愈淡愈远。”② 真正引起人们兴趣的恰恰是现实中的人情世态，现实生活中的淡趣，比起那种奇幻之趣更有着艺术魅力。

在结构论方面，李渔既是古典戏曲结构论的集大成者，也是以“机趣”论结构的代表者。其以“机”说结构，而重视整篇作品血脉精神的贯通，即所谓“无断续痕”。如何做到，云：“无断续痕者，并非一齣接一齣，一人顶一人，务使承上接下，血脉相连。即于情理截然绝不相关之处，亦有连环细笋，伏于其中，看到后来方知其妙。”③ 这是指在整体结构上，要做到前后照应，埋下伏笔，其结局能给人意料之外、情理之中的效果，既能耸人听闻，又合情合理，这样才是经得起推敲，有一个整体精神灌注其中的完整的结构。观众或读者直到最后恍然大悟，感受到前面铺垫的精妙，这也才能给人兴致悠长的回味。

总之，在追求戏曲叙事“趣味”时，明清之际的中国古典戏曲结

① 《远山堂曲品》，《中国古典戏曲论著集成》第六册，中国戏剧出版社 1959 年版，第 58 页。

② 张岱：《答袁箨庵》，《琅嬛文集》卷三。

③ 《闲情偶寄》，《中国古典戏曲论著集成》第七册，中国戏剧出版社 1959 年版，第 25 页。

构论开始逐步地完善，也对如何实现叙事文学之趣味的编剧技巧有了更多讨论，悬念等技巧的阐发、贵在创新的意识、从现实生活题材开掘平淡而隽永的趣味等问题，对今天依然有着重要的启发意义。

（三）“意趣”：创作主体情志与客体的统一

无论是营造诙谐风趣的艺术风格，还是构思顿挫抑扬之趣的情节结构，基本属于技术层面的问题，但又不仅仅是技术层面的问题。每个艺术作品的诞生，归根结底必须追溯到创作主体的内心世界，即创作主体他想表现什么，这决定了表现的内容和如何表现，即有内容的因素也包括形式上的技巧。这一切都统摄于创作主体的情志和艺术灵感。在艺术灵感的感召下，创作主体情志的完美呈现于作品中，达到了主体与客体的统一，其显现出来的美学意蕴即为“意趣”。

众所周知，戏曲创作的意趣观出自汤显祖。《牡丹亭》创作完成后，吴江守律一派对此剧曲律有看法，认为不便歌唱，据传沈璟改了《牡丹亭》。汤显祖对此大为光火，一再申辩自己的创作理念：“凡文以意趣神色为主”①“庄子云‘彼乌知礼意?’此亦安知曲意哉?”②并写信给宜黄伶人，嘱咐他们“《牡丹亭记》，要依我原本，其吕家改的，切不可从。虽是增减一二字以便俗唱，却与我原做的意趣大不同了。”③

这是戏曲史上著名的“汤沈之争”公案，两人矛盾的焦点是沈璟为中心的吴江派严守昆曲创作的法度，即格律音韵的规范；而汤显祖坚持创作中“意趣”才是关键，为了表现出意趣神色，甚至可以“不妨拗折天下人嗓子”④，当然这未尝不是一时的意气话，但足以表明汤显祖戏曲创作意趣观与沈璟格律派的不同，即一个是重视戏曲文

① 《答吕姜山》，《汤显祖全集》卷四十四，北京古籍出版社 1999 年版，第 1302 页。

② 《答孙俟居》，《汤显祖全集》卷四十六，北京古籍出版社 1999 年版，第 1392 页。

③ 《与宜伶罗章二》，《汤显祖全集》卷四十六，北京古籍出版社 1999 年版，第 1519 页。

④ 《答孙俟居》，《汤显祖全集》卷四十六，北京古籍出版社 1999 年版，第 1392 页。

学中主体情志的表现，一个是重视戏曲作为音乐文学的外在规范。汤显祖曾以王维的《雪中芭蕉图》为喻：“昔有人嫌摩诘之冬景芭蕉，割蕉加梅，冬则冬矣，然非王摩诘冬景也。其中骀荡淫夷，转在笔墨之外耳。”[①] 芭蕉乃是夏天的景物，从情理上的确不如梅花和雪景的结合更为合适，但是王维反常理的画法，表现的是他心中的冬景，环境的肃杀和芭蕉的热烈形成了强烈反差，这是一种具有象征的意象，或者寄托他对佛学的感悟，其中的意味恰恰是王维要表达的东西，是笔墨之外的“意趣”。

意趣浸染着作家主体的个性、才情、意兴思绪，是主体情志的真实表现，同时要注意到其“表现”的媒介是与主体相对的审美客体（艺术形象），也就是说意趣是主体情志和艺术形象相统一后显现的审美意蕴。意趣的核心内涵便是“真”，因为意趣是主体和客体统一的产物，所以“真”包含着两层意义，即创作主体情志之真、艺术形象之真。

创作主体情志之“真”，即作品是作家的真实性情的表现、内心自然性情的表露，而非人为的做作。汤显祖自称一生“为情作使”，对“有情之天下”充满期盼，深切感受到“情”与“理”的冲突，并选择以充满人性色彩的情来对抗板腐苛刻的理。杜丽娘身上的至情精神是汤显祖这种主观情志的体现。同时，在汤显祖生花妙笔的描画下，杜丽娘这个形象显得真实感人。正如王思任说：“笑者真笑，笑即有声；啼者真啼，啼即有泪；叹者真叹，叹即有气。”但这只是“若士之形似”，而“其立言神指”，“《牡丹亭》，情也”。[②]所以，关于真有两重内涵，一是创作者在作品中真实表达了自己的主体情志，自己对社会人生的思考，《牡丹亭》思考的就是“情”对于人生的意义；二是作品中形象的真实，即人物情感是真实的，所谓笑者真笑。做到这两种“真”，才能说“意趣神色”，正是这个角度黄周星说

① 《答凌初成》，《汤显祖全集》卷四十七，北京古籍出版社 1999 年版，第 1442 页。

② 王思任：《批点玉茗堂牡丹亭叙》，见《汤显祖全集》，北京古籍出版社 1999 年版，第 2572 页。

“真”故而“生气勃勃，生气凛凛”，未有无趣而感人也。

与之相反的一个例子，是在明中叶后受到广泛批评的《五伦全备记》，这部戏的作者是一代理学名儒，其思想完全契合正统观念所宣传的三纲五常等封建伦理道德，剧中人物形象成为封建伦理道德的传声筒，成为观念的图解。后来的批评家没有一个认为这是一部有着意趣的作品，反而是用“迂腐”“烂腐”来评价。究其原因，《五伦全备记》所表现的不是创作主体的情志，或者说创作主体的情志已经完全等同于理学思想，而理学是以外在的“理”作为世界法则，三纲五常就是“理”在人类社会中的体现，人人必须遵守，而个人的情感与欲望被认为是“理”的反对面，故而要“革尽人欲，复尽天理”。因此人的主体性消失在刻板的天理中，主体性情感既然已被外在理念压抑，创作者只能成为说教者，其作品也被指斥为“道学气”“宋头巾气”，毫无机趣可言。在明代中叶以后心学成为社会思潮主流的语境中，道学不仅充满腐气，而且成为假的代名词，离趣也愈远。李贽在探讨《西厢》《拜月》强于《琵琶记》的原因，认为后者“似真不真，所以入人心者不深”，盖指高则诚的创作以风化为己任，虽然作者穷工极巧，不遗余力，但“语尽而意亦尽，词竭而味索然以随以竭”①，故而趣味不长，感人不深。继承李贽思想的袁宏道更是直接把趣与道学对立起来：

> 世人所难得者唯趣。趣如山上之色，水中之味，花中之光，女中之态，虽善说者不能下一语，唯会心者知之。……夫趣得之自然者深，得之学问者浅，当其为童子也，不知有趣，然无往而非趣也。……殆夫年渐长，官渐高，品渐大，有身如梏，有心如棘，毛孔骨节俱为闻见知识所缚，入理愈深，然其去趣愈远矣。②

① 李贽：《杂说》，《焚书》卷三。

② 钱伯城笺校：《袁宏道集笺校》卷十《叙陈正甫会心集》，上海古籍出版社 1981 年版，第 463 页。

道学、学问乃至一切势利的道理都成为“理障”，足以屏蔽、压抑、异化人们的内心真实情感，泯灭自然人性，也就离“趣”愈远。

要之，汤显祖的“意趣”说中，作品真实表现创作者主体情志是其重要内涵，而在汤显祖及其当时的社会思潮背景下，创作者主体情志，即指反“理”，反道学的个性和情趣。这一直影响到李渔以至吴梅，他们都谈到戏曲创作中远离道学气的原则。

但是，如何把作家的主体情志艺术化为一部主体和客体统一的精妙作品，而最终达到充满意趣的境界，这涉及到艺术灵感的问题。杨万里说：“风趣专写性灵，非天才不办。”① 虽然是宋人说诗，但其揭示的道理却也没有古今之分、文体之别。不过在明人眼中，这个天才的艺术灵感，并非来自不可知的方面，而仍然与其主体心性密切联系。简言之，真与灵是一个问题的两个方面。

李贽童心说“天下之至文，未有不出于童心者”②，即以童心、真心才能保持一个人的主体性，有了主体性才有思想和情感的自由，从而创作出有着真情实感的、充满意趣的作品。

汤显祖则认为真实人格乃是敢于对抗、超越世俗、极具个性的一种独立之精神，是狂人、奇士类人格，故而能获得极大的自由。飞动之灵性，即是这种自由灵慧的心性。所以他说“独有灵性者自为龙”③（龙者，变化莫测，舒卷自如之谓），“天下文章所以有生气者，全在奇士。士奇则心灵，心灵则能飞动。”④ 袁中道则说这种飞动的灵性正是趣的源泉：“凡慧则流，流极而趣生焉。天下之趣，未有不自慧生也。”⑤

以上可以看到主体之“灵”“慧”与创作的“趣”“生气”之间关系，奇士（具有真性情的人）则心灵，心灵而趣生，有“趣”则

---

① 引自袁枚《随园诗话》卷一，人民文学出版社 1982 年版，第 2 页。

② 《童心说》，《焚书》卷三。

③ 《张云长嘘云轩文字序》，《汤显祖全集》卷三十二，北京古籍出版社 1999 年版，第 1139 页。

④ 《序丘毛伯稿》，同上书，第 1140 页。

⑤ 袁中道：《刘玄度集句诗序》，《珂雪斋集》卷一。

生气亦至焉，故而摹欢令人神荡，写怨令人断肠，能感人能动人。

王骥德说："其妙处，政不在声调之中，而在句字之外。又须烟波渺漫，姿态横逸，揽之不得，挹之不尽。摹欢则令人神荡，写怨则令人断肠，不在快人，而在动人。此所谓'风神'，所谓'标韵'，所谓'动吾天机'。不知所以然而然，方是绝技。"① 天机即活泼泼的生气，主体情志自由顺畅的境地，而风神、标韵即真切感人的意趣。

这些讨论出现在晚明时期，"真"与"慧"（灵）在晚明三教融合思潮的哲学中是一体的关系，"真"是体，"慧"（灵）是用，没有灵明透彻的"真性"，就没有烛照万千世界、洞察宇宙大道的"慧"。用现在的话说，"真"是独立的思想与自由之精神，是自我的完美实现，胸中没有世俗观念的束缚、没有理障的桎梏，当然在自由的心性的指引下，创造力、想象力能发挥到极致，从而生发灵感，创作出主客观统一的，具有天然之趣的作品。

晚明文人浸染于三教融合的哲学思潮之中，当时的徐渭、李贽、汤显祖、屠隆、袁宏道等戏曲作家、戏曲理论家都能在哲学美学层面谈论"真""慧""趣"的关系，使中国古代文论（包括戏曲）达到一个新的高度。至清代，晚明哲学思潮开始衰退，李渔更多是从技术和经验层面来谈论。如他说戏曲必须机趣才能有生气，才能感人。但创作主体如何才具有创作的机趣与灵慧呢，他说：

> 填词种子，要在性中带来。性中无此，做杀不佳。人问性之有无，何从辨识？予曰："不难观其说话，行文即知之矣。说话不迂腐，十句之中定有一二句超脱，行文不板实，一篇之内但有一二句空灵，此即可以填词之人也。不则另寻别计，不当以有用精神，费无益之地。"②

---

① 《曲律》，《中国古典戏曲论著集成》第四册，中国戏剧出版社 1959 年版，第 132 页。

② 《闲情偶寄》结构第一，见《中国古典戏曲论著集成》第七册，中国戏剧出版社 1959 年版，第 25 页。

这也是颇为切实的经验之谈，做人要老实，写文章要不老实，写戏尤其需要跳脱空灵的慧智。而这种慧又并非不迂腐、不板实、能插科打诨的小智小慧，而是来自真实的人格，是那种独立精神、自由思想以及艺术沉思中突发的灵光的复合物。也许李渔没有这么深刻的认识，这也正是他的作品尽管跳脱有趣，但格调不高的原因吧。

（四）结语

“趣”是戏曲艺术的“眼目”，诙谐风趣是戏曲重要的艺术品格，而追求曲折抑扬之趣的叙事原则也是古典剧学重要构成部分，更为重要的是，创作主体的情志与客体相统一所生发出的意趣，体现着古代文人对更高艺术品位的追求，这对今天的戏曲创作尤其有着启发意义。戏曲艺术是以情动人的，有着直指人心的感染力，故而这要求创作回归本心，摒弃一切“理障”的束缚和桎梏。而作为创作主体，应该培养独立人格、自由精神，充沛涵养主体情志，以飞动的灵性进行艺术创作，写出充满意趣的戏曲作品。

郑怀兴历史剧中的知识分子与女性

郑怀兴是当代著名的历史剧作家之一，读了其历史剧作后的初步印象，即剧中基本以知识分子和女性为主角。《要离与庆忌》似乎应当例外，这是写刺客和勇士的一部剧作，取材于历史著作《吴越春秋》和小说《东周列国志》，故事中本来与知识分子无关，与女性也没有什么关系——只隐隐有一个无辜被杀的女子，她是要离的妻子，要离为了得以亲近庆忌，从而“如杀鸡”般完成对这个举世无双勇士的暗杀，她成了牺牲品。但作者在创作《要离与庆忌》时，增加了一位女性伯兰，是阖闾大臣伯嚭的妹妹，因为敬佩庆忌的为人，将要离刺客的身份透露给了庆忌，并因为至深地爱着庆忌，而在爱人被刺后殉了情。不仅仅是增加了这样一位多情、豪爽的女性，庆忌的形象也在保持原来勇士特色的基础上有了一些变化。历史中庆忌在得知吴王阖闾杀了要离全家后，就完全信任了要离，把他当作自己的心腹。剧作中对此进行了很大的改动，庆忌是知道要离来刺杀自己的，并且多次主动提供机会，最终帮助要离完成刺杀。一个被夺了王位，且有杀父之仇未雪的勇士，为何竟然主动放弃王位和复仇，而甘心受敌方刺客的刀锋呢？

庆忌曾这样表露自己心迹：

阖闾呀阖闾！
你既与我成仇敌，
施政何与吾志同！
我复仇，多少无辜曹兵燹，

我自刎，千秋笑我可怜虫。
文韬武略有何用，
忍将壮志付西风！
到如今英雄本色如何保，
促要离取吾热血染刀锋。

阖闾能施仁政，因此失去了讨伐的正当理由；而自己为报私仇“屯兵边境，旷日持久，误国扰民，于心何安?”所以他认为为了保全自己的名节，更是为了国家的安定，百姓不至于生灵涂炭，自己最好的结局就是被要离刺杀。作者赋予这位勇士的理性精神、以天下苍生为重的牺牲精神，就颇有几分知识分子的色彩。

在这样一个戏里，也能发现女性的身影和知识分子意识的因子，则更可证明郑怀兴在历史剧创作中对这两类人的眷顾。而令人感到有意思的是，当我们把这个问题当作思考的线索时，会发现带有浓厚文人色彩的戏曲作品，皆多以知识分子和女性为主角，甚至可以推而广之，在各种体裁的文艺作品中，越是文人化的越重于塑造知识分子和女性的形象。其原因也简单，因为他们自己就是知识分子的一员，熟悉此类人的生活和思想，更能在角色创造中寄寓自我的反思和理想；至于热衷于写女人，不仅因为文人总有一个“红颜知己”情结，更因为中国文化传统中知识分子的地位和处境与女性有着隐喻的关系，所以写女人更多的时候也是在写知识分子自己。因此，一个严肃的文人作家（知识分子作家），以知识分子与女性为主角进行的创作，既是对自我的反思，更是表达文人理想和批判精神的最佳方式之一。

这也是郑怀兴历史剧中多以古代知识分子与女性为主角的原因，所以他一再强调说自己的历史剧创作“都是比较严肃的，不是戏说，……戏说之类，一般以娱乐为目的，恕本人历来没有兴趣”[①]。

这里便提出了一个问题：作家的反思是一个主体性层面的精神活动，有着充分的主体性，也就是说以自己这个当代人的视角、感悟去

① 郑怀兴：《戏曲编剧理论与实践》，台北文津出版社2000年版，第217页。

创作历史剧，如何解决这种主体性和历史真实的问题，而不至于使得历史剧中的历史有名无实，成为一个任人打扮的小姑娘？郑怀兴自己有个解释：

> 陈寅恪先生说过：“古事今情，虽不同物，若于异中求同，同中见异，融合异同，混合古今，别造一同异俱冥，今古合流之幻觉，斯文章之绝诣，而作者之能事也。”这个境界，应该是历史剧所要追求的最高境界。①

他进而又提到融合古事与今情的两种途径：“要善于发现历史与现实的相似之处”，“要善于寻找古人与今人情感的契合点”。前者没有多少新意，那些以历史来影射现实的“历史剧”同样会赞同此点，关键的在于后一条，寻找到古人与今人情感的契合点。而“人类思想情感有着不少共通之处，或者可以说人类的心理结构似乎存在着一个共振频率。因此在历史剧的创作中，作者应该找到当代的情感、自己的情感与历史人物的契合点。这个契合点，可能就包含着人类心理结构的共振频率，那么就不会产生把今人的思想感情强加于古人的问题。”② 正是这一观念使得他的历史剧创作具有不同于一般人的独特性，

接下来，我们就可以看到作家如何在古代知识分子和女性身上，去发现“共同的心理结构”，他发现了什么，要表达什么，循此路径即可以去认识郑怀兴历史剧的主题意蕴，他的主体精神如何与历史精神融为一体。这里又必须插个话题，按照作家自己的说明，他在创作前基本从不预先设想主题意蕴。他坦承自己在写完之后，别人问这部戏的主题是什么，他觉得茫然，因为自己似乎从来没有思考过这个问题。这挺令他感到尴尬，不过，最后他找到了“自我解嘲”的方法，以《新亭泪》为例，他说：

---

① 郑怀兴：《戏曲编剧理论与实践》，台北文津出版社2000年版，第223页。

② 同上书，第226—227页。

> 这个题材我得之于偶然，是周伯仁、王导、王敦、晋元帝这几个人物引起我极大兴趣而动手来写戏的。所以在构思与写作的过程中，活跃于我脑海中的只有人物，并没有顾及主题。……后来我从母子关系方面找到自我解脱。母亲给孩子的只有血肉，并没有预先为之安个灵魂。孩子的灵魂是由他自身产生出来的。作者与作品的关系也与之类似。作者的责任，是在作品中塑造个性鲜明生动的人物形象，而作品的灵魂——主题——则由其中的人物形象去体现。①

这是一个很好的比喻，也再次证明了我们通过其剧中人物形象来分析郑怀兴历史剧主题意蕴的可行性，甚而可以说这是解读郑氏历史剧最为贴切和可能的方法与途径。

《新亭泪》《乾佑山天书》《傅山进京》是郑怀兴最为著名的三部以古代知识分子为主角的历史剧。《新亭泪》以东晋元帝时期的王敦之乱为主要情节，通过对东晋王朝的困境的描写，反映出当时的历史现状：王敦之乱，国家有分裂的危险；石勒又趁机发难，汉族政权面临灭顶之灾。这种混乱而充满危机的政治局势，在作品中得到充分的反映。同时，也反映了这种局面形成的原因，君臣相互猜忌，士大夫因循苟且。无论是对现状的描绘，还是对深层原因的揭示，都极为符合当时的历史真实。让人感受到那个时期的历史风云，令人有身临其境之感。在这样一个历史情境下，周伯仁以酒当歌，长歌当哭，在东晋王朝风雨飘摇之际，他“独上新亭哭江山”，哭“老晋宫自摧了栋梁将”，哭自己：

> 文不能朝纲早振，
> 武不能扫尽狼烟，
> 忍看那、半壁河山、一局残棋，

① 郑怀兴：《戏曲编剧理论与实践》，台北文津出版社2000年版，第72页。

江河日下、颓势难挽。

天生我材有何用，一似蜉蝣寄人间。

最后为了国家的安定，承认自己放走了刘隗，而被王敦杀害，但血没有白流，总算赢得了东晋王朝暂时的稳定。这个人物身上虽然因为时代的原因带有玄者的高致，但其心底浓厚的忧患意识、舍身报国的牺牲精神、知其不可为而为之的担当精神，归根结底是一个儒家知识分子的典型代表。

如果说周伯仁身上主要体现了儒家知识分子知其不可为而为之的进取精神，舍身报国的牺牲精神，那《傅山进京》主要表现儒家知识分子的傲岸的人格。傅山是明清之际的著名文学家、书画家、医学家，但正如寺中老僧所说："你字不如诗，诗不如画，画不如医，医不如人!"傅山哈哈大笑："知贫道者，长老也。"傅山的人格伟傲，表现于两个方面。其一，文人的气节。康熙十八年（1679 年），为了笼络汉族知识分子，康熙下诏博学宏词科，征辟天下人才，征召之名单，几乎把当时汉族所有的一流知识分子都囊括其中。满清政府借此笼络汉族知识分子，消弭当时尚为浓厚的民族意识。傅山虽不愿意应诏，但被逼进了京。这时傅山给自己设置了最后的底线，决不做清朝的官，不向新朝皇帝下跪，该剧戏剧冲突正由此展开。恰巧此时皇太后生病，康熙派冯傅请傅山进宫治病。这里有个险恶的圈套，作为医生傅山应该给病人治病，但一进宫则可能最后的底线失防，还好，他会依发辨症，躲过一劫。后来是博学宏词的考试，傅山以病辞，然康熙让授予他官职，傅山必须面圣谢恩，这就到了戏的高潮部分。康熙以势相逼，傅山"我只拜祖先师长圣贤与天地""草民不可辱，宁死腰不弯"，到最后依然没有下跪，保持了气节。其二，文人的尊严。傅山一针见血地指出康熙征召博学宏词的本意：

出仕隐居，各人志趣，官府当听其便，不必横加干预。清室此举，要以功名笼络士大夫，把野鹤驯化成鹦鹉。

第五场是全戏的高潮部分，玄烨微服到圆觉寺去拜访傅山，傅山也知道来人便是康熙，但“纵是玄烨何必慌，李太白视帝王如平常！市井贱夫皆可治天下，任他是万乘主揄揶又何妨！”他借与康熙讨论书法，揭露了康熙推崇董、赵书法乃“渐摧中原士大夫之气节，以添天下读书人之奴性”的险恶用心。知识分子是道德文化的传承者，在封建社会还是国家的管理者，如果他们丧失了尊严，成为一人的奴才，则一个国家一个民族如何有刚健的品格、有蓬勃的生气！所以当傅山指出“明亡于奴非于满”时，玄烨也震惊了，“狂人狂语如雷霆，不可恃权辱斯文。摧士气节堪亡国，前者之鉴铭于心！”在这时，他肯定想到了明朝摧残士大夫气节的恶政，对自己的行为有了一定的清醒认识，对傅山终于采取了较为宽容的态度（这也是郑氏对康熙形象塑造的一个特点）。因此，傅山不任新朝的官职，不拜新朝的皇帝，就不仅仅是关乎一家一姓之忠贞气节，更是为了维护天下读书人的尊严，这也给塑造奴性的最高统治者敲了一记警钟。

《乾佑山天书》与前两剧在构思上有极大差异，寇准这个人物身上寄寓作者的反思色彩也更为浓厚。傅山的硬骨头，能硬到以“道”抗“势”，平视甚至俯视帝王咄咄逼人的权威，故而能最终维护了遗民的气节、文人的尊严。但有几个文人在“势”面前能坚守住“道”呢；又有几个统治者如剧中的康熙一样，能不以“势”压“道”？况且儒家的理想便是积极入世干预政治，有着帝王师的梦想，要做出治国平天下的事业，势必与帝王这位最高统治者的关系复杂起来。对于傅山来说，他处在朝代更替之际，做一个坚贞的遗民，保住自己的气节，就已经堪称道德的楷模，让后世景仰。而剧中康熙也可算一位明君，故而结局比较美妙。但对于寇准来说，他生活在太平时代，拿着官家的俸禄，就不得不对国家社稷、天下苍生负责。他可以不负责，去作闲云野鹤，但那就是道家的喜剧，而非儒家的悲剧了。话说回来，在一个太平朝代，接受道家的处世原则对于知识分子来说仍然是一个悲剧。

所以寇准无处可逃。儒家知识分子的悲剧，正在于行其道必须有其“势”，因此他首先必须取得“势”的代表者皇帝的信任，才能在那取得“势”的分权，然后去行其大“道”。在“势”的面前，“道”只有几种出路，要么丢掉“道”，成为奴才；要么变成道家之道，独善其身；要么执“道”抗“势”，这也不外乎两种结果，丢官或者死。古代知识分子的出路似乎都在这里，以往的阅读经验中，文学作品对于这三种知识分子都有真实的描写。而郑怀兴在这部剧里，给我们更为详细地描述了古代知识分子的心路历程。

宋真宗痴迷修道、爱听符瑞之说，故而各地大小官员纷纷报告祥瑞，以取悦于皇帝，借此加官晋爵，名臣寇准曾因为揭露各种祥瑞纯属假冒，得罪当权者而遭贬斥。十三年后，在他的辖地又有人称出现天书，这次寇准不仅没有上疏抗辩，反而成为一个作伪证者、一个同谋者。因为这样做，能让他再次进入中枢，重掌朝纲。此时王丞相已死，皇帝正在选择新的人选，寇准“只要证实乾佑山天书是真的，再入中枢，易如反掌”；况且有名的佞臣丁谓也在觊觎相位，如果丁谓入宰，人民更将如入汤火，寇大人怎能“只重一己声名，而不顾天下苍生”？中使周怀政的这一番说辞，击中了寇准的要害。他这样唱道：

岂容社鼠居要津，
中枢大权应重操。
试问当今舍寇老，
还有谁能挽狂涛。
天赐良机休错过，
安国定邦百世豪。

正是这样，寇准毅然决然地向皇帝送上了贺表，也真的再次入主中枢。寇准的这种转变正反映了中国传统社会中儒家知识分子的困境，他走上一条曲线救国的道路——为了实现治国平天下的理想，他放弃了文人的道德情操，而获得了权力。这个故事的后半部分是来证明这种曲线救国的道路无法通行，寇准虽然获得了权力，也准备大刀阔斧地改革弊政，但他已经毫无作为。因为他放弃了“道”，在君子中失去了号召力，同时给小人们提供了虚假作伪的口实。最后，在侍妾茜桃的讽谏下，寇准彻底醒悟，认清了自身的迷误，找回了那个一贯清正刚直的自己。

当寇准赴京上任时，他的学生王曾——一位坚守儒家品格的士大夫，拦马规劝老师，有一段话：

> 王曾：恩师，想不到你如此看重权位！你该知道，你素以刚直著称于世，士君子引以为荣。天下所重者，乃你人品，非你权位，故此你愈遭贬黜，却愈受钦敬。忽闻你也崇信天书，举国震惊，小人弹冠相庆，君子如丧考妣。

天下所重者，人品，非你权位！知识分子的价值正在此处，安身立命处也在这里，能不谨慎！这是一个知识分子“失足”的故事，这种失足有其必然性，因此从这个角度来说，这是寇准的悲剧，更是儒家知识分子共同的悲剧——依违于“道”与“势”之间，既失去自我，又难有作为。

以上三剧塑造的知识分子形象，体现了郑怀兴历史剧主题意蕴的一个方面：儒家知识分子身上的光辉品格，知识分子的生存困境，既是历史的，也具备当代反思意味；而作家所强调的忧患的意识，独立的尊严，坚守出处的气节，更能引起人们对处于政治文化、经济大潮影响下知识分子处境的思考。

郑怀兴历史剧中的女性，有两种情况，一种是在写知识分子的剧中，充当配角，一般是那些士大夫的妻女、情人之类。即使在一部充分男性化的戏曲里（比如写政治、战争），不应该少了女性，那样才能刚柔相济，同时也符合中国文人历史悠久的“红粉知己”情结，当然其中不乏感人至深的爱情。所以这些女性形象的塑造，对于儒家知识分子刚性的人品来说，无疑是一个补充。比如说作家写傅山与静君的梦中相会，让人感受到一种温馨的情调，足以使人们相信具备伟大人格的人也是生活在人世间的，刚正率直的文人不是腐儒和道学家，他们也不乏生活的情趣和美好的人生追求。况且，那种人伦的温馨不也是传统文化中的固有因子？

另外一种，当然是以女性为主角的戏，《晋宫寒月》《王昭君》《上官婉儿》是其中的代表。

在女性形象的塑造中，郑怀兴主要表达的是自己对女性的人文关怀，也就是说，他对历史上女性有着不同一般的认识，给她们尊严和人的正常情感，而非古代历史典籍中那样邪恶的、卑下的、附属于男人的女性。我们可以先回过头来说说那个似乎附属于男人的茜桃，作为寇准的侍妾，对她的着笔不算少。这个女子形象的光辉之处，就在于她先寇准而觉醒，从某种程度上来说，她是寇准精神复活的引导者。当寇准因无所作为而沉溺于醉酒，并借酒调笑丁谓满足自己的虚荣心时，茜桃表现出她的失望：

> （痛心地）相公呀！（唱）
> 你一向堂堂正正斥奸佞，
> 刚刚烈烈走雷霆。
> 到如今只能假醉戏丁谓，
> 怎不令奴泪纵横。
> ……
> 千言万语听不进，
> 一代名相成醉翁。
> 黎民失望亲者痛，
> 每见你玉山自倒奴泪长倾。

临到最后，茜桃通过敬三碗酒，以“醉翁”“狂夫”“傀儡”直谏寇准，终于惊醒了他。作家创造这样一个女性，写她率直的个性、清醒的认识，无疑是对女性的一种歌颂。

同样给女性以尊严和情感的，是作者自己得意之作《晋宫寒月》。此剧主要事件和人物都于史有据，所不同的是对骊姬行为的动机和心理作了郑氏自己的解释。简言之，他以人文主义的关怀，对骊姬寄予了更多的同情。骊姬仍然杀死了申生，但已经不是被历史描写成“红颜祸水”的女性——因为人们认为她导致了晋国的混乱，而是把她当作一个人来写。这一切变化的基础，在于作家以同情的眼光看到骊姬的不幸。她的国家被晋献公所灭，人民被俘，自己也被年迈的献公收入后宫。虽然有了权势和地位，但国破家亡而委身于仇敌，其心境又将如何？

寒月如水浸楼台，
几多幽恨有谁猜？
嫦娥呀，人道月窟冷难忍，
谁知晋宫雪长埋？
你冰轮夜夜巡碧海，
我铁锁何时能脱开？

正是因为这样的心境，在她听申生说没有掳掠霍国臣民时，不禁对申生仁义的做法大为感佩，并对他产生了强烈的情感：

太子为人堪敬重，
英姿潇洒似乔松。
曾向梦乡觅君子，
谁料眼前有英雄！
相逢恍惚曾相识，
心有灵犀暗相通。

这种强烈的爱情导致了她和申生的悲剧。申生是一个非常孝道的太子，故而骊姬的情感只能付诸东流，加上夷吾等人挑拨离间，导致骊姬因爱成恨，诬陷害死了申生。作者是告诉我们，正是那样的环境造成了骊姬心理的扭曲，而她的情感则是真挚热烈的，她也为自己的错误后悔，并选择殉情作为凄寒晋宫生活的结局。此剧塑造了一个不同于以往的骊姬形象，作者在她身上寄寓了对古代女性深切的同情，没有这种人文主义的精神，我想，他也不会选择这样一个历史上名声大坏的女性来写。

《王昭君》《上官婉儿》同样写了女性的伟大和聪明才智。王昭君的品性是高洁的，对于画师的索贿丝毫不予理睬。她选择远嫁大漠本来是为了寻找自己的出路，那里有不同于寂寞深宫的新天地，但当她登上烽火台时，望见堆堆荒冢，那里面的白骨都是像自己朋友张小梅那样的军属的梦中亲人。如此逼近地看到战争的残酷性，认识到战争给百姓带来的苦难，烽火台上的王昭君的精神在荒漠中升华了，她“祈盼永熄狼烟无征战，花香鸟语满边关，个个老兵解甲返，阵亡将士得安眠”，和亲不再只是劈开一片新天地的个人行为，更是一种对和平的向往，一个小女子自觉地承担起人类宏远的理想。《上官婉儿》中着重写婉儿的才华，在楼上批评大唐众学士的场面，令女性扬眉吐气。这位才女被赋予一定的知识分子气息，与《乾佑山天书》类似的是想通过上官婉儿和武则天的关系来表现知识分子与帝王之间的关系，但在人物形象塑造方面，特别是作者一向引以为豪的人物心理挖掘方面，是不太成功的。骊姬的扭曲心态有合情合理的情感逻辑作为支撑，而上官婉儿却没有获得这样的情感逻辑，因此这个人物像一些碎片的缀合物。总而言之，在这些女性形象塑造方面，作家力图以人文主义的立场对女性作极大的同情和赞美，而从艺术层面来说，无疑仍属《晋宫寒月》为最高。

金针度人　本色写照

——谈郑怀兴《戏曲编剧理论与实践》

1999年年底郑怀兴应台北市现代戏曲文教协会邀请，为歌仔戏编导培训班授课一个多月。讲稿在次年十月由台湾文津出版社出版，即《戏曲编剧理论与实践》。

阿契尔《剧作法》第一句话就是“写剧本没有规则可循”。接下来他又说，戏剧文学的剧场性使得它有别于小说以及其他文学，新手对于它技术上的复杂性有着夸大和近乎迷信的想法，所以需要系统的指导，才能写出符合要求的剧本。但这类指导剧本写作的书并不好写，有理论素养而无剧场实践，写出的所谓理论著作大都流于空洞，卖弄学问而没有切实指导创作的功效；光有实践而无理论素养又见识浅薄，流于庸俗，片面迎合票房价值，结果带来更坏的创作风气。而他自己之所以写《剧作法》，是因为“自信有几分希望”避免上面所说的两种倾向。

中国古代戏曲理论家李渔也在《闲情偶寄》中谈到“填词之道”的重要性，“天地之间有一种文字，即有一种文字之法脉准绳”。戏曲作为一种文体，自然也应该有其“法脉准绳”。同时他也谈到戏曲文学创作的法则还没有被揭示出来，一则因为法无定法，“填词之理”变幻无常，难以捉摸；另则偶尔有“能此者”（精通“填词之事”者），掌握了戏曲创作的方法和技巧，却务求自密，不肯传授他人，他认为后者才是最主要原因。

郑怀兴是有着丰富的成功创作实践的当代重要剧作家，有着自己独特的艺术追求和深厚的理论素养；难得的是他将自己多年的经验和感悟和盘托出，肯把金针度与人，故而这部《戏曲编剧理论与实践》是一部切实的编剧指导手册，初学者可以通过它了解戏曲创作的基本原则和方法，更能悟出一些法外之法。对于研究者来说，这部书也是当代戏曲创作理论研究和郑怀兴戏曲创作研究的重要参考资料。

（一）

首先，作者结合自己的创作实践，从选材、构思、场次安排一路讲来，系统分解和描述了戏曲创作的过程以及应具备的技巧和方法，是一个斫轮老手自己的精彩体悟和心得。

创作一部戏，首当其冲的是选材和立意，这两者在写作学中是分开的两个环节，郑怀兴虽然也是分开来谈，但他认为实际上是合二为一的。“我这里所说的发现题材，不是一般意义上地找到了一个可以写戏的题材，而是指在某个题材中突然发现了别人所未曾或未能发现的某种特别有意味的东西”①，并且以卞和之玉作比喻，一块外表看起来没有什么特别的石头，卞和能独具慧眼，看到其作为玉的本质。因此说，戏曲家选择什么样的题材，是以主观之精神与客观之材料合二为一了。郑氏对取材的论述，取决于他的创作经验和个性，他多次谈到自己写戏主要是凭着兴趣，当某个材料激发了他的兴趣时，他才会去写。而这种兴趣，实际上是作家本人长期思考历史、社会、生活，思索的结晶被外物唤醒。他举例说自己创作《新亭泪》，是因为自己经历过“文化大革命”，强烈渴望国家的安定，痛恨制造动乱和分裂的民族罪人，正是自己对所处时代真切、执着地思考，才会对周伯仁这个人物和当时那一段故事感兴趣，而自己思考的结晶也被这个故事所激活，相互激荡，碰撞出创作的激情。

所以，他特别强调一个剧作家对于材料要练成“独具只眼”，“用独特的眼光，去激活那个题材”，怎样练成如此高超的法力，他解答道：所谓“士先器识而后文艺”，先必须有宏阔的器识，多思

① 《戏曲编剧理论与实践》，（台北）文津出版社2000年版，第76页。

考，多读书，多积累生活。但戏曲作家毕竟不是哲学家，他又加上两种必备的素质或心态，一是“醉眼”一是“童心”。“醉眼看世界，看人生，与常人不同，别有一方天地，另具一种情趣。要是没有醉眼，写出来的东西往往刻板深沉而乏味”，“童心未泯，才会具有悲天悯人的博大胸怀”，才会有生活热情和艺术敏感。（第 68 页）我觉着，醉眼也是一个童心的表现，只不过成人缺乏童心故而要靠“醉”才能摆脱生活的桎梏和束缚，与现实保持距离，才能用审美的眼光观照世界。

论戏曲结构，郑怀兴以自己的《乾佑山天书》《要离与庆忌》《叶李娘》等剧为例，谈场次安排、衔接处置的经验。他总结道：“开场一要进戏快，二要把时代背景、事件起因交代清楚；既要有气势，又要简明扼要，但不要急于展开，要犹抱琵琶半遮面。”（第 105 页）第二场必须与第一场接上气，不可游离。重点场次和过场要搭配得当，繁简适宜。这属于中间部分，像乔吉“凤头、猪肚、豹尾”六字诀所讲的一样，开头要漂亮，中间部分矛盾充分展开，人物形象得到充分表现，必须像猪肚一样充实。结尾应该简洁有力，戛然而止，让观众有咀嚼回味的余地。

在此部分，作者提出了一个让人深思的问题，就是戏曲文学与舞台表演之间的关系。有时候，从文学角度来说，一些场次是必要的，对人物形象的塑造有着重要作用，比如《要离与庆忌》第二场写要离在专诸的墓前诉说心事，虽然能让要离决然行刺的心理动机更为充分，但从舞台表演上来看就比较温。相反，有些过场戏，却可能成为舞台表演上的重点场次，文中以陈仁鉴《春草闹堂》中《坐轿》一曲为例进行分析。从情节发展来说，这一场无关紧要，但是在舞台上表演时，因为莆仙戏关于坐轿有着很多表演程式，演员演起来空间很大，所以被雕琢成一个可以单独演出的折子戏。这些总结，也为我们了解折子戏的形成，理解戏曲表演程式性与戏曲发展的关系，提供了很好的范例。明清时期很多折子戏的形成并蔚然大观，与某个行当，或某种表演程式的成熟有着密切的关系。如《幽闺记》中《请医》一折于情节就无大关系，但成为此戏上演较多的经典折子戏，类似的例子还有很多。

在论“表演程式的运用”一节中，也谈到如何继承传统戏曲成熟的程式化表演的问题。传统戏曲经过长时间的积累，经过历代艺人的发展，形成了一些有着高度美感的表演程式，如抬轿、划船、各种步伐、各种袖功等，载歌载舞，充分代表着传统戏曲艺术的成就。郑怀兴谈到自己在《叶李娘》一剧中因为注意到尽量展现莆仙戏表演特色，而在剧本上进行相应的加强，留给演员充分的表演空间，取得很大的成功。他总结道：“对传统剧目的整理改编，有两条路子可走。一条是注重主题的提炼，一条是注重表演形式的运用。”（第63页）今天的整理改编过于偏重前者，而对于后者缺乏应有的关注，所以两条腿走路的提法也是很有启发意义的。

书中关于唱词与道白的写作，从“安排特定的情境，假借以抒情（借景、借物、借事），重点唱段的集中运用，唱词要有表演性”几个方面结合实例分析，总结了唱词写作的规律和方法，让初学者有规可循。中国戏曲以抒情见长，能否感人是成功的关键，所以唱词要动人是关键，他总结出“唱词写得动人不动人，关键在于作者对于人物的特定心境抓得准不准，挖得深不深”（第153页），这也是很简明扼要的见解。关于道白，强调了机趣和科诨的作用，从李渔到吴梅，都谈到戏曲道白机趣的重要性，黄周星甚至认为“制曲之诀，虽尽于‘雅俗共赏’四字，仍可以一字而括之，曰‘趣’”曲。”① 戏曲的趣味，让人能把戏看下去的兴趣，很多时候取决于机趣二字，现在很多戏曲呆板乏味，如何能发人感兴，更谈不上让观众有审美愉悦了。

（二）

其次，因为是剧作家自己谈编剧理论和实践，所以本书对于研究郑怀兴戏曲创作的主题意蕴和艺术特色有重要的意义，是研究分析其

① 《制曲枝言》，《中国古典戏曲论著集成》第七册，中国戏剧出版社1959年版，第120—121页。

作品的重要参考资料。

书中第一讲“我的写戏经历”以及最后一讲“戏外功夫”，郑怀兴详细谈到自己的人生经历，阅读的书籍，对历史社会人生的感悟。夫子自道，坦诚率真。因为他一再强调，戏曲创作时选材和立意，是主观感受和客观材料的互相激发，他创作戏曲表达的就是自己的心声，所以他的思想情趣和戏曲中的主题意蕴是可以互相印证的。郑怀兴是一个地道的文人，或者说“士”“知识分子”，而他的戏曲皆反映着这种当代知识分子的情怀。

（1）作为一个坚守传统文化的知识分子，郑怀兴戏曲中反映着他对中国传统儒家“士”精神的张扬，这特别表现在他的历史剧创作中。他说“我重要的作品几乎都是历史剧”（第 217 页），认为《新亭泪》《晋宫寒月》《要离与庆忌》《乾佑山天书》《王昭君》这五个历史戏是能代表其创作个性的作品，2000 年以后他的创作仍然以历史剧为主，包括备受人们赞誉的《傅山进京》。郑氏认为写历史剧必须有“史识”。在谈史识一节中，他说：“汉民族之所以历数千年犹生生不息，顽强地屹立于世界民族之林，就是每当民族面临异族入侵、神州陆沉之际，总有一批志士仁人，挺身而出以抗强暴，为民立则立极。”（第 218 页）这些历史上的志士仁人就是中华民族的脊梁，他们身上体现着儒家积极入世的担当精神、威武不能屈富贵不能淫的气节，今天虽然时势变迁，但后人不能脱离当时历史情境去认识他们的作为，诋毁他们的崇高。作家对历史上儒家风骨的知识分子再三致意，因此他的历史剧中主角基本上是知识分子。《新亭泪》首先渲染出晋朝岌岌可危、风雨飘摇的局势，君臣相互猜忌，异族虎视眈眈。周伯仁为了国家的稳定、民族的安危，不惜从容赴死。《傅山进京》中的傅山与康熙一再周旋，一是为了民族的气节，“宁死腰不弯”，更难能可贵的是作者写傅山的气节超越了一朝一姓的恩怨，“怕玄烨只以功名相笼络，教士人气节丧媚骨奴颜。士大夫能养得浩然正气，才不使中原文脉断了源”。其他如《轩亭血》中的秋瑾为救亡图存，甘愿引颈就戮，以警醒国人。

（2）郑怀兴作为当代知识分子，他身上的理性精神、反思精神浓厚，这也反映在他的剧作中。他谈到自己以前接受教育而造成的非此即彼的思维方式，如说王安石是改革派，反对变法的司马光就是保守派；太平天国是革命的，曾国藩就是十恶不赦的反革命等。随着自己生活的积累，不断思索，“渐渐地，我悟出了非此即彼的思想方法不对头，对问题应当全面观察分析。这样，对人、对事，我都有了独立见解，不会人云亦云，随大溜、赶时髦”（第253页），这种坚持独立思考的精神，就是现代知识分子理性的表现，所谓“独立之精神，自由之思想”。但这不是胡思乱想，尤其对于历史人物的评价和认识不能随意戏说。当今有些人或有些论调认为苏武、岳飞、史可法的行为现在看来迂腐可笑，秦始皇焚书坑儒符合历史发展潮流等，郑怀兴为此感到痛心，他认为对这些历史上仁人志士应该抱有历史之同情，即把人物放在历史情境中去认识和了解他们。这就是一种理性的认知历史精神的表现。

同时，他的理性精神还表现在对历史上知识分子境遇的反思中。典型反映在《乾佑山天书》《上官婉儿》《红豆祭》《潇湘春梦》《青藤狂士》这几部剧作中。《乾佑山天书》中寇准本来反对天书，但为了重掌中枢，曲意逢迎，成为天书的拥护者，走的是曲线救国的路线。没想到寇准丧失了立场后，君子不齿，小人也抓住了把柄，重掌中枢后毫无所为。这部戏是对传统知识分子处境反思最为深刻的一部戏。知识分子想积极入世，就必须得到帝王的认可，而如果依附于帝王，则儒家之“道”又如何实现。此戏前半部分是说寇准为了治国平天下的理想，必须获得权力，因此放弃了道德；后半部分说这种曲线救国的路行不通，只能是一个悲剧。《红豆祭》中钱谦益成为贰臣，妓女却在坚持民族气节，文人口诛笔伐的红颜祸国、自我标榜的气节节操到底又如何。《潇湘春梦》《青藤狂士》是近几年写的知识分子剧，都以狂士、名士为主角，这些人在古代社会中四处碰壁，命运坎坷，作者借此是反思那些清标孤傲的知识分子在专制社会中无处容身的悲剧命运。

这种理性反思，无疑是有着当下意味的。他引用陈寅恪“古事今情，虽不同物，若异中求同，同中见异，融会异同，混合古今，别造一同异具冥，今古合流之幻觉，斯实文章之绝诣，而作者之能事也”来表明自己的创作主旨。在具体创作中，他的确贯彻了这种意图。在阐述自己为什么创作《乾佑山天书》时，郑怀兴说：“因为我亲眼目睹了中国20世纪的造神运动，亲眼目睹了浮夸风气给国家给民族造成的巨大灾难，又深切感受到那种重功利轻道义的倾向给世道人心造成严重的影响，这也是一部寄今情于古事、于古事见今情的历史剧。”（第224页）通过历史剧借古喻今，以古事见今情，正是这种反思精神，让他的历史剧与当下有了精神上的契合，故而立意深刻，启人深思。他的现代戏和一些古装剧，则是对当下反思的直接推动下进行创作的，比如《鸭子丑小传》是批判社会上普遍流行的嫉妒心理，《造桥记》反思经济大潮下道德的沦丧，《青蛙记》对人性的反思，《神马赋》对僵死呆滞文化的反思。

（3）现代知识分子的人道主义关怀。在历史剧中，他谈到“要有深厚的人道主义关怀”，悲天悯人的情怀。这种情怀在历史剧《晋宫寒月》中表现得最为明显和突出。他这样阐述自己的创作主旨，“我写骊姬，是想把她写成一个被损害、被侮辱，又想凭借她的地位报仇雪恨，富有七情六欲的活生生的女人”（第17页）。骊姬国灭家亡，却要委身凶手，日夜伴在阴毒的老男人身边，她的处境足以让人感到同情。在无望压抑的晋宫的岁月，骊姬的性格扭曲了。她本来是为了儿子而设计害死申生，却为年轻英俊而且仁义的申生所吸引，产生了爱恋。当作为定情信物的一缕青丝被申生拒绝，心中由悲生恨，又误信献公的离间，遂生出陷害申生的念头。当申生已死，骊姬才知道铸成大错，但亦无力回天，悲怆悔恨中殉情自杀。这个骊姬再也不是历史上那个毒辣谋私的祸水红颜，在她身上寄予了作家对于古代女性的深深同情。小戏《戏巫记》，充满生活情趣，寡妇装神弄鬼，骗取钱财；戏班吹生阿梅一半是无聊，一半是恶作剧，让寡妇为自己招来阴间的亡妻一叙，实际上他是没有妻子的。也许一般人就写成一个讽刺封建迷信的戏。但作家在戏巫中，让寡妇假戏真做，爱上了这个多情多义的男人；阿梅也同病相怜，喜欢上了这个无依无靠的女人。此戏的整体构思、笔墨之间，无不倾注着作家对于这些社会底层人的深切同情与人道关怀。

在构思和创作手法的几讲中，既是作家对于戏曲编剧理论的一些探索，也为我们认识和探讨作家本人戏曲创作的艺术特征提供了很多启发。把他的理论和创作实践进行综合考察，也是一件很有意思的事情。

这里特别值得一说的是关于“极致”，书中第三讲人物关系、设局，第五讲悬念、冲突中都涉及到这个问题，因为觉得这是郑氏戏曲编剧理论和创作的一个特色，故而拎出来专门谈谈。所谓“极致”，我理解是在戏剧情境的设置中，包括构思人物关系和情节时，把某种情境推至极致的境地，从而使得戏剧更有张力和戏剧性。在谈设局时，郑怀兴首先阐述了几个戏，比如《休丁香》中妻子为丈夫绣罗衣，出于爱意把丈夫打扮得更英俊，而丈夫穿这身充满情爱的罗衣是去和情人幽会。妻子把丈夫打扮得越英俊，丈夫就会越得到情人的欢心，因此妻子的地位就越危险。这个奇特的情境，就把日常生活中平淡无奇的绣罗衣这样一件事，推向了极致。《张三借靴》中两个主人公，一个无赖，一个吝啬，“作者却通过把个性完全对立的两个人当成借方和被借的双方，并把他们的个性都极力加以夸张，以至荒诞，便成佳局”。（第 94 页）《要离与庆忌》中把要离和庆忌两个人物的关系推到极致，要离是刺客，庆忌知道要离是刺客还制造机会帮助他完成行刺，要离本来是想越早完成刺杀任务越好，但却越来越下不了手，这样使得刺客和被刺者的关系变得非常特殊，蕴含着很多悬念，而人物性格也在其中展现出来。所以说这种推到极致的构思，是为了充分表现人物性格服务的。郑怀兴把这个极致的构思方法一以贯之地坚持下来，使得他的戏曲戏剧性很强，又充满机趣。比如在《傅山进京》中，傅山不愿意见康熙，更不愿意下跪，作者就设置这样情境，康熙祖母病了，请傅山医治。治病救人是医生的天职，傅山不能推辞；但傅山看病必须进宫，一进宫遇到康熙，是跪还是不跪？这个局太巧了，充满了悬念，人们都为傅山捏一把汗，而最后傅山依发辨症来诊断，从容地化解了这个危局，我们不禁为作家构思巧妙拍手叫好。

以冲突的外化来表现人物的内心世界，这也是郑氏戏曲编剧的一个特色。所谓内心冲突的外化，就是在表现人物内心冲突时，不是仅仅用独自抒情的方式，而是借用某个类似幽灵、虚化人物的形式表现。如在《新亭泪》第四场中，周伯仁面对动荡不安的局面，是急流勇退还是知其不可为而为之，内心陷入激烈冲突。正如郑氏所言，此时“如果这种内心冲突只让周伯仁用唱词或道白来表达，我应该如何，不应该如何，就显得单调无味了。”（第127页）因此他设置了一只白鹤，一个飘然而至的神秘渔父，让周伯仁和渔父对唱，实际上渔父就表现了周伯仁知其不可为而为之的积极担当精神的一面。郑怀兴戏曲创作中，经常用上这种手法，典型的仍然属《傅山进京》，剧中，虽然傅山准备明日以死相拼，维护自己的尊严和气节，但“傅山我命虽孤寒情却热，怎忍心舍下子孙赴黄泉”，他也在犹豫，在徘徊，这时候亡妻张静君幽灵出现，与傅山有大段的对唱。这一场的设置，把傅山的情的一面展现出来，热爱人生，多情重义，丰满了傅山的人物形象。而在对唱中，傅山也化解了自己的压力，坚定了自己的信念。类似的还有《青藤狂士》中竖子甲、乙两个舞台形象来表现徐渭的精神分裂。

（三）

最后，值得一提的是《戏曲编剧理论与实践》中写自己经历和感悟的文字，率真朴实，非常感人，所以这部书也可以看作郑氏的本色写照。作者把创作中遇到的困惑，乃至失败的经验都直率地表达出来，与朋友同行之间交往的记载也颇为感人。由此感到他是一个情感率真而丰富的人。在谈自己为何写《青蛙记》时，那一段回忆三弟的文字非常感人。在前言中作者又叙述了一个充满哲理的故事，出自毛姆的短篇小说《乞丐》，写一个当年胸怀大志的文学青年沦为了乞丐。他被这个形象震撼了，“我不是担心自己生活上突遭不幸，沦为乞丐，而是担心时间老人会把我所有的作品淘汰掉，那么在精神上我将沦为乞丐，一无所有！时间老人是无情的，公正的，多少显赫一时的作品被他宣判为文化垃圾！也有生前默默无闻的人，身后作品却得到时间老人的宠幸，成了传世之作。”（第 21 页）这种谦卑敬畏的精神，把戏曲文学创作当作生命一样的激情，正是郑怀兴取得成功的重要原因，这也将推动他继续走向戏曲文学事业的巅峰。

戏曲文学(文本)多样性与戏曲研究

在通常所说的诗歌、散文、小说、戏剧四大文学类型中，戏曲文学文体特征相对最为复杂。因此，戏曲文学（文本）多样性特征值得研究者重视，否则容易造成一些观念上的误区，在研究对象的把握上出现偏差，从而制约研究领域的开拓和深入。

古代文学研究界比较流行的观念，是把四大文学类型中诗歌与散文并列，小说和戏曲并列，前两者为雅文学系统，后两者为俗文学系统。这种畛域之分自古有之。诗歌、散文因为有着言志、载道的传统，高居庙堂之上；小说、戏剧则被斥为“小道”，不登大雅之堂。新文化运动兴起，俗文学受到前所未有的重视，小说、戏曲的价值和意义被高度评估，并带来其研究的繁荣。人们从提倡新文化、新文学的角度，提高了小说、戏曲的地位，但并没有打破更是无意置疑两种文体雅俗上的归属。戏曲小说文献搜集和研究方面都成绩卓著的马廉先生，斋名“不登大雅之堂”，把自己的藏书称为“不登大雅文库”，无论是自嘲还是自得，都说明了当时人普遍以小说、戏曲为俗文学的事实。可以说，戏曲、小说是俗文学的观念自古至今就没有变化过，只不过五四以后对俗文学不再抱公然的蔑视态度而已。今天，我们当然更不应该对文体的雅俗有任何偏见，提出这个问题，只是阅读经验让我们追问，戏曲是俗文学吗?

戏曲是俗文学的判断中，有一部分是对的，但有一部分是需要质疑的。仅从阅读经验上来说，关马郑白王、高明、徐渭、汤显祖、吴伟业、洪昇、孔尚任等文学史上的著名戏曲家们，他们的作品实在说不上是俗文学。俗文学最起码要通俗，要体现市井小民、普通大众的情趣。但如《窦娥冤》中著名的【滚绣球】“有日月朝暮悬，有鬼神掌着生死权。天地也，只合把清浊分辨，可怎生糊涂了盗跖颜渊……”一曲，是全剧的点睛之处，它所表现的思想甚至词汇的使用，都完全来自《史记·伯夷叔齐列传》，这种文学精神与司马迁是一脉相承的。《西厢记》中缠绵悱恻的爱情故事和锦心绣口的典雅文辞，同样是与诗文一脉相承的典型文人审美情趣的体现。不用多举例，概言之，我们阅读的绝大多古代戏曲作品都是文辞典雅，充满着文人意趣的。尤其明嘉靖以后，戏曲创作文人化倾向越来越明显，戏曲的文学属性和艺术趣味与其说是俗文学，毋宁说更接近诗词这类雅文学。我们可以从三个方面做简单的考察：首先，作家的身份与创作心态。和小说作者绝大多数来自边缘文人相比，嘉靖以后戏曲文学作者一般是有功名甚至有过辉煌仕宦经历的文人士大夫，他们大多生平可以考述，也有诗文创作，并有不少人的作品和诗集流传了下来。在创作心态上，很多作家如诗文创作一样，写戏也是为了表现自我的精神世界。比如汤显祖创作“四梦”，尽管在戏曲是“小道”的语境下，汤显祖也会表达类似的观念，但正如有论者指出的那样，汤显祖有意识地从发展成熟乃至僵化的诗赋古文词，转变为精心创作戏曲，“四梦”成为他“深有寄托的严肃认真之作”（廖可斌《汤显祖的文学史观与文体选择》，《文学遗产》2016 年第 3 期）。汤显祖在戏曲中表现自己的精神世界，和他在诗文中抒发的思想、情感是统一的，甚至更能表现其深刻幽邃的主体世界。晚明、清代出现了很多带有极强自喻性、自传性、抒怀性的戏曲作品，这一类作家的创作心态更是与创作“言志”的诗词如出一辙。其次，文体与语言。戏曲是综合性很强的文体，诗词歌赋散文小说各种文体都容括其中，但主体是曲。明清戏曲理论家都喜欢把“曲”之文体，上溯到诗经、乐府、唐诗、宋词，认为是韵文学发展的一个阶段。“‘三百篇’亡而后有骚赋，骚赋难入乐，而后有古乐府，古乐府不入俗而后以唐绝句为乐府，绝句少宛转而后有词，词不快北耳而后有北曲，北曲不谐南耳而后有南曲”，（王世贞《曲藻》）这样的观点屡见不鲜。从创作实践上看，很多戏曲作品曲词典雅、音律和谐，作家对曲词意境之美的追求体现了文人文学的审美理想。再次，在思想旨趣上，明清文人化戏曲也体现了士大夫阶层的历史观、人生观，剧作对悲喜人生的描摹，对人物命运的刻画，充满了中庸的温柔敦厚的“诗教”色彩。在古典小说中可以找到不少悲剧作品，古典戏曲的悲剧作品就极少，这就是受到温柔敦厚诗歌美学的影响。

正因如此，我们需要相应调整研究思路。在把戏曲与小说并列，作为俗文学研究的观念中，我们注意得更多的是叙事，是情节，学术论题也多聚焦于研究对象与小说和前代戏曲的关系上。这样的研究当然很有价值，也产生了不少重要成果，解决了很多问题。但这种研究思路，现在已经显得重复和狭隘。在按照叙事研究思路开拓新的学术论题的同时，应更多去关注戏曲作为韵文学的抒情本质，及其抒情主要手段——“曲”的创作。简言之，即关注诗文与戏曲的关系，不仅要关注剧作家诗文创作对其戏曲创作的影响、两者的互动，更应该扩大视野，把戏曲文学研究中材料收集、作家研究、文本研究、文体研究，皆放置在整个“雅”文学传统、文化传统框架下进行。

上面说到戏曲是俗文学的判断中，有一部分是对的，这指的是不同于文人戏曲的大量民间戏曲、近代以来的地方戏曲。很吊诡的是，我们抱有戏曲是俗文学的观念，但却并不太重视这些真正的俗的戏曲文学。其最主要的原因，还是认为民间戏曲、地方戏曲缺乏文学性不值得研究的偏见。这类戏曲作品，固然语言质朴鄙俚，不像文人戏曲那样有深厚的文学传统，但同样是表现人与人的关系，书写人类情感和命运，是大众心理和精神的写照，有了这些就有文学性。如果仅仅从语言文字角度理解文学性，就太狭隘了。换一个角度看，人们认为文人作品更有研究价值，研究对象从经典之作到二三流、甚至四五流的文人剧作，看似越来越深入，其实格局越来越小。而且，在此类研究中讨论更多的不是文学性问题，而是满足于这些作品的文献意义——以其作为探索作家生平等各方面知识的史料，表现出对知识探究的一种热衷，而并非出自文学性的考量，这就偏离了文学研究的本体。一些优秀的民间戏曲、地方戏曲，在文学趣味和反映人类普遍情感的深度上，是超过了这些不入流之文人戏曲作品的。因此，民间戏曲、地方戏曲研究迥异于雅文化系统的文人化戏曲，但其丰富独特的文学性，还未能被人们广泛认识，进而深入地研究。我们谈开拓戏曲研究的视野，这应该是急需开拓的领域。

仅仅从创作者的角度，以雅俗文学传统归属来看戏曲文学（文本）的多样性，还显得大而化之，过于笼统，其实际情况要更复杂得多。按照戏曲的不同文学性质、功能进行分类，不仅有上文说的文人戏曲、民间戏曲，还有宫廷戏曲和宗教戏曲。宫廷戏曲是戏曲史上的重要存在，也诞生了大量的宫廷戏曲文本。以清代宫廷大戏为例，其创作者皆为文人，但却不属于上文所说那种表现文人精神的文人剧，更近于应制之作，还有些属于仪式性的戏曲作品。宗教戏曲，与一般性民间娱乐之作也大为不同，是宗教文化、民俗文化与戏曲艺术的结合。同时，戏曲又是舞台艺术，于是，在文本上又有了案头文本、演出文本之区别。演出文本按照在不同时代、应用于不同的声腔艺术形式，又产生了不同系统、同一系统不同演出的多种脚本。如经典名剧《琵琶记》，有昆曲、高腔系统的演出本，两个系统里又有不同时代的各种演出本，之间有着极大差别。演出文本按照文本形式的不同，又可分为全本、分角色文本、路头本、题纲本、曲谱本、身段谱本等各种……

戏曲文学（文本）多样性显得如此丰富，有如此多的研究领域和问题，这是我们古代戏曲研究者应该感到自豪和自信的。在这众多的研究领域和研究对象中，还有不少以往薄弱的环节亟待加强，笔者结合自己的体会，认为以下三个方面研究尤其值得关注。

一、戏曲史上的经典文学作品及其演出本、改编本研究。每种艺术的经典，皆是在内容和形式上完美结合从而成为标杆和典范的作品，是同时代的高峰，亦是后代模仿和试图超越的对象。每个时代对经典都有自己的解读和阐释，戏曲史上的经典文学作品，如《西厢记》《牡丹亭》《长生殿》《桃花扇》等，同样需要在这个时代进行阐释，因此经典作品仍然是戏曲研究的重要领域。这些文学经典，同时也是戏曲舞台艺术经典，在不同时代、不同地区，用不同声腔艺术，面向不同观众群体上演，这样便衍生出不同的演出文本。这些演出文本值得细致梳理，从而揭示经典传播过程中的文学意义和文化意义。而且应该有打通古今的观念，关注经典文学作品在今天舞台艺术上的变迁，包括今人的改编。比如《桃花扇》，清末有汪笑侬改编的京剧本，民国时期欧阳予倩改编京剧本，当代则有张弘改编的昆曲本，另外还有京昆版《桃花扇》和南昆《1699 桃花扇》，其情节内容以及人物形象皆有很大变化，值得系统深入分析。

在舞台演出本研究中，折子戏是重要的一个方面。折子戏来自原著但又有着显著的变化，这里面反映出戏曲艺术发展的丰富历史信息，尤其反映出舞台文学的独特性。学界有《昆剧折子戏叙考》（王宁著，黄山书社 2011 年版）、《昆剧折子戏研究》（王宁著，黄山书社 2013 年版），《明代折子戏研究》（尤海燕著，花木兰出版社 2014 年版）等著作，但经典作品折子戏在各个时代的变迁，在各种声腔艺术中的变迁，在宫廷演出与民间演出的不同，串关、身段谱类之研究，等等，仍然有着更为广阔的研究空间。顺便提及的是，有些作品并非文学经典，但在折子戏选本中大量出现，说明当时演出繁盛，这种情况值得关注，很能够揭示出当时的观剧风尚和大众心理。

二、戏曲史上经典作品的文学研究。这里指的是那些在文学史上很少被提及，但在戏曲史上却是经典之作的戏曲研究，大量民间戏曲文学都属于此类。比如宋元时期的南戏作品，明清时期的弋阳腔、青阳腔、高腔等戏曲作品，乾隆以后大量出现的花部戏曲文学作品。其中每个时期，不同的声腔艺术，都出现了一些经典之作。以京剧文学为例，自道光中期京剧形成，其作品数量宏丰，经典之作和重要作品难以缕述，如《四进士》《雁门关》《红鬃烈马》以及大量的三国戏、隋唐戏、杨家将戏，等等。京剧自近代以来，与中国政治、国人心理、大众审美心理等诸多方面有着密切的关系，其艺术上的经典、重要作品，是尤其值得深入探讨的。但囿于京剧文学鄙俚不堪的成见，研究界对其关注太少，仅出版过《清代京剧文学史》（颜全毅著，北京出版社 2005 年版）少数的草创之作。京剧研究文献丰富，特别是近年整理出版了大量文献资料，为研究者带来便利的条件。在剧本方面，《故宫珍本丛刊》（海南出版社 2001 年版）所收“乱弹单出”

“乱弹本戏”，《俗文学丛刊》（新文丰出版股份有限公司，2001—2004 年办）“戏剧类 京剧”，《清车王府藏戏曲全编》（广东人民出版社 2013 年版）所收“皮黄”剧本，以及民国时期的《戏考》，50 年代后陆续整理的《京剧丛刊》《京剧汇编》等。其他史料方面，除了民国时期张次溪编纂的《清代燕都梨园史料正续编》，近年出版了傅谨主编的《京剧历史文献汇编》（凤凰出版社 2011 年版）、学苑出版社陆续出版的《民国京昆史料丛书》等文献整理汇编书籍，便于研究者获取资料，我们应该充分利用和挖掘这些宝藏。

京剧文献搜集整理相对齐备，但其他地方戏、民间戏曲文献整理方面就比较迟滞，直接影响了民间戏曲研究的深入。以高腔为例，它是可追溯到明清之际的弋阳腔、青阳腔的古老声腔，在各地有不少遗存，也保留下丰富的文本。被称为青阳腔遗存的岳西高腔近年整理出版了《中国岳西高腔剧目集成》（安徽文艺出版社 2014 年版），比之前的《青阳腔剧目汇编》要丰富得多，这就为岳西高腔研究提供了基础。但其他各地高腔，各种地方戏就很少有完整的剧目集成整理出版，基础文献工作还有待更多地投入。

三、戏曲史上仪式类戏曲文学研究。中国戏曲不仅是文人自娱之作、民间娱乐的大众艺术，也应用于祭祀、仪典等各种场合，后一类可总称为仪式类戏曲。民间宗教祭祀戏曲，如傩戏、目连戏的研究有很多成果，但从演出形式、民俗学、文化学等角度研究的多，从文学角度出发进行研究者少，尤其是宗教祭祀戏曲与娱乐性戏曲之关系，在文学上的因袭等问题值得深入探讨。

宫廷戏曲中那些节庆场合所使用的仪式性很强的戏曲，为其独特演剧文化之体现。比如清代宫廷的戏曲演出中，就有法宫雅奏、九九大庆、月令承应，等等。在传统的观念中，这些戏曲文本被认为是表现歌舞升平、充斥着神仙佛道等略无文学品位的东西。这种观念也急需改变。有论者指出“宫廷戏曲作品是古代文学的蓄水池”（朱万曙先生语），其意是指宫廷戏曲庞大驳杂，真有包罗万象之概，古代文学以往的历史传统在其中都有体现。的确如此，仅以清宫仪式类戏曲来说，所表现的大多是经典的历史人物和故事，历代累积的神话、宗教中的人物和故事，是研究中国文化的重要文本，对于研究宫廷文化更是不可或缺的珍贵资料。宫廷戏曲研究，现在已逐渐成为热门，出版了一些研究成果，但相对宫廷戏曲，尤其清宫戏曲留下来的大量作品和史料文献相比（此类文献陆续出版的有《故宫珍本丛刊》《中国国家图书馆藏清昇平署档案集成》《故宫博物院藏清宫南府昇平署戏本》)，其研究空间也非常大。

戏曲作为包含各类声腔艺术形式，为社会不同阶层所喜爱，至今仍活跃在舞台之上的一门艺术，其在文化上的多样性和舞台艺术的特殊性，决定了其文学（文本）的多样性。这也使得戏曲文学研究有着更为丰富的对象，更为广阔的空间。以上所谈到的几个方面，只是笔者结合个人体会的一些想法，面对如此丰富的对象，在这样广阔的空间里，还有许多可以开垦的田地，有更多需要加强的领域。有一点是肯定的，只有我们认识到戏曲文学（文本）的多样性，并不带偏见地对多样化的各类戏曲文学（文本）展开充分的研究（这其中还包括少数民族戏曲），才能极大地开阔研究视野，将各方面的研究推向深入，从而系统、全面地认识戏曲艺术，书写立体的、多视角的戏曲文学史和戏曲史。

二

从文本到舞台

一出戏的流变：从《幽闺记·旷野奇逢》到《踏伞》(《扯伞》)

《幽闺记》(《拜月亭记》) 是现存最早的宋元南戏之一，也是明清戏曲舞台上有着很高上演频率、颇受观众欢迎的一部戏，尤其是《旷野奇逢》《招商偕偶》《幽闺拜月》这几个关键情节的出次，成为明清舞台上常演的折子戏。本文梳理明清以来各种《幽闺记》选本包括舞台演出本，探讨其中《旷野奇逢》一折戏的流变，分析其在昆、弋系统中所表现出的雅俗殊途的审美情趣及其相互之间的融合与交流，并以此为个案揭橥戏曲选本包括舞台演出本对研究戏曲史学和戏曲文献学的重要作用。

(一)

根据俞为民先生的研究，明代《幽闺记》有7种不同的版本，在仔细比勘之后，他认为其中世德堂本比较接近元本，是一个独立的系统；毛晋汲古阁六十种曲等六种刻本是一个系统，经过明人改编，因此离元本差异较大。[①] 拿这两个系统的本子，比较《旷野奇逢》一折(世德堂本题为《隆遇瑞兰》) 异同，把其中重要的相异之处制表如下 (黑色字体表示相异之处)：

① 俞为民：《南戏〈拜月亭〉考论》，《文学遗产》2003年第3期。

世德堂本	六十种曲本
【金莲子】古今愁，谁似我目下这般忧。听马骤人闹语，急向深林中避，只怕有人搜。	【金莲子】古今愁，古今愁，谁似我目下这般愁。听军马骤，听军马骤，人乱语稠。向深林中逃难，恐有人搜。
雷奔星飞	雷奔星驰
（生）我妹子唤瑞莲，他唤瑞兰，兰、莲二字，所争不远。	无此一句
旷野里，独自一个佳人，生得千娇百媚。娘子曾嫁人否？（旦）摇头介。（生）要知窈窕佳人意，尽在摇头不语中。喜得他无夫无婿，这女子极是乖巧，与他讲了这一会，不曾看得他仔细，待我哄他一哄。娘子，你适才说不见了令堂，前面一个婆子来，想是你令堂。（旦）在那里？（生）娘子，在这里。眼见落便宜。（合）如何是，天色昏惨暮云迷。	（生）娘子，你方才说，不见了令堂，远远望见一位妈妈来了。（旦回头科）在那里？（生近看科）旷野间，旷野间，见独自一个佳人，生得千娇百媚。况又无夫无婿，眼见得落便宜。且待我唬他一唬，娘子！如何是，天色昏惨暮云迷。
（旦）君子读书不曾？（生）秀才家何书不读，那书不览？（旦）你敢是读《论语》《孟子》，不曾读《毛诗》？（生）《毛诗》如何道？（旦）窈窕淑女，君子好逑。（生）娘子言及至此，岂是卑人不知，奈干戈扰攘，实难从命。（旦）既然读诗书，恻隐怎生周济。	（旦）秀才，你读书也不曾？（生）秀才家何书不读览。（旦）书上说道“恻隐之心，人皆有之”，既然读诗书，恻隐心怎不周急也。（生）你只晓得有恻隐之心，那晓得有别嫌之礼。
（旦）怕问时，权说做夫……（生）小娘子说话好轻薄，小生是黉门秀才，怎叫我去做夫？（旦）不是做夫，夫字下面的……（生）夫字下面的不是夫子，是夫人？（旦）冤家，他明明知道，故意诈骗奴家。怕问时权说做夫妻。（生）夫妻便是夫妻，那有权说的道理。	（旦）没个道理，（生）既没道理，小生自去。（旦）有一个道理。（生）怕问时却怎么？（旦）奴家害羞，说不出来。（生）娘子，没人在此，便说有何害？（旦）怕问时，权……（生）怎么又不说了，权甚么？（旦）权说是夫妻。

续表

世德堂本	六十种曲本
（生）娘子，天色渐晚，攒行几步。（旦）君子请先，妾身随后。【皂罗袍】（生）渐渐红轮西下，见林梢数点昏鸦。前村灯火有人家。江山晚景堪描画。我蒋世隆在家之时呵，锦堂富贵，玉帐荣华。谁知今日遭逢兵火，劳碌波渣。小生虽受跋涉，幸遇此佳人。古云：不入虎穴焉得虎子。正是危从致取千金价。娘子，天晚了，不行又坐是怎的？【前腔】（旦）暗想溪山跋涉，不由人珠泪如丝。鞋弓袜小步难移。（生）快行，（旦）鞋弓袜小步难移。（生）怎生的这等行不动？（旦）我娇花不惯风摇曳。（生）既然如此，待卑人扶你几步。（旦）不劳如此，天将曛暝，欲进趑趄。天，那故园何在，极目惨凄。我王瑞兰是千金之体，因遭兵火，流落在此。固知男女不同，不可同行也，只是出乎无奈。危途权作资身计。	无此一段

从上表可以看出，两种系统的版本最大的区别是世德堂本后面多出了两支【皂罗袍】，演述蒋世隆和王瑞兰一同上路的场景，六十种曲本中则完全删去。应该说，这种删去是不恰当的，因为有了后面的这一段，使得故事情节更完整，即由旷野错认相逢到携手上路，开始了他们同甘共苦的离乱生涯。其次，从舞台演出的角度来说，前面的情节都是两人在原地对答，舞台上显得单调，有了这一段两人载歌载舞的行路场面，则丰富了舞台表现内容。从人物形象塑造上来说，世德堂本最后一段，对塑造蒋世隆善良又有些狡黠的形象，王瑞兰无奈之下抛掉深闺女子羞怯而变得大方、坚决的形象起到了重要作用，具有“这一个”的鲜明特色，此后剧中这两个人物形象塑造都是沿着这个路数发展下去的，在这里恰好起到铺垫的作用。

在“旷野里，独自一个佳人”曲子中，世德堂本插入的对话和独白要比六十种曲本多，首先有问娘子是否嫁人的话，如果没有这句话，后面唱词中的“又无夫无婿”就没有着落；蒋世隆为了看清楚面前的女子长得如何，骗她回头，好找机会凑近去看，在世德堂本中有“这女子极是乖巧，与他讲了这一会，不曾看得他仔细，待我哄他一哄”这样的独白，然后才是骗说有个老妈妈来了。比起六十种曲本，人物的心理被表达得更加清晰，在舞台上也会交代得很清楚。而关于“夫”字的玩笑调谑，很能反映出蒋世隆的狡黠，他是一种有点坏坏的读书人而并非古板迂腐的秀才，这种调笑也使得这折戏带有浓厚的风情喜剧的风格，这也是《幽闺记》的一个主调。因此，在两人相逢之际，就把蒋世隆这种狡黠的性格刻画出来，起到铺垫作用，这种性格在《招商偕偶》一出中还有更充分的体现。

关于是否读《毛诗》的一段话，也很能体现出世德堂本带有浓厚的民间色彩的特色，读的是《论语》《孟子》而未读《毛诗》，暗含着对社会上古板卫道士的讽刺。客观地说，这样的对话是有些不符合王瑞兰这种大家闺秀的身份的，哪怕是很危难的时候，她也不至于用这么直白的话去打动蒋世隆。六十种曲本删去，只说恻隐之心，就显得简洁得体多了。这个小细节，能看出两种系统版本表现出文人特色和民间情趣的差异。

（二）

以上是两个版本系统的《旷野奇逢》一折戏的对比，下面从明清各种选本和舞台本来梳理这折戏的演变。

目前能看到最早收录此折戏的选本是嘉靖年间刊刻的《风月锦囊》，其卷五《错认相从》就是《旷野奇逢》，它选录时依据的是改本系统的《幽闺记》，因此与世德堂本不同，没有后面的【皂罗袍】，而且对于“夫”的那段对话也不见，但是“娘子嫁人否”以及“是读《论语》《孟子》，不曾读《毛诗》”① 这些细节方面又和世德堂本相同。因此，可以判断，这是一种从接近元本的世德堂本向六十种曲

① 孙崇涛、黄仕忠笺校：《风月锦囊》，中华书局2000年版，第382—383页。

本系统过渡的明代改本，而且这种改本有可能唱的是海盐腔——它在嘉靖时期流行，并广为文人士大夫所喜爱，万历后兴盛起来的昆腔与海盐腔有着极为密切的关联，因此后来昆腔的相关改本和选本中都继承了《风月锦囊》中这段戏的改法，也即删去了最后两支【皂罗袍】，还同时修改了一些细节。

万历以后，戏曲文化高度繁荣，高雅的极度文人化的昆腔和广泛流行于民间的青阳腔等各种地方声腔遍布全国，很多书商也顺势推出了各种戏曲选本。在昆曲选本里，如《赛徵歌集》《珊珊集》《乐府南音》《玄雪谱》《南音三籁》《醉怡情》《遏云编》，以至清代《缀白裘》，包括后来《纳书楹曲谱》《昆曲大全》《集成曲谱》各种曲谱，所收录的《旷野奇逢》这出戏，都延续了六十种曲本的结构和曲词，基本保持不变。这也说明昆曲在形成后，定腔定谱有着极强的规范性，使得其传承非常的明晰和稳定。这是昆曲传承的主流，但是，在这种稳定传承之中，也会受到当时流行着的地方声腔的影响，出现一些相应的变化，这在后面再谈。

弋阳腔、青阳腔等声腔中，在总体上依循世德堂本的基础上，出现较大差异的变化，反映出民间声腔多变的特色。先看万历二十八年（1600 年）三槐堂王会云绣梓本《乐府菁华》，其中卷五上栏收有《世隆旷野奇逢》一折，这是现在看到最早的收录《旷野奇逢》一折戏的民间声腔选本①，把它和世德堂本进行比对，发现除了一处之外，其他情节、字词基本相同。这一处是在【金莲子】一曲的末尾，也就是当两人发现认错了之后，《乐府菁华》中多出这么一段：

（生）心慌步急路难行，娘子缘何不细听。非是卑人亲妹子，如何连应两三声。（旦）君子听我说依因，非是奴家惹是非。母

① 《词林一枝》虽然刊有“万历新岁孟冬月叶志元绣梓”字样，但并非刊刻于万历新岁的1573 年。汪效倚《关于〈词林一枝〉的成书年代》（1988 年《中华戏曲》第八辑）已经提出质疑，认为该书当成于万历二十一年以后；郭英德 王丽娟《〈词林一枝〉、〈八能奏锦〉编纂年代考》（《文艺研究》2006 年第 8 期）通过详尽考证，认为《词林一枝》当成于万历三十四五年（1606、1607 年）左右。

弃孩儿寻不见，使我心下自惊疑。[①]

这无疑是青阳腔的滚白。这种滚白的出现，表明青阳腔在万历二十八年《乐府菁华》成书时已经成熟。再看万历三十年（1602年）唐振吾刻本（今佚）《乐府红珊》（卷十二，题《蒋世隆旷野遇王瑞兰》），完全同于《乐府菁华》，与此相同的还有《乐府万象新》（前集卷二《世隆旷野奇逢》）、《大明天下春》（卷八《世隆旷野奇逢》）。这几种都是基本同于世德堂本，都有上引这段“滚白”，这种高度的一致性，表明《乐府万象新》《大明天下春》也差不多刊刻于17世纪最初的几年。因为到了万历三十九年（1611年）书林敦睦堂张三怀刻本《摘锦奇音》中此折戏就又有了新的变化。

《摘锦奇音》卷二收有《世隆旷野奇逢》一折，它与前面几个版本的主要差别有以下几点。

首先，在“他寻母亲我寻妹子，两人相遇呵”后面多出“正是愁人莫向愁人说，说起愁人愁杀人”一句“滚白”。

其次，是在说要看清楚王瑞兰的长相时，提到王瑞兰一直拿扇子遮着脸，所以没有看清楚。这个小小的改动，也是为了使得情节发展上更为合理。因为两人循声而遇，“你是何人我是谁，应了还应见又非”，自然碰了面，然后又在一起说这么长时间话，怎能没看清长相呢。所以这里加上王瑞兰拿扇子遮住的细节，这就显得合理多了。（此后高腔系统的演出，例如岳西高腔、川剧高腔此处要么说脸上蒙有罗帕，要么说是用罗裙遮脸，可以看出与此的继承关系）

再次，这也是此折戏在舞台演变史上关键的一点变化，开始出现“伞”这个关键的道具。我们知道现在昆曲舞台上习惯把这折戏称为“踏伞”，在昆曲选本和舞台本系统中，其实一直到清代乾隆年间的《缀白裘》，才把这出戏题为《踏伞》的，但是即使在《缀白裘》中也找不到一点“伞”的踪影，在之后各种昆曲选本中，包括民国时

① 收入台湾王秋桂主编《善本戏曲丛刊》第一辑（1），第234页，学生书局1984年版。

期更接近舞台表演情形的《昆曲大全》中都见不到“伞”。那昆曲这折戏为什么叫《踏伞》呢？我认为，这是受到青阳腔等民间戏曲的影响。《摘锦奇音》是青阳腔剧目选，虽然它仍然题为《世隆旷野奇逢》，但从它开始，“伞”就已经成为舞台上的道具了：

> 正是愁人莫向愁人说，说起愁人愁杀人。俱错意，一般烦恼分作两心知。我妹瑞莲，他名瑞兰，莲、兰二字，其实所争不远。只为名儿厮类，听错自先回。小娘子请站开些，好让我走路。即便往跟寻，岂容迟滞。（旦扯伞介）（生）小娘子，待我好走路，怎么扯我的雨伞，好不怕羞耻。①

道具“伞”是为了扯伞这个动作而加的，这样舞台上的动作性、戏剧性变强了。其实这个伞也不是凭空而来，在世德堂本《旷野奇逢》前一出《违离兵火》中就出现过“伞”这个道具，在《乐府红珊》《大明天下春》中配有插图，前者画有蒋世隆拿伞，后者表现蒋世隆在拄着伞和王瑞兰讲话。在民间戏曲演出过程中，伶人很自然地通过伞来丰富他们的表演，加强舞台效果，这样的例子比较多。在《摘锦奇音》之后的弋阳腔、青阳腔选本中，“扯伞”这个情节得以保留下来。并且关于扯伞的情节还有所丰富发展，然后就演变成以“扯伞”来作为这折戏的题名了。岳西高腔是明代青阳腔的遗存，因为岳西处于大别山腹地，环境上比较闭塞保守，与外部交流比较少，因此青阳腔得以在这个地区比较完整地保存流传下来。同时也保存下来很多岳西高腔剧本，其中就包括《扯伞》这一折。岳西高腔《扯伞》的情节结构与上述弋阳、青阳诸腔折子戏相同，也经历错认相遇、调戏刁难、共同上路三个环节，很多曲词在上面折子戏中还有曲牌，加滚也不是很多，而岳西高腔的滚唱非常密集，已经突破了曲牌的体制。这也表明在万历三十年之后青阳腔有着大幅度的演进。岳西高腔《扯伞》中，蒋世隆着急去找妹妹，“（旦扯生伞介），（生白）

① 收入台湾王秋桂主编《善本戏曲丛刊》第一辑（3），学生书局1984年版，第101页。

小娘子！不要扯，青天白日，扯住卑人雨伞，你好不自耻”，其后当他看清楚面前是一位千娇百媚的姑娘后，他假装要走吓唬王瑞兰。这时转身之际：“（白）小娘子！你不要扯。青天白日，扯住卑人雨伞，好不自耻。（旦白）那个扯你，老鬼扯你。（生白）哎哟哟！倒是先前一把，被娘子扯昏了。如今记得这一把，忘却了那一把。”① 他故意要走，又希望王瑞兰求自己，所以拿扯伞当话头，足见蒋世隆的狡黠了。岳西高腔题为《扯伞》，这与《摘锦奇音》等选本中的情节一致。但在川剧高腔中，此折题为《踏伞》。在情节上是蒋世隆说完要去找妹妹的话后，“拖伞而行，瑞兰即随身后，以一脚将伞把踏住”，蒋世隆回头看到说“娘子，你踏着我的雨伞，好不害羞”②。川剧高腔也是渊源于明代的弋阳腔，和青阳腔也是一个系统，因此在总体结构上都非常相似，只是关于伞的细节上出现了差异。综上所述，在现在的明代折子戏中没有看到此折题名为《踏伞》或《扯伞》的，但是在后代的高腔中发现有这样的题名，很有可能是在清初时这折戏演变为“踏伞”。这个新的剧名对昆曲《旷野奇逢》折子戏产生了影响，昆曲从《缀白裘》开始把此折也题为《踏伞》，虽然在《缀白裘》以及《昆曲大全》等带有科泛的昆曲选本上都没有看到关于“伞”的细节，但也许演出时仍然有吸取高腔舞台艺术扯伞或踏伞的动作科泛。（现在昆曲舞台上流行的《踏伞》，并非传统折子戏，下面再谈）

最后，《摘锦奇音》所收一折与之前的几种还有一个明显的区别，是在最后的两支曲子，不是【皂罗袍】，而变成了【孝顺歌带皂罗袍】：

（生）小娘子放大胆些，我让你先行我随后。【孝顺歌带皂罗袍】（生）千自喜，百自欢，看粉脸儿谁不爱。（旦）敢问君子家居那里，姓甚名谁？

---

① 崔安西、汪同元主编：《中国岳西高腔剧目集成》，安徽文艺出版社 2014 年版，第 30 页。

② 李致主编：《川剧传统剧目集成》卷二《踏伞（高腔）》，四川人民出版社 2009 年版，第 166 页。

（生）家住离城五里台，蒋世隆黉门中一秀才。我将汗巾儿与你揾香腮，你把路途上忧愁且放怀。动问小娘子家居那里，姓甚名谁？（旦）家住汴梁城鼓楼街，我爹爹朝中奉钦差，却被干戈两下开。争耐我脚儿疼痛步难捱。想是前生欠了路途债。（生）劝娘行休忧虑，免伤怀。你把缠脚带儿且放开，待我把玉簪儿轻轻拆开一双红绣鞋。怕只怕关津渡口人盘问，（旦）只说道，亲哥哥领带一个小妹子来。君子你好歹，秀才你好呆。说甚么缠脚带儿且放开，说甚么玉簪儿轻轻拆开一双红绣鞋。那怕他关津渡口人盘问，也只是没奈何，权与你做夫妻，你向前行，待奴家一步步儿趱上来。①

这一段在内容上与世德堂本、《乐府菁华》等选本都区别极大，由之前的演述两人对离乱的感叹，变成互相问答家庭里居的一段唱。感叹离乱虽然也切题，但这段则更加切合当时情境。两个陌生人互相询问家中情况，并且很具体地写到王瑞兰走在泥泞道路上的苦况，以及蒋世隆的关心和呵护。从音乐上来说，【孝顺歌带皂罗袍】已经突破原本的腔格，成为一种唱滚的形式。

在与《摘锦奇音》几乎同时的《词林一枝》卷一也收有《蒋世隆旷野奇逢》，它与《摘锦奇音》的前半部分都基本相同，也有扯伞的情节，唯有最后的一段有差异。上路之后，紧接着是两支【皂罗袍】，而这两支曲子和世德堂本、《乐府菁华》《乐府红珊》等也不一样：

【皂罗袍】千般忧，不自在，看他脸皮儿生得多人爱。见几个在林中躲，我两个在途路挨。你将愁眉暂展开，忧愁放下怀，我有方罗帕与你揾住了香腮。（合）你将钮扣儿松，罗带儿解。歹也么歹，我和你商量取，一步步趱上来。【前腔】（旦）我爹

① 收入台湾王秋桂主编《善本戏曲丛刊》第一辑（3），学生书局1984年版，第103—104页。

在朝奉钦差，母为干戈两下开。（生）小娘子，恐到关隘之所，有人盘问，如何分辩。（旦）笑你是个痴秀才，关津隘口人盘问，只说道亲哥哥带着小妹来。脚儿疼，步难挨。想是前生欠了路途债，（生）还是前生欠了夫妻债。（合）你将钮扣儿松，罗带儿解。歹也么歹，我和你商量取，一步步趱上来。①

两相比较，《词林一枝》与《摘锦奇音》的后部分，还是有一些相同的地方，比如“我爹爹朝中奉钦差，却被干戈两下开”，“我有方罗帕与你搵住了香腮”“想是前生欠了路途债”“怕只怕关津渡口人盘问，（旦）只说道，亲哥哥领带一个小妹子来”“待奴家一步步儿趱上来”等句子完全相同或及其类似，可以看出两者之间的渊源关系。它们是共同来自一个不为人所知的，与世德堂本有差异但也是比较接近元本的底本，还是它们同样出自世德堂本，只是舞台上演变衍生出来不同的变化？笔者认为是后者，它们是在舞台演出时，青阳腔发展出畅滚之后的一种产物。而且从畅滚的程度上看，《词林一枝》本应该在《摘锦奇音》之前，它的成书应该在《乐府红珊》与《摘锦奇音》之间（这与汪效倚、郭英德等人考证成书于1608年左右是也是吻合的）。所以，《摘锦奇音》所收是《词林一枝》后舞台演出继续演变的版本，对后代高腔系统影响最大。现在能追溯到的比如岳西高腔、川剧高腔中《扯伞》或《踏伞》，明显可以看到从《摘锦奇音》演变而来的痕迹。（都有互相问家居哪里，姓甚名谁等情节，很多句子明显与《摘锦奇音》本有关联，如《摘锦奇音》有句“你把缠脚带儿且放开，待我把玉簪儿轻轻拆开一双红绣鞋”，岳西高腔相应是“头上取下金簪来，轻轻刺破红绣鞋。缠足带，松放开”，川剧高腔相应是“罗裙带儿松，缠足带儿解。头上取下金簪来，轻轻拨，轻轻拨，拨开你一双红绣花鞋”，可以看到高腔系统的表演内容与《摘锦奇音》的继承关系）

---

① 收入台湾王秋桂主编《善本戏曲丛刊》第一辑（4），学生书局1984年版，第56—58页。

（三）

上面主要通过《乐府菁华》和《摘锦奇音》两种选本，并结合地方高腔剧本，分析了《旷野奇逢》一出戏在民间戏曲中的演变。前面已经提到，昆曲在形成后定腔定谱，演出讲求规范，因此从晚明至民国时期各种选本和曲谱中，关于这一出戏都和六十种曲本基本相同。同时也提到，昆曲从《缀白裘》中选录此出题为《踏伞》开始，此后选本和曲谱基本都题名为《踏伞》，而在剧本本身没有提到关于“伞”的情节，可以看出昆曲在此折戏上受到清代高腔的影响，也许艺人在舞台表演时也会参照高腔加入一些关于伞的情节。

除此之外，还有两个需要着重来探讨的本子，以表明昆曲在发展过程中，受到青阳腔、高腔的影响，从而让规范性极强的昆曲也会出现一些变化，以显明戏曲史中雅俗互相影响的实事。

首先是明末人编、清初出版的《歌林拾翠》，其初集中有《旷野奇逢》一折。《歌林拾翠》是一个昆曲选本，这折戏的前半部分也完全显示出昆曲系统版本的特色。表现为以下几点：所有民间声腔本【金莲子】“谁似我目下这般忧”，昆曲系统都做“谁似我目下这般愁”；昆曲系统没有“心慌步急”等滚白；“电奔星飞”也是所有声腔声腔剧本的写法，昆曲系统本做“电奔星驰”；没有关于伞的细节；没有关于读《毛诗》的问句；没有关于“夫”的调笑。从这些地方可以看出，《歌林拾翠》所选完全是昆曲系统的。但是，在【尾声】之后，《歌林拾翠》本竟然也加了两支【皂罗袍】，而且完全同于《词林一枝》中的【皂罗袍】，有点变化是因为是昆腔，所以曲词严格按照曲格进行了正衬字的区别处理，比如第一支：

【皂罗袍】千般忧不自在，看他脸皮儿生得多人爱。见几个在林中躲，我两个在途路挨。你将愁眉暂展开，忧愁放下怀，我有方罗帕与你揾住了香腮。（合）你将钮扣儿松，罗带儿解。歹也么歹，咱和你商量取，一步步趱上来。①

《歌林拾翠》所选是昆曲舞台本，说明在昆曲舞台上曾经演出过改编了高腔曲本带两支【皂罗袍】的《旷野奇逢》。

其次来看康熙年间刊刻的《弦索调时剧新谱》中所收的《旷野奇逢》。《弦索调时剧新谱》是昆曲受到当时盛行的民间声腔的影响，从而改编出来的一些新剧，虽然是昆曲唱法，但其曲牌体已经有所突破。其中的《旷野奇逢》，无疑是按照高腔剧本翻作的。举几个例证，可见一斑。该折的词曲，如“君子听奴诉因依，非是奴家惹是非。母去孩儿无觅处，倒教奴家自猜疑”“愁人莫向愁人说，提起愁来愁杀人”“家在汴梁城五里牌，我本是黉门中一秀才。家住大军城鼓楼街，我的爹爹在朝奉钦差。母子那日去逃难，只因干戈两分开”“前生少下路途债，汗巾儿挐来把相思揾，玉簪儿拆开红绣鞋”等，都和《摘锦奇音》本基本相同。而且这些词句，从工尺谱上可以看到，基本是一字一音，这也恰恰证明它所依据的高腔在这些地方是唱滚调的。从而证实前面说《摘锦奇音》最后一支【孝顺歌带皂罗袍】是畅滚的判断。

无论是《歌林拾翠》中的演法，还是《弦索调时剧新谱》中的演法，都只是昆曲《旷野奇逢》一折演变中某个时期曾经有过的现象，但不是这折戏在昆曲舞台上的主流，因此在乾隆年间的《缀白裘》中，它仍然是依据六十种曲本系统而来的传统演法，即按照《赛徵歌集》《南音三籁》《醉怡情》等昆曲选本的那种演法，并且一直到民国时期的昆曲选本仍然如此。但正如上面说的，它还是受到了一些影响，毕竟折子戏题目叫作《踏伞》了。

最后，顺便谈谈现在舞台上的昆曲折子戏《踏伞》（钱振荣、孔爱萍首演）。这个《踏伞》与以前的昆曲选本和曲谱上的本子完全不一样，曲牌是【山坡羊】【前腔】【前腔】【前腔】【金络索】【前

① 收入台湾王秋桂主编《善本戏曲丛刊》第二辑（8），学生书局 1984 年版，第 512 页。

腔】，其中的曲词也大相径庭，情节倒与高腔系统类似，增加了两人携手上路，问答姓名里居等细节，而且对于道具“伞”的使用非常多，不仅踏伞，而且扯伞，还有共伞的舞蹈。笔者很困惑这出折子戏的渊源问题，电话请教了主演孔爱萍女士，通过她答疑解惑，笔者才知道这出《踏伞》是1999年江苏省昆剧院的表演艺术家们赴台湾演出之前，范继信先生“临时捏的一个戏”，为了大家容易接受，所以用了观众们熟悉的【山坡羊】。虽然说这出戏是重新创作的，但按照传统折子戏方式去排，有“整旧如旧”的艺术效果，在台湾演出时也得到了观众和专家学者的认可，因此一直作为折子戏保留了下来。

（四）

通过对南戏《幽闺记·旷野奇逢》演变成折子戏《踏伞》（《抢伞》）流变过程的考察，让我们看到明清以来戏曲艺术雅俗（昆曲、弋阳腔及其支系声腔青阳腔以及各地方高腔）之间的融合和交流，并且在对比中发现它们各自的文化特色和审美情趣。这样看似小题大做的探讨，其实很有意义，如果多做一些这样的个案研究，足以丰富我们对于戏曲史的认识，对戏曲艺术流变发展的历史有更为清晰的掌握和了解。在明清戏曲的研究中，我们对于文人创作以及反映文人审美趣味的昆曲艺术关注比较多，但对于民间戏曲艺术的关注相比之下颇显不足。其实，晚明时期民间戏曲的繁荣已经大有超过昆曲之势，王骥德在《曲律》中就感叹“今则‘石台’‘太平’梨园，几遍天下，苏州不能与角什之二三”①，明代盛行的各种戏曲选本泰半是青阳腔等民间戏曲的舞台选本，因此仅仅研究文人传奇以及昆曲是不能反映出戏曲史原貌的。同时，即使是很多文人传奇，既有昆曲演出，也有民间戏曲声腔的“改调歌之”，对于研究戏曲文献来说，明清众多戏曲选本、舞台本有着“辨章学术、考镜源流”的重要意义。

① 《中国古典戏曲论著集成》第四册，中国戏剧出版社1959年版，第117页。

也谈曹寅历史剧《续琵琶》及其昆曲舞台呈现

国图藏《续琵琶》传奇抄本（《古本戏曲丛刊》第五集影印收入）未署作者姓名，其情节内容与清代刘廷玑《在园杂志》中记载的曹寅《后琵琶》基本吻合，虽然学界对抄本《续琵琶》是否即为曹寅的《后琵琶》仍有争论①，但笔者更倾向认为两者盖为同书异名，在提不出确凿的反对证据前应该以抄本《续琵琶》的著作权归属曹寅。

曹寅《续琵琶》抄本有残缺，但主体部分尚存，后缺的四五出也能通过前面的线索，大致推测出情节内容。整剧以汉末天下板荡、群雄纷争、战乱频仍为背景，主要写了蔡文姬父死、被掠、出塞、入塞、完婚、续史等情节。这是一部有着一定思想旨趣和艺术特色的历史剧，何况作者是曹雪芹的祖父（《红楼梦》第五十四回提到这部戏②），因此值得充分探讨。

---

① 周汝昌《红楼梦新证》最早提出《续琵琶》即曹寅《后琵琶》，其后学界对于这一观点有争论，支持者以宋铁铮、顾平旦所撰的《曹寅〈续琵琶〉传奇初探》一文为代表（载《红楼梦研究集刊》（第二辑）），反对者以府宪展《今传本〈续琵琶〉不是曹寅所撰》一文为代表（载《中国古代戏曲论集》，中国展望出版社 1986 年版）。

② 《红楼梦》第五十四回《史太君破陈腐旧套，王熙凤效戏彩斑衣》中贾母说："我像他这么大的时节，他爷爷有一班小戏，偏有一个弹琴的奏了来，即如《西厢记》的《听琴》、《玉簪记》的《琴挑》、《续琵琶》的《胡笳十八拍》竟成了真的了，比这个更如何?"明确提到剧名是《续琵琶》，戏曲史上书目著录以及现存世作品中以《续琵琶》为名并且写文姬故事的，仅曹寅此剧（乾隆时期戏曲家高宗元有《续琵琶》一剧，今存，但主体写的仍是蔡邕故事，乃是为《琵琶记》翻案的文章）；《胡笳十八拍》即为剧中第二十七出《制拍》，虽然不同名，但其他如《文姬入塞》《吊琵琶》《中郎女》等写文姬的戏曲中，都没有直接弹奏《胡笳十八拍》的情节，也就谈不上当场演奏琴曲了。故此，曹雪芹此处所说的戏，就是其祖父的《续琵琶》之《制拍》一出。

（一）虚实相生的历史剧

研读《续琵琶》文本，首先感受到这是一部写法上比较有特色，虚实相生的历史剧。中国本是一个历史书写传统非常悠久的国家，戏曲文学成熟后，历史剧也就成为一种重要的题材。从元代的《赵氏孤儿》《单刀会》《梧桐雨》等杂剧，到明清的《八义记》《和戎记》《鸣凤记》传奇，乃至花部众多的三国戏、隋唐戏等，历史剧一直是戏曲创作中重要的构成部分。历史剧的意义，是让历史以戏曲的方式呈现于高台之上，为一代代人植入民族记忆，从而形成统一的价值观、民族认同感和向心力。在大多民众不能读书识字的古代社会，历史剧的这种意义更加重要。可以说，古代的普通民众基本都是通过小说戏曲这些通俗文艺来认识本民族的历史，从而形成虽然有别于大文化但又不脱其藩篱的小文化传统的。

那么在这种对历史剧的认知中，就产生出对历史剧创作原则和方法的要求。因为戏曲创作中讲究虚实，历史剧的虚实该如何处理？历史剧能写成捕风捉影的戏说历史，还是应该忠于史实？明末就有不少人对此问题进行讨论，在清初的戏曲创作中更是逐渐形成一种“戏史”创作观，即以戏写史，重视史实，推崇历史真实性。如李渔把题材分成古今两种，而“用往事为题，以一古人出名，则满场脚色，皆用古人，捏一姓名不得；其人所行之事，又必本于载籍，班班可考，创一事实不得”①，此即谈历史剧的真实性问题。稍后焦循也说：“传奇虽多谬幽，然古忠孝节烈之迹，则宜以信传之。”②

秉承“以信传之”的戏史观念进行创作的，孔尚任《桃花扇》堪称代表。孔尚任《桃花扇凡例》有云：“朝政得失，文人聚散，皆确考时地，全无假借。至于儿女钟情，宾客解嘲，虽稍有点染，亦非

① 李渔：《闲情偶寄》，《中国古典戏曲论著集成》第七册，中国戏剧出版社 1959 年版，第 20 页。

② 焦循：《剧说》，《中国古典戏曲论著集成》第八册，中国戏剧出版社 1959 年版，第 192 页。

乌有子虚之比。”[①] 他年轻时就有志于写南明王朝的一部传奇，但“恐闻见未广，有乖信史”仅草创了一个轮廓，此后广泛搜集材料，并写下《桃花扇考据》后才开始动笔《桃花扇》的创作，可见其对历史真实性的高度重视。

这种以戏为史的创作观念，深刻影响到曹寅《续琵琶》的创作。剧名既然叫《续琵琶》，自然是续高明《琵琶记》的意思。剧中不仅出现牛氏、赵氏、张大公等名字，家人李旺、丫头惜春也还一直是剧中角色，但这只是一些无关大雅的细节。此剧宏大的历史背景和历史事件，都以基本符合历史的态度去铺排，完全体现出“以信传之”的戏史创作观。汉末历史风云在剧中得到较为充分的反映，从董卓乱政、诸侯结盟、王允诛董、李傕郭汜谋反、匈奴进逼写到曹操迎献帝一系列重大事件。大的社会背景如此，蔡邕、蔡文姬的故事也按照本传写来。比如蔡邕之死，《三国演义》中是说其伏尸而哭，结果被王允归为董党；而此剧完全按照《后汉书》中的记载，处理为在座中长叹，这样不是特别激烈的举动既能反映出蔡邕对董卓知遇之恩的复杂心情，也能衬托出王允的刚愎和专制。但《续琵琶》又有过于重视历史场面和历史背景之嫌，很多情节和剧中主要人物没有太多关系，特别是上半部中，董卓之乱到曹操迎献帝一段铺叙过多，枝节横生，出场人物纷纭复杂，使得主线变得不分明，主要人物的塑造显得不连贯。

但正如《桃花扇》一方面声称“全无假借”，一方面也承认“稍加点染”一样，“戏史”观念下创作的历史剧中也并非不能虚实相生。这有两个层面的问题，其一，在历史的细节方面，无法鉴定何为历史的真实，比如密室晤谈，比如具体事件中的心境情态；而另一些无伤大雅的情节，则更不必锱铢必较，而只需能写出真实的历史情境或者无损于历史人物的真实性就可以了。其二，作家在写历史剧时，总是把自己对历史事件、历史人物的评价蕴含其中，这无疑需要他对历史史实的选择和重构，甚至是一定的虚构。正如《桃

---

① 王季思等注：《桃花扇》，人民文学出版社 1998 年版，第 11 页。

花扇》借侯李的爱情点染，来抒发兴亡之感一样，在虚实相生中既能再现南明覆灭前后的历史情境，又能充分表现作家的历史态度和历史评判。

回到《续琵琶》一剧。史传记载中，蔡邕之死、文姬出塞、曹操赎回、再嫁董祀等情节非常简略，人物之间的关系及其行动的动机没有充分说明，《续琵琶》通过作者的虚构填补了那些空白，使得它成为一个完整的故事，人物也因为有了行动的动机而变得丰满充实。这个时候，历史剧中的历史和人物就不仅仅是历史的，也是主观的，即体现了作家的历史观和价值观。

曹寅如何把史传中零碎记载，虚实相生地转化为一个完整故事。作家设置了两条线索，一条是文姬的人生际遇；而另一条则是蔡邕父女相继、曹操襄助完成的续写《汉书》的事业。这后一条更是此剧形成其主题意蕴特色的内在结构线索，是作家创造性虚构出来的线索。蔡邕安居乡里不求闻达，与女儿文姬续写《汉书》。后来蔡邕被迫出山，却瓦全于董卓，玉碎于王允，续史事业中断。蔡邕临死前，通过仆人、董祀再三嘱托文姬继承续修《汉书》的遗志。文姬被俘，出塞之时，意欲自杀，却因父亲的遗志而忍辱偷生。最后，曹操决定迎文姬归汉，完成其父遗志。传奇的最后几出散佚，但按照先前铺垫的线索，其结局应该是文姬归乡后，与董祀完婚，并续写《汉书》，最后得到朝廷的嘉奖。（按：《续琵琶》在情节设置上，借鉴了明末清初人南山逸史《中郎女》[1] 和尤侗《吊琵琶》中的一些情节，比如借鉴了《吊琵琶》中的文姬祭昭君；而对《中郎女》借鉴尤多，包括曹操为修史而赎回文姬，文姬与董祀完婚。此剧共四折，第四折缺一页，不知何名，从情节上来看，是写文姬续修成汉书，被朝廷嘉奖，一门受封。《续琵琶》之结局应该与此相近，同时按照传奇创作必是大团圆的惯例，全剧中心线索续修《汉书》必然得以完美之结局）

---

① 《中郎女》的作者南山逸史，据陆萼庭（《清代戏曲家从考》）、程芸（《清初曲家南山逸史“遗民”身份考辨》）等考证，为明末清初曲家陈于鼎。

（二）别开生面的人物形象

因为“续修《汉书》”这样一个情节主线的设置，全剧的人物行动也有了足够的心理动机，人物的形象也因此有了别开生面之感。最为人称道的还是曹操与文姬这两个人物的全新塑造。

曹操自宋代以后在正史中就没有什么好形象，在《三国演义》等通俗文学中更是奸雄之典型，戏曲舞台上则一贯以白脸之大奸大恶而著称。而《续琵琶》则破除根深蒂固的历史成见，还原一个比较真实，甚至非常正面的曹操形象，是难能可贵的创造。有人会提出，在《中郎女》中曹操就已经不是白脸，而是以“外”脚来扮演。的确如此，正如上文所说，《续琵琶》借鉴了《中郎女》，但仍然有发展，就是把曹操的形象完全给翻案了。《中郎女》第一折《赎姬》曹操出场，决意赎回文姬，让其回来继承父亲遗志，续修史书。曹操为何有这个想法呢？“向来国史尚未纂修，自孟坚以还，遂成绝响。孤家若不早择耆旧名贤，撰成信史。不特把光汉来二百年治乱贤奸，付之模糊影响，就是孤家一片翊汉安刘苦心，岂不被后来轻薄书生，东涂西抹坏了。兴念及此，饥渴为怀。”① 这里可以看出，曹操迎接文姬回来，是带有很大的私心的。而在《续琵琶》中此一私心也被抹掉了，曹操：“【北刮地风】哎呀！一会价，感念存亡，将故旧提，顿教人罢酒嘘唏。早知道，汉朝遗史无人记。老司徒，不合将班马诛夷。到今日，残编断简成何济？那讨个，续史班姬？……他一生儿，为著作心力疲。才讨得画眉女一脉遗。怎生教沦落在边方地？俺不垂拯救他怎能归，友道儿从今也再休题。”② 他完全是从友情和怜惜人才的角度，从“汉朝遗史无人记”这样文化使命的角度，决定迎接文姬归汉。

不仅如此，比起《中郎女》中曹操的一折戏的分量来，《续琵

---

① （清）邹式金编：《杂剧三集》。

② 《续琵琶》第三十一出《台宴》，《古本戏曲丛刊》影印本。

琶》中曹操的戏份是大大增加了，几乎是全剧一个仅次于文姬的角色。曹操得到比较全面的描写，其个性也更加丰满。曹操在诸侯结盟时出场，第十出《夺宝》中写诸侯各有异心，导致讨董失败，曹操指斥诸侯："下官始与诸公共伸大义，为国除奸，歃血同盟，誓不背负。今董贼烧京而去，天子播迁。我等不能并力追讨，坐失事机，乃听细人之言，自生嫌隙，将国家大事置之不讲，窃为诸君羞之。"一番话说得袁绍孙策等人羞惭不已。此后曹操专心戡平李郭之乱，迁都许昌，在《台宴》一出，作者让曹操直叙胸臆："【北醉花阴】人道俺，问鼎垂涎汉神器；叹举世，焉知就里？俺待要武平归去解戎衣，不知几处称王，几人称帝。今日里，高会两班齐。对清樽，要吐尽英雄气！"此后的一支【大红袍】化用曹操诗歌，表现他勠力宗社、平靖天下的壮志，并以"青天外月明星稀，夜鸟南飞。那时节，浩歌归矣"作结，表露自己功成身退的心愿。后来，他又力主文姬以一介女流续修《汉书》(《中郎女》中有杨修等人讥讽文姬修史的情节，来反衬曹操的通达和唯才是举，《续琵琶》当沿用了这些情节)。所以在此剧中曹操的形象得到了连续的一以贯之的正面描写，一个具有雄才大略的英雄，一位珍惜人才、关心文化传承的政治家形象，被塑造出来，从而颠覆了以往的奸雄形象。虽然它受到《中郎女》的影响，但这样全面的颠覆，是曹寅的独创。继之者，唯有新中国成立后的郭沫若《蔡文姬》中的曹操形象了。

如前文所论，曹寅把曹操写成如此正面的一个人物，实际上也就蕴含着作者本人的历史观和价值观。众所周知，宋代理学盛行以后，"尊德性"被树立为道学纲要，而事功被看作是义理的对立面，遭到否定和批判，从而导致"宋人议论未定，金兵已然渡河"的弱宋政治。明清以来，道德评价更成为历史价值观的主流，连明清之际著名思想家王夫之也认为曹操"之所以任天下之智力，术也，非道也。"①(《读通鉴论》)而曹寅写出一个事功卓著，爱惜人才的一代英主形象，无疑有着极为进步的意义。这种反理学倾向及其历史价值观对曹

① 王夫之:《读通鉴论》卷九，中华书局1975年版，第290页。

雪芹的《红楼梦》创作是有着积极的巨大的影响。

《续琵琶》除了塑造一个全新的曹操形象以外，对文姬形象也有着重新建构。历史上的蔡文姬文采焕然，精通音律，但身世坎坷，后代文人除了表现对其才情的倾慕之外，表现得更多的主题是对其远嫁塞外的同情，因此“悲愤”成为文姬形象的重要构成要素。就戏曲而言，明代陈与郊《文姬入塞》一剧基本以蔡文姬的《悲愤诗》为题材，写她入塞时归乡情浓与母子情深的冲突和痛苦。尤侗的《吊琵琶》第四折出现文姬祭昭君的情节，主要表现文姬的自爱自悼，正如【鸳鸯煞】所唱：“自古道兔死狐悲，芝焚蕙叹，畅好是同病相怜，我今番漫把椒浆荐，怕不到一滴重泉，则下回来，那得有心人再向文姬唁。”①《中郎女》中开始用更多的笔墨写蔡文姬的史才，但因为仅有四折，也没有完整地写出文姬的形象。《续琵琶》却从文姬在家帮助父亲修史，到被掠、出塞、入塞一直到完婚、续史，完整地写出了文姬的一生。《制拍》一出囊括化用《悲愤诗》和《胡笳十八拍》的内容，淋漓尽致地写出了文姬悲愤的情怀，这是对以往文姬形象的延续。同时，作者创造性地加入了祭奠昭君，昭君感梦这样的情节，文姬的忍辱偷生有了更为重要的意义。文姬被塑造成一个敢为担当的女子，为了书香一脉不至中断，为了父亲续修史书的遗志能够实现，她默默忍受“人俗少义理”的殊方易俗的生活。如果说在以往的诗词戏曲中的蔡文姬是一个让人同情的悲愤才女，《续琵琶》则有意削弱文姬别子时的悲情，而丰富了她勇于担当、心志高远的个性，文姬的形象多了几分俊朗和豪情，其十几年不忘故土，孜孜以修史国典为己任的精神使得这个形象具有了更为深远的文化意义。

仅从这两个人物形象塑造来看，《续琵琶》有其独特的思想意义，是一个比较有特色的历史剧，而且曲词清丽，典雅而不晦涩。在纪念曹寅逝世300年之际，北京曹雪芹学会、北方昆曲剧院和中国戏曲学院联合将《续琵琶》挖掘整理，重现于舞台，是非常有意义的文化事件。

---

① （清）邹式金编：《杂剧三集》。

（三）《续琵琶》的昆曲舞台呈现

舞台版《续琵琶》芟夷原著的枝蔓，以折子戏的方式摘其精华，而又极大程度保存了原著中的思想旨趣和艺术特色。第一出《探狱》（原第十四出）既交代了蔡邕之死，也埋下线索，点名此剧的题眼，“老父身垂死，娇儿隔绝遥。遗编付汝收藏稿，名山大业勤蒐讨，家门琐琐俱不道”——续修《汉书》成为父女相继的文化事业，这种文化传承的使命感与血脉相继的亲情，成为文姬忍辱负重、百转千回仍思归汉地的两根重要精神支柱。

第二出《被掠》（原第十九出），文姬刚接到父亲带来的口信，就遭遇战乱而被劫，从此开始了文姬颠沛的人生；第三出《感梦》（原第二十一、第二十二出）着重表现文姬出塞的痛苦心情，她想自杀而结束日后受辱的生活，但昭君托梦，勉励她“若不嫁单于，怎得你史编成就”，不要以个人的愁苦为怀，要“包羞忍羞”继承父亲的遗志，完成续修史书的文化大业。第四出《制拍》（原第二十七出）化用《悲愤诗》《胡笳十八拍》，表现文姬的才情和悲愤。这一出曲词真切动人，配以昆曲妙曼低回的音乐唱腔，完美地再现了文姬悲愤凄苦的心理。如【风云会四朝元】：

> 痛严亲罹祸，痛严亲罹祸。旅榇荒凉，渺隔关河。回首家山更遭兵火。身世成蓬颗。（嗏）风月渐消磨。有甚闲情，笑插花枝朵。傍人强笑歌，意儿越相左。听那些胡笳筚篥，凄凄惨惨，教我泪珠偷堕，泪珠偷堕。

无心欢笑，胡歌添悲，父死而自己羁留异域无法续成遗志，望故乡渺茫，何日才能归汉？真有“写情则沁人心脾，写景则在人耳目，述事则如其口出”的意境之美。此后的弹奏《胡笳十八拍》也有这样的艺术效果，给人辽远的想象。

第五出《台宴》（原第三十一出）则着重写曹操，把原著中曹操形象的塑造重点放在了这一出，曹操文治武功的雄才大略，惜才爱才的英主风采都得到了充分的体现。可以说，昆曲《续琵琶》保存了原著的精华，并且全部按照原词演出，是对曹寅最好的纪念，也为观众了解曹寅，乃至更深入地理解曹雪芹做出了极有价值的贡献。

观摩舞台版《续琵琶》后，也有些想法和建议，不妨提出来，供主创方参考。首先，是否需要完全按照原著演出的问题。现在的舞台版做了很多的删减，但保留的那几折基本是按照原著演出的。我们知道，即使《牡丹亭》这样的巨著，也并不能让舞台呈现完全等同于文本，因为从文本到舞台，必然有个二度加工再创作的过程，昆曲舞台上的《牡丹亭》就是昆曲艺人不断艺术加工的结晶。理解主创人员对曹寅的一份崇敬之情，但我觉得舞台呈现还是可以在不影响原著精神前提下做些加工。实际上，《感梦》一出已经是把《感梦》与前一出合并了，但后半部分昭君的戏，仍显得太长了。舞台上借鉴了《嫁妹》中的表现方式，比如小鬼的筋斗等。这些是可以减缩的，会显得更精练。再如《台宴》一出，原著就显得过于冗长，舞台演出按照原著搬演就更显拖沓，有些情节可以删去，如将军们竞射、如祢衡击鼓等。特别是祢衡为丑角应工，这和传统戏曲中祢衡形象冲突，塑造不同的曹操形象的同时，也不一定非得把其他人丑化。

其次，是情节结构的完整性问题。先前一版本《台宴》紧接着团圆，就做大结局了。现在的版本是《台宴》直接作为结局，文姬的故事到此戛然而止了。正如上文所论，此剧的核心是写了蔡邕父女相继完成续修史书的文化大业，而曹操是极力襄助之人。况且剧本前面也做了那么多铺垫，但续修史书到底如何，这个情节不交代，使得全剧不完整。固然原著中此一部分本缺失了，但可以根据《中郎女》的最后一折来补充完整。另外文姬入塞也是很重要的情节，也不应付之阙如。故而建议，补充“文姬入塞”和“续修汉书”两出，而与董祀完婚可以作为过场戏交代。这样全剧情节得以完整，文姬的形象也会更加丰满。从时间上来看，现在的演出版刚近两小时，如果删除一些冗长的不重要的情节，完全有时间安排进“文姬入塞”和“续修汉书”两个场次，从而形成完整的结构，著作的主题意蕴也会得到更为清晰的呈现。

另外，在一些小的细节上也可以再加打磨。比如说《感梦》一出的前一部分，即原著中第二十一出，缺了一页，不知道出名，这无关紧要。但缺的部分里，也包括文姬是怎么想着要祭奠昭君的。现在舞台版是让胡女告诉文姬："启娘娘，来此已是昭君坟冢，请娘娘下辇。"文姬就接着唱开，这样显得祭奠昭君墓是被动的，文姬的感情也没有经过铺垫。倒不如借用《吊琵琶》中的处理方式，文姬上场先一番感叹身世，然后自言道："我想自古及今，惟有昭君和番，与我为二，所愧者仅欠一死耳。闻她青冢，近在幕南。趁此良宵，不免私携酒肴，亲往祭告一番"①，然后接唱，这样情感就自然得多，也会更感人。

《续琵琶》的主题意蕴及其艺术特色值得探讨，其对曹雪芹《红楼梦》的影响更是值得深思，相信在主创人员的努力下，舞台版《续琵琶》也一定能成为一部舞台精品，成为红学研究、曹学研究的重要资料和成果。

① 《吊琵琶》第四折，（清）邹式金编：《杂剧三集》。

《野猪林》的演变：经典的形成及其意义

近来，对“十七年”戏曲的研究愈来愈受到关注。傅谨、贾志刚更是将此一历史时期称为中国戏曲发展史上“第三传统”加以解读和探讨①，这无疑深入了人们对“十七年”戏曲艺术发展的认知，也使得“继承传统”的话题有了新的学术视野。当然，学界对“第三传统”的解读和评判，存有很大分歧：或赞誉推崇、或激烈抨击，同时又都承认这个“第三传统”时至今日仍然对戏曲艺术产生着重要影响。因此，这个话题值得我们继续深入研究。戏曲艺术研究归根结底是对舞台艺术作品的研究，只有通过对“十七年”出现的重要戏曲艺术家及其重要作品进行深入、细致的分析，我们才有可能更为客观地把握“第三传统”的基本特征，并对今天如何面对“第三传统”做出理论抉择。

“十七年”戏曲的总体成就，是由不同剧种的一批艺术家及其作品所体现的，对这些成就进行分析是一个相当大的课题。本文仅考察《野猪林》演变并成为经典的过程和意义，为探讨“第三传统”之内涵提供一个研究视角。

（一）

1948 年，处在战时的北京（当时称北平），因为士兵白看戏、

① 参见贾志刚《选择传统 贯通古今》，载《民族艺术研究》2014 年第 1 期；傅谨《戏曲“三种传统”与“十七年”的再认识》，载《民族艺术研究》2015 年第 3 期。

常在戏园滋事，极大影响了上座率，李少春的“起社”辍演。闲居时，李少春在20世纪20年代杨小楼、郝寿臣头本《野猪林》、二本《山神庙》的基础上（分两天演出），重新编创了一日演完的《野猪林》演出本，初稿得到著名编剧家翁偶虹的帮助（进行了部分唱词的增补、润色）。该剧于此年秋天在北平长安大戏院首演，此后盛演于京津地区。1949年7月李少春出席中华全国文学艺术工作者代表大会，并在次日晚会上演出《野猪林》，9月入中南海为毛泽东、周恩来等党和国家领导人演出该剧。10月为庆祝上海解放，应上海文化部门邀请，《野猪林》在天蟾舞台连演两个多月近70场，场场爆满。在演出戏目单中，赫然印有“本剧荣膺全国文代会京剧示范代表作”字样，这不是民国时期上海演剧常用的噱头式广告，而是获得新政权肯定的荣誉称号。

《野猪林》在20世纪五六十年代盛演不衰，李少春也是一边演出一边修改，因此留下了众多版本。现在能见到的有：1951年上杂出版社出版的题“李少春著”《野猪林》（下文简称“51版”），1958年李少春舞台录音（2002年由王立军主演，音配像），1959年中国戏剧出版社出版的“李少春编著”《野猪林》（下文简称“59版”），另外还有一份李少春、侯玉兰合演的静场录音。两场录音基本相同，与59版也只有些微区别，故而本文将51版、59版作为《野猪林》演变形成中重要的版本依据加以探讨。

笔者未见1951年之前的版本资料，先按51版简述全剧情节内容。该版共19场：第一场，高俅对林冲有意疏远自己感到不满，派陆谦打探林冲动静，得知林冲骂自己“毫无卫国之志”“克扣军饷、贪污自肥”[①]后遂起杀心，然没有机会，颇以为憾。接着高世德上场，与陆谦等游东岳庙；第二场，林冲夫妇东岳庙烧香还愿，林冲去附近闲逛，高世德尾随张氏；第三场，四小混混商量整治新来的和尚；第四场，鲁智深收服四小混混，倒拔垂杨柳，林冲与鲁智深菜园结义，这时锦儿来报信；第五场，林冲赶到后发现调戏妻

① 李少春著：《野猪林》，上杂出版社1951年版，第2页。

子的是高衙内，强忍怒火。鲁智深随后赶来为林冲抱不平；第六场，高世德回府向高俅哭诉被打之事，陆谦献卖刀计；第七场，林冲买刀，被陆谦诓骗赴高府比刀；第八场，林冲被骗入白虎节堂，遭高俅陷害。陆谦献计安排本府差人董超、薛霸押解途中，杀死林冲；第九场，张氏听得林冲刺配的消息，到长亭相送；第十场，林冲与张氏长亭相别；第十一场，鲁智深探知林冲刺配沧州、高俅派公差途中加害等情况，准备到野猪林搭救；第十二场，鲁智深大闹野猪林，保护林冲赴沧州；第十三场，高俅指使陆谦带人去沧州刺杀林冲；第十四场，张氏在高世德逼迫下自杀；第十五场，陆谦和管营勾结，暗害林冲；第十六场，李小二听到陆谦与管营的密谋，把银子换成了砖块，又到草料场为林冲报信；第十七场，管营发现陆谦给的是砖头，决定不插手此事；第十八场，李小二未遇林冲，情急之下扯倒草房，老军汉发现草房已塌，到山神庙借宿；第十九场，林冲沽酒归来，鲁智深告诉张氏自杀之事，并劝说一起上梁山聚义兴师、扫除奸党。鲁智深去给柴进送信。陆谦带领众人放火后，来到山神庙。林冲杀死陆谦一众报仇。鲁智深归来，与林冲唱“除尽奸贼称心愿，梁山聚义走一番”①。剧终。

该剧以高俅父子及其爪牙陷害林冲、林冲被逼上梁山为情节主线，其中着重刻画的高俅与林冲本有矛盾，林冲、张氏伉俪情深，陆谦卖友求荣等情节皆为小说原著所未写或没有作为重点写。杨小楼的《野猪林》主要是一出武生戏，以表现火炽的功夫为主，而李少春的《野猪林》明显加大了文戏的容量，对林冲、鲁智深、张氏等人物形象的刻画较为细腻。

由于《野猪林》在新中国成立后受到各方面的重视，李少春综合各方面的建议和意见，进行了不少修改。如“高俅之卖国害民、贪污压迫的行为，使林冲不满，而林冲被害，演得更明显”。“火

① 李少春著：《野猪林》，上杂出版社1951年版，第91页。

烧草料场、林冲之杀陆谦党羽，是得到群众的力量”①。据此可以推测，51版中第一场陆谦回禀高俅“那林冲言道：起初蒙太尉提拔，十分感激，及至后来，才知太尉粉饰升平，欺骗百姓，处处屈就金邦，毫无卫国之志”②，包括责备高俅克扣军饷、贪污自肥等的话，皆为李少春接受“多方面”意见修改而成，这是为了突出高俅与林冲的矛盾本质上属于不同的政治阵营。同样出于意识形态的原因，为了突出人民群众的力量，李小二这个人物也是51版加进去的。

1959年中国戏剧出版社发行了《野猪林》单行本，“前记”中说：“《野猪林》是李少春同志自编自演的剧目……几年来，作者结合舞台实践，对剧本作了几次较大修改，使得全剧结构、人物、语言各个方面，较前更为提高。”③ 与51版进行对比，59版有一些较大的改动。

（1）增删场次。59版共十五场，删掉51版第三场（四个小混混商量报复鲁智深的过场戏），删掉写李小二、管营等偏离了叙事主线的第十五、第十六、第十七、第十八场。51版中陆谦回禀高俅，林冲为鲁智深所救，高俅令其带人马赴沧州刺杀，这一场被细化成两场，一场专门交代董、薛回京将林冲被救之事报告陆谦，一场写高俅听到消息后发令通缉鲁智深、追杀林冲，这样一来，剧情更加完整晓畅，也加重了对高俅形象的塑造。第三场过场戏和李小二的几场戏，删掉后剧情更加集中，也更显精练。

（2）在具体情节上的增删。除了经过场次删减后自然取消的相关情节，51版第十场长亭送别，开场用颇长的篇幅叙写乡民捧酒来为林冲送行，他们“心中恼恨贼高俅，陷害英雄用毒谋”④，对含冤受屈的林冲充满同情，这无疑是新中国成立后添加的内容，意在凸

---

① 李少春：《〈野猪林〉排演经过》，原载1950年起社南京义演《野猪林》说明书。转引自魏子晨主编《李少春文集》，河北教育出版社2008年版，第44—45页。

② 李少春著：《野猪林》，上杂出版社1951年版，第1页。

③ 李少春编著：《野猪林》扉页，中国戏剧出版社1959年版。

④ 李少春著：《野猪林》，上杂出版社1951年版，第46页。

显“群众基础”等政治理念。59版删掉此处。而第一场删掉陆谦中伤林冲的一段情节，仅保留高俅“帐下八十万禁军教头林冲，武艺高强，老夫有意收为心腹，怎奈他除公务外，不与老夫相近，其情可恼”① 数句。这样的好处是，即表明高俅对林冲不满，为后面陷害林冲埋下伏笔，体现出高俅的顺昌逆亡的权奸心态，又可以更快速地让高世德出场、游庙，展开戏剧冲突。

（3）细节上的雕琢、打磨。这样的例子比较多，仅以“野猪林”一场的局部修改为例谈谈。51版中林冲唱“拨子”：

> 一路上受非刑实难再忍！可叹我，受不尽，一路之上的无情棍！我到如今，上天无路，入地无门。当日也曾威风凛（痛介），平白冤屈何处申（被打介）？今日里哪有公理论！皮开肉绽实难行！咬住牙关……朝前奔！英雄有泪向腹内吞。②

这是一个冤屈者的形象，表现的是林冲受到冤枉和恶差虐待的悲愤、痛苦。59版中板式未变，唱词则改为：

> 一路上无情棍实难再忍。俺林冲遭陷阱，不白的冤屈何处鸣？我到如今披枷带锁受非刑，我有翅难腾。奸贼做事心太狠，害得我夫妻两离分！长亭休妻话难尽，好似钢刀刺我心，但愿得我妻无恙免遭陷阱……二差官做事太欺人！③

句式更长，抒情效果更强，既表达了林冲冤屈难申的愤懑，亦有对妻子处境的担心，很好地照应长亭一场。接下来差官仍然狠下毒手，这就激起了林冲的反抗，于是加了一段唱词“我劝你们住手休凶狠，八十万禁军教头谁不闻！我忍无可忍难饮恨”，夺下差官

① 李少春编著：《野猪林》，中国戏剧出版社1959年版，第1—2页。
② 李少春著：《野猪林》，上杂出版社1951年版，第57页。
③ 李少春编著：《野猪林》，中国戏剧出版社1959年版，第42页。

手中棍子欲打，董超、薛霸连忙讨饶，接唱“看你们还敢胡乱行”[①]！这样修改后，点染出林冲性格中的英雄底色，观众至此亦有扬眉吐气之感，这也为后来林冲山神庙复仇、上梁山埋下伏笔，以草蛇灰线之笔法巧妙地暗示了人物内心的转变。

（二）

谈《野猪林》的演变必然要涉及戏曲电影《野猪林》。一方面，这是李少春唯一保留下来的表演视频资料；另一方面，人们通常将58版录音或59版单行本与电影进行对比，发现电影版有很大的改变，遂认为《野猪林》一剧在电影版中最终定型。尽管电影片头的编剧一职仍是李少春，但学界多将电影版的修改归功于导演。

事实并非如此。

笔者发现了一个中国京剧四团的演出本，经过考察后得知，这个本子在《野猪林》演变史上具有重要意义。这个京剧四团版文本是中国戏曲学院教务处1991年9月复制的京剧教材，钢板油印，封面题“中国京剧院四团演出本”。经托赵景勃先生代为向中国京剧院老人们咨询，这是1964年京剧四团赴日本演出的舞台本，当时的主演是俞大陆、杨秋玲、李嘉林等人，并说这个版本完全是按照李少春（一团）的舞台演出“刻”下来的，就是说李少春怎么演，四团就怎么演，没有丝毫走样（俞大陆是李少春的学生）。至于“刻”的是李少春哪一年的演出，则无法准确获知。经过仔细比勘，笔者认为，虽然京剧四团的演出是在1964年，但其所“刻”的却是59版之后、1962年电影版之前李少春的演出。易言之，这是1959年《野猪林》单行本出版之后，《野猪林》在舞台上仍然不断修改后出现的现在看来是最后的一个演出版本。为了叙述方便，

① 李少春编著：《野猪林》，中国戏剧出版社1959年版，第43页。

笔者称之为“四团版”[①]。

四团版全剧分十五场（第一页出现两个“第一场”，如之前的版本一样高俅上场，但仅念引子和上场诗；另“第一场”是高世德与陆谦到庙会“去访美貌女娇娘”，估计是两种开场皆可之意），其场次安排与59版完全一致，说明其主体情节和人物形象在59版中基本定型，但也有一些不同之处，以下择其要论之。

（1）第五场写高世德编造林冲骂高俅的谎言，从而激怒高俅，高俅想出卖刀之计来陷害林冲。这与51版、59版中卖刀计是由陆谦提出来的不同，同时增加了一段高俅独白：

> 想老夫蒙圣上宠爱，官高爵显，满朝文武谁敢不尊，唯有林冲——情性高傲，蔑视老夫，若将此人留在禁军之中，与老夫多有不便，嗯……趁此机会，除此心腹之患，我儿婚姻又能成就，

① 关于四团版反映的是1959年至1962年之间的李少春舞台演出，一个关键的证据是此剧山神庙一场，林冲唱“吹腔”而不是“大雪飘”。众所周知，“大雪飘”是电影版改定的，此后《野猪林》的传承亦皆唱此经典唱段。既然此版本唱“吹腔”，显然在电影版之前。另外，还有更多的细节可以证实四团版在59版与电影版之间，如51版第二场林冲和张氏的唱词是：“（林）日上三竿清风转，树参差绿野间百鸟声喧。（张）都只为奴染病许下心愿，（林）东岳庙谢神灵保佑安全，一路上观不尽美景一遍，顷刻间来至在东岳庙前。”一直到59版都改动不大，仅第一句改为“三月清明春风暖”。而四团版此处为：“（林）四月晴和微风暖，柳荫下、绿叶间、百鸟声喧。（张）一年来，卧病榻，眉尖难展；今日里，欣然重见美山川。（林）郊游罢，踏归途，信步游览；相国寺，古刹红墙在眼前。”电影版此处林冲第一句唱词与四团版相同，而后面的又都不一样。四团版使人物的时空关系交代更加明确了，人物情感表达得更加充分。电影版则沿着这个思路做了进一步的补充。再如，“长亭送别”中，59版与51版亦基本相同，唱词不多，基本是通过对白来讲诉离别之情。四团版加入了很多唱词，如其中一段：“（林）两行金印把我的清白玷辱了，俺林冲堂堂王法犯的是哪一条？高俅贼与我仇恨非小，配沧州岂能一笔勾销。如今不能把妻保，怨林冲连累娘子受煎熬。肠寸断，（张）泪哭干，（合）双心相照。狠心我把贤妻叫（取出休书），娘子，从今后莫把林冲再挂心梢。”电影版也是在此处增加唱词，与四团版相比较，发现前两句相同，后面则是：“纵然侥幸把残生来保，愧对我地下爹娘、结发的贤妻，报国壮志一旦抛。忍心我把娘子叫，从今后莫把林冲再挂心梢。”四团版此处唱段与后面的意思有重复之处，而电影版则简短得多，与后面也没有重复的问题。这说明电影版是在四团版基础上进行加工润色的。与之前的诸版比较，更加抒情化，更能表现出林冲夫妇的恩爱情义，从而渲染出强烈的悲剧气氛。诸如此类细节上的例证还有一些，正文部分的比勘描述亦是明证。

岂不是一举两得。[①]

然后吩咐陆谦用卖刀之计来陷害林冲。通过这一段把高俅的奸臣心态表露无遗，其阴狠狡诈的性格也更为鲜明，故而四团版对高俅人物形象塑造是最充分的。

（2）第六场，林冲买刀之后，陆谦传高俅之令，招其入府比刀。51版中林冲本不欲往，陆谦威胁说是太尉的命令，又假意地劝说一番，林冲“略一沉思”说，“好，你我就此前往”，并有唱词“陆兄一言来提醒，不愧当年同窗情，手持宝刀出门庭”[②]。如果说林冲先前不去是谨慎，那听了几句虚情假意的话就去了，则是真正的糊涂。59版的处理基本相同，只是对陆谦的感激之词换成了“矮檐之下且暂忍”[③]，强调林冲在人屋檐下怎敢不低头的无奈。四团版改为，林冲买来宝刀，激起好胜之心，因高俅有把宝刀平日不与人观，所以他想与高俅的宝刀比试比试。故而，当陆谦传令进府，林冲“（有些兴奋但又压下来）啊……市井街前购来之物，不过寻常兵刃，怎敢与太尉宝刀相比”，陆谦劝道：“贤弟何必过谦，想太尉乃爱将之人，贤弟若是不肯前去，岂不辜负了太尉一番美意了吗？”[④] 林冲听此言后，欣然前往。这样的表现，符合小说原著，弱化了前几版中林冲个性中的负面要素，突出了其买到宝刀之后得意之情、好胜之心，这符合古代英雄人物的性格特点，也与新中国成立后人们对于英雄人物的认知相契合。

（3）第七场白虎节堂受审一节，四团版有极大地丰富。所有版本写此情节时皆分三个层次：第一，林冲和陆谦对质，陆谦矢口否认，高俅要斩林冲，林冲诉冤，此处有一大段念白；第二，林冲被重责八十军棍，唱“八十棍打得我冲天愤恨”一段，仍不招供；第三，高俅令用夹棍酷刑逼供，林冲仍坚决不招。四团版增加、修改了第一、

① 中国京剧院四团演出本，中国戏曲学院教务处1991年印制（内部教材），第16页。
② 李少春著：《野猪林》，上杂出版社1951年版，第35页。
③ 李少春编著：《野猪林》，中国戏剧出版社1959年版，第25页。
④ 中国京剧院四团演出本，中国戏曲学院教务处1991年印制（内部教材），第20页。

第三部分的词句。51版、59版第一部分林冲喊冤时的念白是：“卑职虽是粗鲁军汉，颇知法度，怎能擅入白虎节堂？只因……前者：四月二十八日，卑职妻室，去往东岳庙烧香还愿，行至庙前，正遇衙内与陆谦，百般调戏，卑职赶到，才得喝散，此事皆有人证。此后：卑职于无意之中，购得宝刀一口，不想就误中了奸人卖刀之计！将卑职诳至白虎节堂，太尉到来，不容分辩，道卑职持刀行刺。望太尉高悬明镜，昭雪卑职冤屈！”① 而四团版此处则只述冤情，对高俅说的人证、物证俱在提出质疑道：

> 陆谦奉太尉之命传俺带刀过府与太尉观看，陆谦之言我是焉能不信，太尉之命我怎能不遵……太尉要斩卑职之人证，就是引俺前来的陆谦；太尉要斩卑职的物证，无非是太尉要看之宝刀。如今，卑职的人证成了太尉的人证，卑职的物证成了太尉之物证。纵然浑身是口，也难以分辩，这，这，这岂不是怨沉海底。②

林冲在仓促之间，辩冤时只能就事论事，不能立刻想到自己遭冤屈是因为高衙内调戏张氏一事所引起，这样更合情理。而且林冲此时还有幻想，不想完全撕破脸面，因此当高俅听完之后说“莫非道老夫指使陆谦陷害于你不成？”林冲连说“卑职不敢”，但其实已经猜透了几分。当十八军棍、夹棍等酷刑都用上之后，林冲彻底醒悟，所以四团版在第三部分另加上这样一段戏：

> 林冲　有道是无风不起浪，有怨才成仇。只因前者四月廿八日，卑职妻室在长街被衙内百般调戏，卑职赶到才得喝散，此事皆有人证。此后卑职在大街之上无意之中购得宝刀一口，不想误

① 李少春著：《野猪林》，上杂出版社1951年版，第40页。

② 中国京剧院四团演出本，中国戏曲学院教务处1991年印制（内部教材），第24—25页。

中了奸人卖刀之计……

高俅　……啊！

林冲　陆谦传话带刀过府，这白虎堂前，杀机四伏。

高俅　……啊！

林冲　非刑逼供，我是有冤难诉，这分明是借刀杀人，另有他图！

高俅　这……

林冲　太尉详察。

高俅　这……

林冲　你道是与不是？

高俅　这……

林冲　是与不是？讲！

高俅　押下去！

林冲　讲！

高俅　（拍案）押下去！

林冲　（笑）嘿嘿……①

很明显，四团版推进林冲与高俅的矛盾冲突极为有层次性，逐渐达到高潮，在最后林冲指出事情起因是高衙内调戏张氏，高俅是“借刀杀人”。林冲层层剥开高俅阴狠毒辣的本来面目，高俅原形毕露后理屈词穷，最后气急败坏，令把林冲“押下去”。林冲虽然受了冤屈，但揭露了高俅丑恶的嘴脸，在道义上赢得了胜利。

（4）“野猪林”一场，四团版也比以前版本要丰富得多。前面说过59版相对51版，对林冲发配路上的情节唱段有所丰富，不仅写林冲的冤屈，还露出林冲反抗精神的端倪，为逼上梁山铺垫。但59版在鲁智深解救林冲之后的情节，又和51版相同：林冲问鲁智深为何在此，鲁智深讲了得知高俅欲害贤弟所以在此解救等话，然后就劝林

① 中国京剧院四团演出本，中国戏曲学院教务处1991年印制（内部教材），第26—27页。

冲和自己回东京，杀死高俅，兄弟俩要轰轰烈烈闹一场。林冲还有顾虑，也心存幻想，迟疑片刻后答道："不如且到沧州，再作道理。"[①]四团版把原来的对白，改成了唱词，更能表现此时两人的心理情感。比如"不如到沧州，再作道理"变成唱词"并非林冲惧强梁，小弟我尚存有一念回故乡。十年报仇不为晚，忍激愤，到沧州，再作商量"[②]。这就准确地揭示出林冲此时存有幻想、有所顾恋的心理，"尚存一念回故乡"让他暂时忍住激愤，不大的一个改动把人物情感表达得更为细腻丰富。

在此基础上再看电影版，我们就会发现凡以上四团版与59版之差异，电影版皆同于四团版。可以肯定，从舞台文本演变的历史来看，四团版是自1948年《野猪林》首演以来、今天能看到的李少春最后舞台定本。戏曲电影《野猪林》就是在四团复刻的李少春舞台版的基础上进行拍摄的。当然，电影艺术有其不同于舞台艺术之处，其删除舞台版第一场中高俅相关内容，将本来第二场出场的林冲夫妇游庙穿插在第三场中间，第五场用歌舞来表现高俅出场，第六场删掉了鲁智深同林冲一起买刀的相关情节，将第十场鲁智深打探林冲的消息并决定途中相救放到了长亭送别之前，删除第十二场高世德准备抢亲的过渡段落，删掉第十四场薛霸、董超回来报信的情节，删掉第十五场中的老军汉这个人物，并将鲁智深与林冲的会面放在结尾之处。以上情节的调整、删减，皆出于电影艺术的需要，是戏曲电影导演的二度创作，属于电影艺术部分。京剧舞台传承的《野猪林》并不按照这样的路数，故此处不赘。但需要提及的是，拍电影时导演认为山神庙一场的"吹腔"表现力不够，李少春谱写了"大雪飘"一大唱段，极完美地表现了林冲慷慨悲凉的心理和情感。另外在游庙、长亭送别两场也增删了唱词。这几处修改，皆为《野猪林》传承者所继承，当认为是其舞台演变的重要部分。

---

① 李少春编著:《野猪林》，中国戏剧出版社1959年版，第46页。

② 中国京剧院四团演出本，中国戏曲学院教务处1991年印制（内部教材），第38页。

（三）

《野猪林》舞台文本演变，体现了李少春不断求新求变的艺术追求，也反映出20世纪五六十年代戏曲文化政策对艺术家的影响。

李少春曾自述幼年练功时就怀揣一个“谜”：“练了功才能唱戏，戏是谁创作的？将来我能不能也创作一个戏？”老师回答：“戏是老前辈创作的，小孩子只有守着老前辈的典型，好好地演去。创作两个字，谈何容易？”此后李少春恪守老师的教导，“守着前辈的经典”刻苦学习，但“当我学了许多戏而能在台上表演时，我便感到有好多戏是好的，却也有许多戏是不足为训的”。[①] 幼时的梦想始终萦绕心间，并在舞台上寻找实践的机会。他“初登氍毹于天津，即因索《闹地府》剧本未得而奋而自编，一演而红”[②]。紧接着，又编创猴戏《智激美猴王》，改编电影剧本《文天祥》等。“从此少春编剧之志愈坚，他殚精竭虑，几易其稿，再度改编了杨小楼、郝寿臣之名剧《野猪林》”[③]。《野猪林》与他的众多新创戏曲一样，是一位艺术家自觉地求新求变艺术观念的实践。

当然，我们也能从诸版本的修改中看到当时“戏改”主流话语的影响。该剧所表现的高俅父子欺压良善的毒辣凶残本性，表现林冲、鲁智深的英雄主义，官逼民反的主题，与新政权所建构的意识形态极为吻合。因此，《野猪林》在第一次文代会上被认定为“示范代表作”，这也体现了即将诞生的新政权在艺术取向上的选择。李少春在新中国成立初期参加学习班时认识到新社会演员的责任，他反思以往的演剧活动，“只是演戏、吃饭、谋求个人名利”时，现在《野猪林》被肯定是“有意义的剧目”[④]。1951年“五五指示”颁布，强调“戏曲应以发扬人民新的爱国主人精神，鼓舞人民在革命斗争与生产

① 李少春：《新国家鼓励了我》，载《新戏曲》第2卷第5期，1951年10月1日。
② 张景山编、翁偶虹著：《翁偶虹看戏六十年》，学苑出版社2012年版，第143页。
③ 同上书，第144页。
④ 李少春：《教育者先受教育》，《戏剧报》1960年第3期。

劳动中的英雄主义为首要任务。"[①] 这样的政治动员令不能不对李少春的艺术实践产生影响。《野猪林》舞台文本的演变，既反映出李少春的艺术观念与"戏改"主流话语之间的契合之处，也体现出他对"戏改"政策发自本心的一种热切响应[②]，但同时我们更应该从中看到李少春对艺术立场的那份坚持。

51版中表现所谓的群众力量的那些叙事赘疣，后来被完全删掉了，这即是李少春坚持艺术立场的结果。在《野猪林》演变中，逐渐深化了宣扬英雄主义的主题，但同时也加大了对人物形象塑造的力度，这一切不是从政治观念出发的简单化、概念化的处理，而是从人物性格社会环境出发的复杂化、细腻化重塑，使人物形象更清晰、更真实。创编之初，李少春"同情林冲的遭遇，敬重林冲的个性"[③]，塑造了一个壮志难酬、含冤受屈的林冲形象，这个林冲显得英雄气短，甚至给人比较窝囊的感觉。其后几版的修改，既保留了林冲含冤受屈的悲情底色，又突出了其英雄本色，强化了其具有反抗精神的英雄形象。需要进一步指出的是，林冲的反抗精神是在情节发展中逐渐形成的。从《野猪林》定型的四团版（包括电影版）看，故事开始时，林冲身任八十万禁军教头，家有娇妻，生活美满，对未来充满希望。因此，当妻子被调戏时，他抱着息事宁人的态度。买得宝刀后，林冲欣欣然想着和高俅的宝刀比试比试，仍然是一位教头的正常心理状态，但也初步揭示了他争强好胜、不甘人下的个性。白虎节堂受冤一节，他在三审之中逐渐看清高俅的嘴脸，开始爆发性格中的倔强、

① 《政务院关于戏曲改革工作的指示》，载《人民日报》1951年5月7日。

② 李少春对新中国成立初期"旧剧改革"工作及1951年之后的"戏改"政策、"推陈出新"方针都积极响应。1949年10月参加北京戏曲界讲习班，撰写了心得体会，其中说："我感到我们舞台工作者，衣食于群众，拿出来的东西，必须注意有利于群众的行动，违反群众与不利于群众的东西，应当彻底毁灭，加紧地创造出新的有益于群众的东西来。"（《北京戏曲界讲习班概况》）1950年6月，起社与叶盛章金升社合并，成立新中国实验京剧团，这是第一个"共和制"剧团。剧团首创导演制，先后排演《将相和》《云罗山》《白毛女》《满江红》《红灯记》等整理改编的传统戏、现代戏和历史剧，是"三并举"的积极响应者。

③ 李少春：《〈野猪林〉排演经过》，原载1950年起社南京义演《野猪林》说明书。转引自魏子晨主编《李少春文集》，河北教育出版社2008年版，第44页。

奋勇的一面，但对家庭还有牵挂，对未来还心存幻想，因此在野猪林中忍无可忍之下又强压怒火，准备安心服刑。直至在山神庙认识到高俅、陆谦等辈欲将其除掉的狠毒，尤其是听到张氏为高世德逼迫而自杀的消息时，个人悲剧一步步加重，他才抛弃所有幻想，义无反顾地走上梁山，至此林冲形象才最后塑造完成。这个英雄形象，是从教头、罪囚、反抗者三重身份转变之中树立起来的，有着其个人历史的独特性，因此也就成为一个丰满的而非概念化的人物形象。结合前文中的版本对比，不难发现李少春在修改时是以追求这样一个符合情感发展逻辑的、丰满的林冲形象为目标的。林冲形象的丰满多面，还表现在剧本对其夫妇情感的描写上。无论是传统戏曲，还是20世纪50年代新编历史剧，写英雄人物都很少涉及男女感情层面，《野猪林》在这方面颇具开创性。诸版本演变中，对林冲夫妇情感的描写不断加重。至电影版，游东岳庙一场增加了“病榻前，求灵药，百计周旋；东岳庙，降香时，神前祷念；求神灵，佑官人，功业双全；酬壮志，报国家，鹏程得展；保佑我与你，好夫妻，偕老百年”① 这一段唱词，夫妇俩边浏览风光，边诉说衷肠，把两人的情真意笃作了很好的表现，也为后面长亭送别等情节做了铺垫。至野猪林一场中，四团版着意表达了林冲“长亭别妻话难尽，好似钢刀刺我的心，但愿得我妻无恙免遭陷阱”② 的情感，当鲁智深劝其造反时，他直言“并非林冲惧强梁，小弟我尚存有一念回故乡”，对夫妻美满和平的生活之留恋，才让他面对高俅及其爪牙一忍再忍。这样充满儿女情长的、无比眷念美满幸福家庭生活的林冲形象，既是对京剧武生形象的极大突破，也是对新中国初期英雄形象的突破。概言之，林冲形象的塑造体现了在《野猪林》演变中李少春立足艺术角度的思考和创新。

李少春积极响应“戏改”政策，又坚持个人的艺术立场，从中努力探索“推陈出新”艺术道路，这不仅反映在舞台文本的修改上，

① 崔嵬、陈怀凯导演戏曲电影《野猪林》，北京电影制片厂、香港大鹏影业公司1962年摄制。

② 中国京剧院四团演出本，中国戏曲学院教务处1991年印制（内部教材），第34页。

也体现在舞台表演的实践中。因为“无论修改旧剧本也好，创作新剧本也好，由于剧本内容的逐步改变，直接接触到的舞台形象也必须要改变”①，舞台本叙事情节及人物形象的变化必然影响到舞台上人物形象的塑造及所运用的艺术手段。传统戏曲中的林冲形象，如昆曲《夜奔》，杨、郝《野猪林》，都是纯粹的武生形象，以身段做表取胜，表现出武生矫健潇洒的外部特征和英雄气概，就算成功。但正如上文指出的，李少春《野猪林》中林冲形象更为丰满多面，这种异于传统的、非类型化的人物形象，如何在舞台上塑造？

这里就必须提及李少春在“戏改”时期对斯坦尼演剧体系的学习和思考。20 世纪 50 年代初，斯坦尼演剧体系作为现实主义艺术典范为“戏改”中的文艺工作者们所推崇，在此背景下展开了对戏曲表演中现实主义、形式主义的讨论。李少春直接受到的影响来自于中国京剧院的总导演阿甲。阿甲曾跟苏联戏剧专家列斯里学了两年斯坦尼体系，他认识到“戏曲的体验必须和戏曲的技术结合起来”②，倡导以此为原则改革戏曲表演艺术。正是在阿甲的指导和启发下，李少春排演了现代戏《白毛女》，通过角色体验和传统戏曲表演程式结合（包括创造新的程式）的方法塑造了现代人物杨白劳，并取得较大的成功。对人物进行内心体验，然后找到相应的符合戏曲美学特色的动作、程式去塑造人物形象，成为李少春艺术创作中重要的原则。这一原则，在《野猪林》舞台表演中也得到遵循。李少春说过，自己演出《野猪林》不下数百次，戏中的情节已经烂熟，但对于剧中的林冲来说，每次演出都是“第一次”，第一次见鲁智深，第一次巧遇宝刀，第一次误入白虎节堂。白虎节堂那块匾李少春本人不知道看过多少次，但当演到林冲误入白虎节堂看到匾时，必须体验出这块匾对林冲的心理冲击，“我抬头看这块匾时，却必须从林冲出发，必须体会林冲的情感，必须把握住林冲是第一次看见这四个足以杀生索命的大

① 阿甲：《从〈四进士〉谈周信芳先生的舞台艺术》，载《人民戏剧》1951 年第 3 卷第 3 期。

② 阿甲：《李少春的表演艺术》，《阿甲论戏曲表导演艺术》，文化艺术出版社 2014 年版，第 421 页。

字”，只有这样，“才能把曾经做过几百次的抓袖、背手、微微抖动、瞠目、止步、倒吸一口冷气的动作，做得传神，做得逼真，做得煞有介事”[①]。这里反复强调的就是基于体验的演剧心态和表演技巧。另举一例，随着文本的修改，林冲与张氏的情感戏逐渐加重，特别是长亭一场，成为高潮。电影版中李少春通过眼神、动作和曲唱，充分地表现了林冲的内疚、无奈和深情。正如扮演张氏的杜近芳所说：“（少春）能用那真实的表演带动你，使你自然地深入到角色的内心中去。每次演到林冲和林娘子长亭分别一场，他把林冲的英雄末路、儿女情长表演得那么逼真感人，使我难以自制，泪水自然地从眼中夺眶而出，我几乎忘了自己是在演戏。”[②]

对人物形象内心真实体验的同时，则是对技巧的选择和整合。李少春是京剧史上“罕见的、难得的艺术天才”[③]，其天才称号之背后有着艰辛的学艺经历。众所周知，李少春先后拜丁永利为师学习杨小楼武生艺术，又列余叔岩门下得以亲炙大师的教诲，新中国成立后又拜周信芳、盖叫天为师，这种转益多师的艺术经历和刻苦用功的学习精神，让其有着深厚的艺术积累，这一切都可以为他在塑造人物时随时加以调用。为了塑造出一个全新的林冲形象，唱腔上继承了余派顿挫挺脱、醇厚有味的特点，再结合自己本身的条件，通过低回沉潜的行腔来表达林冲内心的悲愤，传达出“英雄失路之悲”的意境[④]，“八十棍打得我冲天愤恨”“大雪飘”等经典唱段皆体现出这样的风格特征。在身段、表情、念白上，学习杨小楼大武生的气势，动作潇洒干净，边式漂亮，表现出英武之气，同时学习杨小楼念白咬钉嚼铁、顿挫有力的特色，电影版中白虎节堂前一段念白，通过节奏、咬字的艺术加工传达出林冲内心激愤、冤屈和抗争的复杂情绪。在表演

① 《新——关于表演问题的通信》，载《戏剧报》1961 年第 11、12 期。

② 杜近芳：《传统程式　活的灵魂》，载《人民戏剧》1982 年第 4 期。

③ 吴小如：《京剧老生流派综说》，中华书局 1986 年版，第 162 页。

④ 李少春演林冲，并不用武生惯用的高亢激昂的唱法，“嗓门高不就是好，我父亲嗓门高，缺少味儿，我还是学余叔岩”（阿甲：《李少春的表演艺术》，《阿甲论戏曲表导演艺术》，文化艺术出版社 2014 年版，第 420 页）。

上，李少春学习周信芳善于揣摩人物性格、刻画人物细腻的特征。因此，李少春曾对其子李宝春说："一出《野猪林》我就学习了六个流派，以杨、余派为基础，既有马、谭，也学麒、盖。"[①] 不仅如此，他还广泛借鉴其他艺术因素，比如运用京朝派很少用的"高拨子"，学习豫剧唱腔构成"大雪飘"唱段中的"壮怀得舒展，贼头祭龙泉"，将西方电影中甩衣御众融合到京剧武打设计中，等等。无论向各大流派宗师的学习，还是广泛借鉴其他艺术形式，都不是大拼盘式地将不同技巧机械地塞入表演，而是在真实体验人物内心基础上融会贯通后的自出机杼、妙手偶得。[②]

正如在《野猪林》舞台叙事演变中所看到的那样，李少春在积极响应"戏改"政策与"推陈出新"精神的同时，又在对京剧传统艺术的掌握和理解的基础上进行了颇具个性化的艺术探索。《野猪林》文本的演变一定程度上决定了舞台艺术的演变，其最终目标是塑造一个丰满的复杂多面的英雄人物形象，并将这个不同于传统京剧中的形象树立于舞台之上。李少春的艺术实践表明，艺术家在基于艺术传统和个人艺术感受而进行的艺术开拓，与"戏改"主流话语之间有着更多微妙的关系，也形成了独具特色的个案，颇值得分析。

朱文相谈到京剧150年发展史上三个繁荣阶段，一是清末，以程长庚、谭鑫培等为代表，京剧各行当确立、京剧风格形成；二是20世纪二三十年代，以四大名旦、四大须生为代表，各流派纷呈；三是以中国京剧院、上海京剧院、北京京剧团为代表的新中国成立后的五六十年代，这是一个在"百花齐放，推陈出新"改革方针指导下整

---

① 转引自许锦文《文武全才李少春》，上海人民出版社2015年版，第186页。

② 李少春这种演剧观念，不仅在《野猪林》《白毛女》《满江红》《红灯记》等新编戏曲中实践，还曾写有理论文章进行阐发。其在《"堂堂胆气，耿耿丹心"——谈〈满江红〉中的岳飞形象的创造》一文中说："整个技术创造的过程，对我来说绝非单纯的冷静思索和理智安排，在思考、判断、衡量、安排中间，我不止一次为剧中人物思想感情所感动，所感染，并从而加深了对其内心世界的体验，因此我才能比较真实地考虑岳飞在规定情境下的喜、怒、哀、乐与冷、热、高、低，我才能有所依据地选择表演方式，并决定技术的运用。《满江红》的演出，对于我来说，是又一次有力地证实了：深入生活、深入角色、深入人物内心世界是安排表演技术的基础与出发点。"载《人民日报》1961年3月22日。

理改编传统戏、新编历史剧和现代戏“三并举”的剧目建设和发展时期。在第三个繁荣时期，李少春无疑是一位杰出的代表。他“全身心地去体验角色，塑造角色，为我们创造了林冲、蔺相如、秦琼、岳飞、杨白劳、李玉和等光照艺坛的人物形象……成为开一代演剧新风的旗帜。这种创作角色的演剧意识和创造完整的戏曲舞台演出艺术的新风，整整影响了他的同辈和后辈几代人。”① 这是一番值得我们今天好好回味的话。

无论“第三传统”，还是京剧“第三个繁荣时期”，皆指“十七年”戏曲发展的历史以及在这段历史中形成的不同以往的艺术观念。对《野猪林》演变史及其经典意义的探讨，可看作是对“一代演剧新风的旗帜”李少春的艺术观念及其具体实践的个案剖析。本文意在引玉，希望有更多的人关注李少春，关注对今天剧界影响深远的“第三传统”。

① 朱文相：《似李者死 学李者活》，载《中国京剧》2000 年第 1 期。

明代表演艺术论初探

各类古代戏曲理论文献中，主体是文学创作论和批评论，涉及表演艺术理论的相对较少。在相对较少的总量上，越到后来表演理论文献比重越大，至乾隆以后，《燕兰小谱》《梨园原》《花天尘梦录》等，皆是专门或涉及表演理论的文献，这与清代戏曲艺术转向以舞台艺术为中心的发展趋势有关。大体来说，中国戏曲表演艺术专论，发轫于元代胡祗遹《黄氏诗卷序》中的“九美说”：“一、姿质浓粹，光彩动人。二、举止闲雅，无尘俗态。三、心思聪慧，洞达事物之情状。四、语言辨利，字真句明；五、歌喉清和圆转，累累然如贯珠。六、分付顾盼，使人解悟。七、一唱一语，轻重疾徐，中节合度，虽记诵闲熟，非如老僧之诵经。八、发明古人喜怒哀乐、忧悲愉佚、言行功业，使观听者如在目前，谛听忘倦，惟恐不得闻。九、温故知新，关键词藻，时出新奇，使人不能测度，为之限量。九美既具，当独步同流。”① 胡氏《优伶赵文益诗序》《赠宋氏序》两文虽非专论，但也阐发了表演应“以新巧而易拙，出于众人之不意，世俗之所未尝见闻者”“乐音与政通，而伎剧亦随时所尚而变”之类尚“新”的观点。胡氏这些理论观点，尤其比较全面地谈到表演艺术演员论的九美说，常为后人引用、发挥。

明代表演艺术论，比起元代要丰富得多。包括对曲唱、表演以及演员素质方面的阐发，形成了比较成体系的古代戏曲舞台艺术论，其

① 《紫山大全集》卷八，转引自俞为民、孙蓉蓉主编《历代曲话汇编》（唐宋元编），黄山书社2006年版，第215页。

中蕴含着至今能给人们启迪的戏曲美学思想。

（一）唱论

唱论是表演艺术论中一个重要的部分，也是相对独立并且论述较为充分的部分。古代把曲作为《诗经》、汉乐府以来歌诗传统的延续，所以唱曲是文人最先关注的方面，元代就有燕南芝庵《唱论》，对唱曲的要求、应该避免的弊病等问题做了探讨。其中关于“字真、句笃、依调、帖腔”的总体要求，对后来的唱论影响很大。

（1）中国戏曲唱腔是“依字行腔”，完全依据字音之声调发展而来，因此字之声调直接决定了语言的旋律和音乐性。同时，字音又是表现字义很重要的媒介，字音不真则意思不明。正如元代《唱论》以“字真”为唱曲第一义，明代唱论中也是如此。

魏良辅是昆腔的主要改革者，其所著《曲律》（《南词引正》）主要是谈曲之唱法，很多属于技巧方面问题，也有一些原则（基本理论）的阐发，其中最重要的就是关于辨四声。他指出曲唱之根本是严格区分四声：“五音以四声为主，四声不得其宜，则五音废矣。平上去入，逐一考究，务得中正。如或苟且舛误，声调自乖。虽具绕梁，终不足取。其或上声扭作平声，去声混作入声，交付不明，皆做腔卖弄之故，知者辨之。”① 字之四声辨清，则其音自正，否则音声再动听，四声讹误，皆不足取。

潘之恒是晚明著名顾曲家，其对于舞台艺术最为关注，演员论、表演论皆有所阐发，下文再谈。这里先述介其唱论观点。与魏良辅以辨四声为曲唱第一义相同，潘之恒有《正字》一文专论之：“夫曲先正字，而后取音。字讹则意不真，音涩则态不极。”他说的正字，就是读准字音，当然也包括读准四声。他是从字音与字义的关系来谈的，如果字音不真，则意思不明，意思不明则演者无法表现、观者无法理解曲词中蕴含的情感。“而后取音”，是在认清字音基础上的做

① 《中国古典戏曲论著集成》第五册，中国戏剧出版社1959年版，第5页。

腔，腔要表现出字词所反映的情感意绪，否则“态不极”。当时著名昆曲演员李玉华精于曲唱，“吐字如串珠（引者按：字音准确饱满），于意义自会（演者、观者能理解字句之含义）；写音如霏屑（腔调婉转细腻），于态度愈工（唱出情态）。令听者凄然感泣诉之情，慨然见离合之景，咸于曲中呈露。”① 由此可见辨字音是表情写态、引人共鸣最为根本的先决条件。潘之恒强调说，他这个观点就是“期、旷复起，不易吾言”。

戏曲理论家沈宠绥曾著《弦索辨讹》一书，主要探讨北曲的字音问题。弦索是北曲主要伴奏乐器，所以用它来指代北曲。明万历后，北曲唱法几近失传，而昆曲流行后，以吴音来唱北曲。如《度曲须知》中举例说，当时优人唱的“不念法华经”一曲与《西厢记》中的“碧云天”曲，虽然同是【端正好】，但“声情迥别”，格律也大相径庭。沈宠绥鉴于“以吴侬之方言，代中州之雅韵，字理乖张，音义径庭”的现状，以《中原音韵》重新为当时仍流传的北曲注音。他的目标说得很明确：“取中原韵为楷，凡弦索诸曲，详加厘考，细辨音切，字必求其正声，声必求其本义，庶不失胜国元音。”② 所以《弦索辨讹》主要内容就是以《中原音韵》标注《西厢记》等北曲字的发音。这与魏良辅所谓“北曲不可杂南字”的观点也是一致的。

《度曲须知》兼谈南北曲，而且把唱曲理论进一步深化。“曲运衰隆”条对魏良辅昆腔改革做了这样的总结：

> 嘉隆间有豫章魏良辅者，流寓娄东鹿城之间，生而审音，愤南曲之讹陋也，尽洗乖声，别开堂奥，调用水磨，拍捱冷板，声则平上去入之婉协，字则头腹尾音之毕匀，功深镕琢，气无烟火，启口轻圆，收音纯细。……要皆别有唱法，绝非戏场声口，腔曰“昆腔”，曲名“时曲”，声场禀为曲圣，后世依为鼻祖。

---

① 见汪效倚辑注《潘之恒曲话》，中国戏剧出版社1988年版，第26页。

② 《弦索辨讹》序，《中国古典戏曲论著集成》第五册，中国戏剧出版社1959年版，第19页。

盖自有良辅，而南词音理，已极抽秘逞妍矣。[1]

魏良辅改革后的昆腔如何唱法，沈宠绥第一个做了精准的概括和详细的描述。同时，沈宠绥对昆曲唱法也有重要的推进，那就是关于"下半字面"的唱法。"中秋曲品"条说："从来词家只管得上半字面，而下半字面，须关唱家收拾得好。"下半字面，"工夫全在收音。音路稍伪，便成别字。"盖沈宠绥以反切的方法来说明唱法，"切者，以两字贴切一字之音，而此两字中，上边一字，即可以字头为之，下边一字，即可以字腹字尾为之"。（"字母堪删"条）这样一来，一个字的唱法，就精微到字头、腹、尾三个音。故而沈宠绥自信地说："守此唱法，便是切法，而精于切字，即妙于审音，勿谓曲理不与字学相关也。"

沈宠绥认为字音准确，音调自佳，乃天然之音声。"序"中说："学者见为然，不知其所以然；习舌拟声，沿流忘初。或声乖于字，或调乖于义，刻意求工者，以过泥失真；师心作解者，以臆断遗理。予有慨焉。小窗多暇，聊一拈出，一字有一字之安全，一声有一声之美好，顿挫起伏，俱轨自然，天壤元音，一线未绝，其在斯乎？其在斯乎！"[2]"顿挫起伏，俱轨自然"，这个自然就是字之切音，这也体现了他的一贯曲学主张：曲理与字学是紧密联系的。

（2）除了"正字"辨音原则之外，晚明唱论中一个重要观点是唱出"曲情"。

魏良辅"曲须要唱出各样曲名理趣"，也就是唱出不同的声情，不仅仅是动听而已。稍后潘之恒对此论述颇详。潘氏将唱而有声情，称为"曲余"：

夫所谓"余"者，非长而羡之之谓也。盖满而后溢，乃可以

① 《度曲须知》，《中国古典戏曲论著集成》第五册，中国戏剧出版社 1959 年版，第 198 页。

② 同上书，第 190 页。

> 谓“余”也。大喜大悲，必多溢于形，为舞蹈，为叫号；小喜小嗔，亦少溢于色，为嬉为靡，为颦蹙。何所溢之？溢于音也，故为剧必自调音始。音也者，声与乐之管也。声之微为音，音之宣为乐。故曰：知声而不知音，不能识曲；知音而不知乐，不能宣情。音既微矣，悲喜之情已具曲中，一颦一笑，自有余韵，故曰“曲余”。今之为剧者，不能审音，而欲剧之工，是愈求工而愈远矣。①

审音就是要理解并表现出音中的情感内涵，不徒是唱得动听而已，“宣情”者才能称得上“识曲”。

（3）昆曲是文人雅乐，所以明代曲唱中也谈到曲唱之美感要求，即表现出士大夫之静雅审美情趣。

魏良辅认为唱曲有三绝：“字清”“腔纯”“板正”，“字清”就是辨明四声，吐字清晰；“腔纯”就是严格按照行字依腔的规律；“板正”是要求板眼无误，故而又专门论之云：“清唱，俗语谓之‘冷板凳’，不比戏场藉锣鼓之势。全要娴雅整肃，清俊温润。其有专于磨拟腔调，而不顾板眼；又有专主板眼而不审腔调，二者病则一般。惟腔与板两工者，乃为上乘。乃如面上发红，喉间筋露，摇头摆足，起立不常，此自关人器品，虽无与于曲之工拙，然能成此，方为尽善。”② 因为魏良辅改革的昆曲，主要是应用于清唱，甚至没有乐器的伴奏，所以此三绝是非常需要注意的。

魏良辅提出字清、腔纯、板正的三绝的唱曲艺术规范，并要求演员“娴雅整肃，清俊温润”，唱时不能有不雅的表情和动作；甚至观众在听曲时也有要求，“不可喧哗”，要听“其吐字、板眼、过腔得宜，方可辨其工拙”，不能简单地以为嗓子好就是唱得好。这一套系统的规范使得唱曲成为非常精致典雅，纯净整肃，无烟火气的艺术。南戏本来自民间，带有乡间的质朴与粗鄙，徐渭所说的“无腔调”，

---

① 见汪效倚辑注《潘之恒曲话》，中国戏剧出版社 1988 年版，第 13—14 页。

② 《中国古典戏曲论著集成》第五册，中国戏剧出版社 1959 年版，第 6 页。

在魏良辅的改革之后发展起来的昆曲就变成符合文人审美情趣的曲唱艺术了。

（二）“才”“慧”“致”：潘之恒的演员论

表演艺术的核心是演员，中国戏曲艺术以程式化的唱念做打作为表演手段，因此对于演员的素质有着更为特殊的要求。本文前引胡祗遹《黄氏诗卷序》中“九美说”，谈的就是演员应该具备的九种素质。夏庭芝《青楼集》是记载元代演员的著作，初步奠定了中国古代戏曲演员论“色艺”批评的观念，如评“天然秀”之“色”：“高丰神靓雅，殊有林下风致”，评其艺：“才艺尤度越流辈，闺怨杂剧，为当时第一手”；评“顺时秀”云“姿态娴雅，杂剧为闺怨最高，驾头诸旦本亦得体”；评“喜春景”云“姿色不愈中人，而艺绝一时”。

明代，潘之恒“才、慧、致”的演员论最有代表性，其《仙度》一文评著名昆曲伶人杨超超时说：

> 人之以技自负者，其才、慧、致三者，每不能兼。有才而无慧，其才不灵。有慧而无致，其慧不颖。颖之能立见，自古罕矣！杨之仙度，其超超者乎！赋质清婉，指距纤利，辞气轻扬，才所尚也，而杨能具其美。一目默记，一接神会，一隅旁通，慧所涵也，杨能蕴其真。见猎而喜，将乘而荡，登场而从容合节，不知所以然，其致仙也，而杨能以其闲闲而为超超，此之谓致也。所以灵其才，而颖其慧者也。①

文中谈到的“才”是指天生禀赋，包括形体、声音以及容貌姿态等方面。“赋质清婉”，指姿态方面的气质，容貌气质的柔美明丽；“指距纤利”，指形体，特别是手足的敏捷轻便；“辞气轻扬”，指声音的明快悦耳。以上的评价应该和杨姬应工的行当有关，但声容方面

① 见汪效倚辑注《潘之恒曲话》，中国戏剧出版社1988年版，第42页。

的“才”是演员必须具备的一个基本素质。声色之美是戏曲艺术美最为显而易见的一个方面，也是普通观众最为关注的一个方面，所以演员在姿容、声音方面必须具有美感。

但天生禀赋的“才”是比较表面的一个层次，故而第二个层面提出“慧”。慧就是心智灵动聪慧，所谓“一目默记，一接神会，一隅旁通，慧所涵也”。记忆力、理解力、观察与想象的能力都以灵慧为基础。演员仅仅有美好的声容，那只是具备了天赋之“才”，这种才质是演员的基础，但“才”本身不是表演，再好的声容也不是戏曲艺术。记忆力、理解力、想象力、创造力，才能使得具备演员基本素质的人（有相应才质的人），通过后天的学习，掌握戏曲表演的方法和技巧，所以说慧能“灵其才”，让他的天生才质得到最大的发挥和运用。《傅灵修传》中写傅灵修“美艳异常”，为人闲静，跟随父亲学习弦索，登台表演，能使得“一坐尽狂”；后因为昆曲兴盛，遂“习为曼声遏云，吴人咸挢舌不下”。后演出韩上桂杂剧，“一夕而竟，十日而成音”。因为她的灵慧，所以学南北曲都有成就，并且能短时间内排成一部杂剧，并达到令人交口称赞的效果。

张岱《陶庵梦忆》中记载的演员彭天锡也是慧能“灵其才”的典型例子，彭天锡擅长演丑角，他在舞台上“皱眉视眼，实实腹中有剑，笑理有刀，鬼气杀机，阴森可畏”，可见此人有演丑净的才具，他的眼神、面容估计都比较的有杀气。但能使得他演千古之奸雄佞幸，“经天锡之心肝而愈狠，借天锡之面目而愈刁，出天锡之口角而愈险”，乃至“设身处地，恐纣之恶不如是之甚也”的原因，却不仅仅是他天生才质所能办到的。张岱说他“一肚皮书史，一肚皮山川，一肚皮磥砢不平之气，无地发泄，特于是发泄之耳”，这些平时阅读之书史、寓目之山川、对社会人生的感触，都能融进他的戏曲表演之中，这就是他作为演员的灵慧之处，也正是有这样特别的智慧，天生的声容相貌上的特点被发挥出来，才足以让他将人物刻画得那么淋漓极致。

慧也能补其“才”，天生才具有限，具有聪慧心思者可以想办法弥补才的缺憾。焦循《剧说》中记载了一个这样的梨园佳话。某戏班一次演出时，因故缺一净角，陈明智被朋友推荐来帮忙。演净角一般必须身材雄伟，声音宏大，而陈明智“形眇小，言复讷讷不出口”，当轮其演出《千金记》中的项王时，他拿出随身携带的布囊，“出一帛抱肚，中实以絮，束于腹，已大数围矣；出其靴，下厚二寸余，履之，躯渐高；援笔揽镜，蘸粉墨，为黑面，面转大。群优乃稍释，曰：‘其画面颇勿村。’”① 从才具上来看，陈明智是有缺陷不足的，身材短小，看起来气度萧瑟，但他通过自己巧妙的化装，改变了天生的缺陷，这就是慧能补才的典型例证。

第三个层面是“致”。“见猎而喜，将乘而荡，登场而从容合节，不知所以然，其致仙也，而杨能以其闲闲而为超超，此之谓致也。”“见猎而喜”是一个典故，用宋代著名哲学家程颐的故事，说他十几岁时喜欢打猎，十几年后一天傍晚回家，在田野间见田猎者，不觉有喜心。“见猎心喜”比喻一种跃跃欲试的心情。“将乘而荡”用《左传》中记载的一段关于齐桓公夫人蔡姬的典故，蔡姬习水，所以上船后禁不住要荡舟嬉戏。所以这两个典故，指的是一种兴趣盎然的状态，这儿用来揭示演员需要有表演的冲动，有强烈的表演欲，对舞台有着向往之心。但同时登场后又不能过火（京剧表演行话叫“洒狗血”），必须“从容合节”。潘之恒评杨姬“能以其闲闲而为超超，此之谓致也”，意思是能从容地表现出自己高超的艺术技巧，所以有致。

因此，“致”有两个重要层面，一是演员的素质，一是从容自然的表演风格（自然潇洒）及其美学个性（淡净隽永）（参“致节”条，“�喻”条）。后者属于表演学范畴，留待下节再论。这里主要分析第一个层面的意义，即演员的素质层面的“致”。即使是演员素质层面，“致”既指浓烈的表演欲望和表演冲动，也指能够形成从容自然表演风范的个人风度和韵致。这种表演冲动和个人风度、韵致，实际上就是文人所欣赏的情致，情致情致，重点在一情字。古代演员喜欢舞文弄墨，和文人相互唱和，学习书法绘画等艺术，这不仅仅是

① 焦循：《剧说》，《中国古典戏曲论著集成》第八册，中国戏剧出版社 1959 年版，第 200 页。

一种交际，更是自写其情，丰富情感的蕴涵和培养情感的表现力，然后潜移默化到戏曲表演中去。所以“致”在演员素质层面，就是指丰富的情感及其表现情感的能力。故而《情痴》一文说“古称优孟、优施，能写人之貌，尚能动主。而况以情写情，有不合文人之思致者哉！”写吴越石家二孺“各具情痴”，故而其演《牡丹亭》能状出杜、柳的情状“夫情之所之，不知其所始，不知其所终，不知其所离，不知其所合。在若有若无，若远若近，若存若亡之间，其斯为情之所必至，而不知其所以然。不知其所以然，而后情有所不可尽，而死生生死之无足怪也。故能痴者而后能情，能情者而后能写其情”。因为二孺本是情痴，所以他们能深刻地理解所要表演的人物，《牡丹亭》中的情事“父母不之信，天下莫之信，而两人之自信尤真也”，而二孺也自信尤真，所以能写出两人深情。“能情者而后能写其情”，说明“致”就是指丰富的情感感受力和表现力，因为有这种能力，故而在看到触动了自己的作品时，才有浓烈的表演欲望和冲动，正如杭州女伶商小玲那样，因为本自多情，所以对于《牡丹亭》才能那么投入地演出，那么强烈的表演冲动，并且入戏过深，猝死在舞台之上。

综上所述，潘之恒所谓“才慧致”，就演员素质而论，包括三个层次，即演员的天生禀赋，表现在声色形体等外部；其次是演员灵慧的智能，表现在记忆力、观察力、理解力等直觉与理性思维方面；第三个层次“致”，表现为演员的情感感受力和情感艺术的鉴赏力，并因为这种感受力而被剧本打动，产生的那种跃跃欲试的表演冲动和欲望。第三个层次越来越接近表演领域，并与前两个素质结合起来对表演产生深刻的影响，故而“致”也有着表演美学的内涵。

（三）表演论

明代表演理论也以潘之恒的论述最为充分集中，我们仍然以他的一些表演论著作为主要讨论对象，并参以其他论家的观点，大致勾勒出明代表演理论的内涵及其美学上的特色。

中国戏曲表演首先是技艺的展现，唱念做打、手眼身步法是表演的基本构成要素，也是表演艺术能够追求更高目标的手段。一般的观众甚至注意力基本就放在这些技艺上，而更深入的欣赏者，则会关注人物形象的刻画、意境的营造，但这些也以技艺作为手段。所以，技艺对于戏曲表演来说就非常之重要。《鸾啸小品》卷二“技尚”条，称扬了邹迪光家班表演主客尚技，“一心志以向技，故技穷而莫能逃”，专注表演的氛围。因为主客都这样严格要求，所以演员也必须专心致志从事于表演，一个小的纰漏和失误都不能逃出观众苛刻敏锐的眼睛。邹迪光家班“其为技也，不科不诨，不涂不秽，不伞不锣……拜趋必简，舞蹈必扬，献笑不排，宾白有节。必得其意，必得其情”。这里的评价是从整体上而言，但也可以看到邹迪光家班表演重视技艺，并且把技艺表现得不瘟不火、整饬规范的风格，这非常符合家班主人的审美情趣，所谓“清贵”之气也（升于风雅之坛，合于雍熙之度。此清贵之独尚者）。

潘之恒在《与杨超超评剧五则》① 中提到戏曲表演技艺度、思、步、呼、叹五个方面：

“度”指表演的分寸感，把握舞台人物形象的艺术感觉。他说杨超超兼备“才慧致”，是 名各方面素质都很完美的演员，但“未尽其度”。意思是杨伶在表演人物时，还有所欠缺。“尽之者度人，未尽者自度”，杨伶在表演时未能整合自己各方面的技能去很好地塑造人物，观众看到的还是杨伶自己，演员在表现自己而不是塑造人物形象。

“思”指对人物形象的体验与思索，即演员抓准表演对象的能力和技巧。文中举例说，比如西施捧心，西施捧心之所以能美，并非是因为她的病，而是她情思郁闷的外现。杨超超在演西施时，就抓住了西施情思郁闷的心理状态，“字字皆出于思”，所以表现出西施的“捧心之妍。”

“步”指步法，文中赞叹杨超超的步法精妙，“仙度之利趾而便捷也，其进若翔鸿，其转若飞燕，其止若立鹄，无不合规矩应节奏。

① 见汪效倚辑注《潘之恒曲话》，中国戏剧出版社 1988 年版，第 44—45 页。

其艳场尤称独擅，令巧者见之，无所施其技矣！”“�喻”条也称赞筠雪之剧，“其为音也，乍扬若抑；其为步也，进三退一”。所以步法上要求合规矩、应节奏，和音乐相配合，另外就是要有开合、进退、前后等变化，具有顿挫回环的美感。

“呼”专指“呼韵”，即在唱曲之前呼某人以引发出此支曲子，“呼发于思”，因为思念、想着某人，故而呼之，比如赵五娘呼蔡伯喈，无双呼王家哥哥，西施呼范蠡，情不可遏才唱，故唱之前的呼“有凄然之韵”，这些微小的细节，“呼”表现人物情态的微妙之处，杨超超都能表现得很好，所以令潘之恒感到赞叹不已。

“叹”，呼有韵，而叹仅仅是“白”，但同样让人体会到“若怨若诉”的人物情态。“叹”虽然有一唱三叹之妙，但不能滥用、不能过分，必须以自然为节制。总之，“呼”“叹”虽然是表演时的一些细枝末节，但其作用也不可小觑，所谓“呼叹之能警场也，深矣哉！”

中国绘画艺术以追求神似、传神写照为标的，中国戏曲艺术与绘画有着共同的美学追求，比如虚实相生、写意的表现手法以及传神论。《晋书·顾恺之传》载顾恺之作画，“尝图裴楷象，颊上加三毛，观者觉神明殊胜”。这是人们耳熟能详的故事，“颊上三毛”也成为一个典故，比喻绘画能够传神。苏轼《传神记》一文中谈到表演和绘画都应该表现出对象的“意思”：

> 传神与相一道，欲得其人之天，法当于众中阴察之。今乃使人具衣冠坐，注视一物，彼方敛容自持，岂复见其天乎！凡人意思各有所在，或在眉目，或在鼻口。虎头云：“颊上加三毛，觉精采殊胜。”则此人意思盖在须颊间也。优孟学孙叔敖抵掌谈笑，至使人谓死者复生。此岂举体皆似，亦得其意思所在而已。使画者悟此理，则人人可以为顾、陆。①

“其人之天”就是一个人的个性与内在精神的自然表现，“意思”

① 《苏轼文集》第二册，中华书局1986年版，第401页。

与之同义，每个人有每个人的“意思所在”，也就是有表现出他精神的特点。苏轼以中国表演史上非常著名的优孟衣冠举例来论画，但同样反映出表演艺术必须像优孟那样，抓住对象的“意思所在”。

技艺是表现手法，而表演的最终目标是表现人物形象，故而传神论在潘之恒等戏曲理论家看来，是表演应该追求的目标。

潘之恒论传神，主要在“神合”一文：

> 神何以观也？盖由剧而进于观也，合于化矣！然则剧之合也有次乎？曰：有。技先声，技先神。神之合也，剧斯进已。会之者固难，而善观者尤鲜。余观剧数十年，而后发此论也。其少也，以技观进退步武，俯仰揖让，具其质尔。非得嘹亮之音，飞扬之气，不足以振之。及其状也，知审音而后中节合度者，可以观也。然质以格囿，声以调拘。不得其神，则色动者形离，目挑者情沮。微乎！微乎！生于千古之下，而游于千古之上，显陈迹于乍见，幻灭影于重光，非旃、孟之精通乎造化，安能悟世主而警凡夫？所谓以神求者以神告，不在声音笑貌之间。今垂老，乃以神遇。然神之所诣，亦有二途：以摹古者远志，以写生者近情。要之，知远者降而之近，知近者溯而知远，非神不能合也。①

这是一篇论述非常透彻的戏曲表演传神论，作者首先说自己观剧数十年，积累了不少经验，也有不少思考，可以分成三个阶段。第一个阶段，是“以技观”，就是关注演员的表演技艺；第二个阶段，“知审音而后中节合度者，可以观也”，是审音阶段，关注的是音乐；第三个阶段，“今，垂老，乃以神遇”，关注于表演者是否传神。潘之恒说如果不得其神的表演，声音再好，那也是“色动者形离，目挑者情沮”，表情与人物形象不符，眼睛也不能传神。这是从戏曲表演艺术上来说；从戏曲功能上来说，戏曲多演历史或虚构的故事，“显陈迹于乍见，幻灭影于重光”，只有传神逼真，观众才会相信，从而

① 见汪效倚辑注《潘之恒曲话》，中国戏剧出版社 1988 年版，第 47 页。

起到应有的教育作用。

但如何才能传神呢？潘之恒提出一个很重要的观点：“以神求者以神告，不在声音笑貌之间。”所谓以神求神，就是演员必须凝神不分，思索表现对象的情感世界和个性特色。他又具体指出途径，即“以摹古者远志，以写生者近情”，这句话实际上是互文关系，无论扮演历史人物还是现实中人物，都应该极力摹写他们的情志，即情感和思想。然后，神自然能合，表演者与表演对象在情志层面合二为一，逼真传神。

关于传神理论，我们从一些记载演员的文献，从家班主人对于演出的指导，乃至一些剧本演出指导上看到可以作为佐证的材料，以证明潘之恒的传神表演论的普遍意义。关于记载演员的文献中，有两则最能说明问题，一是李开先《词谑》中有关伶人颜容的记载：

> 颜容，字可观，镇江丹徒人，全（周全，歌唱家）之同时也。乃良家子，性好为戏，每登场，务备极情态；喉音响亮，又足以助之。尝与众扮《赵氏孤儿》戏文，容为公孙杵臼，见听者无戚容。归即左手捋须，右手打其两颊尽赤。取一穿衣镜，抱一木雕孤儿，说一番，唱一番，哭一番，其孤苦感怆，真有可怜之色，难已之情。异日复为此戏，千百人哭皆失声。归，又至镜前，含笑深揖曰：“颜容，真可观矣！”①

颜容是一个非常敬业的演员，因为表演《赵氏孤儿》中公孙杵臼，观众没有被感动，自己很愧疚。回来就对着镜子一遍一遍地练习，最后终于体会到公孙的“可怜之色，难已之情”，抓住了表演对象的神，所以再次表演时“千百人哭皆失声”，获得了不同凡响的表演效果。另一则文献是侯方域的《马伶传》，马伶是晚明南京兴化班一位非常有名的演员，擅长表演《鸣凤记》中的严嵩。在一场徽州商人主办的戏曲大会上，马伶输给了另一个戏班中演出同样角色的演

① 《中国古典戏曲论著集成》第三册，中国戏剧出版社1959年版，第353—354页。

员李某。马伶羞愧难当，演出还没有结束就离开了。从此不见消息，三年后，他又回到南京，并请往年主办戏曲大会的商人，重新安排两个戏班演出《鸣凤记》。演出还不到一半，李伶就心悦诚服，承认马伶的表演优胜于自己。有人问马伶，这三年在哪里学习到如此精湛的技艺，能够让那位非常著名的李伶认输。马伶说：“我闻今相国昆山顾秉谦者，严相国俦也。我走京师，求为其门卒三年，日侍昆山相国于朝房，察其举止，聆其语言，久乃得之。此吾之所为师也。”原来他在这三年中，自愿到当时的相国顾秉谦家做门卒，因为顾秉谦是严嵩一类人，他通过对顾秉谦的观察，终于琢磨出这一类人言语举止，以及内在的个性心理和精神世界。所以说，马伶是通过对同类人的观察体验中，感悟到表演人物的方法和技巧。

明代很多文人蓄养家班，这些家班主人一般精通音律与表演，又有着很高的文化素养和艺术品位，所以对家班中的演员亲自指导，特别帮助演员理解剧本中的人物形象以及剧本的精神主旨和意趣。如张岱记载阮大铖家班：“余在其家看《十错认》、《摩尼珠》、《燕子笺》三剧，其串架斗笋、插科打诨、意色眼目，主人细细与之讲明。知其义味，知其指归，故咬嚼吞吐，寻味不尽。”（《陶庵梦忆》卷八）阮大铖可称得上一个戏曲导演，关目设置，科诨安排乃至表演方法都进行指导，他自己写的剧本，自己指导演出，故而演员演出时“知其义味，知其指归”，自然能传神了。潘之恒也记载了自己经常观摩的吴越石家班排戏方法，“先以名士训其义，继以词士合其调，复以通士标其式”（《鸾啸小品》卷三《情痴》），这样系统的指导，所以培养出了二孺那样表演能传神的演员。

冯梦龙在《墨憨斋定本传奇》的评语中也多有涉及表演的地方，对表演传神多次强调。如《酒家佣》的总评中说：“演李固要描一段忠愤的光景，演文姬、王成、李燮要描一段忧思的光景，演吴祐、郭亮要描一段激烈的光景。”批语中又指出“凡脚色，先认主意。如越王、田世子，无刻可忘复国；如李燮、蔡邕，无刻可忘思亲”。评《洒雪堂》说“若当场更得真正情人，写出生面，定令四座泣数行下”。批《精忠旗》第二折，提到演员演出岳飞刺字的情节时，应注意到“‘刻背’是《精忠》大头脑，扮时作痛状或直作不痛，俱非，须要写慷慨忘生光景”。这样的演出提示还很多，同样的目标就是提醒演员表演时时注意人物的精神和个性。

传神论要求演员通过各种技艺来刻画人物，把人物的神在舞台上呈现出来，从而达成逼真的舞台艺术效果。如果更进一步，则是对于表演的美学要求，在道的层面来探讨舞台艺术美学，在这方面，汤显祖、潘之恒都发表了自己的观点，对我们认识明代乃至中国古典戏曲艺术美学有着重要的意义。

先看潘之恒有关表演美学的观点。在论演员素质时，他提到过“致”，指演员要有情致，有丰富的情感和敏锐的感受力与表现力；上面也说过，“致”同时也是潘之恒表演美学中一个重要的概念。“致节”一条云：

> 以致观剧几无剧矣。致不尚严整，而尚潇洒；不尚繁纤，而尚淡节。淡节者，淡而有节，如文人悠长之思，隽永之味；点水而不挠，飘云而不殢，故足贵也。①

同时文中还专门提到净角的表演，应该“亮而有节”“忌秾繁，尚简贵”，所以“简淡”是潘之恒所提倡的表演美学。简淡当然不是粗糙，而是淡中有余韵，如“文人悠长之思，隽永之味”，像天空中飘云一样自由舒展，又给人以丰富的想象空间。这种韵味的获得，必须以丰富而真切的情感体验为基础（所以“致”又指演员具有丰富情感感受力的素质），内心情感极为强烈，并外现于声音与形体动作，表演就有了“致”，有了隽永的韵味。“曲余”条专门讨论这个问题：“未得曲之余，不可以言剧。夫所谓‘余’者，非长而羡之之谓也。盖满而后溢，乃可以谓‘余’也。大喜大悲，必多溢于形，为舞蹈，为叫号；小喜小嗔，亦少溢于色，为嬉靡，为颦蹙。”②“满而后溢”

① 见汪效倚辑注《潘之恒曲话》，中国戏剧出版社1988年版，第54页。
② 同上书，第13页。

就指出了演员的感受和表现之间的关系，只有深切体会到剧中人的悲欢离合，才能外溢为声音以及形体动作。特别是声音，戏剧语言中应该体现声情，通过声音微妙地表现人物的情感，所谓“音既微矣，悲喜之情已具曲中。一颦一笑，自有余韵，故曰：‘曲余’。”总之，潘之恒的戏曲表演美学以简淡为理想境界，提倡演员需要有饱满的情绪和丰富的情感体验，然后外化为声音和形体，从而使观众通过外在的表演体悟到人物的情感和心理，体悟到一种淡雅隽永的美感。

汤显祖谈戏曲表演美学，是从哲学的高度，他受到庄子艺术观念的影响提倡一种空灵自由的创作心态和“目击而道存”的理想境界，这种境界的到达不是简单言语能够描述清楚的，而关键要靠演员的悟性了。《宜黄县戏神清源师庙记》云：

> 汝知所以为清源祖师之道乎？一汝神，端而虚。择良师妙侣，博解其词，而通领其意。动则观天地人鬼世器之变，静则思之。绝父母骨肉之累。忘寝与食。少者守精魂以修容；长者食恬淡以修声。为旦者常自作女想，为男者常欲如其人。其奏之也，抗之入青云，抑之如绝丝，圆好如珠环，不竭如清泉。微妙之极，乃至有闻而无声，目击而道存。使舞蹈者不知情之所自来，赏叹者不知神之所自止。若观幻人者之欲杀偃师，而奏《咸池》者之无怠也。若然者，乃可为清源师之弟子，进于道矣！①

这里所描述的乃是从道的高度体认表演艺术的境界，“一汝神，端而虚”，就是排除任何的干扰，心灵进入极为自由而灵动的境界。在这种境界下，演员的创造力得到极大的发挥，创作灵感不断涌现，甚至自己也不知道如何做到的，所以说这种境界是“微妙之极”。这种表演境界，给观众极大的审美愉悦，演员自己也体会到天人合一、人我合一（人是表演对象，我是表演者自己）从而生成了自由酣畅的美感。这种美感，不在一颦一笑，而在声音笑貌之外，是道的体

① 徐朔方校笺：《汤显祖全集》卷三十四，北京古籍出版社 1999 年版，第 1189 页。

现，故而有大美存焉。

中国戏曲艺术是一种歌唱的艺术，因此唱论在古典戏曲理论中占据很大的篇幅。明代的唱论以魏良辅、沈宠绥谈得最多，其他如潘之恒、王骥德等戏曲理论家也多有涉及。总之，因为文人唱曲要求清雅纯正，讲究字音的正确，强调腔纯板正，带有极为浓重的文人趣味。

表演艺术论中，对演员修养素质的讨论是非常有特色的一个部分，这正如《演员自我修养》中涵括了斯坦尼斯拉夫斯基的艺术思想一样。明代如潘之恒是对演员素养进行了广泛深入讨论的理论家，“才、慧、致”既是对演员的评价标准，也是一个优秀演员应具备的综合素质。

表演论中对舞台具体表演的讨论不是很多，潘之恒的“度、思、步、呼、叹”算是比较具体化的讨论。更多的是关于表演最高境界的讨论，中国戏曲艺术要求表演者能传神，要求表演中形成“言外之意”般的韵味，毫无疑问，这也是中国传统艺术所追求的共同的最高境界。

三

近代戏曲嬗变研究

从“识艳之书”《燕兰小谱》看清代戏曲文化的新变

杭州人吴长元羁旅京师十余载，熟悉京都风土人情，著有《宸垣识略》十六卷，记北京城市的沿革、署衙的变迁、名胜古迹的存没，有重要的史料价值。但他认为自己“可谓一时创见”[①] 的著作，却是记载乾隆三十九年到五十年京师男旦演员事迹的《燕兰小谱》。该书共四卷，记载名伶 64 人，咏伶诗 158 首，其他杂咏 50 首；结构上先以题咏王湘云之画兰诗，接着是咏诸名伶之诗，最后杂咏以寓规谏。作者自认为“可谓一时创见”的，是该书乃第一部专记男旦的“识艳之书”[②]。他的这种自信，得到了历史的证明，果然自《燕兰小谱》流播之后，清代后期出现了众多以记载男旦为内容的所谓花谱类著作。《燕兰小谱》成为始作俑者。

吴长元的“一时创见”，其实也是清代戏曲发展的产物。易言之，在乾隆后期戏曲发展嬗变中，产生了一种新的戏曲文化，成为这部“识艳之书”诞生的土壤，而这部著作也具体反映了清代戏曲文化发

---

① 吴长元：《燕兰小谱》之《弁言》，见傅谨主编《京剧历史文献汇编（清代卷）》第壹册，凤凰出版社 2011 年版，第 19 页。下文见该书仅注书名卷数和页码。

② 同上。识，记也。识艳乃记艳之意。云“昔人识艳之书，如《南部烟花录》《北里志》《青泥莲花记》《板桥杂记》，及赵秋谷之《海沤小谱》，皆女伎而非男优。即黄雪蓑《青楼集》所载，亦女旦也。惟陈同倩《优童志》见其《齐志斋集》中，惜名不雅驯，为通人所诮。《燕兰谱》之作，可谓一时创见，然非京邑繁华，不能如此荟萃，太平风景，良可思矣”。陈同倩是明朝人，其《优童志》是记优童，并不一定为男旦，该书已亡佚。另，在《燕兰小谱》之前还有一本《秦云撷英小谱》，作者严长明，乃记陕西秦腔男旦，仅记寥寥数人，且不是一时一地之伶人。

展中出现的新风尚和新现象。

(一)“魏长生开近来风气”：男旦艺术成为时尚

细读《燕兰小谱》，会发现秦腔花旦魏长生的传记虽然不长，但却是整部书最为核心的人物，时时能感受到他对剧坛产生的深远而广泛的影响。该书记载的男旦起自乾隆三十九年，魏长生恰是这一年进京。① 在凡例中吴长元即提出“魏长生开近来风气”② 的观点，这是怎样一种新风气？还是直接看《燕兰小谱》几处对魏长生的评论：

> 魏三，永庆部名长生，字婉卿，四川金堂人。伶中子都也。昔在双庆部，以《滚楼》一出奔走，豪儿士大夫亦为心醉。其他杂剧胄子无非科诨、诲淫之状，使京腔旧本置之高阁。一时歌楼，观者如堵。而六大班几无人过问，或至散去。
>
> 友人云京旦之装小脚者，昔时不过数出，举止每多瑟缩。自魏三擅名之后，无不以小脚登场，足挑目动，在在关情。且闻其媚人之状，若晋侯之梦与楚子抟焉。
>
> 友人有以“歌楼一字评”相告，嫌其于诸旦颇有未惬，乃以近时习见者为更定之。魏三曰“妖”，以其开淫冶之风，旧评曰“骚”，未足以概之。③

魏长生所开之风气，上述引文中表述得很清晰。“其他杂剧胄子无非科诨、诲淫之状”“足挑目动，在在关情”“以其开淫冶之风，旧评曰‘骚’，未足以概之”，也就是《啸亭杂录》中说的“演诸淫

---

① 在京城见过魏长生演出的小铁笛道人记载“长生于乾隆甲午后始至都，习见其《滚楼》，举国若狂。予独不乐观之。迨乙未至都，见其《铁莲花》始心折焉。”昭梿《啸亭杂录》亦云“甲午夏入都，年已逾三旬外”甲午，即乾隆三十九年（1774 年）。

② 吴长元：《燕兰小谱·例言》，见《京剧历史文献汇编（清代卷）》第壹册，第 21 页。

③ 《燕兰小谱》，《京剧历史文献汇编（清代卷）》第壹册，第 45、57、58 页。

亵之状，皆人所罕见者，故名动京师”[①]。我们后来的戏曲史，常常抓住《滚楼》一戏，说这戏如何淫秽，魏长生凭借该“粉戏”出名。其实《滚楼》只是一部由花旦主演的有调情内容的小剧而已，魏长生怎可能靠这一部小剧，就让京班“束之高阁”。魏长生之所以赢得盛名，还是在于其美艳妖冶（“妖”“骚”）的演剧风格（《滚楼》只是体现了这种演剧风格而已），他在台上的表演比现实中的女人还要妖冶得多，更具有女性美，也更为风骚。[②]

为了达到这个效果，他通过新的化装术和舞台艺术手段美化了男旦艺术形象，也提高了男旦艺术技巧。之前的男旦，发型上都用网子包头的方式，所以旦角又叫“包头”“裹头人”，这种发饰与现实生活中妇女发饰完全一样。魏长生改为“梳水头”，就是用假发，通过贴片子、假发髻等方式来装饰演员的头部和脸部，使其更具备女性美。这种化装术一直沿用到今天。为了表现当时女性裹脚后的三寸金莲，魏长生使用了踩跷的技术。（按照《梦华琐簿》的说法，梳水头、踩跷都是魏长生始作俑）所谓跷，“是一种特别仿制成旧时妇女缠足（俗谓‘三寸金莲’）的假脚套鞋，有硬跷、软跷之分，硬跷为木制，软跷用布缀纳类似加高之软底鞋。”[③]演员将跷绑在脚上，踩跷登场，借此表现女性婀娜多姿的步态。踩跷登场可不是一件容易的事情，必须经过严格的训练，才能让一个身材、体重正常的男子踩在那么窄小的支撑物上，而能行动自如。演员一旦掌握了这种技术，则又能为表演增添不少风采，表现出女性身姿步态之美。因为这些新的

---

① 昭梿：《啸亭杂录》卷八“魏长生”，中华书局1980年版，第238页。

② 魏长生长袖善舞，其表演不同剧目有不同的表演风格，妖冶美艳只是其最为突出的风格而已，主要表现在《滚楼》《葡萄架》《大闹销金帐》等剧目中。《日下看花记》云：“长生于乾隆甲午后始至都，习见其《滚楼》，举国若狂。予独不乐观之。迨乙未至都，见其《铁莲花》始心折焉。庚申冬复至，频见其《香联串》，小技也，而进乎道矣。其志愈高，其心愈苦；其自律愈严，其爱名之念愈笃。故声容如旧，风韵弥佳。演武技气力十倍。”魏长生在《铁莲花》《香联串》等剧中的表演则不涉淫邪，当演昆曲时，其表演风格又表现为“真切”。《燕兰小谱》“魏长生开近年风气，序中颇致讥词，然曲艺之佳，实超时辈。今独昆腔，声容真切，感人欲涕，洵是歌坛老斫轮也”。但魏长生在京城出名乃是那些花旦剧目，是那种妖冶美艳的表演。

③ 《中国京剧百科全书》“跷功”条，中国大百科全书出版社2011年版，第629页。

化装和技巧，“故一登场，观者叹为得未曾有，倾倒一时”[①]。这些化装、表演技巧是为了其妖冶美艳的表演服务的，增加了舞台形象的女性美感。不过，魏长生在塑造此类女性时，穷形尽相、形容过度，遂给人留下擅演“诲淫”粉戏的印象。魏长生的这种演剧风格，在他的弟子和追风者中，表现得更加突出，从而形成一种风气，一种演剧流派。“嗣自川派擅场，蹈跷竞胜，坠髻争妍，如火如荼，目不暇给，风气一新”[②]，这里径直将魏长生的演出风格称为“川派”了。

魏长生凭借男旦艺术能获得极大的轰动，名动京师，观者如堵，男旦艺术成为当时的时尚，魏长生则是时尚明星。

魏长生能开一时风气，也并非全是其个人表演艺术决定的，还有两个重要戏曲史背景。首先是戏曲声腔审美变迁。《啸亭杂录》中说：“时京中盛行弋腔，诸士大夫厌其嚣杂，殊乏声色之娱。”[③] 当时流行北京宫廷贵族乃至市井中的是弋阳腔，即京腔，“我朝开国伊始，都人尽尚高腔。延及乾隆年，六大名班九门轮转”[④]。这六大名班又称六大京班，是魏长生来京时市井中最兴隆的班社。京班偶尔也有昆曲折子戏演出，但“昆曲非北人所喜”[⑤]，在北京市井中昆曲一直不太受欢迎。京城流行了一百多年的京腔，到乾隆时代“诸士大夫厌其嚣杂，殊乏声色之娱”。而魏长生带来的是蜀地秦腔（琴腔），“辞虽鄙猥，然其繁音促节，呜呜动人”，满足了人们喜新厌旧的心理。戏曲史中将魏长生及其川派独霸京城，解释为花雅之争中花部的一次胜利。如上文所言，昆曲在北京一直不太盛行（主要是在堂会演剧中流行），川派秦腔抢夺的是京腔市场，京腔是从弋阳腔发展而来，本身也是俗，是花，何谈花雅之争。区别在于，京腔虽然俗，却是曲牌体的大戏，而蜀地秦腔是一种新兴的板腔体花部，以小戏为主，无论是内容还是腔调上都更加淫靡俚俗。因此，准确的表述应该是，在声腔

① 杨掌生：《梦华琐簿》，见《京剧历史文献汇编（清代卷）》第壹册，第 503 页。
② 小铁笛道人：《日下看花记 自序》，同上书，第 159 页。
③ 昭梿：《啸亭杂录》卷八“魏长生”，中华书局 1980 年版，第 238 页。
④ 杨静亭编：《都门纪略》，见《京剧历史文献汇编（清代卷）》第贰册，第 908 页。
⑤ 《燕兰小谱》，见《京剧历史文献汇编（清代卷）》第壹册，第 32 页。

之争中，以蜀地秦腔（琴腔）为代表的新兴板腔体花部戏曲，打败了发展历史比较古老的曲牌体花部戏曲。我们通常说的乾隆时期花部繁兴，指的其实就是大量新花部戏曲的出现，它们大都还处于以小旦、小生、小丑为主的小戏阶段。

第二个重要的戏曲史背景，是乾隆时期的新型剧场的出现。清代前期沿用晚明时期出现的酒庄演剧，太平园、四宜园、查家楼、月明楼是清初有名的四大酒庄。乾隆初年，这些酒庄开始向戏园转变，当时的查家楼遭回禄重建后名“金陵楼”。其具体情形，以蒋士铨《京师乐府词》之《戏园》描述得最为清晰，从诗中可以看到这种酒庄也被称为“戏园”，“三面起楼下覆廊，广庭十丈台中央。鱼鳞作瓦蔽日光，长筵界画分畛疆”，已经是后来茶园的建筑模式。但不同的是，这种酒庄式戏园，主要靠酒食挣钱，所以里面卖酒和下酒小菜，人们一边饮酒一边听歌，“台中奏技出优孟，座上击碟催壶觞。淫哇一歌众耳侧，狎昵杂陈群目张”，演到精妙处，观众（酒客）“雷同交口赞叹起，解衣侧弁号呶将”。这时候的酒庄演出已经常态化，所以蒋士铨认为“有司张弛之道宜以古为法，毋令四民一一皆若狂”，天天演剧导致万民若狂，造成惰游侈逸的风气。这首诗还包含着一个更重要的信息，“近来茗饮之居亦复贮杂戏，遂令家无担石且去寻旗枪”[①]，是说有些茶园，也向酒庄学习，开始演剧了，这表明茶园剧场开始兴起。此诗作于乾隆二十五年（1760年），当可知茶园剧场兴起的大致时间。[②] 作者对酒庄剧场日日演剧，已颇为担心万民若狂；而茶园的消费更为低廉，所以家无担石者也可以前往观剧，更是让他担心了。

乾隆中期，日常性营业的茶园剧场兴起，这在戏曲史上是一件大事。日常性演出，戏曲真正成为大众日常娱乐的重要内容。消费等级

---

① 蒋士铨：《京师乐府词十六首》之《戏园》，见《忠雅堂集校笺》（全四册），上海古籍出版社1993年版，第709页。

② 陈芳：《乾隆时期北京剧坛研究》中说“茶园是专门的戏园，出现在乾隆年间”（学海出版社2000年版，第177页），这结论较为符合实际，结合蒋士铨诗歌中的信息，更准确地说茶园剧场形成于乾隆中期。

化，茶园有给文人商宦准备的包厢，也有普通大众消费得起的池子，这比原先那种酒庄自然要更具大众性了。池子里的观众，人数最多，这个观众群体决定了一个剧场里的气氛是热烈还是冷寂，演员是否受到欢迎。这些坐在池子中的下层观众，他们的审美情趣自然以鄙俗、热闹为主，凶杀、色情、武斗这些刺激性的剧目会得到他们最热烈的欢迎和叫好。坐在官座的文人，未必完全认可池子里观众的喜恶，但长时间在同一处观剧，下层观众的审美情趣对上层观众肯定会产生影响，从而导致两个观众群体审美趋同化，实质上就是大众审美成为戏曲审美的主流。正是在这样的环境中，魏长生妖冶美艳的男旦艺术取得了极大的成功，成为剧场时尚。

（二）"遂令天下父母心，不重生女重生男"：男旦的兴盛

魏长生以妖冶美艳的演剧风格，带着新颖的声腔艺术，受到茶园里观众的欢迎。他的成功，影响了一大批伶人竞相模仿，所谓"揣摩时好竞妖妍，风会相趋讵偶然"① 也。《燕兰小谱》中说：

> 近日歌楼演剧冶艳成风，凡报条有《大闹销金帐》者（以红纸书所演之戏贴于门牌，名曰"报条"。）是日坐客必满。魏三《滚楼》之后，银儿、玉官皆效之。又，刘有《桂花亭》，王有《葫芦架》，究未若银儿之《双麒麟》，裸裎揭帐令人如观大体双也。未演之前，场上先设帷榻花亭，如结青庐以待新妇者，使年少神驰目瞤，罔念作狂，淫靡之习，伊胡底欤?②

这说的大约是乾隆五十年不久前的事情，魏长生到北京已经十二年，虽然这其中他也演过并不涉及淫邪的《铁莲花》《香联串》以及

① 《燕兰小谱》，见《京剧历史文献汇编（清代卷）》第壹册，第56页。
② 同上书，第58页。

昆曲折子戏，但他在北京剧坛刮起的妖冶美艳旋风并未消歇。所以当有人贴出《大闹销金帐》《桂花亭》《葫芦架》等剧，门庭若市。

文中提到的陈银儿，又称陈银官，字渼碧，魏长生嫡传弟子，描述他演《双麒麟》“裸裎揭帐令人如观大体双”，坦露上身，演出淫秽之状，如春宫画一样。（大体双，是南汉后主刘继兴令人男女交欢，旁观取乐）他算是把这种妖冶的演剧风气推到顶端。

其他一些演员，也纷纷效仿，《燕兰小谱》记戈蕙官“盖不从梨园法曲中来，徒事妖冶以趋势好”“三元、蕙官二人，最为妖冶”、杨四儿“脸际生春，眉间带媚致，绥绥有狐意”、三寿官“奇葩逸丽，娟娟如十七八女郎，令人心艳”、王庆官“似憨而黠，含媚于标，宜乎抹粉登场，浪荡妖淫，有不待揣摩而合拍者”、姚六儿“善于妩媚”，不仅乱弹演员如是，昆曲旦伶也被染此风，郑三官“虽近而立之年，淫冶妖娆如壮妓迎欢，令人酣悦，台下好声鸦乱不减婉卿”①。

到嘉庆八年（1803年）小铁笛道人著《日下看花记》时，妖冶美艳的魏派演剧仍然有不少继承者，如该书说蔡莲芳“入都后，浏览梨园习尚，步武长生，别开生面，穷形尽相，一味淫佚科诨，以供时好。……一时有‘赛魏三’之目”、魏长生之徒黄葵官“于谑浪中自饶风韵，一双眸子更觉顾盼多情，自是婉卿一派”。②

魏长生妖冶美艳的演剧风格不仅影响京师剧坛，其1788年南下扬州，遂影响到南方的城市乡间。焦循云：“自西蜀魏三儿倡为淫哇鄙谑之词，市井中樊八、郝天秀之辈，转相效法，染及乡隅。”③《扬州画舫录》也记载道：“郝天秀，字晓岚，柔媚动人，得魏三儿之神，人以‘坑死人’呼之。”④ 这位郝天秀就是魏派的代表艺人，他被人称作“坑死人”，含有观众为其极度痴迷之意。

---

① 《燕兰小谱》，见《京剧历史文献汇编（清代卷）》第壹册，分别见第33、36、38、40、43、44、32页。

② 《日下看花记》，见《京剧历史文献汇编（清代卷）》第壹册，分别见第184、201页。

③ 焦循：《花部农谭》，《中国古代戏曲论著集成》第八册，中国戏剧出版社1959年版，第225页。

④ 李斗：《扬州画舫录》卷五，中华书局1960年版，第131页。

妖冶美艳的川派风格，扩大了男旦艺术的影响力，促使京师戏曲格局发生变化。这种变化，不仅仅是京腔、昆曲走上没落，京秦融合的格局得以形成；更表现在男旦艺术第一次成为舞台中心，观众观剧的目的基本上就是冲着男旦而去，其他行当完全无法和男旦比肩。因为男旦成为观众尤其是豪客们欣赏的对象，其挣钱当然就比较多，这样又助长了男旦艺人群体的快速增长。赵翼有诗云，“遂令天下父母心，不重生女重生男”①，天下父母希望生儿子学装男旦挣钱，这是诗人的夸张，但放在扬州、苏州地区考量，也许此言有很大程度上的真实性，这也正是嘉庆时期私寓兴起后，私密子弟多来自这两个地区的原因。

乾隆五十年，秦腔遭到禁演，魏长生等艺人遭到驱逐，朝廷要求京师戏班只能表演昆、弋两腔。② 这样一来，乾隆后期魏长生引领的男旦狂欢走向沉寂。直到五年后，为庆祝乾隆八十大寿，外地戏班入京祝嘏，又一次带动了京师戏曲的繁荣，男旦在这次繁荣中风头更健。

《随园诗话》中有条批语云：

> 殆至乾隆五十五年，举行万寿，浙江盐务承办皇会，先大人命带三庆班入京。自此继来者，又有四喜、启秀、霓翠、和春、春台等班。各班小旦不下百人，大半见诸士夫歌咏③

---

① 郝天秀是著名男旦，赵翼《坑死人歌为郝郎作》中有句云：“扬州曲部魁江南，郝郎更赛古何戡。出水杲莲初日映，临风绪柳淡烟含。广场一出光四射，歌喉未启人先憨。铜山倾颓玉山倒，春魂销尽酒行三。遂令天下父母心，不重生女重生男。”并说自己“兢兢若将坠诸渊，惴惴惟恐临其穴。岂知一见也低迷，不许广平心似铁。”（李学颖、曹光甫校点《瓯北集》，第669页，上海古籍出版社1997年版）

② 《钦定大清会典事例》，原文为“乾隆五十五年议准：嗣后城外戏班，除昆、弋两腔仍听其演唱外，其秦腔戏班，交步军统领五城出示禁止。现在本班戏子，概令改归昆、弋两腔。如不愿者，听其另谋生理。倘于怙恶不遵者，交该衙门查拿惩治，递解回籍”。魏长生为此南下扬州。这对当时风气有一定遏制作用，秦腔在京城的兴盛局面也因此而一蹶不振，嘉庆时期秦腔在徽班中仍有不少演出，但再也回不到乾隆后期这样称霸剧坛的局面了。

③ 顾学颉校点：《随园诗话》，人民文学出版社1982年版，第859页。

乾隆五十五年（1790 年）的大庆，不仅有各地官方排遣的戏班入京，也会有一些民间戏班入京，大庆后有些戏班回去了，有些戏班留了下来。这无疑为京师伶界注入了新的血液，这次入京的演员中，“各班小旦不下百人”，可见男旦群体的规模。

乾隆六十年（1795 年）的《消寒新咏》共录 37 位伶人，其中王百寿为小生，其余皆男旦，属于徽班、昆班、京班、西班、扬班等各戏班。这是部与《燕兰小谱》一样的“识艳之书”。同时，还透露出一个值得注意的现象，“适松寿部自江苏来，优伶固皆幼稚，摆演旦甚丽都”“苏徽小部中佳子弟，亦复蜂集”，说明童伶（大部分也是学演男旦）在增多。这恰与下节所要描述的男旦兴起导致台下娱乐业繁荣密切相关，而“少年子弟，怜香惜玉，多在稚齿髫龄”①，童伶更受顾客的欢迎，所以才导致童伶增多的现象出现。

（三）“传其媚态以邀豪客”：伶人侑酒职业化

当 1774 年魏长生入京掀起一股妖冶美艳的演剧潮流，观众表现出“举国若狂”的迷狂，这种对男旦表演的迷狂，很容易和晚明以来的狎优风气互相鼓荡②，遂在男旦艺人迅速增加的同时，狎优变得更加普遍，而优人也开始越来越多地从事侑酒奉觞、赔笑追欢等娱乐服务，并逐渐职业化。与此同时，出现了固定的消费群体。并且出现了狎优、品优的文人圈，文人通过在口碑、撰写诗词和伶人传记等方

① 铁桥山人等编：《消寒新咏》，《京剧历史文献汇编（清代卷）》第壹册。以上三条引文分别见于第 97、153、137 页。

② 明清时期中央政府采取禁娼政策，严禁官员挟妓饮酒。一应宴会筵席中，小唱、唱档子者侑酒，这是当时专门从事侑酒等服务的男性，这些男性也提供一些男色服务。清代禁娼更为严厉，顺治八年（1651 年）停止教坊司妇女入宫承应，即开始取消官妓制度，康熙后各朝皆采取严厉的禁娼举措，教坊女乐。因此康熙到乾隆中期，凡酒宴筵席，也如晚明一样找“小唱”。伶人偶尔也参与侑酒，文人狎优风气也较为盛行，但嘉庆以前伶人并非职业化的侑酒者。关于“小唱”，明末史玄《旧京遗事》：“唐宋有官妓侑觞，本朝惟许歌童答应，名为小唱。而京师又有‘小唱不唱曲’之谚。每一行酒，止传唱上盏及诸菜，小唱伎俩尽此焉。小唱在莲子胡同与娼无异，其姝好或乃过于娼，有耽之者往往与托合欢梦矣。”（第 25 页，北京古籍出版社 1986 年版）

式来鼓吹所喜爱的伶人，从而开启了晚清盛行的品评伶人的风气。这也是从《燕兰小谱》中能了解到的事实。

《燕兰小谱》中所记载的男旦大多从事侑酒、陪聊甚至侍寝的活动，台上妖冶美艳的演出往往成为展示自己媚态，获取更多顾客青睐的手段。演剧风尚与台下服务业有着关联。魏长生舞台上征服京城观众，一时升价百倍，台下侑酒，“凡王公贵位以至词垣粉署，无不倾掷缠头数千百，一时不得识交魏三者，无以为人。”① 他到京师已经三十岁左右，遂“以齿长，物色陈银儿为徒，传其媚态，以邀豪客。”② 魏长生收陈银儿为徒，与其说是为了传授舞台上的艺术，不如说主要是为了“邀豪客”、牟暴利。魏长生声伎优异，是一位造诣很深的演员，演出风格也多样化，但陈银儿只学了妖冶美艳的一面并发挥到极致，以至于出现裸体演出春宫图式的《双麒麟》。《啸亭杂录》说“陈银官，复髫龄韶秀，当时有青出于蓝之誉”③，这个出蓝之誉当然不是指演技了。有人记载，陈银官“数年间，侑觞媚寝，所得金绮珠玉累数万。陈银于是居奇炫异，谓京国好尚者如此。凡踵门求欸曲者，无缠头之赠、赠或不丰，皆拒不纳。”④ 其以侑觞媚寝作为职业得以暴富。

类似陈银儿这样媚寝的伶人，《燕兰小谱》中还记载了一些。如宜庆部罗荣官、施兴儿，一个“年未弱冠，何粉潘姿，不假修饰，令人目注”，一个“当总角之年，明艳妖娆”，两人“曲艺未娴”，偶尔登台，却被豪客契赏，因其色相动人也。吴长元感叹：“《狡童》之诗，吾为若咏，于戏（二字读本音）！风斯下矣。”⑤ 专门标注“于戏”两个字读本音，就是感叹戏曲界出现一股下流恶俗的风气，伶人以侍寝挣钱。张喜儿（永庆部）、杨宝儿（太和部），两人才十

---

① 《啸亭杂录》卷八“魏长生”，中华书局 1980 年版，第 238 页。

② 《燕兰小谱》，《京剧历史文献汇编（清代卷）》第壹册，第 56 页。

③ 《啸亭杂录》卷八“魏长生”，中华书局 1980 年版，第 238 页。

④ 《梦庵杂著》，张次溪《北京梨园掌故长编》，《清代燕都梨园史料正续编》，第 890 页。

⑤ 《燕兰小谱》，见《京剧历史文献汇编（清代卷）》第壹册，第 42 页。

五岁，“其技似莺雏学语，尚未成声”，但他们有“玉质翩翩，目如秋水”“素靥娇憨，有柔媚昵人之态”的色貌，故而也被豪客瞩目，他们于是“自立门户以待豪客。”① 这一点尤其值得注意，他们和陈银儿一样都有自己的住处，以招待顾客。集庆部王庆官，“年始成童，眉目轩爽，尝使陪饮，拇战豪呼，风生四座。似憨而黠，含媚于标，宜乎抹粉登场，浪荡妖淫，有不待揣摹而合拍者。”② 王庆官侑酒时表现尤为突出，善于交际，这些又是后来红相公所必须具备的条件。因为这一行逐渐盛行，其能网罗豪客，收入自然可观，竟吸引一些非职业班社的伶人加入进来。萃庆部金桂官，“曾为外吏衙前，今春阑入部内，匝月之间，泽车华服，气象改观”。他本是外省官员衙前的小史，因为能歌故加入萃庆部，不多长时间，即“泽车华服”！吴长元咏诗暗讽云“燕寝趋承宠爱浓，翩翩花影度春风。卯儿幻入霓裳队，漫把铜山笑邓通。”③ 谓其获得暴利变得异常富有，超过汉文帝的男宠邓通了。这些伶人还有一个非常重要的特点，就是年龄都不大，基本是“年才成童”的童伶，陈银儿最大也不过十七岁，仍未成年。

至于一般地侑酒陪侍，可以说《燕兰小谱》中所载之花雅两部男旦大都如此。唱昆曲的旦角郑三官，已而立之年，因为唱雅静的昆曲、年纪又大，没有什么豪客追捧，“但为乡人作酒纠而已”④。豪客看不上，就沦为陪市井中人喝酒陪欢者。而一般文人聚会，还是偏向与品位比较高不至于太妖冶的伶人交往，王湘云被那么多文人题诗，即可见他与这些文人的关系了。

《燕兰小谱》中还反映了不同群体的狎客已经大批出现。《燕兰小谱》以及此后各类花谱中经常出现的“豪客”一词，主要指的就

① 《燕兰小谱》，见《京剧历史文献汇编（清代卷）》第壹册，第43页。

② 同上。

③ 同上书，第53页。

④ 同上书，第32页。所谓酒纠，指劝酒监酒的人，也指侑酒的倡伎和优人。陆游《老学庵笔记》卷六：“苏叔党政和中至东都，见妓称‘录事’，太息语廉宣仲曰：‘今世一切变古，唐以来旧语尽废，此犹存唐旧为可喜。’前辈谓妓曰‘酒纠’，盖谓录事也。”沈德符《野获编补遗·畿辅·禁歌妓》：“惟藩镇军府例设酒纠以供宴享，名曰营妓。”

是好“闹小旦”① 的商人或有钱的纨绔子弟，他们是当时最为活跃的狎客群体，也是一掷千金的“冤大头”：

> 近时豪客观剧，必坐于下场门，以便与所欢眼色相勾也。而诸旦在园见有相知者，或送果点，或亲至问安，以为照应。少焉，歌管未终，已同车入酒楼矣。鼓咽咽醉言归，樊楼风景，于斯复睹。
>
> 飞眼皮科笑口开，渐看果点出歌台。下场门好无多地，购得冤头入坐来。（俗呼豪客为“冤大头”。）②

当时的茶园正前方是舞台，其他三面起楼，楼上皆有“官座”，右边的官座靠近上场门，左边的官座靠近下场门，故豪客多坐于左楼的官座上，也即坐在“下场门”，其所喜爱之伶人演剧下场，双方可以眉目传情。豪客本不专为观剧而来，一旦自己所钟爱之人演完戏，剩下节目根本不看，载所爱之人同入酒楼欢饮。这种风气，与道光时期《金台残泪记》云“狎旦色者，曰‘斗’，争坐下场门”，已完全一致，这也是《燕兰小谱》时代伶人已经侑酒趋于职业化的表现。

豪客类狎客钟爱之伶人，要相貌娇媚、个性妖娆浪荡者，如上文所列举之陈银儿、罗荣官、施兴儿、张喜儿、杨宝儿、王庆官皆是。而相貌不够娇媚者，个性雅静庄重者，即使声伎皆优，豪客也不去光顾。如刘芸阁“性颇骄蹇，与豪客时有抵牾”，张莲官“不趋时好作妖媚之状，故豪客未之齿及”，小周四官“年仅成童，伶俐活泼，无非天趣，惜面方不媚，豪客未之赏焉”。同时，豪客所钟爱者大都出在花部中，雅部伶人无与闻焉。

官员和文人类狎优人群也比较壮大，魏长生来北京，王公贵族以不得一见为耻。《燕兰小谱》中为王湘云所画兰花题词的，除了吴长

---

① “闹小旦”即指狎优，现实中这个词比“狎优”更普及流行，《品花宝鉴》《儿女英雄传》等小说中常常经常使用。

② 《燕兰小谱》，见《京剧历史文献汇编（清代卷）》第壹册，第58页。

元自己所作外，还有“同人作”27 组，这 27 组诗也许就出自 27 个人，里面有官员也有吴长元一样普通文人。这些人里可能包括在其他各卷提到的人：狎陈银儿的“同乡沈君”，契赏王桂官的“少施氏”（“契赏”乃书中常用来描述文人与伶人关系的词，当为情感深厚、非常欣赏之意），与刘二官“甚相爱重”的寒士“太岳之裔”，将彭万官带到楚地的“浣花公”，欣赏张莲官、契赏戈蕙官、高明官的“韵湖居士”，为贾四儿“击节称快”的“润斋”，契赏黑儿的“外吏”，契赏常永春的“琅玡君”，赏识谢玉林的“许君”，契赏吴大保的“河南公”“昌黎生”，契赏张珂亭的“某巨公”，品评周四官色伎的“古愚居士”，契赏姚兰官、“来京一载，凡出名之旦无不识之”的“姻娅赵君”，契赏严秀林的“友人赵君”，听顾俊德说伤心事的“俞翁”，契赏小周四官的“友人张君”，醉心刘芸阁的某“巨公”“冯氏”，深悦刘芸阁的“山阴俞六爱”，为众伶人画兰的“友人”。

仅这些被提到的有 21 人，大部分是吴长元的友人。这些人构成一个圈子，热衷观剧，与伶人交往，进行品评。在对伶人的品评上，文人也关注色，所谓“玉容无限婆娑影，不是狂奴兴亦豪”①，这是与豪客相同的。所不同的是，文人还重视伶人之伎艺、人品和性情。太和部张莲官“不趋时好作妖媚之状，故豪客未之齿及。余闻诸韵湖居士，往观其剧，果属不凡。因叹如斯丽质，埋没于皤腹睅目之俦。遗珠之憾宁有极耶！”② 作者对这位色伎兼优，但不会以妖媚之状媚人的男旦深表同情，也极为推崇。又拿擅长苦戏的昆旦锡龄官与陈银儿对比，“银儿似春深芍药，锡龄如秋晚芙蓉，可称二美。然豪客喜春华而不喜秋实，故锡龄声誉无闻焉，为之兴叹！”③ 昆旦严秀林“妙龄娟秀，白皙娇妍”声容兼优，但豪客不喜，同样声誉无闻，作者咏诗感叹道：“从来豪客多轻薄，谁解如兰臭味深。”④

吴长元这些文人与伶人交往，除了观剧、咏诗、题画之外，也常

① 《燕兰小谱》，见《京剧历史文献汇编（清代卷）》第壹册，第 43 页。
② 同上书，第 33 页。
③ 同上书，第 48 页。
④ 同上书，第 49 页。

常以伶人侑酒。这些都算文人诗酒风流的本色，对伶人的性情品行要求比较高。王湘云，颇嗜风雅，演剧之余寄情笔墨，是个既美且韵的人物。所以他是文人圈子里的红人，与陈银儿是豪客征逐之对象，迥然异趣。再如侑酒的王五儿“举止落落，无浮浪恶习”，昆曲、京腔皆擅长，但名气为一些当红伶人所压，吴长元“因未为众赏，诗以张之”，为他鼓吹。[①] 对豪客所眷的王庆官，吴长元也赞其善于侑酒，“尝使陪饮，拇战豪呼，风生四座”，但对豪客所感兴趣的媚寝之事，深感厌恶，他发出“童子何知，世风不古”的感叹，对伶人抱同情之心，慨叹那种变态的风气，这也是全书的一个基调。

综上所述，在乾隆时期板腔体新花部小戏繁兴、都市茶园剧场兴起的戏曲史背景下，魏长生以妖冶美艳之表演征服（同时也是顺应）京城观众，引领男旦艺术走上舞台的中心，成为梨园时尚，并导致男旦艺人数量迅速增长，这开启了一百多年男旦艺术繁荣的局面。男旦在舞台上崛起的同时，伶人台下侑酒服务开始职业化，至嘉庆时期出现私寓，一直延续到清王朝的覆灭。伶人侑酒以及私寓制的形成，使得狎优、品优成为晚清京师重要的戏曲文化生态，对戏曲艺术的发展和繁荣起到了重要的推动作用。因此，《燕兰小谱》的出现，在清代戏曲文化新变中具有标志性的意义。

① 《燕兰小谱》，见《京剧历史文献汇编（清代卷）》第壹册，第35页。

抄本《花天尘梦录》中的昆曲史料

首图藏手抄本《花天尘梦录》（索书号戊、9），一函二册。原为马彦祥所藏，首页有“马二”“马彦祥”印，末页有“马氏大雅堂藏”印，正文中有少量红色圈点和眉批。全书包括《凤城花史》正续编三卷、《吃馀丛记》一卷、《评花韵语》正续编四卷、《燕台花镜录》（目录题“燕台花镜录”，正文题“燕台花镜诗”）一卷，共九卷，约五万余字。

自乾隆末年出现记载伶人事迹的《燕兰小谱》后，类似的花谱类著作不断出现，这些花谱当时不过是类似娱乐指南，或是带有吹捧倾向的戏评，但在今天却是了解清末戏曲发展变迁的重要参考资料。《花天尘梦录》是道光时期的一部花谱，相比较其他一些语焉不详、陈词滥调的同类著作，这部书记载伶人事迹及其擅演剧目都很详细，作者对伶人的评论更关注“艺”而非仅仅是“色”，评价也很中肯，所以对我们研究道光时期戏曲发展的状况，特别是昆曲和花部消长的情形非常有帮助。

此书虽然偶尔被提及或为研究者所征引，但因为是抄本，比较罕见，其重要价值仍没有得到学界的重视。本文主要从“昆曲史料”的角度，对这部重要的花谱做一个梳理绍介。

（一）《花天尘梦录》的作者及撰述时间

《花天尘梦录》卷前有作者的题词、例言、序文四篇，皆署种芝山馆主人，则种芝山馆主人即本书作者，真实姓名不可考。据序文称

“予丙戌春初上公车，年二十有五”，其人当生于嘉庆七年（1802年）。从道光六年（1826年）初上公车，“春明屡上，氍毹为常”，在科举之路上屡战屡败。下第后浪游山川，教书糊口。丙申岁，道光十六年（1836年）下第后，曾滞留都门，“于歌舞丛中薄有所识”，这是他关注伶人事迹和演剧的开始。

戊戌岁，即道光十八年（1838年）又赴京考试，对于两年前熟悉的伶人，已有“风流云散之嗟”，因此想到数载之后再来京都，则“异日燕市听歌，定知燕燕莺莺都非旧侣”，为了记载下自己熟悉的伶人事迹，作为雪泥鸿爪之纪念，开始撰写《凤城花史》（分上下编两卷），这也是种芝山馆主人写的第一部花谱。癸卯年（道光二十三年，1843）秋天，作者又来到京师，“友人辄以续编为请，因就近所得见，随时登记，逾一载而成帙”，这就是写成于乙巳年（道光二十五年，1845）的《凤城花史》续编（一卷），但续编一直到第二年才“抄定成帙”，所以阑入丙午年年事。《凤城花史》正续编三卷，前两卷记载道光六年至十八年的伶人，后一卷记载道光十八年至二十六年的伶人。所载伶人皆“数年来余所及见为断，聊以传信，亦以自娱”，作者虽然抱着自娱的态度，但也是以信史的心态来写作的，很注重客观真实性。当然，对于伶人的评价，“休问佳人谁第一，是侬知己便倾城”（《例言》中句），评价带有一定的主观性。作者熟悉春台，所以记载的伶人以春台为主，次三庆、四喜、嵩祝、和春。这也与当时这五大徽班中，三庆和春台比较兴盛的情况相吻合。

《花天尘梦录》中还有《吃馀丛记》一卷，从序文中知道也是丙午年（道光二十六年）写成。内“载诸名伶佳话，皆取见闻极确者记之，以征一时韵事”，记载一些伶人与文人交往、雅集的佳话和逸闻，是了解当时伶人生活的原始资料，具有一定的史料价值。

《评花韵语》正续编共四卷，正编两卷写于戊戌年（道光十八年），续编两卷写于丙午年（道光二十六年）。以百花喻伶人，并系之以四言八句的考语。从写作时间和内容上来看，作者创作《凤城花史》正编同时写下了《评花韵语》正编，用不同文体对同时期伶人作了评品，只是后者涉及的伶人数量要更多一些。《凤城花史》续编与《评花韵语》续编的情况也一样。

《燕台花镜诗》一卷，“为观剧作也”。以五言排律的形式写自己所观之剧，一句诗描摹一出戏，“每句下系歌郎名并戏名，用备征访”，如首句云“花雨惊春睡张宝香《惊梦》，瑶台蚁斗时潘玉香《瑶台》”。序中说此诗也是在戊戌秋写成，当时有百二十韵；丙午年重来都下，“闻见益宽，而代谢过半。因细加推敲，和新旧佳伶，广为参缀”，那些著名演员独步一时之剧，以及曾经串演过但现在不演的，都被保存下来。同样，这些伶人及其擅演剧目亦以春台、三庆为主。

从抄本正文前的《例言》中可以看出，作者当时已经把以上不同时期创作的花谱结为一集，“花天尘梦录”是全书名，但《例言》未署时间，《燕台花镜诗》最后完成于道光二十六年，全书成集当在此后不久。

《花天尘梦录》撰述时间从道光十八年到道光二十六年，记载的伶人及其演出情况则是从道光六年直至二十六年，为道光时期北京剧坛留下了丰富详尽的历史记录，因此具有重要的史料价值。

（二）《花天尘梦录》中记载的著名昆曲演员

道光前中期两部花谱《金台残泪记》和《京尘杂录》，主要记载伶人事迹，对其所演剧目以及擅长昆曲还是花部，都没有详细记载，时间也仅限于道光十八年以前的伶人。而《花天尘梦录》时间跨度大，记载的演员数量也要多得多。其中《凤城花史》正续编三卷中有专传的昆曲演员达五六十人，《评花韵语》将那些不甚出名的童伶也记载下来，加在一起，有八九十人之多。

我们按照演员所属班社进行梳理，并择其重要昆伶加以介绍，以此可以窥见道光中期昆曲发展的大致情形。作者比较喜爱春台部，所以春台的演员相对要多一些，当然也不排除客观上春台部的昆伶本身就比较集中的事实。《凤城花史》正编编于道光十八年，其时京城最著名的三位昆曲旦角演员是“当时以状元目之”的张金麟、“榜眼”张金兰、“探花”张翠香。他们三人都是春台的昆伶。

张金麟，字倚云，生于1820年。传中记载其身世“其父为寿凝，嘉庆间供奉内廷，曾随侍热河行在。洵梨园老善才也。其舅则三庆部中阿金，亦一时度曲名手。倚云生京师，三年始从其父南归。十四岁重入都，隶集秀部，旋入春台部”（卷一）。张金麟可谓昆曲世家，又得到了名师的指点，因此艺术上比较优异，他擅长的戏很多，能演全本《长生殿》。到了《续编》之中，作者说他“迄今七易裘葛，而色艺兼长，声光愈盛”，在那个四五年就更替一代演员的时代，张金麟在舞台上活跃的时间算比较久的了。

张金兰，字倚香，“少倚云一岁”，当生于1821年。传中主要记载了他擅长的剧目，“登场名噪，度曲不失分刌。演《舞盘》，能合曲中节奏；演《寻梦》，尤尽曲中情态。他如《佛庇》、《情誓》、《搜庵》、《冥追》、《闻乐》、《掷戟》、《双拜》等出，妙皆体会入微”（卷一）。

“探花”张翠香，善演《独占》，“登场尤姣丽，盖秾艳之品也”。作者又谈到他的唱“珠喉不能圆亮”，当时被评为探花，估计与他姣丽的扮相有关，另外也得益于他老师的名气，他是著名艺人春台部老掌班殷采芝的弟子。

张三福，字梅生，也是当时著名昆曲演员。传中评其技艺云：“演《玉簪》诸剧，缠绵幽艳，体会入微。演《跳墙下棋》则有幽闲自好之情，演《草桥惊梦》则有凄婉可怜之色。式端凝之风度，《女儿国》之太师也；逞飒爽之英姿，《铁辚峰》之洞主也。他如《楼会》之温柔婉转，《刺虎》之愤激悲哀，《巧遇》之流连荡佚，无不各尽其妙。间复演《昭君》、《奇双会》以投俗好，而态度亦自妍丽。歌喉圆朗，直如一串骊珠。不二年间，声名突过流辈，一时以传胪之名属之。”（卷一）七年后作者再次来到京城，张三福仍然活跃在舞台上。值得一提的是，张三福传后，附有“近畜一师弟曰金福，钱姓字丽生，亦苏州人，年十四，楚楚可人”，这里“师弟”当为“弟子”之误，钱金福后来在咸、同时期非常活跃，自立维新堂，也培养了不少弟子。说他“年十四”，当生于1825年。其弟钱阿四，也是著名昆曲演员。与张三福同时的还有范秀兰（字小桐）、吕秀莲（字花君）等，也都是道光中期著名昆伶，在《京尘杂录》里记载比较多，这里不赘。

稍后有华阿全，字佩秋，生于1830年。传中云：“一时名动，皆以甲辰状元目之。演《湖船》柔媚姣丽，《拂奔》俊爽风流，《思凡》则身手步法，色色入彀。《学堂》则嬉笑唾涕，声名逼真。他如《花鼓》、《私媾》、《搜巷》、《盗巾》、《狐思》、《梳妆》、《掷戟》、《游湖》、《借伞》、《水斗》、《断桥》、《琴挑》、《独占》，而《舞盘》一折，另有一副华贵气象，不减倚香当日神致。”（卷三）

又有张宝琴者，字芷仙，“少佩秋一岁”，当生于1831年，其“歌喉朗润，尤擅串演。如《乔醋》、《折柳》、《借伞》、《偷诗》、《舟过》、《挑做》、《双拜》、《小宴》、《女弹词》、《琵琶行》、《回头岸》等剧，无不入妙。而《惊梦》、《寻梦》两折，尤传神到玉茗佳处。其屈居榜眼者，正以姿态绝艳稍逊佩秋之清耳，实则一时瑜亮也”（卷三）。

这里附带谈谈作者种芝山馆主人的昆曲观。当昆曲在乾嘉时期以折子戏来作为主要演出方式时，昆曲的中心从文学剧本转变到演员的表演上。种芝山馆主人的剧评，正是从演员表演的角度来进行的。在表演中，他又特别重视演员对所扮演人物的体会，比如赞张三福“缠绵幽艳，体会入微”，说华阿全“莫不揣摩尽致，体会入情”，张宝琴“尤擅串演”等。这样的例子在《花天尘梦录》中不胜枚举。在批评中，他最重视演员表演时的神情风致，其次是唱，最后才是色。这是种芝山馆主人戏曲批评比较有特色的地方。

以上这些皆为春台部著名旦角，除此之外，还有兼演昆乱的王长桂与钱阿四配演《回头岸》、“一时推为双绝”的姚联元、“工琵琶，歌码头调”的崇沁香、“辛丑年称状元者”的胡小金、善演《白蛇传》的陈春林等。

春台部小生颇为有名的是李兰舫，“专习小生，突过联珠，当年即士红亦未许与抗手”（士红，姓张，字紫卿。扮小生有声），能戏极多，“工度曲，善传神。歌喉清润，宾白有节”，作者认为“迩来小生颇难其人，拔兰舫高置一座，庶几风厉而振兴之”（卷三），对这个演员颇抱有期望之意。韩发桂也是春台著名小生，经常和张金云配戏，擅演《出猎》《回猎》中的咬脐郎、《梳妆掷戟》中的吕布。

三庆部旦角中有名的也不少，但以擅长昆曲知名的比春台就少得多。值得一提的旦角是潘玉香。《京尘杂录》中称他擅演《长生殿》，身段很漂亮，“举体皆媚，柔若无骨。回翔旋折，飘飘欲仙。观者几欲使无方持衣裙，恐其因风而去”[①]。《凤城花史》传中云：“貌明艳，歌喉朗彻，和之者几欲吹裂笛管。”（卷二）不仅身段好，曲唱得也好。其他如谢素玉（字韫仙）、杨素兰（字琴仙）、曹双桂（字宝蟾）也是三庆著名昆旦。

郑连贵是当时名武旦，传中称其“工跳击，善舞刀剑，有飞花滚雪之妙。演《娘子军》、《扈家庄》、《祥麟现》诸剧，有巾帼丈夫气概”（卷二）。这些昆曲武剧，后来京剧也演，并成为京剧的经典保留剧目。郑连贵武剧以台步矫健为特色，对京昆武剧的发展起到了一定的作用。此人弟子甚多，分在春台、三庆两部，前面提到的春台华阿全就是他的弟子。

最有史料价值的是关于徐小香的记载。徐小香，晚清时期著名的京昆小生。传中说他与“韵珊同庚”，韵珊即四喜部著名昆旦严宝琳，生于1832年，作者在写此传时，徐小香也就十四五岁的样子。传云：“苏州人。静密深沉，不轻言笑。态度安雅，时自矜持。歌楼座上，但见方行矩步而来者，必蝶仙也。专习小生。昆曲能演《亭会》、《拾画》、《叫画》、《玩笺》、《错梦》、《偷诗》、《桂花亭》、《寄子》等剧。时曲如《荣归》、《山歌》、《巧姻缘》、《金玉坠》之类皆可观。武戏最为出色，工《神州擂》、《父子圆》、《凤凰台》、《迷魂岭》、《青龙棍》、《岳家庄》、《破神镳》，跳击极精。结束登场，真令万口叫绝也。”（卷三）这里的时曲即皮黄。徐小香在登上舞台伊始，就是一位昆曲小生和皮黄小生，而且武戏最出色，真可谓文武昆乱不挡。这段文字记载下徐小香擅长的昆曲和皮黄剧目，对我们认识京剧诞生时期小生剧目，了解此时昆曲、皮黄的融合和消长都

---

① 杨掌生：《长安看花记》，见《京剧历史文献汇编（清代卷）》第壹册，第469页。

极为有意义。

四喜部在道光初衰落，但在道光中期“丁酉入春来，四喜部登场，座上客往往与春台相埒。每日不下七八百人。视前一二年，盖已倍之矣”[①]，有了中兴之象。四喜一直保持着“曲子”的特长，因此昆曲名伶很多。《花天尘梦录》中记载了十几位四喜的昆伶，录其著名者如下：

钱双寿，字眉仙，其师傅是三和堂主人叶老四，四喜部总掌班。传云其“负重名，演《葬花》，宛然颦卿再世，凄艳动人。专工昆曲”（卷二）。善演《红楼梦》中的黛玉，当时十九岁，当生于1820年。

钱双寿稍后有乬天喜者，为四喜部后来之秀。天喜字听云，“近来四喜部推听云为首座”，“演《盗巾》、《借茶》等剧，歌喉朗脆，响遏行云，不借丝竹映带也”（卷二）。《京尘杂录》中也认为听云是当时昆曲第一，有了他和眉仙，四喜部就大有起色：“四喜部如名园就荒，庶草繁芜，得此一枝，翘然独秀，从此好春消息来矣。眉仙在部中，巍如鲁灵光殿，如韩陵一片石，如江左夷吾雍容坐镇，而寥天一鹤，殊有独立苍茫之叹。得听香为之后劲，乃信曲高者和非寡矣。……四喜部屯极而亨，或者可复返嘉庆间旧观？则听香其先声乎。”[②] 这里也能看到著名伶人对戏曲班社盛衰的决定性影响。

丁春喜，字饫香，“四喜部名伶也”，善演《摇会》《山歌》《湖船》等剧，尤其是《诱叔别兄》一折“流丽动人，不愧名手”。

陆天禄，字品香，生于1825年，“品香演《冥勘》，宾白有节，清歌朗润，听者称快。他如《学堂》、《游园》、《盗令》、《花鼓》等折，娇小雏娃，体态酷肖”。其弟子杨钧喜，字小香。唱昆曲“清稳朗足”“不愧师传”，而且擅长琵琶小令，演《金瓶梅》之《雪夜》一折，“尤为极尽其妙”（卷二）。

俞鸿翠是四喜著名小生，字小霞，与杨掌生交好，《京尘杂录》

---

① 杨掌生：《丁年玉笋志》，见《京剧历史文献汇编（清代卷）》第壹册，第488页。
② 同上。

中记载甚详。《花天尘梦录》中有传，云“专习小生，与叶福保配。演《风筝误》、《盘夫》、《乔醋》诸折，名动一时”。其弟子殷竹生，“配其师演《乔醋》、《盘夫》诸折时，有出蓝之誉”，“演《骂曹》，独操天池生昆曲”（卷二），这是比较罕见的关于徐渭《狂鼓史》舞台演出的记载。

袁双喜，字听泉，“貌庄雅，工昆曲，为四喜中近来翘楚”，此人后来做过四喜部掌班。其他如周宝莲、张玉美皆名动一时。

和春同列四大徽班，又是王府班，但在道光朝已经吹律不竞久矣。《花天尘梦录》中说“近以其堂名中多卖妇女为娼，蓄弟子不求色艺，但借以支持门户，渐不齿于三部”，和春几乎堕落到娼妓的地步，这可能也是其衰落的一个原因。但作者也表彰了一位出淤泥而不染的优秀伶人，其名王玉笙，字宾仙，北京人。“亭亭自好，专以色艺见长，勉与三大部名伶颉颃”（卷二）。

嵩祝部虽然名声没有四大班那么大，但也是当时著名戏班。《花天尘梦录》中也记载了四五个比较出色的昆伶，其中著名的是郝玉美，字韵仙者。此人工昆曲，演《楼会》《独占》《乔醋》《折柳》《鹊桥》《药店》诸折及《梅玉配》全本，安雅有情韵。作者认为“年来推嵩祝之冠者，端属此人”（卷三）。

还有一位著名的武旦方松林，字莲舫。《评花韵语》下编说他“身颀而软，袅娜娉婷，不碍跳击”，作者极为肯定方松林的艺术，认为是“嵩祝名武旦也”，可惜没有记载下他的擅长剧目。后来方松林以演京剧花旦为主，并成为花旦艺术史上非常有地位的伶人。

以上是对《花天尘梦录》中记载的一些重要昆曲伶人的介绍，这还只是旦角演员和部分的小生演员，丑、净、末等因为花谱的惯例没有专门记载，但已经能说明此时北京昆曲演出的情形。《凤城花史》续编的结尾（卷三），作者有一段总结性的议论：

> 蕊仙常约各部名伶为清音部，名“钧天乐”。有李胜奎唱正生最佳，惜已殁。小生姚双，副净姚五，亦然。他若老生之王春林、阴大、李耀名、吴炳南、华凤，小生之祝兰生、贾增寿、陈

> 金爵、周四，净之姚二、方三、周双，副净之宋四、杨三，丑之陈永年，正旦之云林，作旦之王寿，皆一时昆曲名手。间以各堂名伶参佐之，以备第宅吉筵之选，诚今之雅乐也，岂独余三胜称时曲巨擘哉？附举其名，用见都下梨园正音原未消歇云尔。

余三胜等皮黄艺人在当时已经掀起京剧艺术的流行风暴，但“梨园正音”并未消歇，仍然有很大的市场，那种认为道光年间昆曲便已经完全让位于京剧的观点是失之偏颇的。

（三）《花天尘梦录》中的昆曲剧目及其他

《花天尘梦录》作为有价值的昆曲史料，除了为众多昆伶立传，述其事迹，评其技艺之外，还具体列举了作者所寓目的昆曲剧目。下面根据《风城花史》正续编三卷和第九卷《燕台花镜诗》，把这些在《花天尘梦录》中零散记载的昆曲剧目汇总如下：

其中出自元明清南戏、传奇、杂剧的有：《担货郎》（《女弹》）、《荆钗记》（《绣房》《见娘》《别祠》《祭江》）、《白兔记》（《回猎》）、《幽闺记》（《走雨》《奇逢》《扯伞》《双拜》）、《琵琶记》（《规奴》《盘夫》《书馆》）；《西游记》（《认子》）、《四节记》（《嫖院》）、《连环记》（《梳妆》《掷戟》）、《寻亲记》（《荣归》）、《金丸记》（《抱盒》《拷寇》）、《八义记》（《观画》）、《绣襦记》（《剔目》）、《双珠记》（《投渊》）、《南西厢记》（《跳墙》《下棋》《寄柬》《草桥》《惊梦》《拷红》）、《浣纱记》（《寄子》）；《红拂记》（《拂奔》）；《狂鼓史》（《骂曹》）；《玉禅师》（《度柳翠》）；《玉簪记》（《茶叙》《问病》《琴挑》《偷诗》《失约》《秋江》）、《坠钗记》（《冥勘》）、《义侠记》（《游街》《诱叔》《别兄》《挑帘》《做衣》《私媾》）、《牡丹亭》（《学堂》《游园》《惊梦》《寻梦》《写真》《拾画》《叫画》）、《紫钗记》（《折柳》《阳关》）、《南柯记》（《花报》《瑶台》）、《邯郸记》（《番儿》）、《万事足》（全本）、《金雀记》（《乔醋》）、《红梅记》（《鬼辨》）、《双红记》（《盗绡》）、

《红梨记》（《草地》《亭会》《三错》《赶妓》）、《狮吼记》（《梳妆》《游春》《跪池》《变羊》《梦怕》）、《三桂记》（《拷桃》）、《祥麟现》（《天罡阵》）、《水浒记》（《借茶》《后诱》《杀惜》《活捉》）、《金锁记》（《斩窦》）、《疗妒羹》（《题曲》）、《绿牡丹》（全本）、《燕子笺》（全本）、《钗钏记》（《相约》《讨钗》）、《翠屏山》（《交账》《送礼》《反诳》）、《占花魁》（《醉归》《独占》《赎身》）、《西楼记》（《楼会》《玩笺》《错梦》）、《衣珠记》（《折梅》《园会》）、《跃鲤记》（《看榖》）、《白罗衫》（《杀舟》《看状》）、《风筝误》（《后亲》，有全本演出）、《蝴蝶梦》（《扇坟》《说亲》《回话》）、《翡翠园》（《盗令》《拜年》《杀舟》）、《艳云亭》（《痴诉》《点香》）、《渔家乐》（《鱼钱》《赐针》《端阳》《藏舟》《刺梁》）、《天下乐》（《钟馗嫁妹》）、《长生殿》（《絮阁》《鹊桥密誓》《小宴》《窥浴》《盘舞》《冥追》《闻乐》《雨梦》，全本）、《桃花扇》（《寄扇》）、《虎口余生》（《守门》《杀监》《刺虎》）、《雷峰塔》（《收青》《盗巾》《借伞》《水斗》《断桥》《盗库》《求草》《药店》《调青》《窥柬》）、《桂花亭》（未注明折子，全本）、《红楼梦》（《风月鉴》《栊翠庵寻梅》《葬花》《祭芙蓉》）、《四弦秋》（《茶别》《送客》）、《祭泸江》、《双官诰》（《教子》）、《梅玉配》（全本）、《通天犀》。共计 61 种 146 折（本）。

新编剧目，包括俗创剧目、内廷流传出来的剧目，有《白牡丹》、《描金凤》（《扫雪》）、《俗西游》（《思春》《女儿国》《无底洞》）、《香山》（吴金凤改编剧目）、《金瓶梅》（《雪夜》）《扈家庄》《红霓关》《雅观楼》《娘子军》《回头岸》《蜈蚣岭》（《上坟》）、《打孟良》（昇平署流传出来的小戏）、《马湘兰画兰》《射红灯》《赶妓》（出自《劝善金科》）、《入府》《琼林宴》《玉蜻蜓》（《搜庵》）、《孟兰梦》。共计 22 折（本）。

时剧有《思凡》《下山》《荡湖船》《昭君》《别妻》《奇双会》（《看状》）、《花鼓》《百花赠剑》（《赠剑》《点将》）、《补缸》《算命》（又叫《私推》，《红梅记》中一折衍生出来的时剧）、《浪子踢球》《捞月》（《题红记》中的一折衍生出来的时剧）、《面缸笑》。共计14折（本）。

以上的剧目反映出道光时期北京昆曲演出的某些变化：

（1）从乾嘉时期开始，昆曲演出主要以折子戏为主，《花天尘梦录》中的元明清南戏和传奇、杂剧的演出，主要是以折子戏演出的方式呈现的，提到的本戏只有《万事足》《绿牡丹》《燕子笺》《长生殿》《梅玉配》等寥寥几本。

（2）在昆曲传统剧目折子戏成为主要表演内容的同时，昆曲为了和乱弹争夺观众，也创编了不少新剧目，但这时的创作主体不是文人而是艺人。既包括像《白牡丹》《描金凤》《俗西游》这些俗创剧目，还包括《香山》这样由著名艺人独自创作的剧目（《香山》由吴今凤改编创作）。另外值得一提的，还包括一些新近流入民间的宫廷戏。道光六年（1826年），南府解散，大批昆曲教习重回民间。这批伶人，大部分是回到了南方老家，但也有部分伶人留在京城，搭班演唱。《金台残泪记》卷三有一首诗，其题云："丙戌冬（笔者按：道光六年），内务府散供奉，梨园南返。有不返者，仍入春台诸部。今春，余居樱桃斜街，三月望夜，招□□□□饮寓庐。携某郎来，即其未返者也。"[①] 另外如此时三庆著名老生李耀名，净角姚二、周双都是解散外学后留京搭班唱戏的伶人。这些梨园供奉们搭班唱昆曲，所谓"法曲重闻罢景山，霓裳子弟出人间"[②]，一些宫廷戏也流传到民间，比如《赶妓》（出自《劝善金科》）、《打孟良》等。更为重要的是，宫廷艺人精湛的表演艺术也使得市井梨园中昆曲艺术更加规范和精致化。

（3）乾嘉以后，乱弹日益兴盛，乱弹不仅仅声腔柔靡动人，其情节内容也往往生动活泼，富有趣味，其审美特征甚为符合民间观众的观剧心理。昆曲为了吸引观众，也开始向这些乱弹学习，要么用昆曲翻唱乱弹剧目，要么是昆曲伶人把乱弹戏径自纳入昆曲演唱剧目，这

---

① 张际亮：《金台残泪记》卷三，《京剧历史文献汇编（清代卷）》第壹册，第439页。

② 同上书，第430页。

些被称为“时剧”的新兴昆曲剧目，为昆曲输送了新鲜血液，也是昆曲面对乱弹的巨大压力而进行改革的尝试。《花天尘梦录》中记载了《奇双会》《百花赠剑》《昭君出塞》等当时舞台上盛行的时剧剧目。

除了上面列举的剧目外，还有一些不知出处的剧目，从记载上来看也是属于昆曲剧目的，比如“歌喉圆亮，昆曲尤佳”的张玉美擅长剧目《吞丹》，“专工昆曲”的周宝莲、张金兰擅长《佛庇》《情誓》等折，胡小金擅长的《换花》《巧合》也是昆曲剧目，王双喜“昆曲能演”之《牛混》，笔者囿于见闻，不知它们的出处，也请方家赐教。

另外，尤为难能可贵的是，《花天尘梦录》中记载下了昆曲演员之间的师承关系，可以考察昆曲传承的历史和方式。这其中，堂子起到了至关重要的作用。堂子，也叫私寓，是清代北京梨园界出现的一种新现象，即一些著名生旦别居一处，并收童伶为弟子，教曲唱戏，这些弟子被称为相公，他们不仅仅是戏曲职业演员的后备军，而且还从事侑酒奉欢的工作，以满足文人商贾的声色之娱。关于堂子与昆曲、京剧艺术传承和发展之间的关系，当另撰文讨论，因为篇幅关系，这里仅略举一例，以为管窥。

杨掌生《长安看花记》云“梨园中以光裕堂为第一世家”①，但语焉不详，很难理解这“第一世家”具体所指。但可以通过《花天尘梦录》的记载梳理出光裕堂的师承关系，从而了解“第一世家”指的是光裕堂培养了众多优秀的梨园子弟，其肇始者为嘉庆末道光初蜚声剧坛的“三法”之一的胡法庆。胡法庆出自著名私寓传经堂，堂主刘天桂，搭班四喜部，出师后居光裕堂。其弟子中著名的有吴金凤（又名今凤，字桐仙）、张金麟（字绮云）。吴金凤出师后，仍居光裕堂，胡法庆居“春泉堂”。张金麟即其在春泉堂时的弟子，善演《长生殿》，“当时以状元目之”。吴金凤光裕堂弟子都搭班春台，其技艺“有出蓝之誉”，能自创曲，《香山》即其自创。善画兰，与文

① 杨掌生：《长安看花记》，《京剧历史文献汇编（清代卷）》第壹册，第465页。

人交往密切。此在《京尘杂录》和《花天尘梦录》中都有记载。此后吴金凤弟子众多，有名的如范秀兰（字小桐），擅演《马湘兰画兰》《红楼梦》《祭泸江》等剧；吕秀莲（字花君），兼习生旦，擅演《楼会》之于叔夜、《红楼梦》之宝玉，还擅长演《女弹词》《阳关》《双拜》等折；另有弟子秀筠、秀芝都极为有名，可以独当一面，吴金凤几个弟子分别入四喜、春台、三庆，可见这“梨园第一世家”的声势了。由此也可见到，光裕堂这样的梨园“世家”为清末昆曲的传承和发展起到的重要作用。

从狎优到捧角

——《顺天时报》中堂子史料及文人与“相公”的关系

堂子，又叫私寓，“相公堂子又名私坊下处，本界则名堂号或私寓。”① 所谓私坊下处，与“大下处”相对，后者指同戏班伶人集体居住地，前者指“生旦别立下处”，也就是一些有名望的生旦的私人住宅，经常以某某堂为名号（如梅巧玲的景和堂），这些伶人就是“堂名中人”②。堂子主人建立私寓，招收童伶为子弟，自己本人或请教师传授技艺，所以堂子具有科班的性质，起到了培养戏曲人才的作用。③

堂子也是一种商业娱乐场所，私寓子弟学艺，既是为了以后的舞台演出做准备，同时也为客人提供歌舞侑酒的服务，嘉道以来“叫条子”“打茶围”盛极一时。周志辅说：“当时私房子弟，以年轻貌都，大多数习为旦角。后来子弟浮薄，行为不检，而达官贵人从而利诱；文人墨客，又自命风雅，推波助澜。老板们摄于官威，明知故纵，其

---

① 齐如山：《国剧漫谈》，《齐如山全集》第三册，台北重光文艺出版社 1964 年版，第 35 页。

② 蕊珠旧史：《梦华琐簿》，见《京剧历史文献汇编（清代卷）》第壹册，第 499 页。

③ 笔者按：齐如山《国剧漫谈》中介绍伶人的四种出身，曰大科班、小科班、私寓、票房，私寓“出来的人才最多”，有这样几个原因：一是师傅和教师都是内行；二是学生少，生活条件相对优越，故而堂子子弟能得到充分的训练；三是学生禀赋优秀，这些童伶面貌秀丽，资质聪明，而且大都是伶界子弟，有家学渊源。么书仪《晚清戏曲的变革》专辟一节谈堂子的科班功能，详尽地梳理了各种出身造就戏曲人才的比例，印证了齐如山的判断。

不肖者，亦不免因此博利。遂使人误以为相公为像姑，牵强附会，真视相公堂子如妓薮矣。”① 因此堂子子弟，被称作“相公”、歌郎、像姑，带有贬义的色彩，堂子也几乎与妓院同义。这成为伶界的一大污点，民国元年正乐育化会副会长田际云呈请政府“查禁韩家潭像姑堂，以重人道”，堂子遂随着大清朝一起进入历史。

因为历史上堂子有其不光彩的一面，大家都讳莫如深。事实上，堂子是晚清戏曲史上避不开的话题，它不仅培养了众多优秀的演员，为京剧的繁荣和发展输送了一批又一批的新鲜血液，也是不绝如缕的昆曲艺术得以薪火相传的重要平台，堂子现象更是清代戏曲文化的重要构成部分。现在对堂子的研究主要依据晚清众多的品花类书籍，这是非常重要的文献资料，然而一些清末报纸中的史料同样重要却少有人关注，最有代表性的就是 1901 年创刊的日办中文报纸《顺天时报》。

现存民国前的《顺天时报》残缺比较多，尤其是 1907 年以前的部分，但也就在 1907 年的《顺天时报》上仍有很多关于堂子的史料。这些史料与品花类书籍的史料有相同的地方，如记载了有关的堂子及相公的名号，以及他们的生存方式等。不同的地方，一是媒介不一样，刊载在报纸上的史料比诗词笔记类，显得更为具体而微，更为鲜活；对相公的吹捧与揄扬，其影响力也更大。其次是时代不同，1907 年左右，京津地区掀起了戏曲改良的浪潮，堂子即将在改良的呼声中走入历史。解读这些史料，能看到最后一拨堂子即将消失的历史情境如何，更有意思的是，可以看到这个时候文人与相公的关系将有着如何微妙的变化，并对此后戏曲的发展起到何种影响。

（一）堂子的没落与相公的自我救赎

1907 年《顺天时报》刊登了睡佛调查的《菊部花名一览表》，此表记载了二十一个堂子，以及当时“应酒筵之召”的四十八名歌郎，

① 周志辅：《枕流答问》，香港嘉华印刷公司 1955 年版，第 46—47 页。

是一份珍贵的资料。[①] 抄录如下：

(1) 朱茅胡同之部

(国春堂) 姚佩兰、姚佩亭、姚佩秋、姚佩霞、王春林

(2) 韩家潭之部

(绚春堂) 姜妙香、姜妙卿、陈葵香、朱如香

(安华堂) 王琴侬、王萧侬

(渠华堂) 刘宝云、钱香云、绚云

(复春堂) 陆少华、陆莲芳、朱桂芳、张瘦芳、唐芝芳

(怡云堂) 罗小宝、王丽奎、狄小红

(云和堂) 朱幼芬、梅兰芳

(倩云堂) 孙凤凰、刘梧桐、郭猴子

(国兴堂) 赵芝香、韩佩玉、秦佩玉、秦惠林、朱佩芝

(锡庆堂) 陆宝珊

(紫阳朱寓) 朱玉如

(天水赵寓) 赵砚香

(琊琊王寓) 王佩仙

(3) 百顺胡同之部

(德春堂) 陆小琐、曹小凤

(韵秀堂) 迟大荷、迟二荷、姚阿顺（姚玉芙）

(4) 石头胡同之部

(云瑞堂) 王蕙芳

---

① 《菊部花名一览表》，《顺天时报》1907 年 5 月 21 日第 5 版。笔者按：品花类记载堂子的书籍，现在能见到的以谢素声《杏林撷秀》为最晚出，撰于 1904 年，此后具有完整意义的相公堂子的记载就是这份一览表了。另，1928 年 3 月 7 日，《北洋画报》刊登了题名"廿年前北京云和堂十二金钗之合影"的照片，内有梅兰芳、姚玉芙、姜妙香、朱幼芬等人，正如么书仪《晚清戏曲的变革》中所言："这是一幅京剧演剧史上的重要照片，它在此后（直至近年）的史料性与研究性著作中经常出现"（该书 234 页），这十二人除刘砚芳外都能在《一览表》中找到，的确是当时正红的歌郎。但很明显他们属于不同的堂子，仅梅兰芳、朱幼芬是出自云和堂，因此可以肯定《北洋画报》中所谓"云和堂十二金钗"的题名是错的。

(5) 樱桃斜街之部
(景善堂)徐兰元、徐竹元
(6) 外瑯营之部
(景春堂)张秋霞
(韵华堂)胡素卿
(国顺堂)唐采芝
(7) 陕西巷之部
(颖秀堂)吴桂香

这份史料中记载的堂子规模和相公数量，无法与道光时期相比，也远逊于同光年间。[①] 所以熟知菊部掌故的人不禁发出“以昔例今，今何衰昔何盛欤！且昔之菊部中人，大都注重于歌艺”[②] 的感叹。这里记载的是历史上最后一拨堂子，此后更趋没落。对照稍晚些的一份《燕兰续谱》[③]，可以发现：一、很多堂子不用堂名了，直接改为某寓，或直接以某主人标示，不再正规使用堂号说明有意淡化堂子的色彩；二、其中大部分相公已不再应召，注明“今不应局”或“久不应局”“无人应局”，其中《一览表》中的朱幼芬、姚佩秋、王蕙芳等在《燕兰续谱》里都不应局，真正应局的相公仅二十人，比起《一览表》中应召歌郎四十八人又少了一半多，堂子已经真正的衰落了。

进行侑酒服务的堂子，其营业的对象，主要有两种人，即商贾纨绔和文人仕宦阶层。这两种人对于歌郎的娱乐消费目的也是有着基本明确的分界，《顺天时报》中有人总结为“桌面派”与“炕面派”。以商贾为消费主体的炕面派，以追求刺激的感官享受为目的，等而下之是把歌郎当作发泄变态性欲的对象，相公的歌艺不是他所要关注的

① 笔者按：《顺天时报》1907 年连续刊载《三十年前菊部史》中记载的堂子就有 61 家，是此时的三倍。

② 《旧菊部堂名表》，《顺天时报》1907 年 11 月 14 日第 5 版。

③ 菊佣笔述：《燕兰续谱》，《京剧历史文献汇编（清代卷）》第贰册，第 499—501 页。

重点。所谓桌面派，指文人仕宦一派，对歌郎的姿色和才情都比较重视，在一种有暧昧色彩的浪漫中寻求文人标榜的“情”；同时相对于炕面派，文人们对相公的歌艺要重视得多，浅酌低唱、竹肉相和中陶冶性情正是文人追求的风雅情趣。因此，如果炕面派成为主流，则堂子及相公离戏曲的本业愈远，其从业者低下的道德素质、拙劣的品性也就使得这个行业更为人所不齿。事实上，虽然在经济上商人可能提供更为丰厚的回报，但在声誉和舆论上，文人仕宦却有着天然的优势。但是，堂子毕竟属于商业经营，在它的生存出现问题时，整个行业的偏离和堕落是自然的趋势。

堂子的繁荣在嘉道时期，因为歌郎们学习的多为昆曲，符合文人的审美情趣。而这个时候的歌郎也非常注重各种艺术修养的培养，精通棋琴书画，气质静雅。光绪以后，随着昆曲的衰微，以及皮黄老生的兴起，堂子也就进入衰落期。庚子年，大量南妓进京，分流了不少主顾，而乡试的文人又去了河南，使得堂子的经营更加困难。很多歌郎，迫于堂子主人的压力，不得不穿梭于各种宴席之中，成为攫利的工具，无暇训练自己的演技和培养优雅的性情，也为了个人的生存，被迫做出种种污浊不堪的行为，导致整个行业素质下滑。这正是清末堂子越来越衰落的原因之一。《顺天时报》中以文人的标准对当时相公的素质提出了众多批评，批评的焦点就是相公们唯利是图，行为龌龊。比如当时著名相公小凤凰，他与“热客”（老斗的同义词，一般是富商）交往频繁，虽被热客吹捧，但难免为文人所不齿，故而有文人撰文告诫：“是则淫乐之俦，登徒伧父所称道，而非骚人雅士之所宜出此也。寄语凤凰，一伧父登徒之称誉，恐不足以当公众之论评，幸自勉之。”① 其他如有些相公强拿强要，互相间谑浪过分，缺乏高情逸志，都遭到文人派的批评。也能从文人的批评中，看到当时堂子没落时期的种种乱象。

但堂子的没落又不能简单归结为某些从业者道德素质的下滑，正如上文所言，相公们从事的职业本身就是畸形的，附生于人性当中具

① 痴侬：《再志伶界恶习》，《顺天时报》1907 年 10 月 11 日第 5 版。

有的而在晚清特殊的社会风气下放大的那种变态审美和变态心理，相公们是这种变态心理的牺牲者，他们身处其中为风气所转移，为堂主所威逼，不得不用各种手段去攫利，故而显得道德素质下滑。在清末堂子行业的整体生存压力下，这种情况更为明显。有人指出："今日之相公，受天然之淘汰，生涯日行寂寞，人才遂觉凋零"①，指出责任不在相公，而在这个职业本身，其将被文明社会所淘汰。而"相公二字，千古伤心"的感叹中，则包含着对相公的无限同情。报纸中对相公们强颜欢笑、备受主人驱使压榨、没有出路的黯淡前途多有反映，让人看到这个行业是多么的不人道和腐朽的一面。

在晚清改良主义思潮兴起之后，伶人的地位被提高到国民教师的位置，伶界中人也逐渐懂得自尊自重，对堂子这样的恶俗思以革除。田际云在1906年以精忠庙的名义开办正乐学堂，这是一个伶界的公益学堂，但规定私寓子弟不得入学，只要不开私寓，同行子弟都可入学，其目的就是通过这种方式来刺激堂子中人，让他们改变这个风俗。② 让堂子中人回归戏曲本业，这正是伶界的自我救赎行为。同时，堂子里的相公们也开始各自的救赎。国春堂姚佩兰，"思想文明，洗尽一切俗派，大有脱离相公窠臼的志愿"③；燕公《答瘦棠花界问题》（六）中说："相公天然之淘汰，近已发见其端倪。各班主人，知欧洲优人之见重于社会，为其无相公之说，而戏曲之足以改良风俗也，故皆已相率注重编制新戏。然则戏曲之进化，即相公之退化，有可豫决矣。姜慧波、王桐君辈，为各报章所激刺，为文明客所劝告，猛然醒悟，毅然改计。"④ 这既能看到伶界革除恶俗的决心，也能看到文人对此的赞成态度。相公们不仅编制新戏，参与戏曲改良活动，而且热心公益，参与赈灾义演，以表达堂子中人与时俱进的精神面貌。1907年夏安徽水灾时，众多歌郎在王琴侬、姜妙香、姚佩秋等人的组织下，于福寿堂举行了伶界赈灾义演，小凤凰演《下河东》，宝云

---

① 《小凤凰劣迹之铁证二》，《顺天时报》1907年10月18日第5版。

② 《正乐学堂的宗旨》，《京话日报》第421号第1至2版。

③ 《佩兰文明》，《顺天时报》1907年4月6日第5版。

④ 《顺天时报》1907年5月3日第5版。

演《彩楼配》，王蕙芳、姚佩兰，久不演剧，因为赈灾也登台演出了《戏凤》《打桃》等戏。①

而更为普遍的一种谋求自新之路，便是努力学艺，追求艺术上的精进，以此赢得人们的尊重，也尽快获得自立自新的机会，罗小宝就是这样一个例子，留待下文再谈。

民国元年，田际云上书北京外城总厅，“查禁韩家潭像姑堂，以重人道”，不久总厅批准了田际云的申请，告示全城所有私寓“咸与维新”②，堂子一百年左右的历史才正式宣告终结。

（二）文人狎优心态的淡化和《顺天时报》中的捧角

在清末改良思潮兴起、堂子趋于没落的历史情境下，一些谋求新出路的相公开始自我救赎，向戏曲本业回归，已如上文所言。虽然堂子在清末仍然存在，文人们仍然经常招相公歌舞侑酒，对喜爱的相公也极尽追捧之能事，但宣传揄扬的方法和评价的标准都发生了一些变化，预示着文人从狎优到捧角的转变。

那些热衷吹捧相公的富商豪贾和纨绔子弟，被称为“热客”“老斗”，他们把堂子作为销金窟，在其中寻欢作乐，与他们相好的相公也赢取厚利；或者在相公演戏时，为其捧场，大叫其好，但重心仍然在相公的色相，其追求的是感官的刺激和享乐。《燕兰小谱》中说：“豪客观剧，必坐于下场门，以便于所欢眼色相勾也”③，可见“老斗”们即使到剧场，注意力也不在表演上，而是与所欢“眼色相勾”。

文人捧相公，叫条子、打茶围也不必少；也会到茶园去捧场，但更多的是通过写诗、撰花谱、评菊榜的形式，其关注点虽然涉及技

① 笔者按：《伶界义务会演剧调查记》等记载，《顺天时报》1907 年 6 月 23 日。

② 张次溪：《燕归来簃随笔》，《清代燕都梨园史料》，中国戏剧出版社 1988 年版，第 1243 页。

③ 《燕兰小谱》，《清代燕都梨园史料》，中国戏剧出版社 1988 年版，第 47 页。

艺，但重心仍在可人的外貌、温婉的性情、优雅的才艺。看一看晚清众多的品花类书籍就知道，真正关注演员表演艺术的实际并不多。反映当时文人与相公交往的小说《品花宝鉴》中，田春航则明确表示，“我是重色而轻艺的，于戏文全不讲究，脚色高低也不懂得，惟取其有姿色者，视若至宝。”[①] 他说的情况也许不代表所有文人的心理，但文人不仅仅因为相公的演艺而愿意去结交却是事实，在文人狎旦的心态中，“色”和性情远远要比“艺”重要得多。总之，无论文人仕宦还是富商豪贾、纨绔子弟，虽然他们在行为和趣味上不一样，但狎旦之“狎”的心态却是相同的。

《顺天时报》中堂子史料则明显反映出当时文人狎优心态的淡化。《小红自负》中评价狄小红“从不肯作随波逐流派，稍贬他高情逸致的气概。因此纨绔子弟，喜欢奉承的，多不愿意他。但是常言说的‘夜光难掩，明月自华’，小红必定可以遇见真鉴赏家了。”[②] 小红的这种性情和表现，自然无可“狎”之处，故而深为纨绔子弟鄙弃，但却为文人所赞赏。梅兰芳，无可讳言，也曾经是云和堂的歌郎。有一则报道说：“云和朱小芬之弟子梅兰芳，字畹华，年十四岁。容貌丰润，举止温文，而其性情静穆，言论敦朴。每当酒筵应召，目不乱视，口不乱谈，循循然有规矩。……唱青衣，声音清脆，词调匀圆，登台一曲，喝彩千声，亦伶童中不可多觏之才也。”[③] 文章还告诫朱小芬，应对梅兰芳宜为珍惜，详加教导，其前途未可限量。另一则睡佛的《兰芳戏曲佳妙》说：“其应客之际，端坐无言……聆其唱《彩楼配》一出，歌喉之圆润，台步之整齐，颇具闺秀风范。”[④] 梅兰芳“性情静穆，言论敦朴”“应客之际，端坐无言”，自然也不是可狎之人，但表演佳妙，所以被文人在报纸上再三揄扬。

---

① 陈森：《品花宝鉴》，上海古籍出版社 1990 年版，第 184 页。

② 《顺天时报》1907 年 3 月 22 日第 4 版。

③ 布衣客：《兰芳可佳（嘉）》1907 年 7 月 23 日第 5 版。另有东池生《梅兰芳》也称赞“其风度蔼然，应酬娴雅，颇耐人寻味。洵称菊部中特出之秀，因特表扬之”。1908 年 3 月 4 日第 5 版

④ 《顺天时报》1907 年 6 月 9 日第 5 版。

当然文人仍然会延续“叫条子”“打茶围”的传统，并非完全以听戏捧戏为第一要务，所以演技之妙和应酬之工同是他们评价歌郎最为重要的标准，正所谓“京中名优不一而足，或以声歌擅长，或以应酬见称”①。文人认为的“应酬见称”，不是席上相狎，肆浪嬉谑，相反是讲求一种文雅的趣味，一种礼节。“相公侑酒，向有礼节，客虽爱之，礼不可废。”② 这种礼节即是要求相公尊重客人，不能“抗颜而座，高谈阔论”或者打闹戏谑，甚至戏弄客人，强拿强要；也是受平等观念的影响，尊重相公的人格，乐而不淫。正是在这种氛围下，相公和文人的关系向着朋友的关系转变。

文人不仅对相公评价的标准发生变化，鼓吹的手段也与时俱进，开始利用正在兴起的大众媒体，使得对相公的宣传力度更大，其影响力也自非一本书或几句诗词可比了。1907 年《顺天时报》举办了“丁未菊榜”的评选活动，其中所选伶人都是当时相公，也都在上面所录的那个《菊部名花一览表》中。投票评选之前，发表了署名菊部大侦探的《丁未菊榜定期宣布之先声》一文，既是本次评选活动的广告，也透露出文人组织菊榜的宗旨和目的：

> 平章风月，本雅人之所为；品题声价，尤励才之苦心。顷见《顺天时报》，大放南北花榜，并花部授职表，喧传众香国间，轰动北京九城，为从来未有之盛事。一登龙门，声誉百倍，章台走马问津者，得此为先河之导，厥功亦云伟矣。惟是长安景色，首在菊部。评花遗菊，实为缺憾。兹特纠合同志，准于十月十五日揭登“特别菊榜”于《顺天时报》。

“平章风月，本雅人之所为；品题声价，尤励才之苦心”，菊榜的选举既是风流雅事，也能鼓励人才，是文人倡导菊榜的真实心理。这次菊榜是受当时的花榜所启发，希望能和花榜一样，引起九城轰动，

① 《名优特表》，《顺天时报》1907 年 5 月 30 日第 5 版。

② 《佩兰知礼》，《顺天时报》1907 年 8 月 13 日第 5 版。

让相公中的人才“声誉百倍”。选举的标准，《菊榜选举分四大科紧急报告》谈到选举细则：

> 菊榜选举规则，曾已报告。兹又经同人会议，拟将此次丁未菊榜，分别“色科”“艺科”“才科”“情科”四大科，容貌美丽者，属色科；歌曲优胜者，属艺科；工于酬应，或通晓文墨者，属才科；富于爱情，不专注重金钱者，属情科。

其中色、才、情都与应酬有关，而艺也被排在重要地位，其分科方式正与文人评价相公“德”“艺”的标准相对应。经过十余天的评选投票，共收投票1512张，经统计投票中打出的分数，分“色艺才情”四科和总分得出菊榜排名。①

通过报纸，以公众投票的方式来评选菊榜，这是笔者所看到的最早的一例。晚清“菊榜”很多，一般是名士文人主持或评定（这些名士文人基本上都是科举士子，与此后的报界文人还是有点区别。1905年取消科举考试，大量科举士子失去目标和生活手段，部分转变为报界文人，这对清末的政治文化都有相当重要的影响），仿照进士榜的形式，对伶人甲乙次第，评定优劣。这种菊榜出现在大比之年，故而有诗云“菊榜随同蕊榜开，但论门第不论才。”② 这种菊榜两个特色，其一，这是以进京赴考的士子和淹留京城的名士们为主体

---

① 笔者按：《顺天时报》1907年11月20日第5版刊登了选举结果。色科排名：姚佩兰、罗小宝、朱幼芬、刘宝云、王蕙芳、陆小琐、小凤凰、姚佩亭、葵香、砚香、小红、莲荷、佩霞等十二人。艺科：罗小宝、朱幼芬、姚佩兰、刘宝云、葵香、陆小琐、姚佩亭、小凤凰、砚香、小红等十人。才科：朱幼芬、姚佩兰、罗小宝、王蕙芳、刘宝云、陆小琐、小凤凰、姚佩亭、葵香、砚香、小红、莲荷、佩霞等十三人。情科：刘宝云、姚佩兰、罗小宝、朱幼芬、陆小琐、姚佩亭、小凤凰、葵香、砚香、小红、王蕙芳、佩霞等十二人。“特科”（四科总成绩）名次：前五名是姚佩兰、罗小宝、朱幼芬、刘宝云、王慧芳。

② 见张次溪《清代燕都梨园史料》之《伦明诗序》，其后小注云：“每逢大比之岁，例开菊榜。犹记最后一榜：王蕙芳状元，朱幼芬榜眼，梅兰芳名列第七。幼芬之榜眼与前科王琴侬之状元，皆以门第得上选。”最后一次大比之年是光绪三十年，即1904年，赴考的士子们编排了最后一科菊榜，这次菊榜王蕙芳、朱幼芬分别列状元和榜眼，梅兰芳第七名。

的小圈子内评伶活动；其二，其特色是“但论门第不论才”，所以并非真正从奖励人才的角度出发，其公正性也大打折扣，其影响力也就在圈子内，并不能形成广泛的舆论。这与报纸上评选的菊榜是完全不同的。（清末也有一些名士文人把自己评定的菊榜，刊载到报纸上，这种菊榜仍然缺乏广泛参与性和公正性）

而这次选举中，体现了公平公正公开的原则：一、投票选举；二、票式统一，并刊载在报纸上，故而接触报纸并对此事有兴趣者皆可参与投票；三、不能重复投票，规定投票者必须用实名；如果用笔名，必须另报纸上实名，以便查对。这有效地控制了刷票等舞弊行为。此后公布了三百多个投票人名单，说明事后举办方是经过核对的。从 10 月 31 日开始至 11 月 23 日结束，前后近一个月时间，在报纸上先后登载了广告、相关消息、榜单、四科第一名的论赞，其宣传的力度和影响力可想而知，自然非以前的品花书籍所比。民国以后，报纸更是成为捧角的重要工具和平台，对艺人知名度的提高和艺术成长都起到重要的作用，投票选举菊榜也是常见的一种方式，《顺天时报》1907 年的“丁未菊榜”可以说是其先声。

（三）个案的考察：文人捧角与男旦艺术的兴起

《顺天时报》1907 年的菊榜以及大量绍介、揄扬相公的文章，客观上起到推动男旦艺术发展（相公绝大多数是男旦），提高观众对男旦艺术关注的作用。如上文所言，报纸上对歌郎们的揄扬，主要集中于两点，一是德行（包括才情）；二是演艺。因为文人对相公演艺越来越重视，仅仅介绍某人擅长某剧就过于简单了，在报纸上也起不到耸人听闻、吸引眼球的效果（品花类书籍中即使涉及演艺，也大都是用某某擅长某剧的方式记载一笔，极少有具体的评论），因此就渐渐出现一些篇幅较长、立论鲜明的艺术评论。这不仅仅是专业捧角文人出现的一种表征，也能看到清末这些文人从狎旦转变为捧角后，对男旦艺术兴起的推动作用。

这里以“丁未菊榜”艺科第一名的罗小宝为例，作一个案分析。

罗小宝，字葵舫，后来成为知名的京剧老生，1907 年时年十五岁，是王瑶卿怡云堂里的一位歌郎，也搭班小吉祥部演剧，工青衣，京剧、梆子都很擅长。从《顺天时报》中可以看到，他是当时很红的歌郎，文人宴会上的常客。但罗小宝对于自己的处境感到羞愧和痛心，曾这样表白："我生不幸而操此贱业，我亦人也。欲使我无面目以立于世，能不令人痛哭乎？演剧本正业，故我极力研求，能至何种地位，听之而已。"① 如上文所言，清末相公的救赎中，罗小宝可称一位典型的代表人物。

文人既是罗小宝服务于他们"打茶围""叫条子"的客人，也是罗小宝的戏迷。这些人经常在报纸上撰文捧他，甚而还与另一位梆子童伶小十三旦的支持者们展开论战，这是笔者见到的最早在报纸这样大众传媒上为伶人展开论战的案例，也是较早在报纸上连续登载的大规模捧角文章。

罗小宝隶天乐园小吉祥部，天津下天仙茶园因生意清淡，特请罗小宝到天津演唱。睡佛撰《小宝赴津》隆重报道此事，说小宝"品格清高，不喜欢谄媚人"，演剧时"声音清朗，响入云霄，为北京伶童中绝无仅有的人才"，"久已名震京都"。天津下天仙茶园座客不满，"闻小宝大名，特为专人到京来聘请，以广招徕"。② 紧接着连续发表《小宝回京》等多篇文章，表达对他的渴想之情，并借天乐园伶人之口说，因为小宝走后，不仅座客减少，就是戏价也减少，故而园主人催他回来，做"中流砥柱"。可见这些文人戏迷对罗小宝的宣传力度非常之大，而且宣传手段也极尽变化。

就在罗小宝去天津之前，有天津童伶小十三旦进入天乐园演出，小十三旦也是梆子花旦童伶中的佼佼者，在北京演出不长时间，就有了一批戏迷。这样，双方戏迷便开始在报纸上进行了论争。

挑起论争的是一位叫海北侨子的，他写了篇《名旦脚妒极生畏》的文章，说小十三旦演艺优胜，原来喜爱罗小宝的戏迷都转而捧小十

① 《小宝特色》1907 年 7 月 4 日第 5 版。

② 《顺天时报》1907 年 4 月 26 日第 5 版。

三旦，罗小宝自天津回来后，看到此情形，妒极生畏，不敢再在天乐园演出。痴侬则陆续发表《为小宝被诬致海北侨子书》《吉祥部劣败之原因》为小宝辩诬，说罗小宝从天津回来后没有赴天乐园演出，是因为劳累以及继母去世等变故所致，并非忌惮小十三旦，并说吉祥部因为小宝暂停演出，而小十三旦又不能起到台柱子的作用，故而生意冷落。双方你来我往，笔战连连。

捧小十三旦者说他演剧时“精神全付与戏中人去”①，善于刻画人物。“至论其色与艺，小宝眉目虽稍清秀，而面如土色。观其登台演剧，往往滞气发现，作木偶人状，令阅者扫兴。而小十三旦，娉娉袅袅，举措合宜，观者欢声雷动，视小宝则不啻天渊矣。”②

捧罗小宝者云：“（小十三旦）貌不及小宝远甚，唱作亦时现生滞勉强气习。不似小宝之音喉圆啭，动静合拍，不加强作，而神情逼肖，娇憨静穆，无不臻绝妙也。知音者，请继崔灵芝而起者，其惟小宝，其色艺可想见矣。小十三旦，貌虽不恶，唱作虽称佳美，然较之小宝则瑕瑜又不能相掩也。”③“小宝于做作一技，尤称擅长。浓情艳思，静神穆容。与夫憨傻呆凝之状，无不神情毕肖。”④ 在论争中，表演须自然，要善于刻画人物，做到“神情毕肖”等观点不断为双方所强调，从而成为表演艺术的一种共同规范。随着论争的白热化，文章也越写越长，由之前的谁是天乐园台柱子问题之争，转而进入更为专业的艺术评论。痴侬的一篇文章里这样写道：

> 花旦词少而字句艳华，故韵而最易见长，加以小十三旦貌本秀丽，于彼未开口时，人早已存一爱恋轻佻之心。虽有不周到处，亦必略之，故出场颇不寂寞。不然，以小十三旦之做作而论，出场则双手捧心，举止轻佻粗鲁，如荡妇浪娼，失旦角闺秀淑娴之风范。且时无故发笑，以唱法而论，则恃其声嗓之洪大，

① 海北侨子：《名旦脚妒极生畏》（二），《顺天时报》1907 年 6 月 26 日第 5 版。

② 海北侨子：《答痴侬书》，《顺天时报》1907 年 6 月 28 日第 5 版。

③ 痴侬：《为小宝被诬致海北侨子书》，《顺天时报》6 月 18 日第 5 版。

④ 痴侬：《再复海北侨子书》，《顺天时报》1907 年 7 月 4 日第 5 版。

不当出彩声者，亦必故作以要好。失之太过，无处不有。

夫精神勤备，自是演剧者所当勉，但当求其宜与不宜，亦不可过于撒娇卖艳，反致弄巧成拙也。小宝之演旦角也，娇丽温柔，大有名媛风范。其演青衫也，静穆幽娴，尤似窈窕淑女。端立则弱不胜衣，旋舞则飘然欲仙。无过不及，应有尽有。其声则苍凉绕梨园，如娇莺啼啭柳林间，抑扬顿挫，板调稳而彩声适宜。唱作之双佳，诚非今日之小十三旦所可望及也。

况青衫一艺，词多而字句不齐，更难于见长。不可丝毫越离规矩外，非如花旦之唱作，有时尚可自出心裁，添一二新彩也。使小十三旦演小宝之曲，吾恐其轻佻粗俗短失处，有出乎吾子私心之外者矣。①

这里不仅评价了两人艺术上的高下优劣，还探讨了花旦和青衫两种脚色不同的表演风格，这样的评论对于旦角艺术的发展无疑起到推动作用。论争的结果是罗小宝一方略胜一筹，究其原因，除了技艺的高低之外，则海北侨子在论争一开始就已经指出："小宝系都中像姑，小十三旦系津南优人，以优人而较之像姑则势力又不及小宝矣。小宝袒护众多，恐非小十三旦孑然一身所能敌抗者"。②

此次有着浓厚艺术意味的论争的结局和海北侨子这一番话都很有启示性，也足以印证我们这样的判断：由于时代的变迁，文人对相公（男旦）关注重心和评价标准从"色"转为"艺"，狎优的文人遂演变为捧角的戏迷，成为宣传男旦艺人，推动男旦艺术兴起的重要力量。

① 痴侬：《复怡情书》（三），《顺天时报》1907年7月23日第5版。

② 海北侨子：《名旦脚妒极生畏》（二），《顺天时报》1907年6月26日第5版。

戏曲改良中的“三段论”思维模式

——以余治戏曲理论为标本

余治（1809—1874），晚清著名京剧作家，一生创作剧本40种（今存28种），是最早致力于京剧创作的文人之一。余治剧本集名曰《庶几堂今乐》，其命名之用意，即如《自序》中所云“一唱百和，大声疾呼，其于治也，殆庶几乎”，表达出作者希望通过“今乐”（余治所谓“今乐”，广义指所有戏曲艺术，狭义指京剧）教化大众，以达到恢复儒家道德体系，以至政治清明、天下大治的目的。他的《尊小学斋集》和《得一录》中也有大量戏曲批评文字，对古代戏曲作品、当今戏曲现状以及如何利用好戏曲的教化功能等各个方面，进行了条分缕析的阐述。他的戏曲理论近乎一个三段论式的体系，首先强调戏曲的社会功能、其次不满于戏曲发展的现状、结论是要进行“变今乐”的戏曲改良（改革），这种理论建构和思维模式，或隐或显地存在于整个戏曲史，尤其是近百年来的戏曲发展史中。毋庸置疑，余治的戏曲理论是这种思维模式最集中、最明确、最有代表性的反映和表达，也是深入了解这种思维模式的一个尚佳标本。

（一）

余治的戏曲理论，首先上是一种从儒家礼乐文化传统的角度来认识“今乐”（戏曲），从而认为戏曲必然与“古乐”一样具备重要教化功能的批评观念。《〈庶几堂今乐〉自序》中说：

古乐衰而梨园之典兴，原以传忠孝节义之奇，使人观感激发于不自觉，善以劝，恶以惩，殆与《诗》之美刺、《春秋》之笔削无以异，故君子有取焉。贤士大夫主持风教者固宜默握其权，时与厘定，以为警瞶觉聋之助，初非徒娱志适心已也。[①]

这段话有以下几层意思：其一，戏曲能够与《诗》《春秋》一样劝善惩恶，有益于风教；其二，贤士大夫应该紧紧控制和利用好戏曲的风教作用，批评了仅以戏曲“娱志适心”的创作观念；其三，戏曲风教作用具体表现是“传忠孝节义之奇，使人观感激发于不自觉”，也就是说戏曲能激起观众情感的波澜，让他们不经意间接受忠孝节义的教化；最后，也是以上三条的理论基点，“古乐衰而梨园之典兴”，余治之所以这样来阐释戏曲的教化功能，是因为他把梨园戏曲当作“古乐”的延续，看成礼乐文化传统的构建者。

余治作为饱读经书的儒家知识分子，对儒家礼乐文化批评以及建立在此基础上的礼乐文化传统自然是耳熟能详。儒家对“乐”的社会功能非常重视，孔子祖述周公礼乐制度，所以儒家对周公“制礼作乐”的精神多有阐发。孔子本人有“兴于诗，立于礼，成于乐”之说（《论语·泰伯》），充分重视“乐”在完善人格上的作用。荀子《乐论》讨论先王制礼乐的本意说：“先王之制礼乐也，非以报口腹耳目之欲也，将以教民平好恶而反人道之正也。”也揭示出“乐”的教化作用。

在秦汉时期儒家著作中，对乐做出系统阐述的是《礼记》，其中更为充分地阐述了先王制礼作乐的教化目的以及乐能完成教化的心理因素：

人不耐无乐，乐不耐无形，形而不为道，不耐不乱。先王耻其乱，故制《雅》、《颂》之声以道之；使其声足乐而不流，使其文足论而不息，使其曲直、繁瘠、廉肉、节奏，足以感动人之

① 蔡毅编：《中国古代戏曲序跋汇编》，齐鲁书社1989年版，第2257页。

善心而已矣。不使放心邪气得接焉，是先王立乐之方也。(《乐记十九》)

从这一段话中可以看出，在儒家看来，“乐”的作用正在于它以美的艺术的形式传达出“礼”的内容，从而到达教育民众的效果。这种美感的、艺术的教育更能深入人心，这正是“乐”具有重要社会功能的原因，所以孟子说“仁言不如仁声之入人深也”。

因此，当余治把戏曲看作古乐的延续，纳入礼乐文化体系中时，他首先就表现为以先王制作礼乐的动机来阐释戏曲创作的目的：不是适心娱志，而是完成劝惩的教化作用。其次，他也继承了秦汉儒家对“乐”能作用于人情感的美感本质的认识，故而进一步肯定了“移风易俗，莫善于乐”的观点，面对世风日下、道德沦丧的现实时，立志要通过创作“今乐”挽狂澜于既倒，他说：

天下之祸亟矣，师儒之化导既不见为功，乡约之奉行有历久生厌，惟兹新戏，最洽人情，移易风俗，于是乎在，即以是为荡平之左券焉，亦何不可也！①

总而言之，余治从礼乐文化传统的高度，充分肯定了“今乐”（戏曲）的社会功能和文化价值，甚至把戏曲的教育作用置于“师儒”之上，比起古代以戏曲为雕虫末技的观念，是极大地提高了戏曲的地位。

（二）

余治既然高度重视“今乐”的社会功能，必然对“今乐”是否能够承担起教化功能做出相应的评判和批评。让余治感到遗憾的是，

① 余治：《庶几堂今乐自序》，蔡毅编《中国古代戏曲序跋汇编》，齐鲁书社 1989 年版，第 2258 页。

“今乐”不仅没有承担起这个责任，反而是起到了负面效用，因为诲淫诲盗的戏曲成为“今乐”的主要构成部分。余治戏曲批评理论的第二个重要方面，便是对“今乐”的现状——诲淫诲盗戏曲的批判。

其《教化两大敌论》云：

> 从来天下之治乱系乎人心，人心由乎教化。教化一日不行，则人心一日不转。教化者，圣王驭世之微权，实人心风俗转移向背之机，不可一日或废者也……敢与教化为大敌，可为痛哭流涕长太息者，厥有两端：一曰淫书，一曰淫戏。……“风流淫戏做一出，十个寡妇九改节。”又有云：“乡约讲说一百回。不及看淫戏一台。”盖淫戏一演，四方轰动，男女环观，妖态淫声最易煽惑。遂致青年子弟，璇阁姬姜，牵惹情魔，难完白璧。是国家岁旌节孝千百人，不及淫戏数回之观感为尤捷也；是千百正人君子扶之而不足者，一二贱优狎客败之而有余也。[①]

淫戏被他认为是教化的最大敌人，所以他简直充满恐惧地说：“此夏廷之洪水也，此成周之猛兽也，此人心之蛊毒、政治之蟊贼也，此圣道之荊榛、师儒之仇寇也”。

余治一生反对淫戏可谓殚精竭虑。据《余孝惠先生年谱》中记载：“纩前三日，命门人手条呈一册过德清俞荫甫太史，是夕犹以淫词小说根株未绝，留书致应方伯，严示整饬”[②]，余治临去世前仍汲汲于禁毁淫戏，以不能尽去之为憾。余治《得一录》中收录了大量关于禁毁淫戏的文献，有他自己的议论，也有辑录别人的文章，在禁毁淫戏之理论上不外乎指责、批判淫戏对世道人心的败坏。

从这众多的禁毁淫戏的议论中，不仅看到当时正统文人对淫戏的深度恐惧，而且能借此了解古代社会中在禁毁淫戏方面的一些策略。对诲淫诲盗戏曲的禁毁从各个方面展开，《焚毁淫书十法》（淫书中

① 余治：《得一录》卷十一之二，同治八年刊本。

② 吴师澄：《余孝惠先生年谱》，光绪癸未孟秋古吴得见斋刊《尊小学斋集》。

包括他认为的诲淫戏曲书籍）：第一法、第二法是从官方角度进行禁毁，即把禁毁诲淫诲盗之小说戏曲法令化，制度化。第三法、第四法、第五法、第六法动员学士文人、富贵之家、贫寒之家、书商等社会各阶层人士齐心协力抵制淫秽书籍，比如号召学士文人不读不写淫书，有钱人购买淫秽书籍或雕板焚毁之，贫寒人家抄写禁毁淫书的果报单去散发宣传，书商和书店不刻不印不卖淫秽书籍。第十法，动员文人士大夫堂会演出时“勿点淫戏”。

更为详细的专门针对戏曲演出做出规范，有《翼化堂章程》[①]。章程前三条是一般性劝诫，劝诫乡绅士民在梨园演剧、迎神赛会演剧、城乡庙宇演剧时不要点淫戏，并在第三条中提及具体措施（如立碑刻文禁点淫戏，演淫戏的戏班唱一出罚钱千文等）。以下几条具体分析了哪些戏是该禁演的，原因何在。首当其冲的是《滚楼》这样的淫戏；同时谈到禁演《西厢记》《玉簪记》《红楼梦》等才子佳人戏，余治认为这些戏虽并非与《滚楼》《卖橄榄》《卖胭脂》一样完全是淫戏，但其以风流韵事为主，多表演眉来眼去的调情，已能使得“少年人荡魂失魄。暗动春心”，而且这些戏打着才子佳人的旗号一般不会受到社会舆论的批评，其演出比真正的淫戏更多，所以余治认为“风流韵事之害人入骨者。当首先示禁矣”。这里可以看到，余治既能注意到古代爱情戏曲与淫戏的区别，但又从教化的角度对爱情戏曲充满防范的态度。其后分别开列禁演戏曲“水浒戏”“汉唐故事中各有称兵劫君等剧”“淫盗诸戏”“盗皇坟乃大逆无道之事”“打店杀僧”“打渔杀家”，余治认为这些戏曲过于宣扬暴力、对奸恶之事形容太过，不仅不能引起劝诫，反而给作奸犯科者以教材和榜样。

总之，余治的禁毁诲淫诲盗之戏曲，既有观点又有具体措施方法，这些措施方法既包括官方法律、民间乡规社约的制约，也包括用善恶果报等宗教迷信去恫吓和哄骗，从书籍出版、传播以及戏曲表演各个层面打击摧毁“淫戏”。

---

① 余治：《得一录》，卷十一之二《翼化堂章程》。

（三）

余治既然从儒家礼乐文化传统的角度重视“今乐”的社会功能，而“今乐”的现状又如此令人不满意，所以他的戏曲理论的第三个重要内容，便是提出“变今乐”的观念，进行戏曲改良。他引用周子《通书》中的话说“不复古礼，不变今乐，而欲至于治者远矣”，他认为复古礼很困难，而变今乐比较容易，另外一个方面，今乐已经非常的堕落，因此“今日今乐之当变更何可缓耶!”[①] 他的变今乐戏曲改良理论主要有这样两个方面的内容。

首先，提倡戏曲应该有强烈的现实针对性，从而能切实地起到教育作用。他认为戏曲的教化主要是针对百姓的，因为上等人能读书明理，遵照先圣先儒的格言教训行事，无须借助戏曲来进行教化；中等人也能理解社会上广泛流行的各种劝善书籍，而普通愚民百姓这些下等人无法读书识字，其接受教化的主要途径是戏曲，所以戏曲的教化功能、起到真正移风易俗效果的主要反映在平民百姓身上。既然这样，就必须量体裁衣、对症下药，对照百姓的恶劣风俗进行相应教化，唤醒村夫愚妇。《答客问》[②] 中以治病为喻，对自己的观点进行了充分的阐发，云：

> 譬如医者之用药，须对病立方，乃得见效，即为下等人说法，自须切定下等人用意乃为对病。余之所作，大约按切近日下等人所犯恶习，多作对病，方期以补旧时梨园所未备耳。

其自谓“自怜措大学风狂，敢谓投时对病方”，可见对这种现实针对性非常得意。其针对性，即针对的“时病”，一些恶风恶俗和不

---

① 余治：《庶几堂今乐自序》，见蔡毅编《中国古代戏曲序跋汇编》，齐鲁书社 1989 年版，第 2257 页。

② 蔡毅编：《中国古代戏曲序跋汇编》，齐鲁书社 1989 年版，第 2260—2264 页。

良社会现象。同时，他又认为，在批评时病时不宜过于夸张，夸张失实，也不能起到移风易俗的作用，甚至会适得其反。他批评有些戏“未免形容太过，不知写人之恶必写到十二分，非理非情，无不人人发指，窃恐为恶者见之，非特不引以为戒，反引以自宽”，并以《清风亭》《雷打张继宾》等剧为例，“天下古今有如张继宾其人者乎？……描写逆状，出于情理之外，窃恐抚掌之余，适足为逆子自宽之地，岂非徒徒无益而又害之也（若谓我虽不孝，然较之此人，尚为远甚。设我若中状元，断不至此，小小悖逆又何妨也）”。所以他在创作戏曲时，一方面对对症下药，写下诸如“劝孝弟力田”“表节烈惩奸恶”“劝全人骨肉”“惩负义”“惩诲盗”“惩诲淫”乃至“惩溺女”“劝借谷”等劝善杂剧；一方面又注意把情节设置得更切近平民百姓，正如《例言》所云：“传奇往往凭空结撰，未免‘海市蜃楼’，兹刻所选，均眼前实事，庶可征可信，不落荒唐”，他认为只有这样写百姓熟悉的生活，才会让他们感到亲切有味，从而化导乡愚。

其次，尚通俗。文人创作戏曲自觉不自觉地有着文人化的倾向，趋雅避俗，特别是明清的传奇，多表现文人的情趣和思想观念。余治虽然也是当时享有盛名的文人，但从教化的角度非常推崇戏曲的通俗性特征。《答客问》中云：

> “古人作戏之意，非将欲以忠孝节义故事当场演出，使人观而感乎?”客曰：“是，固然矣。”予曰：“既欲以忠孝节义使人观感，则欲使观而感者以多为贵乎，以少为贵乎?”客曰：“自宜多多益善。”予曰：“吾子既欲使观感者多，则巴人下里属和者数千人，岂不足以轰动？既欲求其多而从事阳春白雪，何异缘木求鱼也!”

在他看来，戏曲要最大限度地发挥它的社会功能，只能走下里巴人的通俗路线。所以他虽然承认文人传奇也有讲忠孝节义，宣扬教化之作，但认为“古人作传奇，命意各有所在”，总体上来看，立意过高，缺乏符合百姓审美情趣的通俗作品。例如《长生殿》是讽喻人主之作，可演于宫廷，为最高统治者作前者之鉴；《精忠记》立意在劝诫人臣，宜演于官场，可为食君禄者当头棒喝；一切战阵胜负设计用谋之戏，应该演于行伍之中，可鼓舞士气激昂斗志。这些传奇如果演于乡曲村坊，不仅愚民百姓不感兴趣，更可能带来坏的影响，比如历史战争剧可能开启乡民好勇斗狠的风气。

在余治生活的咸丰、同治年间，京剧形成并逐渐走向成熟，余治正是从他尚通俗的理论出发，对京剧这种新兴的戏曲艺术形式给予了更热切的关注，并创作了大量的京剧剧本。他认为京剧表达出了普通百姓的情感，在形式上也颇为切合普通百姓的审美。《自序》言“惟兹新戏，最洽人情”，正是洞察了京剧艺术的草根性，所以他一再强调创作必须写百姓生活中经历的事情（均眼前实事，庶可征可信，不落荒唐）、写“俗情”，只有这样百姓才会感到“亲切有味”；题材上如此，在主题表达上也颇能契合百姓的情趣，民间百姓的道德信仰无外乎“因果报应”，京剧能够“彰善瘅恶，历历分明”（《自序》）。从艺术形式上来说，余治也认为京剧最为切合民间百姓的审美，昆曲是阳春白雪“赏雅不赏俗”，而皮黄俗调“词白粗鄙”“习之既易，听者亦入耳便明”。

余治的这些观点，虽然有些显得狭隘迂腐，但他从便于教化的角度出发，对受众更广、切合百姓审美情趣的京剧非常推崇，客观上对京剧的发展起到了一定的宣传鼓动作用。其理论中蕴含着提倡大众化戏曲、提倡戏曲的教育意义建立在“洽人情”的基础上，要求戏曲创作接近平民生活、贴近平民情感的观点，是有一定价值的。特别是为了宣传自己的政治伦理思想来“变今乐”的思路，对晚清时期的戏曲改良有一定的启发作用。晚清持戏曲改良观念的陈去病（字佩忍）在《论戏剧之有益》中即引余治为同调：

> 当洪杨时，梁溪有奇人余治者，独心知其意，尝谱新剧数十出，皆皮簧俗调，集优伶演之，一时社会颇欢迎焉……吾尝求其书读之，觉其所谱演，揆之今日，虽不甚相浃，然其以感发奋起为宗旨，则要足多焉。……吾一读其语，吾未尝不佩其议之坚，

识之卓，而惜其不复见于兹日也!①

陈去病所赞赏的绝不是余治所要宣传教化的内容，而是欣赏其以戏曲（京剧）来进行宣传鼓动、教育化民的见识，易言之，他对余治的追慕乃在于他们有着共同的戏曲改良（改革）的思维模式。

余治这种三段论式戏曲批评理论模式，是古已有之、近代更为普遍的戏曲改良思维模式的代表，尽管同一模式下所蕴含的内容因时代各有差异，但思维逻辑是相同的。从以上分析中，可以看到这种戏曲改良的思维模式，首先与中国深厚的礼乐文化传统有关。中国传统戏剧艺术在形成发展过程中，一直未能摆脱“乐”的本质属性，因此，也必然在礼乐同构的传统语境中承担着道德教化的功能。其次，这种思维模式与改良者的精英意识有着密切的关系。上古时期，人们在讨论“乐”时，就已经认识到“乐”的两重性，即礼乐传统中的育化属性和纯粹享乐的自娱属性，并从道德上加以评判。《乐记》中说：“乐者，乐也。君子乐得其道，小人乐得其欲。以道制欲，则乐而不乱；以欲忘道，则惑而不乐。道，谓仁义也；欲，谓邪淫也。”按此说法则有君子“乐”与小人“乐”的不同，而其分野之处就在于是“以道制欲”还是“以欲忘道”。产生于民间的戏曲艺术，很容易成为一种仅仅满足人们声色之娱的小人之乐，民间戏曲过于追求刺激，满足一些低级趣味的情形，也是毋庸讳言的事实。因此，改良者往往以精英者的身份，对小人之乐进行规范、改良，而这些往往又和时代思潮、政治需求所交错，形成不同的戏曲改良理论。无论如何，戏曲的礼乐文化传统、改良者（君子之乐的自命者）的精英立场，在戏曲改良思维模式中起到了决定性的作用，于是产生了认可戏曲具备教化功能、批评民间戏曲思想鄙俚芜杂、要求进行戏曲改良的三段论式戏曲改良理论与批评。这种逻辑贯穿戏曲艺术发展的始终，直到今天仍然在不少理论与批评中看到其踪迹。

---

① 阿英编：《晚清文学丛抄·小说戏曲研究卷》，中华书局1960年版，第64页。

清末民初北方地区戏曲改良活动考述

清末民初的戏曲改良，是中国传统戏曲现代化的开端，其历史意义和理论价值重大，值得充分探讨。上海是此时戏曲改良的重镇，历来研究较夥，然北方戏曲改良的情形，却显得模糊不清。通过梳理戏曲改良相关史料，发现北方戏曲改良经历了三个阶段：1906—1907年，田际云、崔灵芝编演改良新戏带动了第一波改良浪潮；1910—1911 年，话剧创始人之一的王钟声北上，在京津地区掀起了一股新剧思潮，感染影响到戏曲界，从而推动了戏曲界的改良运动；第三个阶段即 1913 年梅兰芳赴上海演出，目睹上海新舞台的改良京剧和时装京剧，心有所触，回京后着手进行的京剧改良活动。本文主要通过钩稽当时北方报纸中的戏曲史料，爬梳排比，还原第一个阶段即 1906—1907 年戏曲改良活动历史。

（一）北方的焦虑：1902—1905 年报纸中的戏曲改良言论

甲午战败后，在救亡图存的历史召唤中，资产阶级改良派和革命派应运而生，为了宣传他们的政治理想，塑造出符合新政治理想的新一代国民，文艺成为他们心目中传播新思想、祛除旧观念，进行启蒙和革命的利器，戏曲小说等大众文艺更受到超乎寻常的倚重。1902 年梁启超在《新小说》发表《论小说与群治之关系》，其中有言："欲新一国之民，不可不先新一国之小说。故欲新道德必新小说，欲新宗教必新小说，欲新政治必新小说，欲新风俗必新小说，欲新学艺必新小说，乃至欲新人心，欲新人格，必新小说。”这里说的“小说”，包括传统戏曲，小说界革命也包括戏曲改良，从此戏曲改良成为一个时代热门话题。

稍后，《新小说》《月月小说》等改良文学杂志上陆续发表了三爱《论戏曲》，天僇生《剧场之教育》等宣传戏曲改良的文章，1904年柳亚子等人创办了专门鼓吹戏曲改良的杂志《二十世纪大舞台》。这些杂志以及比较开化的南方各地方报纸的戏曲改良言论，深刻影响到戏曲界。汪笑侬自19世纪末就在上海演出，创编了《瓜种兰因》《党人碑》等改良新戏，无论是戏曲表达的思想主旨还是艺术表现形式上，都带有浓厚的改良气息，给当时的戏曲界极大的影响。

北方地区（主要指京、津、保定等大城市）在帝辇之下，京畿之区，封建保守势力自然要强势得多，其思想风气就不易开化。但在全国咸与维新思想的激荡之下，北方地区这个最为顽固的封建堡垒也并非不见一点新鲜的空气，听不到一点时代的潮声。上海等南方地区兴起的戏曲改良运动，在北方地区也有微弱的回应，这种回应主要表现在报纸的言论中，北方的舞台实践仍然是因循守旧的。1902年开始，《大公报》《北京女报》《京话日报》有关戏曲改良的言论时有发表。

《大公报》于1902年11月11日刊载的《编戏曲代演说说》，是笔者见到较早一篇北方地区鼓吹戏曲改良的言论，其中说：

> 蒙虽不敏，固以开化自任者也。尝终日不食，终夜不寝，以求所谓开化之术。求而得之曰：编戏曲。编戏曲以代演说，则人亦乐闻，且可以现身说法，感人最易。事虽近戏，未尝无大功于将来支那之文明也。盖听戏一事，上而内廷，下而国人，无不以听戏为消遣之助。去年上海伶隐汪笑侬《党人碑》一出，其登台演说时，具爱国之肺肠，热国民之血性，能使座中看客为之痛哭、为之流涕、为之长太息。独是此等戏曲编者不多，诚能多编戏曲以代演说，不但民智可开，而且民隐上达。昔优孟衣叔敖衣，而上感楚王，设非以戏感化而能神速若是乎？今不欲开化同胞则已，如欲开化，舍编戏曲而外，几无他术。

戏曲受众最广，感人最易，故能起到激发人心而收教育之功效，所以作者把编开启民智的戏曲称为“开化之术”。这是很常见的一种提倡改良戏曲的言论模式。比如专论戏曲能“感人”的特性，而提倡戏曲改良的——“天下最容易感动人心，转移风俗的，没有比唱戏再快的了。从坏变好了也容易，从好变坏了也容易，因为是眼里看着，耳朵里听着，久而久之把那真情实象全印在脑子里，洗也洗不下去。所以如今有志正人心、正风俗的仁人君子，出主意改良戏本，新编些个可以激发人自立的志气，养成人爱国的热心的好戏，演给大家看，实在是最要紧的一件事。”① 专论戏曲受众广，有着大众艺术之特性，故而为传播新思想利器的——“独有那下等多数的人，自小没念过书，差不多一字不识，要想劝化他们，无论开多少报馆，印多少新书，都是入不了他们的眼。一定要叫知道些古今大事，晓得为善为恶的结果。除了戏文，试问还有什么妙法？也不必讲求高雅，就是二簧、梆子腔，能悦俗人的耳目，那才算是救急的良方。”②

此类言论甚多，如 1905 年《大公报》载王善述《论开智普及之法首以改良戏本为先》《京话日报》陆续发表《改戏》《戏本赶紧改良》等，这也是北方地区最早宣扬戏曲改良的两份报纸。

这些戏曲改良言论中言必及汪笑侬和他的改良新戏，这固然说明汪是戏曲界从事戏曲改良的鼻祖，也可以窥见北方有志之士在言说时的一种焦虑心理——上海戏曲改良已经如火如荼，北方戏曲界却因循苟且。虽然京津地区戏曲艺术高度发展，但置身当时救亡图存的热潮之外，仅作为一种“声色奇观”，难免给人保守落后、跟不上时代步伐的印象。

京剧是一种以表演为中心的艺术，对戏曲文学的忽视，导致其缺乏更为高远的艺术追求；同时京剧也是一种市场为主导的艺术，对观众的迁就和迎合，也使得奸盗邪淫之戏充斥舞台。《京话日报》有论

① 《说戏》，《大公报》1904 年 8 月 24 日附张。
② 《说戏本子急宜改良》，《京话日报》第 106 号第 1 版。

者焦虑地说："中国的戏文，当初也很讲究，相沿久了，只作为消闲解闷的玩意，不去再加考订。演出种种怪象，牛鬼蛇神，淫词荡曲。锣鼓响处，不论戏文好歹，只要是个名角，任凭演得怎样无理，喝彩的声音，仿佛连珠炮一般，这个声音，实是从肺腑发出。若再唱各种奸盗邪淫的戏，更觉兴高采烈，乐不可支。"[①] 这反映出当时一种现实，人们只欣赏角儿的表演，至于所演无论怎样无情无理，也置之不问；角儿也沉浸于观众的叫好声中，追求自己的所谓价值和名利。[②]

天津戏园大部分在租界地区，为了营利，男女合演的情形很普遍，而且经常演出仇杀淫秽戏曲。[③]《大公报》有一则《说戏》，极力痛斥当时天津剧坛花旦淫戏愈演愈烈的不良倾向，把上海汪笑侬从事的京剧改良，和天津戏曲落后的现状进行比较，其中愤慨之心显而易见。不仅仅是上海，广东等地也在进行戏曲改良[④]，这更加引起北方有志之士的焦虑，《说改良戏剧》中介绍了广东人程子仪改良戏本的方法，号召天津剧坛向他学习，而首先要做的就是禁止无益的戏剧，要禁止无益的戏，第一先从禁止女角演淫戏。[⑤]

---

① 《说戏本子急宜改良》，《京话日报》第106号第1版。

② 《京话日报》中有一段话说"哎，我们报上劝过唱戏的，原想着惜重汪、谭的名望，作个领袖。谁知他们二人，一是身同隐士，一是应酬太忙，没能留心这些事"。对汪桂芬、谭鑫培不能响应戏曲改良深表失望。

③ 戏园为了获利，迎合一些观众的低级趣味，当时演出时很多淫秽情节和场面，从报纸屡屡报道来看，的确是事实，其危害程度很大。"近来各戏园每多演唱淫戏，具形容尽态处，已足使少年子弟意荡神飞。尤可恶者，登场角色竞尚女流，且所演皆《百万斋》《关王庙》《卖胭脂》《杀子报》《珍珠衫》等剧，传情作态，无异白昼宣淫。须眉歌舞之场，竟变为淫荡癫狂之状，真有耳不敢闻，目不敢见者在。"（1903年2月22日第6版《禁演淫戏说》）

④ 《大公报》在屡述上海汪笑侬京剧改良的同时，也曾多次介绍广东戏曲改良情况，《梨园进化》报道广东戏班编演《黄萧养回头》，演出时"观者如堵，莫不叹为新奇"（1903年11月10日），《戏本改良》专门介绍广东志士程子仪改良活动，"程子仪等创办改良戏本，以开发下流社会，并闻股份已齐，定于十一月开办。其办法：议招少年子弟六十人，均年在十五岁以下者，每日于教戏之外，另以两小时教以读书识字，并灌以普通知识，激以爱国热心，使之养成人格，不以优伶自贱，而于新撰曲本，亦能心知其意，庶几演唱之时令观者有所感发兴起。……现已撰成曲本若干种，……不能尽举，而一以唤起国民之精神为主义云。"（1905年1月2日）。

⑤ 《大公报》1905年1月3日附件。

1902 年至 1905 年报刊的言论，针对现状，提出改良愿望，对戏曲界也产生了一些影响。《京话日报》中以《唱戏的也敢说话了》为题，刊载了当时著名演员余玉琴在报纸改良言论号召下，表达自己有意于戏曲改良的文章。余玉琴也谈到戏曲改良面临的两大难题，一是同行人拥护的不多，一个人演不了戏；二是经费不好筹措，没有钱也排不了新戏。而关于私寓制度，田际云等也开始想法革除，但最终因人阻挠而罢。这说明当时的北京，无论是戏曲界还是政、商界，对戏曲改良都不甚热衷。

综上所述，这一时期戏曲改良的实际行动是非常薄弱的，但报纸的言论的确也开通了风气，为以后的戏曲改良打下了舆论基础，也感染了一些开明甚至有革命思想的演员，这些人成为后来戏曲改良运动中的中坚力量。

（二）名伶改良：1906 年《惠兴女士传》与《女子爱国》的编演

1906—1907 年北方地区的戏曲改良迎来了一个高潮，引领这个高潮到来的是两位名伶田际云和崔灵芝，特别是前者，更被誉为“北京改革戏剧之发起人”①。

田际云（1864—1925），艺名“想九霄”，著名的皮黄、梆子演员，光绪十八年（1892 年）即入昇平署，是民间所说的内廷供奉。此时为玉成班班主。他是一位颇有新思想的伶人。张缪子说他“有新智识”，《京剧二百年历史》记载他在戊戌变法时同情光绪帝和维新派，借着演戏输送书籍给光绪，并有功于维新党和光绪之间的联络，所以大受康梁的赞赏。他对私寓制度非常痛恨，立志改革这种恶习，1912 年正是在他的号召下，和谭鑫培、余玉琴等组织“正乐育化会”，从而替代了“精忠庙”，并彻底废除了私寓制度。实际上他在 1905 年就曾经创建“正乐学堂”，教育戏曲演员新知识，培养自立人

① 《戏剧文明》，《大公报》5 月 16 日第 5 版。

格。综观田际云一生行实，梅兰芳的评价最为中肯，“他是一位勇于改革社会恶习，有胆有识，不畏强御的先进人物。”[①] 其先进之处就在于有着新思想，新智识，勇于进取，这在当时的戏曲演员中的确是难能可贵的。也正如此，他才成为“北京改革戏剧之发起人”，他所编演的第一部改良新戏是《惠兴女士传》。

《京剧二百年历史》中云：

> 光绪三十一年，杭州驻防旗人惠兴女士，以建立学校故，上书于将军瑞澂，求为捐款补助。瑞不为帮办，惠女士仰毒殉事。际云闻之，怦怦有所动于中，恻隐之心，不能自已，在福寿堂编演此事实新剧，自扮惠女士，大受观众之称许欢迎。当日所收戏资，共为三千六百元，经日升银行之手，送于杭州，女士学校赖以维持不废。其急公好义者，有如此也。[②]

简略地记载了田际云被惠兴女士事迹打动，演戏助学的过程。惠兴女士，满族，杭州人，受当时兴学思潮的感染，立志兴女学。光绪三十年（1904 年）在杭创建贞文女学堂，开学典礼上曾割臂肉一片，发誓说：“今日为杭州旗城女学校成立之日，我以此血为记念。如此校关闭，我必以身殉之。”后因经费没有着落，到处借贷，四处碰壁，遂生死志，愿以死唤醒满人。1905 年 12 月 21 日服毒自尽。当时北京学界教育救国、兴办女学的思潮正方兴未艾，而惠兴女士殉学事件以惨烈的姿态进入人们的视野，遂成为一大社会新闻，各大报纸纷纷登载惠兴女士的事迹。况且惠兴女士是一位旗人，因此其事迹在北方地区更是受到广泛宣传，并有官员为其请旌建祠者。[③] 人们在感叹惠兴女士殉学惨烈行为的同时，也为实现她筹集贞文女学的经费而努力。首先是报界号召募捐，但收效甚微。被惠兴女士事迹所感动，并一直

---

① 梅兰芳：《戏剧界参加辛亥革命的几件事》，《中国戏剧》1961 年第 6 期。

② 波多野乾一著、鹿原学人编译：《京剧二百年历史》，上海启智印务公司 1926 年版，第 258 页。

③ 《大公报》1905 年 7 月 19 日金梁《拟请代奏为惠兴女士请旌折稿》。

热衷于女性启蒙教育的《北京女报》主编张展云开始考虑和戏曲界结合，通过义演的方法来扩大募捐。①

张展云找来商量此事的戏曲界人士就是田际云，素有维新思想的田际云自然一口应允。他们商量的结果是组织“妇女�学会”，并以此名义演义务戏，“听戏的出钱，唱戏的白唱”，以戏资助学。《惠兴女士传》遂在这种情况下编演，成为北方地区第一部改良新戏。《惠兴女士传》演出情况，报界多有实时跟踪报道。《大公报》一则消息说：

> 京都玉成班田际云因杭州贞女学堂惠兴女士为创办学堂筹款殉节，见其意烈可钦，按照前情排演新戏。今春三月初五、初九、十二等日，在北京福寿堂恭请北京大小名角共办勗学会，又请各城票友是日各尽义务，演唱三昼夜，大众不取分文，共筹款五千余元，由日升昌汇寄杭州将军瑞转寄贞文学堂。闰四月下旬，玉成班又在广德楼演唱《惠兴女士》新戏两日，是日每座加钱五百文，均交户部银行，上国民捐，蒙巡警部奖赏银牌一面。今又有赵广顺老板到京特约田际云，将所有演《惠兴女士》原戏角色至津演唱，所加洋元均上国民捐，定于七月内在日租界天仙茶园准演。是日并请学界诸公入座观剧，亦文明之举动也。②

可知《惠兴女士传》是由田际云编演而成，并于 1906 年 3 月 29 日，4 月 2 日、5 日在福寿堂首演，这次演出邀请了北京戏曲大小名角和票友，参与演员范围之广实属罕见。因为这次演出只卖女座，所以 5 月又在广德楼演出两天，演出每座加钱五百文，以助国民捐。在京城引起轰动后，天津戏园老板也请玉成班赴津演出，并以加座钱上

① 可参考对惠兴女士殉学事件做过充分研究的夏晓虹教授《晚清女学中的满汉矛盾——惠兴自杀事件解读》与《旧戏台上的文明戏——田际云与北京“妇女勗学会”》两篇论文。

② 《新戏来津》，1906 年 8 月 27 日第 5 版。

国民捐。8 月 28 日、29 日，田际云赴天津日租界天仙茶园演出。[1] 9 月 26 日湖广馆壬午科团拜时演出全本。（恽毓鼎《澄斋日记》）在 1907 年 6 月，借着惠兴女学继任校长来京的机会，勗学会为了表达对上一年热心助学志士的感谢，田际云又演出了一次全本《惠兴女士传》。

《惠兴女士传》的演出效果，也是空前热烈感人，引起极大轰动。以广德楼演出《惠兴女士传》为例。开演之前，《白话日报》主编彭翼仲、《北京女报》主编张展云，还有开明人士王子贞（后来和丁宝臣创《正宗爱国报》）登台演说，特别是王子贞演说“国”字之含义云，言浅义深，在那种剧场的氛围下，深深打动了观众。演出本身的效果，“人人点头称赞”[2]，而最为感人的在本剧结尾部分，“演到服毒递禀，祭堂陪灵，人人落泪。”[3] 有人甚至说这是“北京戏园二百余年，此乃感动之第一声也”[4]。

学界、演员、观众在勗学会的演出中呈现出很好的良性互动，改良戏曲既起到激发人爱国心的积极作用，也提高了学界对戏曲界的评价。学界鼓吹戏曲改良的人士感到很宽慰：

> 自从玉成班的老板办理勗学会，很是做脸。所以各票友感动热心，都要尽尽义务。各班名角，也愿帮忙。谭鑫培很愿出力，那两天的戏，必然又是不错，梨园中人，肯帮票出力，实在难得。将来改良戏曲，一定容易商量了。[5]

比较 1905 年《京话日报》中刊载的《说戏》，批评汪桂芬和谭鑫培不关心时事，改良戏曲无法获得同行的认可，这则消息中透露出学界对戏曲改良非常看好的情绪。

---

① 《名优爱国》，《大公报》9 月 13 日第 5 版。
② 《广德楼演唱新戏》，《京话日报》第 629 号第 3 版。
③ 《学界人肯听新戏》，《京话日报》第 631 号第 4 版。
④ 《文明戏剧之感动力》，《大公报》1906 年 6 月 4 日第 4 版。
⑤ 《又要唱义务戏了》，《京话日报》第 620 号第 3 版。

《惠兴女士传》之后，另一部在1906年大出风头的改良新戏是《女子爱国》。这个戏由义顺和班演出，扮演主角鲁忧葵的崔灵芝，是著名的梆子青衣演员。《海上梨园杂志》曾评价他“旧有鞠部侍郎之目，青衫中之小叫天也”，与皮黄青衫陈德霖齐名。当田际云倡议举办勗学会时，崔灵芝正在天津演出，听到消息后，特意从天津赶回，入会助演，足可见他热心公益事业。

剧本实际上在前一年就已经写好，作者是梁济（字巨川，著名学者梁漱溟之父）。《女子爱国》纯粹是一本文人虚构的改良新戏，写一位身在深闺却心忧天下的新女性鲁忧葵，从与出洋留学的哥哥来往的书信中，接受了不少新学，也洞晓天下时事，对国家的前途深感忧患。她感到要改革时弊，富国强民，必须先从教育开始，尤其是女子教育，所以走出深闺，在漆室县的县令卞良法支持下，排除万难兴办女学。

虽然剧本早已写好，但一直没有合适的演员来表演。也因1905年演改良新剧的风气未开，这个剧本也就未能引起演员的兴趣，故而搁置起来。梁济看到《惠兴女士传》给剧坛带来的新气象后，就特地把剧本交给崔灵芝，崔灵芝这时正热衷改良，故而和于永海合作，添补情节，准备上演。

《京话日报》1906年第563号第3版《名优热心》报道：

> 名优崔德荣（灵芝）最喜演唱节烈戏，虽是装扮坤角，人品却很端正，毫无习气。现在天津演戏，听见玉成班创办勗学会，大动热心。临期要由天津赶回，入会助善，并愿排演《女子爱国》戏文。此戏为梁巨川侍读所编，特送交崔德荣，等他排演熟习，必把原文登在报上，以便大家观看，大约在四月间可以出台。

《女子爱国》于1906年5月18日至20日，首演于广和楼。6月8日再次演出，此次演出所有戏资都上国民捐，连戏班中跑龙套的都捐出了自己的买米钱，可见演员之热心。当月22日、23日、25日，义顺和全班被传入内廷演出《女子爱国》，可惜未见报道慈禧、光绪等人观看此剧的反应。[①]

《惠兴女士传》《女子爱国》因鼓吹社会改良，体现了爱国精神，皆受到巡警部奖赏（当时巡警部分管市面各种文化娱乐），两个戏班都被授予银牌一面，并且颁发了专利权。这两部改良新戏俱为名伶编演，因为所演情事一为当时轰动的社会新闻，一是反映教育救国这样热门的社会话题，所以在社会上反响热烈，并获得了官方的认可和肯定，这直接推动了当时戏曲改良活动的高涨。在舞台艺术上，两剧皆为时装新戏，虽然还是传统戏曲的程式化表演，但加有演说的内容，对当时的北京观众是很新奇的表演形式。

（三）1906—1907 年北方戏曲改良活动的第一波高潮

北方戏曲改良活动在《惠兴女士传》《女子爱国》编演后迅速达到一个高潮，这当然又得益于报界的鼓吹和宣传。《大公报》评观众因《惠兴女士传》而痛哭"北京戏园二百余年，此乃感动之第一声也。"[②] 评《女子爱国》"可与汪笑侬之新戏，南北竞争矣。"[③] 远在上海的《新闻报》也于《女子爱国》首演后不到十天，就登出《京师梨园改良》新闻，予以热情地介绍：

---

① 《京话日报》第 619 号第 4 版报道"义顺和班，新排《桑陆战纪》，《女子爱国》，定准于二十五至二十八开演。梨园中人，能有国家思想，较比淫邪妖鬼等戏，相差万里，足见民智慢慢地要开了。改良风俗，戏曲所关甚大，此事真真可喜"。《大公报》也报道了这次演出，5 月 22 日第 4 版的《戏曲改良》中说"二十五日义顺和班新排《桑陆战纪》一剧，又名《女子爱国》。"第二次演出时间，《京话日报》第 645 号第 3 版《梨园仗义二则》："义顺和班，第二次演唱《女子爱国》，十九日所收戏价，从老班应得起，一直到打旗走场各等人，全都分文不取，一律报效国民捐。最难得是挣钱少的人，真有等着米下锅的。明白了大义，忍着饿都肯出钱，你说可敬不可敬？他们这吊儿八百多钱，比富贵人捐钱万几千差不多。"内廷演出报道见《大公报》6 月 25 日第 4 版《内廷传演新戏》。

② 《文明戏剧之感动力》，《大公报》1906 年 6 月 4 日第 4 版。

③ 《胜于演说》，《大公报》1906 年 5 月 23 日第 4 版。

京师梨园，曲艺之佳，为各省冠。惜所演皆陈腐之剧，而妖艳诲淫亦间或不免。现由梁巨川侍读编《女子爱国》新戏，其命意在振兴女学，改良教育。情文兼到，共分四本，现经义顺和班排纂，于上月下旬分演。听者甚为拥挤，学界中人尤多，听至吃紧之际，有挥泪者，亦可见感人之深矣。所喜者，经此创演得利以后，仿效者必接踵而起，腐败之戏将不禁自绝，关系于风俗人心，实非浅鲜，殊堪为中国前途贺也。①

正如《新闻报》所指出的“仿效者必接踵而起”，京师剧坛涌现出不少改良新戏，大多也都是时装新戏。

这些改良新戏中，很值得一提的是《潘公投海》。这出戏写的也是当时轰动一时的社会新闻，主角是一位陈天华式人物潘子寅。②《中国京剧史》中记载写潘烈士蹈海的新戏，仅仅谈到上海改良戏曲社出版的《潘烈士投海》，而且说首演于上海的新舞台。实际上关于这个题材的戏曲版本众多，而北京和天津是最早演出这个戏的。在《惠兴女士传》于福寿堂上演的4月2日，《大公报》就发表了《文明新戏续演之确闻》这样一则消息：

北京访函云：都中各戏园拟俟福寿堂演剧事毕后，公同编定日期，续演潘子寅烈士及惠兴烈女死事，并《波兰女子爱国》新戏，又调取上海汪笑侬新编之《党人碑》《苦旅行》等曲本，以便开通下等社会云。按，北京戏界果能如此改良，则我辈之对待菊部，宜如何敬重耶。

---

① 《新闻报》1906年5月28日第3版上。

② 潘子寅，名宗礼，通州人。热心西学，关心时事，以兴办地方教育为己任，是通州高等小学堂的学董。1905年留学日本，年底回国，途经朝鲜时，看见高丽人受日本国的欺负，不禁唇亡齿寒。后来看见高丽大臣闵泳涣殉国遗书，悲愤异常，对其亡国之悲痛感同身受，但中国人在亡国的边缘还不知醒悟，为了唤醒中国人，他不惜以身殉国，蹈海而死。死前作十四道条陈，希望当局梦醒。潘宗礼事迹参《通州追悼潘子寅先生浅说》，《京话日报》1906年第509号第6版。

这则资料说明，在1906年5月，“都中各戏园”就已有把潘烈士事迹搬上舞台的设想。又《大公报》1906年6月18日一则新闻说：“闻在京演《女子爱国》《潘公蹈海》诸新戏，诚足以感动女学界爱国之心，鼓舞国民自强之气。每一试演，观者为堵，点头鼓掌，惊心陨涕者颇不乏人。”亦可证明北京此时已上演《潘公蹈海》的新戏。但北京上演此戏的是何戏班，由何人编创，却不得而知了。

《京话日报》1906年第669号《遥吟俯唱戏会在昌平州演说》记载：“我们戏会，今天要演《烈士投海》一齣，这个戏很能够感动人。”其中说的“我们戏会”自然不是戏班，很像一个票友组织，他们也演出潘烈士题材戏曲，与北京戏园演出是否一个版本，不得而知。

天津也有此戏的演出记载。上引1906年6月18日《大公报》的新闻中，有篇《改良鞠部三则》还说到在北马路绘芳茶园演出的王鸿寿“今更编出《自强传》，形容潘宗礼蹈海轶事，惟妙惟肖，曾经连演数日，学界商界中人观者尤为感奋”。则天津王鸿寿也编有《潘公蹈海》的新戏。按：《天津名伶小传》说：“王伶以改良戏曲为志，……王伶为之演成戏曲，颜曰‘潘烈士投海传’，顾曲者无不为之感动，于是京、津、上海各大埠之剧园无不演唱矣。”则京津沪上演的潘烈士戏，是否是王鸿寿所首创虽然不能坐实，但潘子寅乃通州人，北京人对于他们身边的人自然有更多的关注，而且时值《惠兴女士传》盛演，故而潘烈士题材戏曲成为热门，也很容易理解。当时有多个版本的同一题材戏曲也是自然的事情，但都比上海新舞台上演的白云词人1908年撰成的《潘烈士投海》要早得多。那么就有一种可能，北京演出版本的潘烈士投海戏曲，被带到了上海，然后经过白云词人的加工，而形成定本。但无论如何，这个题材的戏曲应该是在北方地区首演的。

除了这部时装新戏外，还有崔灵芝在1906年年底编演的《庚子纪念》，这也是文明时装新戏，写义和团的故事，并描述了当时洋人欺辱、残杀中国人的景象，以激起国人自强之心。[①] 天津地区也编演

① 《编演新戏》，《大公报》10月31日第4版。

了《民强基》《破除迷信悟前非》《醒世姻缘》等时装新戏。

其二是出现了一些改良戏曲的团体或组织，这主要由票友和文人组成，他们编创了不少宣传爱国思想和社会维新的新戏，有些给戏园演出，偶尔也自己表演。前文说的遥吟俯唱戏会就是这样的组织，而最有代表性的是天津移风乐会研究所。这个研究所是在北京地区改良新戏热潮带动下出现的，有官方色彩，曾得到袁世凯的支持。《大公报》10 月 9 日第 4 版《新戏出现》云：

> 前由津郡学务总董林墨卿诸君禀办戏曲改良，已蒙提学宪转详官保批准在案，曾记前报。兹闻林君在城隍庙内暂假房室，设立移风乐会研究所，并请邑绅刘君子良为会长，邀某文人编辑新戏，现已编出《破迷信悔前非》《潘公投海》等戏，将来准在何处戏园演唱，尚未得知。查北京新戏改良，多蒙奖励，天津各戏园尚无此种思想，今既有移风乐会之戏本，各戏园之主人及各长班何不早为请领排演出台，以为捷足先登耶，姑志此以动观念。

刘子良及其移风乐会研究所，除了编创《破迷信悔前非》《潘公投海》等新戏外，还编写了《民强基》，1907 年由路三宝、赵仙舫、郭凤仙等在桂仙茶园演出，这是一部劝戒鸦片烟的时装戏。年底又排演了《好男儿》《醒世姻缘》两出改良新戏，前者演张良椎击秦始皇的故事，宣扬反叛的义勇精神，后者演裹足对于妇女的戕害。①

北京仅 1906 年年底崔灵芝编演了《庚子纪念》，1907 年 6 月田际云重演全本《惠兴女士传》，改良浪潮就到了尾声。天津地区，至 1907 年年底，刘子良主持的移风乐会研究所因为袁世凯离津而解散。这次戏曲改良活动历经一年多时间，虽然比较短，但为北方戏曲界带来不少新的变化。

首先，无论是《惠兴女士传》《女子爱国》《潘公投海》还是反

---

① 关于这几部改良新戏的报道，见《大公报》1907 年 5 月 20 日第 5 版《新戏特色》，12 月 7 日第 5 版《排演新戏》。

迷信、提倡戒烟的新戏，宣扬了爱国精神，以现代精神来启蒙和教育国民，这是戏曲现代化的开端。

其次，改良新戏中很多时装戏，在演出时舞台艺术肯定也有相应的改良，这方面的具体情形，现在已经很难知道。但很多关于新戏的记载中都提到演说和戏曲表演结合的问题，几乎成为时装新戏演出时同一的模式，这反映了戏曲艺术改良的一个侧面。

最后，也在戏曲改良活动中，伶人提高了思想境界，关心国事、热衷改良戏曲恶俗者日众。在戏曲改良活动发展中，因为观众的反响，官方的奖掖，进行戏曲改良活动的名优受到人们的爱戴和尊重，种种因素都足以开化风气，原来一些不关心改良，甚至不愿意改良的演员也都积极参与到其中。另外，正因为戏曲改良实践了学界、知识界前几年在报纸上有关戏曲改良的言论，并取得了良好的效果，所以演员的地位也有了相当的提高，受到人们广泛的尊重。

辛亥前王钟声在北方的戏剧活动及其对戏曲改良的影响

王钟声（1874？—1911），中国话剧早期奠基人之一，原名熙甫，浙江上虞人。早期经历不详，曾经出国留学，留学日本还是美国、德国，说法不一。回国后，1907年年底在马相伯等人的资助下，组建春阳社，开始在上海演出新剧（当时称效仿西方戏剧的"话剧"为"新剧"，也称"文明新戏"，以区别于中国传统戏曲）。1908年创办"通鉴学校"，这是第一所培养话剧演员的戏剧学校。当时社会风气对于培养"戏子"的戏剧学校有偏见，新剧又是新鲜事物，故而通鉴学校一出现就饱受舆论批评。春阳社内部也开始出现一些分歧，并分裂成两个团体，各自以"春阳社"名义演剧。1908年下半年王钟声因在杭州演出《惠兴女士传》，触犯时忌，被当地官府通缉，王钟声的通鉴学校、春阳社遂宣告解散。① 王钟声曾躲避风头数

① 按：春阳社活动时间，有不同的看法，《新闻报》几则资料非常值得注意。1908年5月2日第3张第2版下《通鉴学校演剧》："通鉴学校定于初三夜间，借春仙戏园开演新式戏剧。按该社换羽移宫，不同凡响，既可改良社会，亦足开阔心胸。想学商各界，必以先睹为快也。昨承赠券，书此鸣谢。"则通鉴学校在此年5月已经开始演剧。5月22日第3张第2版下《请将春阳社被封各物取出》中说："春阳社仿照欧西新法，编演新剧，以唤醒国民爱国精神为宗旨，今年更设通鉴学校以教练而扩充之。本月初三日，假座春仙茶园开演新艺。"因为园主熊文通积欠房租，被房东禀请公廨，将春仙茶园查封，所以通鉴学校的衣装、油画各种杂物也无法取出。校务长王钟声申请解封。这则新闻中王钟声之通鉴学校，直接用"春阳社"的名义，也就是说春阳社与通鉴学校是一个团体。但6月5日第3张第3版上《春阳社重演新剧》中说："春阳社去岁在圆明园路外国戏园开演《黑奴吁天录》新戏，大为社会所欢迎。自今年正月中在张园演唱后，久未登台，既而有所谓通鉴学校者云即春阳社旧部，其实非也。"这个春阳社宣称自2月22日在张园演唱之后，久未登台，并郑重申明通鉴学校并非春阳社，则可见王钟声与春阳社旧部的一些人有了分歧，（转下页）

月，年底又回到上海，但春阳社与通鉴学校都已经解散，所以他搭京剧戏班，在春桂、天仙等园演出新剧。王钟声的最后两年戏剧活动主要是在北方，不仅把话剧艺术传播到京津地区，也对当时的戏曲改良产生了直接的影响，掀起了北方地区第二次戏曲改良浪潮。

（一）

王钟声何时离开上海，在北方的戏剧活动具体情况如何，以往研究语焉不详，仅见梅兰芳遗稿《戏剧界参加辛亥革命的几件事》中记载：

> 那时北方的伶人田际云是有进步思想的，他在上海与王钟声熟识，气味很相投。宣统元年的冬天，他邀王钟声领导的剧团到北京，在自己的玉成班演出……王钟声所带的人不多，主要演员有刘木铎（即刘艺舟）、亚方、谏民、光华等，玉成班的京剧演员如李玉桂、纪寿臣、万铁柱、鲍吉祥、周三元、羊喜寿等都参加在钟声的新剧内演出。①

按照梅兰芳的记载，王钟声应该是宣统元年冬天受田际云邀请入京，这当然符合事实，但却没有提到王钟声去北京之前，曾在天津活

（接上页）并已经分道扬镳，但两方都用了春阳社的招牌。因此在通鉴学校演剧之前，也就是说1908年5月之前，去年王钟声创建的那个春阳社已经解体成为两个团体。王钟声依赖通鉴学校继续演出，另一方也打出春阳社，并在6月份有一次在天仙茶园的演出，剧目是《双烈传》（即陈姚二烈士蹈海）和《滑稽魂》等剧。通鉴学校的解散是在7月份，《竞业旬报》中7月28日有“通鉴戏班被逐”的消息。另据夏晓虹《王钟声与〈惠兴女士新戏〉》1908年7月13日王钟声带着通鉴学校学生在杭州荣华茶园曾演《惠兴女士传》新戏。此戏演出后，本拟再演秋瑾新剧，但受到当地官员的查禁，通鉴学校谢日光被捕，王钟声逃离，浙江巡抚增韫奏折称“其匪党王熙甫等，容再严密查拿，获案究办”。夏晓虹据此推断“通鉴学校亦即春阳社的停办应在当年7月间”。但据上文《新闻报》中所载，则另一春阳社仍在上海活动，6月5日重演《黑奴吁天录》等剧，8月12日又和仁社在天仙茶园合串演出《禀见得妻》等剧。此后也未见此“春阳社”演剧的消息。

① 《中国戏剧》1961年第6期。

动了将近半年的时间。笔者目前见到最早记载王钟声北方活动踪迹的是《大公报》，1909 年 11 月 5 日第 5 版《热心新剧》中报道：

> 大观新舞台原为王钟声所创办，曾由督宪批准立案，极力提倡。一月以来，所演各新剧颇蒙观者赏识，每日坐客亦甚拥挤。本月十九日忽然停演，闻系股东某某将所入资斧，概行提回之故。夫以王君半年经营，一腔热血，而为出资者所中止，就事而论，未免可惜。闻王君将另筹资本，接续再办，诚能若是，始不负社会之所希望矣。

另外《顺天时报》1910 年 1 月 26 日第 7 版《戏界新闻》中说：

> 却有一个好消息，听说有一位留学美国美术学校毕业生，名王钟声，前在上海创办新舞台，又在天津组织新舞台，热心改良戏曲，戏场南北知名。今王君已经来京，情愿在天乐园尽义务演唱文明改良新戏，并已□准本月十四日开演。到时信息果确，必有可观。

仔细揣摩这两则消息，则王钟声北上应该先到天津，并在天津组织大观新舞台，9 月开始演剧。又提到因为股东撤回投资，“王君半年经营，一腔热血，而为出资者所中止”，则他在四五月份就已经到天津，开始筹办新舞台。按：王凤霞《王钟声新考》[①] 一文根据《申报》广告述及王钟声在上海的戏剧活动，可以明确 1908 年 12 月至 1909 年 3 月底，王在上海春桂和天仙茶园与京剧演员同台演出。则其 4 月、5 月即离开上海，来天津创办大观新舞台，时间上恰好能衔接起来。

王钟声在天津待了大半年时间，因为大观新舞台股东撤资，陷入困境。《大公报》中说他另筹资本，接续再办，但筹资未果。因其天

① 《戏剧艺术》2008 年第 6 期。

津演出“所演各新剧颇蒙观者赏识，每日坐客亦甚拥挤”，剧场效果明显，故而引起北京剧界的注意。正如梅兰芳所述，天乐园主人田际云邀至北京，时间是1910年1月，即宣统元年十一、十二月之间。

王钟声宣统元年冬（1910年1月）在北京首次演出情形，《顺天时报》有相关报道：

> 钟声在天乐园，自从十三日开演，第一日头本《缘中缘》，第二日头本《孽海花》，第三日二本《孽海花》，第四日《爱国血》。原拟只演四天后，又加四天。第五日二本《缘中缘》，第六日头本《宦海潮》，第七日二本《宦海潮》，第八日重演《爱国血》，都是新剧。八天期满后，钟声便回天津，在奥国租界东天仙后边新开大戏园演剧，到明年正月十五以后再到北京天乐园另演新剧。只因元宵节以前多忌辰斋戒日期，北京不能演戏，所以须十五以后再来，这是后事，今先记一语作为伏笔。①

从1月23日开始（报纸中用的是阴历，文中在论述时一律换成公历，下同），王钟声在天乐茶园连演8天，共四个剧目。8天演出结束后，又回到天津演剧。本来拟演4天，结果延长了一倍，可见王钟声在北京受欢迎的程度。另一则报道中将京城观众的热情形容为“举国若狂”：

> 北京戏界二百余年来因陋就简，今日所唱的戏文与二百年前所唱的戏文没有什么分别，所以热心大志士要想改良社会、唤醒沉迷，总说是须从改革戏曲下手。想不到这几天北京社会忽然间盛称“钟声”“钟声”“听钟声”，九城里外举国若狂。接连几晚上，不论商界、学界、政界、女界、守旧界、维新界中人，凡知道钟声消息的，都要破点儿工夫、牺牲数时间，到天乐园去听

---

① 《钟声新剧 六》，《顺天时报》1910年2月5日第7版。

钟声。①

因为王钟声的演出在每晚十点以后，很多为了看王钟声演出的观众六点便到剧场，足足等候4个小时。天乐园两千座位，全部客满，后来的又添加了几百个凳子，再晚的，就站着听钟声演剧，也不嫌劳苦。“钟声新剧”由此享誉京城。新剧的内容和形式与传统戏曲不同，所以引起学界、女界、维新界的兴趣，甚至所谓保守的“守旧界”也禁不住这种新奇事物的诱惑。同时也需注意，通过报道可知王钟声在天乐园首次演出，完全是义务戏的形式，这对吸引下层民众、广造声势也起着一定作用。

钟声回天津后，又在奥界组织同乐新舞台，正月演出了《寒桃记》《禽海石》《双泪碑》《茶花女》《破腹验花》《张汶祥刺马》《爱国血》，还新编《独占花魁》各种新剧。演出者除了与钟声一起北上的木铎（刘艺舟）、光华、蓬莱居士等话剧演员之外，还有纪寿臣、徐寿山、金桂莲、小桂芬等京剧演员，这些人都是田际云玉成班的成员。②

根据《顺天时报》相关报道，我们可以接着勾勒出王钟声1910年的戏剧活动：

3月中旬王钟声回到北京，14日至16日在天乐园继续演义务戏，演出剧目有《寒桃记》《黑奴吁天录》《禽海石》等。本月20日，钟声和木铎到保定演出《仗义轻生》③，26日又回到北京，在天乐茶园演出此戏。

4月2日和3日，斋戒日，戏班不允许动锣鼓，所以王钟声在东安市场吉祥戏棚内，接连两天两夜试演新戏。演出剧目有《宦海潮》《缘外缘》《爱国血》《禽海石》。4月9日、10日演出《热泪》《夺嫡奇冤》。12日和13日又在天乐园演出《寒桃记》《留学生求官》

① 《钟声新剧》，《顺天时报》1910年1月29日第7版。

② 《新戏曲》，《顺天时报》1910年3月2日第7版。

③ 《钟声出京》，《顺天时报》1910年3月26日第7版，《仗义轻生》即张文祥刺马的故事。

《杜十娘怒沉百宝箱》《梦游上海》等新剧，钟声新剧在北京连番上演，在观众心目中留下深刻印象，16 日《戏界新闻》中说："凡到天乐园去过的人，那脑筋上已都有一个新戏魂，那么日子久了，所说的改良风俗必定有佳效果。"

5 月中下旬，在天乐园演出《机风械雨》《剑底鸳鸯》等新戏。大约在 5 月底，王钟声一行离开北京，南下到汉口演出新剧。因为 6 月 5 日南京举行南洋第一次劝业会，会期很长，王钟声觉得可以利用这机会大演新剧，广开风气，所以从汉口赴南京演剧。此后，又回上海演剧。

王钟声约于 11 月回到北京，报纸又陆续见到钟声新剧的报道。11 月 12 日、13 日、14 日三天，钟声等在天乐园演出《热泪痕》《仇情计》《血泪碑》等戏。此次演出后，钟声在文明茶园有一次演剧，并引起和田际云的一些误会（因为王钟声此前都在田际云做老板的天乐茶园演剧，两人应该有契约合同之类，因此钟声在文明茶园演戏引起了双方争执），此事闹到警厅，经调解后，王钟声开始在多个茶园演剧。[①] 11 月 19 日在东安市场丹桂戏园大演《杜十娘怒沉百宝箱》，28 日、29 日在文明茶园演出《全本宦海潮》《沉香床》《滑稽魂》。

12 月 5 日在丹桂茶园演出《全本血泪碑》，6 日演出《全本沉香床》，7 日演《恨海》，7 日晚又回到天乐演出《抱不平》，这几日王钟声演出频繁，特别是 7 日演出一整天，报纸上以"昼夜钟声"报道演出盛况。

1911 年春夏王钟声在北方地区的演出情况，报纸很少登载，而到 7 月中旬，各报纸就开始陆续报道钟声被逮的新闻。王钟声的被捕，表面原因是他一直住在北京的浙江会馆，因与会馆主事之间有矛盾，故而被人告发在会馆中聚赌嫖娼，但实质是王钟声在北方演剧宣传革命思想引起了清政府的忌恨。也是因为这个原因，加上 1911 年

① 《剧界片片》中说"钟声与田际云一切轇轕，早经警厅判结。兹悉下月，钟声仍将搭班于文明茶园，而天乐园之热闹，则恐不免从此顿减也"。《帝国日报》1910 年 11 月 25 日第 2 版。

局势已经非常紧张，报纸上对王钟声1911年春夏的演出就不敢过于宣传。有报道说王自到京后，因其在南方表现出来的革命思想，所以警厅颇注视其举动，派专人跟踪记录其行踪。每次演剧时，跟踪者录其口腔举止，但因为文化程度太低，记不下王钟声演剧情形，无法以此罗织罪名，故此以聚赌罪名立案逮捕。[①] 在此之前，御史瑞贤参劾天乐园园主田际云"殴死人命，招摇聚赌，演唱犯禁戏剧"，田际云以及天乐园多人被捕。此案和王钟声案一起结案，田际云被查无实据，立即释放；王钟声则罚金十五两，于本年8月递解回籍。[②] 其自1909年4月、5月开始，在京津地区两年多时间的戏剧活动至此结束。

（二）

王钟声在北方所演剧目，据笔者所见共计有《缘外缘》《孽海花》《爱国血》《宦海潮》《寒桃记》《禽海石》《双泪碑》《茶花女》《破腹验花》《张汶祥刺马》（《仗义轻生》）《独占花魁》《黑奴吁天录》《热泪》（《热泪痕》）《夺嫡奇冤》《留学生求官》《杜十娘怒沉百宝箱》《梦游上海》《机风械雨》《剑底鸳鸯》《仇情计》《血泪碑》《沉香床》《滑稽魂》《恨海》《抱不平》二十五个剧目（报上说"钟声所编新戏不下一百多出"），肯定还有遗漏，但这些剧目已经能看到王钟声新剧特色。

钟声新剧的取材主要是三大类，一是"戏文即用各种最新出版的

---

① 《王钟声被逮始末记》，《新闻报》1911年7月22日第6版。按：王钟声被逮之原因，最主要是因为他演剧揭露官场腐败，宣传革命思想，引起清政府的忌恨。另外，王钟声为人不拘小节，也授人以柄；王钟声与一起演剧的木铎、亚方之间也有矛盾，甚至有在报纸上互相揭短之事，亚方、木铎为报私仇，遂挑动官员告发钟声聚赌、有伤风化等情事。可参考《申报》1911年8月8日《田际云、王钟声两案始末记》。

② 《田际云案奏结之内容》，《大公报》1911年8月1日第2张第1版。王钟声回浙江原籍，至武昌起义，赴上海参加起义。接着又北上天津，准备筹划起义活动，被人告发，1911年12月3日为直隶总督陈夔龙杀害。

小说，随时加入讽语”[①]，即取材于当时流行的小说，如取材于同名小说的《恨海》（吴趼人著）、《宦海潮》（清末黄小配著的时事小说）、《滑稽魂》（李涵秋著）、《寒桃记》（日本人黑岩泪香著）、《剑底鸳鸯》（英司各德著）、《茶花女》《黑奴吁天录》等；二是据当时事实进行编创，如《张汶祥刺马》（根据同治年间轰动一时的刺杀案件编成）、《血泪碑》（根据扬州石、冷两位学生自由恋爱导致的悲剧编成）；三是虚构的原创剧目，如《缘外缘》《爱国血》等。

钟声新剧以戏剧为改良风俗，鼓吹革命的利器。如宣扬革命和爱国思想的《缘中缘》《爱国血》等；揭露和讽刺官场腐败的《张汶祥刺马》《孽海花》《宦海潮》《滑稽魂》等；提倡爱情婚姻自由等新潮思想的《血泪碑》《剑底鸳鸯》等；报界对钟声新剧的维扬也主要集中在这些方面，《顺天时报》就盛赞道：“钟声，钟声，是我中国改良戏曲、改良社会、改良风俗的大黄钟。”[②]《燕报》也发表病侠《青年社会挽狂澜》，高度评价王钟声“牺牲厥身，以唤起国民之知觉”。另外如《帝国日报》《正宗爱国报》也对钟声新剧所传达的维新思想，革命精神多加褒扬。

在演出形式上，各家报纸中的资料很鲜活地反映了当时的演出情形，可以见到钟声新剧的特色。首先是分幕的表演形式，如《爱国血》分九幕，每幕开始都有音乐，“鼓、铙、喇叭、箫、笛、提琴同时共奏，清越可听。”[③] 这段中西乐器共奏的音乐结束后，大幕拉开。有时剧终也用喇叭吹送，这也是吸收了戏曲的一些元素。其次，舞台美术上，钟声新剧在当时算非常有特色的，据说王钟声留学学的是美术，各种布景都是他自己亲手所画，而且非常逼真，如演《孽海花》第二幕，大幕拉开“便见一处大花园，风景极好，又有许多灯舟，船中有美人荡桨往来。这时候两旁台柱后边放出五色电光，照得灿烂非常。”[④]《爱国血》中一幕发生在海边，这时的舞台美术效果是“四次

---

① 《顺天时报》1910 年 1 月 29 日第 7 版。

② 《顺天时报》1910 年 2 月 17 日第 7 版。

③ 《钟声新剧 六》，《顺天时报》1910 年 2 月 5 日第 7 版。

④ 《钟声新剧 一》，《顺天时报》1910 年 1 月 29 日第 7 版。

开幕，现出一幅画，是一大海，波涛万叠，上有一个月光，明亮如真的一般，是海边上的景象。”① 有时为了配合剧情，还有些别具匠心的舞台设计，如《缘外缘》的演出中，某武官把装有重要情报的皮包遗落在妓院，妓女真真打开皮包，看到了那份重要文件，这时“台上便把一幅白布放下，所有公事公文内容情事都宣（显）示出来”。② 这一方面造成新奇的效果（剧中人真真在看情报，观众也同步地看到了）；一方面可能在这份文件中，提到什么卖国之类的内容，所以在大幕上显示出来，起到了引起观众共鸣的目的，比由真真嘴里读出来就直观得多了。最后，也是最为本质的一点，钟声新剧与戏曲的区别就在于，新剧以说白为主，而且表演上以真实为最终追求。报纸报道当时情形：

> 钟声演戏处处摹写到家，扮妓女时活像上海时髦粉扮，洋装时高绾美国时新髻，诸般化身随时发见。至于读述词句，字字嘹亮，滋滋有味，为舞台上从来没有见过的。每读诗词句时，必先说明，如若歌唱，必定听不清楚，不如把这诗词仔细念它一遍，于是舞台上诵一词句，舞台下即击掌。③

这种以说白为主的新剧，自然是京师舞台上没有见过的，这也是钟声新剧造成轰动的原因之一。甚至也改变了京师观众对于座位的选择，戏曲演出中，最为尊贵的座位是楼上靠近上下场的包厢，靠近舞台的池子座是最便宜的，而看钟声新剧时，“因钟声重在演说口白，故此向来以池子为靠近台前为最劣等座位的，今一跃而为万人争的最优等地位，逼近听钟声，最为亲切有味。”④ 而在演讲道白中，钟声新剧的特色“专在几句叫醒，如同画龙点睛法”，这意思是王钟声表演时常常借角色之口，说出几句警醒的话，这些语言往往一针见血，

---

① 《钟声新剧 七》，《顺天时报》1910 年 2 月 6 日第 7 版。
② 《缘外缘 三》，《顺天时报》1910 年 4 月 10 日第 7 版。
③ 《钟声新剧 六》，《顺天时报》1910 年 2 月 5 日第 7 版。
④ 《钟声新剧》，《顺天时报》1910 年 1 月 29 日第 7 版。

或直入人心，对社会现状的讽刺、批评或对新思想新风尚的维扬，都能引起人们的共鸣。

（三）

王钟声在北方活动两年多的时间（有半年左右时间到武汉、上海等地演出），演出频繁，造成了极大的社会影响。其新剧之“新”表现在内容上揭露社会黑暗、提倡新风尚，鼓吹革命和爱国思想；在演剧形态上，新剧那种追求逼真、以演说道白为主的表演形式让观众耳目一新。王钟声在北方戏剧活动的影响，首先是把话剧这种新的表演艺术带到了北方，开阔了人们的视野，也播下了话剧发展的种子，民国时期天津地区话剧艺术的流行和兴盛与王钟声这两年的戏剧活动是有着密切关系的。①

值得注意的是王钟声新剧传播过程中，报纸发挥的作用。报刊不仅实时报道了钟声新剧的演出情况，让更多的读者了解了这种新剧演出的情形，更通过一些剧评来配合钟声新剧的演出，对话剧的艺术特色加以概括和总结，加深了人们对话剧艺术的理性认识。如同盟会报刊《帝国日报》1910 年 11 月 7 日第 2 版，素《说剧》中说：“今之评剧者，每以新戏不带唱，是乃缺点为言。予谓斯言太外行也。新戏二字，义颇暗昧，然予之理解则为数幕相连，仿西洋戏剧为之者也。此种在写明社会上之心理制胜处，全在作法之生动，唱功非所须也。唱工自有佳处，而以置之新戏，殊嫌不肖。”已经指出话剧数幕相连、说白为主、动作逼真等艺术特色。

其次，王钟声的新剧给当时的戏曲改良也带来了很大的影响。虽然他演出的是西方戏剧的形式，但在当时来说，尤其是北方剧界和公共舆论中，只把他定位为戏曲改良的活跃分子，成功的典范。毋庸置

① 南开大学的话剧演出，在早期话剧史上颇负盛名，其最早的一出戏，即 1909 年的《用非所学》，这正发生在王钟声在天津大观新舞台演出引起轰动的时候，这出戏自然是受到王钟声新剧的启发下诞生的。

疑的是，钟声新剧在戏曲舞台上进行，前后都有戏曲演出，而且新剧中的演员也有不少是戏曲演员，这样新的戏剧形式与戏曲的亲密接触无疑给传统戏曲艺术带来影响。当然最为明显的影响是钟声新剧中所表达的关心时事，启蒙爱国思想的主题，其受到有“北京戏剧改良第一人”之称的田际云邀请，入天乐茶园演出，也是田际云同气相求的一种表现。

1906 年京津戏曲界有一次改良浪潮，编演了以《惠兴女士传》、《女子爱国》为代表的一大批改良新戏，但 1908 年以后改良戏曲又沉寂了。而自王钟声来京津地区演出后，北方戏曲改良活动又有了起色。

在钟声新剧掀起的戏曲改良浪潮下，1910 年 3 月份的时候，田际云又开始筹划创作新的改良新戏。这次新编的是《越南亡国惨》，在未演出之前，通过报纸进行宣传，并印刷剧本发卖，首印三千册立刻告罄，这可见新戏的感召力了。此戏在 4 月份就开演，大致内容是写越南被法国所侵占，做了亡国奴的王公大臣以及草民百姓都受到法人的欺辱和奴役。于是有几个热心救国的越南人开始兴建学堂，唤醒国人，意图光复。值得注意的是，这次演出是田际云等戏曲演员和王钟声等话剧演员的合演①。从报纸对演出情况的报道来看，这是一部典型有着话剧加唱特色的戏曲作品，分行当搬演，如“净白脸扮越南国大丞相阮文祥”，“丑扮老汉阮无能”，按照戏曲传统分“出”和“本”演出。每个角色上场时，也有四句定场诗。但表演时更重演说道白，而唱相对少，叙事节奏很快，这自然是受到钟声话剧的影响。

王钟声的演出也引起了热衷通过戏曲改良来进行国民教育的知识分子们的重视，《顺天时报》有篇报道写道：

查钟声本系上海春阳社中人，与东洋春柳社作对垒。北京地大人众，又多明通音乐的人，但见有诗词文社，却没有一人发起组织改良戏曲社，伟大事业甘让他人，徒令人讥笑“北京城知音

① 《越南亡国惨 一》，《顺天时报》1910 年 3 月 29 日第 7 版。

的人，都在下等社会”，这话真是难受。但是据本记者传闻，有梁君要创办一个新词曲社，纠合文人雅士编纂新戏，这信息果确实，北京戏界便是已改观了。并知梁君就是从前创编《女子爱国》新戏的发起人，那么这新词曲社成立后，必定有美满效果。①

梁济要办词曲社以改良新戏，其成效如何，不得而知。但的确有个文人杜若洲就编了一部《混沌洲》新戏，梁济也参与其事，主演还是那位演过《女子爱国》的崔灵芝，1911 年 1 月 16 日、17 日在三庆园开演。除此之外，当时出现的改良新戏还有不少，仅《帝国日报》中就登载了杨德玲《青阳碧血》、《政党新闻》以及《新宪民》《新调宇宙锋》等改良戏曲，这些改良新戏是否都曾经演出过，则是一个疑问，笔者并没有看到相关演出报道或演出广告。②

王钟声在天津活动也比较久，对天津地区的戏曲改良也有着重要推动作用。在第一个阶段的戏曲改良中，天津刘子良等成立了“移风乐会研究所”，联系戏曲界进行戏曲改良活动，1907 年年底解散。王钟声到天津后，和刘子良等具有改良思想的人关系密切，他的新剧也感染了刘子良继续从事改良戏曲活动，恢复组建移风乐会。1911 年 2 月 21 日，《大公报》一则《改良戏曲》报道说：“戏曲改良有关政治及社会风化，已尽人皆知。惟本埠改良戏出之移风乐会自袁项城去任后，无人维持，沉沦已四年之久。近闻该会会长刘子良诸君以此事关系甚重，于昨投递说帖于城议事会，闻其办法系由城会禀请巡警道，谕令各戏园凡移风乐会编出之戏出，不许不演，并拟定所编各新戏均用旧法演唱，以从社会之习惯。”在移风乐会中组建“伶工传习所（专与各伶工讨论一切戏出），俱乐部（则延聘文学家编纂剧本），艺术研究所（则为弹唱戏要人等研究之所）”其宗旨即为改良社会，宣

① 《新戏曲》，《顺天时报》3 月 2 日第 7 版。

② 《帝国日报》1910 年 11 月 29 日、1911 年 2 月 19 日至 25 日、3 月 13 日，4 月 14 日刊载了这些新戏。

传爱国思想。[①]

不到两个月时间，移风乐会就编创了四个新戏，即《十全会》（劝人行善）、《家庭教育》（提倡母教）、《治魔鬼》（提倡人权）、《新教子》（提倡自由结婚），这些戏都以启蒙为根底，以宣传新的思想为宗旨。《新教子》5月28日在广东会馆演出，7月13、14日在李公祠内演出《家庭教育》及《庚子纪念》。[②] 移风乐会也是一个票友组织，他们也能演戏，比如后两出戏就是自己成员扮演。7月份钟声被逮，刘子良等人的活动即告中止。而8月份又出现学界郭宗汉、姚志祖等人组织教育俱乐部，也"以编演新戏改良风俗为宗旨"[③]，并由其成员演出了《潘烈士投海》一出新戏。

1911年，时局动乱不堪，各地革命风起云涌，王钟声、田际云两案，表明因改良戏剧宣传革命思想而被清政府予以严厉的打击制裁，所以戏曲改良也就以王钟声、田际云被逮后而告中断。

20世纪初，北方各大报纸开始鼓吹戏曲改良，到1906—1907年第一波戏曲改良浪潮，出现了《惠兴女士传》《女子爱国》《潘烈士投海》等名优新戏，推动了北方地区戏曲改良的发展。此后沉寂了两三年时间，直到王钟声于1909年将新剧带到京津地区，掀起了北方地区第二次戏曲改良浪潮。北方地区上演戏曲改良剧目没有上海地区的丰富，从事戏曲改良的也多是梆子腔演员，不像上海有汪笑侬、夏月樵、夏月珊等京剧名角的参与。这也说明北方京剧界比较保守的风气。但是，王钟声新剧不仅借用传统戏曲舞台演出，而且有很多京剧、梆子演员参与演出，所以不能不看到改良观念对北京戏曲艺人潜移默化的影响。少年梅兰芳正是此时在天乐茶园演出，他显然也受到了影响。民国初梅兰芳开始时装新戏的编演活动，固然是其赴沪演出后受到上海戏界盛行时装新戏的感染，也未尝不是少年时期受到王钟声新剧及田际云等伶人改良戏曲影响而产生的结果。

---

① 《戏曲改良》，《大公报》1911年4月4日第6版。

② 移风乐会编创改良戏曲以及演出情况，见《大公报》4月22日第6版，5月18日第6版，6月26日第5版等相关报道。

③ 《改良乐部》，《大公报》1911年8月15日第5版。

四

京剧研究

京剧形成的标志之一：道光时期的皮黄旦角名伶及其剧目

京剧在什么时候形成？由于没有早期皮黄戏的工尺谱流传下来，其音乐形态无从考察，因此只能依据这样两个要素进行判断：即在什么时候一些传统京剧剧目开始大量出现，以及涌现出一批表演这些剧目的演员，则可以断定此时为京剧成形之日。这就依赖于保存这些信息的史料文献的记载，如《燕兰小谱》等各种花谱，以及类似《都门纪略》这些凑巧著录了演员信息的读物。我们从乾隆末期的《燕兰小谱》往下考察，则发现到了道光中后期时，大量京剧传统剧目及表演这些剧目的演员涌现出来，因此可以说此时是京剧酝酿形成的时期。以往得出类似结论的依据，是道光二十五年（1845年）刊刻的《都门纪略》中的京剧史料，但其中多记载老生行演员及其剧目，成书于1838年至1846年间的《花天尘梦录》则记载了当时大量京剧旦行演员群体及其丰富的舞台剧目，从而更为确凿地证明京剧在道光中后期得以形成的结论。[①] 由于抄本《花天尘梦录》保存于少数几个图书馆中，在社会上传播不广，其对于考察京剧形成初期情形的重要史料意义还未得到研究者的重视，因此特撰本文专论之。

---

① 《都门纪略》共记载四大徽班演员44人，其中旦角12人；徽班表演剧目51个，其中系于旦角之下的10个，可见主要是以记载老生行演员及其剧目为主，这也反映出当时京剧老生行开始崛起的趋势。

（一）道光时期的花谱及《花天尘梦录》的特点

记载道光时期伶人的花谱，现在能见到的有这样几种：播花居士的《燕台集艳》，评价了当时著名的二十四位伶人，此书撰于道光癸未（1823年），反映的是嘉庆末至道光三年的情况；张际亮的《金台残泪记》，《自叙》署“戊子腊八日”，即道光八年（1828年），记载的是道光初年的伶人；杨掌生《京尘杂录》，其中包括《辛壬癸甲录》《长安看花记》《丁年玉笋志》《梦华琐簿》，分别记载了道光辛卯（1831年）至壬寅（1842年）之间的伶人；粟海庵居士的《燕台鸿爪集》，从集中诗序可以看出他道光八年至道光十二年淹留京城，因此所记载的伶人也是1828年至1832年活跃于剧坛的伶人；四不头陀的《昙波》，此书成于咸丰二年（1852年），所载为道光末咸丰初的伶人。这些花谱，基本贯穿了整个道光朝，历史跨度上是很完整系统的。但这些花谱的内容，多记载文人和男旦交往的所谓“风流雅事”，或者是题赠伶人的诗词，唯独对伶人的剧艺反映比较少。相较之下，手抄本《花天尘梦录》有着独特之处。

《花天尘梦录》是种芝山馆主人从道光十八年（1838年）至道光二十六年（1846年）之间写成的几部花谱的结集，共九卷，包括《凤城花史》正续编三卷，《吃余丛记》一卷，《评花韵语》正续编四卷，《燕台花镜诗》一卷。其中详细记载了道光中后期北京剧坛的伶人及其擅演剧目，有着重要的史料价值①。比如在其他花谱（如《京尘杂录》）中，记载了很多艺人的传承和艺术特色，但很少涉及具体剧目，因此无法分清楚这些演员到底以何种声腔进行表演。而《花天尘梦录》中则明确区分昆曲艺人与皮黄艺人，以及他们各自的拿手剧目。

《花天尘梦录》所记载的伶人绝大部分是旦行演员，所记载的剧目又非常丰富，这恰好可以与《都门纪略》中主要记载老生行的剧

① 关于《花天尘梦录》作者及其成书情况，参见前文。

目史料相印证、补充，以便更为完整地考察道光中后期的戏曲发展。

（二）《花天尘梦录》中记载的花部剧目

乾隆中后期，乱弹已经在京城造成极大声势，特别是魏长生及其带来的秦腔，以及“联络五方之音，合为一致”（《日下看花记》自序）的徽班带来的各种乱弹声腔艺术。但直到嘉庆时期，徽班这种“合为一致”的效能仍然还在初期的孵化、培植阶段，只有到道光初年汉剧艺人进京融入徽班，再加上此前几十年的积淀，徽班内部蕴育、发展出京剧艺术。这是能从剧目发展层面能得到证明的历史事实。

嘉庆时期，在提供剧目方面极有价值的花谱有三部，即作于嘉庆八年（1803 年），记载嘉庆初年北京剧坛情况的《日下看花记》；成书于嘉庆十六年（1811 年），盘点京城昆部、徽部、西部（即秦腔戏班）伶人及其剧目的《听春新咏》；记载嘉庆朝最后两年四大徽班演出情形的《评花》。从这三部花谱中，笔者共辑出乱弹剧目 117 出（本），包括皮黄、秦腔等多种声腔：

《胭脂》《烤火》《闯山》《铁弓缘》《别妻》《送灯》《打番》《打雁》《遇妻》《踢球》《演武》《军门产子》《捉奸》《服毒》《玉鸳鸯》《碧玉簪》《探亲》《花鼓》《琵琶洞》《一枝梅》《桴鼓阵》《打洞》《审录》《思春》《弑齐》《醉阁》《捡柴》《赠金》《卸妆潜遁》《遇暴脱身》《福星照》《戏凤》《买炭》《打饼》《打店》《宛城》《背娃》《小金钱》《乾坤镜》《翠云楼》《跌包》《上坟》《打刀》《皮弦》《四门》《喂药》《连相》《顶砖》《打门吃醋》《汉宫春晓》《探亲调谂》《打樱桃》《香联串》《赶车》《擂台》《崔华逼退婚》《百花点将》《翠云楼》《跑马》《卖械》《檀香坠》《打桃园》《赠珠》《算命》《碧玉钏》《玉堂春》《打杠》《回家》《卖肉》《打斋饭》《打皂（灶?）》《葫芦架》《卖艺》《面缸》《过关》《十二红》《庙会》《顶嘴》《卖饽饽》《洛阳桥》《关王庙》《荡湖船》《戏洞》《施公案》《赠镯》《醉妃》《庆顶珠》《打线》《盘丝洞》《梅降雪》

《富春楼》《血汗衫》《换布》《打都卢》《缝带》《登楼》《揭帐》《别窑》《杀惜》《抛球》《温凉盏》《无底洞》《鳜鱼》《点化》《五彩舆》《斩貂》《女店》《降秀》《缝搭包》《天魔阵》《赶驴》《搬家》《打更》《赠剑》《木兰从军》《困曹》《雄黄阵》。

笔者又从记载道光中后期剧坛情形的《花天尘梦录》中辑出花部剧目共129出（本），把这些剧目和嘉庆时期的花部剧目进行比较，发现已有很大变化。嘉庆时期117出（本）花部剧目，其中有43种在《花天尘梦录》中有记载：《胭脂》《烤火》《闯山》《铁弓缘》《别妻》《送灯》《打番》《打雁》《踢球》《一枝梅》《思春》《花鼓》《戏凤》《打饼》《背娃》《上坟》《打刀》《四门》《喂药》《连相》《百花点将》《赠珠》《戏凤》《算命》《玉堂春》《打杠》《打斋饭》《打皂（灶?）》《卖艺》《面缸》《庙会》《顶嘴》《卖饽饽》《荡湖船》《杀惜》《无底洞》《鳜鱼》《点化》《女店》《赠剑》《木兰从军》《雄黄阵》《打店》。其他74种没有出现在《花天尘梦录》中，而这些剧目中却有很多仍然保存在后代的秦腔中，比如《顶砖》《梅降雪》《换布》《温凉盏》等，这也说明嘉庆时期的乱弹剧目源头甚广，其中秦腔剧目占了不少比例。

《花天尘梦录》中出现而嘉庆时期花谱中没有记载的剧目，则有86出（本）之多：

《舟配》《抱盒》《送别》《挡亮》《拷寇》《教子》《六殿》《献长安》《断密涧》《四进士》《宫门挂带》《桑园寄子》《让成都》《吃面》《双铃记》《送盒子》《荷珠配》《烈火旗》（旦角青衣）、《梅玉配》《小天宫》《请清兵》《双凤岭》（武旦）、《红桃山》《乾元山》《界牌关》《登云山》《血手印》《赶三关》《神州擂》《父子圆》《凤凰台》《迷魂岭》《青龙棍》（武旦）、《岳家庄》《破神镖》《泗州城》《锦绣功》《女儿国》《奇双会》《晒鞋》《下河南》《移山阵》《玩花溪》《金铃关》《翠华宫》《祭江》《纺花》《杀皮》《闹院》《查关》（闹剧）、《小显》《叫城》《八扯》《缒城》《代父征》《乾坤带》《雌雄镖》《胭脂虎》《娘子军》《玉玲珑》《双合印》《贪欢报》《延安关》《雅观楼》《红霓关》《赶会》《烧灵》《樊江关》《罗家洼》《换花》《桂子图》《杆（赶）子》《打棒》《鸳鸯瓶》《牛混》《代亲》《眼前报》《小开》《背板凳》《嫁女》《金玉坠》《送面》《开金锁》《翠屏山》《闺房乐》《玉宝瓶》。

虽然嘉庆时期的乱弹剧目肯定不止以上百种，同时道光时期花部剧目也并非都被《花天尘梦录》著录，但这种比较还是能说明嘉庆与道光时期北京剧坛乱弹演出的情况，得出这样一个基本事实：即在道光中后期，徽班在吸收继承一批嘉庆时期的花部剧目基础上，又涌现出大批新的剧目。这些新增加的花部剧目，绝大部分是皮黄戏——上面所列86出新剧目绝大多数成为京剧的经典保留剧目（翻检陶君起《京剧剧目初探》，即能检索出其中的56个）——因此，《花天尘梦录》中的花部剧目构成，反映出道光中后期北京剧坛开始涌现大量皮黄剧目，标志着京剧在乱弹诸腔中一枝独秀脱颖而出。

（三）《花天尘梦录》中记载的皮黄旦角名伶

对于京剧早期旦角人才，因为以前史料文献的匮乏，人们比较熟知的是胡喜禄、方松林等人，实际上在他们之前还可以追溯出一批为京剧旦角艺术作出贡献的伶人。下面从《花天尘梦录》中辑录出一些重要的皮黄旦角演员，并系以生平籍贯和擅长剧目。

王长桂，字蕊卿，扬州人。《花天尘梦录》卷三《凤城花史续编》评曰："曾见其《赎身》一折，全不相宜。而《双铃记》《送盒子》《打灶》《摇会》诸剧，声色神吻无不逼肖，惜风流而未能蕴藉，不克绍师门声价耳。出师后，别居闻声堂。"其性格气质不适宜演昆旦，但演皮黄武旦、花旦戏，非常本色自然。按现在的话来说，属于一位性格演员。光绪时的《怀芳记》中所载"王长贵，字蕊卿"即王长桂，"十四五扮花旦，倾动一时。三十许后，结束登场，丰姿如故"。谭献附注曰："长贵蓄弟子，皆学其师，以冶荡悦车子市儿，无一知名者。长贵年过四十，日日登场演《进府》《赶庙》诸戏，令人欲呕。”[①] 可知中年时演剧还保持着艳冶风流的特色。另，《梨园旧话》载其五十多岁，仍活跃在舞台之上：“余初观松龄、长贵花旦之剧，年均在五旬以外。……至长贵擅长之剧，为《双铃记》《双钉记》，能将淫妇凶悍之情状体会入微。余尤喜其《双钉记》之公堂一场，面色或白或青，随时变幻，不知如何揣摩，始臻此境。闻两伶咸丰年间其名已噪，非幸致也。”[②] 可见王长桂的演技到晚年更是炉火纯青，善于表演人物的心理。这是与方松林齐名，在梅巧玲之前的著名京剧花旦演员，在旦行发展史上有一定地位。

黄联桂，字小蟾，安徽太湖人，春台部。杨掌生《京尘杂录》亦有传，云其生于“庚辰”，即嘉庆二十五年（1820 年）。自陈纫香春福堂出师，自立春元堂，时年十五岁，是私寓中出师较早的例子。为人伉爽憨直，能救人于危急中，时人誉为“侠伶”。《凤城花史》上编卷一云其演《下河南》《卖饽饽》《上坟》等剧，“不雅不俗，若灵若蠢，宛然城市间一姣好佳人”。他有很好的昆曲功底，演皮黄花旦手眼身步皆有法度，将昆曲艺术手段融入到皮黄戏的表演之中，使朴野的花部面目一新。

夏天喜，字秋芙，扬州人，春台部，生于道光元年左右。杨掌生《长安看花记》有传，云其“以《卖胭脂》《小寡妇上坟》二齣得名。谑浪笑傲，冶容诲淫。靡然从风，一倡百和，几有若狂之叹。”[③] 并把他与魏长生相提并论。《花天尘梦录》卷一云：“《（小寡妇）上坟》《送灯》《（卖）胭脂》《（卖）饽饽》《翠华宫》《巧姻缘》诸折，妖娆光艳照彻四隅，尤足勾摄情魂，摇荡心志，有与小蟾异曲同工者。以故观场千百人，无不目有视，视秋芙；耳有听，听秋芙；口有道，道秋芙也。”可见夏天喜演剧的风格，的确有魏长生之艳冶淫靡的特点。然这种“淫哇”之声深得观众之喜爱，这也体现了市民阶层的审美趣味。夏天喜的演出也不仅仅是艳冶一派风格，“演《烈

① 见《京剧历史文献汇编（清代卷）》第壹册，第 880 页。

② 倦游逸叟：《梨园旧话》，见《清代燕都梨园史料正续编》，中国戏剧出版社 1988 年版，第 827 页。

③ 《京剧历史文献汇编（清代卷）》第壹册，第 480 页。

火旗》《移山阵》《玩花溪》《金铃关》《娘子军》《开金锁》等剧，于女儿之情，英雄之概，描摹并见”，能在表演中刻画人物的心理和情感，“一举手、一回头，无不动合自然”，同时“娇音婉转，浏亮清圆”，堪称一位非常优秀的花旦演员。他的老师是出自余庆堂的周小凤（春茂堂），杨掌生说：“嘉庆二十年后所生人，道光十年后擅一时名者，韵香、蕊仙、冠卿、鸾仙、小蟾、小云次第脱身去。秋芙最后，亦于丙申夏初自立门户。”① 夏天喜演剧个人风格比较明显，不仅仅停留在表面形式上，《怀芳记》记载这样一则典故。秋芙不登场演出后，其师弟天寿模仿秋芙演出《上坟》一剧，“刻意效之，毫厘不失，用心良苦。顾其貌劣，在秋芙种种态度，人见为可爱者，以天寿出之，则以为可憎。信乎东施效颦，见者望而却走故。”因为秋芙演剧擅长刻画人物，身段自然美观，被称为秋芙一派，是花旦中最早有流派之说的演员。《怀芳记》即指出王翠官演剧“婀娜流丽，姿态横生，是夏秋芙一派。”②

丁鸿宝，字雪香，扬州人，春台部。擅长《纺花》《杀皮》《嫁女》《双铃记》《闯山》《查关》等剧。这也是一个花旦名伶，其“道京城人口白，居然城内外小家妇。而或恣其淫荡，或肆其凶狠，或逞其刁狡，或形其战惧，无不揣摩毕肖。”（卷一《凤城花史》上编）善于塑造人物，京白最为擅长。

王九龄，字玉卿，扬州人，春台部，生于道光七年左右。居复新堂。这是最早关于王九龄的资料③，此时他唱花旦，兼演昆曲。“楚楚臻臻，娇憨有致，宛然一美丽女娃也。演《铁弓缘》《荷珠配》《庙会》《缒城》《代父征》，无不精妙。”（卷一《凤城花史》上编）

陈凤林，字鸾仙，生于嘉庆二十四年（1819 年），三庆部花旦。

① 《京剧历史文献汇编（清代卷）》第壹册，第 470 页。

② 同上书，第 875 页。

③ 卷四《呓余丛与》中记载，王九龄所居之复新堂，其师为吉祥，字纫秋，是日新堂殷采芝的弟子。种芝山馆主人在写《呓余丛谈》时，吉祥带着弟子们到天津演出。此为 1846 年事，此时“九龄近改正生，颇有声津上”。王九龄已经改唱老生，并且在天津很有声誉。以往京剧史中对王九龄此一阶段的经历都不具载。

善画，善弹四弦。杨掌生《长安看花记》有传。出自三庆著名私寓敬义堂，主人董秀蓉，善演昆曲小生。曾自立藕香堂。所演剧多与夏秋芙同，但不似秋芙的婉转多媚。能剧很多，有《雁门关》《乾坤带》《雌雄镖》《胭脂虎》《赶三关》《玉玲珑》《双合印》《贪欢报》《鸿鸾喜》《延安关》《面缸》《别妻》。在当时是著名花旦，《花天尘梦录》中论花旦者辄以秋芙、鸾仙为标准来做评论。如小天喜，字听云，演《上坟》"几入秋芙之室"陈翠官，"秋芙、鸾仙而后，此其继声"。郝玉秀，"举止妩媚，笑言腻腻，大有秋芙当年丰致。"

陈翠官，字梅仙，苏州人，春台部。生于道光九年（1829 年）。他专工皮黄等花部戏，是夏天喜、陈凤林之后最为有名的花旦。"登场精神满足，声色逼肖，歌喉爽脆，说白尤峭。"（卷三《凤城花史》续编）擅演剧目有《上坟》《赶会》《赠珠》《入府》《胭脂》《巧姻缘》《金玉坠》《荷珠配》《闺房乐》《樊江关》《金铃关》。

孙玉香，字佩仙，苏州人，春台部。"长梅仙一岁"，则生于道光八年（1828 年）。余庆堂弟子，和梅仙同师。"配梅仙演《闺房乐》《金玉坠》极相称"。擅演《桂子图》《情叙》《打雁》《喂药》《胭脂》。其《玉堂春》《玉玲珑》《打金枝》《玩花溪》《鸿鸾喜》，"颇有步武鸾仙之意"，也是陈凤林一派。

郑连贵（莲桂），字莲卿，苏州人，生于道光元年（1821 年），三庆部著名武旦。"眉目清秀，身材瘦削。工跳击，善舞刀剑，有飞花滚雪之妙。演《娘子军》《扈家庄》《祥麟现》诸剧，有巾帼丈夫气概，不徒以妖冶狐媚竞长也。歌喉娇柔圆亮，口白清婉有节。"（卷二《凤城花史》下编）① 宝善堂陈金彩弟子，出师后自立净香堂。净香堂弟子中还有朱双喜比较著名，称"羊毛笔"，有名于同治年间。朱双喜后自立春华堂，弟子众多，出息的也不少，有"春华八芷"之称。其中著名武旦张芷芳，乃有郑连贵的遗风。

---

① 《怀芳记》中评云："妆武旦态度绝伦，凡武旦皆以跳掷相扑为长，连贵独以步骤胜。前乎连贵，后乎连贵，以武旦名者，皆莫能及也。予尝谓《洛神赋》'翩若惊鸿，宛若游龙'，以此两语状美人，疑其不类。必见连贵之扮戏，乃知此语形容之妙。亦惟连贵可以当之。"

赵玉芝，字韵香，安徽人，嵩祝部，生于道光元年（1821 年）。“登场时，云鬓松掠，薄罗短试，秋波翦水，娇喉啭莺。艳冶足冠时流，不独在嵩祝部中出一头地也。《下河南》扮媒婆，仿佛小蟾风致。戏多且精，尤工跳击。”（卷三《凤城花史》下编）是一位兼演花旦、武旦的伶人。出自嵩祝部掌班王天喜槐荫堂，出师后自立承荫堂。

嵩祝部还有一位与赵玉芝齐名的武旦桂云，出自大有堂。比两人稍后一点的是方松林。方松林，字莲舫。他是京剧史上著名的花旦。在道光时期，主要以武旦著名。“嵩祝部名武旦也。后入四喜，转春台，近归和春。”（卷三《凤城花史》续编）从赵玉芝、桂云、方松林三位著名武旦都出自嵩祝部来看，嵩祝部的武戏的确是一大特色

谢素玉，字韫仙，三庆部，出“小尼姑”李玉凤之福云堂。善演昆曲《断桥》等，演京剧《戏凤》“饶有趣味”，《雅观楼》“倍见英姿”，最擅长的是《虹霓关》，“描摹情态，象外传神，尤为都下无两。”（卷二《凤城花史》下编）五年之后，谢素玉的《虹霓关》仍然是都中第一。他是王瑶卿之父王彩琳的授业师。

王法宝，字采仙，苏州人，三庆部。演剧时“说白则专学京城妇女口吻，而出声靡曼以淫，自是另一家数。”（卷三）擅长演《女店》《送面》《双铃记》《开金锁》。出自福安堂，自立寿安堂。

胡喜禄，一名长庆，字霭卿，苏州人，在三庆部，生于道光七年（1827 年）。卷三《凤城花史》续编评其艺术“歌喉朗彻，婉媚多姿，尤善笑。演《桂子图》，绰约似十六七岁聪颖婢子。《扇坟》俏丽，《血手印》著名一时。其《赶三关》《玉玲珑》《玉堂春》《昭君》等剧，直与鸾仙、梅卿抗衡。宜其久负盛名矣。”胡喜禄是京剧早期青衣行的代表人物，他的辈分比巧龄、时小福等皆高，但要比夏天喜、郑连贵、陈凤林要晚。在种芝山馆主人撰写《凤城花史续编》的 1846 年，胡喜禄已经靠《血手印》《玉堂春》等代表作久负盛名。倦游逸叟《梨园旧话》中说：“喜禄以态度作派胜，其所饰之人，必体其心思、肖其身份，而行腔又宛转抑扬，恰到好处。‘美人细意熨帖平，裁缝灭尽针线迹’，其妙处殆有难以形容者。当时堂会戏若无

喜禄登场，同人咸以为歉。故孙丹五先生《余墨偶谈》载某戏提调歌有‘小香到，提调笑；喜禄病，提调跳’之语，其名噪都下可知。”① 可谓知言。陈彦衡《旧剧丛谈》记载：“徽班著名青衣，首推胡喜禄，其唱务以冲淡取胜。谭鑫培为余言：‘胡唱《彩楼》，只一句花腔，尚不肯轻用’其矜秘可知。”② 可见胡喜禄不以耍花腔来吸引观众，其风格是以“态度作派胜”，对所扮演的人物必要“体其心思，肖其身份”，行腔也是为了塑造人物，绝不为了耍花腔而卖弄。胡喜禄是敬义堂弟子，其师董秀蓉，为昆曲小生。出师后自立安义堂，安义堂在同光时期培养了很多旦角名伶。

国小凤，字桐生，安徽人，三庆部，生于道光十年（1830 年）。善演《女店》《扇坟》《补缸》《杆子》《打棒》《吃面》《铁弓缘》等花旦剧目。居耦香堂，是鼎鼎大名的陈凤林的弟子。《凤城花史》传中说“口白歌喉爽脆殊逊师傅，未可云雏凤清于老凤声也”。虽然比师傅稍逊一筹，但在当时也算一个人才。

胡小金，字秀卿，又字语山，苏州人。《花天尘梦录》卷三云：“岁甲辰，年二十，是辛丑年称状元者也。”生于道光五年（1825 年），辛丑年（1841 年）被京城士子评为花旦状元，年才十七。能演昆旦，最擅长的还是皮黄花旦，演《拾镯》“真右军初写《兰亭》，恰到好处，他人不能及也。然究亦小家儿女情态，其佳处实正在此。惟能揣摩尽相，遂乃一时无两耳。”（卷三《凤城花史续编》）吟秀堂弟子，自立春秀堂。

郝玉秀，字丽卿。“癸卯甲辰间，名震一时。”（卷三）擅演《鸿鸾喜》《卖胭脂》《赶妓》《背板凳》《嫁女》《梦怕》，妙有姿趣。深山堂弟子。

王玉琴，字韫仙，苏州人，生于道光九年（1829 年）。为著名昆曲旦角张金麟之弟子，居丽春堂。王玉琴初专学小生，演轴子戏如

---

① 倦游逸叟：《梨园旧话》，见《清代燕都梨园史料正续编》，中国戏剧出版社 1988 年版，第 824 页。

② 陈彦衡：《旧剧丛谈》，见《清代燕都梨园史料正续编》，中国戏剧出版社 1988 年版，第 878 页。

《献长安》《断密涧》《四进士》《宫门挂带》《桑园寄子》《让成都》之类。扮花旦则擅演《香山》《顶嘴》《断桥》，“近则专习女脚，能演《赐珠》《赚花》等剧。”（卷三《风城花史》续编）

其他如江蟾桂，字月香，武旦；王天桂，亦字月香，能演《打棋盘》等剧，不一一再叙。

上面引述《花天尘梦录》中资料，共得皮黄旦角演员 21 人，是 1836 年至 1846 年这十年时间里京剧著名的旦角代表。

（四）结语

考察《花天尘梦录》中所记载的花部剧目以及擅演此类剧目的演员，可以得出以下结论。

1.《花天尘梦录》记载的是道光中后期（1836—1846）剧坛情形，其中的花部剧目绝大多数是新剧目，而且保留在晚清民国的京剧舞台上，因此这是一个京剧剧目大量诞生的时期，是京剧形成的标志之一。此观点还可以从《春台班戏目》和《都门纪略》中得到进一步证实。上海图书馆所藏，封面题有“乾隆三十九年巧月立”的《春台班戏目》，已经为颜长珂先生证明其实为道光末年所抄，记载了当时春台班常演剧目①。颜长珂先生统计《春台班戏目》收京剧剧目有三四百出之多。道光二十五年刊刻的《都门纪略》中京剧剧目八十多出，再加上《花天尘梦录》中的一百多出，去除重复的，则此时京剧剧目约有三百多出。京剧剧目大量涌现的原因，一是汉调艺

① 颜长珂：《〈春台班戏目〉辨证》，载于《中华戏曲》第 26 辑。按：《春台班戏目》中有一部分是堂子的戏目，其中包括陈凤林的藕香堂、郑莲卿的净香堂、朱莲卿的景春堂、汪寡妇的余庆堂、王长桂的槐庆堂、张金麟的丽春堂、孙玉香的景庆堂、殷采芝的日新堂、陈翠官的春庆堂、安徽某某立的玉珠堂、陆文兰的松桂堂、景福堂，除了景福堂之外，其他堂子及其主人在《花天尘梦录》中都有记载；而在名伶之戏部分，专门列出了余三胜、王九龄、周上奎、陈鸾仙、童应喜、郑连贵、丁鸿宝的擅长剧目，除了周上奎、童应喜之外，也都是《花天尘梦录》中所记载的名伶。因此，通过《花天尘梦录》与《春台班戏目》比勘，能很确凿地证明此戏目的年代是道光末年，是与《花天尘梦录》同时代的史料。颜长珂先生也是拿《花天尘梦录》来进行考证的，只不过他使用的资料转引自王芷章《中国京剧史编年》，因此有些堂名没有完全稽考出来。

人进京带来很多新剧目融入了早期京剧剧目之中；一是出现了一些新编剧目，尤其是出现了像严问樵这样的文人编剧家，他编创的《雌雄镖》就经常出现在《花天尘梦录》的名伶擅演剧目之中。

2.《花天尘梦录》中记载的剧目，不仅表明京剧剧目得到了大量丰富，而且比起之前的花旦小戏、玩闹戏来，出现了更多大戏，尤其是出现了很多历史剧。大戏宏大的规模格局，历史剧厚重深邃的思想内容，对于形成时期的京剧艺术的提高具有重要意义。

3.《花天尘梦录》记载了大量京剧早期旦角演员，这些旦角演员中花旦和武旦占了绝大部分。如王长桂、夏天喜、陈凤林、陈翠官，这都是花旦中的佼佼者[①]。在花旦的表演中，夏天喜有魏长生的遗风，淫靡艳冶，在当时也倾倒一大批观众。陈凤林等人则重视表演，善于刻画人物心理，这是花旦行脱离低级趣味，提高艺术品位的表现。武旦也非常受人们欢迎，最著名的武旦是方松林、郑连贵、赵玉芝，武旦以跌扑为主，刀枪剑戟舞起来有回风舞雪之妙。很多花旦能兼演武旦的剧目，也是个值得注意的现象，这种传统一直保持在花旦行里。因为很多花旦的身段必须有功夫才能胜任，故此这些花旦兼修武旦剧目。青衣行中，最为著名的是胡喜禄，这是京剧青衣鼻祖式人物。这些著名的旦角演员成批涌现，与同时活跃在舞台上的老生演员余三胜、程长庚、张二奎、王九龄等，标志着京剧的正式形成。

---

① 另可参考倦游逸叟《梨园旧话》中所云："从前京师各戏园，每日必有花旦剧，以各堂弟子当十余龄时学成一二剧即登台试演，故赓续不绝。然所演者不过《黑松林》《卖饽饽》《女店》《闯山》各剧，聊博观者一粲而已。若《双钉记》《双铃记》《翠云庵》《十二红》《翠屏山》《乌龙院》等剧，非具大本领者不能出色。当时专精此技者，只松龄、长贵、杨宝云，寥寥数人，名噪一时，不能数数。"（张次溪《清代燕都梨园史料正续编》，中国戏剧出版社1988年版，第826页）

晚清京剧伶人与戏班入宫演剧活动考论

清宫演剧在康乾时期只有昆弋两腔，从现存的昇平署档案来看，最早在嘉庆七年①的档案中出现关于“侉腔”“侉戏”——用来称谓吹腔、梆子、西皮二黄等各种乱弹的记载，表明民间声腔开始流入宫廷。但这些侉戏只是偶尔演出，内学伶人似乎不太熟悉侉戏，表演时按照弋阳腔的形式用了帮腔，所以嘉庆下旨批评“内二学既是侉戏，那有帮腔的，往后要改。如若不改，将侉戏全不要”，这道旨意也说明，嘉庆是颇为熟悉侉戏的，肯定是外学（在南府、景山两处宫廷演剧机构当差的民间伶人）有过一些演出。十一月二十三日一份《旨意档》云“于得麟胆大，罚月银一个月，旨意下在先，不许学侉戏，今《双麒麟》又是侉，不治罪你们，以后都要学昆弋，不许侉戏”。但这只是针对内学伶人而言，外学演侉戏仍然可以偶尔为之。直至道光初年间，仍然看到《长坂坡》《快活林》《探亲相骂》《查关》《摇会》《打面缸》《顶砖》等侉戏演出。② 这些侉戏无疑为外学伶人带入宫中。道光七年改南府为昇平署，裁退外学，而此后正是京剧逐渐从

---

① 王政尧通过对第一历史档案馆馆藏的《无朝年旨意档》和《弋、侉腔杂戏题（纲）》《弋腔、目连、侉腔提纲》的分析，认为此册《无朝年旨意档》乃嘉庆七年之档案，“内廷至少在嘉庆七年以前就应当出现侉戏和侉戏的称谓”，见《清代戏剧文化史论》第58页，北京大学出版社2005年版。下面引述的两则档案史料也转引自该书。

② 嘉庆、道光对侉戏这种纯粹民间形态的戏曲态度比较矛盾，正如《清代内廷演剧始末考》中指出，“新兴腔调有其吸引力，却因朝廷曾经明令禁演民间腔调而受到约束，所以内廷关于演出侉戏也在躲躲闪闪，直到道光初年还有旨意称有赏王公大臣听戏时不准承应侉戏，态度十分暧昧。”见该书第88—89页，中国书店2007年版。

乱弹中崛起的时期，因为昇平署成为一个封闭的宫廷演剧团体，隔绝了和民间演剧的联系，故而道光中后期在京城已经如火如荼的皮黄剧，就不能迅速传播到宫中，道光朝和同治初期基本是因循以往的宫廷剧目，并有逐渐衰落趋势。

咸丰四年，又开始从外间戏班挑选随手（伴奏人员）入宫当差，打破了宫内与民间绝缘的形态，这是昇平署发展史一个转折。咸丰十年，昇平署陆续挑选京剧伶人和京剧戏班入宫当差承应，市井流行的京剧艺术开始在宫廷中演出，并对宫廷演剧史和京剧发展史产生了深远的影响。

（一）

咸丰帝爱戏成癖，但经过道光二十多年宫廷演剧的封闭化情形之后，内廷演剧人才非常缺乏，能演的剧目也萎缩得厉害。咸丰五年六月《恩赏日记档》载："上教初八日唱《絮阁》。回奏无人会唱。旨着学出来。"[①] 宫廷以昆弋为主，但《絮阁》这样昆曲中的常见剧目，宫内已经无人能演。而且各种乐器伴奏人才也很匮乏，十二月二十三日总管禄喜奏请"现今内学后台随手实在不敷用，太监之中也无人教，也无人学"，恳请批准挑选外班随手入宫应差。至次年，12 名民籍随手入宫；另外还下旨让太监向原先裁退的外学学生学戏。这些举措透露出消息：道光七年中断的外学入宫承应的传统，有复苏的迹象。

咸丰十年三月，正式开始挑选外学伶人入宫应差。三月二十一日，《恩赏日记档》记载，内务府交进外边各班伶人 29 名，最后挑选了 20 名。其中陆双玉、曹玉秀、孙小云、吴关喜、沈长儿、陈四保 6 位是京剧伶人。[②] 二十七日再补进 12 名，其中杨瑞祥、黄得喜、乌松寿、陈连生、陶贵喜、郝玉福、朱阿三 7 人是专演皮黄或昆乱兼演的

① 见傅谨主编《京剧历史文献汇编（清代卷）》第叁册丁汝芹编《清宫文献》，凤凰出版社 2011 年版，第 221 页。下引昇平署档案皆转引自该书，仅注书名、页码。

② 判断是否唱皮黄的京剧艺人，主要依据其在宫中表演的剧目，并结合《花天尘梦录》《鞠部群英》《群芳谱》等晚清花谱，以及王芷章《清代伶官传》来进行考察。

伶人。闰三月初一，又补一位韩双盛，是京剧武丑。四月二十七日，内务府交进承差人 8 名，其中两名是随手，其他 6 位皆专演或兼演皮黄：赵广发、陈九儿、张三福、冯双德、孙保和、郭三元。同时还有两名艺人已传但没有入宫，一位是昆乱兼演的旦角陆翠香，不久后也入宫演剧；另一位殷德瑞一直未进宫。

两个月的时间里，先后传入外学伶人 42 人，除去其中的两位随手，演员共 40 人，唱皮黄和兼唱皮黄的艺人共 21 人，占一半还出头。五月初十日，内务府来文，奉朱批：六月十五日后，“除酌留数名教习外，余俱退出。嗣后每月初一日、十五日两次伺候戏或特传何日伺候，于前三四日传进，唱完退出。”[①] 有乌松寿、翠香、黄得喜、韩双盛、郭三元、陆双玉、曹玉秀 7 人不愿继续当差，遂出宫。但倘若宫中在初一、十五演剧需要传入时，他们必须进宫应差。而留在宫内当差的，享受月银，五月二十一日，“安福面奉谕旨，在内当差外边学生三十五名，每名各赏给月银二两，白米十口”。这是对外边伶人进宫演剧的俸银，一直到昇平署解散皆是如此。

八月咸丰带着后妃、大臣逃往热河，并没有忘记在十一日初四日，让这些外学赴热河演剧。其中吴关喜病故，其子吴全禄替补当差。咸丰十一年《恩赏日记档》，记载四月初五内务府又交进承应人 21 名，其中随手 3 人，演员 18 人，其中皮黄演员 11 人：汪竹仙、妥一、董文、陈松年、陈长寿、玉香、钱喜禄、孙四多、钱阿四、张三元、叶中兴。十一日又交进两名演员，其中李兴是京剧艺人。加上上年留下来的 33 人（40 人中有 7 人已经出宫），共演员 53 人，其中京剧伶人 26 人，仍占一半之数。

短短一年多时间内，33 位京剧伶人赴宫廷演剧，带来了大量的京剧剧目。《清代内廷演剧始末考》总结咸丰从逃到热河到去世前，不到一年的时间共演出昆弋和乱弹戏 320 出，其中乱弹戏有共 100 出，其剧目名抄录如下：《金锁阵》《送亲演礼》《三岔口》《叫关》《朱仙阵》《望儿楼》《青石山》《采石矶》《洒金桥》《药茶记》《白

① 见《京剧历史文献汇编（清代卷）》第叁册《清宫文献》，第 251 页。

绫记》《镇潭州》《赶三关》《芦花河》《太君辞朝》《沙陀国》《战成都》《白良关》《金兰会》《打刀》《二进宫》《江东桥》《百寿图》《铁弓缘》《锤换带》《打面缸》《状元谱》《渭水河》《时迁偷鸡》《泗州城》《困曹府》《庆顶珠》《太师回朝》《戏凤》《骂曹》《祭塔》《表功》《击掌》《善宝庄》《青峰岭》《四郎探母》《烈火旗》(梆子)《摇会》《背凳》《请医》《教子》《送盒子》《捉放》《定军山》《探窑》《红鸾禧》《罗四虎》《浣纱记》《换子》《蔡家庄》《大保国》《摔琴》《武当山》《玉玲珑》《上天台》《三进士》《神州擂》《碰碑》《查关》《南天门》《顶砖》《牧羊圈》《湘江会》《贪欢报》《昊天塔》《蟠桃会》《天水关》《沙桥饯别》《演火棍》《王小过年》《忠孝全》《审刺》《乾坤带》《清官册》《十字坡》《五雷阵》《闯山》《回龙阁》《戏妻》《祥梅寺》《南阳关》《破洪州》《玉堂春》《甘露寺》《岳家庄》《黑风帕》《洪洋洞》《群英会》《穆柯寨》《连环阵》《辕门斩子》《取荥阳》《白水滩》《凤凰山》。

按：其中原文标注《烈火旗》是梆子，另据《光绪十九年至光绪三十四年间承应剧目总集》，可知《忠孝全》也是梆子。

朱先生所统计的这个乱弹戏剧目并不完全，还有许多漏载：《观画》《药王传》《连升三级》《醉写》《六殿》（即《滑油山》）《戏洞》《收罗成》（这是三庆班小生汪竹仙入宫所演之剧）《问樵》《别妻》《杀皮》《魏虎发配》《迷魂岭》《文昭关》《游武庙》《探营》《荐诸葛》《打砂锅》《打棋盘》《六郎御状》《徐达封王》《红梅算命》《赶会》《瞎子捉奸》《尼姑庵》《嫖院》（梆子）《清风岭》《藏风寨》《伪旨召桂》《定生扫雪》（梆子）《问计》《骂王朗》《探五阳》。共 32 出，其中有 3 出可以基本确定是梆子剧目。则在热河演出的乱弹有 132 出，而京剧剧目 127 出，约占当时所演 300 出剧目的 45%，这个比例远远高于朱家溍先生说的 1/3。

以上是咸丰时期在热河的演出情况，咸丰十年三月至八月北京宫中所演花部剧目，去除与上文重复的，还有《杀狗》（梆子）《拾镯》《打店》《战洛阳》《拷打拾柴》《荣归》《翠屏山》《锁绫囊》《状元印》《下南唐》《界牌关》《女三战》《战降》13 出。

咸丰十年三月至次年七月，一年多时间清宫共演出乱弹剧目约145出，其中绝大多数是皮黄剧目。而且宫中演剧很多仪式化的剧目，如开团场戏必须用的昆弋剧目，因此在真正欣赏性剧目里，宫中演剧可以说皮黄占的比例已经非常大了，换句话说咸丰帝与其后妃在一年多点时间里，欣赏的娱乐性剧目中，乱弹与昆弋剧目平分秋色。这正说明民间京剧艺术发展的势力非常强大，因此得以在民籍学生入宫后迅速的传播到宫中。王芷章《清代伶官传》“黄得喜”条下云：“得喜审查情势，知宫中习好，仍重昆腔，乱弹诸戏，新不敌旧，遂即与乌松寿、翠香、韩双盛、郭三元、陆双玉、曹玉秀等七人，具名列奏，不愿在内当差。”[①] 把前面说的七位伶人不愿在宫当差，说成是因为宫中重昆腔，所以唱乱弹的觉得势力不敌所以退出，从上面的分析中可以看出七人不愿当差，盖有其他原因，内廷演剧皮黄很受帝后之喜爱，不至于发生因昆腔占优势而导致京剧伶人退出昇平署的情形。

同时咸丰十年还有传外班入宫唱戏的情况，《恩赏日记档》五月初十有云：“着内务府大臣将外边戏班名目开单呈递，以便每次指传一班，亦不必各班凑集”[②]，几天后内务府开出了三庆班、四喜班、双奎班、双和班（秦腔）、春台班、广和成班、万顺和班（秦腔）七个戏班名单。五月二十八日敬事房传旨，其中粗略地提到了六月初六三庆班伺候戏，十一日四喜班伺候戏，十二日双奎班伺候戏，可以确证这三个戏班是进宫演剧了的。当时程长庚、梅巧玲、张二奎俱在这几个戏班中，自然一起到宫廷演过剧，而且也仅此一次。咸丰此后去了热河，没有再传外班。而到光绪年间再挑选外学和外班入宫时，他们早已故去。

七月十七日咸丰去世，前两天还在演戏，《白水滩》《凤凰山》是他听的最后两出戏，也是两出皮黄。可见他对皮黄剧的喜爱，“文宗（咸丰）提倡二黄”[③] 殆不虚传。他对皮黄艺术的爱好，直接影响了当

---

① 王芷章：《清代伶官传》，商务印书馆2014年版，第132页。

② 《京剧历史文献汇编（清代卷）》第叁册《清宫文献》，第246页。

③ 徐珂：《清稗类钞》，第十一册，《戏剧类·文宗提倡二黄》。

时还是懿贵妃的慈禧，为光绪朝慈禧太后大力提倡皮黄剧开了先声。

同治二年将52名民籍伶人裁退（咸丰十年、十一年共招入民籍伶人53名，其中昆曲老生黄春全同治元年去世），但留下了12名随手当差。整个同治朝，再也没有招入外边民籍伶人。虽然如此，因为前53位民籍伶人一直到同治二年的七月出宫前都在教演戏曲，因此很多京剧剧目得以在清宫传承。同治初国丧结束后，直到四年十月才开禁演戏。同治五年元旦，漱芳斋承应戏曲，《恩赏日记档》记载从未初开戏，戌正毕（下午一点到晚上八点），共演8个剧目，其中《喜朝五位》是开场戏，《题曲》《探亲》是昆曲，《挡谅》《狱神宽限》应是弋阳腔，最后《青石山》《乾坤带》《赵家楼》3出京剧是轴子。轴子是整个演出的重头戏，演出时间也最长，分别为四刻五分、五刻十分、六刻，共4小时。[①] 显然这次演出是以京剧承应为主的，由此可见京剧在宫中的势力。

因为同治时期总体上演出比较节制，而且档案记载比较粗略，很多承应不标明具体剧目，因此很难确定宫中皮黄剧目占多大比例。但有些细节可以说明皮黄剧在宫中很受欢迎，并不因为没有民籍伶人就有所改变。略举几条档案为例：同治八年九月二十六日《恩赏日记档》载："印刘传西佛爷旨，着刘进喜、方福顺、姜有才学二簧鼓、武场，张进喜学武场。王进贵、安来顺学二簧笛、胡琴，文场不准不学。"[②] 这是要求太监伶人学习皮黄伴奏，肯定是为了演出皮黄做准备。同治九年十二月二十九日又载："旨着总管韩下去，此三日单添上二簧戏，下来插得单，复奏总管，带写字人上去伺候着。旨着净插二簧戏，不要《如愿迎新》。"[③] 这三天共演了《戏妻》《打龙袍》《演礼》《战长沙》《探窑樊江关》《洒金桥》《穆柯寨》《五台会兄》《金锁阵》《绑子上殿》《朱砂痣》《温凉盏》《甘露寺》《四本取荥阳》《珍珠配》共15出乱弹，占全部演出剧目30出的一半，而且原来的团场戏全部改成了皮黄轴子，演出时间上皮黄剧目更占绝大比例。同

---

① 《京剧历史文献汇编（清代卷）》第叁册《清宫文献》，第262页。

② 同上书，第268页。

③ 同上书，第272页。

治十年《日记档》七月立有“乱弹之戏人名次序”，记载了《金锁阵》《孝廉报》（秦腔）《雌雄镖》《刺汤》《取荥阳》《连环套》《孝感天》《应天球》《斩子》《五虎平西》《搜山打车》《战长沙》《雪血园》《搜孤救孤》《醉写》《彩楼配》《朱砂痣》《华容道》《红桃山》《空城计》《观星》《御碑亭》① 22 出乱弹剧目和演员名单，这表明宫中加大了乱弹戏习演的力度，从而有了这样正式的档案。

从上面分析来看，同治朝皮黄的演出所占比例、受宫中欢迎和重视程度是延续了咸丰末年的趋势，只不过因为没有民籍外学入宫演剧，所以在剧目更新、演出质量上没有随着民间京剧的发展一起发展，但皮黄在宫中的地位是与昆曲平分秋色的。这样，朱家溍先生说同治时期“西皮二黄戏在宫中演出，虽然有抬头的倾向，但毕竟是少数。这和当时北京社会上演戏的情况也是相同的”，这一论断和实际情形就存在着偏差。②

① 剧目据朱家溍《故宫退食录》中所录《乱弹戏人名次序档》抄录，北京出版社 1999 年版，第 582 页。

② 朱家溍：《昇平署时代昆腔弋腔乱弹的盛衰考》，见《故宫退食录》，北京出版社 2000 年版，第 564 页。朱先生认为不仅宫中昆弋占优势，在北京市井演剧中也是昆曲胜过乱弹，并认为这种观点可以改写戏曲史上以前认为同治年间昆曲让位于皮黄的判断。他给出一个证据是：同治二年至五年报班文书可以看出，当时共有 16 个戏班复出和成立，其中 8 个直接标明昆腔戏班，2 个昆弋戏班，1 个秦腔戏班，2 个琴腔戏班，3 个未注明声腔的戏班，昆腔班占了 1/2 强。据王馗辑录整理的《行会文书》（傅谨主编《京剧历史文献汇编》清代卷续编第三册，凤凰出版社 2014 年版），可查同治二年至同治五年共复出和新成立戏班 32 个，其中 18 个昆腔班，3 个昆弋班，5 个秦腔班，1 个琴腔班（四喜），剩下 5 个未标唱何声腔。这种统计结果似乎也能印证朱先生的观点，如果我们把整个同治年间的都统计一下，得出结论是：共 59 个戏班，39 个昆腔班，3 个昆弋班，秦腔、皮黄乱弹班加起来共 17 个。这不更说明昆曲在当时占有绝大优势吗，不仅仅是朱先生统计的一半，而是一大半都是昆腔班。问题是这种统计不能作为昆曲非常兴盛的根据，原因是虽然貌似昆曲戏班成立很多，其实它们很多都是反复报散又不久成立不久又报散，比如同治二年的万顺奎、双奎、奎庆 3 个昆腔班，其主要人员都一样，一看就是前一个戏班解散后来重新成立的。处于这样一种状态之下，恰恰说明昆腔戏班在京城经营演剧的压力，如果戏班经营好，怎么会这么频繁地报散、重组呢。而且绝大多数昆腔班人数都很少，一般维持在 30 人左右，而四喜、三庆这些唱皮黄的戏班演员都接近 70 人左右。另外，昆腔班演员流动性很大，像皮黄班那样著名的演员很少，更多的是不断新人增加，也表明很多昆曲演员来京城组班，报散后回去一批又新来一批。这同样表明昆曲在京城的已经很难站稳脚跟。但出现很多昆腔演员来组班，这也是事实，这些戏班基本都是王府班，或者是王府班解散后演员组建而成。这些演员大都是京畿附近的伶人，游走于京城和乡野之间。他们虽然以昆腔报班，但大部分唱的是京腔，甚至是皮黄。因此，这些戏班人数少、演员流动性大、戏班不断处于报散和重组的情形，而且所唱之腔并非如标示的那样纯为昆腔，这都表明了昆腔在京城营业面临很大的压力、势力并不能和唱皮黄的徽班相提并论。

光绪初因服国丧，直到五年七月才开禁戏；七年三月慈安太后卒，又有两年多的服期不能演剧（共二十七个月）。但热衷戏曲的慈禧急不可待地盼望服期早点结束，在服满慈安太后孝期的三个月前她就已经让内务府开始在外边挑选伶人，准备好好热闹一番。也就是从此时起，开始了晚清内廷演剧最为热闹的一段历史。此时期昇平署档案非常完整，梳理档案中相关记载，被挑选为内廷供奉的京剧伶人及其行当、入宫时间皆历历可考（下面所录伶人行当，如果档案中未标识清楚，则参考《清代伶官传》），其具体情况是：

九年三月二十五日，同治二年清退民籍伶人时隔 21 年之后，宫内又开始重新挑选民籍伶人。此次共选进民籍教习 19 名，其中 9 名京剧演员：武生张长保、小生鲍福山、武生杨隆寿、武旦许福英、老生李顺亭、武丑许福雄、武旦彩福禄、武净李永泉、武净朱廷贵。以武行演员为主，盖慈禧爱听武斗等热闹之剧，故武行乃其首选；

十一年四月初一：净角穆长寿；

十二年二月十五日：武旦李燕云、武净李连重、老生孙菊仙、青衣时小福。十二月二十九日，武旦杨永元、花旦张桂香；

十四年十一月初十：老生杨月楼、小生王桂花（即王楞仙）；

十六年五月二十五：老生谭金培（即谭鑫培）、老旦孙秀华、青衣陈得林、丑角罗寿山；

十七年六月二十一日：老生王福寿、净角刘永春；花旦兼武旦于庄儿；

十八年二十七日：老生龙长胜；

二十一年十一月二十九日：老生曹永吉、净角穆长久、丑角王长林、青衣孙怡云、老旦熊连喜；

二十六年正月初六：武旦朱四十、花旦李子山，武净李七；

二十八年六月十一日：老生汪桂芬、老旦周长顺、武净高德禄，丑角钱长永、花旦杨得福（即杨小朵）、净角郎得山；

三十年二月十九日：小生陆华云、净角金秀山、老生瑞得宝；三月十一日，青衣王瑶卿、武净沈小金、武生周如奎、净角钱金福、丑角訾得全；三月二十九日，武净李顺德、老旦龚云甫、武丑傅恒泰；

三十二年十月十五日：武生杨小楼；

三十三年二月十八日：老旦谢宝云；十月初七，小生朱素云、花旦李宝琴，十月十三日，老生张文斌、丑角陆金贵（即金桂）；

共京剧伶人 57 人。另裘荔荣以随手入宫，后改上台唱净角。因此上台演唱的京剧伶人共 58 人。此时共挑选入宫的伶人共 85 人，京剧伶人所占比例约 7/10，比咸丰时期一半的比例要高出不少。所演剧目情况，据《内外学承应戏总目录》档案所载光绪年间京剧剧目 223 种、昆腔 63 种、梆子腔 49 种、弋腔 35 种，京剧剧目也成为宫廷外学演剧的主体。[①] 整个宫廷演剧情况，则太监承应的昆弋戏比较多，这是延续了戏曲承应的礼仪化传统，很多剧目是时间不长的开团场戏，另有一些是当年九九大庆、法宫雅奏、月令承应，但数量和演出规模比起乾、嘉时期要小得多。总之，无论从民籍伶人的数量还是所演剧目来看，宫中演剧，特别是娱乐性演剧，京剧已经成为主流艺术。

下面谈谈光绪时期京剧戏班入宫演剧情况。咸丰十年六月见记载的有三个班入宫演剧，已见上文所述。因为帝后避乱热河，遂终止。同治时期没有外班入宫演剧。直到光绪十九年，慈禧又重启了传外班入宫的模式，且传班次数越来越多，成为清末宫廷演剧的一大景观。十九年六月初七日，昇平署总管何庆喜奏“本署内外学生实不符应差，奴才叩恳天恩，传外边各班角色于光绪十九年七月初一日轮班进内排演差使，以备庆典承应”。此年即传入：三庆班（1 次）、四喜班（6 次）、玉成班（5 次）、宝胜和班（4 次）、义顺和班（5 次）、小丹桂班（4 次）、同春班（7 次），其中三庆、四喜、小丹桂、同春都是以唱京剧为主的戏班，一年中入宫唱戏 18 次，秦腔在光绪中叶的发展也很迅速极有影响力，共入演 14 次。一年招入外班演剧 32 次，差不多一个月要进去演两三场。

---

① 杨连启辑录整理：《清宫文献》（上），见傅谨主编《京剧历史文献汇编》（清代卷续编，第壹册），凤凰出版社 2014 年版，第 397 页。统计数字也据此书所收《内外学承应戏总目录》提要。

光绪二十年：共传班15次，其中京剧戏班四喜（3次）、丹桂（3次）、同春（2次）、小天仙（1次）、承庆（1次）；

二十一年：共传班16次，其中京剧戏班四喜（4次）、同春（3次）、小天仙（1次）、承庆（1次）；

二十二年：共传班50次，其中京剧戏班四喜（12次）、同春（9次）、承庆（4次）、福寿（1次）、三庆（1次）；

二十三年：共传班15次，其中京剧戏班四喜（2次）、三庆（4次）、福寿（3次）；

二十四年：共传班1次，福寿班。

二十五年：共传班8次：其中京剧戏班四喜（2次）、福寿（2次）。

招入的外班非京剧戏班即秦腔戏班，可以看到秦腔的势力发展也很迅速，和京剧成对垒之势。（但很快又衰落，宣统时已不及京剧，个中原因颇值得专文深入探讨。）二十六年义和团运动、庚子事变，国家处于极度动荡不安之中，慈禧、光绪也出京避难，故此年没有外班入宫唱戏的情况，二十八年帝后回京，再也没有招入外班。

宣统初服期27个月，三年正月二十八日，又开始挑入八名外学伶人入宫，计有京剧演员：老生李六、武净范福泰、小生陆库、武生董生、武生杨长福、丑角张二锁（即张文斌）、武旦朱裕康，只有一位马全禄是秦腔小生。辛亥革命后，清帝逊位，虽然宫中的小朝廷以及演剧活动一直延续到1923年，但这与我们讨论的清宫演剧的关系已经不大了。

（二）

京剧伶人和戏班入宫演剧，对考察清宫戏曲文化和宫廷政治文化有着重要意义。

中国戏曲的乐文化本质，使其自诞生以来就具备了两种文化属性：一是被归置于儒家礼乐文化传统，成为礼仪庆典的一部分；一是以“今乐”即世俗之乐的形态成为世俗娱乐文化的重要构成部分。宫廷戏曲文化，是这两方面的集大成者。李真瑜讨论明代宫廷戏剧时，认为“礼仪之戏剧与娱乐之戏剧并存而有别是也”①；丁汝芹分析清宫演戏，也认为“清代内廷演剧实际分为仪典戏和观赏戏两大类”②。概言之，此两类戏剧形态都是宫廷演剧的内容，但不同时期各有侧重，体现出宫廷文化内在精神的变迁。以明宫廷演剧而论，明初叶宫廷戏剧的礼仪文化氛围浓厚，娱乐之剧也以当时的“雅”戏剧——元杂剧为主体，民间盛行的南戏无与焉。万历以后，民间市井盛行之南戏如昆腔、弋阳腔开始传入宫廷，至有四斋、玉熙宫专演此类戏剧之情形出现，而明初各种礼仪之剧逐渐衰微，以至于高雅之元杂剧也在教坊中逐渐失传。其宫廷演剧渐渐俗世化、娱乐化倾向，与民间新兴戏曲艺术关系密切。而清代宫廷戏曲文化之变迁，与此相类，只不过此时昆弋已成为高雅戏曲，京剧、秦腔成了新兴的民间戏曲。

在景山、南府时代和昇平署初期，清宫廷演剧仪典类戏曲占很大比重，反映宫廷演剧活动中的“礼乐”文化内涵。仪典类戏曲包括《啸亭续录》中所言月令承应、九九大庆、法宫雅奏等类③。从昇平署档案中所收此类剧目，如《喜朝五位》《太平春宴》《群仙赴会》《百花献寿》《藏钩家庆》等月令承应戏，《喜洽祥和》《芝眉介寿》《甲子图》等九九大庆万寿戏，《璧月呈祥》《吉曜充庭》《天官祝福》等各类喜庆戏，可以了解这类戏曲主要内容以文人雅士之佳话、神佛仙话等为主要内容。尤其是后一类为多，伶人装扮向为人所尊崇、所向往的神佛形象，在舞台上载歌载舞，或为庆祝帝后之诞辰，或为庆贺皇宫中某件喜事，或者在节日里表示一些风调雨顺、国泰民安、海清河晏的祝福。虽然贵为神佛，但在世俗的君主面前，仍然在言辞中保持着恭谦的口吻，并在高潮部分为颂扬当今“盛世”而不吝赞美的浮华辞藻，呈现出各种祥瑞的图案；在适时的关目处，还要

① 李真瑜：《明代宫廷戏剧史》，紫禁城出版社2010年版，第15页。

② 丁汝芹：《清代内廷演戏史话》，紫禁城出版社1999年版，第35页。

③ 丁汝芹：《清代内廷演戏史话》云昭梿的说法，反映的是清前期的提法，现在能看到的清宫戏曲档案中不见这些称谓，故而她把这些仪典戏称为节令戏、喜庆戏、万寿戏、朔望承应。

向君主跪拜。① 在一些戏中，与神佛同时出现的是外邦使节，这些使节为着祝寿等目的来到天朝，对天朝充满尊敬、恭顺的态度。而现实中的一些政治对手也往往被写进戏中，如嘉庆时期首匪被擒，即被皇帝要求加入到即将表演的戏曲故事之中。② 下临凡世的神佛、朝拜的外国使臣、被惩罚的政治对手在舞台上共同表现四海归一、天地太平的政治图像，具有极强的政治象征，完成宫廷演剧的仪典意义。

咸丰十年以前的宫廷演剧中，虽然绝大部分内容是各种如上所云之节令戏、喜庆戏、万寿戏，但也有纯粹的娱乐演剧。这部分戏一是如《劝善金科》《升平宝筏》《鼎峙春秋》《昭代箫韶》《忠义璇图》为代表的连台本戏、大戏，一是各类昆曲折子戏、本戏。在清宫娱乐以昆弋为主要欣赏对象时，民间早已经是花部迭兴了，因此清宫一直到咸丰时期都坚持着雅致的戏曲审美传统。这和明代宫廷以元曲为雅音，直到万历之前仍然以元杂剧为承应戏曲的情形正复相类。因为宫廷文化的相当保守性，无意中成为高雅艺术的保护者和传承者，这也是宫廷戏曲文化很重要的一个特点。而关于各种连台本戏，其题材无

---

① 如《甲子图》一剧，写东王公、西王母、中黄子“闻得今值圣朝皇太后万寿圣诞之期，诸天众圣，三界神祇俱至御前庆寿献瑞，以表嘉祥”，和水精、赤精二子，以及偷桃献寿的东方朔一起同去祝寿。在舞台上造出“万年甲子图”，32 位童子摆成“天地同寿”的字样，同唱“六合乾坤河清海晏，幸值物阜民安嘉祥互见。璇玑回环，紫宸彩霞辉焕”“应天时和风甘雨，乐雍熙桑农丰稔均沾。四夷率宾归觐，天阙万万年”等吉祥曲词而终场。见海南出版社 2001 年版《故宫珍本丛刊》第 661 册，《昆弋各种承应戏》第二册。

② 《四海升平》堪称此类戏剧之代表。乾隆五十九年（1794 年）英国使者马戛尔尼来华，清宫为此专门排演承应戏《四海升平》，其情节云文昌帝君闻说英国使者马戛尔尼来华，认为这是千古未有之盛事，故带领一班仙人朝贺。途经东海，看到波浪滔天，询问龙神知道是有妖龟兴风作浪。文昌帝君为了英国使者回国途中太平，遂令众仙人铲除海妖。最后妖氛荡平，海底升出一大宝瓶，并有“四海升平”字样。此剧不仅渲染出外国使者朝圣的喜庆感，还体现出天朝之威让众神效灵，以及对“蕞尔小邦”的雨露天恩。到嘉庆时期，把当时的海贼蔡牵替换掉英使来朝一事，此剧一变为庆祝戡平海贼的一个庆功剧。对于此剧作为礼仪剧的专门讨论，可参看熊静《〈四海升平〉考》一文相关论述，《北京社会科学》2013 年第 6 期。类似的还有《天献太平》，嘉庆七年旨意档中五月二十六日，旨令“《天献太平》刘之协上改为苟文明”，此剧盖为嘉庆五年抓捕白莲教首领刘之协而作，七年时又抓捕了教中首领苟文明，故此把之前剧中的刘之协换成苟文明。由此可见，宫廷演剧中，把相关政治上的重要事件写入剧中，再结合神仙效灵之类的内容，遂传达出一片海晏河清、天下太平的气氛。

论是神佛故事宗教题材类，还是历史剧类，在传承主流文化意识方面做到极致。以历史剧来说，清宫先后编写了以中华民族完整的发展历史为题材的戏曲，皇家在欣赏这些戏曲时无疑也是一种对历史的温故知新，而其中蕴含的忠孝节义等伦理道德纯粹雅正，是一种主流意识形态下的历史审美，稍举一例，如《忠义璇图》中，关于水浒英雄反对招安的情节，就没有出现在剧本中。

综上所述，咸丰十年以前的宫廷演剧，各个时代规模有大小盛衰之别，但宫廷演剧保持了深厚的礼仪文化内涵。即使在娱乐性演剧中，宣扬主流意识认可的伦理道德和维护高雅的审美情趣，在娱乐中并不偏离雅正的贵族思想意识和审美情调。

咸丰十年以后，以京剧为代表的乱弹剧目越来越多地进入宫廷演剧中，原先众多的仪典式演出被逐渐蚕食，上文所云很多万寿戏、节令戏、喜庆戏，被分解出某些一刻钟左右的小短剧，放在演出开始和结束时演出，被称为开场戏、团场戏，而这些戏慈禧等人是根本不看的。① 连台本戏此时也甚少演出，以昆曲为代表的高雅戏曲审美也逐渐被抛弃，为俗文化、民间文化所替代，演剧的娱乐意图也越来越明显，最终和市井演剧中的娱乐化趋同。② 这可以从宫中表演的一些乱

---

① 丁汝芹《清代内廷演戏史话》中引内廷供奉王瑶卿的话："开场的头两出戏慈禧一向不听。要昇平署算准了时刻，到了她愿意看的戏开场，她才过来。"紫禁城出版社 1999 年版，第 37 页。

② 略举几例。光绪十七年昇平署《差事档》所载，此年十月初七、初八、初九、十一直到十五，慈禧万寿演出，慈禧生日是十月初十。从这几天的戏单上来看，初十日喜庆戏要多一些：《万寿无疆》《福禄寿》《喜溢寰区》《全家福》《甲子图》《兰殿呈祥》《万寿无疆》；前几日只是以《恭祝无疆》《福禄天长》《福禄春》三出寿戏作为开场戏而已。光绪万寿二十三日、二十四日也只是用《福禄天长》《寿祝万年》作为开场而已。除此之外，完全以乱弹尤其是京剧剧目为主。例如慈禧万寿节四天演出 44 出戏，没有重复剧目，其中 9 出是寿戏，戏单前多标（府）字，即由昇平署太监演出；昆曲折子有 8 出，其他都是乱弹，而京剧尤多，出现了京剧一些经典剧目如《海潮珠》《草桥关》《黄鹤楼》《断密涧》《梅龙镇》《南天门》《天水关》《回荆州》《玉玲珑》《莲花洞》《延安府》《鸿鸾喜》《打金枝》《五花洞》《铁弓缘》《泗州城》《青石山》《马上缘》共 18 出，这些戏也是当时市井中最受欢迎的京剧剧目。另据朱家溍《清代乱弹戏在宫中发展的史料》中曾统计宣统三年二月初一至八月十六日共演剧 74 场，共 229 个剧目（此为笔者统计数字），其中《芝眉介寿》《天官赐福》等仪典式戏曲共 14 出，昆曲折子戏仅 4 出，弋腔 1 出。（《故宫退食录》第 623—624 页）由此可见，在宣统时期，也是清宫演剧的末期，已经完全成为京剧的天下，与京城市井演剧基本没有区别了。

弹剧目得到清晰的认识。京剧在宫中所演，与市井中剧目相差无几。大约有历史剧、风情剧、玩笑剧、武剧和公案剧这样几类。京剧历史剧与此前宫中盛行的历史剧之间，有些题材相近，甚至故事情节大同小异，但其中的美学趣味却有着很大的不同。以《鼎峙春秋》与京剧三国戏做个比较，就能呈现两者鲜明的差异，京剧三国戏更具富于通俗风趣。而风情剧与玩笑剧此前在宫中演剧颇少，京剧中此类剧非常之多，有着浓厚的生活气息，颇具滑稽幽默的情调，其剧中人往往体现出民间心理特色和思想情趣，最为著名的如王宝钏的故事、玉堂春的故事等。而玩笑剧中《连升三级》《背凳》《顶砖》《五花洞》《查关》更是极多，且在咸丰以后频繁地上演于宫廷。武剧和公案剧往往合二为一，即受《包公案》《三侠五义》等侠义小说的影响而产生的剧目。宫中对于武剧有一种特别的爱好，在招外学入宫演剧的伶人中，武旦、武生、武净、武丑的伶人特别之多，而且往往收到的奖赏颇丰。如光绪十二年入署的武旦李燕云、杨永元，他们收到的赏赐往往超出同时入署的孙菊仙、时小福等人之上。[①] 光绪十九年至二十五年，上百次招入外班入宫演剧，而且有小天仙、承庆班、福寿班等戏班皆是当年成立不久，即被招入宫中演剧，说明这些戏班很受观众欢迎，而宫中及时了解信息，从而让帝王后妃能第一时间欣赏到外面优秀伶人表演的优秀剧目。因此，戏班入宫演剧，更是让宫廷演剧与市井趋同，完全俗世化和娱乐化了。

梅兰芳说自己 20 年代到宫中演剧，就是赴一场堂会的心态。[②] 排除宫廷中的很多忌讳以及规矩外，光绪时期的外班入宫演剧的伶人肯定也会有相同的心态，他们整班入宫演出的也是市井中最受欢迎的剧目，和去某个深宅大院演一场堂会有什么区别呢？只不过紫禁城这个院子更深更大，规矩更多一些而已。至此，可以说清景山、南府时期宫廷演剧的初衷已经被帝后的娱乐化需求而取代，通过演剧来体现的

① 可参考王芷章《清代伶官传》中两位武旦传记中关于赏银的记录，商务印书馆 2014 年版，第 438—441 页。

② 参见朱家溍《昇平署的最后一次承应戏》，《故宫退食录》，北京出版社 2000 年版，第 631 页。

宫廷雅正文化被市井的俗文化所取代。这是京剧伶人和戏班入宫演剧而开始，并逐渐加深的变革。

晚清以来流传众多宫廷演剧的传闻和轶事，各种笔记、杂志和报纸刊载此类文字甚多，笔者暂且称这类文字为“宫廷剧话”。帝后是宫廷的主人，也是宫廷文化的主要创造者，因此宫廷剧话成为窥探宫廷文化，尤其是宫廷政治文化的很有意义也颇具趣味的材料。由于篇幅，此处仅以徐慕云《故都宫闱梨园秘史》中相关记载来讨论，此书所收宫廷剧话多篇，完全可以作为考察的样板。书中所收宫廷剧话，大致可分为三类。一是反映帝后对优秀京剧伶人的喜爱，这其中也很有艺术欣赏的成分，真实反映出京剧名伶在宫中的优待，正如他们在民间社会受到追捧一样。比如慈禧极为欣赏谭鑫培、杨小楼、瑞德宝等人，赏赐颇多，在慈禧看来都是“圣恩”极为眷顾的表现。曾供奉内廷的王瑶卿说“西太后听戏极精，有时挑眼都挑得服人”①，可见慈禧对京剧是很在行的，其欣赏这些名伶也就不难理解了。甚而为了名伶演好戏，而置法度于脑后，《小叫天奉旨吸烟》一节说谭鑫培因为朝廷禁烟，而在戒烟后无法演剧，慈禧知道后“遂饬内监速往金福（谭鑫培在宫中名金福）家传谕，就说老佛爷命他马上社灯，把福寿膏抽足，速来应差”②，慈禧为观剧而拿国家法令当儿戏。慈禧在国库空虚之际还大肆铺张演剧娱乐，这小小“法外开恩”的事在她来说简直不值一提。二是从演剧中反映出当时宫中政治势力的消长。上节谈到光绪十九年至二十五年的外班进宫演剧情况，这其中也能反映政治的变化。光绪二十年甲午海战失败后，变法呼声很高，光绪帝亲政最为有建树的时期到来。慈禧就比较清闲，从此年至光绪二十二年，慈禧在宫中演戏是越来越频繁，尤其是二十二年，外班五十次入宫演剧。但到了二十四年，慈禧忙于政变，仅有一次外班入宫演剧的。此后慈禧又收回了权杖，政务繁忙，故而外班进宫演剧就少

① 转引自朱家溍《清代乱弹戏在宫中发展的史料》，见《故宫退食录》，北京出版社2000年版，第621页。

② 徐慕云：《故都宫闱梨园秘史》，生活·读书·新知三联书店2010年版，第9页。

了。此类剧话也能看到宫中帝后的关系。如《德宗之死》云在光绪帝生日令杨小楼、谭鑫培演《连营寨》，用白绫造白袍、做帷幔椅帔，见者皆以为不祥，简直是诅咒光绪帝早死。三是反映伶人供奉的甘苦，尽管伶人入选当差，成为“内廷供奉”有无尽的荣耀，同时每月二两的俸银和八口人丁的米粮，平时演剧还有额外赏赐，总的来说待遇丰厚。但服侍帝后，恩威难测，稍有不慎，就大祸临头，伶人无不小心翼翼。《谭小培背负老谭见驾》，说慈禧从西安避难回来演戏三日，谭鑫培因病请假，慈禧大怒，“非押他前来不可”，谭鑫培只好让儿子背着来见驾；《侯俊山代众请赏》，说慈禧脾气乖张，如果某天心情不好，或政务繁忙，或是某出戏演得不合意，她看完戏就回寝宫。这次戏就没有赏钱，慈禧再耍性子，会连续一两个月都不给赏钱；《老元私带手炉进宫儿被撤差》《一声送驾，供奉逐出》，把伶人入宫演剧之苦记得更为详细，如云“内廷的规矩，不论什么角色，如有误场迟到的，一概都须受到罚跪的处分”，伶人皆住在前门外，演剧在颐和园，则他们必须黎明前走十里之遥赴宫中演剧，当红的角儿还有骡子车可坐，一般的就得步行前去。到了宫门，换上供奉的服装，佩上昇平署专门的腰牌，手提灯笼，半夜三更忙得满头大汗。“跑到宫里已经腿酸足胀，力乏气尽，还得忙着扮戏，这种苦楚实在一言难尽”，在宫里见到帝后的銮驾，无论天晴下雨，马上得跪下磕头。演出完了之后，太监就把伶人给赶出来，以至于装都没有卸，“路上时常看见勾着脸的伶人行走”。[①] 而且，在宫中还时常要受到太监的凌辱，连谭鑫培“被一个小内监打了两个大嘴巴，恼得他回家后要吞鸦片”，所以像俞菊笙这样脾气刚烈的伶人总是拿各种理由推掉内廷供奉的差事。[②] 入宫演剧，伶人得到帝后的宠眷，但仍然摆脱不掉古代社会伶人作为“俳优”的卑微身份，伶人因在宫廷这样政治中心服务，也就与政治有了一些纠葛，这也正如古代的俳优一样（比

① 徐慕云：《故都宫闱梨园秘史》，生活·读书·新知三联书店 2010 年版，第 28—29 页。

② 同上书，第 26—27 页。

如传闻田际云、余玉琴为光绪和维新党传递消息）。但古代俳优还有所谓“谈言微中”、假言讽谏的传统，统治者也相应以“言无邮”的宽容态度对待他们的讽谏。但到晚清这样高度集权的腐朽朝廷里，伶人这点功能也没有了，只能供帝王娱乐而已。

（三）

京剧伶人入宫演剧，使得民间戏曲走入宫廷，受到帝王后妃的欣赏和重视，并为宫廷固有戏曲文化所熔铸和影响，从各个方面推动了京剧艺术的发展与传播。关于此点，前人亦有所申论，概括起来不外以下几点。一是提高了京剧的影响力，在咸丰、慈禧、光绪等提倡下，京剧逐渐为贵族所接受，推动了京剧的传播。虽然道咸时期，文人士大夫之流已经关注京剧，并因为他们的关注和参与，让京剧提高了艺术品位，从花部乱弹中崛起。但毕竟在进入宫廷后，在中国“上有所好，下必甚焉”的文化传播体系中，使得京剧向更大范围传播和扩张，从而在民国间成为“国剧”。二是对京剧艺术的规范与雅化。从各种宫廷戏曲档案中，可以了解宫廷演剧在砌末、穿戴等方面都制作精良，这使京剧的化装、脸谱等艺术有了进一步发展。同治、慈禧、光绪都是京剧行家，宫中演剧要求规范、精益求精，这也可以促进京剧艺术的完善。三是丰富了京剧剧目。宫中的各种大戏《鼎峙春秋》《昭代箫韶》，成为京剧剧目的渊薮，尤其是《鼎峙春秋》对京剧三国戏的形成有着直接之关系①。在京剧三国戏被卢台子改编演出之后，从宫中昆弋大戏中翻出连台本戏成为一种潮流，正如陈彦衡《旧剧丛谈》中云：“三庆演连台《取南郡》，为排本戏之嚆矢。四喜之《五彩舆》《雁门关》，春台之《铡判官》《混元盒》，皆步其后尘。”②《混元盒》《绒花记》《五彩舆》《双钉

---

① 可参看李小红《〈鼎峙春秋〉与京剧“三国戏”》，《剧作家》2011 年第 1 期。《昭代箫韶》虽然被慈禧亲自指导宫中翻成京剧，但与外面演出的“杨家将”戏曲差别较大，没有直接之关系。

② 张次溪编《清代燕都梨园史料正续编》，中国戏剧出版社 1988 年版，第 861 页。

记》《青石山》等京剧都是因为入宫演剧的伶人，有机会见到这些宫中昆弋戏或剧本，从而翻成京剧的。可以说，京剧连台本戏的发展是受到宫中大戏的影响而产生的。更不用说，受宫廷昆弋戏剧影响而产生的不计其数的各类短剧了。

宣统二年《正宗爱国报》中的梅兰芳演出广告

——兼论及梅氏早期艺术经历

晚清报界在社会舆论中的影响力与日俱增，报纸不仅成为鼓动社会思潮、宣传各种政治主张的利器，也是传播发布经济、文化信息的重要平台和集散中心。作为大众文化娱乐的戏曲艺术，原本就是报纸所需关注的社会文化生活之一而有报道的必要，戏曲界（戏班和戏园等营业机构）也认识到报纸宣传方面的巨大威力，因此刊发戏曲新闻、广告、剧评在晚清报界成为一种时尚。报刊中刊载的戏曲广告，指的是在比较固定的版面、用类似节日单的形式预告当天或次日各大戏园戏曲演出的信息，一般包含演员、剧目、时间、地点等信息，因为不仅仅是起到预告的作用，还具备宣传的功能，所以戏曲广告对于演员和剧目的信息，往往用一些修饰语来鼓吹——比如剧目则称“私坊秘本”以示神秘珍贵，用“二千年前女招待”等为噱头招徕观众（海派剧目《卓文君》广告语），演员则标以“寰宇第一青衣”“中国第一武生”之类以耸视听。刊载戏曲广告，此风实从上海《申报》开始，因其有着极为明显的宣传效果，上海和其他地区的报纸纷纷效尤，比较保守的北京在光绪年间也开始陆续于报纸上刊登这种广告了，但一直都没有上海戏曲广告那么夸张的修饰，这似乎也是海派和京朝派在广告上的区别。

因为戏曲广告客观地反映了当时戏曲演出的具体信息，而广告格式上诸如演员、剧目的排序和字号的差别等细节也能折射出诸多历史信息，因此对于今天研究戏曲史者有着重要的学术价值。亦有学者对戏曲广告进行个案研究，但多专注于上海《申报》，还有众多地区的大量报刊戏曲广告没有引起人们的重视。

本文所谈的《正宗爱国报》，创刊于光绪三十二年（1906 年），1913 年停刊，是一份晚清民国时期的北京地区日报。出刊时间不算太长，其刊载广告也只是偶尔为之，而且笔者所见的该报缩微本有一些广告因遗缺没有保存下来，但于宣统元年（1909 年）五月、七月、九月、十一月以及二年（1910 年）的正月至四月，九月至十一月，这几个阶段的广告比较密集完整，对于我们了解这两年的北京剧界情形有很大的帮助。（广告中用阴历表示时间，为了保持一致，文章中除了阿拉伯数字标识的，都是阴历）这几个时期的戏曲广告，登载于每日的报头左侧，常见的是广德楼、文明茶园、吉祥茶园等戏园的广告，有些是预告次日演出，有些是关于当日演出的。其具体格式见图 1。

大清宣統二年九月廿五日
正宗愛國報
西曆一千九百十年十月廿七號
星期四
電話東局九十三號
第一千三百九十三號
文明茶園
丹桂茶園
丹桂茶園
吉祥茶園
本館職任
發行兼編輯 李樹年

图 1

这是戏曲广告较为通用的格式，第一行是演出地点，接下来是时间，当时都还是白天演出，从上午十点钟左右开始，演出时间长达七八个小时，在天黑前散戏；广德楼经常演出义务戏，义务戏可以在夜间演出，因此特别标明“广德楼夜戏”，这实际上就开了近代京城夜间演营业戏的先河。接下来就是演员和剧目，如图1所示，著名演员如俞振庭、王瑶卿、王凤卿等都用黑体大字突出来。

在宣统二年《正宗爱国报》的戏曲广告中，留下了梅兰芳早期的艺术踪迹，这也是该报戏曲广告中最有价值的部分。此前学界对民国之前梅兰芳的演出情况所知甚少，各种版本梅兰芳传记，直至最近出版的《梅兰芳艺术年谱》等著作因为史料匮乏对这部分记载同样非常简略。而宣统二年、三年是梅兰芳艺术起步的关键阶段，也是为后来的发展打下深厚基础的时期，同时也在此阶段选择了“远法紫云，近取瑶卿”的花衫行艺术发展道路，因此这部分戏曲广告就显得尤为珍贵，具有重要的史料价值。

（一）

梅兰芳于光绪三十三年（1907年）正式搭喜连成班演出，时年十四岁，白天在广德楼、广和楼演出，晚上仍跟随吴菱仙学戏。1908年、1909年、1910年这三年里，除了1908年的上半年和1910年的下大半年，梅兰芳其他时间很少演出。这有几个方面原因：一是1908年七月梅兰芳母亲去世，有一段时间在家服丧。二是1908年十月光绪、慈禧相继去世，这在过去被称为国丧，所有戏班必须停止营业，梅兰芳自然也无法演出。早年间国丧得停止演剧3年（实际是27个月），演员的生计都成了问题。光绪、慈禧去世后，从广告中可以看到1909年五月份就有演出了，说明此时禁忌已经松弛。但这时候的演戏是不能动响器的，也就是不带锣鼓的说白清唱。[①]《正宗爱国报》所刊载的

① 关于国丧期间演戏禁忌，罗瘿公说得最清楚。“旧制：每遇国卹，四海遏密八音三年。其时伶人最困苦矣。一百日后，戏园中渐有清唱，不穿行头，不开大锣鼓。其后渐有行头，惟不穿红衣。一年以后，渐复旧观矣。戊申两宫大丧，未及一年，戏园已还旧观，禁令盖渐弛矣。”（《鞠部丛谭》）戊申两宫大丧，即指1908年年底光绪、慈禧先后去世，当在三个月后就有了不带锣鼓的清唱。另也可参考《舞台生活四十年》第二章第三节引述萧长华的回忆。

宣统元年（1909年）五月、七月、九月、十一月几个月广告所说的演出即是此种说白清唱。在这些广告中出现了王蕙芳、朱幼芬的演出信息，但四个月中的广告无一梅兰芳的演出记载，可以说明他此时没有或者非常少演出。三是梅兰芳在十七岁时有段时间倒仓，《舞台生活四十年》中说“我在十七岁上倒了仓，只好脱离喜连成班，停止演唱。幸亏我倒的时间不长，不满一年，就重新搭上了大班”①。梅兰芳自述的年龄都是虚数②，“十七岁”即1910年，梅兰芳因为青春期发育变声（即倒仓）而脱离喜连成班，没有演出。《正宗爱国报》中的广告证实了这一点。《正宗爱国报》存有这年正月至四月的几乎全部演出广告，但无一梅兰芳演出的信息，说明他因为倒仓暂时脱离舞台。那梅兰芳是什么时候搭上大班（指双庆班，班主是著名武生俞振庭）的呢？梅兰芳说自己倒仓“不满一年”的话（意思是不到一年但也超过半年），而从九月初一日开始出现了梅兰芳的演出广告，则可以推断就是七八月前后开始搭班演出的，由于《正宗爱国报》缺五月至八月底的广告，因此具体在哪一月哪一天开始搭班则无法考定了。

梅兰芳搭上著名戏班双庆班登台演出，真正开始了其职业生涯。现存宣统二年戏曲广告记载的梅兰芳第一次演出，是九月初一日双庆班的一场义务戏，演出地点在广德楼，此后他的演出非常频繁，一直到此年十二月初一。现在根据广告，把这三个月内梅兰芳参与演出的时间、地点、剧目和配演人员相关信息整理如下：

时间	地点	剧目	演员	备注
九月初一至初九（初二无，共八场）	广德楼	雁门关	王瑶卿、龚云甫、朱素云、俞振亭、王凤卿、贾洪林、吴彩霞、王蕙芳、瑞得宝、朱文英、李宝琴、梅兰芳、王少卿、朱桂方、李连仲、李寿山、李顺亭、范宝廷	标明“全本连台”“新彩新切”；义务夜戏

① 梅兰芳：《舞台生活四十年》，中国戏剧出版社1987年版，第193页。

② 按照《舞台生活四十年》“我第一次出台是十一岁，光绪甲辰年七月七日”的话可知，梅兰芳自述中的年龄都是虚岁。

续表

时间	地点	剧目	演员	备注
九月初四	文明茶园	庆顶珠	梅兰芳、吴坤方、王秀云	
九月初四	广德楼	朱砂痣	王凤卿、梅兰芳、谢宝云	
九月初五	文明茶园	战蒲关	吴坤方、梅兰芳、金仲林	即“献长安”
九月初六	文明茶园	五花洞	俞振亭、吴彩霞、梅兰芳、梅荣斋、李顺庭、朱桂方、迟月廷、范宝庭、张增明	
九月初六	广德楼	孝感天	吴彩霞、梅兰芳、谢宝云	
九月初七	文明茶园		俞振亭、刘洪升、王蕙芳、朱素云、梅兰芳等	仅在所有演员名下标明“各样新戏”，无具体剧目
九月初八	文明茶园	雷峰塔	梅兰芳、付小山	
九月初八	广德楼	浣纱计	贾洪林、梅兰芳	
九月初九	文明茶园	斩豆娥	梅兰芳、谢宝云、王秀云、赵仙舫	即“斩窦娥”，下同
九月初九	广德楼	献长安	贾洪林、梅兰芳	
九月初十	文明茶园	孝义节	梅兰芳、谢宝云	
九月十一	文明茶园	落花园	梅兰芳、谢宝云	
九月十二	文明茶园	母女会	梅兰芳、谢宝云	
九月十五	文明茶园	搜救孤	贾洪林、刘景然、梅兰芳、时玉奎	
九月十六	文明茶园	虹霓关	王蕙芳、朱紫云、梅兰芳、罗寿山	
九月十九	文明茶园	孝义节	梅兰芳、谢宝云	当日，王钟声、光华、亚方等演新剧全本《宦海潮》；贾洪林、赵仙舫、刘景然、迟子俊等戏曲演员参与演出
九月二十	文明茶园	御碑亭	朱素云、贾洪林、梅兰芳、陈同云	钟声新剧全本《缘外缘》，演员同上
九月二十一	文明茶园	献长安	梅兰芳、刘景然、李顺亭	
九月二十二	文明茶园	斩豆娥	梅兰芳、谢宝云、王秀云	
九月二十三	文明茶园	五花洞	迟月亭、梅兰芳、时玉奎、范宝廷、韩雨田、十阵风	
九月二十四	文明茶园	斩豆娥	梅兰芳、谢宝云	
九月二十五	文明茶园	母女会	梅兰芳、谢宝云	

续表

时间	地点	剧目	演员	备注
九月二十六	文明茶园	三击掌	梅兰芳、李顺亭	
十月初二	文明茶园	孝感天	吴彩霞、陈文启、梅兰芳	
十月初三	文明茶园	献长安	梅兰芳、刘景然	
十月初四	文明茶园	搜救孤	金秀山、梅兰芳、吴堃方、刘景然	
十月初五	文明茶园	二进宫	梅兰芳、吴堃方、时玉奎	
十月初六	文明茶园	五花洞	俞振亭、金秀山、吴彩霞、梅兰芳、李顺亭、朱桂方、迟月亭	
十月初七	文明茶园	滚钉板	贾洪林、梅兰芳、梅荣斋、谢宝云	
十月初七 十月初八 十月初九	广德楼		双庆班全班演员	双庆班夜戏，“头等名角吉祥新戏”，没有具体剧名
十月初十	文明茶园	监酒令	朱素云、梅兰芳	
十月十六	文明茶园	孝义节	梅兰芳、陈文启	
十月十七	文明茶园	虹霓关	朱素云、王蕙芳、罗寿山、梅兰芳	
十月十八	文明茶园	浣纱计	贾洪林、梅兰芳、赵仙舫	
十月十九	文明茶园	滚钉板	贾洪林、梅兰芳、谢宝云、刘景然	
十月二十	文明茶园	五花洞	俞振庭、吴彩霞、梅兰芳、梅荣斋、迟月亭	
十月二十五	文明茶园	彩楼配	梅兰芳、冯春和	
十月二十六	文明茶园	虹霓关	王蕙芳、朱素云、梅兰芳、罗寿山	
十月二十九	文明茶园	三击掌	梅兰芳、刘景然	
十一月初二	文明茶园	彩楼配	吴彩霞、梅兰芳	
十一月初三	文明茶园	二进宫	梅兰芳、吴堃方、梅荣斋	
十一月初四	文明茶园	庆顶珠	梅兰芳、李顺亭	
十一月初五	文明茶园	滚钉板	贾洪林、梅兰芳、梅荣斋、刘景然	
十一月初六	文明茶园	教子	贾洪林、梅兰芳、刘景然	

续表

时间	地点	剧目	演员	备注
十一月初七	文明茶园	五花洞	俞振庭、吴彩霞、梅兰芳、梅荣斋、李寿山	
十一月初八	文明茶园	孝感天	吴彩霞、梅兰芳、陈文启	
十一月初九	文明茶园	法门寺	李连仲、梅兰芳、赵仙舫、贾洪林	
十一月初九	春仙茶园	彩楼配	梅兰芳、陆杏林、冯春和	义务夜戏
十一月初十	春仙茶园	虹霓关	王蕙芳、朱素云、梅兰芳、迟子俊	义务夜戏
十一月十一	文明茶园	虹霓关	王蕙芳、朱素云、梅兰芳、罗寿山	
十一月十二	文明茶园	搜救孤	金秀山、贾洪林、刘景然、梅兰芳	
十一月十四	文明茶园	双朱砂痣	王凤卿、李顺亭、梅兰芳、吴彩霞、陈文启、谢宝云、刘景然	
十一月十五	文明茶园	孝感天	吴彩霞、梅兰芳、陈文启	
十一月十六	文明茶园	浣纱计	贾洪林、梅兰芳、王秀云	
十一月十七	文明茶园	献长安	梅兰芳、吴堃方、刘景然	
十一月十八	文明茶园	五花洞	梅兰芳、吴彩霞、王长林	
十一月二十二	文明茶园	桑园寄子	崇鹤年、梅兰芳、小客串	
十一月二十三	文明茶园	双探窑	梅兰芳、谢宝云、陈文启	
十一月二十四、二十五	文明茶园	福寿镜	王瑶卿、王凤卿、朱素云、赵仙舫、谢宝云、陈同云、王蕙芳、梅兰芳、陈文启、李连仲、贾洪林	当天此则广告之上，还有一个专门宣传《福寿镜》的广告。“文明茶园十一月二十四日起双庆班准演”，列有出目“庆贺中秋、天降神镜、善虎下山、失子惊疯、庙中求神、回家观书、马前认了、全家团圆”，标明“新排连台”“每日接演”
十一月二十六	文明茶园	落花园	梅兰芳、陈文启	
十一月二十七	文明茶园	孝义节	梅兰芳、谢宝云	
十一月二十八	文明茶园	斩豆娥	梅兰芳、谢宝云、王秀云	
十二月初一	广德楼	浣纱计	崇鹤年、梅兰芳、王长林	义务夜戏

上表空缺没有当日演出信息的，有两种情况：一是本来就缺失了广告，如九月十三日缺广告，九月十二日与十一日广告重复，因此十三、十四两天没有演出记载；九月二十六日至十月初一没有广告。二是报纸上登载了演出广告，可以明确梅兰芳没有参加当日演出的，如十月初九、十一日、十二日、十三、十四、十五日。从九月初一至十二月初一共得戏曲广告75张，其中梅兰芳演出63天、70场（有时候一天两场），共演24个剧目。这些剧目及其演出频率是这样的：《五花洞》（6次）、《虹霓关》（5次）、《献长安》（5次）、《孝感天》（4次）、《浣纱计》（4次）、《斩窦娥》（4次）、《孝义节》（4次）、《母女会》（4次）、《搜救孤》（3次）、《滚钉板》（3次）、《彩楼配》（3次）、《庆顶珠》（2次）、《朱砂痣》（2次）、《落花园》（2次）、《三击掌》（2次），演出一次的是《二进宫》《御碑亭》《监酒令》《教子》《法门寺》《桑园寄子》《雷峰塔》，《雁门关》参加了全本的演出（共八场），《福寿镜》参加了两场的演出。

梅兰芳回忆十八岁之前的学演的剧目时说：

> 跟着又学了一些都是正工的青衣戏，如《二进宫》《桑园会》《三娘教子》《彩楼配》《三击掌》《探窑》《二度梅》（即《落花园》）、《别宫》《祭江》《孝义节》《祭塔》《孝感天》《宇宙锋》《打金枝》等。另外配角戏，如《桑园寄子》《浣纱计》《朱砂痣》《岳家庄》《九更天》《搜孤救孤》……共约三十几出戏。在十八岁以前，我专唱这一类青衣戏，宗的是时小福老先生的一派。①

所列举者，去除与上面24出剧目重复者，还有《桑园会》《打金枝》《宇宙锋》《岳家庄》《祭塔》等5出不见于此时期演出。再加上《舞台生活四十年》中讲到国丧期间在家从梅雨田学习《武家坡》《大登殿》《玉堂春》3出，则共得32个剧目。这就是十八岁前演出

① 梅兰芳：《舞台生活四十年》，中国戏剧出版社1987年版，第28页。

“三十几出戏”几乎全部剧目了。这些剧目大部分是跟着吴菱仙学习的。吴菱仙是绮春堂时小福的弟子，同辈者有8人，皆以“仙”字为名，故人称“绮春八仙”，所以梅兰芳说自己早期青衣戏“宗的是时小福老先生的一派”。时小福以“典型纯正之青衣，见知于世”① 者，可以看出梅兰芳早期学习传承情况。

从上面统计的剧目演出频率可以看出，《五花洞》是当时流行的幽默滑稽剧，颇受欢迎，故而梅兰芳演出此戏比较多；《虹霓关》是花衫常演剧目，当时王蕙芳擅长此戏，梅兰芳主要是演丫鬟配戏。而《斩窦娥》《浣纱计》《孝义节》等则是梅兰芳主演的剧目，在这段时期演出中其主演的次数还是比较多的，可以说已经成为双庆班比较重要的旦角演员。下图可以通过梅兰芳名字的排序，看到其演出主角、配角的地位，图2是和吴彩霞配演《孝感天》中的王后，图3是和王蕙芳配演《虹霓关》中的丫鬟，图4是梅兰芳主演《斩豆（窦）娥》：

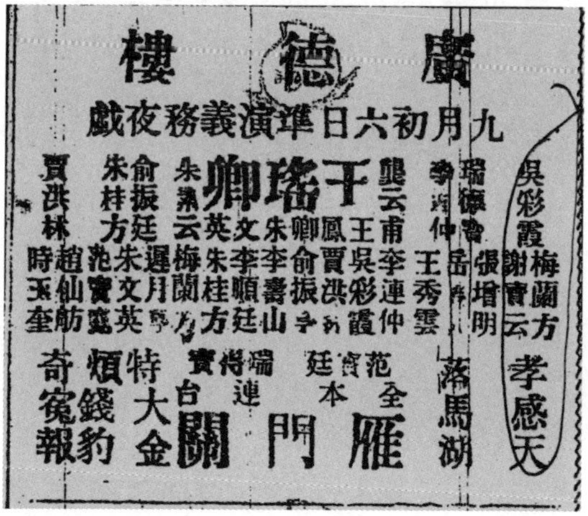

图2

① 波多野乾一著、鹿原学人编译：《京剧二百年历史》，上海启智印务公司1926年版，第202页。

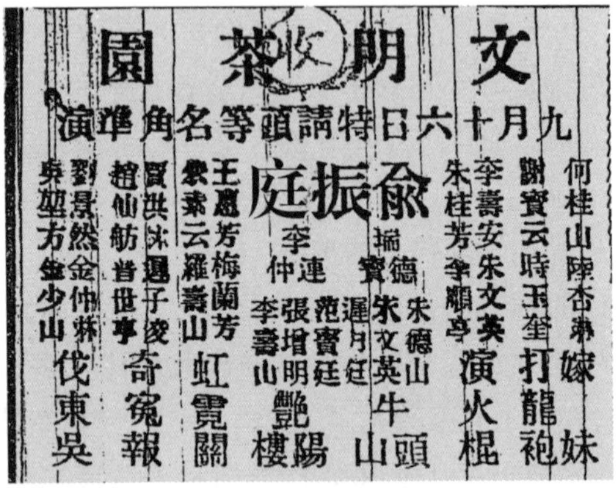

文明茶園

九月十六日特請頭等名角準演

嫁妹

打龍袍

演火棍

牛頭山

艷陽樓

虹霓關

奇冤報

伐東吳

图 3

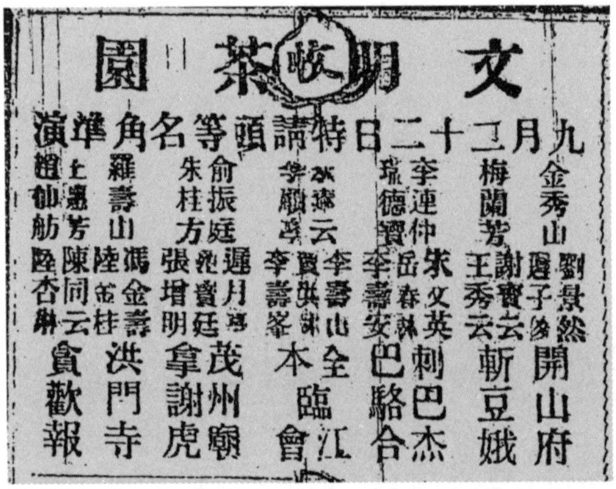

文明茶園

九月二十二日特請頭等名角準演

開山府

斬豆娥

刺巴杰

巴駱合

全本臨江會

茂州廟

拿謝虎

洪門寺

貪歡報

图 4

演出信息中还应该注意梅兰芳同台演戏的其他行当演员，从上表可以看到与梅兰芳配戏其他行当演员比较固定。老生以贾洪林、刘景然、李顺亭为主，《浣纱计》《教子》《献长安》《二进宫》等皆是他们来配；老旦以谢宝云、陈文启为主，《斩窦娥》《孝义节》皆是；小生多为陆杏林，丑角配演多为赵仙舫。这些演员此时皆已成名。刚出道的梅兰芳和这些成名演员合演，对于迅速提高其演技无疑有着重要作用。举一例来说，常常和梅兰芳合演的老生贾洪林，他师事谭鑫培，是谭派重要的早期弟子。梅兰芳和他演唱，就能熟悉谭派的演法，故而在梅兰芳演艺生涯中非常重要的一场演出——1914 年冬天与谭鑫培配演《桑园寄子》中，此前长期和贾洪林配演的经历给他很大的帮助。这个戏谭鑫培常和陈德霖合演，当天陈德霖因事未到，谭鑫培亲点梅兰芳配戏。由于是第一次和谭鑫培演出，表现的优劣直接影响到梅兰芳的声誉和此后的发展，因此当时他身边的朋友们都感到非常的担心。但梅兰芳自己并不发怵，那就是因为“我搭双庆班，经常和贾洪林、李鑫甫唱这出戏。他们都是谭派路子，所以我心中有底”①。因此这次重要的演出得以圆满完成，并迅速提高了梅兰芳的地位和声誉。

（二）

以上是针对广告中梅兰芳相关演出信息的一些梳理和讨论。接下来自然有一个问题，梅兰芳在双庆班主要旦角中居于什么位置？或者我们把眼光放得再开阔些，梅兰芳艺事起步初期，北京剧坛的旦行是什么样的一个格局？只有当我们把梅兰芳放置到那个时代的整体旦行艺术发展格局上去衡量，才能找到梅兰芳早期艺术经历的准确坐标。

宣统二年的北京剧坛，旦角名伶甚多（这里不涉及老旦，虽然老旦也属于旦行，但它显然和能够担任主角的青衣、花旦当有着区别）。陈德霖（1862 年生）、田桂凤（1866 年生）、余玉琴（1869 年生）、孙怡云（1875 年生）、路三宝（1877 年生）、吴彩霞（1877 年生）、杨小朵（1881 年生）、王瑶卿（1882 年生），俱为当时名旦，大致可分为三派：陈德霖为传统派青衣派的代表，当时被誉为“青衣泰斗”，孙怡云、吴彩霞都是属于此派；田桂凤、路三宝、杨小朵、余玉琴为花旦，前三者更是花旦中的佼佼者，对后世花旦艺术影响深远；王瑶卿则祖祧已故名旦余紫云，综合传统青衣与花旦行，创建花衫一派。以上三派旦角名伶，从此时戏曲广告中可以看到，经常戏园营业演出的仅有王瑶卿、吴彩霞，田桂凤、路三宝偶尔演出，其他老一辈则演出更少。因此，能看到当时剧坛旦角此时已有老成凋谢之势。

---

① 梅兰芳：《舞台生活四十年》，中国戏剧出版社 1987 年版，第 594 页。

据《菊部丛刊》《菊部丛谈》诸书记载，王瑶卿最盛时代当在1905年、1906年加入同庆班与谭鑫培合演的时期，到宣统二年时，已经开始因为嗓音失润，而演一些唱工少做工多的本戏，如《五彩舆》《梅玉配》《穆柯寨》《儿女英雄传》等本戏，然其一出演，戏曲广告中仍然是大字标出，隆重宣传，所以仍是当时旦角中最有市场和影响力者。吴彩霞年辈虽长，演出也很频繁，但地位和其他人比起来要弱得多。在宣统二年的广告中，可以看出除了王瑶卿偶尔搭班演唱之外，双庆班最为常见的三个旦角就是吴彩霞和王蕙芳、梅兰芳。

双庆班这三位主要旦角，其地位有所轩轾。吴彩霞现在声名不彰，但在当时也是实力派演员。张肖伧《菊部丛谈》说他“庚子年前，即与诸名伶同莅一园。唱工激越，气沛神完”“以嗓音爽利，强调圆妙见称。其演剧一守老辈规模，剧本俱属老辈旧词，绝不偷减，作工亦不趋时俗……惜其吐字近似短舌，往往有模糊粗浊，有音无字之病。”[①] 是当时舞台上传统派青衣的代表人物，唯过于传统守旧，加上吐字出音有瑕疵，所以不能大红。在双庆班所演为青衣传统剧目，如《三击掌》《落花园》《桑园会》《御碑亭》等，也就是上面所列举的梅兰芳常演的那些戏。其《孝感天》尤为出色，每次贴演，都是梅兰芳配王后。但兰芳芳年玉貌，易动观者耳目，所以当梅兰芳在双庆班演出以后，吴彩霞的那些戏码慢慢为梅兰芳所代替，这种新老交替的变化是能在梳理广告剧目时很容易得出的结论。[②]

王蕙芳（1891年生）比梅兰芳大3岁，他们俩和朱幼芬（1892年生）都是朱小芬云和堂的同门。这时王蕙芳和梅兰芳都在双庆班。王蕙芳在1908年、1909年、1910年的演出比梅兰芳要多，梳爬宣统二年关乎王蕙芳的演出广告，可得其演出剧目27出：

---

① 张肖伧：《菊部丛谈》之《燕尘菊影录》，大东书局1926年版，第77页。

② 宣统二年正月至四月戏曲广告中，吴彩霞演出特别频繁，可以看到他的演出剧目，基本和后来梅兰芳演出剧目重合；梅兰芳参加双庆班后，就取代吴彩霞去演那些传统青衣戏，所以吴彩霞的演出就少得多。当梅兰芳没有演出时，吴彩霞又顶替上梅兰芳。最明显的例子，比如十月初七、初八、初九这三天，梅兰芳没有演出，吴彩霞就和陈文启连演《母女会》《孝义节》。总之，在当时的双庆班，老一辈青衣吴彩霞被梅兰芳取而代之的迹象非常明显。

《洞房打棒》《延安关》《顶砖》《铁弓缘》《打虎招亲》《乌龙院》《今古奇观》《浣花溪》《玉玲珑》《探亲家》《梅龙镇》《文章会》《得意缘》《金鸡岭》《反延安》《秦淮河》《一疋布》《坐楼杀惜》《福寿镜》《雁门关》《红鸾禧》《翠屏山》《虹霓关》《穆柯寨》《胭脂虎》《马上缘》《贪欢报》

从这些剧目中可以看到，王蕙芳主要演出花旦行，所以和梅兰芳那些传统青衣剧目是很不相同的。当时花旦仍然非常受欢迎，而且王蕙芳演出《鸿鸾喜》《得意缘》《游龙戏凤》等戏“自具特长，白香山诗云‘曲罢常教善才服，妆成每被秋娘妒’者，蕙芳庶几近之。其表演善描摹儿女情态，尤合京中闺秀，慧媚温柔，曲为传出。”①因此这时他在双庆班的声誉是超过梅兰芳的。在王蕙芳演出他那些拿手花旦戏时，戏曲广告中往往用大字突出其姓名，与王瑶卿、俞振庭等名角享受同样的荣光。（举例见图5、图6、图7）

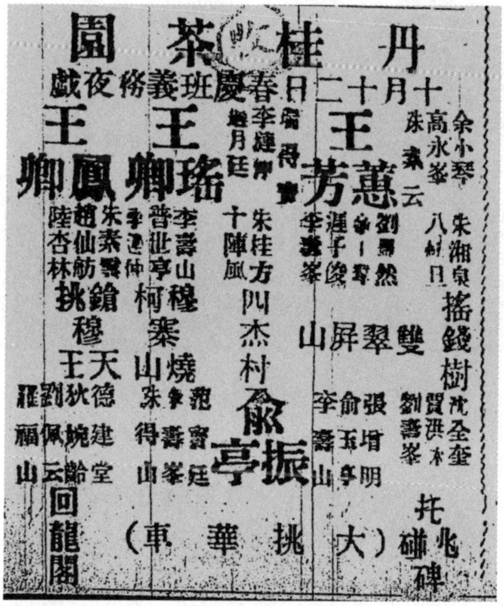

图5

① 张肖伧：《菊部丛谈》之《燕尘菊影录》，大东书局1926年版，第77页。

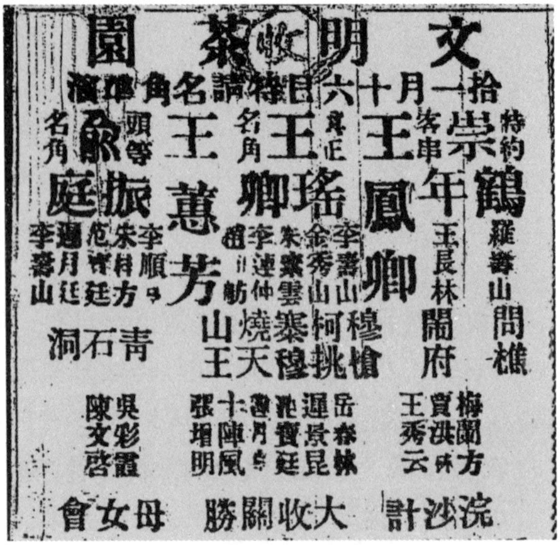

图 6

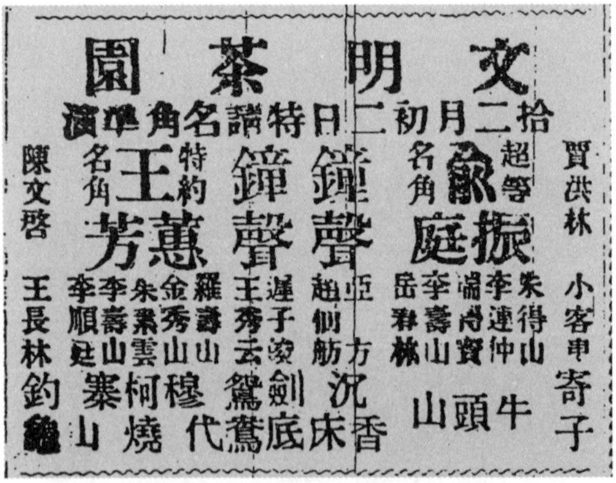

图 7

综合以上分析，不难看出梅兰芳当时处于艺术起步初期，在双庆班中逐渐取老派青衣吴彩霞而代之，在青衣行中已经有崭露头角之势；与同时期的旦角新秀比较起来，王蕙芳则以演出花旦擅长，已经首先进入名角的行列。另外一位朱幼芬，因为此一时期戏曲广告中没有他的剧目，所以无从进行具体比较分析。但据当时人的评论，他也唱正宗青衣，“丰神绝世，顾曲者身入剧场，一见幼芬，如冷月寒冰，消人尘暑，几疑姑射仙人，离尘世而翛然独立”“与梅兰芳头角崭露时，并肩驰誉，燕京以二美并称”[①]，在崛起的青年青衣演员中，他的发展势头并不输于梅兰芳，也有大批的捧角者和普通观众。因此清末民初北京有朱党、梅党在媒体上的争斗。[②] 而此时还有另外一些旦角新秀如贾碧云等，梅兰芳在宣统二年、三年也只是崭露头角新秀之一。

（三）

宣统二年这些广告可以反映出梅兰芳在当时的地位，即他登上舞台的初期，前辈名伶、同辈新秀，一时珠玉不少。那么梅兰芳如何在两三年后从为数不少的旦角名伶的群体中凸显出来，并开始大放光芒？[③]

这里有必要简述一下梅兰芳此后两三年中的发展轨迹。宣统二年、三年在双庆班屡日排演正工青衣戏曲，给梅兰芳打下了扎实的基础，正如梅社编《梅兰芳》中云：“兰芳既每日登台如《二进宫》《孝节义》《教子》《彩楼配》等戏，颠来倒去演唱既熟，日有进步，至宣统二三年，誉之者始鹊起。”[④] 所以说勤奋用功，以及长时间密集的艺术实践是其梅兰芳逐渐走上成功的一个很重要因素。而且，通

---

① 张肖伧：《菊部丛谈》之《燕尘菊影录》，大东书局1926年版，第78页。

② 《菊部丛谈》中云：“民国元二年间，梅兰芳初露头角，其时朱幼芬每日出演，交游甚广，捧之者众。评剧捧角之风已渐开矣！于是朱、梅两派，互相攻击。兰芳名日益显，及赴上海归来，名乃成立矣。”

③ 这里涉及梅兰芳成名问题。梅兰芳何时成名，徐城北《梅兰芳艺术谭》中认为是民国十年前后，胡开英《梅兰芳艺事新考》提出质疑，并通过丰富的材料考证，认为梅兰芳成名于1917年前后。“成名”这个概念非常含糊，梅兰芳从一个传统青衣新秀，崭露头角，到成为名闻天下的艺术家，是一个分阶段的漫长的过程。大致可以认为，民国元年、二年是梅兰芳在新秀中脱颖而出的时期，1914年开始创编时装新戏、古装新戏，独树一帜，并以《黛玉葬花》《嫦娥奔月》等戏奠定了在旦行的领袖地位；20年代初，已经开始有压倒当时生行杨小楼之势，成为当时中国戏曲界的著名代表；1930年出访美国以及此后出访苏联，则是梅兰芳蜚声海外，成为世界级艺术大师的阶段，则可以说在世界上成名了。

④ 梅社编：《梅兰芳》，上海中华出版社1918年版，第2页。

过对青衣传统经典剧目的反复舞台实践，让他掌握了京剧旦行艺术的表现手法和艺术规范，也让他对京剧艺术本体有着更深的感悟和切实的体会，因此，当他以后不断创新追求个性艺术时能做到“随心所欲不逾矩”的境界。

如上所述，虽然他不断舞台实践，开始崭露头角，但宣统时期他的风头为王蕙芳所掩，这在上文已经谈清楚。到了民国元年、二年时，梅兰芳刻苦训练和舞台实践已经让他在技艺上和王蕙芳不相上下，被誉为双庆班两根“台柱子”。但王蕙芳因为出名较早，其花旦表演妩媚玲珑，歌音清刚兼有婀娜，所以一直认为自己才是真正的角儿，梅兰芳只不过是和自己配演才沾了光。直到梅兰芳赴上海演出，天乐园只剩下王蕙芳时，座儿一落千丈，王蕙芳才认识到这两三年里梅兰芳已经后来居上。[①] 这期间，梅兰芳艺术的精进固然与他的勤奋好学、坚持舞台实践有关，也与他选择了顺应历史的、京剧艺术本身发展规律的艺术道路有关，这是我们研究梅兰芳早期艺术时应该关注的一个关键问题。

宣统、民初既是朝代更替的转折点，也是中国文化、社会思潮发生翻天覆地变化的新纪元，这种变化影响到京剧艺术的多个方面，过去人们多关注对于演员地位的变化、改良新戏和舞台等，其实更应该注意到社会思潮的变化对于京剧艺术审美提出了新的要求。以旦角而论，那种传统青衣，没有太多做工，一本正经地唱，塑造单一陈旧的忠孝节义女子形象的传统演法，已经不能完全满足人们的需求。前面提到的吴彩霞，就是这样的例子，他是继续传统青衣表演的代表人物之一，然而民国以后声名不彰。还有朱幼芬，其人在宣统二年、三年以至民国初元，在北京都是和梅兰芳并驾齐驱的，但也因为以老派青衣戏为主，而且择戏还很严格，非贞孝节义的剧不演，甚而不太和老生配戏，《武家坡》《桑园会》不唱，《女起解》《玉堂春》更是很少

---

① 梅社《梅兰芳》中说：“日日满座，蕙芳自矜声价，以为兰芳不如也”，等到梅兰芳十一月开始去上海后，“天乐无人过问”蕙芳大愤，从此嫉妒兰芳，而兰芳温婉谦和，并与蕙芳交好自若也。第 5 页。

演出。[1] 这种保守倾向，让他进入民国后很快成为时代的落伍者。

而王蕙芳以花旦名伶进入民国，这个新纪元的时代对于花旦开始有了不同以往的看法，所谓“晚近当局整饬风纪，禁剧甚多，花旦一门几已失传”[2]，即是说明花旦也开始受到社会的冷落。蕙芳在民国后意识此点，也开始向王瑶卿学习花衫演法，想转变风格，然而毕竟慢梅兰芳一步，落了后尘。当然，这里也不仅仅是一个学习先后的问题，如果同样选择了符合历史趋势的发展道路，也就是说道路走对了，也同样地努力，那起关键因素的就是个人的天赋和悟性了。在这方面，王蕙芳的确要逊色于梅兰芳。关于此点，他们共同的师傅王瑶卿说得相当清楚，王蕙芳在表演人物性格、塑造鲜明的正面女性形象方面的确没有梅兰芳那么有感悟力和表现力，艺术的高下有时候就表现在这里。[3]

而梅兰芳在宣统末年，于传统青衣剧目演出娴熟之后，转而向王瑶卿学习，并远绍余紫云。民国初进入中和园演戏时期，他已经开始从刻意模仿王瑶卿，到有了自己的心得，“兰芳摹效瑶卿，得其神似，后乃过之”[4]，遂能沿着这两位前辈创建的花衫行继续开拓前进。

梅兰芳之所以选择这条道路，绝非偶然，也并不是因为王瑶卿乃当世著名青衣，故而盲目学习他的套路而趋时好。其内在原因可得而谈者，有以下三点：首先是梅兰芳个人禀赋——梅兰芳性格内向，精神意识趋向于内敛，因此在表演中他不适合演出花旦中玩笑戏，花旦

---

① 参见张肖伧关于朱幼芬的评论。《菊部丛谈》之《燕尘菊影录》，第 78 页。

② 陈彦衡：《梨园丛谈》，见张次溪编《清代燕都梨园史料正续编》，1988 年出版，第 879 页。

③ 《舞台生活四十年》第一集第九章中引述王瑶卿评价王蕙芳的一段话：“当年我唱《樊江关》，是王蕙芳的薛金莲，他老惦记着要唱樊梨花。等他跟畹华唱《樊江关》，就变成他的樊梨花，畹华的薛金莲。他算是达到目的了。可是台下有很不客气地换了一种看法，欢迎薛金莲的程度，又超过了樊梨花。所以他始终对这出戏没有唱痛快。其实蕙芳的扮相和技术，都够漂亮和纯熟，不过在描摹剧中人的性格方面，就不如畹华的细腻深入了。当时兰蕙齐芳，盛极一时，可惜好景不长，蕙芳很早就谢绝了舞台的生活了。”细细品味，这里面很深刻地说明了为何从起步时期兰蕙齐芳到几年后的一枝独秀的内在原因了。见该书第 122 页。

④ 梅社编：《梅兰芳》，上海中华出版社 1918 年版，第 3 页。

行那种跳脱流利、放荡恣肆的表演不是他擅长。但青衣传统戏过于板脸，无表情乏身段，的确在新时代里已非改不可，因此他主要在于关注青衣人物的表情和身段，做符合人物心理的表演，含蓄内敛一如他的性格，点到为止却刚好符合了恰如其分的艺术审美规律；其次，乃是家学渊源。他的祖父梅巧玲演青衣，兼演花旦，但真正开始把二者融合起来的是其弟子余紫云。在余紫云时代，旦角中蜚声于舞台的旦角有时小福、田桐凤二人（陈德霖得名比较晚，走的还是时小福的路子），其中时小福正派青衣，"以典雅胜"；田桂凤演花旦，"以流利著"，余紫云则取法二人而折冲之，成为京剧旦角发展史上关键之人物，故有论者云"紫云者，为今日王瑶卿、梅兰芳之先驱者，兼青衣花旦之特长，而完成一种优美之旦角"①。梅兰芳宣统二年、三年在文明茶园演出纯粹青衣（时小福派青衣）之时，他的伯父梅雨田向他传授了余紫云派的《玉堂春》《武家坡》《大登殿》，时人评为"存紫云遗规"，登台后大受欢迎，这极大鼓舞和坚定了梅兰芳沿着余、王道路走下去的想法。最后，就是梅兰芳身边文人（梅党）的出谋划策。梅党重要成员李释戡在《兰芳小传》中总结梅兰芳早期艺术道路：

> 缀玉轩同志，早已虑及将来。谓以独立之脚色，趋重于青衣一隅者，非其所利。不若远法紫云，近取瑶卿艺术，合一炉而冶之，翻出一种新花样，造出一种新局面。盖所谓旦角者，原不能不具现女子之各种色相，仅演其善之一面，以作青衣之典型，使以此为畴范，不许其超越一步者，未免局限优伶之能力。缀玉轩同志以此种思虑理由之下，为兰芳编出几种新剧本……而于古装歌舞剧，划出一新时代。②

① 波多野乾一著、鹿原学人编译：《京剧二百年历史》，上海启智印务公司 1926 年版，第 202 页。

② 转引自《京剧二百年历史》，上海启智印务公司 1926 年版，第 220—221 页。

可见“远法紫云，近取瑶卿”也是缀玉轩同志们与梅兰芳一起确定的艺术发展思路，这是他们考量新时代的审美需求而做出的理性抉择。

1913 年梅兰芳从上海演出回来之后，全力排演古装戏，就是沿着余紫云、王瑶卿所开创的花衫道路继续前进，在继承前辈的基础上，开始他自己艺术个性的追求，也就是上文所引李释戡所说的“所谓旦角者，原不能不具现女子之各种色相，仅演其善之一面，以作青衣之典型，使以此为畴范，不许其超越一步者，未免局限优伶之能力。”通过新创剧目塑造不同的女性形象，而在人物表现上更加重视人物心理的刻画和性格的塑造。古装新戏的成功，为梅兰芳创获了更大的声誉。而此时旦角中老辈逐渐淡出舞台（王瑶卿、杨小朵等都因为嗓音问题很少演出），新秀王蕙芳、朱幼芬等已经被梅兰芳甩在了身后，梅兰芳于是凭着芳年玉貌，演出别出心裁之旦角新戏，成为当时旦角中的翘楚，并在谭鑫培去世后得以与生行之杨小楼比肩，成为戏曲界的代表性人物。

至此，具有梅兰芳艺术个性的发展方向完全奠定，此后都是沿着这个艺术方向，不断完善到炉火纯青的艺术境界，走上更辽阔的舞台。

时代、传统、外域与梅兰芳艺术观念之形成

梅兰芳不仅是一位著名京剧旦角演员，还代表着京剧艺术，甚至是代表着中国传统戏曲艺术的一个符号（所以有“梅兰芳”艺术体系的说法）。对此学界也有争论。梅兰芳能否代表京剧艺术，能否代表整个中国古典戏曲艺术？笔者认为，梅兰芳之所以成为中国戏曲艺术的代表者，并非其艺术本身（毕竟他只是戏曲中京剧艺术之旦行演员），而是其艺术观念。他代表着中国传统戏曲艺术如何进入现代社会，并成功地在现代社会情境下保持、呈现出传统戏曲艺术之精华的一种可能。因此，梅兰芳的艺术观念是“梅兰芳”这个符号最为核心的部分，最有理论价值和现实意义的内核。演员梅兰芳的一招一式，固然也是美妙绝伦，炉火纯青，可以作为典范的艺术精品，但梅兰芳引用齐白石名言“似我者死”，胶柱鼓瑟一招一式的学习并不能学得这位大师的精华；讨论大师的一招一式，更不能全然理解“梅兰芳”这个符号及其当代意义。

梅兰芳艺术观念是逐渐形成的。他从 8 岁开始学戏，10 岁登台演出，这一年是 1904 年（光绪三十年）。从他开始学戏到成为角儿，这段时间里他是和传统旦角演员一样，在老师口传身授下学习传统剧目，并在舞台上不断实践。他开始形成自己艺术观念，应该是在民国初年，“远法紫云，近取瑶卿”的艺术路径确定之后，开始编创新戏。其艺术观念的定型，如果说放在他最为辉煌的 20 年代末还稍嫌早了一点，那至迟在 1935 年访苏之后基本就已经定型。两年后为了抵抗日本的侵华战争，蓄须明志，8 年没有上舞台。抗战胜利乃至新

中国成立后，梅兰芳基本是在修订以前的演出，排了一出新戏，在艺术上只是前期的延续，在艺术观念上并没有发生根本性的变化（一些违心的言论除外）。这样的描述大致符合历史，则他的艺术观形成的关键时期是从 1915 年到 1935 年这中间 20 年的时间。

而这正是中国从近代进入现代社会的 20 年，是中国从封建帝国到北洋政府到民国政府的 20 年，是新旧思潮的碰撞尤为激烈，社会变更最为急遽的 20 年。根植于农业文明、古代文化的中国戏曲（包括京剧）随着时代的车轮，一起进入了现代社会。此时，古代文明之根没有完全断绝，时代政治文化思潮风起云涌，外来文化艺术纷至沓来，这三者的力量在影响着当时的中国社会，也影响着意识形态领域，包括文化艺术领域。

从这个角度来说，《舞台生活四十年》中第一章第一节“远东饭店的谈话”开宗名义的一段话具有对梅兰芳艺术定调的意义。采访者许姬传对梅兰芳说：“在近代戏剧史上，你占着很重要的地位。你生活在清光绪甲午年……从旧社会蜕变到新社会。从单纯的生活进入复杂的生活。在戏剧方面讲，是从保守时期，演变到革新时期。你在这中间是一个承上启下的人。”[①] 这揭示了梅兰芳在现当代戏曲艺术发展史上的地位和意义。这个承上启下的梅兰芳是成功的，因此可以说是中国戏曲艺术发展到现代的一个符号，代表着中国古典戏曲艺术成功进入现代社会的一种可能。

（一）

凡论京剧史者，都关注一个话题，那就是为何在民国初年旦角猛然间取代老生行而开始成为舞台上的至尊王者？甚至连最后一位老生行执京剧艺术之牛耳的谭鑫培，也感受到了他作为“伶界大王”正面临着梅兰芳为代表的旦角的挑战，在观众的纷纷“抽签”声中觉察到观众审美趣味的变迁。

---

① 梅兰芳：《舞台生活四十年》，中国戏剧出版社 1987 年版，第 4 页。

《舞台生活四十年》中谈到这个问题，其中的按语说，民国时期旦角的兴起与女性进戏园子有关。清末民初女性可以进戏园了，而这些女性本来不怎么懂行，完全以漂亮与否来评论好坏。老生行的装扮肯定没有旦角的美观好看。懂行的听谭鑫培觉得是佛语纶音，绝妙好曲，但对于要看色相的女性来说，干瘪的谭鑫培实在无法引起人的兴趣。① 这种对于旦角兴起原因的阐释今天仍然被经常引用。

这只是问题的一个方面。如果从观众角度来说，不仅仅是因为女性进戏院就能造成旦角的崛起，而是社会变迁中观众的整体审美心理在民国初年开始发生了变化。

这可以用当时的观察者张聊公的话来印证，他在分析梅兰芳当时为何会以旦角引起社会的关注时，总结了两大方面的原因：一是梅兰芳本人色艺俱佳，而身旁有人为之鼓吹宣传（捧角者对于男旦兴起的作用可以参考前文）；另一原因，则是“由于社会上群众心理之变迁及其酝酿而成者”。这个社会群众心理之变迁是什么呢？乃是“自民国成立以来，社会上思想之革新非常迅速，其尤显著之观念，则爱美色是也。”②

“爱美色”就是爱美的意思。自古道爱美之心人皆有之，为何爱美却成了民国初年的一种思想潮流呢。他接着说：“可就最浅近者论之，社会上交际多尚外表仪容之美观。旧时囚首垢面，折腰方步等丑态，近日已为交际社会上所共弃，而容止修美几为社交上之必要，此种观念日渐发达，于是有美色者不论男女，当然受社会上一致的欢迎。”③ 民国的创建不同于以往朝代的更替，而是中国迈入了现代社会的门槛。扑面而来的现代之风、文明之风，让人们对美有了自觉的追求和体认。“爱美”是尊重自己，尊重他人，其实也是人性的一种提升，是个性的一种解放。民国初年的“爱美”，是爱一种新型的文明之美、人性之美。我们翻开清末民初的报纸，就能发现，很多报刊

① 《舞台生活四十年》第一集第九章“多方面的学习”，中国戏剧出版社 1987 年版，第 115 页。以下引用此书，只标明页码，不再注书名和出版社。

② 张聊公：《听歌随想录》，天津书局 1941 年版，第 34 页。

③ 同上书，第 34 页。

上登载女性的照片，这种照片是报社广告向社会上征求，于是有女性就照了很时髦的相片来，在报纸上刊载。这说明报纸宣传美，让大家注意美，同时也表明女性敢于展现自己的美。所以爱美，重视美，无论是日常生活中之美观的行为举止，还是文学艺术之艺术美感，在当时兴起的一种广泛的社会思潮。

张聊公继而总结道："文明进化愈发达，则此种思想（指爱美）亦愈发达"。因为这种观念，"梅兰芳所以应运而起，而旦角乃渐成戏班组织上之要素也。"①

所谓"文变染乎世情，兴废系乎时序"（《文心雕龙》），正是崇尚文明新风，掀起爱人性之美、文明之美的思潮，推动了民国旦角艺术的发展。

社会上爱"美"成为一种思潮，故而旦角受到观众的欢迎，又为何单单是梅兰芳在旦行中崛起？稍微了解一些京剧史的都知道，当时旦角中著名前辈陈德霖已老，王瑶卿多病不太登台。1911 年评定的菊榜前三名是那个时代的梨园旦角新秀，其中朱幼芬已经很少演出，王蕙芳在扮相之漂亮上并不输梅兰芳，但声音之美却没有梅兰芳"宽亮甜美"。同时还有几个著名的花旦如贾碧云辈也曾经到北京演出，但观众认为他过于作态，与新时代观众所期待的"高尚优美"还有一段距离。②

而梅兰芳旦角艺术之美，固然有扮相容貌、声音腔调的因素，更有他发展的花衫艺术塑造出新的美的人物形象。正如李释戡在《兰芳小传》中所说：

> 缀玉轩同志，早已虑及将来。谓以独立之脚色，趋重于青衣

---

① 张聊公：《听歌随想录》，天津书局 1941 年版，第 35 页。

② 张聊公《听歌随想录》中说："谭叫天为中国旧剧界结局之英雄，而中国旧剧处此世界潮流荡决之日，岂能固步自封，亘古不变。苟欲渐进于高尚优美，合于世界艺术的眼光，发挥国剧而益光大之，则此新局面的展开，当必以梅兰芳为其主动。"（第 106—107 页）。梅兰芳早期主要观众是京师大学堂译学馆的学生和留日的冯幼伟、吴震修、李释戡、黄岳秋等人，这些人无疑有着浓厚的现代气息，具有新的美学观念。而追求"高尚优美"则是最为突出点。

一隅者，非其所利。不若远法紫云，近取瑶卿艺术，合一炉而冶之，翻出一种新花样，造出一种新局面。盖所谓旦角者，原不能不具现女子之各种色相，仅演其善之一面，以作青衣之典型，使以此为畴范，不许其超越一步者，未免局限优伶之能力。缀玉轩同志以此种思虑理由之下，为兰芳编出几种新剧本……而于古装歌舞剧，划出一新时代。①

梅兰芳在朋友们的指导筹划之下，编创时装、古装新戏，创造出符合新时代审美的舞台艺术形象，这才是他成功的关键。

我们且看人们早期对梅兰芳的评论与揄扬。如评梅兰芳 1918 年 2 月在吉祥园演出《祭塔》：

其扮相尤能动人，音已美矣，而益以色之美，乃愈增其全部之美感，此则陈石头尤有愧色者也。石头唱腔诚美矣，而吾人但能闭目细听，偶一张目，见此皱额攒眉之老人，则美之感觉，瞬为锐减。不若座对兰芳，可兼擅耳目之福也。②

因为其声容之美，在当时已经传遍都下，而在新编舞剧《嫦娥奔月》《黛玉葬花》中表现尤为杰出，所以连外国人都非常的感兴趣，故而这些戏成为“外交宴会上必需之妙品”③。兰皋在《梅兰芳传》这样描述梅兰芳演剧：

眉目姣好如画，一引吭则清声比之雏凤。……流眄微步，俯仰如神，而冷馨孤艳高洁。……乃能以飞燕稍稍调剂玉环。……兰芳不惟容色殊绝，其奏曲清婉微至，与剧中人之喜怒哀乐合而

① 转引自《京剧二百年历史》，上海启智印务公司 1926 年版，第 220—221 页。

② 张聊公：《听歌随想录》，天津书局 1941 年版，第 125 页。

③ 张聊公：《听歌随想录》，天津书局 1941 年版，第 94 页。仅此书所记载在政府宴请外国公使和访问者时演出梅剧，就有多次。都演出《黛玉葬花》《嫦娥奔月》，此后梅兰芳被邀请日本访问与早年的这些外交场合演出很有关系。

为一。非如俗工故为曼声及靡靡之音以取悦人耳者。①

则不仅赞叹其声容之美，更进而揭示梅剧能“与剧中人之喜怒哀乐合而为一”，不仅有外在之美，还能有人物人情之美。梅社编辑的《梅兰芳》中有一篇署名詹詹的文章，其论梅兰芳之所以超轶群伦之原因：曰“唱工”“字字明晰可辨”“清朗可听”高音“高亮”；“丰容姿态”，貌居上乘；更主要是在“柔腻妩媚之中又有端丽清华之态”②，演出了人物的情态、人物的性格和内心，而这正是那个时代对戏曲人物形象新的审美追求。所以此文总结出梅兰芳之美乃是“极天下之声，尽天下之色，穷天下之态”。固然，这不无夸张，但从色、声、情态三个方面来突出梅兰芳艺术之特色却的确是为人们所公认的。尤其是其中提到“柔腻妩媚之中又有端丽清华之态”，真正符合了观众追求“高尚优美”之心理，也一直成为梅兰芳塑造人物形象时标志性的特点。

总之，梅兰芳不仅声容俱美，关键是不做木偶美人，而能在装扮之美的基础上，发挥表情动作、注重体验人物性格感情，以更带有人性内容的姿态神情之美来打动观众；从而也契合了现代文明的“高尚优美”之特质，赢得了有现代气息之观众的喜爱。③ 这才是梅兰芳应运而生，成为旦角之魁首，并能继老生谭鑫培之后执剧界之牛耳，开创梨园新局面的根本原因。

梅党以及观众对梅兰芳艺术特长之总结，反馈给梅兰芳，加深了梅兰芳对自己艺术个性的体认，逐渐形成其自己的艺术观念。此后，自觉地追求舞台艺术之女性“美”成为梅兰芳艺术观念中一个很重要部分。翻开《舞台生活四十年》，会发现梅兰芳是以“美”与“不

① 汪兰皋：《梅陆集》卷一，中华实业丛报社 1914 年版，第 1 页。

② 梅社编：《梅兰芳》，上海梅社 1918 年版，第 36—37 页。

③ 梅兰芳在舞台艺术上的创造，皆以“美”为追求。如他创造新的古装扮相，净化舞台。特别是沿着王瑶卿的道路开创“花衫”一行，也是为了能在舞台上塑造出新型女性形象的原因。使正派女子不显得过于板滞，而能通过比较丰富的表情动作，表现其人物个性，使其塑造的人物更具有时代美感，赢得观众的喜爱。

美”作为评价戏曲艺术高低的一个重要标准，这种重视艺术美的观念一直到五六十年代（即那个重视思想性要超过艺术性的时代）仍然没有放弃，成为其艺术观念中一个最为核心的构成部分。①

梅兰芳这种艺术观念，也促使他对舞台艺术进行了一系列的改革和创新。这既包括老戏新演，创制新腔；也包括他的创演新戏。创演新戏不仅仅是演出一个新的故事，对于梅兰芳来说，新戏是他进行系统改良创新的一个平台。既包括舞台美术、化装，更包括塑造含有新型女性之美的目的。总之，梅兰芳对“美”的追求全面地贯穿到了新戏创演之中。② 这也开启了民国竞演新戏的风潮，从而推动了传统戏曲艺术在现代社会的继续发展。

（二）

梅兰芳艺术观念中的对舞台表演“美”的追求，极力塑造新时代观众所认可女性形象，顺应了时代审美思潮，赢得观众的认可和赞誉。同时，梅兰芳也认识到京剧艺术既是时代的产物，也根植于传统的土壤。他的艺术观念不仅紧扣时代，而且汲取了传统的源泉，深深

① 《舞台艺术生活四十年》第一集第三章第六节提到“舞台上要顾到‘美’的条件”，第十章第四节，谈到在第一次赴上海演压轴挑选《穆柯寨》的原因，是“刀马旦的扮相和身段，都比较生动好看”容易找俏头。演出中梅兰芳因为第一次扎靠，感觉沉重，老是“哈腰去背”，还是经过朋友的不断纠正，才改变这种“不美”的姿态。第十章第七节谈《宇宙锋》“中国的古典歌舞剧，和其他艺术形式一样，是有其美学的基础的。……不论剧中人是真疯或者假疯，在舞台上的一切动作，都要顾到姿态上的美”。如说自己在演技上的提高和改进，“总而言之，百变不离其宗，要在吻合剧情的主要原则下，紧紧地掌握到艺术上‘美’的条件，尽量发挥各人自己的本能”，“我对演技方面，从来不分派别，不立门户；只要合乎剧情，做来好看，北派我要学，南派我也吸收”（第一集第十章第八节《游园惊梦》）。舞台上的“美”很多情况下是演员身段动作塑造出来的，因此身上的功夫很重要，即要精熟传统的身段范式：“我的意思是说文戏里的身段，不管怎样层出不穷地改变和进化，总是要由演员的腰、腿和膀子来使用的，练过武功的人，对于这三部分有了功夫，用在哪一个身段上，就都会沉着好看了。”（第一集第十章第七节谈《宇宙锋》）

② 《舞台生活四十年》第一集第三章，第一节“我怎样排新戏”中说：“等到第二次打上海回去，就更深切地了解了戏剧前途的趋势是跟着观众的需要和时代而变化的。我不愿意还是站在这个旧圈子里边不动，再受它的约束。我要走向新的道路上寻求发展。”这条新的道路，就是以新的时代“美”为标准进行戏曲创作的道路。第263页。

扎根于民族风俗习惯和文化传统之中。

梅兰芳艺术观念中的传统性，包含三个层次的内容：传统戏曲演员艺术素质培养传统、戏曲表演艺术传统，以及更为深广的民族文化和风俗习惯之传统。

艺术家的艺术观不能狭隘地理解为艺术理论，乃可以扩展到艺术家个人情趣和情怀、艺术素养，乃至他的生活习性和日常爱好等。这些日常生活范畴的观念和行动，对艺术家从事艺术创作有着重要的潜移默化的影响。就比如说一个爱喝咖啡的人和一个爱喝茶的人，不同的爱好，对他们的艺术观总会有影响一样。

戏曲艺术生发于民间，艺人又多目不识丁之辈。固然来自乡野间的原生态戏曲有着朴野自然的美学趣味，同时也粗精杂陈、瑕瑜互见，缺乏艺术的自觉和规范。因此，到了城市之后，艺人在与文人们的交往中，受到更多更高级文化艺术熏陶，其人在艺术素养、知识文化层次方面都有极大提高，从而能把朴野自然的艺术化为经典高雅的艺术。清中叶以后关于演员记载的书籍很多，那些著名演员都自觉接受传统文化的熏陶而更具备艺术家的气质和素养，提高了戏曲艺术的规范性和艺术性。他们与文人交往，吟诗作画，善书法，懂金石鉴赏，在深厚的文化氛围中熏陶涵养古典艺术的气质。

梅兰芳继承了这种培养艺术素养的传统。他日常生活的情趣性和艺术素养的培养，带有浓厚的传统文化特色。比如在日常生活中对雅洁美好的追求，对绘画艺术的浓厚兴趣等。这些足以培养其淡雅隽永的人格和艺术情怀，对梅兰芳艺术观念之形成至关重要。这方面，谈者甚众，毋庸赘言。此处仅举梅兰芳还未大红时的一个例子，略见一斑。

鹓雏回忆 1907 年冬天访梅兰芳“室中红梅盛开，至四五十本，赧肌浅晕，疏杆横斜，香溢一室”，三年后那天的情形仍然记忆犹新。并且记载了当年梅兰芳已经开始学画作诗，曾给鹓雏一友人做《浔阳送别图》，系之以诗，云“遥峰尽处是平林，一抹残阳去住心。江上可怜青未了，听风听水有余音”①，为之赞叹再三。短短几行小诗，

① 汪兰皋：《梅陆集》卷一《梅兰芳轶事》，中华实业丛报社 1914 年版，第 10 页。

不仅仅是一种写作的技巧，而是展现出一颗诗心、一种情怀、一种古典的意趣。绘画亦是如此，对于梅兰芳京剧艺术上的古典意趣益处多多。①

第二个层面是其表演艺术传统。对于演员的表演艺术来说，动作、身段、表情、唱法这是至关重要的、最为直接的部分。梅兰芳是旦行的青衣，对青衣的正工戏有过严格的训练，认真扎实地学习了几百出的传统老戏。除了青衣正工之外，他还广泛学习其他行当的表演基本功。“总括起来说，自从出台以后，就兼学旦角的各种部门”②，刀马旦、花旦都极为擅长。正是在这些老戏基础上让他对传统戏曲的四功五法有了娴熟的掌握③，能够自由地化用，到了“法无定法”，随心所欲不逾矩的境界。一招一式都是扎实的范式作为基础，所以沉着好看。正如芙蓉草评论梅兰芳说“现在梅大爷在台上的玩意，是没法学的。他随便抖一抖袖，整一整鬓，走几步，指一下，满都好看。很普通的一个老身段，使在他的身上，那就不一样了。让人瞧了，觉得舒泰。这没有说的，完全是功夫到了的关系”。④

除了京剧艺术传统之外，他向百戏之祖的昆曲学习，回归昆曲中载歌载舞，表情细腻，精于刻画人物的艺术传统。他学习昆曲，本身就带有回归京剧艺术传统本意，因为早期京剧演员都是以昆曲来打底子的。他一再谈到祖父时代学戏先学昆曲，伯父擅长昆曲所以从小就受到熏陶，而长大后更是了解到昆曲对于中国戏曲艺术对于京剧的意

---

① 关于绘画的作用，他在《谈谈京剧的艺术》一文中再次强调：“我曾经在新排的剧目当中，创造了京剧舞台上从来没有出现过的服装和化装。这种尝试，和我平时学习绘画有密切关系。我喜欢研究绘画，从一些含有宗教性的中国古画里，看到古代名画家创造人物的形象，往往利用衣纹的生动，和飘带的凌空，来表达人物的超然性格。……因此我就吸收绘画艺术中的资料来创造新的服装和化装，使用到我新编的一些神话剧如《天女散花》《洛神》等剧目中去。”（《梅兰芳戏剧散论》，中国戏剧出版社 1959 年版，第 27 页）

② 《舞台生活四十年》第一集第三章第五节《武工》，第 35 页。

③ 梅兰芳在《谈表演艺术》中说“我以为一个演员的成就，第一，要靠‘幼工’结实，动作部分首先练好腰腿，还要认真学习传统的表演艺术，唱念部分，首先练好发音咬字，还要认真学习唱腔和气口的技巧”。（《梅兰芳戏剧散论》，中国戏剧出版社 1959 年版，第 33 页）

④ 《舞台生活四十年》第一集第七章重演《金山寺》《断桥》，第 88 页。

义，对昆曲抱有存亡续绝的使命感的同时，也出于加强京剧艺术性的目的，大力提倡昆曲。① 因此昆曲对于他来说，既是梅兰芳戏曲艺术重要的构成部分，比如有代表作《游园惊梦》《刺虎》等；同时也是雅化京剧，形成独特风格京剧艺术的重要艺术养料。

昆曲对梅兰芳演艺的积极作用，其《舞台生活四十年》中有很多总结，比如在唱法上，学习昆曲咬字发音的精准口法；在表演上，学习其细腻生动的表情刻画；在身段上，借鉴了昆曲的优美繁复的舞蹈。而从艺术观念上来讲，则昆曲的清幽雅淡，对京剧的火爆炽热是一个中和，对于形成梅兰芳中和的艺术精神是最为重要的一点。因为京剧是从乾嘉时期的各地乱弹发展而来，带有原生形态的炽热火爆特色，以旦行为例，旦行中动作表情比较多的是花旦。花旦的表演就经常流于粗鄙、轻佻，表演经常有过火的现象。梅兰芳在吸收花旦的表演艺术时，吸收了其多动作、身段，善于用表情刻画人物的表演特色。同时，他又在学习昆曲闺门旦和贴旦中，体会到表情细腻的表演技巧。昆曲的雅致婉和对京剧是起到中和作用的。因此，梅兰芳在谈到表演艺术法则时，经常强调不能“过火”，过火比不及还要糟糕。究其原因，过火则流于野俗，“雅淡”则是于平和中带有更加无穷的韵味和想象空间，这就是昆曲艺术的特色。

在编演新戏时，虽然梅兰芳一直进行着各种实验，但他对于传统表演艺术之特点和美学原则始终坚持，如果遇到实验改革违背了戏曲艺术根本特点的地方，则必然改回来。从他对时装新戏的态度上，就能感受到他坚持戏曲艺术表演传统的坚决性和进行实验的谨慎心理。②

---

① 《舞台生活四十年》第一集第十章第八节《游园惊梦》：“到了民国二、三年上，北京戏剧界里对昆曲一道，已经由全盛时期渐渐衰落到不可想象的地步。台上除了几出武戏之外，很少看到昆曲了。我因为受到先伯的熏陶，眼看着昆曲有江河日下的颓势，觉得是我们戏剧界的一个绝大的损失。我想唱几出昆曲，提倡一下，或者会引起观众的注意和兴趣。那么其他的演员们也响应了，大家都起来研究它。您要晓得，昆曲里的身段，是前辈们耗费了许多心血创造出来的。再经过后几代的艺人们逐步加以改善，才留下来这许多的艺术精华。这对于京剧演员，实在是有绝大借镜的价值的。”第168页。

② 《舞台生活四十年》第一集第三章第三节，梅兰芳坦承时装戏不能很好地和京剧音乐、唱腔、身段配合，所以早期实验之后就很少演出。虽然新中国成立后他对时装戏（现代戏）发表了一些新的意见，似乎是赞同的态度，但这至多是应景的发言而已。

梅兰芳艺术观念之传统性的第三个方面，是其艺术观念中体现出更为深广的民族文化传统和风俗习惯。这首先从梅兰芳上演剧目中可以看到，他所表演戏曲中大部分是传统戏，这些传统戏从题材上来讲，是为中国社会最为流行之文学、故事和传说。《红鬃烈马》《玉堂春》《雷峰塔》《四郎探母》无不是表现了民间信仰、民族心理以及传统价值观念的戏曲，这些戏与普通百姓息息相通，赢得社会的欢迎而经久不衰。

在梅兰芳新编戏曲中，除了一部分是随着当时之潮流新编之时装戏之外（即使这些时装戏，其基本素材仍是表现出大众生活中所熟悉的情节和环境，比如《童女斩蛇》中的迷信事件，比如《一缕麻》中婚姻悲剧）。其他的新戏更是紧扣文化传统。比如他排演了一些神话剧，《嫦娥奔月》《天女散花》《天河配》《上元夫人》《洛神》《麻姑献寿》等，这些作品当初大多为节日演出而创作，是中国传统应节戏的延续，正如张聊公所说："此类戏剧，大都为奇丽幽妙之神话，且根于历史惯习之观念，成为一种牢不可破之定例。亦中国戏剧上特殊之现象，且与社会风俗亦既有关系者也。"①

《西施》《红楼梦》《太真外传》等戏曲，则是取材于古代经典文学作品，它们不仅为读书人所喜爱，在普通民众中也是家喻户晓，虽然在格调上有雅俗之分，但与《红鬃烈马》等故事一样表现着中国人的生活和心理世界，从而属于中国民族的文学艺术的传统因子。

梅兰芳编排的新戏中《宇宙锋》《贵妃醉酒》《霸王别姬》《穆桂英挂帅》是表现其艺术风格和特色最为有代表性的剧目，这些剧目基本来自传统戏曲已有的舞台故事。虽然梅兰芳在其中有了一些表演上的创改及其在思想意蕴上的修改，就其题材来说，仍然是中华民族最为喜闻乐见的故事，其人物之心理和个性，也没有超出普通大众熟悉、理解的范围。

---

① 张聊公：《听歌随想录》，天津书局 1941 年版，第 177 页。

（三）

无论研讨近现代中国的社会政治、经济还是文化艺术，西学东渐及其带来的影响都是一个必须面对的话题。随着西学东渐的逐渐深入，西方戏剧观念对传统戏曲也起到了方方面面的影响。在中国近现代史上，面对现代化，面对世界，中国人经常采取一种不自信的态度，在艺术领域也是如此，总以西方文学艺术来评判中国固有艺术，并进而要改革、变更甚至取代传统艺术。而对于梅兰芳来说，他在戏曲艺术上能够跳出当时简单的西学东渐模式，从很早就开始以交流的心态来对待外域艺术，并把中国戏曲艺术传播到国外，仅此一件，其眼光和魄力，其文化自觉与艺术自觉是都是别人难以企及的。①

梅兰芳在艺术观念形成的二十多年时间里，两度访日、一次访美、一次访苏，为传播中国传统戏曲艺术做出了卓越的贡献，对此论者甚多。但很少有人把梅兰芳出访与从其艺术观念之形成联系起来进行讨论。笔者认为，梅兰芳出访对其艺术观念的形成具有以下两个方面的影响。

其一，在与外域艺术交流中，他的艺术观随着眼界的开阔，随着广泛接触西方戏剧艺术和其他艺术而进行自我艺术修正，也吸收了一些新的东西。其实在国内的时候，西方艺术特别是西方舞蹈、音乐与戏剧艺术已经传到中国，梅兰芳也有接触的机会，并对域外艺术有了一定的了解。并且在艺术创造过程中，有机地融合了一些西方艺术。比如说在《天女散花》的舞蹈中，就有机融合了西洋舞蹈的步伐。在戏曲表演中，也多少受到西方戏剧观念的影响。比如在梅兰芳排演的新戏中，就有用实景舞台的《俊袭人》，在《奔月》中用了追光。但是梅兰芳在学习、借鉴西方戏剧的观念与技巧时，一直有着立足本

① 梅兰芳几次出国，不是为了商业上的获利，也不仅仅是为了个人的名声，更有抱着传播中国传统戏曲艺术，与外域艺术进行交流的目的。这一点在《齐如山回忆录》与《舞台生活四十年》中都有明确的表达。

土戏剧，以传统戏曲艺术特征为本体的立场。[①] 稍微感觉不太适合中国戏曲艺术法则，破坏了传统戏曲的艺术规律，他立刻就重新改回来。这种实验性探索性的学习，反映出他的世界眼光的同时也反映了他的谨慎态度。

其二，在面对世界时，在交流对比中，通过外人的评论，梅兰芳更加清楚中国戏曲艺术审美特质，对自己的表演艺术也有了更多的自信，更加坚定了其艺术观念。无论在日本、美国还是苏联，当地的文艺界甚至是普通观众对于梅兰芳的表演都赞誉有加。当然，这里面的原因很值得分析。除了感到新奇之外，更多的是他们看到了一种迥然不同于自己本土戏剧的另一种戏剧艺术，就像发现新大陆一样。大家如此欢迎，梅兰芳一方面谦虚地表示“您过奖了”；另一方面自然也会更加自信于其艺术本身，从而坚定自己的艺术观念。

外国人如何评价梅兰芳的戏曲艺术，梅兰芳又在外国人的评价中坚定了自己艺术观的哪些方面呢？梳理外国人评论中，最为关键的两点也即是梅兰芳自己最为自信的两点，第一是“形式上的美感”。上文第一部分已经论述道，梅兰芳在民初代表旦行的崛起，就是因为他的表演展现出美妙绝伦的形式美，既有外部造型的，也有身段动作的，更有气质神韵的。外国人对此方面的肯定更是丝毫不吝文辞。在日本演出时，《读卖新闻》中评论“梅兰芳的歌舞剧”：“其舞蹈动作是两手不断地进行对称的活动，与肩膀、上半身、腰部都连成一条频频流动的线随着舒缓而单纯的音乐在表演着。……其姿态丰富多彩，

---

① 近年来，邹元江教授致力于梅兰芳表演艺术美学研究，发表了一系列的文章，其一个核心观点是“以梅兰芳为代表的京剧精神，实际上是一个特定历史时代戏曲美学思想泛西方化、泛斯坦尼化的产物。”（《梅兰芳的“表情”与“京剧精神”》，《文艺研究》2009年第2期），他在《谁是“梅兰芳”》（《文艺研究》2010年第2期），《对“梅兰芳表演体系”的质疑》（《艺术百家》2009年第2期），《解释的错位：梅兰芳表演美学的困惑》（《艺术百家》2008年第2期）等论文中一再阐述了这一观点。笔者认为，重视“表情”的确是梅兰芳艺术观念中重要的一个部分，但这不是全部，而是梅兰芳“演人物”的观念一部分。仅仅从重视“表情”来说，梅兰芳的确受到日本戏剧、西方戏剧的启发，从而对中国戏曲艺术中的“演人物”的手法在传统基础上进行了一定的开拓，并且更有艺术理性，也使得演出人物的形象更为清晰。从本质上来说他的整体艺术表现并没有偏离中国戏曲艺术法则。

有着许多优美文雅的形态”“姿容美，声音美，再加上服装也极美，仅就这些已足能使观众赏心悦目。最紧要的是舞蹈，那又是怎样的呢？可以说大体轻妙，精致极了。”[①]“《贵妃醉酒》主要是看梅扮演的杨贵妃喝醉酒的样子。这个戏绚丽极了。从美的角度说，我从来没有看过这么美的戏。”有人在多少年后回忆看梅的戏“他的美貌和美声真使观众为之心醉。”[②]

美国人斯达克·杨在《梅兰芳》一文中同样注意到梅兰芳的形式之美，“梅兰芳的化装是我所见到过的最美的”“表演当中自始至终身体的节奏感完整和谐”“他运用水袖而产生的舞蹈美和戏剧性气氛是显而易见的”。

但作为著名的剧评家，他不同意一般人认为“中国艺术唯一的目的就是为了达到雅致和美”，他认为梅兰芳的表演不仅仅在外在的美感，“他旨在发现和再创造妇女的动作、情感的节奏、优雅、意志的力量、魅力、活泼或温柔的某些本质上的特征，而从这些方面来扮演一个人物，稳妥地富有女性的特征，而以舞蹈方式再现，诗意盎然”。斯达克·杨的这些观察和结论是相当深刻的，他在文章中指出了中国戏曲的一般性特征，更重要的是指出了梅兰芳的戏曲艺术特征，因此他很有信心地下这样的结论：“他（梅兰芳）不仅迫使传统形式表现自己的诗意、活力和惊人的成就，而且创始了许多新手法，使中国戏剧中许多已丧失的特征得以复兴，焕发出光彩，单一地或创造性地结合现代形式使它们再现。”[③]他了解梅兰芳的一些舞台艺术创新，特别是加强歌舞性、表情性，并以此塑造优美高尚的女性人物形象，这的确是梅兰芳在传统戏曲艺术基础上的创造性生发，也是梅兰芳最为骄傲的艺术创新。这就是第二点，即通过具有“美感的形式”——既有固有的传统戏曲艺术之程氏，也有梅兰芳自己新创造的一些新的程氏和艺术手段——来塑造人物，创造优美高尚的女性形象。

---

① 吉田登志子：《梅兰芳 1919、1924 年来日公演的报告》，见《梅兰芳艺术评论集》，中国戏剧出版社 1990 年版，第 649—650 页。

② 同上书，第 654 页。

③ 同上书，第 696、697、699、702 页。

在苏联的座谈会上，爱森斯坦谈了相似的观点："这是一种特别的、经过千锤百炼的定型的体现。有一系列用以反映某种生活传统的固定的姿势。然而，从一场演出到另一场演出，梅兰芳博士用活生生的、美妙的性格刻画来丰富和充实这些传统。"① 这里面的意思是，梅兰芳用一些程式化的传统戏曲艺术手段，来塑造具有个性的人物形象。

这种对梅兰芳的解读，笔者认为是符合梅兰芳艺术观，同时也为梅本人所认同的。代表梅兰芳发言的张彭春在座谈会的发言中说：

> 演员的生活经验只有当他们掌握这些手法之后才能在演出中表现出来。此时重新创造出新的象征，新的手法，正如梅兰芳博士所做的那样。因此，最终的目的，是在掌握现成手法的基础上利用个人的经验来创造普遍的尽善尽美的形象。②

这里所谓的"现成手法"就是指传统的程氏，戏曲艺术四功五法等基本功。在全面掌握基本功的基础上，去塑造人物，去创造新的表现手法。

小 结

时代思潮、艺术传统、外域文化三者相激相荡，形成或驳杂或融合的局面，乃是是近现代中国所有文化艺术生存发展的整体环境。梅兰芳艺术观念的形成自然也受到这三重合力的影响。

梅兰芳掌握艺术传统之深厚，感受时代审美思潮之敏锐，面对外来文化之融会贯通而立足本土，使得他能在坚持古典艺术传统，尤其是立足于传统戏曲艺术的表现手法和美学法则的前提下，适应新时代

---

① 陈世雄：《艺术的生命脉动》，收入2013年《梅兰芳与京剧的传播研讨会论文集》（上），第37页。

② 同上书，第39页。

思潮的审美变迁，殚精竭虑地追求戏曲艺术造型之美、声腔之美的同时，塑造了戏曲人物优美高尚的人格和表现了人物微妙的心理情感，从而使得京剧艺术脱离原始的声色之美范畴和缺乏艺术自觉的混沌状态，而成为自觉地表现人性之美、人情之美、人格之美的高雅艺术。

艺术史家丹纳在《艺术哲学》中说："要理解一件艺术品，一个艺术家，一群艺术家，必须正确地设想他们所属的时代的精神和风俗概况。"① 其中蕴含着一层意思，就是只有最好地表达了某个地区或民族的时代精神和风俗习惯的艺术家才是最为杰出的艺术家。正如他在另一处所讨论的，因为风俗习惯和时代精神对于群众和对于艺术家都是相同的，群众对时代和传统的兴趣，是通过艺术家来反映出来的，所以"因为有了这一片和声（笔者注：指群众的审美兴趣和心声），艺术家才成其为伟大。"② 梅兰芳正是这样一位伟大艺术家，他顺应了一个时代的精神和一个民族文化的、风俗的传统，并将其有机地结合在一起，代表着传统戏曲艺术进入现代社会嬗变发展的历程和规律，从而形成了具有历史内在逻辑性和必然性的艺术观念，成为现当代戏曲艺术的代表者。因此，"梅兰芳"成为那个时代"一片和声"中的主旋律，群岭中的巅峰。毋庸置疑，"梅兰芳"作为一个符号，代表着中国传统戏曲艺术进入现代的一种可能和其内在的必然规律，对于今天戏曲艺术的传承、保护和发展有着典范启示意义。

① 丹纳：《艺术哲学》，安徽文艺出版社 1998 年版，第 46 页。

② 同上书，第 45 页。

附　　录

黄小田与《儒林外史》的早期传播及研究

黄小田（1759—1867），名富民，号萍叟，以字行于世。祖籍安徽当涂，世居芜湖，道光五年拔贡，官至礼部侍郎。他对小说有着浓厚的兴趣，自称一生最为喜爱《聊斋志异》《儒林外史》和《红楼梦》三部小说，可见是一个颇具个性和艺术鉴赏力的文人。他对后两部小说作了详细的评点，所以又是唯一评点了清代中叶两部长篇巨著的评点家。黄小田的《儒林外史》评点（下文简称黄评）在整个《儒林外史》（下文简称《外史》）评点系统中迟于卧评却早于其他诸家，但是其评点文字却长期湮没无闻，直到20世纪80年代才被发现，也因其被人们认识得最晚，所以往往被人所忽视。实际上，黄小田在《外史》早期的传播及研究中有着重要地位，这主要表现在以下三个方面。

（一）

黄小田对《外史》的评点是在《外史》传播及研究的衰落期间进行的，因此黄评有着开风气之先的作用。

古代小说的传播是否兴盛，刊刻情况是一个衡量的标准。梳理《儒林外史》的版本、刊刻情况可以看到小说传播的显晦变化。从李汉秋先生《〈儒林外史〉的版本及其沿递》（此文收入汇校汇评本《儒林外史》卷首）一文对小说版本沿递情况的介绍，可以得出这样一些结论。首先，《外史》早期的传播史、研究史非常分明地分为两个阶段，并各自有一个地域中心。《外史》约成书于18世纪中叶（1750年左右），书成之后，受到广大士子的欢迎，正如作者朋友程晋芳《文木先生传》中所言：“《儒林外史》五十卷，穷极文士情态，人争传写之。”① 小说最早是以抄本形式得以广泛传播的，吴敬梓晚年大部分生活于扬州，并携带小说书稿随时修订，因此“人争传写之”指的应该是扬州地区文人。又据金和《儒林外史跋》云：“全椒金棕亭先生官扬州府教授时梓以行世，自后扬州书肆刻本非一。”② 金棕亭即吴敬梓的亲戚金兆燕，乾隆三十三年至四十四年（1768—1779年）任扬州府教授，按金和的说法，则金兆燕大约在《外史》成书并以手抄本流传了二三十年之后首次刊刻小说，此后《外史》曾在很多书肆刊刻。但现在程晋芳说的抄本，金和所说的书肆刻本大都已经亡佚，而流传至今最早的《外史》是嘉庆八年（1803年）的卧闲草堂评刻本，卧评中很多评语表明评者非常熟悉扬州，因此其应该是扬州书肆的刻本之一。此后又有刊刻于1816年的清江浦注礼阁本和艺古堂本，这两个本子的刊刻地是扬州附近（清江浦即今江苏淮阴），可以算作扬州地区《外史》传播热潮的余波。再之后，是1869年刊刻的苏州群玉斋本，1874年刊于常熟的齐省堂本；从19世纪70年代开始，《外史》的刊行渐渐频繁，1874年上海申报馆出第一次排印本，1881年又出第二次排印本，1885年上海宝文阁出版张文虎的《儒林外史评》，此后又有徐允临的从好斋辑校本，就连常熟的齐省堂评点本1888年也在上海鸿宝斋出版。很明显，在19世纪70年代后，上海成为《外史》的传播中心。因此，早期《外史》的传播及研究，第一阶段以扬州为中心，第二阶段以上海为中心。

其次，在这两个阶段之间，即从1816年的清江浦注礼阁本和艺古堂本到1869年的苏州群玉斋本之间，此五十多年时间里《外史》没有刊行，表明《外史》传播的衰落。《外史》最先在扬州地区广泛

---

① 程晋芳：《勉行堂文集》卷六，《续修四库全书》影印本。

② 吴敬梓：《儒林外史》，苏州群玉斋刊本。

传播，有多方面原因，如小说中扬州是重要背景、吴敬梓晚年大部分时间生活于扬州、《外史》由金兆燕在扬州首刻等等；但更为主要的是，扬州此时产生了很多特立独行的文人（如扬州八怪等），从精神气质上，这些文人与小说中一些奇人、真名士极为相似，因此都可能成为《外史》的热衷爱好者，这才出现《金和跋》中所说“扬州书肆，刻本非一”的传播热潮。此后，清王朝进入更为腐朽的时期，思想界出现“万马齐喑”的局面，文人主体精神也消失殆尽，以张扬士子理性精神、独立个性为旨归的《外史》受到冷落实属必然。经历过鸦片战争、太平天国以后，在内忧外患的刺激下，不少有识之士对这个老大帝国的衰落和出路开始理性思考，而上海地区逐渐成为先进文化的发祥地，所以《外史》经过五十年的沉寂后又重新受到人们的欢迎，开始了新一拨的传播研究热潮。

首先打破沉寂，开始新一拨传播研究热潮风气之先的，是黄小田对《外史》的评点。1853 年太平天国攻克芜湖，家居的黄小田去南汇的亲戚家避兵乱，其后移居松江、苏州、上海一带。正是这外出避乱的十几年中（从 1853 年到 1867 年去世），他完成了对《外史》的评点。这正是《外史》受到极度冷落的时期，黄氏认为《外史》因思想内容以及笔法的独特性而不为人接受，“以故板久漫漶无重刊者”（《儒林外史序》）[①]，他不禁在《儒林外史》五十五回总评中发出深沉的喟叹：“一部《儒林》，终之以琴。滔滔天下，谁是知音?”黄评包括写于闲斋老人序后和总回目后的两则题识，第九回、第十五回、第十六回、第二十三回、第二十六回、第三十二回、第三十八回、第四十三回、第四十七回、第四十八回、第四十九回、第五十四回、第五十五等回末的总评以及本文中两千余条的眉批。黄氏在《外史》少人问津的时期花大精力进行系统评点，写下两千多条批语，反映出他思想、艺术上的敏锐洞察力，可谓吴敬梓的知音，同时也是《外史》研究史上的功臣。

---

① 李汉秋辑校：《儒林外史》，上海古籍出版社 1999 年版，第 688 页。

（二）

黄评在卧评的基础上，深化了《外史》的研究。黄评是在卧评的基础上形成的，而最为重要的是，他继承了卧评对《外史》思想旨趣、讽刺艺术手法的分析。众所周知，卧评最大价值是以“功名富贵”说总结出小说的主题，和对小说写实主义创作方法、亦庄亦谐讽刺艺术的阐释。黄小田继承了卧评的这些观点。黄评总体上扣住“功名富贵”四字，表明对卧评“功名富贵”主题的认可，如第三回评周进贡院大哭：“入手写功名富贵之毒中人如是，以后千奇百怪不出此矣。”第五十四回总评：“写娉娘聊备一种人，欢喜相与官，想做太太，不出功名富贵四字。功名富贵四字开卷写一总甲，末卷写一妓女，可谓淋漓尽致矣。”第三回卧评“余友云：‘慎勿读《儒林外史》，读竟乃觉日用酬酢之间，无往而非《儒林外史》’，此如铸鼎像物，魑魅魍魉毛发毕现”，黄评“吾亦云云”，这是对卧评评价小说的写实主义手法的肯定；卧评第四回“才说‘不占人寸丝半粟便宜’，家中已经关了一口猪，令阅者不繁言而已解”，黄评“妙批，一部书多用此诀”，卧评“作者不以庄语责之，而以谑语诛之”，黄评“一部《儒林外史》皆用此法，为从来小说所无”，这是对卧评中讽刺艺术风格论的认同。

但是黄评又有着自己的鲜明特色，在很多方面对卧评有很大的超越。首先，黄小田针对当时《外史》受到冷落情况，深刻地分析了其原因，并提出一套阅读方法。《外史》是一部思想性很强的小说，而所描写的“事则家常习见，语则应对常谈”（黄小田《儒林外史序》），它没有神魔小说的奇幻、没有英雄传奇的热闹，甚至没有一般世情小说所具有的旖旎情爱，而这些都是几百年来小说阅读者在阅读中所形成的期待视野、审美习惯；而另一方面，《儒林外史》对人情世态多所嘲弄，表面上给人造成刻薄、谑而虐的印象——这与中国文人追求“温柔敦厚”的传统心理有隔阂，这两方面都造成了小说接受的困难。作为很大程度上是阅读指南的评点，有必要对此作出分析，消除读者阅读上的障碍，特别是在《外史》沉寂近五十年，其书已接近“湮没”的情况下更有必要。黄小田认识到这个问题，并且给出了相当有益的意见。

他在《儒林外史序》中说：“不善读者但取其中滑稽语以为笑乐，殊不解作者嫉世救世之苦衷。夫不解读《儒林外史》是亦《儒林外史》中人矣。”《儒林外史又识》又说：“其书足鼎足而三（指和《聊斋志异》《石头记》），而世人往往不解者，则以纯用白描，其品第人物之意，则令人于淡处求得之，鲁莽及本系《儒林外史》中人直无从索解。而解者又曰‘先生之笔固妙，未免近刻’——夫不刻不足以见嫉世之深！识者必以予为知言。”①

综合分析起来，他说了三个层面的问题，一是强调对作家创作心态的把握，即“嫉世救世”。如果不把握此点，要么只看到“滑稽语”，要么认为“未免近刻”，这都不能成为一个善读《外史》者。为了让读者更明了作者的“嫉世救世”创作心态，他在评点中经常作出鲜明的强调。如十五回评“作者救世苦心，切勿随意看过”，十六回回末评“自此篇以下写匡超人至五六回之多，无非教孝之深心，读者切须玩味，吾谓小说惟以讥讽诙谐为事，庶不负作者著书本意”，五十四回评“先生描写世情可谓不遗余力矣，嫉世之心为何如哉”。因为“嫉世”所以激愤不平，故笔带尖刻；因为“救世”所以才如此苦口婆心，著一部小说唤醒梦梦。这对吴敬梓的心态把握非常准确，超过了卧评，也的确能够为前两种不善读者对症下药；二是强调读者必须有超然世俗的精神境界，如果没有这种阅读心态，则本身就是“儒林外史中人”，则自然无法认识到其书的伟大；三是提出阅读技巧，《外史》“纯用白描”，“淡淡着笔”（三十八回总评）而其精神用意往往必须细心体会才能理解，鲁莽者是无从索解的，所以他强调要在“淡处求得之”。黄评的许多精妙之见正是这种理论的实践，如第二回小说写进士王惠问老童生周进“你这先生贵姓”，貌似很平常的一句问语，作者是“淡淡着笔”，黄氏则于“淡处求得之”，评

① 李汉秋辑校：《儒林外史》，上海古籍出版社 1999 年版，第 688—689 页。

曰“无人可谈，不得不屈尊俯就，然非其所愿，故曰‘你这位先生’，轻之甚”，精妙地揭示出人物的心理，同时体现了作者的用意。

其次，黄评的人物论也有超越卧评之处。准确理解小说中人物形象是把握吴敬梓思想和《外史》主题的关键，在这方面卧评多有所阐发，但黄评中有一些更为重要的发展。如第三十一回卧评：“慎卿、少卿俱是豪华公子，然两人自是不同。慎卿纯是一团慷爽气，少卿却是一个呆串皮。……娄太爷是暗要，韦太爷是明吃，至裁缝、王胡子，各有算计少卿之法。”这一段评论对几个人物的认识都有很大偏差，黄氏分别指出：“加慎卿以‘慷爽’字太谬，加以‘呆’字正合；少卿可谓呆矣，然纯是慷爽。”在夹评中说慎卿“慷他人之慨，后文娄焕文所言‘也不是什么厚道人’，可知不如少卿。”（三十一回）“少卿只是一个呆子，其至性血诚，天下有几人哉?”（三十二回）评韦四太爷“明说‘要杯酒喝’，非食客可比，且说得风雅，此等老辈酒人今亦不可多得”，评娄焕文“写至娄焕文之死，中间却无微词，评者谓是‘暗要’，未必然。”应该说黄评更符合小说中的描写，他对这四个人不同于卧评的认识都为齐评、天评所继承。如齐评慎卿“一片假气”（三十回），“少卿虽是呆气，然其待父执旧人煞有至性”（三十二回）；天评“娄太爷不见破绽，不可度以小人之腹，观其不与王胡子通气，王胡子恨之，亦未说出他不是处也。韦四太爷光明磊落，绝无渣滓，岂可与张俊民、臧蓼斋、裁缝、王胡子辈同论?”（三十二回末总评）

因为黄氏对作者的创作心态和笔法有充分的了解，所以他评论人物大都能深切作者“本旨”，甚至为后来的齐评、天评所不及，其中最为重要的是对王玉辉形象的评论。四十八回卧评王玉辉“真古之所谓书呆子也，其呆处正是人所不能及处。观此人，知其临大节而不可夺。人之能于五伦中慷慨决断，做出一番事业者，必非天下之乖人也”，完全把王玉辉当成了作者理想中的人物，反映出其思想的保守性。而黄评对此段情节眉批最多，“问他便有意要他寻死，可是大谬”“一死更不孝不顺”“岂有烈妇而商量殉节者乎？即将‘烈’字看错”“一‘做’字大谬，烈妇岂‘做’出来耶”“岂止于呆，真是忍人”

“等信，真是唯恐不死，忍哉”，“以人命为儿戏而遂流于忍”（总评）激烈地批评了王玉辉在理学“名节论”毒害下的残忍性，这与五四时期对王玉辉这个人物形象的认识是比较接近的。而齐评“的是老学究口气”，天评“从容就义”“奇极”，虽然两人对王玉辉的整体形象没有卧评那么肯定，但对商量殉节一段的批评态度没有黄评彻底。

复次，黄评中关于《儒林外史》叙事艺术的评论也有不少独特之见。如关于小说的文体，第二十回“丧心昧良一至如此！虽小说所托皆亡是公，然天下此等人正复不少”，指出小说虚构的特征以及虚构和现实的关系，第三十四回评少卿说《诗》一节“认真论《诗》非小说矣，妙在不失本旨”，如果在小说中连篇累牍地议论学问，则当然不是小说，然此节中少卿以讨论《诗经》来表达他的不求功名富贵的人生观，与小说主题是紧密联系的，而且穿插得自然巧妙，所以黄评“妙在不失本旨”。然当过于影响小说文体的部分，黄评正面提出批评，例如对小说中祭泰伯祠的叙述，虽然他理解祭泰伯祠在全书中的重要地位——“吴泰伯是千古第一个不要富贵的，故以大祭为全篇之主”（第三十三回），然而“小说而真用古礼古乐连篇累牍以写之，非小说”（三十七回），说明黄氏对小说文体有着相当的自觉意识。对小说叙事技巧的分析，黄评也很有独到之见。例如对叙事线索的揭示、对叙事章法的分析，在黄评中很常见，而齐评、天评似乎没有过多注意。值得一提的是黄评中有几处涉及叙事视角的评论，非常有新意。小说第十四回写马二先生游西湖一段，小说中主人公视角、叙述者视角不断转换，使叙事显示出丰富的层次感，黄评注意到这一点，在作者视角转换的地方作出提醒，如“马二先生不看女子，此是记者之词”，“低着头不看，可知亦记者之词”；小说第二十二回写盐商万雪斋家的摆设，黄评：“以上仍从牛浦郎穷眼看出。”虽然分析不多，但在古代评点中这要算极为难得了。

（三）

黄小田的评点直接开启了《外史》早期传播及研究的第二波热

潮，对此后的评点产生了直接或间接的影响。黄氏进行评点时正游寓于江苏、上海一带，对于一个酷爱《外史》的评点家，他在交游中宣传《外史》以及他的评点是很合情理的事情，那么他的评点在不断的过录中传播也就成为可能（所发现的黄评就是一个过录本），这无疑扩大了《外史》的影响。黄氏去世两年后即 1869 年苏州群玉斋本问世，金和《跋》中说："吴中诸君子将复命手民"①，这反映出随着时代思潮的变化，《外史》慢慢受到人们的欢迎。紧接着出现《外史》研究史上的一个高峰期，齐评和天评是其代表。

齐评刊行于同治十三年（1874 年），约在黄小田评点之后十几年。因为黄评并没有刊刻，只是在朋友间过录、流传，那么齐评作者是否看过黄评呢？陈美林《略论〈儒林外史〉齐省堂评》认为"齐本评者未必看到黄评，但确实研究过卧评"②，对齐评与黄评之间是否存在关联抱怀疑态度；谭帆则更为肯定地认为齐评、黄评两者之间没有关系，其《论〈儒林外史〉评点的源流与价值》③ 一文在梳理《儒林外史》的评点源流时说"卧评本之外的三家评点，除齐省堂评本与黄小田评本互不关合外，齐本、黄本都对天目山樵评本产生过一定的影响"，并为评点源流的过程制作一表：

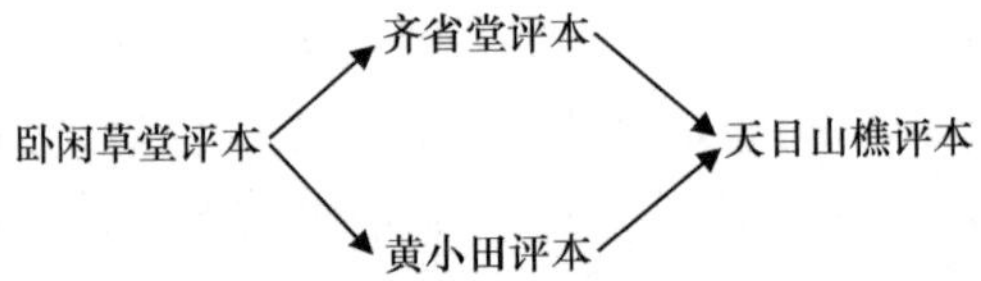

实际上黄小田的评点在江苏、上海地区应该有较为广泛的传播，80 年代所发现的黄评就过录在群玉斋本上，群玉斋本 1869 年刊行于苏州，可见黄氏去世后仍有人过录他的评点流传。齐评作者即写序的惺园退士（评点内容与惺园退士序中观点一致，可以看出两者出自一

① 吴敬梓：《儒林外史》，苏州群玉斋刊本。
② 陈美林：《略论〈儒林外史〉齐省堂评》，《河北师院学报》1994 年第 3 期。
③ 谭帆：《论〈儒林外史〉评点的源流与价值》，《社会科学战线》1996 年第 6 期。

人之手，陈美林先生在《略论〈儒林外史〉齐省堂评》中也认为“齐评作者即作序的惺园退士”）。他在序中说：“偶于故纸摊头得一旧帙，兼有增批，闲居无事，复为补辑，顿成新观，坊友请付手民。”① 在卧评与齐评之间，只有黄评，所以这里所谓“增批”即指被过录的黄评无疑。事实的确如此，只要仔细比勘黄评和齐评，则会发现齐评借鉴黄评的蛛丝马迹，下面列举几例以做例证：

如对小说情节、细节点评的雷同。第九回邹吉甫谈话中说出杨执中，二娄觉得遇到知音之人，突然邹又说“而今要见这先生却是再不能得”，黄评此处叙事技巧“既拍凑，又复再合再离，文笔纡徐入妙”，齐评“文情逐步而出”。

第十回小说中写到婚宴上掉下老鼠“忽然‘乒乓’一声响”，黄评“奇峰特耸”，齐评“天耸奇峰”。

第二十三回写到牛浦郎逗牛玉圃上当，黄评“绝倒。小牛恶甚，老牛笨甚”，齐评“老牛尚不觉得，何其笨也”。写牛玉圃碰到打人的秀才，黄评“冤家路儿窄”，齐评“倒运之时，无处不与冤家”。写牛布衣妻子来到庙中，“走了进去，屋里停着一具大棺材，面前放着一张三只腿的桌子，歪在半边”，“不觉心惊肉颤，那寒毛根根都竖起来”，黄评“确有此理此景”，齐评“骨肉惊心，真是如此”。

如点评小说人物形象刻画上的因袭。第十六回匡超人回家，其父一番家常话，黄评“写太公是个忠厚人，而拉拉杂杂说家常，都写得入情入理，不嫌冗长”，齐评“拉拉杂杂，喃喃喁喁，如闻其声”。

第二十二回牛浦见到牛玉圃便“作揖、下跪”，黄评“一见就下跪，下流无耻极矣”，齐评“写出卑鄙情形”。

第二十九回写杜慎卿“在太阳地里看见自己的影子，徘徊了大半日”，黄评“惯做顾影自怜”，齐评“真有顾影自怜、风流独赏之致”。

第三十四回高翰林说“不可学天长杜仪”，黄评“却也学不到，

---

① 吴敬梓：《儒林外史》，同治十三年齐省堂增订本。

学先生便一学就到”，齐评“就要学，只怕学不来”。

第五十二回凤四老爹帮陈正公讨回银子，黄评“无非‘高兴’”，齐评“妙哉，无往而不高兴也”。

第五十三回虔婆道：“这就是太平陈四老爷，你常时念着他的诗，要会他的。四老爷才从国公府里来的。”黄评“带定国公府”，齐评“虔婆口中带定国公府，是此段笔法”。国手邹泰来道：“四老爷下的高，和娉娘真是个对手。”黄评“说他下的高，却只和娉娘对手”，齐评“句中有句”。

从这几处来看，齐评与黄评观点基本相同甚至字句完全一样，其中的因袭关系是非常明显的。齐评作者正是看到黄评后，激发了重新系统评点的兴趣，才“复为补辑，顿成新观”的。

相比较而言，天评与黄评的关系比较明显。天评作者天目山樵是南汇人张文虎的笔名，1853 年黄小田到南汇避乱，与张文虎结识，从两家诗文集的互相酬唱之作可以看出两人过往甚密。黄小田曾经给自己的评点授示张文虎，张氏本人说：“昔黄小田农部示所批《儒林外史》，……农部所批颇得作者本意，而似有未尽，因别有所增减，适工人有议重刊者，即以付之，三年矣，竟不果。去年黄子春（黄小田之子）太守又示我常熟刊本，提纲及下场语幽榜均有改窜，仍未妥恰，因重为披阅，间附农部旧评，所标萍叟者是也。”（《天目山樵识语》）此段话写在天评第二次刊行本（即 1885 年宝文阁刊本《儒林外史评》，其中评语称为天二评）的《金和跋》之后，从中可以看出张氏本意欲在三年前刊行在黄评基础上“别有所增减”的评本，但未果。此次“重为披阅”，所作评语主要出自本人之手，只“间附农部旧评，所标萍叟者是也”，此评本中标有“萍叟者”的评语只有第三回、第九回、第三十五回的三条，但细看两人的评点则天评承袭、借鉴黄评的地方实在很多。李汉秋先生在《儒林外史的评点及其衍递》一文中认为“天评约有十几分之一是从黄评衍化而来的”，据笔者统计天评因袭黄评的比例还要大一些。黄小田之子黄安谨在《儒林外史评》序中说：“家君多法语之言；山樵旁见侧出，杂以诙谐，然其意指所归，实亦相同。”[①] 指出天评虽然多有旁见，评语风格更诙谐辛辣，但在大意指归上基本继承了黄评的特点，这与两家评点的实际情况是相符的。

齐省堂增订本之后，上海成为《外史》的出版、传播与研究中心。此时已经在上海形成阅读、研讨《儒林外史》的一个文人群体，在这个群体中天评作者张文虎无疑是中心人物。张氏在《儒林外史评》中的“丁丑嘉平小寒天目山樵识语”中说“予评是书凡四脱稿矣。同郡雷谔卿、闵颐生、沈锐卿，休宁朱贡三，先后皆有过录本，随时增减，稍有不同，当以此本为定”，“光绪辛巳杨古酝大令借此本过录一通”[②]。过录者又开始影响到其他人，如过录了张评的杨古酝告诉自己的亲戚徐允临“不读张先生评，是欲探河源而未造于巴颜喀喇。吾恐未及其蕴也”，徐允临听后“急从艾补园茂才假读，则皆余心所欲言而口不能达者，先生则一一笔而出之”，不禁感叹张评“信乎是书之密钥也”（《跋》）[③]。由此可见张文虎在当时《外史》传播与研究的中心地位。而此时处于中心地位的张文虎，其评点就是在黄氏的启发下开始的，而且天评中已经融合了很多黄评的观点，并通过天评传播开来。

综上所述，黄小田在《外史》受到极度冷落的时期，穷尽十几年之精力系统评点《外史》，对《外史》在上海地区的传播及研究热潮起到了引领作用；在具体的评点内容上，黄评继承、发展了卧评，又直接影响后来的齐评与天评，是《外史》评点系统中的一座承前启后的桥梁，因此黄小田对《外史》早期传播及研究功不可没。

---

① 吴敬梓：《儒林外史》，光绪乙酉宝文阁刊本。

② 同上。

③ 吴敬梓：《儒林外史》，光绪年间从好斋辑校本。

论屠隆“性情说”对复古派“情真说”的发展

屠隆是晚明时期文学思潮由复古向性灵转变的一位过渡性诗文理论家和作家，此点已经成为学界共识。然当前人们对屠隆文学思想的认识过于笼统，缺乏阶段性的具体分析，无法认清屠隆如何从复古向性灵转变的过程及其内在原因。实际上，屠隆文学思想经历了三个时期的变化：秉承复古理念，以“法”与“心”融合（“摹古欲法，自铸欲心”；“取材于经史，熔意于心神”）来修正复古理论的时期；重视创作主体，延续前七子“情真说”而提出“性情说”的时期，在继承的同时开始超越复古理论；晚期倡言“性灵”，从文学本体论层面提出比较系统的“性灵”文学观。后两个阶段皆可认为是晚明文学革新的先声，但取径不同，所论重点也有差异。本文旨在讨论第二个时期的文学理论，分析屠隆“性情说”的具体内涵及其渊源，也借此说明随着时代思潮的变迁，文人思想发生变化后复古派的某些理论内涵必然会发展成导致其自身消亡的内在因素。

（一）

屠隆曾经热衷于对复古理论进行修正，通过“摹古欲法，自铸欲心”“取材于经史，熔意于心神”这些调和“法”与“心”（意）的方法来挽救复古派抄袭、模拟的流弊，但对这样的调和他感到无法贯彻下去，因为格调的桎梏无法真正舒展开创作者主体的心灵和性情，所以他感叹道：“摹辞拟法，拘而不化，独观其一则古色苍然，总而读之则千篇一律也。愚取而以自验，盖亦时时有之，而思变之，犹未得其要领焉。”[①] 思变不得要领的屠隆，对这种调和论调感到失望，从而导致他开始在僵死的格调与作者的性情之间做一个选择。我们看到在他第二个文集《白榆集》中，谈“法”与格调的文字明显少了，而出现了很多讨论“性情”与文学关系的文字，因此可以归结为其诗文理论的一大主张，为了叙述方便，我们总称之为“性情说”。

屠隆“性情说”有以下几个方面的内涵，其一，提出“夫诗，由性情生者也。”（《由拳集》卷十二《唐诗品汇选释断序》）“诗本性情、写胸次，捷于吹万、肖于谷响，弗可遁也。”[②]，充分认识创作主体的个性、精神在文学创作中的决定性作用。我们知道复古派因为过于注重格调，对创作主体的认识便会不足，导致抄袭、模拟古人的形式主义泛滥成风。王世贞到了晚年有所醒悟，开始注重作者的才思，有所谓“才生思，思生调，调生格”论点。但王世贞又有“格者才之御也，调者气之规”（《沈嘉则诗选序》）之论，格调仍然高于才思，只不过他是想通过广泛学习前人格调以求新变，仍然没有摆脱“拟议以成变化”的复古格调论局限。这个论调屠隆也曾经有过，如上面所举出的“取材于经史，熔意于心神”。但慢慢地屠隆认识到这种理论根本不圆满，他评王世贞之作说是“无所不有亦正有所无矣”（《与王元美书》），也就说王世贞的文学创作是学而不化，博大杂芜却没有自己的个性和风格。因此，屠隆开始对学古、法古感到失望，《白榆集》文卷二《范太仆集序》中说：

> 隽流英彦逞其雄心于此道，浅者欲其深，深者欲其畅，蹇者欲其疏，疏者欲其实，弱者欲其劲，劲者欲其和，俗者欲其秀，秀者欲其沉，狭者欲其博，博者欲其洁，以并驾前人，夸美后世。其心盖人人有之，而赋材已定，骨格已成，即终身力争而卒莫能改其本色，越其故步，而止以精工存乎力学，而所以工者非

① 屠隆：《由拳集》卷二十三《文论》，四库存目丛书本。
② 屠隆：《白榆集》文卷二《抱侗集序》，四库存目丛书本。

学也；以超妙存乎苦思，而其所以妙者非思也。

屠隆认为人的才赋是禀天而生，故而“赋材已定，骨格已成，即终身力争而卒莫能改其本色”，再怎么广博的学习也改变不了自己的本色，那么何不就以表现“本色”为目标呢。那什么是本色，本色由何体现？屠隆又继续讨论：“三唐不能为六代亦犹六代之不能为三唐，五七言近体不能为《十九首》，亦犹《十九首》之不能为五七言近体。徐、庾之不能为陶、韦，亦犹陶、韦之不能为徐、庾；青莲之不能为少陵，亦犹少陵不能为青莲。……万物之形容声音皆有消歇时，而惟精神不可磨灭。汉高帝、西楚霸王大风、垓下之歌，不过三言耳，而万古跌宕，千秋悲凉，则其雄豪沉鸷之气不灭也。”他从文学发展的历史中看到，“惟精神不可磨灭”是各个时代、各种体裁、各位作家面貌各自不同但俱得以流传不朽的原因。而这“不可磨灭的精神”正是各个人的“本色”，因此他在另一处又说：

> 夫诗者神来。故诗可以窥神。士之寥廓者语远，端亮者语庄，宽舒者语和，褊急者语峭，浮华者语绮，清枯者语幽，疏朗者语畅，沉着者语深，谲荡者语荒，阴鸷者语险，读其诗，千载而下，如见其人。……古之名家哲匠，悬诸通都白日，与天壤俱，非其诗传，神传也。[①]

此“神”即每个人的本色，即每个人具有“寥廓”“端亮”“宽舒”等不同的个性与精神气质，也就是每个人自己的“性情”，“性情”、神、精神才是诗歌得以流传的原因，这就充分强调了创作主体的个性、情感在文学作品中的重要地位，提倡作品抒发创作主体的个人性情，从而消弭了复古理论中“格调”对创作主体精神的桎梏。

其二，崇尚真实。因为创作主体的性情是决定性因素，所以屠隆强调作者必须具备真实无伪的人品，具有伟岸的人格，只有人“真”

① 屠隆：《白榆集》文卷三《王茂大修竹亭稿序》。

其作品才“真”，才有传之不朽的价值。《白榆集》文卷二《梁伯龙鹿城集序》云：“夫草木之华必归之本根，文章之极必要诸人品”，称梁伯龙“既长丽情，复多旷度，身有八尺之躯而家无百亩之产，入媚其妻子而出傲其侯王”，所以为诗“当其绸缪间多情语，当其萧散间多旷语”，是可传之作。盖屠隆重视旷达高洁的个性、人品，因此他认为关键就是培养这种个性人品，然后反映到文学之中，则自然可传。《白榆集》文卷三《李山人诗集序》云：“故诗不论才，而论性情，亦存乎养已。世有心溺圭组，口挂丹霞，其言虽佳，其味必短，何者？为其非真也。”人不真，诗就无味，因为诗歌中反映出来的是虚伪的情感、是一个假的抒情主人公。《鸿苞集》卷十六《文行》亦云：

> 文人言语妙天下，析性命、陈功德、称古今，布诸通都，悬于日月，亦既洋洋缅缅矣。苟按之身心，毫不相涉，言高于青天，行卑于黄泉，此与能言之鹦鹉何异？务华绝根，则无为贵文章矣。

“根”指人的“性情”，“华”指创作，因为文学创作根于作者的性情，所以当作者虚伪不真时，其创作自然也是虚伪的，就像学舌的鹦鹉一样，只不过表面剿袭了一些文辞而已。总之，没有“真”的性情，就不会有真实的文章，这样的文章写出来也没有任何价值。

其三，在诗本性情的理论基础上，提出“各极其至”的创作原则，从而彻底超越了复古派的格调论。

> 禀材不同，好嗜靡一，故其为辞，或闳大而肆，或简有南深，或清言而绮，或庄语而峭，或秀拔若青松之云，或婉靓若秋蕖之叶，或险绝而响裂石，或雍和而奏云门，譬如鹤膝凫胫，乌黔鹄白，追弗可强。然就其材质之所近，而极其神情之所趋，莫不各有可观。……夫气以材成，语缘情异，体视其时，意生于境，乌能大同，其足宝爱一也。……夫咸池六英，不比其声，而

> 同谓之古乐；崆峒之罘，不协其体而同谓之古文。唐不拟六朝、六朝不拟魏晋、魏晋不拟周汉，子不拟史，左不拟骚，而皆卓然为后世宗，则各极其至也。苟极其至，何物不传，必曰：吾为某体，过矣。①

人的性情不同，故而写出来的作品也就不同，这就像“鹤膝凫胫，乌黔鹄白”一样是不可勉强的。这也就是上文所说莫能改的“本色”，屠隆认为只要是表现出自己本色——就其材质之所近而极其神情之所趋——则都很可观，皆足宝爱。这就是“各极其至”的评价标准，至于非得合乎某种格调（体）的评价标准，屠隆认为“过矣”，完全采取了否定的态度。屠隆在此类的讨论中，从创作、鉴赏各个角度反复陈说，以明性情与文学作品风貌之间的关系，提倡风格的多样化，这种讨论实际上涉及作者个性和创作风格的问题。

关于诗文风格与作者个性才情之间的关系，前人已经多有议论，特别是刘勰就曾在《文心雕龙》之《体性》篇中以十二位作家为例对文如其人作了充分的举例说明，如云“贾生俊发，故文洁而体清；长卿傲诞，故理侈而辞溢；子云沈寂，故志隐而味深”等，最后总结为“触类以推，表里必符”。在风格与作者关系的理论阐发上，屠隆没有表达出更多的新意，但是他在这些地方，通过强调风格与作者的关系表达了以下观点：每个创作主体不同，所以创作出来的风格就不同，因此以某种风格作为最高标准是不对的，相反应该认同多样的风格，而在评价标准上应该以是否“各极其至”——是否反映出作者自己的独特性为衡量的标尺。显然，这些诞生于复古派忽视创作主体、忽视作者个性的情形下的论点，对文学的健康发展有重要意义。

屠隆性情说，以创作主体的性情作为文学的根本，并由此提倡文学风格的多样化，提倡文学的真情实感，结合起来就是性情真实无伪的作者创作符合自己个性真实的文学，这就是他的性情说的内涵。性情不同的作者，便能创造出不同风格的文学，显示出不同的格调，因

① 屠隆：《白榆集》文卷一《皇明名公翰藻序》。

此屠隆“性情说”从根本处瓦解了复古派以某种格调作为文学终极审美理想的理论，其思路正如钱钟书在论明代复古理论时所说“格调之别，正本性情”（一 诗分唐宋）[①]。

（二）

屠隆认为文学应该表达个性之真情的性情说，是对复古派情真说的继承和发展。复古派前七子是情真说的倡导者，如李梦阳就曾说：“故诗者，吟之章，而情之自鸣者也”[②]，“夫诗有七难，格古、调逸、气舒、句浑、音圆、思冲、情以发之，七备者而后诗昌也”（《空同先生集》卷四十七《潜虬山人记》），认为情感是诗歌的本质；同时又进一步提到情感的真实性问题：“情者性之发也，然训为实，何也，天下未有不实之情也，故虚假为不情。”（《空同先生集》卷六十六《论学》）这种情真说也是前七子的共识，如何景明云“夫诗本性情之发者也”[③]，徐祯卿在《谈艺录》中更是提出了有名的情乃“诗之源”的观点。屠隆性情说，继承了前七子这样一些观点。

但前七了情真说的“性情”与屠隆所说的性情含义不同，屠隆指的是创作主体的个性、精神，而复古派所称“性情”则是继承了《毛诗序》“止乎礼义”的“性情”之含义，因此这种“情”更多的情况下不是指人的个性真情，而是指受到道德礼义规范的道德性情，是一种站在群体、社会的立场上的情感。还是以李梦阳为例，他在提倡情真说的同时，也在很多地方谈到对情的规定和制约。例如他说“不已者情也，发之者言，成言者诗也，言靡忘规者义也，反之后和者礼也，故礼义者，所以制情而全交合分而一势者也”（《空同先生集》卷五十八《题东庄饯诗后》），“故曰，士尚志，故志者，完美而定情者也”（《空同先生集》卷五十二《琴峡居士序》），“制情”“定

① 钱钟书：《谈艺录》，三联书店 2002 年版，第 7 页。
② 李梦阳：《空同先生集》卷五十《鸣春集序》，明代论著丛刊本。
③ 何景明：《何大复先生全集》卷十四《明月篇并序》，明代论著丛刊本。

情”强调的是情感必须接受礼义的规范和制约，这与晚明文学思潮中要求表达一己之真情、自我的个性之真的情真观念还是有着很大距离。究其原因，是不同时期的文人心态导致了人们对“性情”的不同认识，前七子时期的文人不可能完全形成一种类似晚明时期文人以自我为中心的心态。在人与社会关系上，个人仍然从属于群体，从属于皇权政治，所以他们虽然偶尔提出对自我个性的重视，但总体上不可能真的实现此点。基于这种认识，前七子的情真说远没有脱离传统诗教的影响，他们所要表达的情感大部分仍然是一种集体性情感，具体内容表现为对朝廷政治的关注、对黑暗现实的焦虑和愤懑等。所以他们更为提倡和乐的情感、典雅的情感，推崇柔澹、含蓄、典厚诗歌风格并重视诗歌的讽喻精神。虽然当在个人遭遇不幸时，他们开始歌唱自我心灵的苦闷，创作了一些表达自我内心世界的优秀篇章。但总体而言，前七子对文学应该表达创作主体的内心世界与私人化情感的观念，不说是抱有成见怀有戒心，最起码是没有充分明晰的肯定认识。前面提到李梦阳定情、制情的说法，再举前七子之一的王九思为例。王九思因受到刘瑾的牵连而罢官，回乡以后与同样罢官在家的康海纵情声色，以词曲自娱。其在《碧山乐府·碧山续稿序》中说自己当时的创作：“……用佐樽俎，风情逸调，虽大雅君子有所不取，然谪仙少陵之诗，亦往往有艳曲焉。或兴激而语谑，或托之以寄意，大抵顺乎情性而已。”不久又在《碧山新稿》自叙中说：“溪田先生近辱赐予书曰：乐府风情甚矣。诗不云乎，善戏谑兮，不为虐兮。公其裁之。然予前此已有反正之渐矣。……每有述作，辄加警惕，语虽未工，情则反诸正矣。”[①] 前序认为自己创作的风情艳曲是“顺乎情性”的，完全肯定的态度，但在后一序中又说“情则反诸正矣”，对自己的内心情感世界刚一放开，随即又收束起来，很明显地反映出前七子对创作主体情感认识上的局限性。

前七子在情真说的同时又提倡格调，很大程度上就是由于他们对

① 王九思：《王九思诗话》，见吴文治编《明诗话全编》第二册，江苏古籍出版社1997年版，第1940—1941页。

创作主体情感认识的局限性导致的，因为集体性情感在千年来的封建社会里是很少出现变化的，也正如李梦阳所说"故人不必同，同于心，言不必同，同于情"（《空同先生集》卷五十九《叙九日宴集》），既然要表达的情感与先秦、盛唐时人相似，那么先秦、盛唐的这些经典之作无疑就是应该学习的典范，学会他们那样表达就行了，因此前七子由对创作主体情感的关注转向对文学表现形式的关注。关于这一点，在王运熙、顾易生《明代文学批评史·绪论》中一段话："他（李梦阳）在封建社会前期的优秀的诗文中大致相仿地寻找得了一己之真我，寻得了寄托。这就是他的情真说与复古的格调说的会合之处"[①]，切中肯綮。

后七子不像前七子那样热心和关注政治，与政治的纠葛比较少，他们务求在文学上以求不朽，因此更重视个人的才气。这使得他们在某种程度上超越了前七子囿于传统诗教观的缺陷，如王世贞序李攀龙的《古今诗删》曰："于鳞之所取，则亦以能工于辞不悖其体而已，非必尽合于古所谓发乎情止乎礼义，兴观群怨之用备而后谓之诗也"[②]，明确指出诗歌未必非要"止乎礼义"，未必一定有"兴观群怨"之用。但是另一面后七子继承了前七子的格调说而更加走向极端，他们提倡才气，但往往认为写出奇僻古奥的作品就是才气的表现，关注复古的形式而忽视了作家自己的性情，所以陷入摹拟剿袭的泥沼而无法自拔。这在李攀龙主持文坛时期表现最为明显，屠隆曾经针对李攀龙选唐诗批评其："重气骨而略性情"（《白榆集》文卷三《高以达少参选唐诗序》），又在《谢在杭诗序》中说："不佞近论诗如琅玡（王世贞）、历下（李攀龙）有才力而寡性情，务声调而乏自得，由两公为政，士争趋之成风，风人之旨殆尽"，所批评的正是王、李等后七子过于拘于外部风貌而忽视表达真实情感的弊病。

综上所述，后七子大体上重格调而忽视了性情，对创作主体关注不够；前七子在倡格调的同时重情真，注意到了创作主体的重要性，

---

① 袁震宇、刘明今：《明代文学批评史》，上海古籍出版社 1996 年版，第 11—12 页。

② 王世贞：《弇州山人四部稿》卷六十七《古今诗删序》，万历五年王氏经世堂刻本。

但其所谓主体情感是“止乎礼义”的道德性情，无法彰显创作主体的个性精神。因此，在对创作主体情感认识的发展中，从前七子的道德性情到晚明的个性情感、一己之真情，必然要求文人能突破儒家人性论的束缚，只有张扬自我个性的主体精神，才会有提倡抒发一己真情之文学。

（三）

屠隆性情说对前七子情真说的发展和突破，正是基于其突破了儒家人性论的束缚，这主要表现为对自我个性的高度认同，一是强调个性之真；二是提倡个性平等。

屠隆推崇真实无伪的人格，他说“我朝弘治以前人心近古，士气淳庞、民风朴野；正德以后，渐漓其真。缙绅先私利而后公……物多作赝，人善匿情。”[①] 这还有一点强调道德之真的含义，而在下面这一段话中则不仅仅局限于道德之真了：“周汉以前人物善则善矣、恶则恶矣、正则正矣、邪则邪矣，如乌不可浴而白鹄不可黔而黑，鹤不可截而短凫不可续而长，久无改行外无匿情，天下晓然知之。隋唐而后渐以不然，有内存软庸而外矫直节，身染秽行而口谭清虚……古之人真今之人不真也。”（《鸿苞集》卷十一《真不真》）屠隆认为周汉以前的人虽然有善有恶、有邪有正，但他们从不虚伪，所以不失为真人，要比今天的一些假道学要好得多了。按照这个意思，则是与其为假道学，不如做邪恶的真人！当然屠隆并非提倡要做邪恶之人，他只是在强调一个人应该做真实的自己，强调人的个性之真。而屠隆本人就是一个完全坚持自我个性的人，《由拳集》卷十六《与陆敬承》他说：“仆自信平生踈而任真，了与世俗异。”同书卷十六《与孙以德二首》其二说自己有“童心”“悲喜咸真，不失赤子”“而自信赤子之心终未沦丧”。即使在中白简罢官之后，朋友认为其祸在于屠隆风流放旷的个性，并规劝其稍作收敛，但屠隆说：“桂辛兰香，蔗甘蓼

① 屠隆：《鸿苞集》卷十四《詹炎下》，四库存目丛书本。

苦，物之性也；夫鸟之哑哑，鹊之喈喈，岂以寒暑燥湿而变其声哉。"不愿意违背自我个性。(《鸿苞集》卷三十五《物性》)

而屠隆所谓个性，是与名教颇为抵触，具有时代新人特征的个性。屠隆出生于一个商人家庭，他对商人豪举、享乐的生活和自由开放的个性非常欣赏。所以在青年时期他就养成通脱自放的个性，自称"长乃好奇节，任侠里中行。放意六合，万物皆蚊虫"（《由拳集》卷四《三司马诗·家司马》），他风流旷达，好奇行着异服，因此与世俗不合，但他说自己"舍然自放，而厌薄朴素小儒拘禁俗学"（《由拳集》卷十二《寿稷丘先生八十序》）。他不仅自己厌弃朴素小儒(实际上就是指道学者)，坚持自己的个性，他还鼓励朋友如此。他有位朋友也因放旷任诞而受到世俗的批评，他写信给朋友说："彼促遬小夫，恶睹所谓廓落非常者哉!"并鼓励朋友自信："假令贺生治冶容、饰繁声而奏诸时人之前，时人必喜，屠生则却而不前，之二者孰贤哉？愿足下自信。"（《由拳集》卷十三《与贺伯闇》）可见屠隆对自己个性的自豪和自信。

重视自我个性，要求做一个真实的自我，与此相关的就是提倡个性平等，认为人人皆可做一个真实的自己。屠隆说："高明之士以通脱为豪杰，以摆落为寥廓，负气节工文章，识综玄旷、趣兼风流，往往非薄道学先生拘局绳尺，曰'是裹青布头巾者，是贪生猪肉吃者'，固哉！迂儒何适于用，而道学之士佩服周孔，动尊礼法，屋漏是谨细行必严，深恶文学放达狂而无当……夫四科列于圣门，狂狷取于仲尼，何尝执德行之一途而尽废天下之人品哉。"（《鸿苞集》卷九《是非》）在人性论上，屠隆并不否定德行高尚者，但是他不认为对人的评价非得依靠德行作为唯一标准，而且人的个性千差万别，"姿性各殊，品格亦别。苟有可贵不必尽同。"（《鸿苞集》卷九《人品》）屠隆在中年时期成为一个典型的三教融合论者，受心学"满街都是圣人"、佛氏"人人是佛"平等之义的影响，他说"就世法而论则三皇五帝、三王周孔为世法中圣人；就佛门而论则如来为佛法中圣人。今儒者止知三皇五帝、三王周孔为圣人，局于所见耳。"以此类推"等而下之，九流众技各有其至者皆可为彼法中圣人也"（《鸿苞集》卷九《圣人》)，这种要求承认人的多样性和平等性的思想是很有进步意义的。

承认并尊重人的个性差异，提倡每个人按照自己的个性做一个真人，这是晚明时代最为进步的思想之一。李贽“夫天生一人，自有一人之用”①、袁宏道“性之所安，殆不可强，率性而行，是谓真人。今若强放达者为慎密，强慎密者而为放达，续凫项，断鹤颈，不亦大可叹哉!”② 表达的是类似观点。也正是出于对创作主体精神的张扬、对人个性的体认，在文学上个性情感的表达终于要求突破格调的束缚，李贽“有是格，便有是调，皆情性自然之谓也。莫不有情，莫不有性，而可以一律求之哉”③，袁宏道“独抒性灵，不拘格套”的性灵文学观念，正是建立在晚明进步的人性论基础上的。

屠隆重视人的独立个性、主体精神，反映到文学思想层面，便表现为对创作主体个人性情的重视，这是屠隆性情说的哲学思想基础。从复古派“末五子”之一的屠隆身上我们看到，随着时代的变迁，复古派内部某些文人由于思想的变化，对创作主体的情感有了新的认识，复古派“情真说”便会发展具备新的理论内涵，从而与晚明时期的性灵文学思潮接起轨来。

① 李贽:《焚书》卷一《答耿中丞》，中华书局1975年版，第16页。

② 袁宏道著、钱伯城笺校:《袁宏道集笺校》卷四《识张幼于箴铭后》，上海古籍出版社1981年版，第193页。

③ 李贽:《焚书》卷三《读律肤说》，中华书局1975年版，第133页。

从复古到性灵的过渡者
——屠隆的散文理论

（一）秉承散文复古理念，对复古文学理论的批评与修正

屠隆是复古派后期重要作家，“末五子”之一。他青年时期服膺文学复古理论，但这时已经到了复古文学思潮的后期，“文必秦汉，诗必盛唐”的复古口号虽然深入人心，但因其粗豪偏激产生的流弊也越来越明显。屠隆处在这样的时期，清醒地认识到虽然“同志之夫，文法司马子长，诗法汉魏乐府，乐府而下法盛唐，以是古卑今，则人人能矣”①，但复古派貌似繁荣的背后，正面临着诸多问题。因此他在鼓吹复古理论的同时，也不得不面对复古派存在的问题，对复古派文学创作和复古理论提出一些批评和修正。

首先，屠隆对复古派出现的流弊进行直言批评，表现出理论家的勇气和敏锐的眼光。例如他指出当时的复古作品大部分剿袭成风，皆是优孟古人之作：

> 今人之文学左氏、学史迁，字而摹之，句而袭之，不失尺寸。譬如优孟之为叔敖，抵掌俨然也，然而叔敖乎哉？……左史庄列传矣，今人之学左史庄列者鳞次栉比，将令谁为传耶？有大

① 屠隆：《由拳集》卷十一《沈嘉则先生诗选序》，四库存目丛书本。

匠起则此鳞次栉比者咸无当一扫除矣!①

他说如果用字摹句袭的方法学习古人进行创作，做得最好也只能如“优孟衣冠”一般是假古董，恐怕“大匠”出现这些假货都得一扫而光了，流露出他对文学复古前途的焦虑。

在给王世贞的第一封信中，屠隆批评了李攀龙好奇过甚，申述“文章大观，奇正离合，瑰丽尔雅，险状温夷，何所不有?”的观点，认为应该提倡风格的多样化；同时也含蓄地批评王世贞虽然学古取径要比李攀龙宽阔，但又出现了杂芜的毛病，“隽永之中，不嫌杂俎……无乃伤于杂乎!”(《由拳集》卷十四《与王元美先生》)这些批评颇能切中两人文章的要害，因此王世贞回信赞赏说“不意得绝响于足下”②，这样直言批评复古派的领袖自然是需要勇气的，也体现了屠隆作为批评家的理性精神。

其次，屠隆在批评复古派各种积弊的同时，重新确立复古目标(亦即复古宗旨)，试图追根究源，让复古文学走上健康的发展道路。自李何倡言复古以来，复古派往往采取遗神取貌的方法学习秦汉散文以达到复古的目的，故导致天下人皆追随复古的口号，却又都以剿袭为事。面对这样的情况，屠隆劝诫人们：“苟非得之超玄，无轻议古；苟非深于古，无轻訾韩欧也。”(《由拳集》卷二十三《文论》)复古必须弄清复古大旨，必须深入理解秦汉散文的特点，否则对复古就是一笔糊涂账。那么复古大旨到底如何？复秦汉散文之古的目标是什么？他在《由拳集》卷二十三《文论》一文中集中阐述了自己的观点。

在这篇文章中，屠隆把散文发展的历史分成六经、六经以下至两汉、建安六朝、唐宋几个阶段分别作出评价，他认为六经总体特征是“风骨格力，高视千古”；六经以下至两汉“诸子之风骨格力即言人人殊，其道术之纯粹洁白皆不敢望六经，乃其为古文辞一也”，这些秦

---

① 屠隆:《鸿苞集》卷十四《詹炎下》，四库存目丛书本。

② 王世贞:《弇州山人四部稿续稿》卷二百《屠长卿》，四库全书本。

汉文章同样都具有“风骨格力”，因此都可以称得上是古文辞，换言之，“古文辞”的特征就是具备“风骨格力”。

风骨是古代文论中很常见的一个概念，刘勰《文心雕龙》中专有《风骨》一篇，其中云：“结言端直，则文骨成焉；意气骏爽，则文风清焉”，结言端直，指通过质朴的语言表达严正的思想；意气骏爽，指气质明净、情感充沛。按刘勰的意思，风骨与文采相对，而且是比文采更重要的一个概念，所以他又说“若风骨乏采，则鸷集翰林；采乏风骨，则雉窜文囿”。屠隆与刘勰所论有相似之处，如其形容“风骨格力”时使用“高视千古”“浑朴”“雄健”“才情传合，纵横璀璨”等词，指的是这类文章具有情感充沛、质朴刚健的艺术风貌，他有时直接描述为古朴苍劲的“古劲”。从屠隆对建安以逮六朝之文的批评中，也可以看出他所提倡的风骨格力的含义，他说：“鲍谢颜沈之流，盛粉泽而掩质素，绘面目而失神情，繁枝叶而离本根，周汉之声荡焉尽矣。”周汉之声，指的就是秦汉之文具有风骨格力的文学风貌，屠隆认为六朝之文失去这种风骨，是因为鲍谢之流过于强调文采（盛粉泽、绘面目、繁枝叶），失去了“质素”“神情”“本根”，所以也就失去了古朴苍劲的“古劲”。

屠隆以风骨格力作为古文辞的统一标准，故而对韩愈之文、宋代文章有强烈的批评，认为唐宋文章恰恰缺乏了风骨格力，不能形成古朴苍劲的艺术特征。批评韩愈的文章是复古派散文批评的一个重要观点，如何景明即说：“夫文靡于隋，韩力振之，然古文之法亡于韩”（《与李空同论诗书》），屠隆继承了何景明的观点，并以风骨格力为标准对韩愈之文作出详细的分析。《文论》中说：

> 文体靡于六朝而唐昌黎氏反之，然而文至昌黎氏大坏焉……昌黎者氏盖所谓文起八代之衰者，今读其文，仅能摧骈丽为散文耳。……今姑无论其它，即如两汉制诰谁非散文，冲夷平淡都无波峭之气而朴茂深严，远而望之，则幕然光沉；迫而视之，则神采隐隐，风骨格力往往而在，昌黎之文若是耶？……今第观其文，卑者单弱而不振，高者诘屈而聱牙，多者装缀而繁芜，冥者

率略而简易，虽有他美，吾不得而知矣。尚焉取风骨格力于其间哉。

屠隆正是通过对秦汉散文特质的分析，对韩愈散文以及受到韩愈影响的宋代散文的分析，标举出古文辞必须以具有“风骨格力”为特征的观点，因此在他看来，所谓散文复古便是要恢复秦汉散文的“风骨格力”“古劲”——“文章至韩苏而不古，至唐宋而萎弱，今欲返之，亦求其古劲耳!”（《鸿苞集》卷十七《论诗文》）以“风骨格力”“古劲”作为复古大旨、复古的目标，这比简单粗豪的“文必秦汉”的一句口号要更深入复古理论的精髓。所以郭绍虞先生曾经评价说七子派中“求真能阐说文必秦汉之旨者，惟王世贞与屠隆二人”①，这句评论深刻洞察到了屠隆对复古派理论的所作出的贡献。

复次，确立了复古宗旨后，屠隆在《文论》中接着谈到复古的方法与途径问题，以修正遗神取貌的学古方法：

（复古派）摹辞拟法，拘而不化，独观其一则古色苍然，总而读之则千篇一律也。愚取而以自验，盖亦时时有之，而思变之犹未得其要领焉。嗟乎，文难言哉！愚意作者必取材于经史、而熔意于心神，借声于周汉而命辞于今日，不必字字而琢之，句句而拟之，而浩博雄浑，识者自知其为周汉之文，不作昌黎以下语，斯其至乎。今文章家独有周汉之句法耳，而其浑博之体未备也，变化之机未熟也，超玄之理未臻也，故吾愿与海内诸君子勉之矣。夫文不程古则不登于上品，见非超妙则傍古人之藩篱而已，丈夫者禀灵异之气，挺秀拔之姿，竭生平才智以从事文章家，乃不能高足远览，洞幽极玄，以特立千百载之下，与古人并驱而前，分道而抗旌，而徒傍人藩篱、拾人咳唾以为生活，彼古人且奴视之曰：是为我负担而割裂我者，传之后世以为何如?

① 郭绍虞：《中国文学批评史》（下册），上海古籍出版社2001年版，第423页。

复古既然是为了达到秦汉散文的风骨格力的神采，所以屠隆在此彻底摒弃了“摹辞拟法，拘而不化”“字字而琢之，句句而拟之”的学古方法。那么怎样才能遗形取神，创作出具有秦汉散文的“风骨格力”与古劲呢？屠隆说自己“思变而未得”，但毕竟提出了自己认为可取的途径与方法。

其一，“取材于经史、而熔意于心神”，把学古的学和主体的思结合起来。一方面谈作者需博学，在经史中取材，非博学不能为；另一方面又要深思，去熔铸、变化，不能让学变成剿袭。这样才能具有浑博之体、变化之机，写出字句虽不同于秦汉，而其“浩博雄浑，识者自知其为周汉之文”的复古文风貌的效果。其二，“文不程古则不登于上品，见非超妙则傍古人之藩篱”，作家创作时不仅在风貌上要“程古”，在见解上更需“超妙”，否则仍然是死于古人脚下，无可传也。所谓作者的见解，指的是作家应该有独特的思想、观点，有不同一般的洞见。既要程古又要超妙，就是在“程古”的基调下谈作家主体性问题，这实实在在针对复古派后期的流弊而谈。我们经常引用李攀龙“立意修辞，宁失诸理”这句话，王世贞以及其他复古派成员都有此倾向。偏颇地刻意修辞，仍是在字句上寻求靠近古文，而在阐发的道理文章的旨趣上缺乏深思，这是复古派写出假古董的一个原因。屠隆在《文论》中批评韩愈之后，有一段挺幽默的话，他说那些剿袭出来的假古董如果“令韩欧见如是之文，彼且得而借口曰：始二三君子姗笑我，将谓二三君子之文必标异而出之，立于太古之上也。奈何影响古人，而以诧古为如是，不于我可少宽乎？吾文即非古，然何者非自得而徒沾沾仿古自喜也”。这里已经提倡写出“自得”之文的观点了。

综上所述，屠隆在复古后期，在批评复古流弊的同时，重新申述了“文必秦汉”之旨，把复古理论阐释为恢复秦汉散文“风骨格力”“古劲”的艺术风貌，并对如何遗形取神的复古方法与途径提出了自己的看法，在这些观点中，已经露出其散文理论开始摆脱复古派羁绊的趋势。

（二）突破复古理论羁绊，提出“各极其至”的创作思想

屠隆《由拳集》刊刻于万历八年，收在其中的《文论》主要探讨如何继承和修正复古派的散文理论，而到了收录万历十二年前作品的《白榆集》中，调子发生了变化——沿着重视创作者主体情思的思路，屠隆逐渐突破了复古理论的羁绊，提出“各极其至”的散文创作思想。

屠隆《白榆集》文集卷二《范太仆集序》：

> 格以代降，体缘才限，隽流英彦逞其雄心于此道，浅者欲其深，深者欲其畅，蹇者欲其疏，疏者欲其实，弱者欲其劲，劲者欲其和，俗者欲其秀，秀者欲其沉，狭者欲其博，博者欲其洁，以并驾前人，夸美后世，其心盖人人有之，而赋材已定，骨格已成，即终身力争而卒莫能该其本色，越其故步，而止以精工存乎力学，而所以工者非学也；以超妙存乎苦思，而其所以妙者非思也。……万物之形容声音皆有消歇时，而惟精神不可磨灭。汉高帝、西楚霸王大风、垓下之歌，不过三言耳，而万古跌宕，千秋悲凉，则其雄豪沉鸷之气不灭也。

上一节谈到屠隆提倡“取材于经史、熔意于心神”——把学古与主体的深思结合起来的复古途径，而在这篇文章中屠隆说“所以工者非学也”“所以妙者非思也”。为什么会有这样的变化呢？我们知道在复古派后期，讲通过博学与熔铸的方法来复古，是复古派针对剿袭流弊提出的具有普遍性的观点。例如王世贞后期文学思想的变化，即主要体现于此。其《艺苑卮言》卷一中说：“自今而后，拟以纯灰三斛，细涤其肠。日取六经、《周礼》《孟子》《老庄》《列》《荀》《国语》《左传》《战国策》《韩非子》《离骚》《吕氏》《春秋》《淮南子》《史记》、班氏《汉书》，西京以还至六朝及韩、柳，便须铨择佳

者熟读涵泳之。”这是谈博学，之所以要博学是因为每个人的才情都有一定的局限性，必须通过博学与熔铸的方法把个人的个性、才情与格调完美地结合起来，达到一种能“剂”的境界。所以他说“凡为文义，而尚辞者华而远其实，尚理者质而废其采，洁则病藻，短则病气，此四者未有能剂者也”（《续稿》卷四十《魏懋权时义序》），“邕得沈而收，华得质而御，夫天下不难乎才，难乎才而无以剂之”（《续稿》卷四十四《叶雪樵诗集序》），他一边强调通过博学与熔铸的方法去追求能“剂”的重要性，一边又感叹这其中的难度。这种理论貌似圆融，却难以实现，所以王世贞自己后期的创作也无法去熔铸成一个能“剂”的境界，而只能做到博大之中尽显杂芜。

屠隆熟悉王世贞的那一套理论，因为他自己也曾经有这样的观点，他当然也深切地体会到此路不通的痛苦。所以他才一反故论，说出“所以工者非学也”“所以妙者非思也”的话。他说“浅者欲其深，深者欲其畅，蹇者欲其疏，疏者欲其实，弱者欲其劲，劲者欲其和……而赋材已定，骨格已成，即终身力争而卒莫能该其本色”，这就意识到每个人的个性、才思是天赋而成的，再怎么努力也无法改掉自己的本色。既然这样，他的思路就倒过来了，过去为了追求格调而讲究博学深思，既然博学深思的熔铸之法走不通的，那么干吗不干脆顺着每个人的个性、才思呢？我是什么样的个性，我有什么样的才情，我就写表现出我本色的文章，况且“万物之形容声音皆有消歇时，而惟精神不可磨灭”，写出我的本色、我的精神的文章才是不可磨灭的，才是可传的。这就是屠隆比王世贞的变化更深入的地方，王氏能“剂”之论归根结底是他无法放弃格调，因此也就无法彻底地把作家的个性、才情放到第一位来。

屠隆在另外一篇重要文论里对此又作出更加鲜明的论述：

> 禀材不同，好嗜靡一，故其为辞，或闳大而肆，或简有南深，或清言而绮，或庄语而峭，或秀拔若青松之云，或婉靓若秋藻之叶，或险绝而响裂石，或雍和而奏云门，譬如鹤膝凫胫，乌黔鹄白，迨弗可强。然就其材质之所近，而极其神情之所趋，莫

> 不各有可观。……夫气以材成，语缘情异，体视其时，意生于境，乌能大同。其足宝爱一也。然华之发以根，物之贵在质，姝色自然，粉黛为假，造物至妙，剪彩非工，即之烂然而索之无味，则工也假也。即如学左氏之步者，字模句仿，非不俨焉，徐之而形色虽具，神气都绝，何者？古之人有其事而言之，今之人无其事而亦言之，故辞虽肖而情非真也。又毫颖之藻绘虽工，而问学之熔铸或寡也，优孟之诮可无惧乎！夫咸池六英，不比其声，而同谓之古乐；嶝峒之罘，不协其体而同谓之古文。唐不拟六朝、六朝不拟魏晋、魏晋不拟周汉，子不拟史，左不拟骚，而皆卓然为后世宗，则各极其至也。苟极其至，何物不传，必曰：吾为某体，过矣。①

这一段文字首先从正面进行阐述，因为每个人“禀材不同，好嗜靡一”所以创作出的文章风格、格调各自不同，这是“鹤膝凫胫，乌黔鹄白”一样不可勉强的事情，只要创作者“就其材质之所近，而极其神情之所趋”进行创作，皆有可观之处。其次驳斥了复古格调理论，他指出因为创作者“材”“情”的不同，所处“时”“境”的差异，所以不能用同一种格调来要求创作。最后提出“各极其至”的创作思想，并总结为“苟极其至，何物不传，必曰：吾为某体，过矣”，鲜明地表达出张扬创作主体的情思而摒弃复古格调之论的观点。

（三）探讨“道”“文”之关系，提出性灵文学观

以上所论中，已经透露出屠隆散文理论中性灵文学观的某些内涵，比如说强调按照创作者独特的个性、才情写作，提出通变的文学史观。但性灵文学观必须是把性灵与文章建立起联系，从道与文的角

① 屠隆：《白榆集》文集卷一《皇明名公翰藻序》，四库存目丛书本。

度进行创作本体的阐述①，而以上所论主要从作家个性、才情角度出发，因此还不能算清晰的性灵文学观。

晚明性灵文学观与文人学“道”有着深刻的关系，屠隆是晚明一位典型的三教融合论的文人，他在万历十一年任礼部仪制司主事时撰写的《冥寥子游》中已经开始阐发“三教并立不可废也”融通三教的思想。屠隆认为三教皆“出乎一心”，以“心”作为三教共同本体。他又说三教融合是因为其“道一也”（《鸿苞集》卷二十七《与汪司马论三教》），佛家谓之般若，道家谓之灵光，儒者谓之性，谈的都是“道”，而其统“一”在于“要之皆不出乎一心”（《白榆集》文集卷七《答傅伯俊》）。总之，三教之道皆出乎一“心”。屠隆糅合儒道的宇宙论，认为“天地者，形气也，而所以天天地地者，太极也。……天地之太极，人物之性灵是也”。（《鸿苞集》卷一《二仪说》）综上所论，屠隆所说的性灵就是三教统一的“道”，也就是“心”。

当屠隆融合三教的本体“性灵”确立后，几乎是同时就与文学发生了关系。

> 夫文者华也，有根焉，则性灵是也。（《鸿苞集》卷十六《文章》）
>
> 各极才品，各写性灵。意致虽殊，妙境则一。（《鸿苞集》卷十七《论诗文》）
>
> 夫时写性灵，寄之笔墨，即文字可灭，性灵不可灭也。（《白榆集》文卷三《行戍集序》）

---

① 晚明性灵文学思想，其根本内涵只有通过考察“道”与“文”之关系的角度来理解，才能阐释清楚。小修在描述袁宏道性灵文学思想初步形成的原因时说：“先生既见龙湖，始知一向掇拾陈言，株守俗见，死于古人语下，一段精光，不得披露。至是……发为语言，一一从胸襟流出，盖天盖地，如象截流，雷开蛰户，浸浸乎其未有涯也。”（袁中道《中郎先生行状》）袁宏道从李贽那儿并没有了解到什么具体的文学创作的要义，他去见李贽完全是去谈禅论道的，但就是这在“道”上的开悟，使得其在文学创作上变为“一一从胸襟流出”，初步形成性灵文学观，因此说，理解、阐释性灵文学思想也必须从“道”与“文”的关系角度出发，才能得其环中。

这里几个论点标示出屠隆对于性灵文学观的阐发，梳理屠隆性灵文学观的内容，主要有两个层面：性灵是文章的根本，文章是性灵的表现。

首先，性灵是文章的根本，是文学的发源处，性灵是什么呢？是“要之皆不出乎一心”的道，从文学创作思想上来说，这就形成文学以书写“真我”情怀为目标的师心文学观。

文学师心也不是什么新话题，重要的是屠隆对“心体”的独特认识使“文学师心”有了一些新的内涵，即极度强调“真我”。在阳明心学创建之后，唐顺之提出“洗涤心源”的师心之论，但是唐顺之对“心”的认识本于阳明的“良知”之说，因此其论中仍然更重视其中的道德因素，故此往往出现以道害文的现象。而屠隆在融合三教中形成的性灵本体，正如上文所说主要是以佛教真如、佛性为基础的，故其性灵乃“虚灵乃本然之体”(《鸿苞集》卷三十五《真我》)、“本然之虚灵在我”（卷二十七《人解》)，所以归根结底性灵就是“真我”。所以他又说：“人质形骸假也，性灵真也”（卷三十八《借假修真》)，又云：“吾有真我，一点灵光是也。假我有坏真我不坏，灵光碍于形骸，愈碍愈障，无处寻觅。假我有销融，真我自现。……仙佛修炼性灵，大悟大彻，聚则成形，散则成气，超世历劫，真我长存。”（卷三十五《真我》)“真我”有些什么性质，这很难言说，但屠隆说“识见愈多，性灵愈障”（《白榆集》文卷十四《与邢子愿》)，“学道而不照管性灵，岂惟诸子百家，即圣经二藏皆障也”。(《鸿苞集》卷二十七《见性》) 可见真我是超然于世俗经验、知识、文字乃至道理之上的，是极度自由、完全独立的本然之体，实际上，这与李贽的“童心”有着相类似的特征，也就是指那个最为真实的自我。屠隆说文章根于性灵，“文章时写性灵”，就是指文章应该是根植于自我并表达自我的，因此文章好坏的关键在于创作者是不是一个“真我”，《白榆集》文集卷二《梁伯龙鹿城集序》云“夫草木之华必归之本根，文章之极必要诸人品”就是强调创作者人品之真。《鸿苞集》卷十六《文章》云：

夫文者华也，有根焉，则性灵是也。……夫宣尼为“六经”、柱下为《道德》、漆园为《南华》、释迦为《楞严》，岂常人可以袭取而辨哉！言高于青天，行卑于黄泉，汪洋流漫而无本源立见其涸，言之垂也必不远！

性灵是创作者的真精神、真个性、真性情，是文学的根本，没有这个本原，文学徒具形式，必然如无源之水，流之不远立见干涸。

屠隆性灵文学观的第二个层面内容——文章是性灵的表现，这生发出自然表现论的观点。性灵（道、心）是屠隆哲学中一个本体概念，所以它具有至尊至大的本性，万事万物无不包含其中并由其中生发出来，他说“盖心也者，湛寂灵明，圆融无碍，包罗万法，含裹十方，至灵至妙之物也”（《佛法金汤》），“立于清虚之境而非实而滞迹，运于事物之表而非虚而沉空。人之所以藏感于其寂，缘寂以起感，综事物、操纲常、炉锤天地、宰制六合，无钜无细，何者而非灵明之所为也?”（《白榆集》文卷一《刘鲁桥先生集序》）既然这样，文学自然也是灵明的表现了。而且，文章是性灵的自然表现。《鸿苞集》卷三十五《灵光》云：

庄子《南华》汪洋宏肆，辩倒江海，簸弄八极；能仁氏经典若《楞严》《维摩》，精理持论，笼罩万象，无论见解，即文义雄畅，有非后世词藻之士可窥其万一，……何也？夫超三界证大道不外此心之灵光而已，修其真我，养其灵光，一旦证悟，灵光所包何所不具，灵光所发何所不周。虽气塞宇宙，辩倒江海，揉虚空为粉碎，挫大地为微尘，不过妙明中光芒发泄之最小者。

《白榆集》文卷十《与王太初田叔二道友》云：

余读《楞严》《维摩》，神幻精光，文心绝丽；余读《丹经》《真诰》，高华深秀，韵语犹工。得道之人，销声匿影，身世两遗，游戏虚空，土苴万物，而犹似不忘区区者。若云彼宁渠意在修辞？以包元气载大道，如是而已，夫意不在修辞。即凡陋蹇拙而可，何必龙骧虎攫峥嵘其辞也。

屠隆举出一些经典文章为例，认为只要悟出真我，体认到大道，文章只不过是性灵的“发泄之最小者”，所以性灵自然表现为文章，“夫意不在修辞”。另一处，《鸿苞集》卷十八《诗文》又云：

自然之籁不可强也……造物有元气亦有元声，钟为性情，畅为音吐，苟不本之性灵而欲强作假设，如楚学齐语，燕操南音，梵作华言，鸦为鹊鸣，其何能肖乎？

这更明白晓畅地表达出自然表现论的观点。屠隆对性灵（道）与文的这种看法，有积极的地方，即更重视内心感受而不斤斤拘于文辞，“夫意不在修辞”的观点无疑是有利于纠正复古派“视古修辞，宁失诸理”形式主义弊病的；消极的方面，是过于忽视文辞的修饰提炼，而流于简易直露，屠隆自己的创作就有这样的毛病。

余 论

综上所述，屠隆散文理论主要包括了三个阶段的不同内容，在复古时期是深入阐发了复古派“文必秦汉”之旨，以恢复秦汉散文“风骨格力”作为复古目标，并按照这个目标修正了复古派的复古方法，提出遗形取神的总体原则以及相应方法和途径；第二个时期，万历八年至万历十一年前后，逐渐突破复古理论的桎梏，提倡依据作者才情个性的不同，写不同风格的文学，以“各极其至”作为创作的圭臬；第三个时期，万历十一年屠隆三教融合的哲学思想形成之后，他开始频繁地讨论“性灵”与文章的关系，从本体论与表现论的角度阐发了比较系统的性灵文学观。屠隆的《由拳集》《白榆集》《栖真馆集》和杂纂《鸿苞集》的绝大部分，皆写于万历十七年（1589

年）之前：即王世贞、汪道昆都还在世，复古派仍然占据文坛主流的时期；是李贽的绝大部分著作还没有刊刻，其对思想界还没有发生极大影响、公安派更是没有形成的时期（学界一般认为袁宏道写于万历二十四年的《叙小修诗》提出“独抒性灵，不拘格套”，标志公安派正式形成），因此可以说，屠隆散文理论的发展变化展现出明代万历时期文学思潮从复古向性灵转变的轨迹，这符合晚明文学思想转变的进程；同时屠隆是晚明性灵文学观最早的阐发者之一，对此后性灵文学观念的发展有着一定的影响。

“怪风疾雨益苍凉”
——读张际亮的纪行诗

张际亮（1799—1843），字亨甫，号华胥大夫，福建建宁人。道光四年福建拔贡第一，入京科考报罢；道光十五年举人，此后屡次赴进士试不第。一生未入仕。他最为今人所知的著作是记载道光初年名伶事迹的《金台残泪记》，民国张次溪收入《清代燕都梨园史料》，研究道光年间戏曲史者经常征引。在当年他以诗才名于世，时人说“亨甫生禀异才，足迹几遍天下，风雅主持，一时名贤无不敛手推服”①，林昌彝称他“天才俊逸，腾骧变化，雄视一代”②，同光时期朱庭珍《筱园诗话》说他“一代奇才，久负盛名”，张际亮自己也说“四方士半闻松寥，十年京洛名满朝”③（他的第一个集子名《松寥山人诗集》）。

张际亮《思伯子堂诗集》中存诗3051首（其诗歌创作数量不下万首，临终前亲自删订，后来又有所亡佚），阅读张氏诗歌作品，从题材角度来看，内容丰富的纪行诗是张氏诗歌的一大特色。纪行诗是指作者在因公因私的游历、旅行中，就途中所见所感而写的诗歌，一般游历的时间有一定的长度，所作诗歌往往有即事名篇、即地名篇的特征，并且也有一定的数量或篇幅（即有组诗的规模）。纪行诗起源甚早，屈原的《哀郢》《涉江》是其先声。南北朝时期有潘岳《河阳

---

① 杨庆琛：《张亨甫全集序》，同治丁卯李云诰刻本。

② 林昌彝：《射鹰楼诗话》卷二，续修四库全书本。

③ 张际亮：《思伯子堂诗集》卷二十七《襄城篇》，续修四库全书影印本。以下引用《思伯子堂诗集》不再注书名和版本，而只注明卷数和篇名。

县作》，陆机《赴洛道中作》等作品，纪行诗逐渐成为一种诗歌类别，《文选》中即有“行旅诗”一类。纪行诗真正为人瞩目，是从杜甫陇右之行而写的两组组诗开始的。唐肃宗乾元二年（759年），杜甫辞去华州的官职，为着生计，他带着家人赴秦州、同谷，又由同谷到成都，所谓“无食问乐土，无衣思南州”，一路历经艰险，也饱览了陇右雄奇险峻的山川，广泛了解到各地的民风民情，写下了《秦州杂诗二十首》及《发秦州》《发同谷》两组纪行诗，在描摹山水奇观、书写黎民忧乐的同时融入个人当时处境下的心态和情感。宋代则有杨万里、范成大出使金国时一路创作的纪行诗，沿途所见破败的城郭，遭异族蹂躏的遗民，一一笔之于诗。陆游也是一位纪行诗写得很多的诗人，特别是入蜀之后，正如杨万里所评“重寻子美行程旧，尽拾灵均怨句新”。通过唐宋大家的创作实践和后人不断地仿效，纪行诗遂成为明清以来流行的诗歌一大种类。

张氏纪行诗的特色，一是数量非常之多，约占其全集的1/2；二是其在继承了杜甫、陆游纪行诗特色基础上，融入个人身世之感，以及对当时社会政治现实的真切思考，从而具有鲜明的个人特色和时代特征。

张际亮主要生活在道光前中期，此时的老大帝国虽然带着康乾盛世的耀眼光环，但华丽外衣下已经千疮百孔。经过近二百年的统治，清朝政府这套机器开始老化，漕运、盐政、河工三大政更是弊病丛生。而在长期高压统治下，文人们要么醉心于八股制艺，腹笥枵如；精英文人则穷首皓经，心血学力都付诸于古籍的考据训诂之中；还有一些文人则游戏于自我性灵的小天地，做些吟风弄月的文字。总之，传统儒家文人以道统自任，慷慨激昂、议论朝政的士风学风凋敝殆尽，思想界沉闷腐朽，正如龚自珍所云“万马齐喑究可哀”。官员文人思想因循苟且，导致政体疲敝，这又加重了清王朝的内忧外患。值此之际，道光初年出现了一批头脑清醒的有志之士，继承儒家道统，议论朝政，出谋划策，希望能救民救国，挽狂澜于既倒。这些有识之士以龚自珍、林则徐、魏源、姚莹、汤鹏、黄爵滋等为代表，张际亮也是其中一员。姚莹《汤海秋传》中有这样一段话：

> 道光初，余至京师，交邵阳魏默深、建宁张亨甫、仁和龚定庵及君。定庵言多奇僻，世颇訾之。亨甫诗歌几追作者。默深始经，已更悉心时务，其所论著，史才也。君乃自成一子。是四人者，皆慷慨激励，其志业才气欲凌轹一时矣。世乃习委靡文饰，正坐气䓫耳，得诸子者大声振之，不亦可乎？[①]

姚莹对道光初年这批有志之士的观察，是看到了近代思潮的转捩之处，这些人是近代第一批属意改革维新的志士，对晚清近代的改革维新思潮影响深远。张际亮慷慨激励，志业高远的思想抱负影响到他对诗歌的观念，那就是提倡能写出这些志士心曲的“志士之诗”。他在《答潘彦甫书》[②] 云：“汉以下诗可得而区别之者约有三焉，曰：志士之诗也，学人之诗也，才人之诗也”，倡导“思乾坤之变”、知古今之宜“其幽忧隐忍，慷慨俯仰，发为咏歌”的志士之诗。

张际亮的纪行诗便打上了“志士之诗”的烙印，在古代丰富的纪行诗诗林中显出一种异彩。

（一）

纪行诗作者一般都有好游的个性，热爱山水自然，即使身处迫不得已的迁徙旅途，也能于愁思苦闷之中以审美之眼光去观照沿途的山水奇观。正如杜甫《万丈潭》中所咏“遣幽无人境，发兴自我辈”，深山大林，人迹罕至的山水亦是寂寞，有诗人之巨眼才能呈现出它们的精神和气质特色，正因如此杜甫才在他那劳苦的行役之中，不忘描摹出奇诡险恶的山水景观。范成大也是如此，他有诗句云“处处青山是故人”（《香山》），“惟有爱山贪未厌，西山才了又东山”（《镇下放船过东山》）。陆游对山水自然似乎超出一般诗人的热爱，他屡屡

① 姚莹：《东溟文后集》卷十一，续修四库全书本。
② 张际亮：《张亨甫文集》卷三，同治丁卯李云诰刻本。

在诗中表明自己这样享受山水之乐的性情，“从来乐山水，临老愈跌宕”（《将离金陵》），“一见溪山病眼开，青鞋处处踏苍苔”（《闲游》）。

张际亮也是有着山水癖的作家，一生好游。他自称“我本豁达人，爱与山水嬉”①，“少年偶抱澄清志，万里常为汗漫游”②，“我行半天下，遍览山水区”③。从他的诗歌集以及门人李云诰《张亨甫年谱》、今人曾宪辉所作《张际亮简谱》中可以看到张际亮一生的游踪几遍半个中国，尤其是江浙闽粤，赣皖鲁豫以及京畿附近，是他脚踪常到之处。他的一生大部分时间都在路上，他的诗歌也大部分写于路上，记载旅途中所见所闻所感，是一位真正的“行吟诗人”。

张际亮青年时代的好游完全是出于对自然的热爱，并且要在与山水的对话中抒发自己慷慨之气，彰显其“豁达人”的自我形象。他自云“我本豁达人，爱与山水嬉”，是把自己和山水置于朋友般平等的关系之中，将自己的思想情趣寄托于山水，在山水景观中印证自己对于宇宙人生的感悟，这就是“嬉”之意。张际亮漫游山水，特别喜欢游览人迹罕至，险巇幽深的石洞、深涧、瀑布和险峰，以奇峰怪石等来彰显自己心中超迈俊爽的豪气。正所谓“糠秕视富贵，山水穷险巇”④。他的那种豪达飒爽的主体精神和胸襟，只有在这些险怪凌厉的山水奇观中得到尽情显现，从而在山水歌咏中写出一个独立的主体世界。如卷四《忆大龙湫作歌》，诗人多次写诗赞美此处瀑布，此处先描写大龙湫“万石苍苍插碧天，白光一片生云烟”“空中蜿蜒一百丈，飞腾千步如太阿，锋回壁转雪一道，又如积素分珉峨”的壮观景象，最后诗人在山水奇观前逸兴遄飞，高歌道“吾将吹箫击鼓湫之旁，使汝卧龙重腾骧，沛为霖雨撒四方”。卷七《游玉华洞》中诗人这样表现宇宙间的奇观：“入洞若瓮若黑烟，洞内万石各倒悬。双持炬火烛怪异，但见鬼佛参神仙。或现牟尼髻，或擎罗汉拳。或类枯僧

① 卷四《忆大龙湫作歌》。
② 卷二十四《由丹徒闸口泝江望金、焦二山》。
③ 卷二十四《了然上人不远二百里……赋此送其归》。
④ 卷十五《述感奉廉峰树斋二太史兼呈农部况先生》。

定，或貌少女妍。或突象奋怒，或蟠龙蜿蜒。或侧虎踞地，或垂牛饮川。或鸟上挂木，或鱼下戏莲。或枫之瘦丑，或桐之苍坚。洼之为井灶，凹之为池田。露之为浮棋，广之为长筵。张为帘幕大，散为金珠圆。艳为丹砂吐，辉为碧玉鲜。就中奇状不可一一写，直疑山鬼炼出娲皇先……”诗人通过繁复的比拟，穷其奇状，把造化之秘展现在读者面前，诗人那种喷薄而出才气纵横的主体形象也同时被彰显出来。他的此类诗歌，如卷五《太弋山诗次昌黎南山诗韵》《大顶峰望海歌》，卷十九《十七日游吼山》《十八日西陵观潮》卷二十《羚羊峡》《羚山寺》，篇什宏富，而且长篇巨幅，才气横溢。一个独立天地之间，纵横如意，慷慨激昂的诗人形象与山水奇观相得益彰。

这种主体精神是和当时士子或雅正或靡弱或戆陋完全不同的，表现出道光初年部分士子心态的变化，这种心态在当时龚、林、魏、张等预感帝国黄昏、奔走呼号以“震其暮气”的志士身上都有所反映，并在其创作中打下深深烙印。就纪行诗或山水诗而言，龚自珍、林则徐写得比较少，而魏源和张维屏却比较多，这与他们的个性和经历有关。[①] 魏源自称“夙抱山水情”（《北上杂诗》七首之七）、“游山不厌深”（《嵩麓诸谷诗》），与张际亮一样有着山水之癖，并能把山水自然作为纯粹的审美，而不是如龚自珍那样往往是截取旅行途中某个景、事的片段，来寄托自己幽深的心情意绪。魏源《游山吟》八首、《黄山诗》六首以及《华山诗》《华岳吟》诸诗，多写山岳奇观，发其“嵚崎历落之气”，故而表现出“奇古峭丽”的风貌（郭嵩焘《魏默深先生〈古微堂诗〉序》）。与张际亮不同的是，魏源的这些诗歌，非常注重写出审美客体的不同特色，在抒发自我意志的同时也很注重写出山岳之精魂，而张氏之作对于山水的表现略显肤廓。张维屏同张际亮一样，尤其好写瀑布，如《鼎湖飞泉亭观瀑歌》《桂林道中见瀑布》《清玉峡瀑布歌》《龙潭观瀑》诸作，后一首云“天上白龙厌拘束，奔下人间作飞瀑。天潢屈注送龙来，风卷鳞而散珠玉。……何物巨灵逞奇变？帝命山灵铸双剑，欲截飞流截不断，万古天绅垂碧汉”，

① 可参看王志英《龚自珍山水诗与准山水诗初探》，《文学遗产》2004 年第 4 期。

我们在其中能看出张际亮那种与山水“嬉”的情趣，即在山水中表现出自己的情怀和个性，体现出强烈的主体意识。

漫游途中不仅模山范水，还探寻更有人文价值的古迹，在与历史对话中抒发志士心态。这也是纪行诗作家经常书写的一种题材。比如陆游从蜀地东归之时，写下了《楚城》《龙兴寺吊少陵先生寓居》，面对屈原祠、杜甫故居，发思古之幽情，把自己感激悲愤、忠君爱国之拳拳之意，寄寓在这些歌咏旅途中所遇的古迹诗作中。

张际亮自许为志士，对历史上的忠臣义士凭吊颇多，也通过这种方式来抒发自己的志士情怀。卷十九的《张家渡》《平山堂》是此类代表作。《张家渡》写自己造访宋代两位名臣欧阳修和文天祥的故里，“我来访故里，落日莽嵂崒。烟峦远际天，水波皓流雪。悲风起旷野，慷慨思遗烈”，歌颂他们的功绩并感叹道“陵谷有湮颓，斯人岂磨灭”，然后笔锋一转，开始议论当代缺乏像文天祥这样危难之时的忠义之士。他说“嗟兹当世贤，相士无乃劣。承平奖庸鄙，仓促谁奋发。古来英雄姿，豪宕自天骨，未遇或脱略，致身必勇决”，意思是当今权贵只知道提拔善于谄媚的庸鄙之人，而对那些不拘小节、有志气有抱负的英雄，却不愿意青眼相加。哪里知道国家正处在悬崖的边缘，关键时刻还是这些人“致身必勇决”，这其实蕴含着“不拘一格降人才”的意思，要当朝权贵提拔使用有志之士来解决当下的困境。

但毕竟那已经是“万马齐喑究可哀”的时代，大官僚之骄横颟顸，士气之靡弱，正如龚自珍在《明良论》中所抨击的那样，已因循陈陋、积重难返。在这种氛围下，英雄豪杰之士不仅无出头之日，还被人目为狂士、呆子而受尽世人白眼。龚自珍对此是有自己的切身体会，张际亮也是如此。张氏抱负远大，眼光也敏锐，但不愿意趋迎权贵，便被目为狂生，而屡试不第。道光四年他作为拔贡第一，进京参加考试，一到京师他的才气文名就在士大夫中传播开来。有一位权贵也想罗致他，便约请了京城的名士文人举行聚会，把张际亮也邀请在内。席中张际亮觉得贵人思想陈腐、观念乖谬，所以不以为然，而众文人却一个劲地附和，贵人更是露出得意之色。这让张际亮感到失望。恰巧贵人嗑瓜子时胡须上粘住了一粒瓜子壳，便有一位善于溜须之人小心翼翼前去替贵人摘掉。张际亮见之放声大笑，大家感到很尴尬，贵人更是气愤，宴席不欢而散。张际亮回去后，又写了一封信给这位贵人，大意是贵人既然身处高位，应该培植士林风气，积极提拔人才，而从你昨日的表现来看，实际上只是邀好士之名，却助长了文人萎靡溜须的风气，实在不应该。贵人大怒，于是在当朝权贵前诋毁张际亮，说他是狂傲之士根本不可用。这直接导致张际亮此后科举的失败。道光十五年乡试时，主考官赴闽途中就和众考官相约，说福建的张亨甫是狂士，不可录取。这年张际亮考试署名张亨辅，主考等人发现中试之后怀疑是张亨甫，准备除名，一位副主考比较正直，以或者不是张亨甫为理由保留下来，发榜一看，果然就是张亨甫。就这样张际亮侥幸中了乡试，但此后的会试又屡次下第。姚莹在《张亨甫传》中对此事记载甚详细，并且说林则徐等人都认为张际亮是有经济大才的，叹息张际亮未能中进士，此人如果得中对于培植士林风气非常有益处。可惜，当时的权贵根本无法接受这样的慷慨激昂、有个人主见和风骨的文人，直接导致张际亮一生困顿。

（二）

张际亮早年之游历，多是一般性的漫游，在山水中寄寓当时之情怀，在探幽访胜中发思古之幽情。这时经商的长兄成为他家庭经济的后盾，让他能在基本没有顾忌的情形下做汗漫之游。二十九岁那年长兄去世，张际亮失去了经济来源，养家糊口和抚养子侄的重担落在自己的肩头。他为了生计，四处浪游，依人做幕，这时候依然是漫游于各地，诗中却更多了行路难的感叹和劳苦忧患的行役之情。

张际亮自云：“人生苦异乐，苦乐各有因。志士富以义，贫夫富以身。扰扰一世间，衣食争微尘。我意不在兹，慨念千载湄。”[①] 他有着杜甫一样“致君尧舜上，再使风俗淳”的抱负和理想，有着

① 卷二十五《夜梦到家觉而成诗寄儿侄》。

“风云自系千秋运，冠盖谁为一代人”的自我期许①。但自己有才不得施展，“既无献策路，奚有负郭田”②，只好“长贫更远游”③“百计艰谋食，孤怀冷去乡”了④。这也和杜甫“奈何迫物累，一岁四行役”（《发同谷》）一样，多是“因人作远游”（《秦州杂诗》）。在道光初期的那个慷慨激励的文人群体里，张际亮生活最为悲苦，功名没有着落，经济亦无后援。龚自珍虽然在功名路上也颇为蹭蹬，毕竟终得进士第。况且出自名门大族，是可以不“著书都为稻粱谋”的，在无法展现“剑气”的时候，用力去写其“箫心”。而张际亮却不能不为物累，故多行役之情，这无疑给张际亮本来志气豪达的心理形成打击，于是有了“行路难”的感叹，也更多了一些现实主义的色彩。张际亮的家乡处于八闽腹地的建宁，每次出入都历经高山峻岭或者湍流浅滩，行程道路的险恶与人生道路的艰难遂在他的纪行诗中合二为一。

自然界的风霜雪雨，秋的肃杀，夏的酷暑，冬的苦寒，都足以让走在路上的人发出喟叹，正如上所说，这种自然界的风霜和政治仕途上的艰难又融合在一起。卷四《夜饮雨农先生宅话别》最能表现这种关系：“置酒华堂月正明，朔风吹角落高城。中原名士思诸葛，四海何人荐贾生。醉里山川常怅望，年来歌舞独为情。艰难天地冰霜苦，瘦马晨征百感并。”虽然国家需要人才，但“四海何人荐贾生”呢？自己只好又走到冰霜苦绝的“艰难天地”。翻看张际亮的集子，里面有大量以苦雨、大雪、大风、险滩为题的作品，“古来行路多辛苦，况复无衣弃乡土。千里惊心途尽冰，一宵僵卧泪垂雨”⑤，“冻馁还交并”“互脱臂上衣，乃赋芦中行”⑥，这样的诗句不胜枚举。

诗人用质朴而有张力的语言来描述自己行路的艰苦，或者在外奔

---

① 卷二十四《到家》。

② 卷三十一《余拟取道宣州渡江而北》。

③ 卷十二《兰屏比部兰卿太守招游乌石山》。

④ 卷三十《出门》。

⑤ 卷八《二十日冒雪至东阿中夜命酒慨然作歌》。

⑥ 卷三十《哭仆》。

波时对家人的思念，继承了古代乐府诗歌“饥者歌其食，劳者歌其事”的现实主义精神。如卷十三《黄田驿》中云：“冬山气更苍，寒水波更绿，霏霏雾露零，篷背如新沐。晨光正空濛，高下炫林麓。风凄鸟羽噪，泽坚鳞介伏。稍见日熹微，转讶滩回复。嵯峨万石间，我行惨心目。可怜操舟子，晓起纷赤足。负缆越巉岩，涉濑没腰腹。贫贱性命轻，迟暮冰霜酷。嗟彼豪家儿，此时酣睡熟。岂知觅食艰，力役苦穷蹙。”前面所描写的景物给人一种肃杀凄凉之感，显得非常生硬冰冷，都是为了衬托“我行惨心目”的情绪，然后又花很多笔墨写舟子的艰难，作者能用这样同情的笔调去写拉纤的船夫，其实是完全与他们感同身受的一种表现。再如卷二十六的一首《嶅阳》：

> 我行冒北风，我仆随风尘。闻声骇后顾，怪石掀其轮，黑骡压辕下，仰天悲张唇。喘急不得嘶，屈蹄如求伸。念汝力已困，况此山嶙峋。谁能履险艰，任重以济人。吁嗟古志士，时危奋忘身。安知龙虎际，独角高祥麟。中原百战地，满目多悬鹑。清寒独揽辔，慷慨吾何因。逶迟墟里暮，忆旧空萧辰。遭逢岂足叹，所愧劳形神。道长足苦短，蹇卫同逡巡。凄凄落木晦，黯黯饥乌驯。陂陀更乱石，刺海翻鲸鳞。真思铲叠嶂，豁意无崖垠。

这里写了一个驴子的形象，在乱石中负重前行。然后通过“任重以济人”联想到古往今来的志士们，这些人像驴子一样，为了他人而“时危奋忘身”。但是在现在的这个社会，虽然国家多难，虽然需要志士，但是志士困于乱石荆棘之中，就同这只逡巡的蹇卫一样。最后诗人发出感叹，真希望能有一把巨大的铲子，把这些乱石都铲掉，扫除各种障碍，能走上康庄大道。

（三）

虽然张际亮人生困顿，时常发出“晓发扁舟系何处，乾坤漂泊一儒生”[①] 的感叹，但正如前所述，这位儒生是一位有志之士，他在漫游之中，饱经风霜之苦，备尝人生失意的艰难，但他并没有局限在自我痛苦的小天地之中，只发出自我身躯病痛的呻吟。他的个人痛苦是和国家、民众的不幸联系在一起的，这正是张际亮纪行诗最为宝贵的地方。

卷十八《阻雨泊宝应城外》“撑肠拄腹五千卷，险阻艰难十九年。秋雨秋风人更老，淮南淮北水连天。空悲遍野流亡骨，未解孤舟去住缘。落木萧萧城郭暝，竟无灯火但苍然。”自己的不幸是和“遍野流亡骨”的感叹连在一起的；卷十九《徐州》“哀鸿遍野无因问，俯仰犹怀万古愁”，这也是途中所见触发的愁怀。“思亲兼望阙，清泪对霏微”[②]，一边望着家乡，一边望着朝廷，思念家人，忧患国家，这是他在路上久萦心怀的牵挂。他看到农村的凋敝，社会暴徒横行不法，诗中说“二月春深麦未青，村农望雨遍郊坰。惊沙尽日空随马，枯草粘天不化萤。三辅盗多轻汉法，十州箴在忆元亭（玄亭，草玄亭，指扬雄，曾做官箴一书）。奔驰何与苍生事，野店东风自醉醒。”[③] 不知道自己“奔驰何与苍生事”陷入深深的自责。同样写这种情绪心态的还有（卷二十七）一首《除夕鄱阳湖珠玑口舟中漫成》：

> 十年除夕八他乡（自己丑年至今，惟壬辰丙申家居），五度扁舟泪万行。何处江湖余好梦，此生家国永相望。云来彭泽昏吴楚，浪涌匡庐失贡章。南海未归瞻北极，怪风疾雨益苍凉。

“怪风疾雨益苍凉”不仅仅写途中天气，更是道光时期社会现实一种缩影和象征式反映。正如龚自珍诗中“忽忽中原暮霭生”“四海变秋气”，用“暮”和“秋”表现“衰世”在他心中的镜像。而张际

① 卷十八《不寐》。
② 卷二十八《十一日周家口对雪》
③ 卷二十四《高唐州道中作》

亮纪行诗中对这种“怪风疾雨”多方反映，从他的诗歌中可以窥见道光前中期的社会，正如刘存仁《晨过焦山下访松寥不得，因忆故友张亨甫，怅然久之》中所说“九州利病收诗卷，一代词华付劫灰”①，这些诗就是一部道光年间的“诗史”。

嘉庆、道光之际，中国的经济开始出现萧条，尤其是进入道光朝，道光三年时癸巳大水，东南漂荡，《清史稿》指出国家经济中心的江南地区“至道光癸未大水，元气顿耗，然犹勉强枝梧者十年。逮癸巳大水而后，无岁不荒，无县不缓”，加上政治腐朽，天灾人祸，普通百姓生活在水深火热之中，盗贼蜂起。张际亮游走江南大地之间，对民间疾苦多所反映。比如道光辛卯、壬辰江淮大水，他出京回到南方，沿途所见，满目疮痍。卷十八《渡河》“岁穷草木落，民穷变诈生。匹夫不畏死，遂使河堤倾。河水半入湖，决湖归河行，可怜百里间，乃见黄河清。我来照衰鬓，触目余忧惊。两岸泥潦中，饥人纷纵横，悲风白昼起，但闻号寒声……”诗人对难民表示同情，更对政府放手不管，会让流民转变成暴民流寇深为忧虑。同卷《自沂州至郯城夜泊郭外有述》用详细的笔触写下一幅“家有冻死骨，野有逃荒氓”的流民图。道光十五年又大旱，蝗灾遍地，张际亮在江西漫游，做《十五夜宿弋阳篠簹岭述感》(卷二十三)：

> 飞蝗五十县，亢旱一千里。可怜频岁灾，凶年复至此。道旁流离人，半是良家子。骨肉卖为奴，百钱聊救死。单输挽老弱，朝亲夕路鬼。白骨弃不收，觅食更流徙。朔风中野至，雪霰横空起。冻饿互哀呼，面目无人理。我行忍屡见，饱食情所耻。未知彼苍心，冥冥竟何以。夜留兹岭宿，太息抚床几。主人话盗多，饥寒问谁使。固应社稷臣，勉卹民忧喜。更阑鸡乱噪，村犬吠未已。村墟号乞儿，纷纭早如蚁。安能监上东，洒涕图琐尾。

蒿目时艰，他希望社稷臣悯恤这些琐尾——流离之子，同时指出

① 见《张亨甫全集》题辞，同治丁卯李云诰刻本。

因为盗贼之多，也是因为百姓实在饥寒无处，只能铤而走险。

不仅有内忧，道光中期的外患已经露出苗头。张际亮卒于鸦片战争结束后一年，但是在道光九年（1829年）即指出鸦片之害，卷十一《食肉叹》云“粤闽鸦片馆日开，十户九破形死灰。文石更充白玉贵，羽毛都易黄金回。鬼子番人总易叛，边洋市易宜长算。榷彼征输利已微，揭吾泉货贫斯乱”，序中称“余窃以鸦片来自西洋，始于闽粤，遍于天下，其所以疲敝内地者亦甚矣，然诚使海防防捕严密，何由不绝”。卷五《大顶峰望海歌》写自己在秋天登上福州的名胜大顶峰：

> 夜梦看日危峰旁，晓蹑绝顶临扶桑。天光茫茫海荡荡，羲和揽辔金乌翔。天低入海海不动……鲛宫蜃楼蜃变灭，淡水隐隐连黑洋。往者红夷既跳梁，孙卢小丑仍披猖。厦门澎岛实锁钥，到今未可疏禁妨。我无手挽天河力，安能海氛一洗无飞扬。

他是最早提出鸦片之害已经禁烟的清醒者之一。他也预感到如果禁烟，必然会妨碍番人的利益，临海的敌舰黝黑的炮口随时都会对准大陆口岸。道光十三年，他在林则徐的资助下游历广东，对外国侵略者虎视眈眈的狼子野心感到忧心忡忡，写下了《浴日亭》一诗（卷二十）：“飘风满楼橹，远近夷船繁。苍桐与黑铁，骄夺天吴魂。侧闻濠镜澳，盘踞如塞垣。毒土换黄金，千万去中原。自注：夷人以鸦片土易中国银，岁至二千余万。岁税复几何，容此丑类尊。自注：海关岁征税不过百六十万。”他以后汉伏波将军征南蛮激励人们，要勇于反抗这些侵略者。

鸦片战争爆发后，张际亮连续写了《传闻》浙4首，《传闻》闽3首，《传闻》广8首，《诸将》《须怀》诸诗，对战争极为关注，并对朝廷战和不定，临阵换将等行为表示忧虑，尤其是对前方将帅的无能嘲讽“歌风思猛士，食肉叹庸臣”①。道光二十一年（1841年）七

① 卷三十《须怀》其六。

月他听说朋友鹿泽长为宁绍道台，往依之，途中正赶上定海、镇海、宁波相继失陷，沿途写下《定海哀》《镇海哀》《宁波哀》《后宁波哀》等诗篇，充满着激昂的爱国主义诗情，对惨遭战争涂炭的百姓充满同情，对那些临战脱逃的将官进行严厉的谴责。《镇海哀》云："十日寇不攻，一攻弃城走。金鸡山险莫能守，飞弹扑城大如斗。四千甲兵同日逃，淫掠可怜遍童妇。"《日铸岭》写自己由嵊县往绍兴途中，遇到逃难的百姓告诉前方的情形："绍兴十万家，八九去村族。昨日失余姚，大半遭屠戮。官兵守曹娥，传闻惟痛哭"，他不禁感叹"承平武备弛，小丑恣残毒。岂无管乐才，草泽困且伏。鼓鼙思将帅，运筹决帷幄。天门谁可呼，国体未可辱!"《东阳县》听到宁波逃出的难民诉说英人攻陷宁波后烧杀抢掠，"我闻起按剑，悲愤肠断续。萋萋篱菊黄，枝叶自交簇。民苦不如花，离散背乡曲。中宵吁向天，彼苍一何酷。哀歌戒诸将，戍鼓动朝旭"，希望前方将士为了国体，为了百姓能浴血奋战。(以上皆卷三十)类似反映英军残暴，我方将帅羸弱，士民流离涂炭的诗歌还有《白塔》《奉化县》《义亭》《招贤驿》《广信府》《登滕王阁》，卷三十一的《不眠》《迁延》《杂感》等多篇，表现出浓厚的爱国主义情感和对国家前途的深切忧患。

林昌彝曾记载张亨甫和自己的一段对话：

> (亨甫)尝问余曰：吾视陆渭南何如？可与并传否？余曰：君诗五七律胜于渭南，但渭南五七古所以绝胜者，固由忠义之气盘郁于心耳，以足下之才，充其所学，亦渭南一劲敌也。亨甫叹服。亨甫留心世务，蒿目疮痍……①

说张氏律诗超过陆游，也许是朋友间的抬举。但他对于陆游五七古之所以胜的原因分析，张际亮以为深获我心。研读张氏这些纪行诗，不难发现他正是继承了杜甫、陆游在他们的纪行诗中所反映出来的"忠义之气"——关心民瘼、心系朝政的现实主义精神和人文情

① 林昌彝：《射鹰楼诗话》，卷二，续修四库全书本。

怀。动乱时代的民生、政治在杜甫的陇右纪行诗中打下深刻的烙印；陆游是在歌咏或雨或晴，一草一木中寄寓其"感激悲愤、忠君爱国之诚"，张际亮在纪行诗中不仅写"爱与山水嬉"的志士情怀，更是在喟叹行役之苦时描摹出"怪风疾雨益苍凉"的道光时期社会缩影，在纪行诗中体现了其"志士之诗"的诗学旨归。

张氏诗情感慷慨激昂，语言质朴自然，但缺点是多率意之作，正如他自己所说"驱毫惯率尔，终恨失沉挚"[①]，因此其诗不如魏源的雄浑厚重，也少了龚自珍沉烈的声情，不少诗还有模仿因袭明七子的习气。但在此类纪行诗中，他的志士情怀与他行走于那个时代所观察到的现实很好地融合起来，正如魏源所吟唱的"旅人忧乐关天下，客梦山川不世情"那样（《秦中杂感》），在"河山感喟写幽忧"[②]中一路行吟，把个人浓厚的家国情怀并入诗歌具体的事、景形象之中，或愁、或悲、或怒、或焦虑的喟叹、或大声的疾呼，无不感情真挚，给人留下深刻的印象。关爱和在一篇文章中这样总结嘉道时期的文学精神和创作主题："漫步在嘉道之际的文苑诗海之中，扑面而来的是一代士人浓烈郁结的救世热情，铺天盖地的忧患意识，鞭辟入里的社会批判，炽热旺盛的政治参与精神，以古方出新意的变革呼唤，起衰世而入盛世的补天情结。"[③] 张际亮的纪行诗正是这种文学精神的体现，是嘉道时期有志之士的心灵写照和当时社会的缩影，是他那个时代的"诗史"，这也正是其纪行诗的价值所在。

---

① 卷二十五《纪二十三夜梦》。

② 林昌彝：《海天琴思录》，上海古籍出版社1980年版，第474页。

③ 关爱和：《嘉道之际的文学精神与创作主题》，收入关爱和《中国近代文学论集》，中华书局2006年版，第116页。

后　　记

从2003年读博士研究生算起，倏忽之间，谋食京华已经十四个年头了。自2006年入职中国戏曲学院戏文系，笔者才算正式涉足戏曲研究领域，但这也已经十度寒暑。把这十余年发表的习作，结成论文集出版，算是对这段岁月的回顾和总结。内心真正惶恐不安，觉得自己写的顶多只能算习作，担心都是一些不入流的玩意，惹人生气。转而又想，每个人的成就都建立在自己脑力和体力的基础之上，天分、际遇不同，获得的成绩也就高低不等，自己尽力就好了。人生也好，学术也好，归根结底，总是“我与我周旋”，最后成为的就是那个自己。读者看到这话，谅能大度宽容。如果认为书中的某篇文章在研究领域、方法上有所开拓，材料上有新的发现，或观点上偶有一得之见，则更是笔者无上光荣了。

将选入的24篇戏曲论文，编为四个板块。既能让这些单篇论文在一部书中，显得眉目清晰一些，便于读者阅读；也借此梳理自己研究经历和心得，起到总结的作用。

第一个板块“戏曲文学与创作论”，是关于戏曲文学的研究。笔者在写作博士论文《屠隆研究》时，曾将晚明文人戏曲创作归纳为三个类型：以汤显祖为代表的“至情”类、以徐渭为代表的“书怀写愤”类、以沈璟为代表的“风世”“情教”类。后来在编撰《中国戏曲艺术思想史》（李世英主编，人民文学出版社2015年版）明代部分时，就以这个思路写了“晚明戏曲文学思想”一节。集中所收《晚明“书怀写愤”戏曲文学思潮论纲》体现了当年的思考。讨论屠隆戏曲文学“自传性”特征一文，也是通过对具体作家的分析来佐证“书怀写愤”文学思潮的观点。另外对《玉茗堂批订董西厢》真伪问题考证的一篇，探讨阮大铖、李渔喜剧风格的两篇文章，是笔者在研读晚明、清初几位作家作品时的一些成果。

古代戏曲理论大多属于创作论范畴，书中收入《从曲到剧：晚明戏曲创作论的发展与建构》、《古代戏曲理论与批评“趣”论发微》两篇文章，是笔者研读明清戏曲创作论的感悟。以我个人之见，戏曲研究应该具备打通古今的视野，这包括对古代戏曲文学的鉴赏、批评和理论总结，也包括对现代戏曲文学发展的关注。这几年写了几篇关于当代戏曲作家作品的研究论文，因为郑怀兴既有创作也有理论，故选了讨论郑氏戏曲创作和编剧理论的两篇作为代表。

第二个板块“从文本到舞台”，侧重讨论舞台艺术（核心还是舞台戏曲文学）。《一出戏的流变》，分析《幽闺记》中《旷野奇逢》一出成为折子戏后，在明代以来昆曲、弋阳腔系统的舞台文本演变。笔者在给本科生讲《古代戏曲经典作品导读》时，观摩当代昆曲舞台上的折子戏《踏伞》，觉得与文本差异很大，遂有了兴趣探究竟，写完后自己觉得比较有意思。几年前，曹雪芹研究会将曹寅的《续琵琶》搬上舞台，笔者受研究会的邀请观摩了演出，交了《也谈曹寅历史剧〈续琵琶〉及其昆曲舞台呈现》这篇作业，后在《曹雪芹研究》第三辑上发表。李少春是当代著名京剧表演艺术家，其自编自演的《野猪林》无疑是一部经典之作，笔者撰写了一篇结合文本、舞台表演讨论《野猪林》的文章，出发点还是想借此探讨“十七年”时期表演艺术家之艺术观念与“戏改”政策、“推陈出新”方针之间的微妙关系。《明代表演艺术论初探》是想整体观照一下明代的表演论，分成唱论、演员论、表演论三个层面来谈，其中前两个方面是古代表演论的主要内容。第一板块的文章是将古今戏曲文学都纳入研究视野，这个板块的文章则体现了打通文本与舞台的思考。

第三个板块“近代戏曲嬗变研究”，是研究近代戏曲历史变迁的几篇论文。自清中叶以后，中国戏曲发展出现极大的变化，个人认为主要表现在三个方面：一是出现了都市茶园剧场，城市商业演剧兴起，戏曲商业化带来戏曲艺术发展一系列的新变；花雅争胜，昆部衰落，各种地方戏曲兴起，戏曲逐渐脱离元明以来文人化影响，走向大众化、民间化；受时代思潮的影响，戏曲开始走上追求现代性的发展道路，戏曲改良（改革）成为左右近百年戏曲发展的重要推手。本集收入的几篇文章以谈戏曲改良为主，但也有兼及其他两个方面戏曲文化新变的讨论。

第四个板块“京剧研究”，收入谈道光时期皮黄旦角名伶，谈京剧入宫的两篇，以及讨论梅兰芳艺术的两篇。讨论近代戏曲嬗变，其中一个重要的内容当然是京剧的形成和发展。而京剧又是近代以来影响力最大的戏曲艺术样式，故而独立为一个板块。

这四个板块关涉戏曲研究的文本、舞台艺术和戏曲史流变几个层面，故而以《文本、舞台与戏曲史研究》为书名。这些论文再现了笔者这些年学术入门阶段歪歪斜斜的足迹，也体现了笔者对戏曲研究的点滴思考和体会。希望以后在这些领域继续探索，能取得稍显高级一点的成果。

集子的附录部分，收入戏曲研究之外的四篇文章。笔者在安徽大学读硕士期间师从胡益民、朱万曙教授，两位老师在各自领域的重要建树之外，又同是《儒林外史》研究专家。讨论黄小田《儒林外史》评点一文，虽然写于博士读书期间，但无疑是硕士阶段学习的延续。胡师不幸于两年前英年早逝，收入这篇小文以表达对恩师的缅怀和纪念。另两篇讨论屠隆的文章，则是博士论文基础上修改后发表的论文，反映了读博阶段的学习经历。张际亮是道光时期著名诗人，他的《金台残泪记》是道光时期重要戏曲史料。笔者在做私寓研究时，曾想了解他的集子中是否还有其他戏曲史料，因此通读了他的诗文集（也找到两则戏曲材料），溜号写下了这篇诗歌研究论文，后来在《中国诗歌研究》上发表。这也多少反映了笔者的学术方法和兴趣，有一定的总结意义，所以也收入集中。

集中所收文章，除了两三篇是会议论文外，皆在《文学遗产》《文艺研究》《文献》《戏曲研究》《戏曲艺术》《戏剧艺术》《中央戏剧学院学报》《中华戏曲》《艺术百家》《中国诗歌研究》《曹雪芹研究》《学术前沿》《四川戏剧》《云南艺术学院学报》《湖州师范学院学报》《艺海》《中国人民大学复印报刊资料》（中国古代、近代文学研究）（舞台艺术）等刊物发表、转载，特此说明，并致谢忱。